열국영웅전
제2권

열국영웅전 제2권
관포지교 管鮑之交

초판 1쇄 발행 2021년 7월 31일

편저자 양승국
펴낸이 장길수
펴낸곳 지식과감성˚
출판등록 제2012-000081호

교정 김연화
디자인 박예은
편집 박예은, 조인경
검수 정은지, 윤혜성
마케팅 고은빛, 정연우

주소 서울시 금천구 벚꽃로298 대륭포스트타워6차 1212호
전화 070-4651-3730~4
팩스 070-4325-7006
이메일 ksbookup@naver.com
홈페이지 www.knsbookup.com

ISBN 979-11-6552-964-2(04910)
ISBN 979-11-6552-962-8(세트)
값 25,000원

• 이 책의 판권은 지은이와 지식과감성˚에 있습니다.
• 이 책 내용의 전부 또는 일부를 재사용하려면 반드시 양측의 서면 동의를 받아야 합니다.
• 잘못된 책은 구입하신 곳에서 바꾸어 드립니다.

지식과감성˚
홈페이지 바로 가기

열국영웅전

관포지교
管鮑之交

제2권

양승국 편저

지식과감정

| 목차 |

제5장 제환공齊桓公 Ⅰ

1. 형매사정(兄妹私情)   13
   - 오누이 사이에 싹튼 패륜의 씨앗 -
2. 문강혼노(文姜婚魯)   18
   - 노환공에게 시집가는 문강 -
3. 노환여제(魯桓如齊)   24
   - 제나라를 부부동반으로 방문하는 노환공 -
4. 형매란륜(兄妹亂倫)   27
   - 오누이가 정을 통하여 패륜을 행하다 -
5. 멸구예궁(滅口穢宮)   28
   - 매제를 죽여 궁중의 더러운 일을 덮은 제양공 -
6. 제양멸기(齊襄滅紀)   39
   - 기(紀)나라를 멸하는 제양공 -
7. 노도유탕(魯道有蕩) 제자유요(齊子遊邀)   45
   - 노나라 가는 길은 훤히 뚫려 있는데,
     제나라 여인은 놀러 다니며 즐기네 -
8. 과숙지약(瓜熟之約)   51
   - 참외가 익을 때 한 약속 -
9. 적원폐명(積怨斃命)   55
   - 악행의 업보로 비명에 죽다 -
10. 관포지교(管鮑之交)   66
    - 관중과 포숙의 우정 -
11. 모살무지(謀殺無知)   71
    - 모략을 꾸며 무지 일당을 주멸하는 제나라 사대부들 -
12. 사중대구(射中帶鉤) 양사탈위(佯死奪位)   77
    - 허리띠의 쇠쇠에 화살을 맞은 제환공이 죽음을 가장하여
      제후(齊侯)의 자리를 차지하다 -
13. 건시대전(乾時大戰)   82
    - 건시에서 벌어진 제나라 군위 계승전쟁 -

14. 가수살형(假手殺兄) 91
    - 노나라의 손을 빌려 형 자규를 죽이다 -
15. 황곡지가(黃鵠之歌) 94
    - 군가 『노란 고니』를 지어 사지에서 벗어나는 관중 -
16. 석수천상(釋囚薦相) 97
    - 함거에 갇힌 죄수를 석방하여 재상으로 천거하다 -
17. 부국강병책(富國强兵策) 103
    - 관중의 부국강병책 -
18. 임구위상(任仇爲相) 109
    - 원수를 용서하여 재상으로 기용하는 제환공 -
19. 용인사해(用人四害) 111
    - 인사에 해가 되는 네 가지 -
20. 장작패제(長勺敗齊) 112
    - 장작의 싸움에서 제군을 물리치는 노나라 -
21. 조귀논전(曹劌論戰) 113
    - 조귀가 적군의 사기를 읽어 전쟁을 승리로 이끌다 -
22. 살자팽조(殺子烹調) 119
    - 아들을 죽여 요리를 만들어 바치다 -
23. 존왕도패(尊王圖覇) 121
    - 천자를 받들어 패업을 도모하다 -
24. 조말겁맹(曹沫劫盟) 129
    - 회맹장을 칼로 위협하여 빼앗긴 땅을 되찾은 노나라의 조말 -
25. 영척택주(寧戚擇主) 139
    - 제환공을 시험하여 자신의 군주로 삼은 영척 -
26. 거화구현(擧火求賢) 146
    - 횃불을 밝혀 영척을 대부로 봉하는 제환공 -
27. 인신불고(引紳不顧) 149
    - 관끈을 잡아당기는 신호를 무시하고 영척의 유세를 받아들인 송환공 -
28. 화수애강(禍水哀姜) 154
    - 노장공이 부인으로 맞이한 애강이 노나라의 화란을 잉태시키다 -

29. 봉명취뢰(奉命取賂) 156
- 천자의 명으로 위나라 토벌군을 일으켰으나
  뇌물을 받고 용서해 준 제환공 -

30. 이시욕벌 부전이굴(以示欲伐 不戰而屈) 160
- 무력을 시위하여 싸우지 않고 굴복시킨 제환공 -

제6장 제환공齊桓公 II

1. 북벌산융(北伐山戎) 163
   - 연나라를 구하기 위해 산융을 원정하는 제환공 -
2. 지변유아(智辨兪兒) 182
   - 지혜로써 유아(兪兒)의 현신을 알아보는 관중 -
3. 병정고죽(兵定孤竹) 187
   - 고죽국을 평정하여 북방을 안정시키다 -
4. 노마식도(老馬識道) 193
   - 늙은 말을 이용하여 사막에서 길을 찾다 -
5. 경보지란(慶父之亂) 202
   - 두 군주를 시해하고 나라를 혼란에 빠뜨린 노나라의 공자 경보 -
6. 계우감란(季友戡亂) 214
   - 경보의 난을 평정한 계우 -
7. 노국삼환(魯國三桓) 221
   - 삼환(三桓)을 세워 노나라에 재앙을 잉태시키다 -
8. 택귀위사(澤鬼委蛇) 225
   - 늪지의 귀신 위사(委蛇)의 모습을 고한 제나라의 농부 황자(皇子) -
9. 초왕도패(楚王圖覇) 231
   - 패권의 야욕을 드러내 중원을 넘보는 초나라 -
10. 벌초구정(伐楚救鄭) 240
    - 초나라를 정벌하여 정나라를 구원하다 -
11. 남정형만(南征荊蠻) 241
    - 제후군을 규합하여 초나라 정벌군을 일으키는 제환공 -
12. 맹초소릉(盟楚召陵) 251
    - 소릉에서 초나라와 강화를 맺은 제환공 -

13. 권상요목(勸上搖木)　　　　　　　　　　　　258
　　- 정나라의 신후(申侯)가 진나라 원도도(轅濤涂)를 나무에 올려놓고 흔들다 -
14. 의대천자(義戴天子)　　　　　　　　　　　　261
　　- 대의를 밝혀 천자를 세우다 -
15. 기구사부(棄久乍附)　　　　　　　　　　　　264
　　- 오랫동안 보살핌을 받았던 제나라를 버리고
　　　잠시 아부하는 초나라에 붙다 -
16. 위허구정(圍許救鄭)　　　　　　　　　　　　269
　　- 허나라를 포위해 정나라를 구원하는 초나라 -
17. 연길몽란(燕姞夢蘭)　　　　　　　　　　　　273
　　- 난초의 태몽으로 정나라 세자 란(蘭)를 잉태한 연길(燕姞) -
18. 자화간명(子華奸命)　　　　　　　　　　　　274
　　- 군명을 범하여 목숨을 잃은 정세자 자화(子華) -
19. 일광천하(一匡天下) 구합제후(九合諸侯)　　278
　　- 천하를 한 번 바르게 세우고, 제후들과 아홉 번 회맹을 행했다 -
20. 봉선불성(封禪不成) 참월천자(僭越天子)　　283
　　- 봉선을 행하지 못하자 천자의 의례를 범한 제환공 -
21. 병탑계흉(病榻戒凶)　　　　　　　　　　　　289
　　- 병상에서 삼흉(三凶)에 대한 경계를 유언하는 관중 -
22. 염사포숙(廉士鮑叔)　　　　　　　　　　　　293
　　- 부정과 불의를 참지 못하는 포숙 -
23. 삼흉득령(三凶得逞)　　　　　　　　　　　　295
　　- 제환공의 부름을 받아 총애를 다시 찾은 제나라의 삼흉 -
24. 신의편작(神醫扁鵲)　　　　　　　　　　　　299
25. 기사회생(起死回生)　　　　　　　　　　　　300
　　- 편작이 죽은 사람을 살려내다 -
26. 병입고황(病入膏肓)　　　　　　　　　　　　305
　　- 의원의 치병을 무시하여 병이 고황에 이른 제환공 -
27. 비명아사(非命餓死)　　　　　　　　　　　　307
　　- 관중의 경계를 무시한 업보로 비참하게 굶어 죽은 제환공 -
28. 삼흉지란(三凶之亂)　　　　　　　　　　　　313
　　- 삼흉의 난을 피해 송나라로 달아나는 세자소 -
29. 골육상잔(骨肉相殘)　　　　　　　　　　　　316
　　- 환공의 시신을 앞에 두고 골육상잔하는 제나라의 공자들 -

30. 무휴위군(無虧爲君) 323
  - 무휴가 제후의 자리에 올라 제환공의 장례를 치르다 -
31. 송립제후(宋立齊侯) 328
  - 제나라의 태자 소(昭)를 제후(齊侯)로 세우는 송양공(宋襄公) -

제7장 송양지인 宋襄之仁
― 헛된 인의로 군사를 잃은 송양공 ―

1. 미자봉송(微子封宋) 343
  - 은나라의 왕자 미자개가 송나라에 봉해지다 -
2. 홍범구조(洪範九條) 348
  - 기자가 무왕에게 치국의 도를 가르치다 -
3. 수수불경(受授不經) 양성은화(釀成隱禍) 356
  - 법도를 위반하여 군위를 전해 재앙을 잉태시키다 -
4. 호병지화(好兵之禍) 358
  - 군사를 즐겨 일으켜 변란을 불러오는 송상공 -
5. 탐색시군(耽色弑君) 359
  - 남의 아내를 넘보다가 군주를 시해하는 화독 -
6. 투서기기(投鼠忌器) 364
  - 돌을 던져 쥐를 잡을 때는 장독대를 조심해야 하는 법이다 -
7. 행뢰정위(行賂定位) 365
  - 제후국에 뇌물을 돌려 새로운 군주의 자리를 안정시키다 -
8. 희언상명(戱言喪命) 368
  - 신하와 허물없이 지내다 목숨을 잃은 송민공 -
9. 구목격적(九牧擊賊) 372
  - 홀(笏)로 역적을 내리치다가 목숨을 잃은 구목 -
10. 송환평란(宋桓平亂) 374
  - 송환공이 남궁장만의 난을 다스리고 송공의 자리에 오르다 -
11. 제환탁고(齊桓托孤) 380
  - 송양공에게 세자소의 후견을 부탁하는 제환공 -
12. 평정제란(平定齊亂) 384
  - 제나라의 변란을 평정하고 제효공(齊孝公)을 세우는 송양공 -

13. 용인제귀(用人祭鬼) · 388
  - 사람을 희생으로 삼아 귀신에게 제사를 지내는 송양공 -

14. 호가호위(狐假虎威) · 394
  - 초나라의 위세를 빌려 맹주의 자리를 차지하려는 송양공 -

15. 복병겁맹(伏兵劫盟) · 399
  - 군사를 숨겨와 회맹장을 덮치고 송양공을 사로잡은 초성왕 -

16. 송양피금(宋襄被擒) · 407
  - 헛된 꿈을 좇다가 초나라의 포로가 된 송양공 -

17. 욕장취지(欲將取之) 가선폄지(加先貶之) · · · · · · · · · · · 410
  - 물건을 취하고자 할 때는 먼저 흠을 잡아라! -

18. 송양지인(宋襄之仁) · 417
  - 헛된 인의로 수많은 군졸들을 잃고 나라를 위험에 빠뜨리다 -

19. 자어논전(子魚論戰) · 428
  - 공자 목이(目夷)가 전쟁에 대해 논하다 -

제8장 대기만성 백리해 大器晩成 百里奚

1. 구사윤락(求仕淪落) 의형건숙(義兄蹇叔) · · · · · · · · · · · · · · · 431
  - 벼슬길에 나섰다가 거지로 전락한 백리해가
    건숙을 만나 의형제를 맺다 -

2. 가도멸괵(假道滅虢) · 436
  - 우나라의 길을 빌려 괵나라를 멸하다 -

3. 궁지기간가도(宮之奇諫假道) · 442
  - 궁지기가 가도(假道)의 불가함을 간하다 -

4. 순망치한(脣亡齒寒) · 448
  - 입술이 없어지면 이빨이 시린 법이다 -

5. 진진혼인(晉秦婚姻) · 454
  - 혼인으로 수호를 맺은 당진(唐晉)과 섬진(陝秦) -

6. 자상입진(子桑入秦) · 457
  - 당진에서 농사짓다가 섬진으로 출사하는 공손지(公孫枝) -

7. 윤위잉신(淪爲媵臣) · 458
  - 노예가 되어 진나라로 보내지는 백리해 -

8. 사우배상(飼牛拜相) 462
  - 소몰이 대열에서 찾은 백리해를 재상으로 삼은 진목공 -

9. 건숙출세(蹇叔出世) 467
  - 백리해의 천거를 받아 세상으로 나오는 건숙 -

10. 가오양피(歌五羊皮) 480
  - 오양피 노래를 불러 40년 만에 남편과 상봉하는 백리해의 처 두씨 -

11. 인국유성(隣國有聖) 아국지우(我國之憂) 484
  - 이웃나라의 성인은 우리나라의 우환이다 -

12. 진보증몽(陳寶證夢) 488
  - 현몽으로 진보(陳寶)를 얻어 서융의 패자가 된 섬진의 목공 -

13. 범주지역(泛舟之役) 494
  - 수로로 양식을 운반하여 적대국의 기근을 구한 진목공 -

14. 모피지부(毛皮之附) 499
  - 큰 허물을 놔두고 작은 허물을 뉘우친들 무슨 소용이 있겠는가? -

15. 외강중건(外强中乾) 502
  - 외국산 말은 겉은 강해 보이나 뼛속은 약하다 -

16. 진진대전(晉秦大戰) 506
  - 섬진과 당진이 한원(韓原)에서 크게 싸우다 -

17. 삼백야인(三百野人) 512
  - 진목공을 조롱(鳥籠)에서 구해 은혜를 갚은 300명의 야인들 -

18. 사주도마(賜酒盜馬) 515
  - 말도둑들을 용서하고 술독을 하사한 진목공 -

19. 등대요사(登臺要赦) 520
  - 대에 올라 진혜공의 목숨을 빈 목희 -

20. 혜공환국(惠公還國) 527
  - 진목공의 용서를 받고 당진국으로 돌아가는 진혜공 -

21. 삼립진군(三立晉君) 529
  - 당진의 군주를 세 번 세우는 진목공 -

22. 촉무세진(燭武說秦) 531
  - 진진(晉秦)을 이간시켜 정나라를 멸망의 문턱에서 구해낸 촉무(燭武) -

23. 천리원정(千里遠征) 노이무공(勞而無功) 543
  - 천 리 밖의 나라를 원정하는 일은 힘만 허비할 뿐 공을 세울 수 없다 -

24. 건숙곡사(蹇叔哭師) 546
  - 건숙이 정나라 정벌의 불가함을 곡으로 간하다 -

25. 경적무례(輕敵無禮) 필유패뉴(必有敗衄) 549
  - 적을 얕보는 무례한 군대는 반드시 패전한다 -

26. 현고호군(弦高犒軍) 553
  - 섬진군을 호군하여 정나라를 멸망으로부터 구한 상인 현고 -

27. 묵최종융(墨縗從戎) 560
  - 상복을 입고 출전하는 진양공(晉襄公) -

28. 효산복멸(崤山覆滅) 565
  - 효산의 험지에서 전멸하는 섬진군 -

29. 종귀삼수(縱歸三帥) 579
  - 애써 잡은 섬진의 삼수를 방면하는 진양공 -

30. 폐출낭심(廢黜狼瞫) 586
  - 사사로운 감정으로 용사 낭심을 쫓아낸 선진 -

31. 선진순적(先軫殉翟) 591
  - 군주에 행한 무례를 스스로 벌하여 적과의 싸움에서 순사한
    당진의 중군원수 선진 -

32. 진적환시(晉翟換尸) 596
  - 시신을 서로 교환하는 당진(唐晉)과 적(翟) -

33. 낭심지용(狼瞫之勇) 사득기소(死得其所) 602
  - 죽을 곳을 선택하여 진정한 용기를 보여 준 당진의 용사 낭심 -

34. 제하분주(濟河焚舟) 사이후생(死而後生) 604
  - 하수를 건넌 후에 배를 불살라 필사의 전의를 불태운 섬진군 -

35. 효곡봉시(崤谷封尸) 608
  - 효산의 계곡으로 나아가 전사한 섬진군의 시신을 수습하여
    위령제를 지낸 진목공 -

36. 서융칭패(稱覇西戎) 611
  - 서융의 패자가 되다 -

37. 농옥취소(弄玉吹簫) 613
  - 퉁소 소리로 부른 봉황을 타고 하늘로 올라 선녀가 된 농옥 -

38. 교교황조(交交黃鳥) 지우극(止于棘) 629
  - 꾀꼴꾀꼴 꾀꼬리 가시나무에 앉았네! -

제5장

제환공 I
齊桓公

1. 형매사정(兄妹私情)
- 오누이 사이에 싹튼 패륜의 씨앗 -

그림 1 춘추초 제노형세도(齊魯形勢圖)

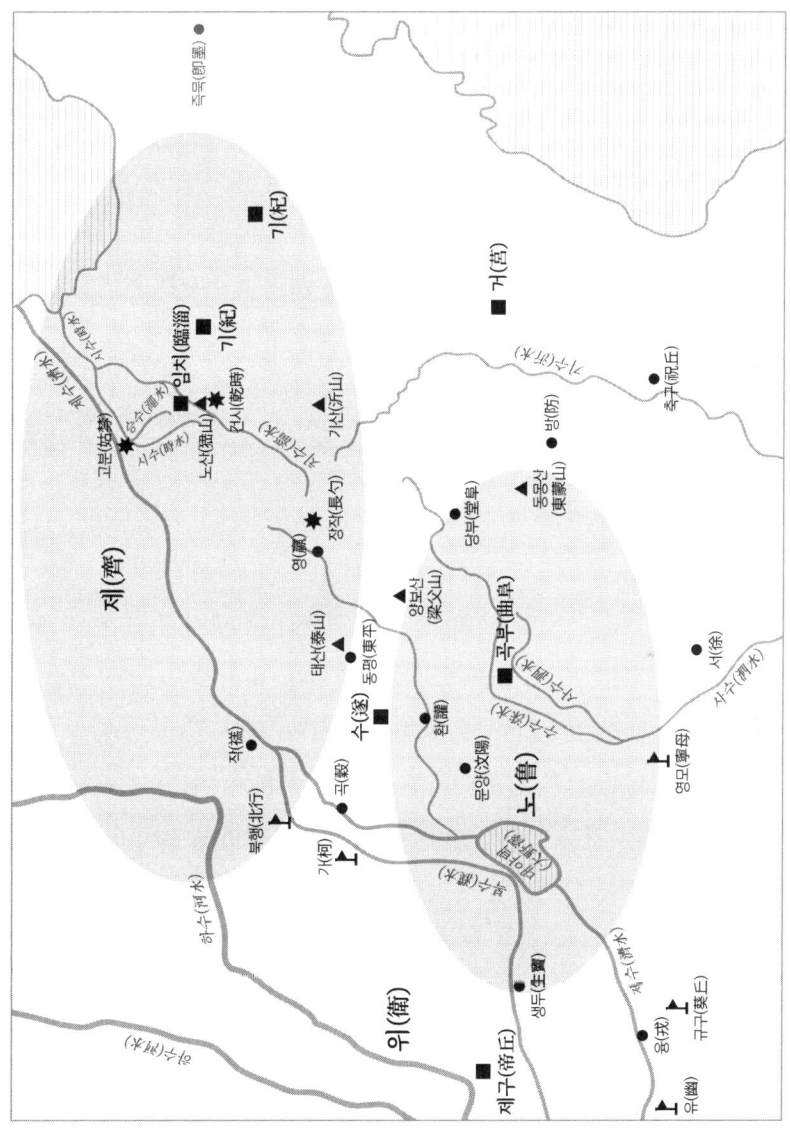

그림 2 춘초취춘연도(春初醉春烟圖)

　제나라의 군주 희공(僖公)에게는 천하절색의 두 딸이 있었다. 장녀는 위(衛)나라의 세자 급자(急子)에게 출가했으나 시아버지 위선공(衛宣公)의 부인이 된 선강(宣姜)이고, 차녀는 정나라 세자 홀(忽)에게 혼사를 청했다가 거절당한 문강(文姜)이다. 문강은 용모가 가을물같이 생기롭고, 얼굴은 부용처럼 아름다웠다. 꽃에 비하면 말하는 꽃이며, 옥에 비하면 향기가 나는 옥이라고 할 수 있는 절세가인이었다. 지금까지 모든 여인들을 통틀어 제일가는 미색이라 해도 과언이 아니었다. 그뿐만 아니라 고금의 일에 관해 모르는 것 없이 박학다식하여 입 밖으로 내는 말 자체가 곧바로 문장이 되었다. 그녀의 이름 문강은 그런 연유에서 비롯되었다.

제희공의 세자 제아(諸兒)는 본래 주색을 밝히는 자였다. 문강과는 비록 오누이 사이였지만 생모는 각기 달랐다. 제아는 문강보다 두 살 위였다. 두 사람은 어렸을 때부터 궁중 안에서 같이 놀고 서로 장난치며 자랐다. 문강은 점차 장성함에 따라 옥돌로 빚은 꽃처럼 아름다운 처녀로 성장하였다. 제아는 그런 문강에게 애정을 품게 되었다. 그는 문강의 아름다운 용모와 비상한 재능을 보고는 거동이 경박해져 온통 하는 짓마다 문강을 희롱하고 싶어 하는 마음뿐이었다. 문강 역시 천성적으로 요염하고 음탕한 여인이었다. 게다가 예의라고는 털끝만큼도 없어 저잣거리의 상스럽고 음란한 이야기를 전혀 거리낌 없이 했다. 훤칠한 키, 분을 바른 듯한 하얀 얼굴, 붉은 입술의 제아는 영락없는 헌헌장부로 천하절색인 문강과는 잘 어울리는 한 쌍이 될 만도 하였으나 두 사람은 애석하게도 오라비와 누이 사이라 선천적으로 짝을 이룰 수 없는 처지였다.

두 사람은 장성했음에도 불구하고 같은 장소에 머무르며 남녀가 유별하다는 의식도 없이 어깨를 나란히 하고는 손을 마주잡고 가지 않는 곳이 없었다. 그러나 따라다니는 궁인들의 시선 때문에 살을 맞대고 잠자리를 같이하는 데에까지는 차마 이르지 못했다. 제후(齊侯) 부부가 아이들을 너무 애지중지하며 키운 탓에 자식들이 금수만도 못한 짓을 저지르게 되었고, 훗날 그 업보로 제후의 자리에 오른 제아가 신하에게 살해당해 사직마저도 위태롭게 되는 원인이 되었다.

주환왕 9년은 기원전 711년으로 제희공이 재위한 지 21년째 되는 해였다. 그해 북융(北戎)이 대거 군사를 일으켜 제나라로 침입해 왔다. 제나라가 주위의 제후국들에게 구원을 청하자 정나라는 세자홀에게 군사를 주어 구원에 나서도록 했다. 세자홀은 제군과 합동작전을 펼쳐 융병(戎兵)을 물리치고 제나라를 위해 큰 공을 세웠다. 이에 제희공은 크게 기뻐하며 문강을 불러 영웅의 풍모를 지니고 있는 세자홀과 혼인시켜 주겠다고 말했다. 문강도 기뻐해 마지않았다. 그러나 대국의 공녀를 부인으로 맞이하는 일을 부담스럽게 여긴 정나라의 세자홀은 제나라의 청혼을 받아들이지 않았다. 시집갈 생각으로 들떠 있다가 세자홀이 희공의 결혼 제안을 거절했다는 소식을 듣게 된 문강은 마음에 병이 들어 자리에 눕고 말았다. 그녀는 저녁때는 신열이 났다가 아침에는 오한이 들기를 반복하다 마침내 정신이 혼미하게 되어 하루 중 반은 앉아 있고, 나머지 반은 자리에 누워 졸았다. 음식과 잠을 전폐하다시피 한 문강의 이때 모습을 노래한 시가 있다.

> 이팔의 미녀가 깊은 규방에서 수줍음을 못 이기고
> 정분사에 매달려 눈썹을 찌푸리고 있구나!
> 난새와 봉황이 정념의 그물에 날아들지 않으니
> 들새이건 집닭이건 모두가 근심에 쌓여 있도다!
> 二八深閨不解羞(이팔심규불해수)
> 一椿情事鎖眉頭(일장정사쇄미두)
> 鸞凰不入情絲罔(란봉불입정사망)
> 野鳥家鷄總是愁(야조가계총시수)

제아는 병문안을 한다는 핑계로 문강이 거처하고 있는 규방에 시도 때도 없이 함부로 들어와서는 침대 곁에 앉아 문강의 몸을 어루만지며 얼마나 아프냐고 묻곤 했다. 그러나 주위의 이목 때문에 드러내놓고 음행을 저지르지는 못했다. 하루는 희공이 문강의 병세를 알아보기 위하여 그녀의 처소를 방문했다가 옆방에서 서성이는 제아의 모습을 보았다. 희공이 제아를 불러 크게 꾸짖었다.

「비록 오누이 사이라고 하나 이제는 마땅히 서로 삼가야 하지 않겠느냐? 차후로는 궁인을 보내 대신 문병하게 하고, 네가 직접 오는 일은 자제하도록 하라!」

제아는 오로지 「예, 예」라는 대답만을 되풀이하며 문밖으로 나갔다. 이후로 두 사람은 상면할 수 없었다. 얼마 후 희공은 송장공(宋庄公)의 딸을 데려와 제아와 혼인시켰다. 송녀는 노(魯)와 거(莒) 출신의 잉첩(媵妾)[1]도 같이 데리고 와서 제아의 첩실이 되게끔 했다. 제아가 신혼에 재미를 붙였기 때문에 오누이 사이는 더욱 소원해졌다. 문강의 깊은 규방은 더욱 적막해지고 제아를 그리워하는 마음만 한층 깊어진 까닭에 병세가 나날이 악화되었으나 문강은 가슴속으로만 끙끙댈 뿐 속마음을 입 밖으로 발설할 수가 없었다. 벙어리가 황백(黃柏)[2]의 맛을 보고 그 쓴맛을 남한테 이야기할 수 없어 가슴만 태우고 있는 형상과 같았다. 문강의 애끊는 심정을 노래한 시가 있다.

> 봄날의 풀들은 아지랑이에 취했고
> 깊은 궁궐 속의 가인은 홀로 잠을 이룬다.
> 가슴속에 쌓인 한은 얼굴만 늙게 하고
> 사모하는 마음 불타듯 하여
> 달 밝은 밤이면 찾아가기를 몇 번이던가?
> 꿈속의 새가 되어
> 사랑하는 낭군에게 날아간다네.[3]

---

1 잉첩(媵妾): 제후들의 딸이 시집갈 때 데리고 가는 여자 몸종으로 노예의 신분이었다. 춘추 초기에는 주인이 죽으면 같이 순장되기도 했다.
2 황백(黃柏): 황벽(黃檗=黃蘗)을 말하며 높이가 10미터이다. 나무껍질에서 코르크층을 제거하고 말린 것을 황벽이라고 하여 건위제(健胃劑)로 쓰인다. 그 씨앗은 매우 쓰며 약용, 살충제 등으로 쓰인다.

春草醉春烟(춘초취춘연)
深閨人獨眠(심규인독면)
積恨顏將老(적한안장노)
相思心慾燃(상사심욕연)
幾回明月夜(기회명월야)
飛夢到郎邊(비몽도랑변)

2. 문강혼노(文姜婚魯)
- 노환공에게 시집가는 문강 -

노나라에서는 노혜공(魯惠公)이 재위 46년 만인 기원전 723년에 사망하고 그의 서장자 식고(息姑)가 혜공의 어린 적자인 태자 궤(軌)를 대신하여 정무를 주관하며 국권을 행사하였다. 이가 노은공(魯隱公)[4]이다. 원래 혜공은 정비에게서 자식이 없었고, 천비인 성자(聲子)에게서 아들을 낳아 식고라고 이름 지었다. 식고가 장성하자 그의 배필로 데려온 송녀의 미색에 반한 혜공이 그녀를 빼앗아 자신의 비로 삼았다. 송녀는 얼마 후 아들 궤(軌)를 낳았다. 그러자 혜공은 송녀를 정비로 삼으면서 궤를 태자로 세웠다. 혜공이 죽었을 때 태자 궤는 나이가 너무 어렸다. 노나라 국인들이 상의하여 식고를 섭정으로 받들었으나 군주 자리에 올랐다고는 생각하지 않았다.

---

3   작자는 남북조시대 남조의 송, 제, 양 삼조에 출사한 범운(范雲)으로 제목은 《규사(閨思)》다.

4   노은공(魯隱公): 기원전 722년 군위에 올라 711년에 죽은 춘추 초기의 노나라 군주로 희(姬) 성에 이름은 식고(息姑)다. 선군 혜공(惠公)의 서장자로 혜공이 죽었을 때 적자인 궤(軌)의 나이가 어렸으므로 그가 대신 섭정을 행했다. 재위 11년 태자 궤에 의해 살해되었다. 궤가 노환공(魯桓公)이다. 공자가 편찬한 편년체 역사서인 《춘추》는 노은공 원년부터 시작해서 노애공 14년인 기원전 481년에 이르는 242년 동안의 노나라 역사기록이다.

주환왕 8년인 기원전 712년은 노은공(魯隱公) 재위 11년이다. 노은공의 사정을 잘 알고 있던 노나라 대부 공자휘(公子翬)가 공자궤를 죽여 노후의 자리를 튼튼하게 해 주겠으니 그 대가로 노나라의 상국 자리를 달라고 제의했다. 은공이 이를 듣지 않았으므로 공자휘가 오히려 은공을 시해하고 환공을 세웠다. 노환공 2년인 기원전 710년, 노환공은 나이가 이미 성년이 되었음에도 부인을 얻지 못하고 있었다. 대부 장손달(臧孫達)이 간했다.

「옛말에 임금은 나이 15세면 자식을 두어야 한다고 했습니다. 주공의 안주인 자리가 아직까지도 비어 있는데 장차 군위를 누구에게 전하시려고 아직까지 부인을 맞이하지 않으십니까? 이는 사직을 지키는 일을 가볍게 생각하신 처사입니다.」

상경 공자휘가 장손달을 거들었다.

「신이 들으니 제후가 문강이라는 딸을 두고 있는데, 정나라 세자홀에게 혼사를 청했다가 성사되지 않았다고 합니다. 군께서 청혼해 보면 어떻겠습니까?」

환공이 이를 허락하고 공자휘를 청혼사로 삼아 제나라에 보냈다. 제희공은 문강이 병중이니 조금 말미를 달라고 했다. 궁인들이 노환공이 청혼했음을 문강에게 전했고, 본래 상사병을 앓고 있던 문강은 혼사에 대한 소식을 듣자 몸과 마음이 가벼워져 병이 차츰차츰 나아져 갔다. 곧이어 "송장공(宋莊公)의 일"[5]로 제후들이 직[稷: 지금의 하남성 신양시(信陽市)

---

5 기원전 710년 송나라에서 일어난 화독(華督)의 난(亂)을 말한다. 태재(太宰) 화독이 사마 공보가(孔父嘉) 부인의 미색을 탐하여 공보가를 죽이고 계속해서 송상공까지 시해한 후에 당시 정나라에 망명하고 있던 공자풍을 모셔와 송공으로 추대했다. 공자풍이 송장공이다. 송나라의 뇌물을 받은 정(鄭), 노(魯), 제(齊) 삼국의 군주들이 직(稷)에서 만나 송장공의 군위를 승인했다. 《제2권 관포지교: 제7장 송양지인·제4~6절》(이하 2-7-4~6)까지의 내용 참조.

서 동백현(桐柏縣) 경내]에서 회맹할 때 노환공도 참석하여 제후에게 문강과의 혼인을 재차 청했다. 제희공은 다음 해에 다시 의논하자고 대하면서 확답을 주지 않았다. 노환공 3년 기원전 709년, 노환공이 친히 영[嬴: 지금의 산동성 래무시(萊蕪市) 양리진(羊里鎭) 성자현촌(城子縣村)] 땅으로 와서 제희공과 만났다. 자기에게 은근하고 성실하게 대하는 노환공의 정성에 감격한 제희공이 문강과의 혼인을 결국 허락하였다. 노환공은 영 땅에서 즉시 예물을 바치면서 희공을 더욱 정중하고 융숭하게 대접하였다. 희공은 기분이 한껏 좋아져 그해 가을 9월에 노환공과 문강의 혼례를 노나라에서 치르기로 약속했다. 노후는 공자휘를 제나라에 사자로 보내 문강을 맞이해 오라고 명했다. 여동생 문강이 노나라에 시집가게 되었다는 소식을 들은 제아는 예전의 광기가 무의식적으로 되살아났다. 제아는 궁인을 통해 문강에게 꽃을 보내면서 꽃바구니 안에 시 한 수를 지어 보냈다.

복숭아나무에 활짝 핀 꽃
찬란하기가 아침햇살의 노을과 같도다.
비록 집 앞에 피었건만 꺾지 못하네
나는 바람에 나부끼는 부평초 같은 신세라.
아아! 이를 어이할꺼나,
아아! 이를 어이할꺼나?

桃有花(도유화)
燦燦其霞(찬찬기하)
當戶不折(당호불절)
飄而爲苴(표이위저)
吁嗟兮(우차혜)
復吁嗟兮(부우차혜)

제아가 보낸 시를 읽고 오빠의 연정을 알게 된 문강은 답시를 지어 보냈다.

> 복숭아나무에 꽃이 피었는데
> 그 아름다움이 무르익었다.
> 이제 그 가지를 꺾지 않아도
> 오는 봄을 어찌 막을 수 있겠는가?
> 정녕이로다. 정녕이로다!

有桃英(유도영)
燁燁其灵(엽엽기령)
今玆不折(금자불절)
詎无來春(거무래춘)
叮嚀兮叮嚀(정녕혜정녕)

 답시를 받아 읽어 본 제아는 동생 문강도 자기와 같은 생각을 갖고 있음을 알고 그녀를 향한 연모의 마음이 더욱 간절해졌다. 그리고 이윽고 문강을 모셔 가기 위해 노나라의 상경 공자휘가 제나라에 당도했다. 문강을 금지옥엽으로 키운 제희공은 자신이 직접 노나라까지 데려다주려고 했다. 제아가 이를 듣고 부친에게 청하였다.

「동생이 노후에게 출가한다는 얘기를 저도 들었습니다. 제·노 두 나라는 대를 이어 우호관계를 맺어 왔습니다. 따라서 이번 혼사는 참으로 아름다운 일이라고 할 수 있습니다. 하지만 노후가 문강을 데리러 오지 않았으니 우리 쪽에서 반드시 친척들 중 한 사람이 바래다주어야 합니다. 나랏일에 바쁘신 아버님께서 굳이 먼 길을 가실 필요는 없다고 봅니다. 소자가 아버님을 대신해 문강을 노나라까지 데려다주고 싶습니다.」

 제희공이 제아의 청을 물리치며 말했다.

「내가 직접 데려다주겠다고 이미 약조한 상황이다. 그런데 어찌 약속을 어길 수 있겠느냐?」

얼마 후에 관리가 달려와 고했다.

「노후가 주군을 맞이하기 위해 환읍[讙邑: 현 산동성 영양시(寧陽市) 안가장(安駕莊)]에서 기다리고 있습니다.」

제희공이 말했다.

「노나라는 역시 예의의 나라다. 중도에서 나를 맞이하는 이유는 내가 노나라 경내에 들어가는 노고를 덜어주기 위함이다. 내가 가지 않으면 안 되겠구나!」

제아는 더 이상 아무 말도 하지 못하고 희공의 면전에서 물러나왔다. 문강도 역시 무엇인가를 잃은 사람의 마음처럼 몹시 허전해했다.

때는 9월 초순이었다. 문강은 성혼 날짜를 맞춰 길을 떠나야 했으므로 궁궐의 여러 친척들 및 궁인들과 작별을 고한 후에 오빠 제아에게도 인사를 올리기 위해 동궁에 들렀다. 제아는 의관을 정제하고 문강을 기다리는 중이었다. 두 사람이 서로 한시도 눈길을 떼지 못했다. 단지 제아의 부인이 옆에 있었고, 또 부친이 궁인에게 엄명을 내려 감시하도록 시켰기 때문에 의례적인 인사치레 외에는 아무 말도 못 하고 속으로만 마음을 나눌 수 있을 뿐이었다. 헤어질 때가 되자 제아는 수레가 서 있는 곳까지 문강을 배웅하면서 간단한 몇 마디 말을 전했다.

「몸조심해라. 그리고 정녕이라는 시구를 잊지 말아다오.」

문강이 대답했다.

「오라버니께서 건강히 잘 계시면 언젠가는 서로 만날 날이 있겠지요.」

희공은 자기가 없는 동안 제아에게 나라를 맡기고는, 몸소 환읍까지 문강을 데리고 가서 노후를 만났다. 노환공은 사위가 장인에게 행하는 예를 올린 후 크게 잔치를 벌여 제희공 일행을 대접하였다. 그는 제희공을 따라온 종자 모두에게 선물을 후하게 주는 일도 잊지 않았다. 희공은 환공에게 사의를 표하고 귀국했다. 희공과 헤어진 환공은 문강을 데리고 노나라로 돌아와 혼례식을 치렀다. 노후는 문강을 매우 사랑했다. 첫째로 문강은 대국인 제나라의 군주의 딸이었기 때문이었고, 둘째로 문강이 천하절색의 미인이었기 때문이었다. 환공은 성례를 치른 지 3일이 지난 후에야 이 사실을 종묘에 고했다. 그제야 비로소 대부와 대갓집 부인들도 모두 입궁하여 문강을 배알할 수 있었다.

한편 제나라로 돌아온 희공은 자신의 동생인 이중년을 노나라에 사자로 보내어 문강의 소식을 알아보도록 했다. 제와 노 양국은 장인과 사위의 나라가 되어 한층 더 돈독한 관계로 발전하였다. 문강이 출가한 일에 대해 무명인사가 지은 시가 있다.

원래 남녀 사이란 하찮은 일에도 삼가야 하거늘
어찌하여 오라비와 누이를 떼어 놓지 않았는가?
이별할 때 몸조심하라는 말 한마디에
훗날에 이르러 궁중의 내전이 더럽혀지게 되었다.

從來男女愼嫌微(종래남녀신혐미)
兄妹如何不隔離(형매여하불격리)
只爲臨岐言保重(지위임기언보중)
致令他日玷中闈(치령타일점중위)

3. 노환여제(魯桓如齊)
  - 제나라를 부부동반으로 방문하는 노환공 -

 기원전 698년은 제희공 재위 33년째가 되는 해다. 조상의 원수를 갚을 수 있는 기회가 드디어 찾아왔다고 생각한 제희공은 송(宋), 위(衛), 연(燕) 등의 삼국과 동맹을 맺은 후에 기(紀)⁶나라를 공격했다. 네 나라 연합군의 공격을 받게 된 기나라는 기부인(紀夫人) 백희(伯姬)의 친정인 노나라에 구원을 요청했다. 백희는 노혜공(魯惠公)의 딸로 노환공의 누이였다. 노환공은 당시 사이가 좋았던 정나라와 다시 연합군을 결성해 누이의 나라인 기국을 구원하기 위해 달려갔다. 제희공은 기나라를 돕기 위해 참전한 노(魯)와 정(鄭) 두 나라와의 싸움에서 참패하고 패잔병들을 겨우 수습하여 본국으로 돌아와야만 했다. 그는 패배의 분을 이기지 못하고 화병으로 자리에 눕게 되었다. 겨울철이 다가오자 희공의 병세는 더욱 위중해졌다. 마지막임을 직감한 희공은 유언을 남기기 위해 세자 제아를 침상 곁으로 불러 당부하였다.

 「제나라와 기나라는 누대에 걸친 원수지간이다. 기나라를 멸하는 일이야말로 나를 위한 진정한 효도다. 네가 나의 뒤를 잇게 되면 기나라 정벌을 제일의 목표로 삼아야 한다. 기나라를 멸망시켜 우리 제나라의 원수를 갚기 전에는 절대로 내 묘당 앞에 얼굴을 내밀지 말라!」

 제아는 머리를 조아리며 부친의 유언을 받들었다. 제아의 다짐을 받은 희공이 이번에는 이중년의 아들 공손무지(公孫無知)를 불러 제아에게 절을 시킨 후에 한 차례 더 당부의 말을 남겼다.

 「무지는 나의 동모제인 이중년의 단 하나뿐인 혈육이다. 그러니 너는

---

6 기(紀)나라에 대해서는 1-2-26 〈탐뢰구병〉 참조.

그림 3 노환공부부여제(魯桓公夫婦如齊)

제5장 제환공 齊桓公 I

그를 잘 보살펴야 한다. 의복과 의례도 내가 살아 있을 때와 한 치도 다름없이 똑같이 행하라!」

원래 제희공은 동모제 이중년을 평소에 끔찍이 아껴 왔었다. 그는 한 해 전에 죽은 이중년의 죽음을 애석하게 여기고 공손무지를 궁궐로 불러들여 작록과 거마와 복식 등의 등급을 모두 태자와 똑같이 해 주었다. 유언을 모두 마친 제희공은 숨을 거두었다. 국인들이 제아를 제나라 군주 자리에 앉혔다. 제아가 제양공(齊襄公)이다.

얼마 후 정부인 송녀가 죽어 홀몸이 된 제양공이 주나라 왕실에 혼처를 구했다. 주왕은 노환공에게 혼례를 주관하도록 명했다. 환공은 자신이 제나라로 몸소 들어와 제양공의 재혼 문제에 대해 상의하겠다는 뜻을 전해 왔다. 오랫동안 헤어져 보지 못한 문강을 보고 싶은 생각에 제양공은 노후가 올 때 문강도 대동했으면 좋겠다고 답변했다. 그럼에도 마음이 놓이지 않은 양공은 별도의 사자를 노후에게 보내 문강과 함께 와 달라는 요청을 환공에게 다시금 전했다. 제나라가 사자를 보내 자기 부부를 초대했다는 소식을 들은 문강은 오라비를 그리워하는 마음이 새삼 일어나 친정에 들르겠다는 핑계를 대며 자신도 동행시켜 달라고 노환공에게 청했다. 노환공은 사랑하는 아내의 부탁을 거절하기가 어려워 고민했다. 대부 신수(申繻)가 간했다.

「"여자는 내실에서 살고, 남자는 바깥채에 거한다"라는 옛말이 있습니다. 예를 지키지 않으면 서로 업신여기게 되고, 업신여기게 되면 필시 분란이 일어납니다. 출가한 여자는 부모가 살아 계실 때는 매년 한 번씩 친정을 다녀오게 되어 있습니다. 지금은 부인의 양친이 모두 돌아가셔서 친정에 가보았자 문안을 드릴 분이 계시지 않습니다. 더욱이 누이가 오빠에게 문안을 드리러 친정에 가는 법은 세상에 없습니다. 노나라는 옛날부터 예를 숭상해 온 나라입니다. 어찌 이런 비례를 저질러 가면서까지 동행을 하려고 하십니까?」

하지만 노환공은 문강에게 같이 가기로 이미 허락했기 때문에 신수의 간언을 받아들이지 않았다.

4. 형매란륜(兄妹亂倫)
- 오누이가 정을 통하여 패륜을 행하다 -

노환공 부부를 태운 수레가 낙수[濼水: 현 제남시 서남의 평지에서 분출한 샘물이 강물을 이루어 북쪽으로 흘러 제수(濟水)와 합류했던 강 이름]에 이르렀는데 제양공이 그곳에서 일찍부터 노환공 내외를 기다리고 있었다. 오랜만에 만난 오누이는 은근한 정을 섞어 인사말을 나누었다. 세 사람 모두 법가에 함께 타고 임치성으로 들어갔다. 공관에 여장을 푼 뒤에 제나라 조당으로 들어간 노환공이 제양공에게 주왕의 명을 전하면서 혼사를 의논하자고 청했다. 양공은 크게 감격하여 잔칫상을 성대하게 차려 노환공 부부를 환대했다.

제양공은 처녀 시절에 친하게 지내던 궁녀들을 만나게 해 준다는 구실로 문강을 궁중으로 데리고 들어갔다. 그러나 실은 따로 술상을 준비해 놓은 밀실로 문강을 데리고 가서 그동안 다 하지 못한 정담을 나누었다. 서로 술을 권하다가 눈길이 마주치자 두 사람은 욕정을 참지 못하고 천륜을 저버리는 더러운 짓을 저지르고 말았다. 양공과 무강은 그럼에도 무슨 미련이 남았는지 오롯이 둘만이 계속 밀실에 머물며 해가 떠서 장대의 그림자가 세 발이나 길어질 때까지 꼭 부둥켜안고 서로 떨어지지 않았다. 노환공은 궁궐 밖 공관에서 혼자 쓸쓸하게 그날 밤을 보냈지만 제나라 측에서는 아무도 그를 보살펴 주지 않았다. 노후는 의심스러운 마음이 들어 수하를 시켜 궁궐 안의 사정을 알아보게 했다. 수하가 돌아와서 상황을 보고하였다.

「제후는 정부인이 죽은 이래로 오직 후궁 연씨(連氏)만을 두어 왔는데, 연비는 대부 연칭(連稱)의 여동생입니다. 그녀는 부군의 사랑을 받지 못한 까닭에 아직껏 한 번도 양공과 잠자리를 같이하지 못했습니다. 그런데 강부인이 궁궐에 들어간 어제 이후로는 오누이가 정답게 대화를 나누는 중이라면서 두 사람이 있는 곳에 사람들의 출입을 막고 있다고 합니다.」

노환공은 불길한 일이 일어났음을 직감했다. 그러나 제나라 궁정으로 뛰어 들어갈 수 없는 처지의 노환공은 궁궐 안의 동정만을 멀리서 살펴볼 수 있을 뿐이었다. 환공이 한참 동안 억지로 분을 삭이고 있는데, 문강이 그제야 공관으로 돌아오는 중이라는 전갈을 받았다.

5. 멸구예궁(滅口穢宮)
  - 매제를 죽여 궁중의 더러운 일을 덮은 제양공 -

노환공은 문강을 보자마자 크게 화를 내며 추궁하였다.
「어젯밤에 궁중에서 누구와 같이 술을 마셨소?」
「연비와 같이 마셨습니다.」
「술자리는 언제 끝났소?」
「헤어진 지가 오래되어 이야기가 길어졌습니다. 밤하늘의 달이 하얀 석회를 칠한 담장 위에 올라 있는 모습을 봤으니 밤이 제법 깊었습니다.」
「부인의 오라비도 술자리에 함께 있지 않았소?」
「제 오라버니는 계시지 않았습니다.」
노환공은 진상을 다 파악하고 있다는 듯 얼굴에 냉소를 띠며 다시 다그쳤다.
「오누이 사이라 자리를 같이하기 힘들었겠소그려!」
「오라버니께서는 잔치 중간에 잠깐 들러 술 한 잔을 권한 후에 곧바로 가셨습니다.」
「잔치가 끝났는데도 어찌하여 궁궐 밖으로 나오지 않으셨소?」
「밤이 깊어 돌아올 수 없었습니다.」
「잠은 어디서 주무셨소?」
「군후께서는 너무 심하십니다. 어찌하여 저를 죄인 다루듯이 대하십니까? 궁중에는 빈방이 허다합니다. 저의 작은 몸 하나 눕힐 곳이 없겠습니까? 첩은 서궁에서 잠을 잤는데, 그곳은 제가 처녀 시절에 머문 곳입니다.」
「그렇다면 부인께서는 어찌하여 오늘 이렇게 늦게 나오셨소?」
「간밤에 술을 너무 많이 마셔 아침 늦게 일어났는데, 머리를 손질하다 보니 저도 모르는 사이에 이렇게 늦어지고 말았습니다.」
「잠자리는 누구와 같이했소?」
「궁녀들밖에 더 있겠습니까?」
「부인의 오빠는 어디에서 잠을 잤소?」
강씨가 부지중에 얼굴을 붉히며 말했다.
「결혼한 여동생이 오라버니가 잠자는 곳을 어떻게 알 수 있습니까? 방금 하신 말씀은 사람들의 비웃음을 살까 두렵습니다.」

「자고로 남녀가 유별한 법이오. 부인이 궁중에 머물며 오라비와 잠자리를 같이한 사실을 과인은 이미 알고 있소. 그러니 이제 그만 속이시오!」

문강은 입으로는 사실을 얼버무리려고 흐느껴 우는 척했지만, 내심으로는 그도 사람인지라 부끄러운 생각뿐이었다. 노환공은 몸이 제나라에 있었기 때문에 더는 어찌할 도리가 없었다. 그는 분하고 원통한 생각이 들었지만, 밖으로 어떤 내색도 할 수가 없었다. 화가 났어도 말로는 표현할 수가 없는 처지였다. 그는 즉시 사람을 제후에게 보내 이별의 인사를 전하고, 문강의 죄는 노나라로 귀국한 다음에 묻기로 작정했다.

제양공은 자신이 무슨 잘못을 저질렀는지를 잘 알고 있었다. 문강이 궁궐을 나가자 마음을 놓을 수가 없던 양공은 심복인 석지분여(石之紛如)에게 노환공 일행을 몰래 뒤따라가 노후 부부간에 오간 이야기를 알아오게 했다. 석지분여가 돌아와 보고했다.

「노후 부부는 부인이 어제 궁궐에서 밤을 보낸 사실 때문에 심하게 다투었다고 합니다.」

양공이 크게 놀라 말했다.

「노후가 언젠가는 알게 되리라고 생각은 했지만 이렇게 빠를 줄은 몰랐다.」

그리고 잠시 후 노환공이 보낸 사자가 귀국 인사를 전하자 양공은 문강과의 일을 들켰다고 생각했다. 그는 노환공에게 사람을 보내 우산(牛山)에서 전별연을 마련했으니 참석해 주기를 청했다. 양공이 계속 사자를 보내 독촉하자 환공은 어쩔 수 없이 어가에 올라 우산으로 향했다. 혼자 공관에 남은 문강은 속을 태워야만 했다. 문강과 헤어지기가 싫었을뿐더러 노후와 원수지간이 되는 일도 두려웠던 제양공은 공자

팽생(彭生)에게 술자리가 끝나고 공관으로 돌아가는 노환공을 곁에서 호위하는 척하다가 수레 안에서 죽이도록 지시해 두었다. 우산에서의 송별연은 노래와 춤이 끊이지 않고 이어져 성대하기 그지없었다. 제양공은 정성을 다하여 접대하는 척했다. 그러나 노환공은 머리를 떨군 채 제양공의 말에 한마디도 대꾸하지 않았다. 양공은 여러 대부들에게 명하여 노환공에게 술잔을 권하게 하고, 궁녀와 내시들에게는 노환공 옆에 술독을 받들고 꿇어앉아 쉬지 않고 술을 따르게 했다. 노환공은 술의 힘을 빌려 분노로 고통스러워진 마음을 잊고자 노력했다. 노환공은 잔치가 끝나고 헤어질 즈음에는 인사도 제대로 못 할 지경으로 대취하였다. 팽생은 제양공의 밀명을 수행하기 위해 술 취한 노환공을 부축해 수레에 같이 탔다. 두 사람이 탄 수레가 성문을 나와 약 2리 정도를 갔을 때 노후가 깊은 잠에 곯아떨어졌음을 확인한 팽생은 팔을 펴서 그의 허리를 감쌌다. 본래 힘이 천하장사였던 팽생의 팔뚝은 철퇴와 같았다. 팽생이 두 팔로 환공의 허리를 잡고 크게 힘을 쓰자 환공은 허리가 부러지면서 한 차례 외마디 비명을 지르더니 마차 안이 다 젖을 만큼 입으로 피를 가득 쏟고는 그대로 절명하였다. 수레를 따르던 환공의 종자들은 뭔가 수상한 일이 생겼다고 느꼈으나 다들 속수무책으로 돌아가는 형세를 관망할 수밖에 없었다. 사관이 이 일에 대해 시를 지어 한탄했다.

남녀의 애정 문제는 명백하게 밝힘이 가장 중요한데
어찌하여 부부가 국경을 넘어 어리석게 행차했는가?
전날에 신수(申繻)가 간했을 때 말을 들었다면
어찌 6자 넓이의 좁은 수레 안에서 비명에 죽었겠는가?

男女嫌微最要明(남녀혐미최요명)
夫妻越境太胡行(부처월경태호행)
當時若聽申繻諫(당시약청신수간)
何至車中六尺橫(하지차중육척횡)

 노환공이 죽었다는 소식을 전해 들은 제양공은 거짓으로 한바탕 대성통곡을 하고는 그를 후하게 장사 지낸 후에, 노나라 측에 노후의 시신을 운구해 가도록 통고했다. 노환공을 수행했던 종자들이 귀국하여 노후가 수레 안에서 피살된 경위를 자세히 설명하자 대부 신수가 노나라의 여러 신료들 앞에서 말했다.
「나라에는 하루라도 군주의 자리가 비어 있으면 안 됩니다. 세자 동(同)을 상주로 모시고 장례 준비를 해야 합니다. 그 사이에 선군의 관을 실은 수레가 도착하면 즉시 장례를 치르고 세자를 노후의 자리에 즉위시켜야 합니다.」
 환공의 서장자인 공자 경보(慶父)가 흥분하여 팔을 걷어붙이며 말했다.
「제후가 사람의 도리를 저버린 무례한 자인 까닭에 그 화가 우리 부군에게까지 미쳤습니다. 저에게 병거 300승만 내어 주시면 제나라를 정벌하여 그 죄를 만천하에 알리겠습니다.」
 경보의 말이 그럴듯하다고 생각한 대부 신수가 모사 시백(施伯)을 불러 은밀히 물었다.
「제나라를 정벌하려는데 어떻게 생각하는가?」
 시백이 해결책을 말했다.
「이 문제는 아직 구체적 물증이 없습니다. 설사 증거가 있더라도 이 사건을 이웃나라가 알게 하면 안 됩니다. 본디 노나라는 약하고, 제나라는 강합니다. 정벌하더라도 승리를 장담할 수 없고, 혹여 패하기라도 한다면 노나라는 더욱 부끄러워질 뿐입니다. 잠시 분을 참고, 선군이 수레 안에서 죽은 이유를 밝히라고 요청하십시오. 그러면 제후는 팽생을 죽일 수밖에 없을 겁니다.」

신수가 시백에게 국서를 작성하도록 명하고 그의 말을 경보에게 전했다. 상중인 세자가 국서에 노후의 이름을 사용할 수 없었으므로 대부들이 연명한 국서를 사자에게 주어 제나라에 보냈다. 제양공이 노나라의 국서를 받아 읽었다.

『외신 신수 등은 제후 전하께 삼가 국서를 바칩니다. 저희들 군주께서 천자의 명을 태만히 할 수 없어 혼사를 논의하기 위해 상국에 들렀습니다. 그러나 어제 출국은 하셨는데, 오늘 다시 돌아오시지 않으시니 수레 안에서 변고가 있었기 때문이라는 소문이 분분합니다. 우리 노나라의 군주가 목숨을 잃었음에도 그 잘못을 어디에도 물을 데가 없습니다. 더욱이 이런 부끄러운 사실이 주위의 제후들에게 알려질까 봐 두렵습니다. 청컨대 팽생에게 그 죄를 물어 주십시오.』

노나라의 국서를 읽은 양공은 팽생에게 입조를 명했다. 팽생은 공을 세웠다고 믿고는 고개를 높이 쳐들고 입궐했다. 제양공이 노나라 사자 앞에서 큰 소리로 팽생을 꾸짖었다.

「과인은 너에게 술을 과하게 마신 노후를 부축하여 수레에 태워 잘 모시라고 명했다. 그런데 어찌하여 조심하여 모시지 않고 갑자기 돌아가시게 했느냐? 네 죄를 용서할 수 없다.」

양공은 무사들에게 팽생을 포박하여 서잣서리로 끌고 나가 침수하도록 명했다. 상을 받을 줄 알고 입궐했던 팽생은 되레 처형당할 처지가 되자 악에 받쳐 외쳤다.

「여동생을 범하고 그 남편을 죽인 일은 모두 무도혼군인 네가 저지르지 않았느냐? 그런데 그 죄를 도리어 나에게 뒤집어씌우는구나. 내가 귀신이 되어서라도 너의 목숨을 취하고 말리라!」

당황한 양공이 부끄러움을 이기지 못하고 자기의 두 귀를 막자 주변에 있던 사람들 전부가 속으로 그를 비웃었다. 팽생을 죽인 양공은 혼인을 허락해 준 천자에게 감사의 말을 전하기 위해 왕성에 사자를 보내면서 왕녀와의 혼사일을 받아오도록 명하고 동시에 환공의 시신을 수레에 실어 노나라로 돌려보냈으나 문강은 계속 제나라에 머물게 했다.

신수가 세자 동(同)을 모시고 국경까지 나와서 노환공의 영구를 맞이했다. 환공의 장례를 치른 노나라의 대부들은 세자 동을 노후의 자리에 앉혔다. 이가 노장공(魯庄公)이다. 신수, 전손생(顓孫生), 공자익(公子溺), 공자언(公子偃), 조말(曹沫) 등 여러 문무대신들이 합심하여 노장공을 보좌하여 나라의 기강을 새롭게 일신했다. 노장공의 서형 경보와 서제 공자아(公子牙), 동모제 계우(季友) 등은 모두 대부에 봉해져 국정에 참가했다. 시백의 재주를 높이 산 신수가 천거하자 장공은 시백을 상사(上士)에 임명했다.

노환공 재위 18년 만인 기원전 694년에 일어난 일이었다. 노나라는 다음 해인 기원전 693년을 장공 원년으로 선포했다.

노나라의 군주로 즉위한 노장공이 신하들을 불러 부군 환공이 추진하던 제양공의 혼사문제를 상의했다. 시백이 의견을 말했다.

「우리나라는 치욕스러운 일이 셋이 있는데 주군께서는 알고 계십니까?」

장공이 물었다.

「세 가지 치욕이란 무엇이오?」

「선군의 장례는 무사히 마쳤지만 백성들 사이에 끊이지 않는 선군에 대한 분분한 소문이 첫 번째 치욕입니다. 선군의 부인이 아직도 제나라에 묵고 있으면서 돌아오지 않아 백성들의 입에 오른 구설수가 두 번째 치욕입니다. 제나라는 원수의 나라이고, 더욱이 주군께서는 아직 상중인데도 제후(齊侯)의 혼사를 주관할 수밖에 없는 처지입니다. 만약 이 일을 사양하면 왕명을 거역하는 셈이 되고, 명을 행하면 사람들의 웃음거리가 됩니다. 이것이 세 번째 치욕입니다.」

노장공이 앞으로 몸을 숙이며 물었다.

「세 가지 치욕을 어떻게 하면 면할 수 있겠소?」

시백이 계속해서 대답했다.

「"사람들의 미움을 받지 않으려면 반드시 자기 몸부터 아름답게 해야 하며, 사람들로부터 의심을 사지 않으려면 반드시 자기 자신부터 먼저 믿어야 한다"고 했습니다. 선군은 자신의 서형이 되시는 은공(隱公)을 시해하고 즉위하셨기 때문에 아직 주왕실의 승인을 받지 못했습니다. 이번에 제후의 혼사를 주관하는 기회를 활용해 주왕실의 허락을 받아낸다면 구천에 계시는 선군께 영예로운 이름을 얻게 해드리는 일이 되므로 첫 번째 치욕을 면할 수 있습니다. 선군의 부인이 아직 제나라에 있으니 예를 다하여 모셔 오면 주공께서는 효를 행하는 일이 되므로 두 번째 치욕 또한 면할 수 있습니다. 마지막으로 제후(齊侯)를 위하여 혼사를 주관하는 일이 남아 있는데, 이는 두 가지 조건을 동시에 충족시켜야만 하기 때문에 가장 어려운 과업입니다. 그러나 이 일에 대한 계책 역시 소신에게 있습니다.」

「그 계책이 무엇이오?」

「제후에게 시집가기 위해 왕희가 당도하면 성 밖에 관사를 짓고 그곳에 머물게 하십시오. 주군께서는 상중이라는 이유로 왕희의 일행을 맞이하거나 전송하는 일을 위시해서 모든 일을 상대부를 시켜 대신하게 하십시오. 그렇게 하면 위로는 천자의 명을 거역하지 않는 일이 되고, 아래로는 대국과의 우호관계를 저버리지 않고 보존할 수 있습니다. 또한 안으로는 상주로서 지켜야 하는 예를 잃지 않는 일이 되니 마지막 치욕의 문제도 해결할 수 있습니다.」

「신수가 이야기하기를 그대는 인정보다는 지혜가 앞서는 사람이라고 했는데 과연 맞는 말이오.」

노장공은 신하들에게 명해 시백의 계책대로 순서를 정해 하나하나 시행하도록 했다. 장왕의 명으로 주나라에 사자로 간 대부 전손생은 주왕을 배알하면서 왕녀를 모셔 가기 위해 왔다고 고하고 동시에 돌아가신 선군께 불면(戴冕)과 규벽(圭璧)[7]을 하사해 주시면, 지하의 선군에게는 다시없는 큰 영광이 된다고 했다.[8] 주왕은 노후의 청을 허락하고 환공을 노나라의 군주로 인정한다는 책명을 전하도록 했다. 주공(周公) 흑견(黑肩)이 나서서 스스로 노나라에 사자로 가기를 청했으나, 주장왕이 허락하지 않고 대부 영숙(榮叔)을 대신 보냈다.

원래 환왕은 살아 있을 때 장왕의 동생 극(克)을 사랑한 나머지 흑견에게 극을 잘 보살피라는 유언을 하고 죽었다. 그래서 장왕은 흑견이 다른 마음을 품고 은밀히 제후국들과 우호관계를 맺어 왕자극을 위한

---

7 규벽(圭璧): 규(圭)는 옥홀(玉笏)이라고도 한다. 고대에 중요한 의식이 행해질 때 참석한 문관(文官)이 예의(禮儀)를 표하기 위하여 손에 들었던 상아나 대나무로 길쭉하게 만든 널빤지 모양의 일종의 신분증이다. 주로 회의할 때 중요한 내용을 기록하기 위하여 사용했다. 각자 신분에 따라 크기나 재료가 서로 같지 않았다. 벽(璧)은 옥구슬로 천자가 신하에게 내리는 신분증에 해당하는 신표다.

8 불면(戴冕)의 하사는 노후(魯侯)를 노나라의 군주로, 규벽(圭璧)의 하사는 노후를 주천자의 신하로 인정한다는 비유적인 표현이다. 당시 노환공은 서형인 노은공을 시해하고 스스로 군위에 올랐기 때문에 주천자로부터 정식으로 제후로서의 신분을 인정받지 못하고 있었다.

무리를 만들지 않을까 의심하여 흑견을 보내지 않았다. 주왕이 자기를 의심하고 있음을 알게 된 흑견은 깊은 밤에 왕자극을 찾아가 상의하여 왕희를 제나라로 시집보내는 날에 난을 일으켜 장왕을 죽이고 극을 세우기로 음모를 꾸몄다. 그때 그들의 모의를 엿들은 대부 신백(辛伯)이 그 사실을 장왕에게 고했다. 장왕은 곧바로 흑견을 잡아서 죽이고 왕자극을 나라 밖으로 쫓아냈다. 왕자극은 연(燕)나라로 도망쳤다.

한편 왕희를 모시고 노나라에 돌아왔다가 다시 제나라까지 바래다준 전손생은 장공의 명을 받들어 문강을 노나라로 모셔 가겠다고 제양공에게 고했다. 제양공은 마음속으로는 내키지 않았으나 세상의 인심이 두려워 문강의 귀국을 마지못해 허락했다. 두 사람은 이별할 때가 되자 서로 소매를 붙잡고 몸조심하라는 말과, 앞으로 다시 만날 날이 있을 것이라는 소리를 천 번도 더 하며 좀체 떨어질 줄을 몰랐다. 그러나 두 사람은 눈물을 흘리며 마침내 이별해야만 했다. 애욕에 눈이 멀어 천륜을 어기고 제양공과 사통한 행위를 부끄럽게 생각한 문강은 한 걸음 가고 나서 쉬고, 한 걸음 더 가서 또 쉬기를 되풀이했다. 그녀가 작[禚: 현 산동성 제남시(濟南市) 장청구(長淸區) 경내] 땅에 이르렀을 때는 날이 어두워진 후였다. 그녀는 밤을 보내기 위해 공관에 들어갔다가 청아하고 고유한 주위의 경치를 보고 절로 탄식했다.

「제나라도 아니고 노나라도 아닌 이곳만이 내가 마음 편히 머물 수 있겠다!」

작 땅에 머물기로 작정한 문강을 남겨 누고 노나라에 돌아온 종사들이 장공에게 고했다.

「부인께서는 한적한 곳을 좋아하는 성격이라 환궁하지 않으시고 작 땅에 머물다가 돌아가신 후에나 궁으로 오시겠다고 말씀하셨습니다.」

문강이 귀국할 면목이 없어서 돌아오지 않으려 한다고 생각한 장공은 제나라와 멀리 떨어진 축구[祝邱: 현 산동성 임기시(臨沂市) 남]에 관사를 지어 그곳으로 모셨다. 문강은 제와 노 두 나라 땅을 마음 내키는 대로 수시로 드나들었다. 노장공은 계절이 바뀔 때마다 맛있는 음식을 준비하여 문강에게 문안을 올리기를 멈추지 않았다. 후에 사관이 논했다.

『노장공에게 문강은 정으로 말할 것 같으면 자기를 낳아 주신 생모이고, 의리로 말할 것 같으면 자기의 부친을 살해한 원수이다. 만약 문강이 노나라에 돌아왔더라면 장공은 매우 난처한 처지에 빠졌을 것이다. 문강이 제와 노 두 나라를 자유롭게 오갈 수 있도록 배려함으로써 노장공은 부친과 모친 모두에게 효도를 한 셈이 되었다.』

염옹이 시를 지어 말했다.

> 시부가 무슨 면목으로 동몽에서 돌아올 수 있었겠는가?
> 작(祚) 땅에 머물면서 제노(齊魯)를 오고 가고 했으니
> 만약에 부끄러운 얼굴을 들고 시가에 돌아왔다면
> 모친과 원수 사이에서 어찌 지낼 수 있었겠는가?
>
> 弒夫无面返東蒙(시부무면반동몽)
> 祚地徘徊齊魯中(작지배회제노중)
> 若使腼顔歸故國(약사면안귀고국)
> 親仇兩字怎融通(친구양자매융통)

6. 제양멸기(齊襄滅紀)
- 기(紀)나라를 멸하는 제양공 -

한편 전손생을 따라 제나라에 당도한 왕희(王姬)는 제양공과 성혼했다. 주장왕(周莊王)의 딸 왕희는 태어날 때부터 지조가 굳고 조용한 성격에 심지가 깊어 여유로운 말과 행동에 구차한 면이 없었다. 제양공에게 시집온 왕녀를 노래한 시가가 《시경(詩經)·소남(召南)》에 『하피농의(何彼穠矣)』라는 제목으로 실려 지금까지 전해 오고 있다.

그림 4 하피농의 당체지화 - 제양공에게 시집가는 왕녀

『하피농의(何彼穠矣)』는 제양공(齊襄公)에게 시집가는 왕녀의 덕성을 찬미한 시다. 비록 고귀한 왕녀 신분으로 자신보다 신분이 낮은 제후에게 시집가면서 수레와 복식을 왕후보다 한 등급 낮게 하여 부도(婦道)

를 지켰으므로 엄숙하면서도 화평한 왕녀의 품성을 노래했다. 주왕의 딸이 제후에게 시집갈 때 수레와 복식이 성대했으나 고귀한 신분을 빙자하여 남편의 집안에 교만을 떨지 않았다. 그래서 왕녀의 시집가는 행렬을 본 사람들이 왕녀가 온화하여 부도(婦道)를 지키고 있음을 알았다. 이에 시를 지어서 "어쩌면 저리도 화려한가? 바로 산앵두꽃과 같구나. 공경하고 화평한 왕녀를 어찌 존경하지 않겠는가?"라고 노래했다.

> 어찌 저렇게 화려한가? 산앵두로다.
> 어찌 공경하며 화평하지 않으리오?
> 왕녀의 수레로다.
> 어찌 저리 화려한가? 도리화 꽃이로다!
>
> 何彼穠矣 唐棣之華(하피농의 당체지화)
> 曷不肅雝 王姬之車(갈불숙옹 왕희지거)
> 何彼穠矣 華如桃李(하피농의 화여도리)

> 평왕의 손녀가 제후의 아들에게 시집가는구나!
> 낚시를 하려면 어찌해야 하는가?
> 실을 꼬아 낚싯줄을 만들어야지
> 제후의 아들과 평왕의 손녀로다!
>
> 平王之孫 齊侯之子(제후지자 평왕지손)
> 其釣維何 維絲伊緡(유사이민 기조유하)
> 齊侯之子 平王之孫(평왕지손 제후지자)

흥(興)이다. 농(穠)은 성(盛)과 통하니 활짝 핀 모습의 융융(戎戎)이란 말과 같다. 당체(唐棣)는 산앵두나무로 백양(白楊)과 흡사하다. 숙(肅)은 공경함이요, 옹(雝)은 화평함이다. 이(李)는 오얏나무로 꽃은 희고 열매는 먹을 수 있다. 복숭아와 오얏으로 남녀 한 쌍을 노래한 시가다. 이(伊)

는 유(維)와 같이 어조사다. 민(緡)은 륜(綸)으로 실을 꼬아 낚싯줄을 만든다는 비유는 남녀가 혼인함을 의미한다.

그러나 양공은 한낱 음악에 미쳐 있는 위인이라 현숙한 왕희와는 서로 마음이 맞지 않았다. 왕희는 궁중에 살기를 몇 달이 채 되지 않아, 양공이 그의 누이를 범한 일을 소문으로 듣고 알게 되었다. 왕희는 혼자서 한탄해 마지않았다.

「제후가 저지른 일은 윤리와 도덕을 망친 일이라서 금수와 무엇이 다르겠는가? 내가 불행하여 이런 황음무도한 사람에게 시집을 잘못 왔으니 이는 나의 운명일 뿐이다.」

그녀는 양공에 대한 생각을 가슴에 품고 고민하다가 병이 나서 일 년도 채 되지 않아 죽고 말았다.

왕희가 죽어 이후로는 거리낄 것이 없게 된 양공은 문강에 대한 욕정이 사무쳐 사냥을 핑계로 수시로 작(禚) 땅에 가서 머무르면서, 문강이 살고 있던 축구(祝邱)에 사람을 보내 그녀를 몰래 데려오게 하여 주야로 음락을 즐겼다. 노장공이 화를 낼까 두려워한 양공은 군사의 힘을 과시하여 위협을 주려고, 친히 많은 군사를 인솔하고 기(紀)나라를 공격하여 병(郱), 자(鄑), 오(郚)[9] 등의 세 고을을 빼앗아 제나라의 영토로 삼았다. 동시에 군사들을 임치성 동쪽의 휴성[酅城: 현 산동성 임치(臨淄) 동]에 주둔시킨 후에, 기후에게 사자를 보내 통고하였다.

「빨리 항복하면 그대들의 조상에게 지내는 제사만은 허용해 주겠다.」

기후가 한탄하면서 말했다.

---

9 모두 기나라의 성읍으로 병(郱)은 현 산동성 임구현(臨朐縣) 남, 자(鄑)는 창읍현(昌邑縣) 북, 오(郚)는 안구현(安丘縣) 서다.

그림 5 기(紀)나라 강역

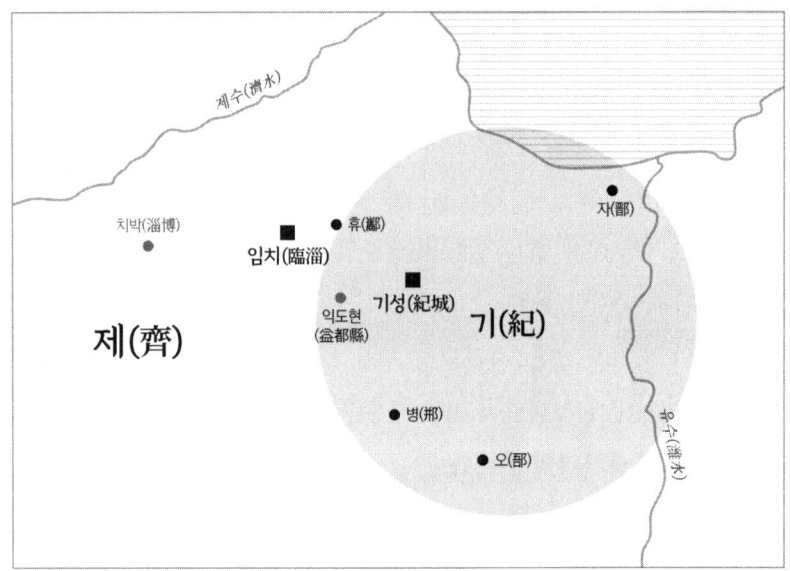

「제나라와 우리는 조상 대대로 내려온 원수지간이다. 나는 원수 앞에 무릎을 꿇고 항복하여 구차하게 목숨을 구걸하지 않겠다.」

기후가 곧바로 부인 백희(白姬)에게 편지를 쓰게 하여 사자를 시켜 노나라에 구원병을 요청하게 하였다. 그러자 제양공이 영을 내려 천하에 공포했다.

「기나라를 구하려고 군사를 보내는 나라가 있다면 먼저 그 나라부터 토벌하겠다.」

노장공은 사자를 정나라에 보내 힘을 합쳐 기나라를 구하려고 했다. 그러나 정나라 군주 자의(子儀)는 정여공이 역성(櫟城)에 머물면서 호시탐탐 정백의 자리에 복귀할 기회만을 노리고 있었기 때문에 감히 군사를 일으키지 못하고, 사람만을 보내 군사를 못 보내는 사정을 알렸다.

손바닥 한 개로는 소리를 낼 수 없는 처지가 된 노장공은 군사를 이끌고 활(滑)[10]의 땅까지 행군했으나, 제나라 군사들의 위세에 겁을 먹고 3일 동안 진을 치고 있다가 군사를 거두어 돌아가 버렸다. 노나라의 군사가 회군했다는 소식을 전해 들은 기후는 외국의 도움 없이는 기나라를 지킬 수 없다고 생각했다. 그래서 성과 처자 등을 그의 동생 기계(紀季)에게 맡기고, 종묘에 절을 올리며 대성통곡한 후에 밤이 되기를 기다려 성문을 열고 도망쳐 버렸다. 그 후로 기후는 어디로 가서 여생을 마쳤는지 알 수가 없었다. 기계가 기나라의 여러 대신들에게 말했다.

「싸워서 죽어 종사가 끊어지는 것과, 항복하여 사직을 보존하는 것 중 어느 것이 더 중한가?」

여러 대부들이 모두 말했다.

「사직을 보존하는 일이 더 중합니다.」

「구차하기는 하지만 기나라의 사직을 보존하려 하는데 원수에게 무릎을 꿇는 일을 어찌 마다하겠느냐?」

좌우에게 명해 항서를 쓰게 한 기계는 사자에게 주어 제양공에게 전하게 하면서 앞으로 기나라는 제나라의 외신이 되어 휴성에 살면서 종묘에 제사나 지낼 수 있도록 해 달라고 청했다. 제후가 허락했다. 기계가 곧바로 기국의 토지와 호적 등을 모두 제나라에 바치며 머리를 조아리고 애걸했다. 기나라의 토지대장과 호적을 적은 문서를 받아들인 제양공은 기나라 종묘가 있는 땅 한쪽의 호구 30호를 휴성으로 이주

---

10 활(滑): 춘추 때 희성(姬姓)의 소제후국으로 원래는 지금의 하남성 수현(睢縣) 서북에 있었으나 후에 지금의 언사시(偃師市) 서남의 비(費) 땅으로 나라를 옮겼다. 이때의 활국을 비활(費滑)이라고도 한다. 주양왕 25년 기원전 627년 섬진(陝秦)의 정나라 정벌군에 의해 멸망당했다.

시킨 후에 그들로부터 받는 부세로 제사를 지낼 수 있도록 허락하고 기계를 묘주(廟主)라 부르게 하였다. 기후의 부인 백희는 너무 놀라고 상심한 나머지 세상을 떠나고 말았다. 양공이 명하여 제후의 부인으로서 예를 갖추어서 장례를 후하게 치르게 하여 노나라의 환심을 사려고 하였다. 백희의 동생에 숙희(叔姬)라고 있었는데 옛날 백희가 노나라에서 시집올 때 따라와 기후의 후비가 되었었다. 양공이 알고 그녀를 친정인 노나라로 돌려보내려고 하였으나 숙희가 사양하면서 말했다.

「부인의 도리는 한번 출가하면 그 지아비를 따르게 되어 있습니다. 기씨의 부인으로 살았으니 죽어서도 기씨의 귀신이 되겠습니다. 어찌 편안함을 위하여 친정으로 돌아갈 수 있겠습니까?」

제양공이 듣고 숙희를 휴성에 살게 하고는 절개를 지키게 하였다. 숙희는 몇 년을 더 살다가 휴성에서 죽었다. 사관이 시를 지어 이를 찬미하였다.

세상의 풍속은 갈수록 쇠미해져서
음탕한 풍속은 대를 잇게 되었다.
제나라 임금은 자기 누이동생을 범하고
신대의 주인은 며느리를 차지했다.

世衰俗敝(세쇠속폐)
淫風相襲(음풍상습)
齊公亂妹(제공란매)
新台娶媳(신대취식)

행동과 마음이 금수와 같아
윤리는 없어지고 기강은 사라졌으나
동쪽의 조그만 나라의 몸종으로서
절개를 지켜 일부종사했다.

禽行獸心(금행수심)
倫亡紀佚(윤망기일)
小邦妾媵(소방접등)
矢節從一(시절종일)

오히려 시집의 종묘를 지키고
친정나라에 돌아가지 않았으니
훌륭하도다, 숙희여! 백주(柏舟)를 부르던
옛날 위(衛)나라의 공강(共姜)과 같구나.

寧守故廟(영수고묘)
不歸宗國(불귀종국)
卓哉叔姬(탁재숙희)
柏舟同式(백주동식)

기나라를 멸한 해는 제양공 8년으로 기원전 690년이었다.

7. 노도유탕(魯道有蕩) 제자유요(齊子遊邀)
- 노나라 가는 길은 훤히 뚫려 있는데, 제나라 여인은 놀러 다니며 즐기네 -

한편 제양공이 기나라를 멸하고 개선하자 도중에 문강이 마중 나와 영접하여 축구로 데려가서 잔치를 크게 벌였다. 두 사람은 군주들이 만날 때 행하는 예를 취한 후에, 피차간에 술잔을 주거니 받거니 하면서 그동안 나누지 못한 운우의 정을 마음껏 즐겼다. 다른 한편으로는 음식을 후하게 준비하여 제나라 군사들에게도 배불리 먹었다. 또한 임치성으로 돌아가는 양공을 작(禚) 땅까지 따라간 문강은 그곳에 계속 머물면서, 양공과 매일 잠자리를 같이하였다. 양공이 문강에게 편지를 쓰게 하여 노장공을 작 땅으로 불러내게 하였다. 모친의 명을 어길 수가 없었던 노장공은 곧바로 작 땅에 도착하여 문강을 문안했다. 문강은 장공에게 외숙부를 대하는 예절로서 양공에게 인사를 드리도록 명했다. 계속해서 문강은 장공에게 기후의 부인인 백희를 후하게 장사 지내준 양공의 은혜에 대해 감사의 말을 올리도록 시켰다. 장공이 모친의 명을 거역하지 못하고 문강이 시키는 대로 할 수밖에는 별수가 없었다. 제양공이 크게 기뻐하며 자기 역시 노장공을 예절을 갖추어 환대하였다. 그때 양공에게는 갓 낳은 딸이 하나 있었다. 문강이 노장공의 내실이 아직 비어 있다고 하면서 그 갓난아이와 약혼을 하도록 분부하였다. 노장공이 말했다.

「그녀는 아직 강보에 쌓인 갓난아이인데 어찌 나의 배필이 될 수 있겠습니까?」

문강이 화를 내며 말했다.

「너는 네 어미의 집안을 멀리하고자 함이냐?」

제양공도 역시 두 사람의 나이 차이가 너무 현격하여 사양하였다. 그러나 문강이 완강히 고집하여 말했다.

「20년만 기다렸다 혼사를 치른다 해도 늦지는 않으리라!」

제양공이 문강의 뜻을 꺾지 못하고, 노장공도 또한 모친의 명을 거역할 수 없어, 두 사람이 어쩔 수 없이 약혼을 허락하였다. 제양공과 노장공은 외삼촌과 조카 사이인데, 또다시 노장공이 제양공의 사위가 되었으니 친족의 정이 더욱 친밀하게 되었다. 두 나라의 군주가 수레를 나란히 하여 작 땅의 들판에서 사냥을 나갔다. 장공이 쏜 화살은 빗나감이 없어 아홉 발을 쏴서 아홉 발을 다 맞추었다. 양공이 보고 칭찬해 마지않았다. 사냥터를 지나가던 야인이 몰래 장공을 손가락질하여 희롱하였다.

「우리의 저 임금은 그 아비의 원수도 갚지 못하니 어찌 진짜 아들이라고 하겠는가?」

대노한 장공이 좌우를 시켜 그 야인을 쫓아가 죽이도록 했다. 사관이 "장공은 모친은 있지만 부친이 없다"고 한 말은 아버지를 잊고 원수를 모신 일을 풍자한 말이라고 하면서 시를 지어 노장공의 행위를 비난했다.

아버지가 수레 안에서 한을 품고 죽은 지 오래되었다고
원수와 함께 같은 하늘 아래에서 즐기고 있으면서
어찌하여 가짜 아들이라고 부른 야인을 이상하다고 하는가?
이미 원수를 가짜 아버지로 삼아 인연을 맺지 않았는가?

車中飮恨已多年(거중음한이다년)
甘與仇讐共戴天(감여구수공대천)
莫怪野人呼假子(막괴야인호가자)
已同假父作姻緣(이동가부작인연)

문강은 제양공과 함께 사냥을 즐긴 후로는 더욱 거리낌 없이 수시로 양공과 같은 방에서 기거하곤 했다. 그녀는 방[防 : 현 산동성 임기시(臨沂市) 청타구(靑陀區) 문강이 제양공과 정을 나누기 위해 머물렀던 거(莒)나라 땅이다]과 곡[谷 : 현 산동성 동아현(東阿縣) 경내] 땅을 오가기도 하고, 또 어떤 때는 제나라 궁중에 머물기도 하면서 제양공의 부인처럼 행세했다. 《시경(詩經)·국풍(國風)》 중 《제풍(齊風)》에 실려 있는 『재구(載驅)』라는 노래는 문강의 문란함을 풍자한 시가다.

수레를 끄는 말발굽소리는 가볍기만 하고
점불주곽[11]으로 치장한 수레는 아름답기만 하구나!
노나라로 가는 길은 훤히 뚫려 있는데
제나라 여인은 밤중에 길을 떠나네.

제5장 제환공 齊桓公 Ⅰ

載軀薄薄(재구박박)
簟茀朱鞹(점불주곽)
魯道有蕩(노도유탕)
齊子發夕(제자발석)

수레를 끄는 검정색 사마(駟馬)는 씩씩하기만 한데
늘어진 말고삐는 많기도 하구나!
노나라로 가는 길은 훤히 뚫려 있는데
제나라 여인은 참으로 기뻐하네!

四驪濟濟(사려제제)
垂轡濔濔(수비이이)
魯道有蕩(노도유탕)
齊子豈弟(제자개제)

문수는 세차게 흐르고
따르는 사람 많기도 하구나!
노나라로 가는 길은 훤히 뚫려 있는데
제나라 여인은 참으로 기뻐하네!

汶水湯湯(문수상상)
行人彭彭(행인팽팽)
魯道有蕩(노도유탕)
齊子高翔(제자고상)

문수는 도도히 흐르고
따르는 사람은 떼를 지었구나!
노나라로 가는 길은 훤히 뚫려 있는데
제나라의 여인은 놀러 다니며 즐기네!

---

11 점불주곽(簟茀朱鞹): 점(簟)은 수레 안의 바닥을 까는 대나무로 만든 자리이고 불(茀)은 수레의 뒤에 달린 문짝이다. 주곽(朱鞹)은 붉은색으로 염색한 짐승가죽의 화려한 휘장이다. 모두가 호화스러운 수레의 장식이다.

汶水滔滔(문수도도)
行人儦儦(행인표표)
魯道有蕩(노도유탕)
齊子游遨(제자유요)

박박(薄薄)이란 수레를 모는 말이 빨리 달릴 때 내는 소리다. 그리고 점(簟)은 수레 안의 바닥에 까는 대자리이고, 불(茀)은 수레의 뒤에 달린 문짝이며, 주곽(朱鞹)은 붉은 색으로 염색한 짐승가죽으로 모두가 수레를 장식한 호화스러운 물건들이다. 제자(齊子)는 문강으로, 호화스러운 수레를 타고 제나라로 들어가는 문강과 수많은 종복들의 성대한 행렬을 노래한 시가다. 표표(儦儦)란 여러 사람이 모여 있는 모습으로 문강이 출입할 때 데리고 다닌 종복들이 많음을 말한다.

그림 6 기원전 7세기 초 제노형세도

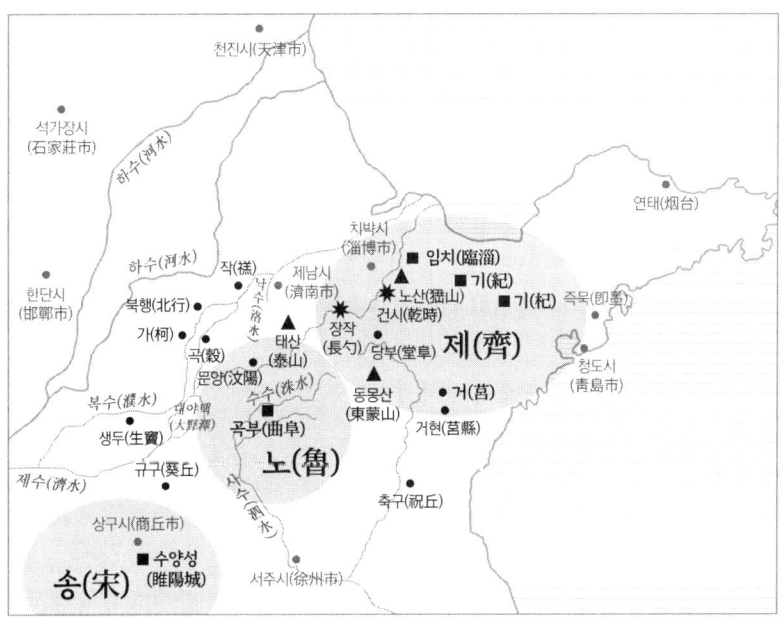

또 《시경》의 같은 편에 『폐구(敝笱)』란 시가 있다. 노장공을 풍자한 시가다.

깨진 통발에 어살[12]을 놓았으나
너무 큰 환어(鰥魚)[13]라서 잡을 수가 없었네!
문강이 제나라에 가는데
따르는 종자들은 구름같이 많구나!

敝笱在梁(폐구재량)
其魚魴鰥(기어방환)
齊子歸止(제자귀지)
其從如雲(기종여운)

깨진 통발에 어살을 놓았으나
너무 큰 연어라서 잡을 수가 없었네!
문강이 제나라에 가는데
따르는 종자들은 내리는 빗물처럼 많구나!

敝笱在梁(폐구재량)
其魚魴鱮(기어방서)
齊子歸止(제자귀지)
其從如雨(기종여우)

깨진 통발에 어살을 놓았으나
그 큰 물고기 너무도 유유하게 놀고 있네!
문강이 제나라로 가는데
따르는 종자들은 마치 쏟아지는 강물처럼 많구나!

---

12 양(梁): 어살이다. 어전(魚箭)이라고도 하며 싸리, 참대, 장목 따위를 개울, 강, 바다 등에 날개 모양으로 둘러 꽂고 그 가운데에 그물을 달아서 물고기가 들어가면 빠져나가지 못하게 만든 어구(漁具)다. 음란한 문강은 깨진 통발로는 제지할 수 없다고 풍자한 시가다.

13 환어(鰥魚): 홀로 있기를 좋아하며, 근심으로 언제나 눈을 감지 못한다는 전설상의 큰 물고기.

敝笱在梁(폐구재량)
其魚唯唯(폐구재량)
齊子歸止(제자귀지)
其從如水(기종여수)

폐(敝)는 깨진 모습이고 구(笱)는 고기를 잡는 그릇으로 통발이다. 즉 깨진 통발로는 큰 고기를 잡지 못한다는 의미다. 노장공이 문강을 통제할 수 없었을 뿐만 아니라 그녀를 모시는 종자들의 출입조차도 막지 못했음을 풍자했다.

8. 과숙지약(瓜熟之約)
- 참외가 익을 때 한 약속 -

위후 검모(黔牟) 8년 기원전 689년, 제양공이 송(宋), 노(魯), 진(陳), 채(蔡) 등의 4국 제후들의 군사를 규합하여 위나라를 공격했다. 위나라를 구원하기 위해 출동한 왕군을 압도적인 군세로 전멸시킨 제양공은 조카 위혜공을 복위시켰다. 검모는 도망쳐 주나라로 몸을 피했다. 혜공이 처음 위나라 군주 자리에 오른 지 3년 만인 기원전 696년에 우공자 직(職)과 좌공자 설(泄)의 반란으로 쫓겨나 제나라로 망명했다가 8년 만인 기원전 688년에 환국하여 복위되었으니 그해를 전후 모두 합해서 혜공 13년이라고 했다.[14]

제양공은 혹시 주왕이 제후군을 규합하여 왕군에 대항한 자신의 죄

---

14 제양공이 위나라의 군주 검모(黔牟)를 쫓아내고 위혜공(衛惠公) 삭(朔)을 복위시킨 일에 대한 자세한 내용은 1-4-13 〈항왕입국〉 편 참조.

를 묻기 위해 다시 군사를 보내 공격해 오지나 않을까 걱정했다. 그래서 대부 연칭(連稱)을 대장으로, 관지보(管至父)를 부장(副將)으로 삼아 군사를 이끌고 규구[葵邱: 현 하남성 민권현(民權縣) 경내]에 주둔하면서 지키도록 명했다. 규구는 중원에서 제나라로 들어가는 전략적인 요충지다. 연칭과 관지보는 임지로 떠나기에 앞서 양공을 배알하면서 청했다.

「변방의 요충지를 지키는 고생은 마다하지 않겠습니다. 그런데 언제까지 그곳에 주둔해야 합니까?」

때마침 양공은 참외를 먹고 있었다.

「지금은 참외가 익는 계절이다. 내년 이맘때 참외가 익으면 다른 사람을 보내 교대해 주겠다.」

두 사람의 장수가 규구에 가서 진을 치고 지킨 지도 어느새 1년이 지났다. 어느 날 군졸 한 명이 맛을 보라며 참외를 가져와서 두 장군에게 바쳤다. 연칭과 관지보는 참외가 익을 때 교대해 주겠다는 양공의 약속을 기억해 냈다.

「교대해야 할 때가 이미 지났건만 주공께서는 왜 후임자를 보내주시지 않는단 말인가?」

두 사람은 심복을 도성으로 보내 소식을 알아보게 했다. 심복이 돌아와 제후는 곡성(谷城)에서 문강과 환락을 즐기느라 도성에 돌아오지 않은 지가 한 달도 더 되었다고 보고했다. 연칭이 크게 화를 내며 말했다.

「왕희가 죽었으니 나의 누이가 정실 자리를 이어야 마땅하다. 그럼에도 저 무도혼군은 사람의 도리를 돌보지 않고 외지에 나가서 날마다 음락만을 즐기느라 우리들을 이런 변방에 방치하고 있다. 내가 그 자를 꼭 죽이고 말리라.」

연칭은 관지보를 향해 말을 이었다.

「장군이 나의 한 팔이 되어 도와주시오.」

관지보가 허락하고 자기의 생각을 말했다.

「참외가 익으면 교대해 준다고 주공께서 친히 약속하셨습니다. 혹시 너무 바쁜 탓에 약속을 잊었을지도 모르니 장군께서는 일단 교대를 청하십시오. 그래도 교대해 주지 않는다면 군심이 동요할 테니 그때 가서 군대를 움직이십시오.」

「좋은 생각이오.」

두 장군은 심복을 다시 도성으로 보내 양공에게 참외를 바치면서 변방을 지키는 임무를 교대해 달라고 요청하였다. 양공이 화를 내면서 말했다.

「교대에 관한 일은 전적으로 과인의 권한이다. 변방을 지키는 장수 주제에 어찌 건방지게 스스로 이를 청한단 말인가? 참외가 내년에 또 익으면 그때 교대해 주겠다고 전하라.」

부하가 임치성에서 돌아와 양공의 말을 전하자 연칭은 분을 삭이지 못하고 관지보에게 말했다.

「대사를 도모하려면 어떤 계책을 써야 하겠소?」

관지보가 대답했다.

「모든 거사는 새로운 군주로 모실 분을 정한 후에 행해야 성공하는 법입니다. 공손무지는 이중년의 아들입니다. 선군 희공께서는 동모제인 이중년을 매우 사랑했습니다. 그래서 이중년이 일찍 죽자 그의 아들 무지를 친아들처럼 대하기 위해 궁중에 데려와 의복과 예법까지도 모두 세자와 똑같이 행하게 하였습니다. 주공이 즉위한 다음에도 계속 궁중에 살던 무지가 어느 날 주공과 씨름을 하게 되었는데 힘이 장사인 무지가 발을 걸어 주공을 땅에다 메다꽂아 엎어뜨렸습니다. 그때부터 양공은 무지를 불쾌하게 생각하기 시작했습니다. 하루는 무지와 대부 옹름이 사람의 도리에 대해 언쟁을 벌였는데, 주공이 무지의 불손함에 노하여 그를 곧바로 궁중 밖으로 쫓아내고는 그의 벼슬과 품계를 크게 낮췄습니다. 무지는 그 일로 인하여 가슴에 한을 품은 지 오래된 터라 난을 일으킬 기회만을 호시탐탐 노리고 있습니다. 지금 무지는 자기를 도와주는 사람이 없음을 한탄하고 있는 중입니다. 우리들이 무지와 은밀히 안팎으로 힘을 합하면 틀림없이 대사를 성공시킬 수 있습니다.」

「그러면 언제 거사를 일으켜야 하오?」

「주공은 용병을 좋아하며 사냥을 즐기는 성격입니다. 사람이 맹호를 잡기 위해선 호랑이가 굴 밖으로 나와야 하듯이, 우리 역시 주공이 도성 밖으로 나갈 때를 기다려야만 합니다.

「내 누이가 궁중에 있는데 주공의 총애를 잃어 원망하는 마음이 가슴 깊이 사무쳐 있소. 무지에게 내 누이의 도움을 몰래 요청하라고 전하겠소. 내 누이에게 혼군이 도성을 비우고 나갈 시기를 우리에게 알리게 하여 그때를 맞춰 거사를 단행하기로 합시다.」

연칭은 공손무지에게 다음과 같이 편지를 써서 보냈다.

『현명하신 공손께서 선군으로부터 적자처럼 총애를 받으시다가 하루아침에 직위와 품계를 박탈당하신 일에 대해서 길 가는 사람들 모두가 옳지 못하다고 불평하고 있습니다. 지금의 군주는 성품이 무도하고 정신이 혼미한 까닭에 정령이 수시로 바뀌고 있습니다. 소장은 과숙지약(瓜熟之約)을 믿고 규구를 오랫동안 지켜왔으나 참외가 이미 익었음에도 교대를 해주지 않아 병사들의 원망하는 마음이 하늘을 찌를 지경에 이르렀습니다. 만약 공손께서 기회를 보아 대사를 도모하신다면, 이 연칭 등은 견마지로를 다하여 공손을 제나라의 군주로 추대하겠습니다.

신의 누이는 궁실에 있은 지 오래되었으나 총애를 잃어 원한을 품어 온 까닭에 공손과 기꺼이 협력할 준비가 되어 있습니다. 이는 하늘이 주신 기회이니 결코 놓치지 마십시오.』

공손무지는 크게 기뻐하며 답서를 보냈다.

『하늘이 황음한 자를 벌주려고 장군으로 하여금 뜻을 품게 만들었소! 편지의 내용은 가슴 속에 새겨 두겠소. 나를 추대한 보답은 머지않아 받게 되리라!』

무지는 연비에게 연칭의 편지를 전하면서 자기의 의중을 알렸다.

「일이 성사되면 그대를 부인으로 맞이하겠소.」

연비는 무지의 청을 허락했다. 주장왕 11년인 기원전 686년에 일어난 일이었다.

9. 적원폐명(積怨斃命)
　　- 악행의 업보로 비명에 죽다 -

고분[姑棼: 박고(薄姑)라고도 하며 현 산동성(山東省) 임치시(臨淄市) 북서 박흥현(博興縣) 경내]의 들판에 우뚝 솟아 있는 패구산(貝邱山)에는 날짐승과 들짐승들이 무수히 서식하고 있었다. 양공은 이곳이 사냥하기에 좋은 장소라는 사실을 잘 알고 있었다. 그는 그해 10월이 되자 도인비(徒人費) 등에게 거마를 손보게 하는 등, 사냥 준비를 시키고는, 다음 달 초 패구산으로 사냥을 나갈 계획임을 신하들에게 알렸다. 연비로부터 양공의 사냥 계획을 알게 된 무지는 규구에 있는 연칭과 관지보에게 편지로 양공의 일정을 알렸다. 무지와 연칭 일당은 양공이 사냥을 위해 도성을 떠나는

11월 초순에 일제히 궐기하기로 거사일을 정했다. 연칭이 말했다.

「혼군이 사냥을 나가면 도성 안은 텅 비게 됩니다. 우리들이 군사를 이끌고 도성으로 바로 쳐들어가 공손을 옹립하면 어떻겠소?」

관지보가 이의를 제기했다.

「혼군은 이웃 나라 군주들과의 관계가 좋습니다. 그가 군사를 빌려서 토벌에 나서면 어쩌시렵니까? 그러니 사냥터가 있는 고분에 군사들을 매복시켜 놓았다가 먼저 혼군을 죽인 연후에 공손을 추대하도록 하십시오.」

규구를 지키는 군사들은 오랫동안 나라 밖으로 나와 있었기 때문에 고향 생각이 간절하였다. 연칭이 각자 비상식량을 준비해 패구산으로 이동한다고 비밀리에 지령을 내리자 군사들 모두가 뛸 듯이 기뻐했다. 사냥을 가기로 예정된 11월 초하룻날이 마침내 밝았다. 제양공은 장사 석지분여(石之紛如)와 총신 맹양(孟陽) 및 곁에서 수발을 드는 내관 몇 명만을 수행시키고는 수레에 올라타 패구산의 사냥터로 향했다. 사냥을 위해 길들인 매를 팔뚝에 앉힌 제양공은 사냥개들은 이끌고 사냥터로 떠나면서 대신들은 아무도 따라나서지 못하게 했다. 그날 밤 고분에 도착한 양공은 오래전에 축조한 이궁(離宮)으로 들어갔다. 그는 주변에 거주하는 백성들이 갖다 바친 술과 음식을 맘껏 즐기고는 밤이 깊어서야 잠자리에 들었다.

다음 날 아침 만반의 준비를 마친 양공은 수레를 움직여 패구산의 사냥터로 부리나케 달려갔다. 길옆 숲에는 나무들이 빽빽이 들어차고, 덩굴들이 나무들을 잠시도 떨어져 있기 싫다는 듯이 칭칭 휘감고 있었다. 패구산의 삼림은 그만큼 울창했다. 언덕 높은 곳에 수레를 멈춘 양공은 군사들에게 명을 내려 사냥터의 숲에 불을 지르라고 명했다. 그러고는 다시 산을 에워싸게 하여 산불에 놀라 뛰쳐나오는 짐승들을 한곳으로 몰도록 지시하고 매와 사냥개를 풀어놓아 사냥감을 쫓도록 했다. 곧 불길이 맹렬히 치솟고 바람마저 세차게 불어오자 여우와 토끼 등의 짐승들이 처음에는 동쪽으로, 다음에는 서쪽으로 이리저리 뛰어다니는 모습이 보였다. 그런데 갑자기 소같이 생겼지만 뿔이 없고, 호랑이처럼 생겼지만 몸체에 무늬가 없는 커다란 멧돼지 한 마리가 불길 속에서 갑자기 뛰쳐나왔다. 그 멧돼지는 양공이 머물고 있던 언덕 위로 맹렬히 돌진해 와서 수레 앞에 웅크리고 앉았다. 그때 시종들은 사냥감을 잡기 위해 곁을 떠나고 오로지 맹양만이 양공 옆을 지키고 있었다. 양공이 맹양을 쳐다보며 말했다.

「빨리 저 멧돼지를 활로 쏴서 잡지 않고 무엇 하느냐?」

맹양이 눈을 부릅뜨고 돼지를 자세히 살펴보더니 크게 놀라 소리쳤다.

「저것은 멧돼지가 아닙니다. 공자 팽생입니다!」

양공이 대노하여 말했다.

「죽은 팽생이 어찌 감히 나를 넘볼 수 있단 말이냐?」

양공은 맹양이 들고 있던 활을 빼앗아 연달아 세 발의 화살을 멧돼지를 겨냥해 날렸지만 한 발도 맞히지 못했다. 그러자 멧돼지가 갑자스럽게 앞발을 높이 들고는 마치 사람처럼 걸어 다니면서 대성통곡하는데 그 소리가 너무나 애처로워 차마 들을 수가 없었다. 양공은 이 기괴하고 충격적 광경에 너무 놀란 나머지 그만 수레 위에서 굴러 떨어지는 바람에 왼쪽 발을 다치고 말았다. 이때 사문구[絲文履: 수를 놓은 비단으로 만든 신발] 한 짝도 벗겨져 땅에 떨어졌는데 그 커다란 멧돼지가 달려와서는 땅바닥에 떨어진 양공의 신발을 입에 물고는 숲속으로 달아나 버려 행방을 알 수가 없었다. 염옹이 시를 지어 이 일을 노래했다.

그림 7 제양공출엽우귀(齊襄公出獵遇鬼)

옛날 노환공은 수레 안에서 죽었고
오늘 제양공은 수레 안에서 귀신을 만났다.
원한을 품고 죽은 팽생이 악귀가 되어 나타나자
제아는 조궁을 들어 화살을 쐈지만 맞히지 못했다.

魯桓昔日死車中(노환석일사거중)
今日車中遇鬼雄(금일거중우귀웅)
枉殺彭生應化厲(왕살팽생응화려)
諸兒空自引雕弓(제아공자인조궁)

　도인비를 비롯한 시종들이 양공을 일으켜 수레 안에다 눕힌 후에 군사들에게 사냥을 중단하라는 명령을 내렸다. 이궁으로 돌아와 침상에 누운 양공은 가까스로 의식을 회복하기는 했으나 여전히 정신이 몽롱하였고, 마음도 안정되지 않았다. 그때 궁중에서 이경을 알리는 종소리가 울렸다. 그러나 양공은 수레에서 굴러떨어질 때 다친 왼쪽 발의 통증 때문에 좀처럼 잠을 이룰 수 없었다. 양공이 맹양에게 말했다.
「내가 천천히 몇 발자국을 걸어 볼 테니 네가 부축해 보라.」
　맹양은 양공의 사문구를 찾았으나 보이지 않았다. 그는 양공이 낮에 사냥터에서 수레 위에서 굴러 떨어질 때 한 짝을 잃어버린 사실을 전혀 모르고 있었다. 양공이 걸어 보겠다고 해서야 한 짝을 잃어버린 사실을 알게 된 맹양은 도인비를 불러 신발 한 짝이 어디 있느냐고 물었다. 도인비가 대답하였다.
「신발 한 짝은 큰 돼지가 물고 어디론가 가 버렸습니다.」
　양공은 도인비의 말이 마음에 거슬려, 크게 화를 내며 꾸짖었다.
「너는 이미 나를 따라다닌 지 하루 이틀이 아니건만 어찌하여 나의 신발 한 짝이 없어진 사실도 몰랐단 말이냐? 만약에 네 말대로 돼지가 물고 가 버렸다면 어째서 그때 즉시 고하지 않았느냐?」

양공이 가죽채찍을 손수 잡고 도인비의 등을 후려쳤다. 도인비의 등에서 흐르는 피가 바닥을 흥건히 적실 때까지, 양공은 채찍질은 멈추지 않았다. 채찍질을 다 맞고 난 도인비가 눈에 눈물을 머금으며 이궁의 성문을 나섰을 때 마침 한 떼의 군사를 끌고 양공의 동정을 살피기 위하여 이궁을 향해 걸어오고 있던 연칭의 일행과 마주쳤다. 도인비를 붙잡아 다짜고짜로 밧줄로 묶고 난 연칭이 물었다.

「무도혼군은 지금 어디에 있느냐?」

도인비가 순순히 대답했다.

「침실에 있습니다.」

「이미 잠자리에 들었는가?」

「아직 들지 않았습니다.」

더 이상 물어볼 것이 없다고 생각한 연칭이 칼을 들어 도인비를 죽이려고 했다. 도인비가 말했다.

「저를 살려 주시면 제가 마땅히 장군을 주상이 있는 곳까지 인도해 드리겠습니다.」

연칭이 믿지 않자 도인비가 황급히 말을 이었다.

「저 역시 그 도적놈의 채찍질로 부상을 당했습니다. 그래서 지금 저도 그놈을 죽여 원한을 풀려고 하던 참입니다.」

연칭이 군사들에게 명하여 도인비의 웃옷을 벗겨 상처를 살펴보도록 했다. 혈육으로 뒤엉켜 흥건히 적셔 있는 도인비의 등을 확인한 연칭이 그제야 비로소 그의 말을 믿었다. 결박을 풀어 준 도인비에게 행궁 안으로 다시 들어가 내응하라고 명한 연칭은 관지보를 불러 한 떼의 군사를 이끌고 도인비의 뒤를 따라 이궁 안으로 들여보냈다. 궁문 안으로 들어온 도인비는 마침 자기를 향해 걸어오는 석지분여를 만나 연칭이 반란을 일으켰다고 고했다. 두 사람이 곧바로 양공의 침실로 달려가 연칭의 반란을 알렸다. 양공이 놀라 어찌할 바를 몰랐다. 도인비가 말했다.

「일이 이미 매우 급하게 되었습니다. 다른 사람을 주공으로 분장시켜 침상에 눕게 하고, 주공께서는 지게문 뒤에 숨어 계시다가 다행히 발각되지 않는다면 혹시 기회를 봐서 이곳에서 탈출할 수도 있을지 모르겠습니다.」

곁에 있던 맹양이 나서서 말했다.

「신은 항상 분수에 넘치는 은혜를 주공에게서 받아 왔습니다. 원컨대 제가 주공을 대신하겠습니다. 어찌 죽음을 두려워하겠습니까?」

맹양이 즉시 침상에 눕고는 다른 사람이 알아보지 못하게 얼굴을 안쪽으로 향하자 양공이 친히 비단 전포를 벗어 덮어 주었다. 이어서 양공이 지개문 뒤에 몸을 숨기면서 도인비에게 물었다.

「너는 장차 어찌하겠느냐?」

「신은 석지분여와 힘을 합하여 적도들을 막겠습니다.」

「채찍으로 맞아 생긴 등의 상처가 아프지 않으냐?」

「신은 죽음도 마다하지 않는데 어찌 아픈 상처가 문제이겠습니까?」

도인비의 대답을 듣고 양공이 한탄하면서 말했다.

「진정 충신이로다!」

도인비는 석지분여로 하여금 여러 시종들을 거느리고 중문에서 적도들을 막게 하고, 자기는 단신으로 연칭을 맞이하는 체하다가 소매 속에 숨긴 예리한 단도로 기회를 봐서 찔러 죽이려고 했다. 그때는 이미 성문을 깨뜨리고 수많은 반군들의 선두에서 장검을 치켜든 연칭이 길을 찾아 양공의 침소를 향해 들어오고 있었다.

관지보에게는 다시 명을 전해 별도의 군사를 이끌고 이궁의 궁문과 담장을 철통같이 지키게 하여 한 사람도 밖으로 도망치지 못하도록 방비하게 했다. 자기를 향해 다가오는 연칭의 흉흉한 기세에 더 이상 기다릴 시간이 없다고 생각한 도인비는 발을 한 발자국 앞으로 내딛으며 준비한 단도로 연칭을 찔렀다. 그러나 연칭은 두꺼운 갑옷을 껴입고 있었기 때문에 도인비의 단도는 불행히도 그의 갑옷을 꿰뚫지 못했다. 그사이 연칭이 휘두른 칼에 단도를 잡고 있던 도인비의 손가락 두 개가 잘려 나갔다. 연칭이 칼을 다시 한 번 더 휘둘러 도인비의 목을 잘랐다. 중문을 지키던 석지분여가 창을 들고 연칭을 막아서며 십여 합을 버텼으나 연칭의 기세에 눌려 점점 뒤로 물러나다가 돌계단에 발이 걸려 넘어지고 말았다. 석지분여 역시 연칭의 휘두른 칼에 맞아 목숨을 잃었다. 두 사람을 살해한 연칭이 행궁의 침실로 뛰어 들어갔다. 양공을 모시던 시종들이 놀라서 모두 흩어져 달아나 버렸다. 연칭이 살펴보니 둥그런 꽃무늬로 수놓은 장막 안의 침상에 한 사람이 누워 있는데 비단 전포를 위에 덮고 있었다. 침상으로 다가간 연칭이 손에 든 장검으로 내리치자 그의 머리가 침상 밑으로 떨어졌다. 촛불을 들어 떨어진 머리를 살펴보니 나이는 어리고 얼굴에는 수염이 하나도 없었다. 연칭이 보고 말했다.

「이 자는 무도혼군이 아니다.」

연칭이 부하들에게 방 안을 샅샅이 뒤지게 하였지만 종적을 찾을 수 없었다. 촛불을 들고 다니며 양공의 행방을 찾고 있는 연칭의 눈에 갑자기 지게문 난간 아래에 사문구 한 짝이 보였다. 직감적으로 지게문 뒤에 사람 하나가 몸을 숨기고 있다고 짐작한 연칭은 그 사람이 양공이라고 믿어 의심치 않았다. 지게문을 열고 들여다보니 과연 혼군이 아픈 다리를 부여잡고 잔뜩 쭈그리고 앉아 벌벌 떨고 있었다. 사문구 한 짝은 양공이 신고 있었지만, 연칭이 발견한 또 다른 한 짝은 낮에 사냥터에서 커다란 돼지가 입에 물고 어디론가 사라져 버렸다고 했는데, 어떻게 하여 지게문 난간 아래에 떨어져 있게 되었는지 알 수 없는 일이었다. 이것은 분명히 원귀의 소행이라고 할 수 있으니 어찌 두려운 일이 아니겠는가? 그가 양공임을 확인한 연칭은 마치 병아리 새끼를 다루듯이 양공을 잡아서 지게문 밖으로 끌어내어 땅에다 메다꽂고는 크게 꾸짖었다.

「무도혼군아! 너는 해마다 쉴 새 없이 군사를 일으켜 무력을 남용하여 백성들에게 재앙을 안겨 주었으니 불인(不仁)의 죄이며, 부친의 유명을 듣지 않고 공손무지를 멀리하였으니 불효(不孝)를 저질렀다. 더욱이 오라비와 누이가 서로 간음하면서 이를 전혀 거리끼지 않았으니 무례(無禮)를 저질렀음이라! 또한 먼 지방의 황량한 땅에서 오랫동안 외적을 막고자 지키는 노고를 고려하지 않고 참외가 익은 계절이 되었는데도 교대하여 주지 않아 약속을 지키지 않았으니 무신(無信)이다. 인(仁), 효(孝), 예(禮), 신(信) 네 가지의 덕을 모두 잃은 네가 어떻게 사람이라고 말할 수 있겠느냐? 내가 오늘 죽은 노후를 위해 원수를 갚아 주리라!」

연칭이 말을 마치고 곧바로 양공을 칼로 내리쳐 두 동강이를 내고는 침상 위의 이불을 걷어 맹양의 시체와 함께 말아서 지게문 바로 밑에다 매장했다. 양공은 모두 합하여 12년을 재위에 있었는데, 사관이 이 일에 대해서 평했다.

『양공은 대신들은 소원하게 대하면서 석지분여나 맹양, 도인비 등과 같은 소인들과는 가깝게 지냈다. 그 소인들이 평소에 사사로운 은혜를 입어 난중에 죽음으로써 비록 양공에게 은혜를 갚았다고는 하나, 충신대절(忠臣大節)과는 거리가 먼 행위였다. 연칭과 관지보 및 그의 부하들이 오랫동안 변방을 지켰으나 때가 되어도 교대를 해주지 않아 곧바로 일어난 반란으로 인해 목숨을 잃었다고는 할 수 있겠으나, 그것은 양공이 저지른 악행이 이미 가득 차게 되어 두 사람의 손을 빌려 하늘이 벌을 내렸기 때문이었다. 팽생이 처형당하면서 "내가 죽어 요귀가 되어 너의 목숨을 가져가겠다!"라고 크게 소리쳤었다. 팽생이 커다란 멧돼지의 모습을 하고 나타나 양공의 목숨을 가져간 것은 결코 우연히 일어난 일이 아니었다.』

염옹이 시를 지어 석지분여와 도인비에 대하여 시를 지어 노래했다.

> 임금을 위해 목숨을 버리는 행위를 충정(忠貞)이라 했는데
> 도인비와 석지분여는 충신으로서 이름을 남기지 못했다.
> 만일 혼군을 따라 목숨을 버리는 일을 충절이라고 한다면
> 비렴과 숭호[15] 같은 악인도 정문을 세워야 하지 않겠는가?
>
> 捐生殉主是忠貞(연생순주시충정)
> 費石千秋无令名(비석천추무령명)
> 假使從昏称死節(가사종혼칭사절)
> 飛廉崇虎亦堪旌(비렴숭호역감정)

또 시를 지어 제양공을 풍자했다.

---

15 비렴(飛廉): 상나라 마지막 왕 주왕(紂王) 때 총신(寵臣)으로, 주왕의 어떠한 잘못된 명령이라도 행했다. 주무왕(周武王)이 주왕을 토벌할 때 같이 죽였다.
숭호(崇虎): 은의 주왕(紂王) 때 지금의 하남성 숭현(嵩縣)에 있었던 숭(崇)나라의 제후로 호(虎)는 그의 이름이다. 숭호가 서백(西伯) 창(昌)을 참소하자 주왕이 서백을 유리(羑里)에 가두었다. 후에 서백의 아들 주무왕이 주왕(紂王)과 같이 죽였다.

> 불을 질러 사냥을 하다가 임금이 죽었고
> 불길이 멎자 커다란 멧돼지가 뛰어나와 미친 듯 날뛰었다.
> 악행이 차서 가득하니 어찌 죽지 않겠는가?
> 사람들이여, 선행을 하는 데 이익을 따지지 말지어다!
>
> 方張惡焰君侯死(방장악염군후사)
> 將熄凶威大豕狂(장식흉위대시광)
> 惡貫滿盈无不斃(악관만영무불폐)
> 勸人作善莫商量(권인작선막상량)

　양공을 죽이는 데 성공한 연칭과 관지보가 군용을 재정비하여 제나라 도성으로 거침없이 진군했다. 한편 임치성의 공손무지는 무장시킨 사병을 이끌고 대기하고 있다가 양공이 죽었다는 소식을 듣자마자 성문 밖으로 나가 연칭과 관지보 두 장군을 맞이한 후에 궁궐 안으로 곧바로 쳐들어갔다. 연칭과 관지보 두 장군이 조당의 군신들을 향해 선언했다.

「선군 희공의 유명에 따라 공손무지를 군주의 자리에 모신다.」

　무지는 약속대로 연비를 부인으로 삼았다. 연칭은 정경이 되어 국구라 부르고 관지보는 아경이 되었다. 여러 대부들이 비록 강권에 못 이겨 무지 앞에서 신하의 반열에 서기는 했지만 마음속으로는 복종하지 않았다. 오로지 옹름(雍廩)만이 재삼 머리를 조아려 옛날 사람의 도리에 대해 논쟁하여 무지를 곤란하게 만든 죄를 사과하고 지나치게 비굴한 모습을 띠며 순종했다. 무지가 옹름의 죄를 용서하고 예전처럼 대부의 직을 그대로 갖게 했다. 고혜(高傒)와 국의중(國懿仲) 두 원로대신은 병이 들었다는 핑계를 대고 조정에 나오지 않았다. 무지는 제나라의 노신들인 그들을 감히 어쩌지 못했다. 널리 현자를 초빙하면 백성들의 신망을 얻을 수 있다는 관지보의 진언을 따라 무지는 방을 붙여 인재를 널리 구하려고 했다. 관지보는 또 자기의 종족 중 관이오(管夷吾)가 재사라고 추천했다. 무지가 사람을 보내 관이오를 불렀다.

10. 관포지교(管鮑之交)
  - 관중과 포숙의 우정 -

그때 제나라 임치성 안에는 영상[潁上: 현 안휘성 영상현(潁上縣)] 출신의 성은 관(管)이고 이름은 이오(夷吾)라는 인물이 살고 있었다. 자는 중(仲)이라고 했는데 그는 큰 체구와 훤칠한 용모를 타고 태어난 당당하고 호쾌한 성격을 지닌 대장부였다. 또한 경전에 통달하여 쌓은 학식으로 고금의 일을 꿰뚫고 있었으며, 경천위지(經天緯地)의 재주와, 세상을 구하고 시대를 바로잡을 수 있는 지략을 가슴속에 품고 있었다. 옛날 포숙아(鮑叔牙)와 합자하여 장사를 같이한 적이 있었는데 이익금을 나눌 때는 이오가 포숙아보다 항상 더 많이 취하곤 했었다. 포숙의 종자가 불평하자 포숙이 말했다.

「관중은 구구한 이익금을 탐해서가 아니라 집안이 가난하여 양식이 부족하기 때문에 내가 스스로 원해서 그리 되었을 뿐이다.」

또한 그는 일찍이 군사들을 이끌고 원정을 따라 나선 적이 있었는데 싸움에 임할 때마다 항상 후대에 있었고 후에 군사가 회군할 때는 반대로 선두에 서서 행군했다. 많은 사람들이 관중은 겁쟁이라고 비웃었으나 포숙만은 그를 변호하며 말했다.

「관중에게는 봉양해야 할 노모가 계시기 때문이었지 정말로 겁이 많

그림 8 관중화상

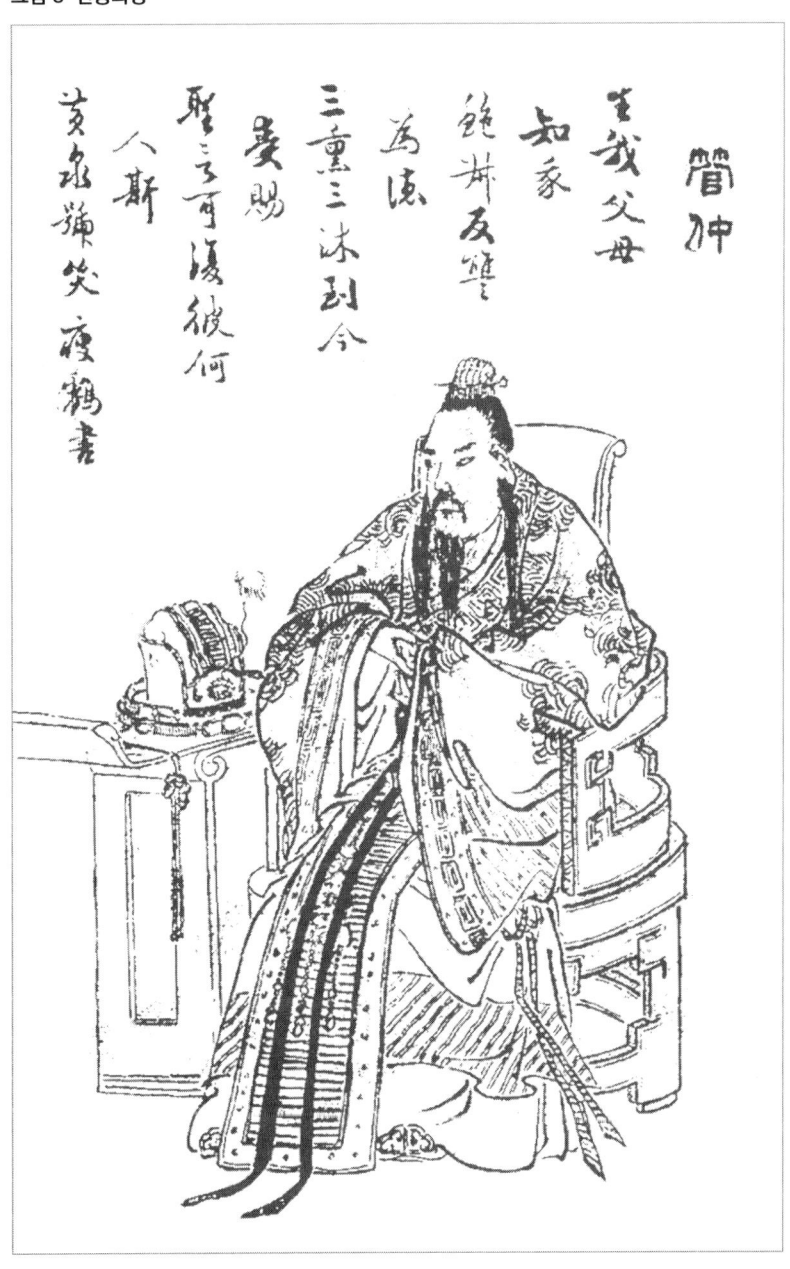

제5장 제환공 齊桓公 I

기 때문이 아니었다.」

또한 포숙과 여러 번 일을 같이 했는데 번번이 일이 잘되지 않았다. 포숙이 사람들에게 말하곤 했다.

「사람은 원래 때를 잘 만나는 시절이 있고 어떤 때는 못 만나는 시절이 있는 법이다. 관중이 그때를 만나게 되어 일을 하게 된다면 백 가지 중에 한 가지도 잃지 않을 것이다.」

관중이 포숙이 한 말을 전해 듣고 말했다.

「나를 낳아 준 사람은 부모님이지만, 나를 알고 있는 사람은 포숙이로구나!」[16]

관중이 곧바로 포숙을 찾아가 생사고락을 같이하는 친구의 의를 맺었다.

한편 정비와 아들을 낳지 못해 적자가 없었던 제양공은 후비로부터 두 아들을 얻었는데 장자는 노녀(魯女) 소생으로 규(糾)라 했고 차자는 거녀(莒女) 소생으로 소백(小白)이라 했다. 비록 두 사람이 모두 서출이었지만 군위를 이을 자격을 갖추었다고 생각하여 스승을 정해 가르치게 했다. 관이오가 포숙아에게 말했다.

「주군께서 두 아들을 두었는데 후에 두 사람 중 한 사람에게 군위를 물려주려고 한다. 나와 자네가 각기 한 공자씩 맡아 스승이 되어 가르치고 후에 두 공자 중 한 사람이 군위를 물려받으면 우리 두 사람은 서로 상대방을 자기가 모시고 있는 군주에게 천거하기로 하세나!」

포숙아가 동의했다. 그래서 관이오는 소홀(召忽)과 함께 공자규의 스승

---

16 我生者父母(아생자부모), 知我者鮑叔哉(지아자포숙재)!

이 되었고 포숙아는 공자 소백의 스승이 되었다. 옛날 양공이 작(禚) 땅에 머물고 있던 문강을 찾아가 음락을 즐기자 포숙이 소백에게 말했다.

「부군께서 음행의 일로 소문이 나서 나라의 사대부들로부터 비웃음을 사고 있습니다. 기회를 보아 간하여 지금이라도 멈출 수 있게 만들면 한때의 실수로 치부하여 허물을 덮을 수 있습니다. 그러나 계속해서 서로 왕래하여 음행을 저지른다면 언젠가는 필시 홍수에 무너져 물이 범람하게 되는 제방처럼 파국을 맞이하게 됩니다. 자식 된 도리로 문강을 못 만나도록 간하셔야 합니다.」

소백이 입궐하여 양공에게 직간했다.

「노후의 죽음에 대해 세상 사람들의 비난하는 소리가 그칠 줄 모르고 있습니다. 남녀 간의 일은 항상 의심을 받게 되어 있습니다. 피하지 않으면 안 되는 일입니다.」

양공이 듣고 대노하여 말했다.

「어린놈이 무얼 안다고 그리 말이 많으냐?」

양공이 발길로 걷어차자 소백은 더 이상 간하지 못하고 밖으로 피해 나왔다. 포숙아가 듣고 말했다.

「비정상적으로 음행을 저지른 사람에게는 반드시 기이한 화가 미친다고 했습니다. 공자께서는 저와 함께 다른 나라로 가서 잠시 피해 있다가 때를 기다려 뜻을 도모하시기 바랍니다.」

소백이 물었다.

「그렇다면 어느 나라가 좋겠습니까?」

「큰 나라는 희비가 무상합니다. 거(莒)나라[17]는 소국이지만 공자님의 외가일 뿐만 아니라 우리 제나라와 가까이 있습니다. 나라가 작기 때문에 우리들을 감히 태만하게 대할 수 없습니다. 또한 가까이 있기 때문에 제나라에 무슨 일이 생기면 아침에 출발하면 저녁때 귀국할 수 있습니다.」

「그렇게 하도록 합시다.」

소백과 포숙아 일행은 즉시 거나라로 도망쳤다. 양공이 알았으나 뒤를 쫓게 하지는 않았다. 한편 연칭의 추대로 제후의 자리에 앉은 공손무지가 관지보의 천거를 받아 관중을 불러 등용하려고 했다. 관중이 듣고 말했다.

「자기의 목이 이미 경각에 달한 사실도 모르고 아직도 다른 사람의 목까지 더 필요하다고 하는가?」

관중은 곧바로 소홀과 상의하여 자규를 모시고 노나라로 몸을 피했다. 노나라는 자규의 외가다. 노장공은 세 사람을 생두[生竇: 현 산동성 견성(甄城) 경내 서남]라는 곳에다 거처를 마련해 주고 매달 의복과 식량을 넉넉하게 보내 주었다.[18]

---

17 거(莒): 현 산동성 거현(莒縣) 일대에 있었던 중소제후국이다. 작위는 자작이고 초기의 성은 영(贏)이었으나 후에 기(己) 성으로 바뀌었다. 주무왕이 소호(少昊)의 후손이라고 여겨지는 자여기(茲輿期)를 거(莒)에 봉했다. 기원전 431년 초간왕(楚簡王)에 의해 멸망당했다. 그러나 세력이 약해진 남방의 초나라가 거나라에 대한 통치권을 행사하지 못하게 되자 거나라는 자연히 제나라의 영토로 편입되었으나 그 정확한 시기는 분명하지 않다.

18 제양공(齊襄公), 자규(子糾), 소백[小白: 후에 제환공(齊桓公)]의 관계는 연의(演義)에는 자규와 소백이 제양공의 아들로 나오나, 정사인 《사기》와 《좌전》에 의하면 제양공, 자규, 소백은 모두 제희공(齊僖公)의 배 다른 형제다.

11. 모살무지(謀殺無知)
– 모략을 꾸며 무지 일당을 주멸하는 제나라 사대부들 –

공손무지 원년은 노장공 12년에 서력으로는 기원전 682년이다. 제나라의 대소 백관이 신년원단을 축하하기 위하여 모두가 조정에 모였다. 공공연히 여러 관원들의 맨 앞줄에 오만한 자세로 서 있는 연칭과 관지보의 모습을 본 백관들은 가슴속에서 원한과 분노가 치밀어 올랐으나 당장은 어찌해 볼 수 없어 참을 수밖에 없었다. 여러 관원들의 마음속을 짐작한 옹름(雍廩)이 그들의 마음을 한번 떠보기 위해 거짓으로 말했다.

「노나라에서 사람이 와서 말하기를 공자규가 장차 노나라의 군사를 이끌고 쳐들어올 계획이라고 했습니다. 여러분들도 소식을 들으셨으니까?」

여러 대부들이 모두 한입이 되어 말했다.

「듣지 못했습니다.」

옹름은 더 이상 말하지 않았다. 조정이 파하자 여러 대부들이 모두 함께 옹름의 집을 찾아와 공자규가 노나라 군사를 이끌고 제나라를 정벌한다는 소식이 정말이냐고 물었다. 옹름이 즉답을 피하고 물었다.

「여러분들은 지금 제나라에서 일어나고 있는 일에 대해서 어떻게 생각하고 계십니까?」

동곽아가 먼저 나서서 옹름의 물음에 자기의 생각을 말했다.

「선군은 비록 무도했다고 하지만 그 자식이 무슨 죄가 있습니까? 우리들은 언제나 선군의 아들들이 돌아와 제나라의 군위를 잇게 되기를 바랄 뿐입니다.」

여러 대부들은 눈물을 흘렸다. 옹름이 다시 말했다.

「이 옹름이 역도들에게 잠시 무릎을 꿇고 있지만 어찌 여러분들의 마음을 모르겠습니까? 제가 무지 일당에게 몸을 굽힌 이유는 후사를 도모하기 위해서입니다. 우리가 서로 합심하여 돕는다면 임금을 시해한 반역도들을 제거할 수 있습니다. 그런 후에 외국에 나가 있는 선군의 아들을 불러 후사를 잇게 한다면 이것이야말로 의로운 거사가 아니겠습니까?」

동곽아가 구체적인 계획이 있느냐고 묻자 옹름이 대답했다.

「고경중(高敬仲) 혜(傒)는 누대에 걸쳐 제나라의 대신을 지낸 국가의 원로입니다. 평소에 재주와 인망이 있어 사람들이 믿고 따르고 있습니다. 연칭과 관지보 두 도적은 고경중으로부터 지지한다는 한마디 말을 황금 천 냥보다 더 중히 여기고 있으나 아직까지 아무런 언질을 받지 못하고 있어 안달하고 있는 중입니다. 고경중에게 부탁하여 두 도적을 위해 술자리를 마련하여 초청하도록 하면 그들은 틀림없이 즐거운 마음으로 응할 겁니다. 두 사람이 무지의 곁을 떠난 사이에 우리들이 무지에게 가서 노나라에 망명 중인 공자규가 노후의 도움을 받아 많은 군사를 이끌고 제나라로 쳐들어오고 있다고 말하겠습니다. 무지는 원래 어리석을 뿐만 아니라 용기도 없는 위인이라 그런 비상상황을 당하면 당황한 나머지 어찌할 바를 모르게 되어 있습니다. 제가 그 틈을 노려 품속에 숨기고 간 비수로 무지를 찌른다면 누가 감히 그를 구하려고 나서겠습니까? 그런 다음 횃불을 신호로 고경중에게 알려 연회장의 문을 막고 두 역도를 주살하면 이는 손바닥 뒤집기보다 쉬운 일입니다.」

동곽아가 다시 나서서 옹름의 말을 거들었다.

「고경중은 비록 두 도적을 철천지원수처럼 생각하고는 있으나 자신은 일을 감당할 만한 사람이 못 된다고 스스로를 자책하면서 집에서 은거하고 있습니다. 그래서 그 일을 선뜻 맡으려고 하지 않을지도 모릅니다. 제가 힘을 다하여 경중이 이 일을 반드시 맡도록 설득하겠습니다.」

동곽아가 즉시 고혜의 집을 방문하여 옹름의 계책을 설명했다. 평소에 동곽아의 인품을 알고 있었던 고혜는 주저하지 않고 그 자리에서 허락했다. 동곽아가 곧바로 연칭과 관지보에게 달려가 고혜가 주연을 마련하여 두 대부를 모시고 싶어 한다는 뜻을 전했다. 연칭과 관지보가 고혜의 초대를 기다렸다는 듯이 흔쾌히 수락하고 날짜를 정해 약속했다. 이윽고 약속한 기일이 되자 두 사람이 고혜의 집에 당도했다. 두 사람을 맞이한 고혜가 술단지를 손에 들고 말했다.

「선군께서 많은 일을 저지른 끝에 실덕하시어 목숨을 잃으셨습니다. 노부가 매일 그것을 걱정하다가 금일 다행히 대부들께서 신군을 세우시는 큰 공을 세우셨습니다. 더욱이 두 대부 덕분에 노부의 가문도 선조들에게 제사를 지낼 수 있는 은혜를 입었습니다. 제가 나이가 많은 관계로 병이 들어 그동안 조정에 나가지 못했습니다. 그러나 오늘은 다행히 천한 몸에 다소 차도가 있어서 특별히 술상을 마련하여 개인적으로 입은 은혜를 보답하려고 합니다. 차제에 이 자리를 빌려 제 후손들의 뒤를 두 분께 부탁드립니다.」

뜻밖에 고혜의 초대를 받고 또한 호의적인 말을 듣게 된 두 사람은 사양해 마지않았다. 고혜가 종자들에게 문을 굳게 닫으라고 명하면서 말했다.

「오늘 술자리는 맘껏 즐기지 않고는 끝나지 않으리라!」

고혜는 가병의 우두머리를 몰래 불러 미리 지시했다.

「밖에서의 어떠한 기별도 전하지 말고 성안에서 횃불이 오르거든 즉

그림 9 옹대부계살무지(雍大夫計殺無知)

시 들어와서 고하라!」

한편 비수를 가슴에 품은 옹름은 궁궐의 문을 두드려 무지에게 알현을 청하고 들어가 말했다.

「공자규가 노나라의 군사를 거느리고 쳐들어와 하룻밤이면 이곳에 당도한다고 합니다. 적을 맞이할 계책을 세울 수 있는 시간이 있어 다행입니다.」

무지가 황급한 마음이 되어 물었다.

「국구 연대부는 어디에 있는가?」

「국구와 관지보는 같이 성문 밖으로 술을 마시러 나갔으나 아직 돌아오지 않고 있습니다. 백관들이 모두 조정에 모여 오로지 주공과 상론하기 위하여 대기하고 있는 중입니다.」

옹름의 말을 믿고 조당에 나간 무지가 옥좌에 미처 앉기도 전에 여러 대부들이 무리를 지어 그의 앞을 에워쌌다. 그 틈을 이용한 옹름이 가슴에 품고 있던 비수를 꺼내어 무지의 등을 찔렀다. 무지는 피를 흘려 옥좌를 흥건히 적시고 얼마간의 시간이 지나자 절명했다. 무지가 군주로 있던 기간은 모두 합하여 단지 한 달 남짓에 불과했다. 무지가 시해된 사실을 전해 들은 연부인은 궁중에서 스스로 목을 매달아 죽었다. 사관이 시를 지어 연비를 한탄했다.

> 제양공에게 소박맞아 무지의 부인이 되었는데
> 무지의 사랑도 받을 새 없이 죽고 말았다.
> 부인 노릇 한 달 만에 석자 길이의 비단에 목매었으니
> 적막한 빈 궁궐이나마 지켰으면 어떠했겠는가?
> 只因無寵間襄公(지인무총간양공)
> 誰料無知寵不終(수료무지총부종)

一月夫人三尺帛(일월부인삼척백)
何如寂寞守空宮(하여적막수공궁)

　무지를 죽이는 데 성공한 옹름이 사람을 시켜 조당 밖에 피우게 한 모닥불에서 한 줄기의 연기가 하늘 높이 치솟았다. 고혜가 연칭과 관지보를 술잔을 권하여 접대하고 있는데 갑자기 문밖에서 문지기들이 판자를 두드려 신호를 보내왔다. 열린 대문으로 들어온 문지기들이 고혜를 보고 고했다.
「성안에서 불길이 치솟았습니다.」
　고혜가 재빨리 술자리에서 몸을 일으켜 내당으로 들어가 몸을 피했다. 연칭과 관지보가 뜻밖의 사태에 놀라 연고를 물으려고 하는 순간, 마루 밑에 매복하고 있던 장사들이 갑자기 뛰어 나와 두 사람을 칼로 베어 토막 내 버렸다. 아무런 병장기도 휴대하지 않고 두 사람 뒤를 따랐던 종자들도 모두 함께 살해되어 그들과 운명을 같이했다.
　옹름과 여러 대부들이 속속 고혜의 집에 당도하여 뒷일을 위해 공론을 모으다가 우선 두 사람의 심장과 간을 꺼내어 제단에 바쳐 양공의 원한을 풀어주었다. 계속해서 사람을 고분의 행궁에 보내 양공의 시신을 찾아 도성으로 가져와 장례를 성대하게 치렀다. 이윽고 당면했던 모든 일을 마무리한 제나라의 대부들은 옹름을 사자로 노나라에 보내 자규를 모셔와 제후(齊侯)의 자리에 앉히려고 했다.

12. 사중대구(射中帶鉤) 양사탈위(佯死奪位)
- 허리띠의 쇠죔에 화살을 맞은 제환공이 죽음을 가장하여
  제후(齊侯)의 자리를 차지하다 -

한편 제나라에서 무지가 양공을 시해하는 변란이 일어났다는 소식을 들은 노장공은 무지를 토벌하여 공자규를 제후의 자리에 앉히면 어떠하겠냐고 시백의 의견을 물었다. 시백이 간했다.

「제와 노는 상호 간에 강약을 다투고 있습니다. 제나라에 군주가 없음은 노나라에 득이 되는 일입니다. 제후를 급히 세우기 위해 움직이지 마시고 그 추이를 잠시 관망하십시오.」

장공은 주저하며 결정하지 못했다. 그러는 사이에 축구에 머물던 문강에게도 양공이 피살되었다는 소식이 전해졌다. 노나라로 황급히 돌아온 문강은 매일 밤낮으로 장공에게 제나라를 정벌하여 무지의 죄를 물어 자기 오빠의 원수를 갚으라고 졸랐다. 그리고 얼마 후에 제나라에서 사자로 파견한 옹름이 당도하여 제나라 사대부들이 무지를 살해했다는 소식과 함께 제후의 자리에 옹립하기 위해 공자규를 모셔가겠다고 청했다. 소식을 들은 문강이 기쁨을 감추지 못하고 공자규를 제나라에 하루라도 빨리 보내고 싶어 장공을 다시 재촉하기 시작했다. 문강의 성화를 이기지 못한 장공은 시백의 말과는 달리 병거 300승을 동원하여, 조말(曹沫)을 대장으로 진자(秦子)와 양자(梁子)를 좌우의 호위로 삼은 후에 공자규를 제나라로 친히 호송하여 제후의 자리에 앉히려고 했다. 노후를 접견한 관중이 말했다.

「공자 소백이 거나라에 있습니다. 거는 제나라와는 지척지간입니다. 만약 그가 먼저 제나라에 들어가면 주객이 바뀌게 됩니다. 바라건대 저

에게 얼마간의 거마와 군사를 맡겨 주신다면 쉬지 않고 달려가 길목을 막고 매복하고 있다가 소백이 나타나면 죽이겠습니다.」

노장공이 물었다.

「병사는 얼마면 되겠소?」

관중이 결연한 목소리로 대답했다.

「병거 30승이면 충분합니다.」

한편 거나라에 망명생활을 하고 있던 소백은 제나라에 변란이 두 번이나 연속해서 일어나 군주 자리가 비어 있다는 소식을 전해 듣고 포숙과 상의해 제나라에 들어가서 제후의 자리에 올라야겠다고 마음을 정했다. 거나라 군주로부터 병거 100승을 얻은 소백은 포숙과 함께 제나라를 향해 행군을 시작했다. 그때 노후가 내준 병거를 이끌고 밤낮으로 달린 관중은 이윽고 즉묵[卽墨: 현 산동성 래서시(萊西市) 남서의 평도현(平度縣) 경내]에 이르렀으나 소백의 일행은 이미 그곳을 통과한 후였다. 관중이 그 뒤를 계속해서 추격하여 이윽고 즉묵에서 30여 리 되는 곳에 이르렀을 때 행군을 멈추고 밥을 짓고 있는 소백의 일행을 발견했다. 수레 안에서 단정하게 앉아 있는 소백의 모습이 시야에 들어오자 관중은 수레에서 내려 무릎을 꿇고 절을 올리며 말했다.

「공자께서는 무양하신지요? 지금 어디로 가시는 중입니까?」

「부친의 상에 참석하려고 본국으로 들어가는 길이오.」

「자규님이 장자이시라 마땅히 상을 주관하셔야 합니다. 공자께서는 상례가 끝날 때까지 잠시 이곳에 머물러 스스로의 노고를 면하십시오.」

포숙이 앞으로 나와 관중을 책망했다.

「관중은 당장 물러가지 못하겠는가! 우리는 각기 그 주인을 위해 일하고 있는데 구태여 여러 말이 필요한가?」

그림 10 제환공 화상

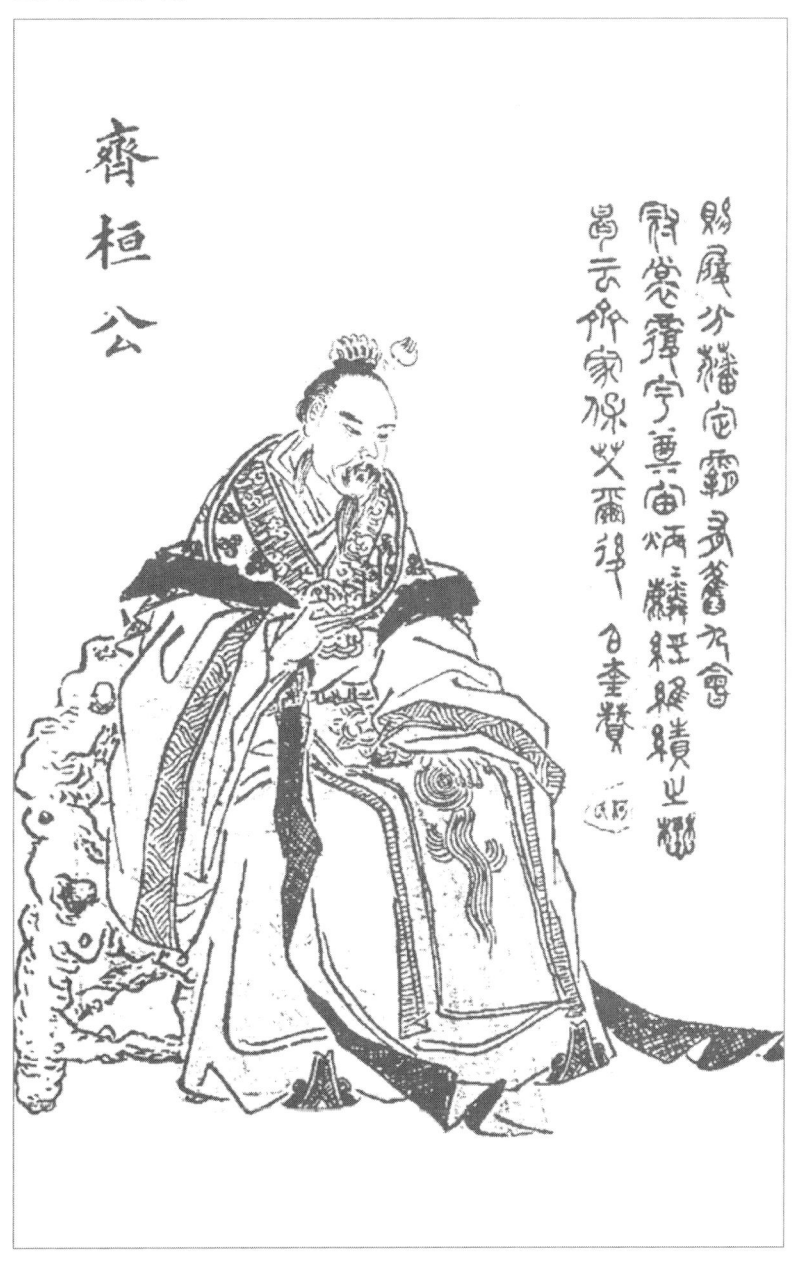

제5장 제환공 齊桓公 I

관중이 보니 얼굴에 노기를 띤 거나라 병사들도 눈을 부릅뜨고 자기를 노려보면서 싸움도 불사하겠다는 태세였다. 마음속으로 자기가 데려온 노나라의 군사들의 수가 적어 중과부적임을 걱정한 관중은 포숙의 말을 듣고 어쩔 수 없이 물러가는 척하면서 갑자기 몸을 돌리더니 활에 화살을 재어 소백을 향해 쏘았다. 쉿 소리와 함께 바람을 가르며 날아온 화살에 복부를 정통으로 맞은 소백이 외마디 비명을 지르더니 선혈을 입에서 뿜어내며 수레 위에서 쓰러졌다. 포숙이 황망히 달려와서 온 힘을 다해 소백의 목숨을 살리기 위해 애쓰다가 결국 절규했다.

「주공께서 돌아가셨다.」

따라온 종자들과 병사들이 일제히 일어나더니 다시 땅에 엎드려 곡을 하며 울었다. 그사이에 관중은 노나라의 병거 30승을 거느리고 말에 채찍을 가하여 바람처럼 달려가 시야에서 사라졌다. 도중에 관중이 혼자 탄식했다.

「자규가 복이 있어 제나라의 군주가 되겠구나!」

노나라에 돌아온 관중은 즉묵에서 있었던 일을 장공에게 고한 후에 공자규에게 술잔을 바치며 경하의 말을 올렸다. 자규 일행은 안심하고 제나라를 향해 느긋한 마음으로 행진했다. 이윽고 자규 일행이 제나라 경내에 들어서자 주변의 여러 고을 우두머리들이 마중 나와 잔치를 열고 접대했다. 자규 일행은 여유롭게 즐겨가며 천천히 임치성을 향해 진군했다.

한편 관중은 그가 쏜 화살이 오로지 소백이 찬 허리띠의 쇠에 맞았을 뿐이라는 사실을 꿈에도 생각하지 못했다. 평소에 관중의 뛰어난 활솜씨를 알고 있었던 소백은 화살이 허리띠의 쇠 부분에 맞았다는 사실을 관중이 알게 된다면 화살을 다시 쏠 것이라고 짐작했다. 그래서 순간적으로 기지를 발휘하여 혀끝을 깨물어 거짓으로 피를 흘리고 쓰러져 포숙을 포함한 주위 사람을 모두 속였다. 포숙이 말했다.

「관중이 알고 다시 올까 걱정됩니다. 행군 속도를 더욱 빨리 해야만 합니다.」

소백은 다른 사람이 알아보지 못하게 변복을 한 후에 온거(溫車)[19]에 올라 가까운 지름길을 이용하여 행군을 재촉했다. 이윽고 소백의 일행이 임치성 밖에 이르자 포숙이 먼저 단거(單車)를 몰고 혼자 성안으로 들어갔다. 포숙은 평소에 친교를 맺어두었던 여러 대부들을 두루 만나서 공자 소백의 현명함을 칭찬하고 다녔다. 여러 대부들이 말했다.

「공자규가 장차 당도하면 어찌 처리하실 계획이십니까?」

포숙이 대답했다.

「제나라의 두 군주가 차례로 살해되어 현명한 사람이 아니면 이 난국을 수습할 수 없습니다. 더욱이 공자규를 모시려고 했는데 소백이 먼저 왔으니 이는 하늘의 뜻이 아니고 무엇이겠습니까? 노후가 공자규를 옹립하려고 하는 이유는 우리에게 적지 않은 대가를 바라고 있기 때문입니다. 옛날에 송장공(宋莊公)이 정나라의 자돌(子突)을 도와 정백으로 세우고는 그 대가를 한없이 구하여 정나라에는 병화가 십수 년간 끊일 날이 없었던 일은 여러 대부들께서도 잘 알고 계시지 않습니까? 다난한 뒤끝의 우리나라가 어찌 노나라가 요구하는 대가를 모두 치를 수 있겠습니까?」

여러 대부들이 말했다.

「그렇다면 노후에게 어떤 핑계로 군사를 물리칠 생각이십니까?」

---

19 온거(溫車): 사방에 휘장을 둘러 밀폐시켜 안을 따뜻하게 하여 장거리를 갈 때 누워서 편히 갈 수 있게 만든 수레. 지금으로 말하면 침대차다.

「우리가 미리 군주를 정해 기정사실화한다면 어찌할 수 없는 노후는 스스로 군사를 물리쳐 자기 나라로 돌아가는 수 외에 무슨 다른 방법이 있겠습니까?」

대부 습붕(隰朋)과 동곽아가 포숙의 의견에 동조하며 말했다.

「포대부의 말씀이 옳습니다.」

마침내 소백이 제나라 도성 임치성에 먼저 입성하여 제후(齊侯)의 자리에 앉았다. 이가 제환공(齊桓公)이다.

염옹이 시를 지어 관중이 쏜 화살이 제환공의 허리띠에 맞아 목숨을 구한 일을 노래했다.

노공은 기뻐했고 거인(莒人)은 슬퍼했다.
누가 알았겠는가? 허리띠에 얽힌 구구한 사정을
단지 일시적인 임기응변만을 봐도
군주로서 합당한 지혜를 갖추고 있었음을 알겠노라!

魯公歡喜莒人愁(노공환희거인수)
誰道區區中帶鉤(수도구구중대구)
但看一時權變處(단간일시권변처)
便知有智合諸侯(편지유지합제후)

13. 건시대전(乾時大戰)
- 건시에서 벌어진 제나라 군위 계승전쟁 -

소백을 제후의 자리에 성공리에 앉힌 포숙아가 말했다.

「공자규를 군위에 앉히기 위해 우리 제나라를 향해 진격해 오고 있는 노나라 군사가 당도하기 전에 마땅히 먼저 손을 써 그들을 물리쳐야 합니다.」

제환공이 즉시 중손추(仲孫湫)를 사자로 보내 노장공을 도중에서 접견하고 제나라에는 군주가 이미 섰음을 알렸다. 장공은 소백이 죽지 않았다는 사실을 알고 크게 화를 내며 말했다.

「무릇 군주의 자리는 장자를 세우는 법이 원칙인데 어찌하여 어린 동생이 차지하려고 하는가? 멀리서 달려온 과인의 군사들이 헛걸음하게 만들지는 않겠노라!」

중손추가 돌아와 노후의 말을 전하자 제환공이 말했다.

「노나라 군사가 물러가지 않는다면 어찌해야 하오?」

포숙아가 대답했다.

「우리도 병사를 동원하여 그들을 맞이하여 싸워야 합니다.」

제환공이 즉시 제나라의 삼군에게 동원령을 내리고 각 군의 대장과 부장을 임명했다. 우군 대장과 부장에는 왕자성보(王子成父)[20]와 영월(寧越)을, 좌군 대장과 부장에는 동곽아와 중손추를, 중군 대장에는 환공 자신이 맡고 포숙아를 부장으로, 옹름을 선봉장으로 삼아 성문을 열고 나가 호호탕탕 노군의 진격을 막기 위해 동쪽을 향해 진군했다. 제

---

20 왕자성보(王子成父): 주환왕(周桓王: 재위 전 719-697년)의 둘째 아들로 환왕 3년(전 717년)에 태어났다. 원래 동주의 도성이었던 낙읍의 성보(成父)의 직에 있었다. 성보란 지금의 수도 서울의 시장 겸 경비사령관에 해당하는 관직명으로 후에 이름으로 삼았다. 기원전 694년에 일어난 '자극(子克)의 난'을 피해 달아난 성보는 제나라로 들어와 대부의 직을 받았다. 후에 관중의 천거에 의해 군사의 일을 총괄하는 대사마가 된 성보는 제환공이 패권을 이루는 데 지대한 공을 세운 낭야(琅琊) 왕씨(王氏)의 시조다. 진나라가 통일전쟁을 수행할 때 진나라의 대장군이 되어 혁혁한 전공을 세운 왕전(王剪), 왕분(王賁) 등은 그의 후손이며, 낭야 왕씨는 사마씨(司馬氏)가 세운 서진(西晉)이 망하고 잔존 세력이 남쪽으로 내려가 동진(東晉) 정권을 세울 때 주도적인 역할을 수행하고 계속해서 당말 오대에 이르기까지 중국 역사상 정치, 학문, 문학 등의 방면에서 명문거족으로 활약했다.

환공이 이끌고 나간 제군의 병력은 모두 500승에 달했다. 이윽고 노군을 저지하기로 결정한 장소에 당도한 제군은 각기 진채를 세우고 부서를 정해 전열을 가다듬었다. 동곽아가 계책을 올렸다.

「우리가 만반의 준비를 하고 있음을 알면 노후는 틀림없이 곧바로 쳐들어오지 않고 임치성 외곽에 주둔하면서 정세를 관망할 겁니다. 임치성 남쪽의 건시[乾時: 지금의 산동성 익도현(益都縣) 경내]라는 곳은 수초가 많이 나는 지방으로 군사를 매복시킬 만한 곳입니다. 미리 이곳에다 군사를 숨겨 놓고 기다리다가 노군이 당도하여 미처 정비를 끝내기 전에 공격한다면 반드시 싸움에서 이길 수 있습니다.」

포숙아가 동의하며 말했다.

「훌륭한 계책이오!」

제환공의 허락을 받은 포숙아는 영월과 중손추에게 각기 한 떼의 군마로 별동대를 만들어 건시로 나아가 길 양쪽으로 나누어 매복하게 하고 왕자성보와 동곽아에게는 다른 길을 취해 우회하여 노군의 배후를 공격하도록 했다. 또한 선봉장 옹름에게는 싸움을 걸어 노군을 유인하는 임무를 맡겼다.

한편 노장공이 공자규와 동행하여 건시에 이르렀을 때 관중이 앞으로 나와 아뢰었다.

「소백이 군위에 오른 지가 오래되지 않아 백성들의 마음이 아직 정해지지 않았습니다. 신속히 움직인다면 반드시 안에서 변란이 일어날 겁니다.」

장공이 관중의 말을 무시하며 말했다.

「그대의 말을 따른다면 소백은 활을 맞고 이미 죽은 지 오래라! 아직도 할 말이 더 있단 말인가?」

관중의 제안을 일축한 노장공은 행군하다가 건시에 이르자 행군을 멈추고 진영을 세우기 시작했다. 노후는 앞쪽에다 영채를 세우고 공자 규는 뒤편에 영채를 세워 그 거리가 약 20리 정도 되었다. 다음 날 아침 정탐병이 돌아와서 보고했다.

「제나라 군사들이 전면에 이미 당도하여 옹름이 선봉장이 되어 싸움을 걸어오고 있습니다.」

노장공이 전의를 불태우며 좌우를 향해 말했다.

「선봉대를 먼저 꺾어 제나라 군사들의 간담이 서늘하게 만들어 주리라!」

장공은 즉시 진자(秦子)와 양자(梁子)에게 명하여 자신의 로거[輅車: 천자나 군주가 타던 중무장한 전차]를 몰아 앞으로 진격하게 하고, 옹름을 불러 옛날에 서로 친교를 맺던 일을 이야기하다가 목소리를 높여 꾸짖었다.

「너 옹름은 얼마 전에 사자로 와서 공자규를 옹립하겠다고 나에게 청하고는 이제 와서는 다시 마음을 바꾸니 정말로 신의가 없는 자가 아닌가?」

장공이 활에 화살을 재어 옹름을 겨냥했다. 옹름이 부끄러운 표정을 짓고 머리를 조아리며 일부러 쥐새끼 모양을 하고 도망쳐 버렸다. 장공이 조말에게 명하여 그 뒤를 쫓게 했다. 도망가던 옹름이 다시 뒤돌아서서 추격하던 조말과 몇 합도 나누기 전에 또다시 도망가기 시작했다. 조말이 있는 힘을 다 발휘하여 방천화극을 휘두르며 옹름의 뒤를 계속 추격하던 중 어느 틈에 포숙아가 이끄는 제나라의 대군에게 포위를 당하고 말았다. 조말과 그의 부대는 적진 속에 너무 깊숙이 들어와 겹겹이 둘러친 제군의 포위망 속에 갇히게 되었다. 좌충우돌하며 제군의 포위망을 뚫기 위해 죽을힘을 다하여 싸운 조말은 혼전 중에 화살을 두 대나 몸에 맞고서야 간신히 포위망을 빠져 나올 수 있었다. 한편 노장

그림 11 제나라 군위계승전쟁 시의도

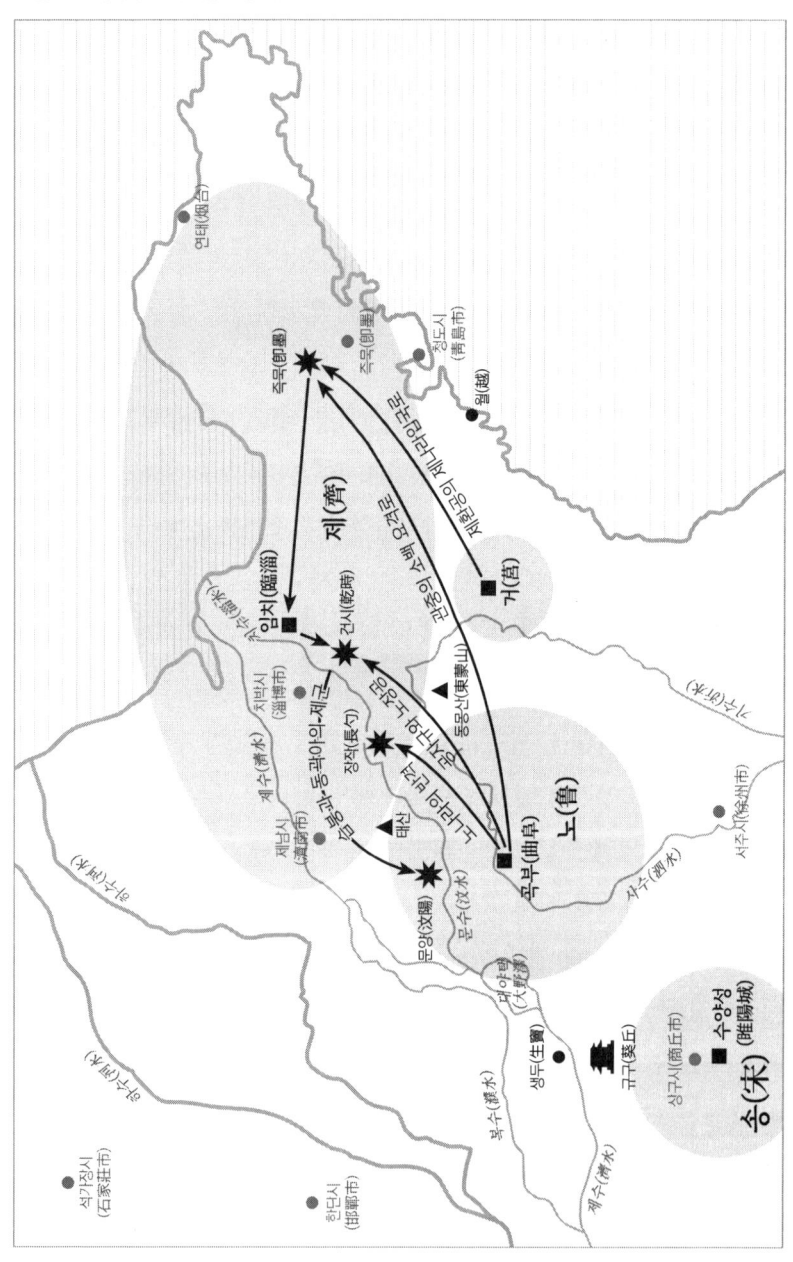

공은 적진 속에 갇힌 조말이 걱정되어 진자와 양자에게 명하여 제군 진영을 향하여 돌격하라는 명령을 내리려는 순간 갑자기 좌우에서 포성이 울려 천지를 진동시키는 소리를 들었다. 길 양쪽에 매복하고 있던 영월과 중손추의 제군이 일제히 일어나고 다시 그 뒤로 포숙아가 이끌던 중군이 마치 담장이 움직이는 형세로 노군의 본대를 엄습했다. 삼면으로부터 적군을 맞이하게 된 노나라 군사들은 도저히 당해내지 못하고 시간이 지날수록 뿔뿔이 흩어져 달아나는 군사들의 숫자가 늘어났다. 포숙아가 큰 소리로 제환공이 내린 령을 외쳤다.

「노후를 사로잡는 자에게는 상으로 만호의 읍에 봉하겠다.」

포숙아가 부하 군사들로 하여금 큰 소리로 외치게 하여 모든 제나라 군사들이 알게 했다. 노장공의 로거에 옮겨 탄 진자가 급히 비단에 수를 놓은 노후의 기를 뽑아서 땅바닥에 버렸다. 그러자 뒤를 따르던 양자가 노후의 기를 주워서 자기의 병거 위에 꽂았다. 이유를 묻는 진자에게 양자가 대답했다.

「제나라 군사를 속여 나를 주공으로 오인하도록 하기 위해서다.」

사태가 위급하다고 판단한 노장공은 미복으로 갈아입은 후에 로거를 버리고 초거(軺車)[21]로 바꿔 타 제군의 포위망을 벗어나려고 했다. 진자가 장공의 뒤를 바짝 쫓으며 죽을힘을 다해 겹겹이 에워싼 제군의 포위망을 뚫었다. 한편 화려하게 수놓은 비단 깃발을 병거에 꽂고 달리는 양자를 멀리서 발견한 영월은 그가 노후라고 생각하고 길가에 엎드려 매복했다. 이윽고 깃발을 단 양자의 병거가 다가오자 영월의 명을

---

21 초거(軺車): 사닥다리나 망루를 장착한 수레로서 휴전 중에는 성안의 적진을 정찰하거나 전투 중에는 성벽에 사닥다리를 대어 군사들이 타고 오르는 데 사용되는 전차다. 또한 말 한 필이 끌어 좁은 길을 빨리 달릴 수 있는 수레를 말하기도 한다. 여기서는 후자를 말한다.

받은 제군이 그 주위를 겹겹이 에워쌌다. 싸움을 포기한 양자가 갑옷과 투구를 벗고 얼굴을 보이며 말했다.

「나는 노나라 장수 양자라는 사람이다. 우리의 주군은 이미 멀리 가신 지 오래되었다.」

양자는 순순히 수레에서 내려 제군의 포로가 되었다. 이윽고 싸움이 제군의 대승으로 끝나자 포숙이 징을 울려 군사들을 불러들였다. 중손추는 노후가 타던 노거를 노획물로 바치고, 영월은 사로잡은 양자를 끌고 왔다. 환공은 도부수에 명해 양자를 진영 앞으로 끌고 가서 참수시켰다. 노군의 배후로 돌아가 미처 귀환하지 않은 왕자성보와 동곽아의 양로 군사들을 위해 영월과 중손추에게 한 떼의 군사를 주어 건시에 머물게 하여 만약에 사태에 대비하게 하고 환공은 본대와 함께 개선가를 부르며 임치성으로 회군했다.

한편 후방에서 노군의 치중을 맡았던 관중은 전위부대가 싸움에서 패했다는 소리를 듣고 소홀에게 지시하여 공자규와 함께 진영을 지키게 하고 자기는 휘하의 병거와 군졸들을 이끌고 적진을 향해 진군하던 중에 제군에게 쫓겨 후퇴하고 있던 장공을 만나게 되었다. 노장공을 영접하여 안전한 곳에 모시도록 조치한 관중은 패잔병들을 수습하여 자기의 군사들 대오에 합쳐 추격해 오는 제군에 대항하기 위해 전투태세를 갖추었다. 연이어 패잔병과 남은 병거를 수습하여 장공을 호위하면서 뒤따라오던 조말도 노군 진영에 당도하여 합류했다. 군사들을 점고해 본 결과 남은 병력은 3할에 불과했다. 관중이 말했다.

「군사의 7할이 이미 꺾였으니 제군과는 더 이상 싸울 수 없게 되었다.」

관중은 군사들에게 진채를 걷어 노나라로 철군하도록 명했다. 행군을 시작한 지 이틀째 되던 날, 갑자기 전방에서 한 떼의 전차 부대가 나타나 노군의 앞을 가로막았다. 정탐병이 돌아와 그들은 바로 노나라 진영의 배후로 우회한 왕자성보와 동곽아의 별동대라고 보고했다. 조말이 병거를 몰아 극을 휘두르며 제군 진영을 향해 돌격했다. 조말이 뒤를 돌아보며 큰 소리로 외쳤다.

「주공께서는 속히 저의 뒤를 따르십시오. 제가 죽음을 무릅쓰고 주공을 위해 길을 뚫겠습니다.」

조말은 노후 곁에서 호위하고 있던 진자를 향해 소리쳤다.

「그대는 옆에서 나를 엄호하라!」

진자가 앞으로 달려 나가 왕자성보의 앞을 가로막고, 조말은 동곽아를 상대하여 싸웠다. 그러는 사이 관중은 노장공을, 소홀은 공자규를 호위하면서 제군 진영을 돌파했다. 그때 제군 진영에서 붉은 전포을 입은 어린 장수 한 명이 전차를 대열 앞으로 몰아 노군의 뒤를 맹렬히 추격해 왔다. 노장공이 보고 활을 쏘아 어린 장수의 얼굴에 명중시켜 쓰러뜨렸다. 또다시 하얀 전포를 입은 장수가 뒤를 추격해 오자 장공이 다시 활을 쏘아 맞추어 죽였다. 노장공의 귀신같은 활솜씨를 본 제나라 군사들이 두려워하여 추격을 멈추고 머뭇거리는 사이에 관중이 군사들에게 명하여 치중과 병거 및 병장기들을 길에 버리도록 했다. 제군은 노군이 버린 물자들을 줍느라 대오가 무너져 혼란에 빠졌다. 노군은 그 틈을 타서 간신히 제군의 추격을 벗어날 수 있었다. 후위를 맡았던 조말은 왼팔과 배에 칼을 맞아 부상을 당한 몸임에도 불구하고 제군의 목을 무수히 베고 포위망을 뚫고 간신히 본대에 합류할 수 있었다. 그러나 진자는 애석하게도 싸움 중에 장렬히 전사하고 말았다. 사관은 장공이 건시의 싸움에서 진 것은 실은 자기 스스로 화를 자초했다고 시를 지어 한탄했다.

그림 12 노장공건시대전(魯莊公乾時大戰)

자규는 원래 자기 아버지를 죽인 원수의 혈육인데
하필이면 군사까지 동원하여 군위에 앉히려고 했는가?
불구대천의 원수와는 같은 하늘 아래 살 수 없음인데
규보다는 대신 무지를 도와야 하지 않았었겠는가?

子糾本始仇人胤(자규본시구인윤)
何必勤兵往納之(하필근병왕납지)
若念深仇天不戴(약념심구천부재)
助糾不若助無知(조규불약조무지)

　호구를 벗어난 노장공과 그 일행은 마치 어망을 빠져 나온 물고기 떼처럼 모두가 급급하게 달려 도망치기에 바빴다. 습붕과 동곽아의 제군 별동대는 문수(汶水)를 건너 노나라 경내인 문양[汶陽: 지금의 산동성 문상현(汶上縣)을 말함. 곡부시(曲阜市) 북서 약 30킬로]의 들판에까지 추격해와 인근의 고을을 모두 빼앗아 제나라 영토로 만든 후에 그곳에다 진지를 세운 후에 수비군을 남겨놓고 돌아갔다.

14. 가수살형(假手殺兄)
　- 노나라의 손을 빌려 형 자규를 죽이다 -

　마침내 소백은 노후의 지원을 받은 자규를 물리치고 제후의 자리를 지켰다. 아침 일찍 조정에 나간 소백에게 백관들은 모두 일어나 경하의 말을 올렸다. 포숙이 나와서 아뢰었다.
　「자규는 여전히 관중과 소홀의 보좌와 노나라의 도움을 계속 받으며 제나라 군주 자리를 호시탐탐 노리고 있습니다. 심복지환이 아직 없어지지 않았는데 어찌 경하의 말을 올릴 수 있겠습니까?」

「그러면 어찌해야 합니까?」

「우리 제군이 건시에서의 일전으로 노후의 간담을 서늘하게 만들었습니다. 신이 삼군을 이끌고 노나라 경계에 가서 시위하면서 규를 죽이라고 압력을 넣겠습니다. 노후는 두려워하여 우리의 압력에 굴복할 겁니다.」

「나라의 모든 군사들을 이끌고 출전하여 경의 뜻대로 노나라 경계에 주둔하면서 무력시위를 하십시오!」

포숙이 간단히 거마를 점검한 후에 대군을 이끌고 행군하여 곧바로 문양 땅에 당도했다. 노나라에 접한 경계선 주위를 깨끗이 소개시킨 포숙은 편지를 한 통 써서 습붕을 사자로 삼아 노후에게 전하게 했다.

『외신 포숙아는 현명하신 노후 전하께 백배를 올리며 인사드립니다. 집안에는 주인이 둘이 없듯이 나라에도 임금이 둘이 있을 수 없습니다. 저희 임금께서 이미 제나라의 종묘사직을 받들게 되었음에도 공자규가 군위를 빼앗으려고 하는 행위는 형제간의 정리가 아닙니다. 저희 주군께서는 형제간의 정을 생각하여 그 형을 차마 죽일 수 없으니, 원컨대 상국의 손을 빌리려고 합니다. 관중과 소홀은 저희 임금의 원수라 태묘에 제사를 지낼 때 죽여 희생으로 바치려고 하니 저희에게 넘겨주시기를 청합니다.』

습붕이 편지를 들고 노나라로 출발하려는 순간 포숙이 다시 당부했다.

「관이오는 천하의 기재라 내가 주군께 천거하여 장차 중용하려고 합니다. 반드시 산 채로 데려와야 합니다.」

「만약에 노나라가 관중을 한사코 죽이려고 한다면 어찌해야 합니까?」

「우리 주군이 관중이 쏜 화살에 맞아 죽을 뻔한 일은 노후도 잘 알고 있는 사실입니다. 그래서 그때 생긴 뼈저린 원한을 갚기 위해서라고 설명하면 노후가 믿지 않을 이유가 없습니다.」

　포숙의 당부를 받은 습붕이 노나라의 도성을 향하여 길을 출발했다. 포숙이 보낸 편지를 받아 읽어본 노장공은 모사 시백을 불러 대책을 물었다.

「옛날에 그대의 말을 듣지 않고 제나라에 쳐들어갔다가 싸움에서 지고 왔다. 오늘 제나라가 다시 나에게 공자규를 대신 죽여 달라는 청을 해 왔다. 공자규를 죽여야 하는가? 아니면 살려 두어야 하는가? 어느 편이 우리에게 이롭겠는가?」

「소백이 제나라의 군주 자리를 차지한 지가 얼마 되지 않았음에도 인재를 잘 기용하여 건시에서 우리 군사를 꺾었습니다. 이것은 자규가 결코 소백을 따를 수 없음을 말합니다. 더욱이 지금 제나라 군사가 우리의 국경을 압박하고 있습니다. 자규를 죽이고 강화를 맺는 편이 우리 노나라에 이롭다고 생각합니다.」

　그때 공자규, 관중 및 소홀 등은 모두 생두(生竇)에 돌아가 있었다. 노장공이 공자언(公子偃)에게 병사들을 끌고 가 습격하여 공자규는 죽이고 관중과 소홀은 생포해서 도성으로 압송해 오도록 명했다. 노장공의 명을 받들어 공자규를 살해한 공자언이 두 사람을 생포하여 함거에 가두려고 하자 소홀이 하늘을 쳐다보고 통곡하면서 말했다.

「자식이 부모를 위해 죽으면 효라 하고 신하가 임금을 위해 죽으면 충이라 하는데 이는 각자가 맡은 바 본분이다! 나는 지하에 있는 공자규를 따라가 충을 행해야겠다. 어찌 이런 질곡을 받아들일 수 있겠는가?」

　말을 마친 소홀이 즉시 머리를 관사의 기둥에 부딪쳐 죽었다. 눈앞에서 소홀이 죽는 모습을 본 관중이 말했다.

「자고로 군주에게는 같이 죽는 충신과 함께 살아남아서 원수를 갚는 신하도 있어야 하는 법이다. 나는 살아서 제나라에 들어가 공자규의 원수를 갚아야 하겠다.」

관중은 곧바로 몸을 굽혀 함거 안으로 들어갔다. 곡부성으로 압송된 관중의 의연한 태도를 보고 시백이 은밀히 노장공에게 말했다.

「신이 관중의 용태를 살펴보니 마치 제나라 안에서 돕는 자가 있어 압송된다 해도 결코 죽을 성싶지는 않습니다. 이 사람은 천하의 기재라 만약 죽지 않는다면 필시 크게 쓰여 제나라는 천하를 제패하게 되고, 그리되면 우리 노나라는 제나라를 받들어 모시기에 바쁘게 될 겁니다. 주군께서는 관중을 살려 우리 노나라에 머무르게 하십시오. 우리가 죽이지 않고 살려서 임용하면 관중은 자신의 주군의 원수를 갚기 위해 우리 노나라를 강국으로 만들 겁니다. 그렇게 되면 우리는 더 이상 제나라를 두려워할 필요가 없습니다.」

「제후의 원수를 우리가 보내주지 않는다면 비록 우리가 규를 죽이기는 했지만 그의 분노를 가라앉히기는 어렵지 않겠는가?」

「주군께서 쓰지 않으시려거든 아예 죽여 시체로 제나라에 보내십시오.」

「그렇게 합시다.」

15. 황곡지가(黃鵠之歌)
- 군가『노란 고니』를 지어 사지에서 벗어나는 관중 -

한편 관사에 머무르고 있던 습붕이 노나라가 관중을 처형한다는 소문을 듣고 노나라 조정에 재빠르게 달려와서는 장공을 배알하고 말했다.

「이오가 우리의 주군을 죽이기 위해 활을 쏘았으나 다행히 허리띠에 맞아 간신히 목숨을 구했었습니다. 그 일을 분하게 여겨 한이 뼛속까지 사무쳐 있는 우리 주군께서는 손수 이오를 죽여 그 한을 풀려고 하십니다. 만약 이오를 죽여서 시체만 돌려보내신다면 그 한을 풀 길이 없는 우리 군주께 무슨 소용이 있겠습니까?」

습붕의 말을 믿은 장공이 관중과 함께 공자규와 소홀의 목을 실은 함거를 습붕에게 주었다. 습붕이 감사의 인사를 올리고 함거를 몰고 제나라를 향해 길을 떠났다.

한편 함거 안에 갇힌 관중은 모두가 포숙이 꾸민 일인 줄 알고 걱정이 되어 혼자 말했다.

「시백은 지혜 있는 사람이라, 비록 나를 풀어 주기는 했지만 혹시 마음을 바꾸어 또다시 우리 뒤를 쫓아와서 죽이려 한다면 내가 어떻게 목숨을 부지할 수 있겠는가?」

관중이 궁리를 하더니 『황곡(黃鵠)』이라는 노래를 만들어 수레를 모는 사람에게 가르쳤다. 노래의 가사는 다음과 같았다.

> 노란 고니, 노란 고니.
> 왜 날개를 접고 있나.
> 다리가 묶여 있구나.
> 날지도 울지도 못함이여.
> 초롱 속에 엎드려 있구나!
> 하늘은 높은데
> 어찌하여 몸을 구부리고 있는가?
> 굳은 땅 위를
> 어찌하여 조심해서 걷는가?
> 정양구(丁陽九)여,

백육(百六)²²의 액운(厄運)을 만났구나.
목을 늘어뜨려 길게 외쳐
곡을 하는구나.

黃鵠黃鵠(황곡황곡)

戢其翼(집기익)

縶其足(집기족)

不飛不鳴兮(불비불명혜)

籠中伏(농중복)

高天何跼兮(고천하국혜)

厚地何蹐(후지하척)

丁陽九兮(정양구혜)

逢百六(봉백육)

引頸長呼兮(인경장호혜)

繼之以哭(계지이곡)

노란 고니, 노란 고니.
하늘이 너에게 날개를 주어서 능히 날 수 있고
하늘이 너에게 다리를 주어서
능히 달릴 수 있는데
어쩌다 이런 그물에 걸린 나를
누가 구해 줄까?
하루아침에 새장을 부수고 나가서
큰길을 타고 올라만 갔는데
계속해서 언덕만 나올 줄은 몰랐다.
아! 그대 사냥꾼이여
쓸데없이 옆을 쳐다보며 배회하는가?

---

22 정양구(丁陽九)와 백육(百六): 정(丁)은 부딪친다는 뜻이고 양구(陽九)와 백육(百六)은 액운(厄運)을 의미한다. 옛날 역서에 106년이 경과할 때마다 재앙이 닥쳐온다고 생각하여 양구의 액(厄)이라고 칭했다. 음양가(陰陽家)는 4617년을 1원(元)이라 하는데, 1원 중의 첫 106년 중에 아홉 번의 재앙이 들어 있다고 했다.

黃鵠黃鵠(황곡황곡)
天生汝翼兮能飛(천행여익혜)
天生汝足兮能逐(천생여족혜능축)
遭此網羅兮與贖(조차망라혜여속)
一朝破樊而出兮(일조파번이출혜)
吾不知其升衢(오부지기승구)
而漸陸(이점륙)
嗟彼弋人兮(차피익인혜)
徒旁觀而躑躅(도방관이척촉)

수레를 모는 사람들이 이 노래를 배워, 한편으로는 함께 합창하고 한편으로는 길을 가면서 즐거운 마음이 되어 피로함도 느끼지 않는 가운데 쉬지 않고 달렸다. 수레를 끄는 말이 바쁘게 달리자 이틀 걸릴 길을 단 하루 만에 노나라 경계를 벗어나게 되었다. 노장공이 과연 후회하게 되어 공자언을 시켜 뒤를 추격하게 하였으나 그때는 이미 관중을 태운 함거는 제나라 경계로 들어간 후였다. 사지에서 천행으로 벗어난 관중이 하늘을 쳐다보며 탄식하였다.

「오늘은 진정 내가 다시 태어난 날이로다!」

16. 석수천상(釋囚薦相)
- 함거에 갇힌 죄수를 석방하여 재상으로 천거하다 -

마침내 관중의 일행이 당부[堂阜· 지금의 산동성 신무현(新汶縣) 동남] 땅에 당도했다. 먼저 와서 기다리고 있던 포숙이 수레를 관사에 들이게 하고는 함거 속의 관중을 마치 진귀한 보물을 대하듯 말했다.

그림 13 석함수포숙천중(釋檻囚鮑叔薦仲)

「이오는 다행히 무양한가?」

포숙이 좌우에게 명하여 즉시 함거를 부셔 관중을 밖으로 나오게 하였다. 관중이 포숙에게 말했다.

「군명도 받지 않고 어찌하여 죄수의 몸을 함거에서 함부로 꺼내 주는가?」

「사람이 상하지 않아야지 내가 군주께 천거할 수 있지 않겠는가?」

「나와 소홀은 같이 자규를 모셨는데 이미 자규가 죽어 군위에 모실 수가 없게 되었네. 또한 내가 그 난중에 죽지 못해 신하로서 절개가 꺾였다고 할 수 있네. 항차 다시 얼굴을 바꿔 내가 모셨던 주인을 죽인 원수를 군주로 모실 수가 있겠는가? 소홀이 이 일을 알면 지하에서 나를 비웃지 않겠는가?」

「큰일을 도모하는 자는 조그만 수치를 개의치 않고 대공을 세우고자 하는 자는 사사로운 정에 구애받으면 안 된다고 했네. 자네는 천하를 경영할 수 있는 재주를 갖고 있으나 아직 때를 만나지 못했음을 내가 알고 있네. 내가 모시고 있는 주공은 품은 뜻이 크고 높아 만약에 자네가 보좌하여 제나라를 다스린다면 패업을 이루는 데 부족함이 없는 분이시네. 자네의 공이 천하를 덮고 명성이 제후들에게 울려 퍼질 수가 있는데 어찌하여 필부의 절개만을 운운하여 세상에 아무런 이익이 되지 않을 말만 하는가?」

관중이 입을 다물고는 아무 말도 하지 않았다. 즉시 종자들에게 명해 관중의 결박을 풀고 당부의 역관에 머물 수 있도록 조치를 끝낸 포숙은 수레를 타고 곧바로 임치를 향해 달려갔다. 환공을 배일한 포숙이 먼저 조의를 표하고 후에 다시 경하의 말을 올렸다. 환공이 물었다.

「어찌하여 조의를 표하시오?」

「공자규는 주군의 형님 되시는 분인데 주군이 나라를 위해 멸친하니 비록 어쩔 수 없이 한 일이지만 신이 어찌 감히 조의를 표하지 않을 수 있겠습니까?」

「조의는 그렇다 치고 경하는 무슨 일이오?」

「관자는 소홀과는 비할 수 없는 천하의 기재이기 때문에 신이 살려서 데려다 놓았습니다. 주군께서 현신을 한 명 얻으시게 되었습니다. 그런데 어찌 경하하지 않을 수 있겠습니까?」

「관중이라는 놈은 나를 죽이려고 활을 쐈으나 하늘이 도와 허리띠의 죔쇠에 맞아서 내가 목숨을 건졌소. 그때의 원한을 아직 잊지 못하여 그 화살을 보관하고 있소. 그놈만 생각하면 이가 갈려 그의 고기를 씹어 먹어도 시원치 않습니다. 그런데 오히려 불러서 쓴다는 말이 가당키나 합니까?」

「신하 된 자는 각기 그 주인을 위해 힘써야 합니다. 주군의 허리띠를 맞출 때는 관중은 오로지 그의 주인인 공자규만이 있음을 알고 주군을 모르고 있었습니다. 만약 관중을 불러 쓰신다면 주군께서는 천하를 향해 활을 쏠 수 있습니다. 어찌하여 한 사람만의 특별한 허리띠에 대해서 운운하고 계십니까?」

「내가 잠시 경의 말을 따라 그를 죽이지는 않으리라!」

포숙은 즉시 당부에 두고 온 관중을 불러 그의 집으로 데려가 조석으로 천하사를 담론하였다. 그때 제환공은 자기를 도와 군위에 오르게 해준 공을 따져 대를 이어 제나라의 상경을 역임한 고씨와 국씨 두 집안 모두에게는 식읍을 더하여 주고, 포숙은 상경에 임명하여 국정을 맡기려고 하였다. 포숙이 말했다.

「신이 헐벗음과 굶주림을 면할 수 있었음은 주군께서 베풀어 주신 덕분입니다. 그러나 나라를 다스리는 경우에 이르면 신은 감당할 수 없습니다.」

「과인이 경을 알고 있는데 어찌 사양한단 말이오?」

「소위 군께서 아시고 계신다는 신하 포숙은 매사에 조심하고 항상 근신할 뿐이며 옛날의 예를 따라 법도를 지킬 뿐입니다. 이것은 신하된 자로서 당연히 갖추어야 할 일일 뿐이지, 나라를 다스리는 데 필요한 재주는 아닙니다. 무릇 나라를 다스리고자 하는 자는 안으로는 백성들을 편안하게 하고 밖으로는 사방의 오랑캐들을 어루만져 공적을 왕실에 세워야 합니다. 또한 제후들에게 덕을 베풀어 나라를 태산처럼 안정시키고 주군으로 하여금 한량없는 복을 누리게 해야 합니다. 그뿐만 아니라 공적을 금석처럼 탄탄하게 드리우고 이름은 천추에 전하는 자라야만 천자를 보좌하는 소임을 다할 수 있습니다. 그런데 신이 무슨 방법으로 이런 막중한 소임을 감당할 수 있겠습니까?」

환공이 부지중에 흔연한 기색이 되어 무릎을 포숙을 향해 앞으로 당기며 말했다.

「경의 말을 따른다면 그런 사람이 지금 어디 있단 말입니까?」

「주군께서 구하시지 않으셨기 때문이지 만일 구하신다면 얻을 수 있습니다. 그 사람은 관이오입니다. 신이 관이오보다 못한 점이 다섯 가지가 있습니다. 너그럽고 부드러운 태도로 백성을 다스려 은혜를 베푸는 점에 있어서 그보다 못합니다. 나라를 다스리되 그 근본을 잃지 않으니 그보다 못합니다. 또한 충성과 신의로써 백성들을 단결시킬 수 있으니 그보다 못합니다. 예의를 제정하여 변빙의 오랑캐를 교화시킬 수 있으니 그보다 못하며 더하여 군문에서 북채를 잡고 군사들로 하여금 감히 후퇴할 생각을 못 하게 하니 그보다 못합니다.」

「경이 관중을 데려와 만나게 해 주십시오. 과인이 그의 배움을 한번 시험해 보겠습니다.」

「신은 듣기에 천한 몸은 귀한 자리에 앉을 수 없고, 가난한 사람은 부자를 부리지 못하며, 소원함으로는 능히 친근함을 제어할 수 없다고 했습니다. 군께서 만약 이오를 쓰시려고 한다면 재상의 자리에 앉히시고 후한 봉록과 함께 부형의 예로 융숭하게 대하지 않으시면 불가합니다. 재상이란 군주의 다음가는 사람입니다. 재상될 사람을 가볍게 부른다면 이는 그 사람을 가볍게 보는 행위입니다. 재상이 가볍게 보이면 군주도 역시 가볍게 됩니다. 때문에 비상한 사람을 대할 때는 반드시 예로써 대하여야 합니다. 군께서는 점을 쳐서 길일을 택하여 성문 밖으로 나가 영접하십시오. 군께서 사사로운 감정을 버리시고 현사를 존중하여 예로써 맞이했다는 소문이 난다면 천하의 인재들은 모두 쓰임을 받기 위해 제나라에 몰려들지 않겠습니까?」

「경의 말을 따르겠소!」

환공은 그 즉시 태사에게 점을 치게 하여 길일을 받아 성문 밖에서 관중을 맞이하기로 했다. 포숙은 자신의 집에서 기거하고 있던 관중을 성문 밖의 공관으로 데려가 머물게 했다. 태사가 정해준 날짜가 다가오자 환공은 세 번의 목욕에 향을 뿌려 정결하게 만든 몸으로 상대부의 복식과 홀(笏)을 준비하여 관중에게 보냈다. 이윽고 환공이 친히 성문 밖으로 나와 관중을 맞이하여 수레에 같이 태우고는 조당으로 돌아왔다. 수많은 백성들이 마치 담장을 두른 듯 몰려들어 그 광경을 구경하고는 놀라지 않은 사람이 없었다. 사관이 시를 지어 노래했다.

군주가 재상을 얻었음을 서로 다투어 경축하였는데
누가 알았겠는가? 재상은 함거에 실려 왔던 죄수인 줄을!
이것은 단지 사사로운 감정을 버린 때문인지라
천하 사람들은 주저하지 않고 환공을 패자라고 불렀다.

争賀君侯得相臣(쟁하군후득상신)
誰知卽是檻車人(수지즉시함거인)
只因此日捐私忿(지인차일연사분)
四海欣然号覇君(사해흔연호패군)

17. 부국강병책(富國强兵策)
- 관중의 부국강병책 -

조당에 이른 관중이 환공에게 머리를 조아리며 죄를 청했다. 환공이 친히 손을 잡으면서 부축하여 일으키고는 자리에 앉도록 인도했다. 관중이 말했다.

「신은 곧바로 도륙을 당해야 마땅한 죄를 지었으나 폐하로부터 죽음을 면하게 된 은혜를 입은 일만으로도 실로 천만다행이라 하겠습니다. 그런데 어찌 감히 지나친 대접을 받아 욕됨을 얻겠습니까?」

「과인은 경에게 묻고 싶은 말이 있습니다. 경이 좌정을 하여야만 감히 가르침을 청할 수 있지 않겠습니까?」

관중이 환공의 명을 받들어 다시 절을 올리고 좌정했다.

「제나라는 천승지국입니다. 조부이신 희공께서 제후들을 위엄으로써 복송시켜 소패(小覇)라는 칭호를 읻으셨습니다. 그러니 선군이신 양공에 이르러 정령이 무상하더니 마침내는 큰 변란이 일어나고 말았습니다. 과인이 간신히 사직을 붙잡아 보전하고는 있지만 인심이 아직 안정되지 않아 국세가 펴지지 않고 있습니다. 오늘날 과인이 국정을 개변하여 강령을 세우고 기율을 일으키려고 한다면 무엇부터 먼저 해야 되겠습니까?」

「예의염치(禮義廉恥)는 나라의 네 가지 중요한 근본입니다. 네 가지의 근본이 신장되지 않는다면 나라는 이내 망하게 됩니다. 오늘날 군후께서 나라의 기강을 바로 세우려고 하신다면 필히 네 가지 근본을 신장시키셔서 백성들을 부려야 합니다. 즉 기강만 서게 된다면 국세는 자연히 크게 일어나게 되어 있습니다.」

「어떻게 하면 능히 백성들을 부릴 수 있겠습니까?」

「백성들을 부리기 위해서는 먼저 백성들을 사랑하여야 합니다. 그런 다음에 백성들이 머무를 곳을 마련해 주어야 합니다.」

「백성을 사랑하는 방법은 어떠합니까?」

「군주는 백성들을 위해서, 가장은 가족들을 위해서 힘써야 하며 항상 서로 연계하여 일하면서 백성들은 그 이익을 나라에 바치며 또한 나라는 그 이익을 백성에게 나누어 주면 나라와 백성은 서로 친할 수 있습니다. 과거의 죄를 용서하고 또한 후사가 끊어진 집안은 새로 세워 종사를 모시게 하면 백성들의 수는 늘어납니다. 형벌을 줄이고 세금을 적게 거둬들이면 백성들은 부유해집니다. 어진 선비를 등용하여 공경으로 삼아 그들을 시켜 백성들을 교화시키면 백성들은 곧 예를 갖추게 됩니다. 한번 반포한 령을 다시 고치지 않으면 백성들은 믿고 따르게 됩니다. 이런 것들이 백성을 사랑하는 방도입니다.」

「백성을 사랑하는 방법이 그러하다면 백성들을 다스리는 방법은 어떠합니까?」

「사농공상(士農工商)은 백성들의 네 가지 본분입니다. 선비의 자식은 항상 선비의 업을 잇고 농부의 자식은 항상 농업을 이으며 공상의 자식 역시 공상의 업을 이어 각각의 가업으로써 자세히 익히게 하여 안정시켜야 합니다. 백성들이 각각의 가업을 바꾸지 않고 대를 잇게 하면 그들은 스스로 안정을 찾게 됩니다.」

「백성들이 이미 안정되었다면 무장한 병사들을 부족하지 않게 양성하려면 어떻게 해결해야 합니까?」

「무장한 병사들을 양성하기 위해서는 죄를 지은 사람들이 재물을 바쳐 자신의 죄를 용서받을 수 있는 법을 만들어야 합니다. 즉 중한 죄를 저지른 자에게는 서피[犀皮: 물소 혹은 코뿔소 가죽. 고대에 갑옷을 만드는 원료로 사용되었다] 한 장과 창 한 자루를 바치게 하고, 경한 죄를 저지른 자에게는 가죽으로 만든 방패와 창을 각각 한 자루씩을 바치게 합니다. 또한 사사로운 죄를 지은 사람에게는 분별하여 돈으로 벌금을 물게 하고, 죄가 있다고 단지 의심을 받는 사람은 바로 용서해야 합니다. 송사를 거는 자나 당하는 자 모두에게는 화살 한 속[束: 고대에 화살을 세는 단위. 화살 한 속은 50본이다. 혹은 100본이라고 했다]을 바치게 하여 서로 싸우지 않고 평화롭게 지내게 합니다. 철을 채취하게 하여 좋은 품질은 칼과 창을 만들어 개와 말에게 사용을 시험한 후에 군사들에게 나누어 주고, 나쁜 품질은 호미와 괭이를 만들어 땅에다 시험해 본 후 농부들에게 나누어 주어 농사를 짓게 합니다.」

「무장한 병사를 많이 기르는 데 필요한 재정은 어찌 해결해야 합니까?」

「광산을 개발하여 돈을 주조하고 바닷물을 증발시켜 소금을 만들어 천하에 유통시켜 이익을 얻습니다. 세상의 온갖 물건을 싼값에 거둬들여 저장한 후에 무역을 일으켜야 합니다. 무역을 활성화하기 위해서는 창기(娼妓) 300명을 두어 장사꾼들을 즐겁게 해주어야 합니다. 그렇게 하면 장사하는 사람들이 떼를 지어 오고 온갖 재화가 모여들게 됩니다. 연후에 그들에게서 걷는 세금으로 무장한 병사들을 양성하는 재정을 충당할 수 있습니다.」

「재정이 이미 충족되었더라도 군사의 수가 적어 위세를 떨치지 못할 때는 어찌해야 합니까?」

「병사는 귀해야 정예하며, 수가 많으면 귀하지 않습니다. 군사의 강함은 힘으로부터가 아니라 마음으로부터 나옵니다. 만약에 군께서 보졸과 갑병을 기르신다면 천하의 제후들도 모두 보졸과 갑병을 기르게 됩니다. 신은 단지 수가 많다고 해서 싸움에서 이기는 전례를 아직까지 보지 못했습니다. 군께서 만약 강한 군사들을 원하신다면 명목상의 숫자에 연연하는 대신 실속을 추구해야 합니다. 신은 청컨대 내정(內政)의 법을 정하여 군제로 삼아야 한다고 생각하고 있습니다.」

「내정이란 무엇입니까?」

「내정의 법이란 제나라 전체를 21개 향(鄕)으로 나누어 그중 6개는 공(工)과 상(商)의 향으로 두고 나머지 15개는 사(士)의 향으로 합니다. 공과 상의 향은 재정을 풍족하게 하고 사의 향은 병사를 족하게 할 수 있습니다.」

「어떻게 하면 군사들이 많아지게 됩니까?」

「다섯 집을 모아 궤(軌)라 하고 그 장을 궤장(軌長)이라 합니다. 10궤를 리(里)라 하여 그 장을 유사(有司)라 합니다. 매 4리마다 연(連)을 두고 그 장을 연장(連長)이라 하며, 10련을 합하여 향(鄕)이라 하고 향에는 양인(良人)을 두어 다스리게 합니다. 즉 이렇게 내정을 정비하여 군제를 확립합니다. 오가(五家)를 궤라 하니 즉 5명의 장정을 오(伍)로 묶어 궤장으로 하여금 다스리게 합니다. 10궤의 리는 50명의 장정으로

소융(小戎)이라고 명명하여 유사로 하여금 이끌게 합니다. 그리고 매 4리의 연(連)은 200명의 병졸로 연장이 이끌게 합니다. 10련을 합하여 향이라 하니 일개 향은 2천 명의 여(旅)가 됩니다. 향양인(鄕良人)이 여를 지휘하도록 합니다. 5개의 향이 모여서 사(師)를 이루니 고로 만 명의 군사가 일군(一軍)이 됩니다. 15개의 향에서 3만 명의 군사를 낼 수 있으니 이를 삼군이라 합니다. 군주는 중군을 맡고 고씨와 국씨 두 종족들의 수장들로 하여금 좌우의 일군씩을 맡게 합니다. 사계절이 바뀌는 시기에 들에 나가 사냥으로 군사들을 훈련시킵니다. 봄에 하는 사냥을 춘수(春蒐)라 하는데 새끼를 배지 않은 짐승을 사냥합니다. 여름에 하는 사냥은 하묘(夏苗)라 하여 오곡에 해가 되는 짐승을 잡습니다. 가을에 하는 사냥은 추선(秋獮)이라 하여 가을 기운에 서려 있는 살기(殺氣)에 순응하기 위해서입니다. 겨울에 하는 사냥은 동수(冬狩)라 하여 에워싸고 지킴으로써 성공했음을 고하는 동시에 백성들을 군사의 일에 익숙하게 만들기 위해서입니다. 그런 연고로 군오(軍伍)는 리(里)에서 대오를 정연하게 유지하며, 군려(軍旅)는 성문 밖 들판에서 대오를 이루게 합니다. 성안에서 훈련시켜 익숙하게 되면 성 밖으로 나가서도 그 영을 바꾸지 않아야 합니다. 이리하여 오를 이루는 사람들은 함께 제사를 지내 같이 복을 빌고 사람이 죽어 상을 지낼 때는 슬퍼하면서 서로 도와주게 됩니다.

사람은 사람대로, 집안은 집안대로 서로 대를 이어 같은 대오에 속하면서 같은 지방에서 어렸을 때부터 함께 놀아 형제처럼 친해지게 됩니다. 그렇게 되면 어둠 속에서 싸울 때 그 목소리만 듣고도 서로 알 수 있어 어긋나지 않게 되고 낮에 싸울 때는 서로 싸우는 모습을 보게 되어 서로 흩어져 달아나지 않고 싸우다가 서로 죽는 것도 즐거워합니다.

또한 고향에 함께 살 때는 서로 같이 즐거움을 나누고 죽을 때는 서로 슬퍼하니 외적이 쳐들어 왔을 때는 견고하게 지킬 수 있고 외적을 공격할 때는 강병이 될 수 있습니다. 이러한 군사들 3만을 데리고 있으면 천하를 마음껏 누비고 다닐 수 있습니다.」

「군사들이 이미 강해졌다면 천하의 제후들을 정벌할 수 있겠습니까?」

「그렇지 않습니다. 천자의 명을 받들지 않고는 제후들을 정벌할 수 없습니다. 주왕실을 버리면 이웃의 제후들이 따라 오지 않게 됩니다. 군께서 만약 천하 제후들로부터 섬김을 받으려고 하신다면 주왕실의 명을 받들고, 또한 이웃나라와 친하게 지내지 않으면 불가합니다.」

「그렇다면 그 방법은 어떠합니까?」

「우리의 강역을 세밀히 조사하여 우리가 침략하여 빼앗은 이웃나라의 땅은 돌려주고 동시에 가죽과 폐백을 들려 사절을 보내 문안하게 하는 한편, 이웃나라로부터 주는 예물을 받지 않으면 그것이 바로 이웃 나라들과 친하게 지낼 수 있는 방법입니다. 또한 선비 80명을 선발하여 거마에 의복과 많은 폐백을 싣고 천하를 돌아다니게 하면서 사방의 현인들을 초빙하게끔 합니다. 이와 동시에 사람을 시켜 가죽 및 폐백과 인기 있는 물품을 가지고 사방에 돌아다니며 장사를 하게 하면서 그 지방의 윗사람과 아랫사람들의 좋아함을 살피게 하고, 잘못한 사람이 사는 곳만을 골라서 공격하여 토지를 더합니다. 또한 음행한 자와 찬역한 자만을 골라잡아서 죽이면 위엄을 능히 세울 수 있습니다. 이와 같이 한다면 천하의 제후들은 모두 제나라에 들어와 조공을 올리게 될 겁니다. 그런 제후들을 인솔하고 주왕실을 받들어 천자에 대한 조공을 게을리 하지 않도록 감독해서 왕실을 높이면, 방백의 이름은 주군께서 비록 사양한다 해도 어쩔 수 없이 얻을 수 있습니다.」

18. 임구위상(任仇爲相)
– 원수를 용서하여 재상으로 기용하는 제환공 –

제환공과 관중은 계속해서 3일 밤낮을 이야기하면서 하는 말마다 의기가 투합하여 전혀 피곤한 줄 몰랐다. 환공이 크게 기뻐하고 또다시 3일 동안 목욕재계하고 태묘에 고한 뒤에 관중을 재상으로 임명하려고 했다. 관중이 고사하고 받지 않자 환공이 말했다.

「내가 경을 재상으로 기용하여 방백을 도모하려는 뜻을 펴 보려고 하는데 어찌하여 사양하십니까?」

「큰집은 한 개의 재목만으로는 지을 수 없다는 사실을 신은 알고 있습니다. 큰 바다가 물이 넘실대는 이유는 한 줄기의 강물로 이루어지지 않는 경우와 같습니다.[23] 주군께서 필히 그 큰 뜻을 이루시고자 하신다면 5명의 인걸을 쓰셔야만 합니다.」

「5명의 인걸은 누구입니까?」

「당에 오르고 내려가며 겸손한 태도로 읍하며, 앞으로 나아가며 뒤로 물러남을 익숙한 자세로 한가롭게 하는 행위나, 언사를 할 때 판단하여 강해야 할 때는 강하게 부드러워야 할 때는 부드럽게 응대하는 자질은 신이 습붕(隰朋)을 따를 수가 없으니 청컨대 습붕을 대사행(大司行)으로 세우십시오.

초목과 채소를 기르고 토지를 개간하여 많은 곡식을 거두어 땅으로부터 이익을 크게 취하는 데는 제가 영월(寧越)보다는 못합니다. 영월을 대사전(大司田)으로 삼으십시오.

---

23 大夏之成(대하지성), 非一木之材也(비일목지재야), 大海之潤(대해지윤), 非一流之歸也(비일류지귀야).

또 넓은 평원에 나와서 수레에 바퀴를 서로 비끄러매지 않아도 군사들이 서로 발꿈치를 돌려서 달아나지 않게 하고 북을 울려 그 소리로 삼군의 사기를 올려 죽음도 두려워하지 않게 만드는 능력은 신이 왕자성보(王子成父)만 못합니다. 하오니 성보를 대사마(大司馬)로 임명하십시오.

옥사를 집행할 때 어느 한쪽에 치우치지 않아 무고한 사람을 죽이지 않고 죄 없는 사람을 모함하지 않는 성정은 빈수무(賓須無)만 못하오니 빈수무를 대사리(大司理)에 세우십시오.

임금의 안색에 구애되지 않고 앞으로 나와 충간을 올려 결코 죽음도 불사하고 부귀에 마음이 꺾이지 않는 의기는 신이 동곽아(東郭牙)만 못하오니 동곽아를 대간(大諫)의 직에 임명하십시오.

주군께서 만약 나라를 다스리고 강병을 키우고 싶으시다면 이 다섯 사람이 있어야만 합니다. 군께서 정녕 패왕의 업을 이루고자 하신다면 신이 비록 재주가 부족하오나 군명을 받들어 이를 위해 미약한 힘이나마 전력을 다 바치겠습니다.」

환공이 관이오에게 재상의 벼슬을 내리고 제나라에서 걷는 일 년 치의 세금을 봉록으로 주고 곡읍(谷邑)을 식읍으로 하사했다. 그리고 습붕 이하 다섯 사람은 관중이 천거한 대로 각각의 벼슬에 임명하여 각기 자기의 맡은 바 직무에 임하게 하였다. 또한 성문 위에 방을 걸어 부국강병의 계책을 올리는 자는 모두 등용하여 그들의 계책을 실행하겠다고 했다.

19. 용인사해(用人四害)
  - 인사에 해가 되는 네 가지 -

어느 날 환공이 관중에게 물었다.

「과인이 불행하게도 사냥과 여자를 좋아하는 성격을 갖고 있는데 이것이 패업을 이루는 데 해가 되지 않겠습니까?」

「해가 되지 않습니다.」

「그렇다면 어떤 성격이 패업을 이루는 데 해가 됩니까?」

「현자를 알아볼 수 없는 눈과 귀가 패업을 이루는 데 해가 되고, 현자를 알고도 쓰지 않음이 해가 되며, 데려다 쓰면서도 믿지 않으면 해가 됩니다. 또한 믿으면서 소인의 말에 귀를 기울임이 해가 됩니다.」[24]

「명심하겠습니다.」

그 즉시 관중을 재상에 임명하여 제나라의 모든 국정을 맡아 전결하도록 명을 내린 제환공은 그의 호를 높여 중보(仲父)라 부르게 하고 고씨와 국씨보다 더 정중한 예를 갖추어 대하도록 하였다. 환공은 계속해서 조정에 백관들을 불러 다음과 같이 선포했다.

「나라의 모든 큰일은 먼저 중보에게 고하고 난 후에 나에게 보고하고, 그 밖의 모든 일은 중보의 결재를 맡아 시행토록 하라!」

또한 사대부들에게 이오라는 이름을 부르지 못하게 하고 귀천을 불문하고 모두에게 중(仲)이라고 칭하게 하였다. 이것은 옛날 사람들은 자를 부름으로 해서 존경의 마음을 표시했기 때문이었다.

---

24 不知賢(부지현), 害霸(해패); 知賢而不用(지현이불용), 害霸(해패); 用而不任(용이불임), 害霸(해패); 任而復而小人參之(임이복이소인참).

20. 장작패제(長勺敗齊)
- 장작의 싸움에서 제군을 물리치는 노나라 -

한편 노장공은 제나라가 관중을 재상으로 삼았다는 소식을 듣고 크게 노하면서 말했다.

「시백의 충언을 듣지 않아 결국은 관중이 제나라 재상이 되었구나! 포숙과 같은 일개 서생에게 기만당했으니 참으로 통탄스러운 일이로다!」

곧바로 병거와 군사들을 징발하여 점검한 노장공은 제나라를 정벌하여 건시에서의 원수를 갚으려고 하였다. 노장공이 군사를 일으키려 한다는 소식을 들은 제환공이 관중에게 물었다.

「군위에 오른 지 얼마 되지 않은 나를 업신여기고 노나라가 군사를 일으켜 쳐들어온다고 합니다. 남의 나라로부터 침략을 받기 전에 우리가 선제공격을 하면 어떻겠습니까?」

「지금으로서는 군정이 미처 정비되지 않아 출동할 수 없습니다. 굳게 지켜야만 합니다.」

환공이 듣지 않고 포숙을 대장으로 중손추를 부장으로 삼아 군사를 대거 일으켜 장작[長勺: 지금의 산동성 내무시(萊蕪市) 북]으로 진격하여 노나라 군사들을 중도에 막으려고 했다. 노장공이 시백에게 의견을 물었다.

「제나라가 나를 기만하기를 이렇듯 심하게 하니 어떻게 하면 제나라를 혼내 줄 수 있겠는가?」

「신이 추천할 사람이 한 명 있습니다. 이 사람을 기용하면 제나라의 군사들을 물리칠 수 있습니다.」

「어떤 사람인가?」

「그 사람은 성은 조(曹)이며 이름은 귀(劌)라 합니다. 현재 동평[東平:

지금의 산동성 태안시 동평현 경내]이란 고을에 은거하고 있는데 아직까지 출사하지 않고 있습니다. 그 사람은 진실로 장군이나 재상의 재목이라 할 수 있습니다.」

장공이 시백에게 명하여 동평으로 가서 조귀를 모셔오게 했다. 시백이 조귀를 보고 장공이 부른다는 말을 전했다. 조귀가 말했다.

「고기 먹는 사람도 계책을 못 내는데 어찌 콩잎을 먹고 사는 사람에게서 계책을 구하십니까?」

「콩잎 먹는 사람이 계책을 써야 장차 육식(肉食)을 할 수 있지 않겠습니까?」

시백이 곧바로 조귀를 데려와 노장공에게 알현시켰다. 장공이 물었다.

「어떤 계책으로 제나라 군사들을 막겠는가?」

「전쟁의 일이란 임기응변을 구사하여 승리를 구하는 일이라 미리 어떻다고 이야기할 수 없습니다. 원컨대 신에게 병거 한 대를 내주시면 행군 중에 타고 가면서 계책을 세우겠습니다.」

21. 조귀논전(曹劌論戰)
  - 조귀가 적군의 사기를 읽어 전쟁을 승리로 이끌다 -

장공이 그 말을 듣고 기뻐하여 조귀를 자기의 수레에 같이 태우고 장작으로 달리게 했다. 제군을 이끌고 장작에 먼저 진군하여 진영를 세우 포숙은 노후가 군사를 이끌고 장작으로 접근해 오고 있다는 소식을 듣고 진채를 엄하게 단속하고 노군이 당도하기만을 기다렸다. 이윽고 장작에 당도한 노후가 군사들에게 명해 진채를 세우자 제·노(齊魯)

그림 14 전장작조귀패제(戰長勺曹劌敗齊)

두 나라 군사들은 대치상태에 들어갔다. 옛날 건시의 싸움에서 승리를 취한 포숙은 노나라 군사들을 얕보았다. 이윽고 선제공격하기로 결정한 포숙이 북을 울려 먼저 적진을 점령하는 자에게는 중상을 내리겠다는 군령을 발해 군사들을 노나라 진영으로 돌격시켰다. 포숙의 돌격명령을 받은 제군은 천지를 진동시키는 북소리와 함께 노군 진영을 향해 돌진했다. 노장공 역시 쟁이와 북을 크게 울리게 하여 군사들의 사기를 북돋아 노군을 출격시켜 제군에게 응전하려고 했다. 그러나 조귀가 장공을 말리면서 말했다.

「적군의 사기가 매우 예리합니다. 잠시 기다리면서 동정을 살피십시오.」

조귀을 말을 들은 노장공은 즉시 명을 취소하고 군중에 재차 군령을 전하게 하였다.

「군중을 소란스럽게 하는 자는 참한다.」

제군이 노나라 진영 앞에 이르러 싸움을 걸어왔으나 노군이 진지를 마치 철통같이 지키며 동요하지 않았기 때문에 퇴각할 수밖에 없었다. 얼마간의 시간이 지나자 다시 제군 진영에서 북소리가 진동하고 군사들이 다시 돌격해 왔다. 그때도 여전히 노군 진영은 마치 아무 소리도 못 들은 듯이 조용하기만 했다. 제군은 하릴 없이 자기 진영으로 되돌아갔다. 포숙아가 보고 말했다.

「노군은 싸움을 겁내고 있다. 다시 한번 북소리를 울려 군사들을 돌격하게 하면 노군은 틀림없이 지리멸렬하여 무너지고 말 것이다.」

한편 노나라 진영의 조귀가 또다시 제나라 진영에서 치는 북소리를 듣자 장공에게 말하였다.

「제나라 군사들을 이길 수 있는 시기는 바로 이때입니다. 속히 북을 쳐서 군사들에게 제군을 향해 진격하도록 명령을 내리십시오.」

이윽고 노군 진영에서 북소리가 한 번 나자 노나라 병사들이 돌연히 일어나서 칼을 휘두르고 활을 쏘면서 제나라 진영을 향해 돌격했다. 갑작스럽게 돌격해 오는 노군의 기세는 마치 질풍노도와 같아 제군은 감히 막을 수가 없었다. 결국 제군은 노군에게 대패하여 십 중 칠팔이 꺾이고 잔병들은 자기 진영을 향해 도망치기 시작했다. 패잔병을 수습하여 진채를 걷고 후퇴하는 제군의 뒤를 추격하려는 장공을 조귀가 말리면서 말했다.

「아직 불가합니다. 신이 한번 살펴보겠습니다.」

조귀는 즉시 병거에서 내려 제군이 친 진지의 주변을 한번 둘러보고는 다시 병거에 올라 그들이 도망친 방향을 먼발치로 쳐다본 후에 말했다.

「이제 추격하시면 되겠습니다.」

노장공은 곧바로 병거를 몰아 제군의 뒤를 추격하여 30여 리쯤 갔다가 멈추고 되돌아왔다. 노군 측이 노획한 치중과 병장기 및 포로로 잡은 갑병의 수는 헤아릴 수 없이 많았다. 노장공이 제군을 크게 물리친 후에 조귀에게 물었다.

「경이 어떻게 하여 한 번 친 북소리로 세 번 친 북소리를 이길 수 있었소?」

조귀가 설명했다.

「무릇 싸움이란 기를 위주로 합니다. 기가 뻗어 나면 이기고 기가 쇠하면 집니다. 북소리를 울리는 목적은 곧 기를 세우기 위해서입니다. 북소리를 한 번 울리면 기를 성하게 하고 두 번 울리면 쇠하게 하며 세 번 울리면 다합니다. 제가 북을 치지 않고 3군의 사기를 키우고 있는 동안 적은 이미 북을 세 번 울려 그 기가 이미 다하게 했습니다. 그 상황

그림 15 제노(齊魯)의 장작지전 전개도

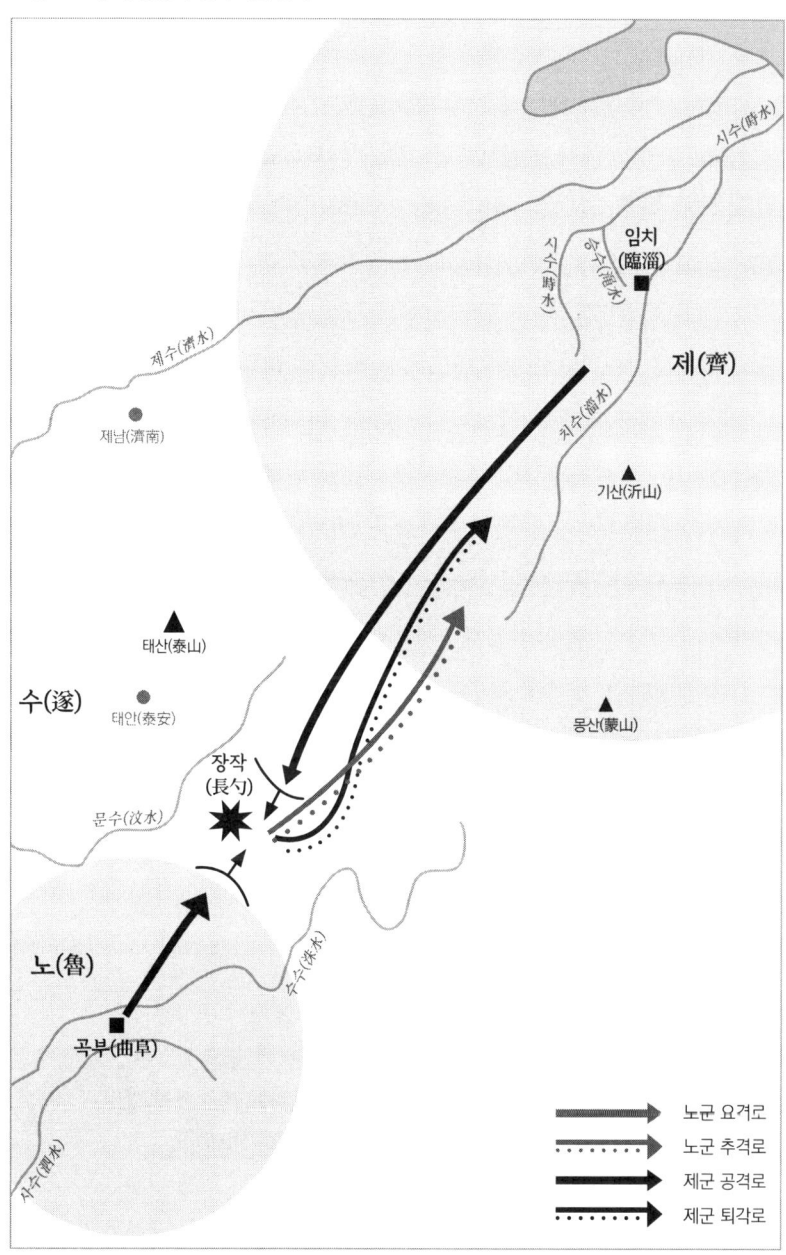

에서 제가 북을 한 번 울려 기를 성하게 하니 가득한 기로 이미 다한 기를 제압했습니다. 어찌 싸움에서 이길 수 없었겠습니까?」

장공이 다시 물었다.

「제군이 이미 패하여 도망치고 있는데 처음에 어떤 생각으로 추격하지 못하게 하고, 후에는 어떤 생각으로 다시 추격하게 했소? 그 연유를 말해 줄 수 있겠소?」

「제나라 사람들은 평소에 속임수가 많아 복병이 있을까 염려하여 그들이 싸움에 져서 달아나고 있는지의 여부를 믿을 수 없었습니다. 그래서 제가 수레에서 내려 살펴보니 제군의 병거 바퀴자국이 종횡으로 나 있었습니다. 그래서 신은 제나라 군사들의 마음이 황망하게 되어 이미 어지러워졌다는 사실을 알았습니다. 그리고 제가 고개를 들어 멀리 살펴보니 후퇴하는 제군은 깃발을 정연하게 잡지 못하고 어지러이 도망가기에 급급함을 보고 주공께 뒤를 추격하도록 말씀 드렸습니다.」

조귀의 정연한 설명에 장공이 감탄했다.

「경은 가히 군사의 일을 아는 사람이라고 할 수 있겠소!」

노장공은 그 자리에서 즉시 조귀를 대부의 직에 제수하고 시백에게는 훌륭한 사람을 천거했다는 공으로 후한 상을 내렸다. 사관이 조귀에 대해 시를 지어 노래했다.

강대한 제나라의 침략을 받은 노나라의 조정이 근심했지만
포의의 은사가 이미 승전의 계책을 준비해 놓고 있었다.
변경의 군사들로부터 첩보가 없다고 괴이하다 생각하지 말라.
원래 육식자에게는 좋은 계책이 적은 법이다.

強齊壓境擧朝懮(강제압경거조우)
韋布誰知握勝籌(위포수지악승주)

莫怪辺庭捷報杳(막괴변정첩보묘)
鯀來肉食小佳謀(요래육식소가모)

22. 살자팽조(殺子烹調)
- 아들을 죽여 요리를 만들어 바치다 -

한편 관중의 말을 듣지 않고 노나라와 싸움을 벌여 장작의 싸움에서 지고 군사를 출병시킨 일을 마음속 깊이 후회한 제환공은 그 즉시 나라의 정사를 모두 관중에게 맡겨 버리고 자기는 매일 여자들과 술을 마시면서 즐겼다. 나라의 일로 보고하러 오는 자가 있으면 환공은 늘상 말했다.

「어찌하여 중보에게 고하지 않는가?」

그때 환공의 측근에는 수초(豎貂)라고 하는 동자가 있었는데 환공이 매우 사랑했다. 내궁에서 환공을 가까이 모시기 위하여 밖에서 왕래하는 절차가 불편하다고 생각한 그는 스스로 거세한 후 내궁에 들어와 살고 있었다. 환공이 이를 기특하게 여겨 더욱 총애하고 믿어 자기 곁에 잠시도 떨어지지 않게 했다. 또 제나라의 옹읍[雍邑: 현 하남성 기현(杞縣)]에 이름이 무(巫)라는 자가 있었는데 자를 역아(易牙)라고 했다. 위인이 권모술수에 능하고 활을 잘 쏘았다. 또한 음식을 삶아서 조리하는 솜씨가 매우 뛰어났다. 하루는 위희(衛姬)가 병이 났다. 옹무가 오미채(五味菜)를 요리하여 바치자 위희가 먹고 병이 나았다. 그래서 옹무를 총애하게 된 위희가 곁에다 두고 가까이 지내게 되었다. 옹무도 또한 맛있는 요리를 해서 수초에게 바쳐 아첨했다. 수초가 옹무를 환공에게 추천했다. 환공이 옹무를 불러서 물었다.

「나는 네가 요리를 잘한다고 들었다.」

「그렇습니다.」

「과인은 날짐승, 네발 달린 짐승과, 버러지 종류와 그리고 물고기 등 모든 요리를 다 먹어 봤으나 아직 사람의 고기로 조리한 요리를 먹어 보지 못해 그 맛이 어떠한지 모르겠다.」

역아가 물러 나와 점심때에 요리를 해서 찐 고기 한 접시를 갖다 바쳤다. 그 고기는 젖먹이 양고기보다 연하고 그 맛은 감미롭기가 그지없었다. 요리를 맛있게 다 먹은 제환공이 역아에게 물었다.

「무슨 고기인데 이렇듯 맛이 있는가?」

「그 고기는 사람의 고기입니다.」

환공이 놀라 물었다.

「사람의 고기를 어떻게 얻었는가?」

「세 살 난 신의 큰아들을 잡아서 얻은 고기로 요리했습니다. 신은 "임금에게 충성된 자는 그 집안을 돌볼 겨를이 없다"고 들었습니다. 군께서 아직 사람의 고기 맛을 못 보셨다고 하시어 신의 아들을 잡아서 요리를 만들었습니다.」

「그만 물러가도록 하라!」

제환공은 옹무도 역시 좋아하게 되어 믿고 총애하기 시작했다. 또한 위희도 자기의 병이 나은 이후로는 옹무를 칭찬해 마지않았다. 이때부터 수초와 옹무가 안팎으로 환공의 수발을 들게 되어 마음속으로 관중을 시기했다. 그러던 어느 날 관중을 모함할 시기만을 엿보고 있던 수초와 옹무 두 사람은 같이 환공 앞으로 나아가 말했다.

「저희들은 "군주는 영을 발하고 신하는 받든다"라고 알고 있습니다.

지금 제나라는 하나도 중보이고 둘도 중보이니 백성들은 모두 제나라에는 군주가 없다고 의심하고 있습니다.」

제환공이 웃으면서 말했다.

「과인은 중보가 있음으로 해서 존재한다고 말할 수 있다. 마치 몸에 팔다리가 붙어 있음과 같다. 팔다리가 있음으로 해서 그 몸이 온전해지듯이 중보가 있음으로 해서 나는 군주로서 행세할 수 있다. 너희 같은 소인배들이 어찌 알겠느냐?」

두 사람이 더 이상 말을 꺼내지 못하고 물러났다. 관중이 제나라의 정사를 도맡아 처리하기를 3년이 되자 제나라는 크게 다스려지게 되었다. 염옹(髥翁)이 시를 지어 노래했다.

<blockquote>
의심하면 쓰지 말고 쓰게 되면 의심하지 않았다.
중보가 상국이 되어 제나라를 혼자 다스릴 수 있었음은
모두가 환공이 능히 신임했기 때문인데
수초나 옹무 같은 소인배들이 백 명이라 한들 어찌했겠는가?

疑人勿用用無疑(의인물용용무의)
仲父當年獨制齊(중보당년독제제)
都以桓公能信任(도이환공능신임)
貂巫百口亦何爲(초무백구역하위)
</blockquote>

23. 존왕도패(尊王圖覇)
   - 천자를 받들어 패업을 도모하다 -

기원전 681년은 제환공이 제후의 자리에 오른 지 5년째 되는 해다. 그해 봄 정월에 제환공은 새로 지은 조당에서 여러 신하들의 신년인사를 받았다. 군신들이 조배를 올리고 경하의 말을 모두 마치자 제환공이 관중을 향해 물었다.

「과인이 중보의 가르침을 받들어 국정에 임한 결과 국세를 크게 펼쳤습니다. 오늘날 나라의 군사들은 정예하고 양식은 풍족해졌으며 백성들은 모두가 예의를 알게 되었습니다. 이제 회맹(會盟)을 행하여 패업을 정하려고 하는데 중보의 생각은 어떠십니까?」

「지금 천하정세는 백성들의 수효가 가장 많은 제나라만이 제후국들 중 최강국이라 할 수 있습니다. 남쪽의 형(荊) 땅에는 초나라, 서쪽에는 당진(唐晉)과 섬진(陝秦)이 있습니다. 그 세 나라의 군주들은 모두가 스스로 영웅이라고 높이고 있으나 주왕을 받들어야만 하는 이유를 모르고 있기 때문에 패업을 못 이루고 있습니다. 주왕실은 비록 쇠약해져 세력이 미약하게 되었으나 아직은 여전히 천하의 주인입니다. 주왕실이 동쪽의 낙읍으로 천도한 이래로 제후들은 입조를 게을리하고 공물도 바치지 않고 있습니다. 그뿐만 아니라 정백 오생이 주환왕의 팔을 활로 쏘아 부상을 입혔고 후에 다섯 나라[25]가 주장왕의 명을 받들지 않고 주천자의 군사를 위나라 땅에서 물리쳤습니다. 그래서 마침내는 열국의 신자들은 임금과 신하가 누구인지도 구별하지 못하게 되었습니다. 초자(楚子) 웅통(熊通)이 왕호를 참칭하고, 송나라와 정나라는 자기들의 군주들을 시해하였음에도 불구하고 아무런 제재를 받지 않았습니다. 그 일로 인해 군주의 시해사건은 예사로운 일이 되고 말았으나 누구도 감히 죄를 주지 못하고 있습니다. 금일에 이르러 주장왕이 죽은

---

25 다섯 나라: 기원전 688년 위혜공(衛惠公) 삭(朔)을 복위시키기 위해 제양공(齊襄公)이 노(魯), 송(宋), 채(蔡), 진(陳) 등의 사국과 함께 위(衛)나라로 출병한 다섯 나라를 말한다. 1-4-13〈항왕입국〉편 참조.

지 얼마 되지 않고, 새로운 천자가 등극하는 와중에도, 송나라에서는 남궁장만이 난[26]을 일으켜 그 군주를 시해했습니다. 다행히 송나라의 국인들이 힘을 합쳐 역신은 비록 잡아 죽이기는 했으나 송나라의 군위는 아직 정해지지 않고 있습니다.

차제에 주공께서는 사절을 주나라 왕실에 보내어 천자의 조칙을 구해 여러 제후들을 크게 모이게 하여 송군의 자리를 정하십시오. 송군의 자리가 일단 정해지면 천자의 명을 받들어 제후들을 다스리고 안으로는 왕실을 높이고 밖으로는 사방의 오랑캐를 물리쳐야 합니다. 열국 중에 허약한 나라는 부추기고 강하고 횡포한 나라는 억누르시고, 명을 받들지 않고 천하를 혼란하게 하는 나라는 제후들을 인솔하여 토벌하십시오. 중원의 제후들이 우리가 공평무사하다는 사실을 알게 되면 틀림없이 서로 무리를 지어 우리 제나라에 입조할 겁니다. 이렇게 하면 군사를 동원하지 않더라도 능히 패업을 이룰 수 있습니다.」

제환공이 크게 기뻐하며 즉시 사자를 낙읍으로 보내 주희왕(周僖王)의 즉위를 경축하고 명을 받들어 회맹을 하여 송나라 군위를 정하겠다고 청했다. 주희왕이 말했다.

「백구(伯舅)[27]가 우리 왕실을 잊지 않고 있으니 짐에게는 참으로 다행스러운 일이로다. 사수(泗水) 강변의 제후들은 오로지 백구의 명을 따르고 있으니 짐이 어찌 기뻐하지 않을 수 있겠는가?」

---

26 남궁장만(南宮長萬)의 난: 주장왕(周莊王) 15년 기원전 681년, 송민공(宋閔公)이 역사 출신의 장군 남궁장만과 별주 마시기 장기를 두며 장만을 희롱하자 술김에 장만이 송민공을 살해하고 일으킨 난을 말한다. 송나라 국인들이 장만을 죽이고 민공의 아들 어열(御說)을 송공으로 세웠다. 이가 송환공(宋桓公)이다. 2-7-8 〈희언상명〉편 내용 참조.

27 백구(伯舅): 천자가 이성제후국의 군주를 부를 때 사용하는 존칭이다. 동성제후국의 경우 백부(伯父) 혹은 숙부(叔父)라고 불렀다.

제나라의 사자가 주나라에서 돌아와서 환공에게 고했다. 환공이 즉시 왕명을 칭하여 송(宋), 진(陳), 채(蔡), 위(衛), 정(鄭), 조(曹), 주(邾) 등의 나라에 널리 알려 3월 삭일에 북행[北杏: 지금의 산동성 동아현(東阿縣) 북]의 땅에 모두 모이도록 전했다. 환공이 관중에게 물었다.

「이번 회맹을 열기 위해서는 병거를 얼마나 데리고 가야 합니까?」

「군주께서 왕명을 받들어 제후들에게 임하는데 어찌 병거를 몰고 갈 수 있겠습니까? 청컨대 의장(儀仗)에 필요한 병거만을 데리고 가서 회맹을 주재하십시오.」

「그렇게 하겠습니다.」

제환공이 즉시 군사들을 북행으로 먼저 보내 각 층의 높이가 3장이나 되는 제단을 3층으로 쌓게 했다. 단의 왼쪽에는 종을 달게 하고 오른쪽에는 북을 매달았다. 맨 위의 공간은 천자의 자리로 공석으로 비워 놓고 바로 양쪽 편에 토대(土臺)를 만들어 하얀 옥으로 깎아 만든 그릇들을 가지런히 정렬해 놓았다. 또한 참가하는 제후들을 각기 작위에 따라 머물게 하기 위해 여러 채의 관사를 크기와 넓이를 달리해서 지었다. 이윽고 약정한 기일이 되자 송환공(宋桓公) 어열(御說)이 먼저 당도하여 제환공과 상면하고 자기의 군위를 정하기 위하여 이렇듯 수고를 끼치게 되었다고 감사의 말을 올렸다. 다음 날 진선공(陳宣公) 저구(杵臼)와 주자(邾子) 극(克) 두 사람의 군주가 당도하고 그 뒤를 이어 얼마 전에 식규(息嬀)의 일로 초나라에 사로잡혀 갔다가 구사일생으로 방면되어 귀국할 수 있었던 채애후(蔡哀侯) 헌무(獻舞)도 초나라에 대한 원한을 가슴속 깊이 품고 회맹장에 당도했다. 제후(齊侯)가 병거를 한 대도 끌고 오지 않았다는 사실을 알게 된 사국의 군주들은 서로 얼굴을 쳐다보면서 말했다.

「제후가 단신으로 이렇게 행차를 하니, 그가 진실된 마음으로 사람을 대하고 있음을 알겠습니다.」

사국의 제후들 역시 신하들에게 명하여 자기들이 끌고 온 병거를 20리 밖으로 물러나게 했다. 때는 2월이 가고 3월이 다가오는 계절이었다. 환공이 관중에게 말했다.

「소집한 제후들이 아직 모이지 않았으니 기일을 다시 정하여 그때까지 기다려 봄이 어떻겠습니까?」

「옛말에 사람 셋만 모여도 회를 이룰 수 있다고 하는데 이미 사국의 제후들이 모였으니 그 수가 부족하다고만 할 수 없습니다. 서로 약속한 회맹의 기일을 변경함은 서로 간에 믿음을 잃게 할 뿐만 아니라 오지도 않을 제후를 무작정 기다리는 일도 왕명을 욕되게 만드는 행위입니다. 제후들이 처음으로 한곳에 모였는데 믿음이 없다는 소문이 나게 되면 이것 또한 왕명을 욕되게 하는 일이 될 뿐으로 그렇게 해서는 패업을 도모할 수 없습니다.」

「맹(盟)과 회(會)라는 말 중에서 어느 것을 사용해야 합니까?」

「인심이 아직 하나가 되지 않았고, 다시 모이기를 기다려 흩어지지 않으니 이것은 곧 국가 간에 연합한다는 뜻의 맹(盟)이라고 부르면 되겠습니다.」

「그렇게 하기로 하겠습니다.」

3월 삭일 이른 아침 다섯 나라 제후들이 단 밑에 모두 모였다. 서로 상견례를 치르고 나자 환공이 두 손을 높이 올려 예를 표하면서 여러 제후들에게 말하였다.

「왕명이 오랫동안 시행되지 않고 반란은 꼬리에 꼬리를 물고 끊임없이 일어나고 있습니다. 제가 천자의 명령을 받들어 여러 군주님들을 모시고 왕실을 보좌하는 일을 의논하려고 합니다. 오늘의 이 일은 반드시 한 사람의 제후를 맹주로 정한 후에 권한을 위임하여 천자의 정령을 천하에 펼치도록 해야 합니다.」

제후들의 의견이 분분한 가운데 제환공을 맹주로 추대하려고 했으나 송군의 작위는 공작(公爵)인 데 반해 제후의 작위는 후작(侯爵)에 머물러, 높고 낮음에도 순서가 있다는 이유로 송군을 세우려고 했다. 그러나 송공이 스스로 자기가 즉위한 지가 얼마 되지 않았음을 이유를 들어 맹주의 자리를 제후에게 양보했다. 그러나 제후가 낮은 작위로 맹주의 자리를 오를 수 없다고 한사코 사양해서 난처하게 되었다. 진선공 저구가 자리에서 일어나 말했다.

「천자의 명으로 이렇게 모였는데 맹주를 제후(齊侯)로 하지 않으면 누가 대신할 수 있겠습니까? 마땅히 제후를 맹주로 추대하여야 합니다.」

여러 제후(諸侯)들이 모두 말했다.

「제후(齊侯)가 아니면 누가 이 일을 감당할 수 있겠습니까? 진후의 말이 옳습니다.」

환공이 재삼 겸양하다가 마지못해 단에 올랐다. 제후가 맨 앞에 서고 다음에 송공, 진후, 채후, 주자(邾子)가 작위에 따라 순서를 정하여 차례로 도열했다. 종과 북소리에 맞춰 비워둔 천자의 자리를 향해 배알의 의식을 행한 제후들은 다시 서로 간에 절을 교환하여 형제의 정을 나누었음을 맹세하려고 했다. 제나라의 중손추가 죽간이 들어 있는 상자를 두 손으로 받쳐 들고 와서 무릎을 꿇고 읽었다.

『모년 모월 모일에 제소백(齊小伯), 송어열(宋御說), 진저구(陳杵臼), 채헌무(蔡獻舞), 주극(邾克) 등은 천자의 명을 받아 북행에 모였다. 우리들은 힘을 합하여 왕실을 받들고 약한 자를 보살피고 쓰러지려는 자는 부축하여 돕기로 했다. 이 회맹에서 한 약속을 어기는 자는 나머지 열 국이 힘을 합하여 토벌하기로 했다.』

제후들이 두 손을 높이 들어 예를 표하고 명을 받들었다.

제환공을 칭찬하는 《논어》의 구절에, 제후가 제후들을 아홉 번 모이게 했는데 북행에서의 회맹은 제환공이 행한 구합제후(九合諸侯)의 회맹 중 첫 번째였다고 했다. 염옹이 이를 두고 시를 지어 노래했다.

> 화려한 의상의 다섯 군주가 한 자리에 모임은
> 제나라의 정치가 펼쳐져 새롭게 빛났기 때문이라!
> 누가 먼저 달려올지 어찌 알 수 있었겠는가?
> 제환공만이 천하 제일인 자로 추대되었을 뿐이었다.
>
> 濟濟冠裳集五君(제제관상집오군)
> 臨淄事業赫然新(임치사업혁연신)
> 局中先着誰能識(국중선착수능식)
> 只爲推尊第一人(지위추존제일인)

제후들이 서로 술잔을 돌려 마시기를 마치자 관중이 계단을 통하여 단상에 올라 제환공에게 주청했다.

「노(魯), 위(衛), 정(鄭), 조(曹) 등의 나라는 왕명을 위반하여 모임에 참석하지 않았으니 토벌하여 죄를 물어야 합니다.」

제환공이 두 손을 들어 읍을 하며 네 사람의 군주들을 향하여 말했다.

「우리 제나라만의 병거로는 그 숫자가 부족하니 원컨대 여러 군주들께서 군사를 내어 같이 토벌에 참여하셨으면 합니다.」

진, 채, 주 세 나라 군주들은 일제히 소리 높여 대답하였다.

「어찌 감히 군후의 명을 어길 수 있겠습니까?」

그러나 송환공 혼자만은 잠자코 있으면서 가타부타에 대해 아무 말도 하지 않았다. 이윽고 날이 저물어 관사에 돌아간 송공이 대부 대숙피에게 자기의 생각을 말했다.

「제후가 망령되게 스스로를 높이고 더욱이 회맹의 맹주가 되어 여러 나라의 군사들을 징발하려 하고 있소. 앞으로 우리나라는 제후의 명령을 받들기에 바빠 피폐해질 운명이 되었소.」

대숙피가 자기의 생각을 말했다.

「회맹에 참석한 제후들이 내키지 않은 마음으로 어쩔 수 없이 제후를 거들고 있기 때문에 아직 제나라가 세를 규합하지 못하고 있습니다. 그러나 만약 제나라가 제후들을 이끌고 노와 정 두 나라를 정벌하여 복종시킨다면 제나라는 패업을 이룰 수 있게 됩니다. 그것은 송나라에게는 좋은 일이 아닙니다. 이곳에 모인 네 나라 중에 오로지 송나라만이 대국입니다. 우리 송나라가 병사를 내지 않고 제후에게 협력하지 않는다면 남은 세 나라도 역시 흩어질 겁니다. 하물며 우리가 이곳에 와서 회맹에 참석한 이유는 단지 왕명을 받아 주군의 보위를 정하기 위해서였습니다. 이제 이미 그 뜻을 이루어 더 이상 이곳에 머무를 이유가 없습니다. 이만 귀국하시는 편이 좋겠습니다.」

송환공이 대숙피의 말을 듣고 밤이 되어 오경이 되었을 때 수레를 타고 자기 나라로 돌아가 버렸다.

24. 조말겁맹(曹沫劫盟)
　　- 회맹장을 칼로 위협하여 빼앗긴 땅을 되찾은 노나라의 조말 -

　　제환공은 송공이 회맹을 배반하고 밤중에 몰래 도주했다는 소식을 듣고 대노했다. 중손추에게 군사를 주어 뒤를 쫓게 하려는 환공을 관중이 말리면서 말했다.

「도망간 송공의 뒤를 쫓는 일은 옳지 않습니다. 천자께 상주하여 군사를 청한 후에 정벌하여도 늦지 않습니다. 송공의 일은 명분을 갖춘 뒤에 행하시기 바랍니다. 이보다 더 급한 일부터 처리한 후에 송나라를 정벌해야 합니다.」

「이보다 더 급한 일이 무엇입니까?」

「송나라는 멀고 노나라는 가깝습니다. 또한 왕실을 위하여 여러 나라가 회맹을 행하기 위해서는 노나라를 먼저 복종시키지 않고는 불가합니다. 노나라를 복종시키면 송나라 또한 복종시킬 수 있습니다.」

「노나라를 정벌하는 데는 어떤 방법을 취해야 합니까?」

「제나라의 동북쪽에 수(遂)[28]라는 나라가 있는데 이 나라는 곧 노나라의 부용국(附庸國)으로 나라는 작고 세력은 약합니다. 또한 종족도 넷밖에 없어 만약 많은 군사들 동원하여 압력을 가하면 반나절도 못되어 항복시킬 수 있습니다. 수나라를 항복시키면 노나라는 필시 두려움에 안절부절못할 겁니다. 그 사이에 한 사람의 사자를 보내 회맹에 참석하지 않은 죄를 책망하시고 한편으로는 인편에 편지를 써서 노

28　수(遂): 지금의 산동성 비현(肥縣) 남쪽에 있었던 소 제후국. 주희왕(周僖王) 원년 기원전 681년 제환공에 의해 제나라에 병합되었다. 《사기(史記)·제태공제세가(齊太公世家)》에 "노장공이 수읍(遂邑)을 바치며 강화를 청했다[魯庄公請獻遂邑以平(노장공청헌수읍이평)]"라는 기사가 있다.

부인(魯夫人)에게 보내십시오. 노부인은 원래 아들 장공이 외가인 우리 제나라와 가깝게 지내기를 바라는 마음에서 스스로 알아서 노후를 종용할 겁니다. 안으로는 모친에게 압력을 받고, 밖으로는 군사들의 위협을 받게 되면, 노후는 두려운 마음에 반드시 회맹하자고 청해 올 겁니다. 그때까지 기다렸다가 노나라의 회맹 요청을 마지못한 듯이 허락하시면 됩니다. 노나라 문제를 해결한 후에 군사를 송나라로 옮겨 천자의 신하로 임하게 되면 이것은 소위 파죽지세(破竹之勢)라 할 수 있습니다.」

「좋은 계책입니다.」

제환공이 즉시 스스로 군사를 인솔하고 수나라로 진격하여 북을 한 번 치자 수국의 군주가 즉시 성문을 열고 항복했다. 제환공은 지체하지 않고 곧바로 군사를 움직여 노나라를 향해 진격하여 문수(汶水) 강변에 주둔했다. 과연 제군의 위세를 두려워한 노장공이 군신들을 모두 모아 놓고 대책을 물었다. 공자경보(公子慶父)가 앞으로 나와 말했다.

「제나라 군사들이 우리나라를 두 번이나 쳐들어왔었으나 한 번도 우리한테 이기지 못했습니다. 원컨대 신이 나아가 제나라 군사들을 물리치겠습니다.」

여러 군신들 중에서 한 사람의 신하가 뛰쳐나오며 소리쳤다.

「불가, 불가합니다.」

장공이 보니 다름이 아니라 모사 시백이었다.

「그대는 어떤 계책을 갖고 있는가?」

「신이 옛날 관자(管子)는 천하의 기재(奇才)라 살려두면 우리 노나라의 재앙이 된다고 전하께 말씀드린 바가 있습니다. 지금은 관자가 제나라의 정사를 맡아 본 지 오래라 병사들은 절제가 있고 세는 강성합니다. 우리가 제나라 군사들에게 대항할 수 없는 첫 번째 이유입니다. 북행의 회맹은 주천자를 높인다는 명을 받들어 행한 일로서 주공께서 불참하신 일은 결국은 주천자의 명을 거스르게 된 결과가 되었습니다. 따라서 제후가 주공의 잘못을 천자의 명으로 책하는 모양새가 되어 우리가 대항할 수 없는 두 번째 이유입니다. 옛날 주공께서 공자규를 죽인 일은 지금의 제후를 위해 공을 세운 일이 되었고, 또한 주천자의 왕녀와 제후의 선군 사이의 혼사를 주관하셔서 제나라에 은혜를 베풀었습니다. 그럼에도 불구하고 우리가 군사를 내어 제나라 군사들과 싸운다면 왕년에 우리가 세웠던 공과 은혜를 버리고 오히려 원수의 관계를 맺게 되니 그 세 번째 불가함입니다. 오늘 난국을 벗어나기 위한 계책은 오로지 화의를 신청하고 회맹을 맺어 제나라 군사들을 싸우지 않고 물러가게 하는 방법뿐입니다.」

조귀(曹劌)가 시백의 뒤를 이어 군신들의 반열에서 나와 말했다.

「신의 뜻도 시백과 같습니다.」

노나라의 군신들이 조당에서 설왕설래하던 중에 장공을 모시던 시자가 달려와 고했다.

「제후가 사자 편에 편지를 보내 왔습니다.」

장공이 편지를 받아 겉봉을 뜯고 읽었다.

『과인과 군주님은 힘을 합쳐 주왕실을 받들어야 하고, 또한 우리 사이의 정은 동모형제처럼 친해야만 합니다. 더욱이 두 나라는 대대로 혼인으로 맺어진 사이인데도 북행의 회합에 군께서 참석하지 않으셨습니다. 과인이 감히 이번 기회에 그 까닭을 묻고자 합니다. 만약에 다른 사성이 있으셨다년 그 이유를 알려주기 바랍니다.』

제환공이 별도로 편지 한 통을 더 써서 이복 여동생인 문강에게 보냈다. 제환공의 편지를 받아 본 문강은 장공을 불러 말했다.

「제와 노 두 나라는 대대로 혼인으로 맺어진 사이다. 그런데 우리들을 싫어하는 마음을 제나라에 갖게 했다가 장차 무슨 방법으로 두 나라가 친하게 지낼 수 있겠느냐?」

노장공은 문강의 말에 오로지 「예, 예」라고 대답할 수밖에 없었다. 그는 문강 앞에서 물러 나와 시백에게 명하여 제환공에게 답서를 쓰도록 했다. 답서의 내용은 다음과 같았다.

『미천한 몸에 병이 드는 바람에 달려가 왕명을 받들지 못했습니다. 군후께서 대의로 이를 책망하시니 과인은 죄가 있음을 알겠습니다. 그러나 회맹을 우리 노나라 도성 밑에서 행하는 일은 과인으로서는 실로 치욕이라 하겠습니다. 만약 군후께서 군사들을 몇 사(舍)의 거리만큼 물리쳐 두 나라 사이의 경계에 두신다면 제가 어찌 감히 옥백(玉帛)의 예물을 들고 찾아뵈어 명을 받들지 않겠습니까?』

편지를 받아 읽어 보고 크게 기뻐한 제후가 군사들에게 명령을 발하여 가[柯: 현 산동성 동아현(東阿縣) 서남] 땅으로 군사를 물리쳤다. 노장공이 제후를 만나러 가기로 마음을 정하고 군신들을 향해 물었다.

「누가 이번 행차에 능히 나를 호종하겠는가?」

장군 조말(曹沫)이 자원했다. 장공이 보고 말했다.

「경은 제나라와의 싸움에서 세 번 싸워서 모두 진 패장이 아닌가? 경을 데려갔다가 제나라 사람들에게 비웃음을 사지나 않을까 걱정되오!」

「그동안 신은 제나라와 세 번 싸워 모두 패한 일을 치욕으로 생각하고 있었습니다. 그래서 이번에 주공을 호종하여 설욕하려고 합니다.」

「어떻게 하여 설욕한단 말이오?」

「군주는 마땅히 군주다워야 하며 신하 된 자는 마땅히 신하다워야 하는 태도로 임하겠습니다.」

「나라의 국경을 벗어나 회맹에 참석하는 이번의 행위는 다시 싸움터에 출전하는 행위와 같소. 만약 경이 이번 기회에 그 치욕을 설욕할 수 있다면 나를 수행해도 좋소!」

조말을 대동한 노장공은 노나라를 출발하여 제환공이 기다리고 있는 가 땅에 당도했다. 그때는 이미 제후가 흙으로 제단을 쌓아 놓고 노장공이 오기만을 기다리고 있는 중이었다. 노장공은 사자를 통해 사죄하고 회맹하기를 청했다. 제환공도 역시 곧바로 사자를 보내 회맹을 행할 날짜를 정해 알려왔다.

이윽고 약속한 회맹일이 되자 제환공은 건장한 병사들을 선발하여 이미 축조한 회맹단 주위에 동서남북의 네 방향으로 도열시키고 청, 홍, 흑, 백의 깃발을 세운 후에 그 밑에 대오를 정하여 각기 지휘하는 장수를 두고 중손추에게 통솔하게 했다. 제단으로 오르는 계단의 높이는 7층이었고 매 층마다 장사들을 배치하여 노란색의 깃발을 들고 지키게 했다.

단상의 제상(祭床) 앞에는 '방백(方伯)'이라고 수를 놓은 노란색의 큰 기를 세우고, 그 곁에는 북걸이를 세워 큰북을 걸고는 왕자성보에게 관장하게 했다. 그리고 제상 중앙에는 향로(香爐)를 올려놓고, 그 곁에는 붉은 접시, 옥 사발, 희생을 담을 큰 쟁반, 희생물의 피를 받는 그릇을 순서대로 늘어놓게 하고는 습붕에게 책임을 맡겼다. 또한 제상 양옆에는 반점(反坫)[29]을 설치해 놓고 그 위에는 금으로 만든 술병, 옥으로 만든 술잔을 배열해 놓고 시인(寺人) 수초에게 보살피게 했다. 제단의 서쪽에는 돌기둥 두 개를 세워 검은 소와 흰 말을 묶어 놓고 노인(屠人)

---

29 반점(反坫): 제후들이 회맹(會盟)할 때 헌수(獻酬)의 예를 행하고 나서 빈 잔을 엎어두는 받침대. 당시 봉건사회에서는 제후 이외의 일반인들은 소유할 수 없는 물품이었다.

을 대기시켜 두 마리의 희생을 잡을 준비를 시키고 궁전요리사 옹무에게 감독시켰다.

동곽아는 제단 아래에서 대기하고 있다가 제후들을 영접하여 계단을 통해 제단으로 인도하는 일을 맡기고 관중 자신은 회맹의식을 총괄하는 상(相)이 되어 제단 위로 올라가 서 있었는데 그 기상이 자못 엄숙하기 이를 데 없었다.

이윽고 모든 준비를 끝낸 제환공이 입을 열어 명령을 내렸다.

「노나라의 군주가 당도하면 오로지 군주와 수행하는 신하 한 사람만을 제단에 오르게 하고 남은 사람들은 단 밑에 머물게 하라!」

그리고 얼마 후에 노장공을 수행하여 회맹장에 당도한 조말은 속에 갑옷을 받쳐 입고 손에는 예리한 칼을 들고 장공의 등 뒤를 바짝 붙어 따랐다. 노장공은 앞으로 내딛는 발걸음이 마치 일전을 치르기 위해 싸움터로 나가는 것처럼 느껴져 두려움에 떨었으나, 조말은 전혀 두려워하지 않고 계단을 밟으며 의연히 회맹단으로 올랐다. 노장공 일행이 제단 입구에 당도하여 단상으로 통하는 계단을 오르려고 하는데 동곽아가 앞을 가로막고 말했다.

「두 나라 군주와 재상들이 좋은 마음으로 예를 갖추어 수호를 맺기 위해 회맹을 행하려고 하는 단상에 손에 들고 가져가는 흉기는 도대체 어디다 쓰려고 하십니까? 원컨대 칼은 이곳에 두고 올라가십시오.」

그러나 조말이 눈을 부릅뜨고 동곽아를 노려보는데 그의 양쪽 눈꼬리는 거의 찢어지는 듯했다. 동곽아가 놀라 주춤하며 뒤로 몇 걸음 물러났다. 그 사이에 노장공과 조말이 계단을 밟고 제단 위로 올라갔다. 제환공과 노장공은 서로 상견례를 올리고 앞으로 두 나라는 서로 수교하겠다는 뜻을 밝혔다. 북소리가 세 번 울리고 제단 위의 제상 앞에 준비된 향로에 향을 살라 회맹의 의식을 시작했다. 습붕이 희생의 피가 담긴 옥으로 만든 그릇을 가져와 두 사람의 군주 앞에 무릎을 꿇고 바치며 삽혈의 의식을 행하기를 청했다. 그 순간 노장공의 등 뒤에 서있던 조말이 앞으로 뛰어나오며 오른손으로는 칼을 들고 왼손으로는 환공의 소매 자락을 움켜쥐고 노기발발한 기색으로 찌르려고 했다. 관중이 급히 몸으로 환공의 앞을 가로막으며 물었다.

「대부는 어찌하여 이리 무례하십니까?」

「노나라는 계속해서 제나라의 침략을 받아 나라가 망할 지경에 이르렀습니다. 제후께서는 약한 자를 구하고 쓰러지는 자는 부축한다고 하면서, 여러 제후들을 한곳에 모아놓고 회합하여 맹세하고서는 어찌하여 유독 우리 노나라에게만은 그리하지 않습니까?」

「그렇다면 대부께서는 무엇을 원하십니까?」

「제나라는 군사의 강함만을 믿고 약자를 기만하여 우리 노나라의 문양(汶陽) 땅을 뺏어 갔습니다. 오늘 그 땅을 돌려주신다면 저희 주공과 저는 즉시 삽혈을 행하여 맹세하겠습니다.」

관중이 돌아서며 환공을 쳐다보며 말했다.

「주군께서는 허락하십시오.」

제환공이 말했다.

「대부가 칼을 내려놓으면 그 말에 따르겠소.」

조말이 즉시 칼을 거두고 습붕에게서 희생의 피가 담긴 옥으로 만든 그릇을 건네받아 두 사람의 군주들에게 바쳤다. 두 군주가 모두 삽혈의 의식을 행하기를 마치자 기다리고 있던 소발이 나서 말했다.

「중보께서는 제나라의 정사를 도맡아 처리하고 계시니 원컨대 저와 같이 삽혈을 하여 징표를 보여 주십시오.」

그림 16 조말수검겁제후(曹沫手劍劫齊侯)

제환공이 듣고 말했다.

「하필이면 중보와 같이 하려고 합니까? 과인이 맹세하면 그만 아니겠소?」

환공이 즉시 하늘에 떠 있는 해를 손가락으로 가리키면서 맹세했다.

「만약 내가 문양의 땅을 노나라에 돌려주지 않는다면 나에게 천벌을 내리소서!」

조말도 뒤따라 삽혈을 하고 나서 환공에게 감사의 말과 절을 올리며 술잔을 바치고 마음속으로 대단히 기뻐했다. 이윽고 두 나라 군주들의 회맹을 위한 의식이 끝나자 왕자성보를 위시한 제나라의 여러 군신들이 분함을 참지 못하고 불평했다. 그들은 환공에게 노후를 겁주어 조말에게서 받은 수모를 갚아야 한다고 했다. 환공이 듣고 말했다.

「과인이 이미 조말에게 허락한 일이오! 필부도 그 약속을 어기면 안 되거늘 하물며 군주의 약속이야 말해야 무엇 하겠소!」

여러 군신들이 환공의 말을 듣고 물러갔다. 다음 날 환공이 다시 공관에 술자리를 준비하여 노장공과 작별의 술잔을 나누고 헤어졌다. 환공은 귀국하는 즉시 남쪽 변경 마을의 수장에게 명하여 지난번에 노나라를 침략하여 빼앗은 문양의 땅을 전부 돌려주라고 했다. 후세의 사관이 이 일을 두고 논했다.

『제환공이 회맹을 강제로 행하기 위해 남의 나라를 침범했지만 상대방을 속이지 않았을 뿐만 아니라 자신을 위협한 조말마저 용서했다. 이것이 바로 제환공이 천하의 패자가 된 이유다.』

제 노 두 나라 군주들이 가(柯) 땅에서 회맹을 행하고 수호를 맺있다는 소식을 듣게 된 위(衛)와 조(曹) 두 나라 군주들도 제나라에 사자를 보내 지난번 북행(北杏)에서의 회맹에 참석하지 않은 죄를 빌고 추후라도 별도의 회맹을 열면 그때는 반드시 참석하겠다고 통고해 왔다. 제환공은 회맹장을 이탈하여 본국으로 달아나 버린 송환공을 정벌한 연후에 그들 두 나라와 회맹하기로 하고 회맹일은 후에 별도로 상의하여 정하기로 했다. 제환공은 사자를 왕도로 보내, 송나라가 회맹에 참석하지 않고, 왕명을 받들지 않았기 때문에 그 죄를 물어 토벌하겠다는 뜻을 고하고 천자의 군사를 청했다. 주희왕이 대부 선매(先蔑)에게 군사를 주어 제후군을 돕도록 명했다. 진(陳)과 조(曹) 두 나라도 군사를 보내와 송나라 정벌군의 선봉을 맡겠다고 했다. 제환공은 관중에게 먼저 일군을 거느리고 나가 진·조(陳曹) 두 나라 군사들과 합류하도록 먼저 출발하게 하고 자기는 습붕, 왕자성보 및 동곽아 등과 함께 대군을 일으켜 관중의 뒤를 따랐다. 마침내 송나라를 토벌하기 위한 제후연합군이 제환공의 주도 하에 결성되어 송나라의 수양성(睢陽城) 밑에서 모이기로 약조했다. 이 일을 두고 노래한 시가 있다.

높고 높은 패업의 기세가 동쪽의 노나라를 삼켰는데
한자 길이 검으로 어떻게 이것을 막을 수 있었겠는가?
신의로써 군웅들을 복종시키려고 하는데
문양 땅 한 조각이 어찌 아깝다 하겠는가?

巍巍覇氣吞東魯(외외패기탄동노)
尺劍如何能用武(척검여하능용무)
要將信義服群雄(요장신의복군웅)
不吝汶陽一片土(불린문양일편토)

또 조말이 단신으로 제환공를 위협한 일을 후세 사람들이 협객의 시조로 추대하여 시를 지었다.

파도처럼 몰려와 에워싼 과감의 기세는 삼엄했는데
검 한 자루에 의지하여 제단에 오른 기상이 호쾌하구나!
세 번의 싸움에서 패한 수치를 하루아침에 씻으니
천추의 협객들 중 조말을 그 수장으로 치노라!

森森戈甲擁如潮(삼림과갑용여조)
仗劍登壇意氣豪(장검등단의기호)
三敗羞顔一日洗(삼패수안일일세)
千秋俠客首稱曹(천추협객수칭조)

이때가 주희왕 2년 기원전 680년으로 제환공이 군위에 오른 지 6년째 되는 해였다.

25. 영척택주(寧戚擇主)
― 제환공을 시험하여 자신의 군주로 삼은 영척 ―

관중에게는 종리[鍾離: 지금의 안휘성 방부시(蚌埠市) 봉양현(鳳陽縣) 경내] 출신의 이름이 정(婧)이라는 희첩이 있었다. 관중은 글을 잘하고 지혜를 갖춘 그녀를 매우 사랑했다. 그리고 제환공은 평소에 여자를 좋아하여 출정을 나갈 때는 언제나 희빈들을 데리고 다녔다. 송나라 정벌을 위해 출정하는 관중도 역시 애첩 정을 수레에 태워 대동했다. 관중의 행렬이 도성의 남문을 통하여 출병하여 약 30여 리쯤 행군하여 노산[峱山: 지금의 산동성 임치현(臨淄縣) 남]이라는 곳을 지나가는데 농부 한 사람이 산 밑에서 소에게 꼴을 먹이고 있었다. 일손을 멈춘 농부는 지나가는 관중의 행렬 옆에서 소뿔을 두드리며 노래를 불렀다. 수레 안에서 노랫소리를 듣고 농부가 범상치 않은 사람이라고 생각한 관중은 사람을 시켜 술과 음식을 가져가 소 치는 일의 노고를 위로하게 했다. 술과 음식을 다 먹은 농부가 말했다.
「내가 재상 중보를 뵙고 드릴 말씀이 있다고 전해 주시오.」
「상국이 탄 수레는 이미 지나가 멀리 가버렸습니다.」
「그러면 "호호호백수(浩浩乎白水)"라는 말만 상국에게 전해 주시오.」
사자가 관중의 수레를 급히 뒤따라가 농부가 말한 문구를 전했다. 관중이 그 문구의 뜻을 이해하지 못하고 망연해하며 희첩 정에게 물었다. 정이 대답했다.
「옛날 읽은 책 중에 『백수(白水)』라는 시가 있었는데 그중에 다음과 같은 구절이 있습니다.

넓고 넓은 백수 강물에
많고 많은 피라미
군께서 친히 오셔서 나를 부르시니,
내가 어디에 몸을 두리오리까?

浩浩白水(호호백수)
儵儵之魚(조조지어)
君來召我(군래소아)
我將安居(아장안거)

이 시의 내용으로 봐서 그 사람은 아마도 출사를 원하고 있는 듯합니다.」
관중이 즉시 수레를 멈추게 하고 사람을 보내 그 농부를 데려오라고 했다. 농부가 소를 근처의 농가에 맡겨 놓고 사자의 뒤를 따라 관중 앞에 대령했다. 농부는 관중에게 읍은 길게 올렸지만 엎드려 절은 하지

그림 17 영척고우(寧戚叩牛)

않았다. 관중은 농부에게 성과 이름을 묻자 그가 대답했다.

「저는 위(衛)나라 출신으로 들에서 소를 치며 살아가는 농부입니다. 성은 영(寧)이고 이름은 척(戚)입니다. 상국께서 현인들과 사귀기를 즐겨 하시고 선비들을 예로서 대하신다는 소문을 듣고 평소에 사모하는 마음을 갖고 있다가 불원천리 먼 길을 마다 않고 이곳까지 오게 되었습니다. 제가 제나라에 들어와서 상국을 뵈올 길이 없어 촌사람들과 같이 소를 기르며 상국께서 지나가는 때를 기다리고 있다가 오늘에서야 이렇게 뵙게 되었습니다.」

관중이 영척의 학문을 떠보기 위해 몇 마디 물어보자 마치 물 흐르듯 막힘이 없이 대답했다. 관중이 감탄하면서 말했다.

「호걸이 진흙탕 속에 묻혀서 욕을 보고 있는데 꺼내 주는 사람이 없으니 어찌 스스로를 빛낼 수가 있었겠습니까? 우리 군주께서 대군을 이끌고 뒤따라와 며칠이면 이곳을 지나갈 예정입니다. 내가 편지 한 통을 써서 드리겠으니 선생은 그것을 가지고 있다가 우리 주군께서 당도하면 보이고 배알하십시오.」

관중이 즉시 편지 한 통을 써서 영척에게 주고 행군을 계속했다. 영척은 촌가에 돌아가 맡겨 놓았던 소를 찾아 예전처럼 계속해서 꼴을 먹였다. 제환공이 이끄는 대군의 행렬은 관중이 지나간 지 3일 후에 영척이 머물고 있던 곳에 당도했다. 영척이 평소처럼 짧은 바지에 홑옷을 입고 머리에는 찢어진 삿갓을 쓰고 맨발로 길가에 서서 거리낌 없는 태도로 대군의 행렬을 대했다. 환공의 수레가 가까이 다가오자 영척이 즉시 소뿔을 두드리면서 노래했다.

하얀 돌이 찬란하게 빛나는 창랑지수에
한 자 반이나 되는 잉어가 놀고 있구나!
요순의 선양을 내 평생 아직 보지 못했다.
짧은 바지 홑적삼이 정강이도 못 가리는데
새벽에 시작한 소몰이가 어느덧 야밤이 되었다.
길고 긴 밤이 지나 새벽은 언제나 오려는가!

滄浪之水白石爛(창랑지수백석란)
中有鯉魚長尺半(중유잉어장척반)
生不逢堯與舜禪(생불봉요여순선)
短褐單衣才至骭(단갈단의재지한)
從昏飯牛至夜半(종혼반우지야반)
長夜漫漫何時旦(장야만만하시단)

환공이 듣고 기이하게 생각하여 좌우의 시종에게 명하여 어가 앞으로 불러 어디에 사는 누구냐고 물었다. 영척이 자기의 성과 이름을 고했다.

「성은 영이고 이름은 척입니다.」

「소를 치는 농부의 주제에 어디서 정사의 일을 풍자하여 비방하는 노래를 배웠는가?」

「신은 소인이온데 어찌 감히 정사의 일을 풍자할 수 있겠습니까?」

「지금 과인은 위로는 천자를 모시고 아래로는 제후들을 이끌어 왕실에 조공을 올리게 하였으며, 백성들은 모두 즐거이 생업에 종사하고 초목도 물이 올라 생동하는 봄을 맞이하고 있다. 해와 같은 요임금이나 하늘과 같은 순임금 때도 이와 같이 태평하지 못했을 텐데 그대가 노래하기를 "요순과 같은 시대를 만나지 못했다"라고 하고 또한 말하기를 "밤이 길어 새벽이 오지 않는다"라고 했다. 그것이 세상을 풍자한 말이 아니라면 무엇이란 말이냐?」

「신이 비록 촌에서 소를 치는 농부의 처지이나 오늘날 왕들이 정치를 잘하고 있는지는 알지 못합니다. 요순 때에는 열흘마다 바람이 불고 5일마다 비가 내려 백성들이 밭을 갈아 먹고사는 데 어려움이 전혀 없었고, 땅을 파면 샘물이 솟아서 누구든지 마실 수가 있어 소위 "자기도 모르는 사이에 임금의 명을 순종하게 되었다"라고 했습니다. 작금에 이르러 왕실의 기강은 떨치지 못하고 왕화(王化)는 행해지지 않고 있는데 지금의 하늘과 해가 순임금과 요임금 때의 같다고 하니 진실로 소인은 그 뜻을 헤아리지 못하겠습니다. 또 한편으로 들은 바에 의하면 요순의 시대에는 백관이 올바르게 정사에 임하여 모든 제후들이 왕실에 복종했고 사흉(四凶)[30]을 쫓아내 천하를 안정시켰습니다. 세상의 인심은 굳이 말로 하지 않아도 서로 믿고 따랐고 또한 화를 내지 않아도 위엄을 갖출 수 있었습니다. 그러나 지금은 군후께서 한 번 손을 들어 제후를 소집하였으나 송나라가 즉시 회맹에서 등을 돌렸습니다. 그리고 두 번 손을 들어 노나라를 협박하여 강제로 회맹을 맺었습니다. 동원된 군사들은 쉴 틈이 없어 고난에 시달리고 백성들의 생활은 피폐해졌습니다. 그러나 군후께서 말씀하시기를 "백성들이 즐거운 마음으로 생업에 종사하고 초목에 물이 올라 봄을 맞이했다"라고 말씀하셨습니다. 이것 또한 소인은 그 까닭을 모르겠습니다. 옛날 요임금께서 아들 단자(丹子)를 버리시고 천하를 순임금에게 선양하려고 하자 순임금은 남하(南河)라는 곳으로 도망쳤습니다. 백성들이 뒤따라가 모셔와 임금으로 받들자 그때서야 순임금께서는 어쩔 수 없이 임금의 자리에 오르셨습니다.

---

30 사흉(四凶): 전설상의 사람들로서 요(堯) 임금 때 네 사람의 흉악한 도적. 즉 혼돈(渾敦), 궁기(窮奇), 도올(檮杌), 도찬(饕餮)으로 나중에 순임금이 정벌하여 쫓아냈다.

지금 군주께서는 형을 죽이고 나라를 얻은 후 천자의 이름을 빌려 제후를 호령하고자 하시니 소인은 또한 요임금이 순임금에게 무슨 까닭으로 선양을 하셨는지 그 이유를 모르겠습니다.」

자기를 비방하는 말에 크게 노한 환공이 소리쳤다.

「촌에서 소나 치는 필부 주제에 언사가 너무나 불손하구나!」

환공은 그 즉시 좌우의 군사들에게 영척을 끌고 가서 목을 베라는 명을 내렸다. 군사들이 영척을 결박한 후에 밖으로 끌고 나가 형을 집행하려고 했으나 영척은 얼굴색 하나 변하지 않고 태연한 자세로 하늘을 쳐다보며 탄식했다.

「하나라의 걸왕(桀王)은 현신 용봉(龍逢)을 죽이고 은나라의 주왕(紂王)은 충간하는 비간(比干)을 죽였다. 오늘 영척은 그 뒤를 이어 세 번째의 사람이 되고자 한다.」

습붕이 옆에서 듣고 환공에게 가서 말했다.

「이 사람은 권세 있는 사람에게 따르지도 않고 위협을 가해도 전혀 두려워하지 않으니 범상한 사람이 아닌 듯싶습니다. 부디 그의 죄를 용서하십시오.」

제환공이 머리를 돌려 한 번 깊은 생각에 잠기더니 이윽고 노기를 가라앉히고 즉시 영척의 결박을 풀어 놓아주라고 명했다. 환공이 영척을 향하여 말했다.

「과인이 그대를 한 번 시험하여 살펴보려고 했을 뿐이다. 그대는 진실로 훌륭한 선비로다.」

26. 거화구현(擧火求賢)
- 횃불을 밝혀 영척을 대부로 봉하는 제환공 -

그림 18 거화작영척(擧火爵寧戚)

그제야 비로소 영척이 가슴속의 품을 더듬더니 관중이 써 준 편지를 꺼내어 환공에게 바쳤다. 환공이 겉봉을 뜯고 읽었다.

『신이 주군의 명을 받고 출병하던 중에 노산을 지나다가 위나라 사람 영척을 만나게 되었습니다. 이 사람은 소를 치는 농부가 아니라 세상에 유용하게 쓰일 큰 인재입니다. 주군께서는 마땅히 측근에 머무르게 하여 보좌를 받도록 하십시오. 만약 군께서 취하지 않아 이웃 나라에서 데려다 쓰게 되면 그때는 후회해도 소용이 없을 겁니다.』

관중의 편지를 읽은 환공이 말했다.

「그대는 이미 중보가 써 준 편지를 갖고 있으면서 어찌하여 미리 나에게 보여주지 않았는가?」

「신은 듣기에 "어진 임금은 신하를 가려 뽑고, 어진 신하도 또한 군주를 가려 모신다"라고 했습니다. 군주께서 직언을 싫어하시고 아첨을 좋아하여 오로지 노기로써 신을 대하셨다면 영척은 죽을지언정 결단코 상국의 편지를 내놓지 않으려고 했습니다.」

크게 기뻐한 제환공이 영척을 수레에 태워 자기의 어가를 뒤따르게 했다. 이윽고 날이 어둑해지자 군사들에게 영채를 세워 휴식을 취하게 한 제환공은 불을 피워 주위를 밝게 하라는 명과 함께 의관을 가져오라고 좌우에게 말했다. 시인(寺人) 수초가 말했다.

「군께서 의관을 찾으시는 연유는 혹시 영척에게 작위를 하사하시기 위해서입니까?」

「그렇다!」

「위나라는 여기서부터 그다지 멀리 떨어져 있지 않습니다. 위나라에 사람을 보내 영척이 과연 현인인지 알아보신 후에 작위을 내려도 되지 않겠습니까?」

「영척은 그릇이 큰 사람이기 때문에 조그만 예절에 구애받지 않는다. 내가 사람을 보내 그가 위나라에 있을 때 혹시 범한 조그만 과오를 찾아낸다면 그때는 작위를 아끼게 되어, 후에 작록을 준다 해도 빛을 잃게 될 것이다. 그러다가 혹시 그가 다른 나라로 가 버리기라도 한다면 매우 후회막급한 일이 되지 않겠느냐?」

수초를 물리친 제환공이 즉시 횃불 밑에서 영척에게 대부의 벼슬을 내리고 관중과 함께 국정을 같이 맡아 보게 했다. 영척이 의관을 바꾸어 입고 감사의 말을 올린 후에 막사 밖으로 물러갔다. 염옹이 이 일에 대해 시를 지어 칭송했다.

그림 19 환공거화작영척(桓公擧火爵寧戚)

짧은 바지와 홑적삼의 궁색한 목부가
요순은 만나지 못했으나 환공은 만났다.
쇠뿔을 두드리며 부른 노래로 환공을 따랐으니
문왕의 꿈속에 나타난 강태공이 될 필요는 없었다.[31]

短褐單衣牧豎窮(단갈단의목수궁)

不逢堯舜遇桓公(불봉요순우환공)

自從叩角歌聲歇(자종고각가성헐)

無復飛熊入夢中(무복비웅입몽중)

27. 인신불고(引紳不顧)
- 관끈을 잡아당기는 신호를 무시하고 영척의 유세를 받아들인 송환공 -

제환공이 군사들을 이끌고 송나라 경계에 당도하자 진선공 저구와 조장공(曹莊公) 야고(射姑)가 자국의 군사들과 함께 먼저 와서 기다리고 있었다. 그리고 얼마 후에 주나라의 선자(單子) 매(蔑)도 왕군을 이끌고 당도하여 제후군에 합류했다. 제후들과 선매(單蔑)가 서로 간에 상견례를 끝내고 송나라를 공격할 계책을 상의했다. 영척이 앞으로 나와 환공에게 의견을 말했다.

「주공께서는 천자의 명에 따라 제후들을 규합하여 무력으로 승리를 취하려고 하시는데 이는 덕을 베풀어 승리를 취하느니만 못합니다. 신의 어리석은 소견으로는 구태여 군사를 진군시킬 필요는 없다고 생각합니다. 신이 비록 재주는 없으나 세 치의 혀를 가지고 송공 앞에 나아가 화의를 이끌어 내도록 해 보겠습니다.」

---

31 비웅(飛熊): 주왕조의 창업공신이며 제나라의 창건자 강태공 여상(呂尙)의 별호다.

크게 기뻐한 환공이 송나라 경계 상에 영채를 세우고 영척을 송나라에 사자로 보냈다. 영척이 조그만 수레를 타고 몇 명의 수행원과 함께 송나라의 도성 수양성 밑에 당도하여 송공의 접견을 청했다. 송환공이 대숙피에게 물었다.

「제나라의 사자로 온 영척이 어떤 사람인지 알고 있습니까?」

「신이 듣기에 이 사람은 소를 치던 촌부였는데 제후가 발탁해서 대부에 봉했다고 들었습니다. 아마도 구변이 보통 사람 이상일 겁니다. 이번에 우리 송나라로 들어오는 목적은 주공에게 유세하여 설복시키기 위해서입니다.」

「그를 어떻게 대하여야 합니까?」

「주공께서 그를 안으로 부르시어 무례하게 대하시면서 그의 표정을 살피십시오. 만약 그가 하는 말이 이치에 맞지 않는다면 신이 관끈을 잡아당기겠습니다. 그것을 신호로 삼아 무사들에게 명하여 포박해서 옥에다 가둬 버리면 제후의 계책을 방비할 수 있습니다.」

송환공이 머리를 끄덕이고 무사들을 매복시키고 별도의 명령을 내릴 때까지 숨어 있도록 했다. 이윽고 영척이 넓은 옷에 큰 허리띠를 두르고 의젓한 모습으로 조당에 들어와 송환공을 보고 읍을 길게 올렸다. 송환공은 영척의 인사에 답례도 하지 않고 한마디의 가타부타 말도 없이 그저 멀뚱히 앉아 있을 뿐이었다. 영척이 얼굴을 들어 하늘을 쳐다보며 장탄식을 했다.

「위태롭구나, 송나라여!」

송환공이 놀라서 물었다.

「나의 작위는 상공이라 모든 제후들의 앞자리에 있는데 어찌하여 위태롭다고 하는가?」

「명공께서는 스스로를 주공(周公)과 비교하여 누가 더 어질다고 생각하십니까?」

「주공은 성인인데 내가 어찌 감히 비교할 수 있단 말인가?」

「주공께서는 주나라를 잘 다스려 번성하게 하였고, 또한 천하를 태평하게 하고 사방의 오랑캐를 입조하게 하여 복종시켰을 뿐만 아니라 토포악발(吐哺握髮)[32]조차도 마다하지 않으시고 천하의 현자를 맞이하였습니다. 지금 거의 망해 가고 있는 나라의 군주 자리에 앉아 있으면서 더욱이 각처에는 군웅들이 힘을 겨루고 있는 험난한 시대임에도 양대에 걸쳐 연속하여 시역한 나라를 물려받은 명공께서는 감히 주공을 본받으려는 생각을 품고 계십니다. 그렇다면 선비 앞에서 몸을 낮추시고 또한 선비가 오지 않을까 걱정하셔야 하거늘 오히려 망령되게 스스로 높여 현자를 멀리하고 선비를 대하는데 이렇게 태만하십니다. 또한 비록 신하 중에 충성스러운 사람이 있다 한들 어찌 그의 말이 능히 명공의 귀에까지 전해질 수 있겠습니까? 이것이 위태로움이 아니고 무엇이겠습니까?」

송환공이 악연히 놀라 자리에 일어나면서 말했다.

「내가 군위에 앉은 지가 일천하여 군자의 도리에 대해 아직 듣지 못했습니다. 선생께서는 너무 나무라지 마시고 깨우침을 주십시오.」

그때 옆에서 시립하고 있던 대숙피는 영척을 맞이하기 위하여 자리에서 일어나는 송환공의 모습을 보자 자기가 쓰고 있던 관끈을 계속해서 잡아 당겼다. 송환공이 대숙피에게 눈길도 주지 않고 영척을 향하여

---

32 토포악발(吐哺握髮): 사마천의 《사기·노주공세가》에 의하면 주공(周公) 단(旦)이 그의 아들 백금(伯禽)에게 자기는 식사 중에 손님이 와서 입 속의 음식물을 뱉어내고 뛰어 나가 손님을 접대하기를 세 번이나 했고, 목욕 중에 손님이 왔다는 소리를 듣고 머리를 손으로 잡고 또한 뛰어나가기를 세 번이나 하면서 천하의 현자를 맞아들였다고 가르쳤다는 고사.

말했다.

「선생이 여기까지 오셨으니 저에게 어떤 가르침을 주시겠습니까?」

「천자가 권위를 잃자 제후들은 흩어져 임금과 신하의 질서가 없어졌고 찬탈과 시역이 끊이지 않고 있습니다. 혼란에 빠진 천하를 보고 있을 수만 없다고 생각하신 제후(齊侯)께서 천자의 명을 받들어 지난여름 북행 땅에서 회맹을 주관하고 명공의 이름을 회맹에 올려 군위를 정하셨습니다. 그러나 그때 회맹에 바로 등을 돌렸기 때문에 아직 명공의 군위가 확실히 정해져 있다고 말할 수 없을 뿐만 아니라 그 소식을 들으신 천자께서 매우 진노하시어 특별히 왕실의 신하에게 군사를 주어 제후들과 함께 송나라를 토벌하라고 명하셨습니다. 명공은 이미 왕명을 따르지 않으셨고 또한 장차 천자의 군사들에게 항거하게 되어 싸움을 하지 않아도 신은 이미 그 승부를 점칠 수 있습니다.」

「그렇다면 제가 어떻게 하면 되겠습니까?」

「소신의 어리석은 소견으로는 한 묶음의 예물을 애석하다고 생각하지 마시고 제나라와 회맹을 하십시오. 그렇게 되면 위로는 주천자에게 신하로서의 예를 잃지 않고, 아래로는 회맹의 맹주가 되어 즐거움을 누릴 수 있습니다. 군사를 움직이지 않으셔도 문제를 해결할 수 있을 뿐만 아니라 송나라의 안전을 마치 태산처럼 튼튼하게 만들 수 있습니다.」

「내가 한때 실수하여 회맹을 끝맺지 못했습니다. 오늘 제나라가 바야흐로 군사를 내어 우리를 압박하고 있는데 어찌 제후가 우리 송나라의 예물을 받아들이겠습니까?」

「마음이 넓고 어질 뿐 아니라 도량이 큰 제후는 사람의 지나간 과실에 연연해하지 않고 옛날의 원한도 마음속에 두지 않으신 분입니다. 노나라가 회맹에 참석하지 않았으나 가(柯)땅에서 다시 맹약을 맺고 더욱이 옛날에 빼앗았던 땅을 모두 돌려주었습니다. 항차 명공은 회합에 참석하기까지 했는데 어찌 받아들이지 않겠습니까?」

「제가 장차 어떤 예물을 갖고 가면 되겠습니까?」

「제후는 이웃 나라들과 화목하기 위해 주는 예물은 후하게 하고 받는 예물은 박하게 하고 있습니다. 단지 한 다발의 육포로 예물을 삼으시면 되겠습니다. 나라의 부고를 기울여 많은 재물을 가져가실 필요는 없습니다.」

송환공이 크게 기뻐하여 영척에게 사자를 딸려서 제나라 군중으로 보내 화의를 맺도록 청하게 했다. 대숙피가 얼굴에 부끄러운 기색을 가득 띠고는 송환공 앞에서 물러갔다.

송나라 사자가 제후를 배알하고 사죄를 드리고 회맹의 의식을 행하기를 청했다. 벽옥(璧玉) 10쌍과 황금 천일(千鎰)을 예물로 받은 환공이 말했다.

「천자의 명을 받들 뿐이었는데 어찌 감히 내가 이런 재물들을 받을 수 있겠는가? 왕실에서 나온 분을 통해 천자께 바쳐 송나라의 문제를 해결할 수 있도록 주청드려야 되겠소.」

제환공이 즉시 금과 백옥을 선매(單蔑)에게 보내 송공의 성의를 치하하게 했다. 선매(單蔑)가 말했다.

「만일 군후께서 송공을 너그럽게 용서하시겠다고 하면 있는 그대로 천자께 복명하도록 하겠습니다. 어찌 군후의 뜻을 시행하지 않겠습니까?」

제환공은 그 즉시 송환공으로 하여금 직접 주나라에 사절을 보내 입조하게 하고 송나라와의 회맹을 위해 장소와 날짜를 정해 통고했다. 선매가 제후에게 감사의 말을 올리고 주나라로 귀국하자 제후를 위시하여 각 나라의 군주들은 각기 자기 나라로 돌아갔다.

28. 화수애강(禍水哀姜)
　- 노장공이 부인으로 맞이한 애강이 노나라의 화란을 잉태시키다 -

　한편 문강은 제양공이 변을 당하여 죽은 후로 매일 밤 양공과의 일을 생각하여 애통해 마지않다가 해수병에 걸렸다. 내시가 거(莒)나라 출신의 의원을 들여보내 진맥을 보게 했다. 문강이 오랫동안 남자와 잠자리를 같이 못 한 관계로 발동하는 음욕을 참지 못하고 즉시 거나라 의원을 자기 방에 머물게 하여 식사를 같이하고 곧이어 정을 통했다. 후에 거나라 의원이 자기 나라로 돌아가자 문강이 병을 치료하러 간다는 핑계를 대고 두 번이나 거나라에 가서 의원의 집에 묵으면서 정을 계속 통했다. 거나라 의원이 견디지 못하고 자기를 대신할 사람을 들여보냈다. 나이가 들어 갈수록 더욱 음탕하게 된 문강은 어떤 사람도 결국에는 양공의 힘에는 미치지 못하다고 생각하여 항상 그것을 한탄하였다. 문강은 해수병의 병세가 더욱 악화되어 얼마 후에 노나라 별궁에서 죽었다. 그때가 제환공 13년 기원전 673년 가을이었다. 문강이 임종을 앞두고 장공을 불러 유언했다.

　「너와 약혼한 제녀가 장성하여 이미 18세가 되었다. 너는 마땅히 맞이하여 내궁을 다스리는 부인으로 삼아야 한다. 결코 3년 상이 끝나야 혼인을 할 수 있다는 법도에 얽매이지 말아라! 그래서 내가 구천에서 근심을 하지 않도록 하라. 또한 지금 제나라는 바야흐로 방백의 업을 도모하고 있으니 너는 정성을 다하여 받들어 절대 자자손손 변치 않도록 하라!」

　문강이 말을 마치자 숨을 거두었다. 장공이 문강의 상을 평상시의 예법에 의거하여 행하고 유언에 따라 그해에 제녀와의 혼사를 치르려고 했다. 대부 조귀(曹劌)가 말했다.

「친모가 돌아가신 대상 중에는 혼인을 치를 수 없습니다. 상이 끝나는 3년 후에 혼인하셔야 합니다.」

「모친께서 나에게 당부하셨는데 상중에 하면 너무 빠르고 상을 끝내고 하면 너무 늦소. 그 중간쯤을 잡아 행하면 되겠소.」

곧이어 노장공은 문강의 상을 일 년으로 끝내고 방[防: 현 산동성 곡부시 동] 땅에서 제나라 대부 고혜와 같이 만나 친히 제나라에 가서 빙례(聘禮)를 올리기로 약속했다. 제환공 역시 노나라의 상이 아직 끝나지 않았다고 하여 그 혼인의 시기를 늦추도록 했다. 그래서 제환공 16년 기원전 670년에 이르러서야 혼사에 관한 의논이 정해져서 그해 가을의 길일을 잡아 혼례를 올리게 되었다. 장공은 당시 노나라의 군위에 오른 지가 24년 되어 그의 나이는 이미 37세가 넘어 있었다. 제녀를 부인으로 맞이하게 된 노장공은 혼사에 들어가는 비품과 비용 등의 모든 일을 호화롭게 치르도록 명하여 사치가 극에 달했다. 그러나 마음 한편으로는 그의 부친 환공이 제나라에서 죽었을 뿐만 아니라 더욱이 오늘 원수의 나라에서 부인을 맞이하게 되었다고 생각으로 마음이 편하지 못했다. 마음속의 찜찜한 생각을 떨쳐 버리기 위해서 장공은 부군의 신위를 모신 환궁(桓宮)을 다시 새롭게 세웠다. 단청을 칠한 대들보에, 모두 정교한 조각을 세긴 서까래 등 호화와 사치를 극에 달하게 하여 죽은 사람의 영혼에 영합하려고 했다. 대부 어손(御孫)이 불가함을 간하였으나 장공은 듣지 않았다. 그해 여름 장공이 친히 제나라를 방문하여 8월에 제녀를 데리고 와서 부인으로 세웠다. 사람들은 제녀를 애강(哀姜)이라고 불렀다. 노나라 공실 대부들의 부인이 애상을 찾아가 소군(小君)의 예를 행하며 일률적으로 폐백을 올렸다. 어손이 홀로 한탄하며 말했다.

「남자들이 사용하는 폐백으로는 신분이 높은 자 중에 공(公), 후(侯), 백(伯), 자(子), 남(男)은 옥구슬을, 제후들의 세자와 부용국의 군주는 비단을, 신분이 낮은 경과 대부들은 가축과 날짐승이 나라가 규정한 예법이다. 또한 여인의 폐백으로 개암, 밤, 대추 및 육포에 한하여 사용하는 이유는 공경하는 뜻을 표하기 위해서다. 오늘 남녀가 같은 물품으로 행하는 폐백은 분별이 없는 짓이다. 남녀가 유별함은 나라의 커다란 절목인데 군주의 부인으로 인하여 법도가 어지럽혀졌으니 그 끝이 불행하게 될 것임을 알 수 있겠다!」

애강이 노나라에 시집온 후로 제와 노 두 나라의 우호관계는 더욱 견고해졌다. 제환공은 다시 노장공과 군사를 합쳐 서(徐)와 융(戎)을 정벌하였다. 서와 융은 모두 제나라에 복종하여 신하의 예를 갖추었다. 제나라의 세력이 날이 갈수록 커지는 모습을 본 정문공은 침략을 받지 않을까 걱정하여 제나라에 사자를 보내어 회맹하기를 청했다.

29. 봉명취뢰(奉命取賂)
  ─ 천자의 명으로 위나라 토벌군을 일으켰으나 뇌물을 받고 용서해 준 제환공 ─

제환공 19년 기원전 667년 서[徐: 지금의 산동성 미산호(微山湖) 호반의 미산현(微山縣) 동]와 융[戎: 춘추 초기에 활약한 이민족으로 당시의 거주지는 지금이 산동성 정도현(定陶縣) 서남쪽에 거주했다]이 모두 제나라에 복종해 와 신하의 예를 갖추어 받들었다. 한편 정나라의 군주 문공은 관중을 등용하여 내정을 정비하고 산업을 일으켜 국세를 크게 일으킨 제환공이 그 세력을 이용하여 정벌해 오지나 않을까 두려워하여 사자를 제나라에 보내 회맹하기를 청했다. 정문공의 요청으로 제환공은 다시 송(宋), 노(魯), 진(陳), 정(鄭) 네 나라의 군주들을 유[幽: 현 하남성 개봉시 란고현(蘭考縣) 경내] 땅에 모이게 하여 회맹을 주재했다. 마침내 천하의 인심은 점차로 제나라에 쏠리게 되었다.

제환공이 귀국하여 군신들의 노고를 위로하기 위하여 큰 잔치를 열었다. 술이 어느덧 거나하게 되었을 때 포숙아가 술잔을 잡고 환공에게 바치며 만수무강을 기원했다. 환공이 술잔을 받아 들고 말했다.

「오늘의 술자리는 매우 즐겁구나!」

포숙아가 듣고 말했다.

「신이 듣기에 "밝은 임금에 어진 신하라면 비록 즐거움 속에 있다 하더라도 지난날의 어려웠던 시절을 결코 잊지 않는다"라고 하였습니다. 신은 원컨대 주군께서는 절대 거나라에서 망명생활 때의 어려웠던 시절을, 관중은 노나라에서 끌려올 때 타고 왔던 함거를, 영척은 주군의 수레 앞에서 소를 치던 때를 결코 잊지 마십시오.」

제환공이 황급히 자리에서 일어나 포숙아를 향해 엎드려 절을 연거푸 하며 말했다.

「과인과 여러 대부 모두는 결코 그 일을 잊지 않겠소. 포대부의 말은 제나라의 사직에 더없이 큰 홍복이오.」

그날 제환공은 신하들과 마시기를 심히 즐겨한 후에 잔치를 파했다. 그리고 며칠 후 갑자기 시자가 달려와 고했다.

「주천자의 명을 받은 소백요(召伯寥)가 사자로 와서 주공의 알현을 청하고 있습니다.」

제환공이 밖으로 나가 소백요를 영접하여 역관에 모셨다. 소백요는 주혜왕의 명에 따라 제환공에게 여러 제후들을 지휘 감독할 수 있는 방백(方伯)의 직을 내리고 태공(太公)의 직무를 이어받아 정벌의 일을 전결하여 처리할 수 있도록 한다는 천자의 칙명을 전했다. 그리고 이어서 별도의 칙명을 계속 전했다.

『옛날 위후 삭(朔)이 천자가 보낸 군사에 대항해서 검모를 쫓아내고 위나라 군위를 차지했을 뿐만 아니라 다시 반란을 일으켜 도망친 왕자퇴(頹)를 도와 왕으로 세우니 이는 역적을 돕고 순리를 범한 일이었다. 짐이 그때의 일을 가슴속에 품고 살기를 이미 10여 년이 지났다. 그러나 지금에 이르기까지 아직 천자의 이름으로 토벌하지 않아 위엄을 밝히지 못했다. 백구는 번거롭겠지만 짐을 위해 위나라를 토벌하여 그 죄를 물어주었으면 한다.』

왕자퇴의 난이란 주혜왕 2년 기원전 675년에 혜왕의 숙부 왕자퇴가 오대부와 작당하여 난을 일으킨 사건이다. 난을 성공시키지 못한 왕자퇴는 위나라로 달아나 위혜공에게 의탁했다. 위혜공이 연백(燕伯)과 함께 군사를 일으켜 왕성을 공격하여 주혜왕을 쫓아내고 왕자퇴를 주왕의 자리에 앉혔다. 주혜왕은 난을 피해 정나라 땅으로 몽진했다. 다음 해인 기원전 674년, 정여공(鄭厲公)이 괵공(虢公)과 연합하여 왕자퇴를 토벌하고 주혜왕을 복위시킨 사건이다.[33] 그 일로 인해 위혜공에게 한을 품고 있던 주혜왕이 제환공에게 방백의 직책을 내리면서 반란의 주모자 왕자퇴를 도운 위혜공을 토벌하여 죄를 물으라고 내린 왕명이었다.

제환공 20년 기원전 666년, 환공은 전차와 보병을 크게 일으켜 위나라를 정벌하기 위해 친히 원정길에 나섰다. 그러나 그때는 이미 위혜공은 죽고 아들 적(赤)이 뒤를 이은 지 3년이 되던 해였다. 위후 적이 바로 위의공(衛懿公)이다. 위의공은 제환공이 쳐들어온 이유도 묻지 않고

---

33 왕자퇴의 난에 대한 자세한 내용은 1-2-34 〈살퇴반정〉 편 참조.

군사를 몸소 이끌고 성 밖으로 나가 싸웠으나 곧바로 크게 패하고 성안으로 쫓겨 들어갔다. 제환공이 뒤를 쫓아 위나라 도성 밑에 당도하여 천자의 명을 공포하고 위혜공의 죄상을 열거했다. 위의공이 듣고 말했다.

「말인즉 부군이 저지른 잘못인데 나와 무슨 상관이란 말인가?」

위의공은 즉시 장자 개방(開方)을 사자로 삼아 금은과 비단을 가득 실은 수레 다섯 대를 주어 제환공에게 바치고 강화를 청하며 용서를 빌었다.

위나라의 뇌물을 받은 제환공이 말했다.

「선왕들의 법에 아비가 지은 죄는 그 자손에게 물을 수는 없다고 했다. 게다가 위후가 잘못을 뉘우치고 왕명을 받들겠다고 맹세했다. 어찌 더 많은 것을 위나라에 구할 수 있겠는가?」

제나라 군사들의 강성함을 본 공자 개방이 사절의 임무를 마치고 돌아가 위의공에게 복명한 후에 위나라를 떠나 제환공을 다시 찾아가 출사하기를 원했다. 개방의 청을 받은 제환공이 말했다.

「그대는 곧 위후의 장자라, 때가 되면 순서에 의해 마땅히 위후의 뒤를 이어 존귀한 군주의 자리에 오를 수 있다. 그런데 어찌하여 군주의 자리마저 마다하고 과인을 섬기는 신하가 되려고 하는가?」

개방이 대답했다.

「전하는 곧 천하의 어진 군주이십니다. 단지 곁에 서서 모시면서 말고삐라도 잡게 해 주신다면 저로서는 더 없는 영광입니다. 어찌 조그만 나라의 군주가 된다고 해서 그 기쁨보다 더 하겠습니까?」

제환공이 개방의 말을 기특하게 여겨 대부에 봉하고 수초(豎貂), 역아(易牙)와 함께 총애했다. 제나라 사람들은 이 세 사람을 '삼귀(三貴)'라고 불렀다. 개방은 자기의 고모이며 위후의 작은 여동생이 대단한 미인이라고 환공에게 말했다. 제환공은 사자를 보내 많은 폐물을 주고 위후의 여동생을 데려와 희첩으로 삼으려고 했다. 위혜공이 옛날 제나라에 잉첩(媵妾)의 신분으로 보낸 그의 딸을 제환공이 취해 부인으로 삼아 위희(衛姬)라고 부르고 있었는데 이번의 여인은 그녀의 작은 동생이었다. 위의공은 감히 거절하지 못하고 즉시 그녀를 제나라로 보냈다. 그래서 원래의 위희는 새로 온 그녀의 동생으로 인해 장위희(長衛姬)라 하고 동생은 소위희(小衛姬)라 불러서 구별했다. 염옹이 시를 지어 제환공의 행위를 비난했다.

위혜공 삭이 지은 죄는 산처럼 무거운데
왕명으로 죄를 묻는다 하면서 뇌물을 받고 돌아섰는가?
천자를 높이고 대의를 천하에 편다고 말했으나
결국은 공명심과 이익을 바라고 한 일이 아니었던가?

衛侯罪案重如山(위후죄안중여산)
奉命如何取賂還(봉명여하취뢰환)
漫說尊王申大義(만설존왕신대의)
到來功利在心間(도래공리재심간)

30. 이시욕벌 부전이굴(以示欲伐 不戰而屈)
- 무력을 시위하여 싸우지 않고 굴복시킨 제환공-

제환공은 초나라가 현사를 임용하여 나라를 잘 다스리고 있다는 소식을 듣고 초나라가 중원을 도모하지나 않을까 하고 걱정을 하여 제후들과 함께 군사를 일으켜 초나라를 정벌하고자 관중에게 물었다. 관중이 대답했다.

「초나라가 남해에 있으면서 왕호를 칭하고 있는데 땅은 넓고 병사들은 강하여 주나라 천자도 어쩌지 못하였습니다. 지금은 또한 자문을 임용하여 정사를 맡긴 결과 초나라의 정치는 안정되어 병사를 출동시켜 위엄을 보인다고 해도 그 뜻을 얻기가 어렵습니다. 주군께서는 이제 막 제후들의 마음을 얻어 바야흐로 패업을 이루기 직전입니다. 존망(存亡)과 흥멸(興滅)의 은혜가 아니면 제후들은 마음속에 깊이 새겨듣지 않아 병사를 동원하라고 했을 때 그들이 말을 듣지 않을까 두렵습니다. 마땅히 위엄과 덕을 더욱 베풀어 조금 더 때를 기다리다가 병사를 일으켜야만 만전을 기하는 일이 됩니다.」

「선군이신 양공께서 기국(紀國)을 멸하고 공업을 이루어 우리 9대조의 원수를 갚으셨소. 그런데 그 부용국인 장국(鄣國)[34]이 아직 우리에게 복종하지 않고 있어 과인이 멸하고자 하는데 어떻게 해야 합니까?」

「장국은 소국이고 그 선조는 태공의 손자라서 우리 제나라와는 동성의 나라입니다. 동성의 나라를 공격하여 멸하는 행위는 의로운 일이 아닙니다. 주군께서 왕자 성보에게 명하여 대군을 이끌고 기성(紀城)을 순시토록 하면서 마치 장국을 정벌하려는 듯이 시위를 하면 장국은 필시 두려워하는 마음이 생겨 항복을 청해 올 겁니다. 이것은 친척이 되는 나라를 멸망시켰다는 오명을 얻지 않으면서 실제로는 땅을 넓히는 실리를 취하는 방법입니다.」

환공이 관중의 계책대로 성보를 시켜 기성으로 나가 무력을 시위하자 장국이 과연 두려워하여 항복하기를 청해 왔다. 환공이 말했다.

「중보의 계책은 백 가지 중에서 한 가지도 빗나가는 법이 없구나!」

---

34 장국(鄣國): 지금의 산동성 태안시(泰安市) 동평현(東平縣) 접산향(接山鄕) 장성촌(障城村) 일대에 있었던 제후국으로 서주 초기 강태공이 서자를 봉한 제나라의 부용국이다.

제6장

제환공 II
齊桓公 II

1. 북벌산융(北伐山戎)
- 연나라를 구하기 위해 산융을 원정하는 제환공 -

기원전 664년은 제환공 22년에 연장공(燕莊公) 27년이다. 중국 북방 변경 너머의 산융(山戎)은 곧 북융(北戎)의 일족인데 영지[令支: 지금의 하북성 당산시(唐山市) 북 천안현(遷安縣)에 소재했던 이족 국가]라는 나라를 세우고 서쪽으로는 연(燕)나라와 접하고 동남쪽으로는 제나라와 멀리서 마주했다. 영지는 험한 지세와 강한 병사를 믿고 주천자에게 신하로 칭하지도 않고 조공도 바치지 않으면서 기회만 되면 중원을 침략하곤 했다. 옛날 제희공(齊僖公) 때 제나라 경계를 침범했다가 구원군을 이끌고 출동한 정나라의 세자홀(世子忽)에게 패하고 물러간 적도 있었다.

그동안 제환공이 제나라의 군주의 자리에 올라 부국강병책을 시행하여 백업(伯業)을 도모한다는 소식을 듣게 된 융주(戎主)가 즉시 만여 기의 기병(騎兵)을 이끌고 연나라를 공격하여 제나라로 통하는 길을 끊으려고 했다. 연장공(燕莊公)이 산융의 기병을 당해내지 못하고 사자를 제나라에 달려가게 하여 사태의 위급함을 알려 구원병을 청했다. 제환공이 신료들을 모아 대책을 묻자 관중이 대답했다.

「지금 천하의 걱정거리는 남쪽의 초(楚)와 북쪽의 융(戎) 및 서쪽의 적(狄)이라고 할 수 있습니다. 중원의 모든 환난에 대한 책임은 맹주에게 있습니다. 설사 융이 연나라를 침입하지 않았다고 해도 맹주는 일부러 군사를 이끌고 달려가 마땅히 응징하여 중원의 안녕을 꾀해야 합니다. 하물며 연나라가 산융의 침입을 받아 구원을 요청하고 있음에도 불구하고 구하지 않는다면 맹주로서의 책임을 저버리는 행위입니다.」

제환공은 관중의 진언에 따라 즉시 군사를 일으켜 연나라를 구원하기 위하여 출동했다. 제나라 군사들의 행렬이 제수(濟水) 근처에 이르자 노장공이 제환공을 전송하기 위해 마중 나왔다. 환공은 산융을 정벌하여 연나라를 구원하기 위해 출병한다고 노장공에게 설명했다. 노장공이 듣고 말했다.

그림 1 북벌산융(北伐山戎)

「군후께서 시랑(豺狼)의 무리들을 물리치고 중원의 북방을 안정시키기 위해 출병하는데 우리에게도 그 일을 나누어 주어 같이 출전할 수 있도록 허락해 주십시오. 산융의 일이 어찌 유독 연나라 사람들만의 일이라 하겠습니까? 제가 비록 도움이 될지 모르겠지만 군후님을 따라 원정에 참가하고 싶습니다.」

제환공이 대답했다.

「북방의 융족이 사는 땅은 험하고 멀리 떨어져 있어, 과인이 어찌 감히 군후의 귀한 발걸음에 노고를 끼쳐 드릴 수 있겠습니까? 만약 순리대로 공을 세우게 된다면 군후께서 마음을 써 주신 덕분이겠고, 그렇지 않고 싸움에서 지게 되면 군후께 군사를 내어 달라고 요청하겠습니다.

그때 가서 원정에 참여해도 늦지 않을 겁니다.」

「군후님의 말씀을 따르기로 하겠습니다.」

제환공이 노장공과 작별하고 군사들과 함께 서북쪽을 바라보며 행군했다.

한편 영지국은 작위가 자작국으로 당시 군주의 이름은 밀로(密盧)였다. 군사를 이끌고 연나라 경내로 쳐들어간 밀로가 이미 두 달이 넘도록 연도(燕都)의 교외를 노략질하여 잡아온 어린아이와 부녀자들은 수효가 많아 다 헤아릴 수 없을 정도였다. 이윽고 제나라의 대군이 구원하기 위해 연나라의 경계에 도착하였다는 소식을 전해 들은 밀로는 포위망을 풀고 자기 나라로 철수해 돌아갔다. 계문관(薊門關)[1]에 당도한 제환공과 제군을 관문 밖으로 나와 맞이한 연장공은 제환공에게 먼 길을 마다 않고 구원군을 이끌고 친히 원정에 임한 노고에 감사의 말을 올렸다. 관중이 말했다.

「산융의 영지국 군주가 뜻한 바를 이루고 퇴각하여 아직 그들의 군사들은 상하지 않고 그대로 남아 있습니다. 우리가 군사를 거두어 이대로 돌아간다면 산융의 군사들은 반드시 다시 쳐들어올 겁니다. 이번 기회에 영지국을 정벌하여 중원의 우환거리 중 하나를 없애야만 합니다.」

환공이 허락하자 연장공이 연나라 본국의 병사를 끌고 선봉대를 맡아 영지국 정벌전에 종군하기를 청했다. 환공이 말했다.

「방금 전까지 산융군의 공격을 막아내느라 피로에 지쳐 있을 연나라

---

[1] 계문관(薊門關): 계성에 설치한 관문을 말한다. 춘추전국시대 때의 계성(薊城)은 지금의 북경시를 말하고 지금의 계현(薊縣)은 북경시와 경계를 이루는 천진시(天津市) 최북단의 속현이다. 천진시 계현에는 당시 무종국(無終國)이 있었다.

군사들에게 어찌 다시 선봉을 맡길 수 있겠습니까?」

제환공의 배려에 감격한 연장공이 자기를 대신할 향도를 추천했다.

그림 2 제환공의 산융 정벌도

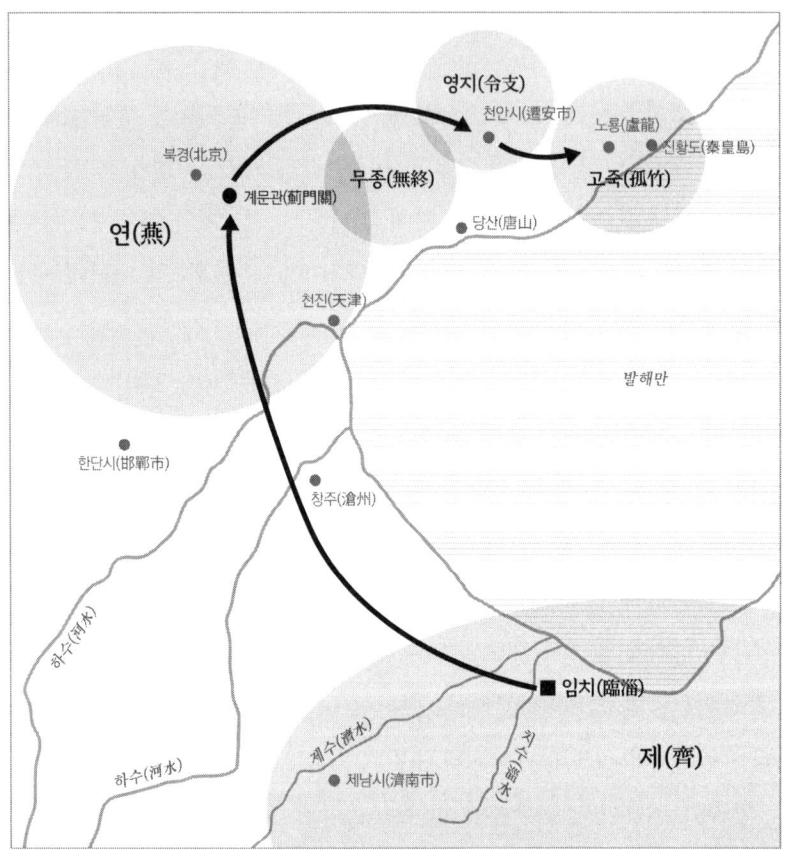

「이곳에서 동쪽으로 80리쯤 가면 무종국[無終國: 지금의 천진시 계현(薊縣)에 있었던 춘추 때 이민족 국가였으나 춘추 후반에 연나라에 복속되었다]이라는 나라가 있습니다. 비록 융족의 한 지류이지만 산융을 따르지 않고 있습니다. 그들을 불러 향도를 시키면 기꺼이 복종할 겁니다.」

제환공이 즉시 많은 황금과 비단을 내어 습붕에게 주어 무종국에 사자로 보내 원병을 청했다. 무종국의 군주는 흔쾌히 호아반(虎兒斑)을 대장으로 삼아 기병 2,000기를 파견해 제나라 군사를 돕도록 했다. 제환공은 호아반에게 후한 상을 내리고 그를 선봉으로 삼았다. 제(齊), 연(燕), 무종(無終) 등의 세 나라 연합군이 영지국을 향해 약 200리쯤 행군했을 때 길이 산으로 올라가며 점점 험해지기 시작했다. 환공이 연장공에게 그곳의 지명을 물었다. 연백이 대답했다.

「이곳은 규자(葵玆)라는 곳인데 북융이 나오고 들어갈 때 거쳐야 하는 요충지입니다.」

 치중과 식량을 반으로 나누어 절반은 규자에다 보관하고 군사들을 주둔시켜 지키도록 명한 환공은 계속해서 군사들에게 나무를 베고 흙을 쌓아 관문을 설치하게 했다. 이윽고 관문이 완성되자 환공은 포숙에게 후방에 남아 군량수송을 책임지도록 명했다. 병사들에게 3일 동안 휴식을 준 다음 피로에 지치고 병이 든 군사들은 규자에 남겨 포숙의 지휘하에 두고 정예병들만을 선발하여 영지국을 향해 진군을 시작했다.

 한편 영지국의 군주 밀로는 제나라 군사들이 쳐들어온다는 소식을 듣고 그의 장수 속매(速買)를 불러 대책을 상의했다. 속매가 자기의 생각을 말했다.

「제나라 군사들은 먼 길을 행군하여 왔기 때문에 지쳐 있음에 틀림없습니다. 영채를 세우기 전에 틈을 타서 갑자기 들이치면 승리를 얻을 수 있습니다.」

 밀로는 속매에게 기병 3,000기를 주어 제나라 군사들을 기습하도록 했다. 속매가 기마병들을 이끌고 나와 산중의 여러 곳에 매복하게 하고 제나라 군사들이 도착할 때까지 기다렸다. 제군의 선봉을 맡은 무종국의 장수 호아반과 그의 군사들이 영지국의 군사들이 매복하고 있는 곳에 당도하자 기다리고 있던 속매가 단지 몇 백 기의 군사들만을 거느리고 나와서 호아반의 앞을 가로막았다. 호아반이 용기를 내어 앞으로 치달아 자루가 긴 철과추(鐵瓜錘)를 높이 들어 속매의 머리를 향해 내리쳤다. 속매도 역시 자루가 긴 대도를 손에 들고 대항했다. 둘이서 몇 합을 겨루기도 전에 속매가 거짓으로 패하는 척하며 도주하기 시작했다. 호아반이 달아나는 속매의 뒤를 쫓아 숲속으로 들어오자 속매가 크게 소리쳐 산속에 매복해 있던 영지국의 병사들에게 신호했다. 속매의 군사들이 일제히 일어나 호아반과 그의 군사들을 공격했다. 본대와 연락이 끊어져 고립된 호아반과 무종국의 군사들은 죽을힘을 다하여 싸웠다. 그러나 힘은 다하고 타고 있던 말마저 부상을 당한 호아반은 적군의 포로가 되기 직전까지 몰리게 되었다. 바로 그 순간 천우신조로 제환공이 대군을 이끌고 싸움터에 당도했다. 제군 진영에서 왕자성보가 앞으로 달려 나가더니 그의 뛰어난 무용을 발휘하여 속매의 군사를 쫓아 버리고 호아반을 구출했다. 속매와 그의 군사들은 제나라 군사들과 싸워 크게 패하여 도망갔다. 자기가 이끌고 온 본국의 군사들이 속매와의 싸움 중에 많이 꺾인 것은 자신의 잘못이라고 생각한 호아반은 환공을 보고 얼굴에 부끄러운 기색을 띠었다. 제환공이 위로하면서 말했다.

「이기고 지는 일은 병가의 상사라 한 번의 싸움에서 졌다고 해서 너무 상심할 필요는 없소.」

제환공은 명마를 하사하여 호아반을 위로했다. 호아반은 감사의 말을 올리면서 감격해 마지않았다. 환공의 대군이 동쪽으로 30리를 더 진군하여 복룡산(伏龍山)이라는 곳에 이르렀다. 제후와 연백은 산 위에, 왕자성보와 빈수무는 산 밑에 각각 영채를 따로 세우고 그 앞에는 큰

그림 3 제환공의 영지국과 고죽국 정벌도

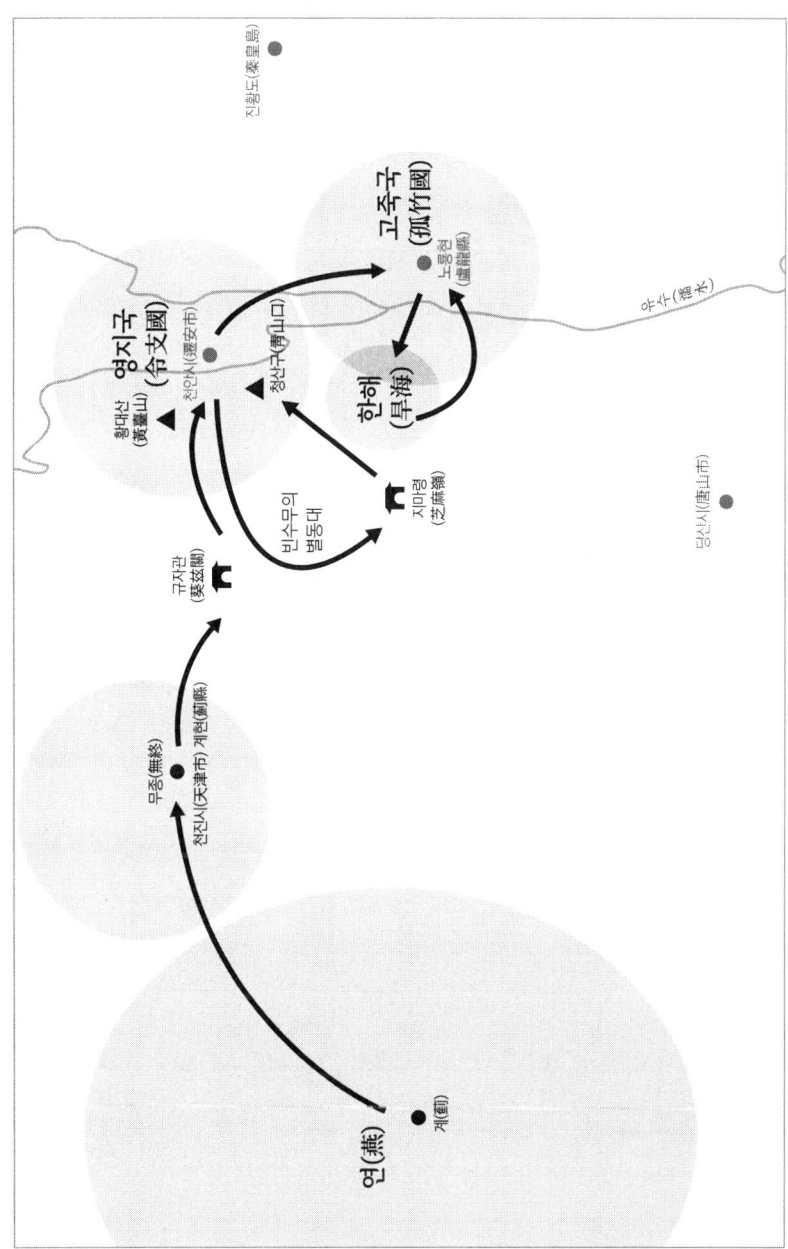

제6장 제환공 齊桓公 II

수레를 연결하여 마치 성벽처럼 만들고 경계를 아주 엄하게 했다. 다음 날 영지의 군주 밀로가 속매를 대동하고 만여 기의 기병을 출병시켜 친히 도전해 왔다. 밀로가 계속해서 제군의 영채를 공격하게 했지만 산성처럼 쌓은 큰 수레에 가로 막혀 영채 안으로 들어갈 수 없었다. 어느덧 오후가 되자 산꼭대기에 올라 전세를 살펴보던 관중은 융병의 숫자가 점점 적어지고 남은 병사들은 모두 말에서 내려 땅에 눕더니 입으로 욕설을 해대고 있는 모습을 보았다. 호아반을 격려하며 출전을 명한 관중은 그의 등 뒤에다 대고 말했다.

「장군은 지난 번 패한 치욕을 이번 기회에 갚으시오.」

관중의 격려하는 말에 우렁차게 대답한 호아반은 큰 수레를 몇 대 옆으로 치워 만든 입구를 통해 휘하의 기병을 이끌고 나는 듯이 영채 밖으로 달려 나갔다. 습붕이 관중을 보고 말했다.

「이것은 융병의 유인계가 아닌지 걱정됩니다.」

관중이 대답했다.

「나도 이미 알고 있습니다.」

관중은 즉시 왕자성보에게 명하여 일군을 거느리고 좌측에서 나가게 하고, 다시 빈수무에게는 또 다른 일군을 거느리고 우측에서 나가 좌우의 복병을 공격하게 했다. 원래 산융족들은 매복전에 능했다. 제군이 큰 수레를 성벽 삼아 움직이지 않자 산융군은 계곡에 군사를 미리 숨겨 놓고 일단의 군사를 말에서 내리게 하여 땅바닥에 누워 뒹굴며 제나라 진영을 향하여 욕설을 퍼붓도록 시켰다. 제군을 영채 밖으로 유인하려는 계책이었다. 그때 호아반이 이끄는 기병이 당도하여 그들의 말 머리가 향하는 곳마다 융병들은 모두가 말을 버리고 도망가기에 바빴다. 융병들의 뒤를 쫓으려고 하는 순간 본영에서 울리는 쟁이 소리를 들은 호아반은 즉시 말고삐를 뒤로 채어 되돌아왔다. 호아반이 도망치는 융병의 뒤를 쫓지 않고 본채로 되돌아가 버리자 밀로는 큰 소리로 계곡에 매복해 있는 군사를 일으켜 있는 힘을 다해 제나라 진영을 향해 공격을 감행했다. 그때 중도에 매복하고 있던 왕자성보와 빈수무의 양로 군사들이 산융군의 배후를 들이쳤다. 갑작스러운 제군의 기습으로 산융군은 십중 칠팔은 싸움 중에 죽고 나머지 군사들은 각기 흩어져 자기 나라로 퇴각했다. 융병들이 버리고 간 셀 수 없이 많은 말들은 모두 제군의 소유가 되었다. 영지국으로 돌아간 속매가 밀로에게 계책을 내놓았다.

「제나라 군사들이 이곳으로 진군하고자 한다면 반드시 황대산(黃臺山) 입구를 통과해야만 합니다. 우리가 군사를 시켜 나무와 돌로 입구를 막아 놓고 밖에다가는 참호를 깊이 파서 군사들로 하여금 지키게 한다면 비록 백만 대군이 몰려온다 할지라도 날아다니는 새가 아닌 바에야 그곳을 지나올 수 없습니다. 또한 복룡산(伏龍山)에서 20여 리 사방에는 강물이나 샘물이 없어 반드시 유수[濡水: 지금의 내몽고 정람기(正藍旗) 일대에서 발원하여 하북성을 북부를 남북으로 흘러 발해로 유입되는 난하(灤河)의 옛 이름이다]에서 물을 길어다가 마셔야 합니다. 유수의 상류 쪽에 둑을 쌓아 물길을 끊어 적군을 혼란에 빠뜨린 후에 그 틈을 타서 들이치면 승리를 장담할 수 있습니다. 다른 한편으로는 사자를 고죽국(孤竹國)[2]으로 보내 구원병을 청하여 우리의 싸움을 돕게 하여 만전을 기하도록 하십시오.」

---

2 고죽국(孤竹國): 주무왕의 은나라 정벌에 반대하여 수양산에 들어가 고사리로 연명하다가 굶어 죽은 백이(伯夷)와 숙제(叔齊)는 고죽국의 왕자였다. 상(商)나라 때부터 춘추시대 초기까지 지금의 하북성 당산시(唐山市) 노룡현(盧龍縣) 일대에 있었던 동이족 계열의 제후국이다. 고죽국이 제환공의 정벌로 망한 해는 기원전 664년이다.

밀로가 크게 기뻐하며 속매의 계책대로 시행하게 했다.

한편 융병이 물러간 후 계속해서 3일이 되도록 아무런 움직임이 보이지 않자 마음속으로 의심하는 마음이 일어난 관중은 첩자를 풀어 적정을 알아보게 했다. 첩자가 돌아와서 보고하였다.

「황대산(黃臺山) 입구의 큰길은 이미 끊겼습니다.」

관중이 즉시 호아반을 불러 물었다.

「영지국으로 가는 데 황대산 입구를 통하는 길 말고 다른 지름길이 없습니까?」

「이 길로 곧바로 가면 황대산까지는 15리밖에 안 됩니다. 일단 황대산만 통과하면 영지국까지는 지척지간입니다. 만약에 또 다른 길을 찾는다면 반드시 이곳에서 서남쪽을 크게 우회하여 지마령(芝麻嶺)을 지나 청산(靑山)의 입구로 나가게 됩니다. 또다시 동쪽으로 수십 리를 지나면 바로 영지의 소굴에 다다르게 됩니다. 그러나 산은 높고 길은 험하여 거마를 끌고 이동하기가 불가합니다.」

관중과 호아반이 행군 방향에 대해 상의하고 있는데 아장 연지(連摯)가 들어와 적정을 보고했다.

「영지국의 군사들이 우리가 마시고 있는 강의 물길을 막아 버렸습니다. 식수가 부족한데 어떻게 하면 좋겠습니까?」

호아반이 걱정스러운 기색을 띠고 말했다.

「지마령의 길은 모두가 산속으로 나 있어 통과하는 데 며칠이 걸릴지 아무도 모릅니다. 식수를 충분히 휴대하고 가지 않는다면 결코 행군할 수 없습니다.」

군사들에게 땅을 파 물을 찾도록 명을 내린 환공은 제일 먼저 물을 찾는 자에게는 큰 상을 주겠다고 했다. 그러자 습붕이 말했다.

「개미구멍이 있는 곳에 물이 있다고 했습니다. 개미와 개밋둑이 있는 곳을 골라서 샘을 파면 물을 쉽게 얻을 수 있습니다.」

습붕의 말대로 군사들이 삼삼오오 짝을 지어 산속을 돌아다니며 개미굴과 개밋둑을 찾아 다녔다. 그러나 오랜 시간을 돌아다녀도 개미나 개밋둑을 발견할 수 없었던 군사들이 할 수 없이 돌아와 환공에게 사실대로 고했다. 습붕이 다시 말했다.

「개미는 겨울에는 따뜻한 곳을 찾아다니므로 산의 양지쪽에 살고 여름에는 시원한 곳을 좋아해 산의 음지쪽에 삽니다. 지금은 겨울임으로 필시 산의 양지쪽에 삽니다. 아무 데나 돌아다니게 하지 말고 산의 양지쪽에 군사를 보내 개미굴과 개밋둑을 찾도록 하십시오.」

습붕의 말대로 양지쪽으로 몰려간 군사들은 쉽게 개미굴과 개밋둑을 발견하고 그곳의 땅을 판 결과 과연 샘물을 얻을 수 있었다. 물맛이 맑고 시원했다. 환공이 말했다.

「습붕은 가히 성인이라 할 만하다!」

이 일로 해서 그 샘을 성천(聖泉), 복룡산을 용천산(龍泉山)으로 바꿔 부르게 되었다. 군중에 식수를 얻게 되자 군사들이 서로 축하의 말을 건네며 환호했다.

한편 밀로는 유수의 상류를 둑을 쌓아 물길을 끊었음에도 제나라 군중에 여전히 물이 떨어지지 않고 있다는 소식을 듣고 놀라 속매에게 물었다.

「중원의 나라를 어찌하여 하늘이 돕고 있는가?」

「제군이 비록 물을 얻었다고는 하나 멀리서 산을 넘고 강을 선너 온 군사들이라 양식의 공급이 필시 원만하지 못할 겁니다. 우리가 싸우지 않고 굳게만 지키면 적군은 식량이 바닥나서 자연히 물러갈 수밖에는 다른 방법이 있을 수 없습니다.」

밀로가 속매의 말을 좇았다.

한편 비밀리에 빈수무에게 6일의 기한을 주어 한 떼의 군사를 이끌고 서남쪽으로 우회하여 지마령을 넘어 영지국의 배후를 공격하도록 지시한 관중은 빈수무의 별동대가 안전하게 진군할 수 있도록 길을 터주기 위해 호아반에게 별도의 군사를 내어주어 지마령을 먼저 점령하도록 명령했다. 빈수무와 호아반의 군사는 겉으로는 부족한 양식을 구하기 위해 규자로 행군한다고 소문을 내고 동시에 아장 연지에게 명하여 황대산의 영지국 진영 앞으로 나아가 매일 싸움을 걸게 하여 밀로에게 의심을 사지 않도록 했다. 연지가 6일 동안 계속 공격하였으나 융병들은 싸움에 응하지 않고 굳게 지키기만 했다. 이윽고 빈수무와 약조한 6일이 지나자 관중이 말했다.

「날짜를 헤아려 보니 서쪽의 길로 나아간 빈수무 장군의 군사가 적국의 배후에 당도할 때가 되었다. 적군이 비록 싸움에 응하지 않는다고 해도 어찌 앉아서만 기다릴 수 있겠는가?」

모든 사졸들에게 명하여 각기 흙을 채운 부대 한 자루씩을 짊어지게 한 관중은 먼저 200승의 전차를 비우게 한 뒤에 앞세워 행군하다가 참호나 구덩이를 만나면 곧바로 흙부대를 부려 길을 열었다. 이윽고 황대산 입구까지 진격한 제군은 앞을 가로막고 있는 나무와 돌덩이를 치운 후에 일제히 함성을 지르면서 영지의 진채를 공격하기 시작했다.

한편 영지국의 군주 밀로는 황대산의 입구를 막아 걱정거리가 없어졌다고 스스로 생각하고 매일 속매와 술을 마시면서 즐기고 있었다. 그러나 뜻밖에 제나라 군사들이 황대산의 방벽을 넘어 쇄도해 오자 황망 중에 말을 찾아 타고 영채 앞으로 나아가 제군 앞을 막고 대적했다. 제군과 교전에 들어가 몇 합도 겨루기 전에 군사가 한 명 달려오더니 보고했다.

「우리나라의 서쪽 경계에서도 제군이 나타나 물밀듯이 이곳을 향해 쳐들어오고 있습니다.」

유사시의 도주로로 사용하는 좁은 길도 적군에게 점령당했음을 알고 전의를 상실한 속매는 밀로를 곁에서 호위하며 동쪽을 바라보고 달아나기 시작했다. 빈수무가 몇 리를 달려 추격하였으나 산길이 험하고 융인들이 말 타는 솜씨가 뛰어나서 잡지 못하고 되돌아왔다. 영지국의 군사들이 버리고 간 말과 병장기 및 소와 양가죽으로 된 장막 등, 셀 수도 없이 많은 치중들이 모두 제군의 소유가 되었다. 밀로에게 잡혀간 수많은 어린아이들과 부녀자들을 되찾아 연나라로 귀환시켰다. 그렇게 싸움을 잘하는 군사들을 예전에는 미처 보지 못했던 영지국 백성들은 많은 음식을 준비하여 제군을 환영하고 이어 말머리를 뒤로 돌려 항복하지 않을 수 없었다. 환공이 영지국 백성들을 한 사람씩 일일이 위무하고 항복한 융족들을 한 사람이라도 죽이면 안 된다고 분부를 내렸다. 융족들이 크게 기뻐했다. 환공이 항복한 융인 한 사람을 불러 물었다.

「너희들의 임금은 어디로 달아났는가?」

융인이 대답하였다.

「우리나라와 동쪽으로 국경을 접하고 있는 고죽국은 평소에 서로 화목하게 지내 왔습니다. 얼마 전에 저희 임금이 사람을 보내 원군을 청했습니다만 아직 그들의 원군이 당도하지 않고 있습니다. 우리 임금은 고죽국으로 몸을 피해 달아났음이 틀림없습니다.」

환공은 고죽국 군사들의 강약과 영지국과의 거리가 얼마나 되는지를 물었다. 융인이 대답했다.

그림 4 영지와 고죽국 상세도

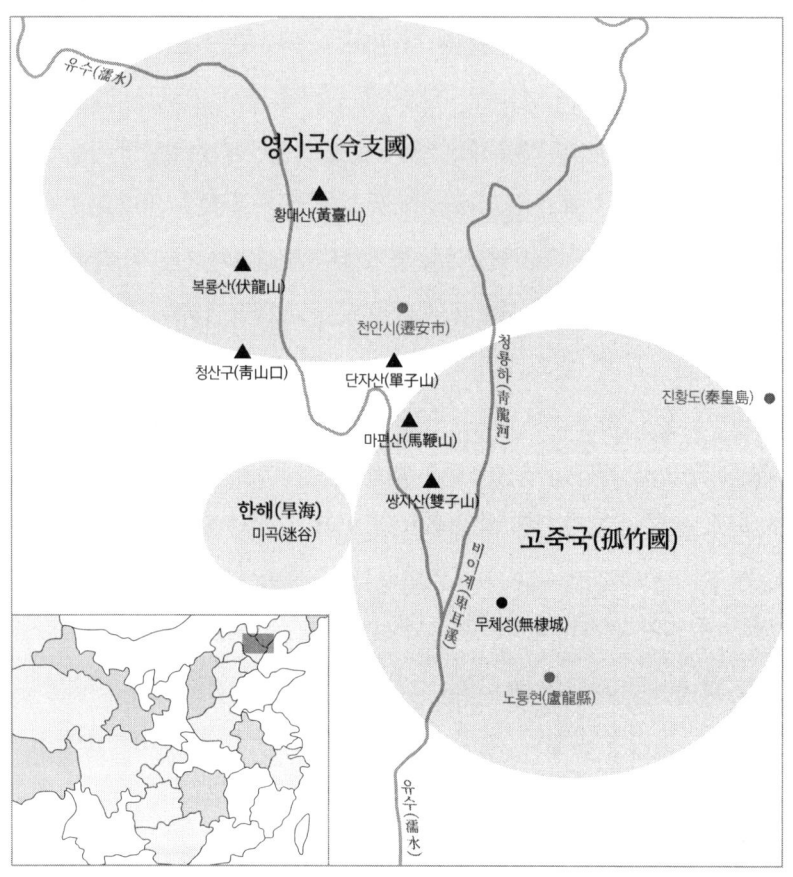

「고죽국은 우리 영지국의 동남쪽에 있는 대국입니다. 또한 상나라 때부터 성곽을 짓고 개국한 역사가 오래된 나라입니다. 이곳에서 동남쪽으로 100여 리 정도 가면 비이(卑耳)라는 이름의 폭이 좁은 강이 나오는데 그 강을 건너면 바로 고죽국의 땅입니다. 다만 길이 험하고 높아 행군하기가 쉽지 않을 겁니다.」

환공이 듣고 말했다.

「고죽국은 산융과 무리 지어 이웃나라를 괴롭히면서 이미 이렇듯 친밀하게 지내고 있으니 내 마땅히 정벌하여 후환을 없애리라!」

그때 마침 포숙아가 아장 고흑(高黑)을 시켜 말린 양식을 50대의 수레에 실어 보내 왔다. 환공이 즉시 고흑을 군중에 머물게 하여 종군하게 했다. 또한 항복한 융병 중에서 힘세고 날랜 병사 1,000명을 골라 호아반의 부대에 편입시키고 예전의 전투에서 잃은 병력을 보충하게 했다. 이어서 환공은 군사들을 3일 동안 쉬게 하면서 배불리 먹인 후에 고죽국을 향해 행군하라는 명을 내렸다.

한편 달아난 밀로 등의 일행은 고죽국의 임금 답리가(答里呵)를 보자 땅에 엎드려 통곡하면서 그동안의 사정을 이야기했다.

「제나라의 군주가 자기 군사들의 강함을 믿고 우리나라를 쳐들어왔습니다. 바라건대 군사를 청하여 원수를 갚고자 합니다.」

답리가가 대답했다.

「내가 왕의 요청을 받고 바로 군사를 내어 돕고자 했는데 몸에 조그만 병이 생겨 다소간 지체되었습니다. 그 사이에 싸움에 패하고 이곳으로 달려올 줄은 몰랐습니다. 이곳으로 오기 위해서는 반드시 건너야만 하는 비이강은 수심이 깊어 배를 이용하지 않고는 건널 수 없습니다. 우리가 비이강의 뗏목과 배를 모두 거두어 끌고 와 깊숙한 곳에 숨겨 놓으면 제나라 군사들이 어깨에 날개가 달리지 않는 한 어쩌지 못할 겁니다. 그들이 물러날 때까지 기다렸다가 우리 두 나라가 힘을 합쳐 군사를 이끌고 뒤를 쫓으면 왕의 옛 땅을 찾을 수 있습니다. 너무 조급하게 생각하지 마십시오.」

고죽군 대장 황화(黃花)가 곁에서 듣고 있다가 말했다.

「제나라 군사들이 뗏목을 만들어 강을 건너올까 걱정됩니다. 마땅히 군사를 내어 강변을 지키도록 하고 주야로 순찰하게 하여 만전을 기하십시오.」

답리가는 황화의 말을 듣지 않고 말했다.

「적군이 만약 뗏목을 만든다면 우리가 어찌 모르고 있겠는가? 장군은 지나치게 마음을 쓰지 말라.」

한편 제환공의 제나라 대군은 행군을 시작하여 10리도 가기 전에 기암괴석으로 된 험하고 높은 산을 만났다. 초목이 무성하게 자라서 길을 덮고, 대나무가 숲을 이루어 길을 막았다. 그때의 정황을 노래한 시가 있다.

> 높고 험한 산은 이리저리 굽어 푸른 하늘에 닿았고
> 괴석은 하늘 끝까지 솟아 길마저 찾지 못하겠네
> 이족의 동자가 이끄는 대로 말에서 내려 따라갔으나
> 석굴에 호랑이가 있을까 또한 걱정이 되는구나!
>
> 盤盤曲曲接靑云(반반곡곡접청운)
> 怪石嵯岈路不分(괴석차아로불분)
> 任是胡兒須下馬(임시호아수하마)
> 還愁石窟有山君(환수석굴유산군)

관중이 군사들에게 명하여 유황과 염초를 준비하여 산속으로 가져가 곳곳에 뿌리게 한 후에 불을 지르게 했다. 바람이 불길을 도와 화광이 하늘로 치솟아 온 산을 뒤덮고 초목이 타는 소리가 천지를 진동했다. 온 산의 초목은 뿌리도 남지 않고 다 타 버리고 여우와 토끼는 그림자도 없이 멀리 달아났다. 치솟은 불길은 5일 밤낮으로 끊이지 않고 산을 불태웠다. 이윽고 모든 것이 잿더미로 변하여 불길이 잡히자 산길을 뚫어 낸 길로 수레가 다닐 수 있게 되었다. 여러 장수들이 달려와 관중에게 칭하의 말을 올렸다.

「산이 높고 장애물이 많았는데 중보의 덕분으로 노력을 아끼게 되었습니다.」

관중이 겸양하며 말했다.

「융병은 말을 잘 부려 기마전에 강합니다. 그래서 전차가 아니면 이길 수가 없기 때문에 길을 냈을 뿐입니다.」

관중은 말을 마치자 즉시 『상산가(上山歌)』와 『하산가(下山歌)』라는 노래를 지어 행군 중의 군사들에게 부르게 했다. 『상산가(上山歌)』의 노랫말은 다음과 같았다.

높고 높은 산이여
돌고 도는 길이로다!
맑고 맑은 물이여
돌난간처럼 생긴 돌이로다!
엷고 엷은 구름이여
햇빛도 싸늘하구나!
수레를 휘몰았음이여
가파른 산 위를 올라왔구나!
풍백의 도움이여
유아가 장대를 잡아 주는구나!
새처럼 날아올랐음이여
날개가 돋친 듯하구나!
저 산의 높은 꼭대기에 오름이여
힘들지 않겠구나!

山嵬嵬兮(산외외혜)
路盤盤(로반반)
水濯濯兮(수탁탁혜)

頑石如欄(완석여란)
云薄薄兮(운박박혜)
日生寒(일생한)
我驅車兮(아구거혜)
上巉岏(상참완)
風伯爲馭兮(풍백위어혜)
兪兒操竿(유아조간)
如飛鳥兮(여비조혜)
生羽翰(생우한)
跋彼山巓兮(발피산령혜)
不爲難(불위난)

또 『하산가(下山歌)』의 노랫말은 다음과 같았다.

어려운 오르막길이여
내려가기는 쉽구나!
잘 구르는 수레바퀴여
말발굽 소리는 경쾌하구나!
요란한 수레바퀴 소리여
사람은 숨을 몰아쉬는구나!
굽이굽이 돌아감이여
어느 사이에 평지로다!
저 오랑캐의 마을을 불사름이여
봉화를 올릴 필요가 없구나!
고죽을 점령하고 공을 세움이여
길이길이 전하도록 하세나!

上山難兮(상산난혜)
下山易(하산이)
輪如環兮(윤여환혜)
蹄如墜(제여추)

聲轔轔兮(성린린혜)
人吐氣(인토기)
歷幾盤兮(역기반혜)
頃刻以平地(경각이평지)
搗彼戎廬兮(도피융녀혜)
消烽燧(소봉수)
勒勛孤竹兮(륵훈고죽혜)
亿万世(억만세)

 치중을 나르던 인부들이 먼저 노래를 시작하자 군사들이 답하여 불러 씩씩한 노랫소리에 수레는 마치 나는 듯이 굴러갔다. 마침내 제군의 행렬이 비이강 강변에 당도했다. 환공, 관중, 습붕 등은 강변의 높은 산 위에 올라 그곳 지세의 높고 낮음을 관찰했다. 환공이 감탄하며 관중에게 말했다.
「과인은 오늘 사람의 힘이 노래에도 좌우된 사실을 알았소!」
「신이 옛날 함거에 실려 올 때 노나라 군사들이 뒤쫓아 오지나 않을까 걱정하여 역시 노래를 지어 군사와 인부들에게 가르쳐 부르게 했습니다. 행군의 피로함을 잊고 즐거운 마음이 된 군사들과 인부들은 이틀 걸리는 거리를 하루에 달릴 수 있어 노후가 보낸 군사들의 추격을 벗어나 목숨을 구할 수 있었습니다.」
「노래로 인해 사람들이 힘을 얻게 되는 이유가 무엇입니까?」
「무릇 사람이란 몸을 무리하게 사용하면 정신이 피로하게 되나, 기쁜 마음으로 일을 행한다면 몸은 피로를 잊기 때문입니다.」
「중보가 사람의 마음에 통달하여 일시에 이곳까지 올 수 있게 되었습니다.」

2. 지변유아(智辨兪兒)
- 지혜로써 유아(兪兒)의 현신을 알아보는 관중 -

제환공은 인부와 군사들을 재촉하여 수레를 몰아 일제히 앞으로 나아가게 했다. 산봉우리 몇 개를 넘고 다시 봉우리 하나에 올랐는데 산길 전면에 바위로 된 옹벽 앞에서 크고 작은 수레들이 앞으로 나아가지 못하고 멈추어 서 있는 모습이 보였다. 군사들이 달려와서 고했다.

「길 가운데 커다란 석벽이 있고 그 안으로 길이 나 있는데 단지 말을 탄 군사 한 사람씩만이 통과할 수 있고 수레나 병거는 길이 좁아서 통과할 수 없습니다.」

제환공이 얼굴에 걱정스러운 빛을 띠며 관중을 향하여 말했다.

「만약 적군이 이곳에 복병을 숨겨 놓기라도 했다면 큰 낭패를 당할 뻔했습니다.」

제환공이 어떻게 할지 결정을 못 하고 주저하고 있는 사이에 산골짜기의 움푹 파인 곳에서 무엇인가가 갑자기 뛰쳐나와 자기를 향해 달려오는 어렴풋한 모습의 물체를 보았다. 환공이 눈을 크게 뜨고 살펴보니 그것은 사람도 아니고 짐승도 아닌 생물체로서 길이는 약 한 척 남짓 되어 보였다. 몸에는 붉은 옷을 두르고 머리에는 검은 관을 썼으며 두 발은 맨발이었다. 이윽고 환공 앞에 와서 두 손을 높이 들고 재삼 인사를 올리는 모습이 마치 환공을 영접하는 듯했다. 그러고는 오른손으로 옷자락을 들어 올려 예를 표하고는 어느 틈엔가 석벽 가운데로 나 있는 길을 향하여 달려가 어디론가 사라져 버렸다. 환공이 크게 놀라 관중을 향하여 물었다.

「중보께서는 방금 일어난 일을 보셨습니까?」

「저는 아무것도 보지 못했습니다.」

환공이 자기가 본 것을 관중에게 자세히 설명했다. 관중이 대답했다.

「주공께서 보신 물체는 바로 신이 지은 노랫말 속의 '유아(兪兒)'입니다.」

「유아가 무엇입니까?」

「유아는 산을 오르는 일을 주관하는 북방의 신으로서 패업을 이루는 왕의 출현을 예언하기 위해 나타난다고 했습니다. 유아를 보셨으니 그것은 바로 주군께서 패업을 이루실 징조입니다. 유아가 두 손을 높이 들어 마중했음은 주공의 고죽국 정벌을 환영한다는 뜻입니다. 또 오른손으로 옷을 쳐들어 보인 행동은 앞에 강물이 있는데 오른쪽 물이 깊다는 뜻입니다. 주군께서는 강을 건널 때는 왼쪽을 택하라는 계시입니다.」

염옹이 시를 지어 유아를 알아본 관중의 박식함에 대해 노래했다.

> 춘추 때 발간된 전적(典籍)의 수효는 다 뻔한데
> 중보는 어떻게 '유아'라는 존재를 알았는가?
> 기이한 일을 전해준 이인에게서 들었겠는가?
> 장화(張華)[3]의 '박물지' 내용도 믿지 못하겠네.
> 春秋典籍數而知(춘추전적수이지)
> 仲父何從識兪兒(중보아종식유아)
> 豈有異人傳異事(개유이인전이사)
> 張華博物總堪疑(장화박물총감의)

---

3 장화(張華): 서진(西晉) 때의 저명한 학자이자 정치가로 서기 232년에 태어나서 300년에 죽었다. 자는 무선(茂先)이고 하북성 출신이다. 위(魏)나라 초에 태상박사(太常博士)가 되었고 정권이 사마염(司馬炎)에게 넘어가자 서진(西晉)을 섬겼다. 오(吳)나라 토벌에 공을 세워 벼슬이 사공(司空)에 이르고 장무군공(壯武郡公)에 봉해졌으나 서기 299년 팔왕(八王) 난에 조왕(趙王) 사마윤(司馬倫)과 연루되어 그 일족과 함께 살해되었다. 시문에 능했고 저서로는 박물지(博物志)가 있는데 천하의 이문(異聞)과 신선(神仙) 및 고대 일화 등을 모았다. 10권으로 되어 있다. 그가 죽은 뒤에 그의 집에는 많은 책 외에 다른 재산은 아무것도 없었다고 했다. 장화에 대한 이야기는 5-19-22 〈간장주검〉 편 참조.

관중이 계속해서 말했다.

「이미 앞에는 강물이 있고 또한 다행히 석벽이 있어 적군이 쳐들어오더라도 능히 지킬 수 있습니다. 잠시 군사들을 산 위에 주둔시키면서 사람을 시켜 강물의 형세를 살펴본 연후에 군사들을 앞으로 진군시키십시오.」

환공은 관중의 말대로 군사 몇 사람을 선발해서 보내 산 밑을 흐르고 있는 강물의 형세를 살펴보게 했다. 오랜 시간이 지난 후에야 군사들이 돌아와 보고했다.

「산 밑으로 5리도 채 못 가서 비이강(卑耳江)이 흐르고 있습니다. 수량이 많고 수심이 깊어 비록 겨울철이 되어도 물이 줄어들지 않는다고 합니다. 원래 뗏목을 타고 강을 건너 다녔으나 요사이 고죽국의 군주가 뗏목을 모두 거두어 가 버렸다고 합니다. 강을 따라 오른쪽으로 가면 수심이 더욱 깊어져 한 장도 더 됩니다. 그러나 왼쪽으로 3리쯤 돌아가면 강폭은 비록 넓어지나 강물의 수심은 얕아져서 무릎을 적시지 않고도 건널 수 있습니다.」

환공이 박수를 치며 말했다.

「유아가 나타난 징조가 효험을 보는구나!」

연장공도 옆에 있다가 환공을 거들며 말했다.

「비이강에 얕은 곳이 있어 건널 수 있다는 말을 아직 듣지 못했습니다. 이것은 아마도 하늘이 군후를 도와 패업을 이루게 하려는 뜻인 듯합니다.」

환공이 연장공을 향해 물었다.

「이곳에서 고죽국까지 얼마나 더 가야 됩니까?」

연장공이 대답했다.

그림 5 관이오지변유아(管夷吾智辨兪兒)

「비이강을 건너면 우선 단자산(團子山)에 이르고 다음에 마편산(馬鞭山), 그리고 쌍자산(雙子山)에 이르게 되는데 세 산이 연달아 붙어 있어 그 거리가 약 30리 정도 됩니다. 또한 이곳은 상나라 때의 고죽국 군주 세 사람의 묘가 있는 곳입니다. 세 산을 지나 다시 25리쯤 지나면 무체성(無棣城)에 이르는데 이곳이 바로 고죽국의 도성입니다.」

호아반이 본대에 앞장서서 먼저 강물을 건너겠다고 선봉을 자청하자 관중이 말했다.

「한 길로만 행군하다가 만일 적군을 만나게 된다면 진퇴양난에 빠지게 된다. 반드시 두 길로 나누어 행군하도록 하라!」

이어서 관중은 군사와 인부들에게 산속의 대나무를 베어 등나무로 엮어 뗏목을 만들도록 명했다. 삽시간에 만들어진 수백 개의 뗏목 위에 병거와 치중을 싣고 군사들이 앞뒤에서 끌고 밀어 좁은 산길을 힘겹게 내려온 제군은 마침내 비이강 강변에 당도했다. 환공은 본대를 좌우 양대로 나누어 도강을 준비하도록 지시했다. 우군은 고흑과 함께 왕자성보가 이끌고 강의 오른쪽으로 뗏목을 타고 건너게 하여 정병(正兵)으로 삼고, 좌군은 호아반과 함께 빈수무가 이끌고 강의 왼쪽으로 우회하여 수심이 얕은 곳을 찾아 걸어서 건너도록 하여 이를 기병(奇兵)으로 삼도록 했다. 또한 제환공 자신은 개방과 수초를 포함한 별도로 무리를 이끌고 후미를 접응하도록 하고, 관중은 연지 및 연장공과 같이 대오를 이루어 역시 후미를 접응하여 도강한 후에 모두 단자산 밑에서 재집결하기로 약속했다.

3. 병정고죽(兵定孤竹)
 - 고죽국을 평정하여 북방을 안정시키다 -

한편 무체성의 고죽국왕 답리가는 병졸들을 비이강으로 보내 제나라 군사들의 동정을 정탐시켰다. 고죽국의 정탐병들이 뗏목을 준비하여 거마와 함께 바쁘게 강을 건너고 있는 제나라 군사들을 보고 황급히 도성으로 달려가 답리가에게 보고했다. 크게 놀란 답리가는 황화 원수에게 즉시 기병 5,000기를 인솔하고 출전하여 적군의 도강을 막으라고 명했다. 밀로가 고죽왕에게 말했다.

「제가 이곳에 숨어 지내면서 아무런 공을 세우지 못했습니다. 원컨대 속매와 같이 선봉을 맡아 제나라 군사들과 싸우게 해 주시기 바랍니다.」

황화가 끼어들어 말했다.

「싸움에 매번 패한 패장들에게 선봉을 맡길 수 없습니다.」

말을 마친 황화는 말에 박차를 가하여 휘하의 기병을 이끌고 비이강을 향해 달려갔다. 답리가가 밀로에게 은근한 어투로 말했다.

「이곳의 서북쪽에 단자산이라고 있는데 무체성의 서쪽을 지키는 중요한 길목입니다. 수고스럽겠지만 두 분의 군신께서 그곳을 지켜주시면 제가 즉시 접응하여 뒤따라가 돕도록 하겠습니다.」

밀로가 답리가의 말에 입으로는 대답하기는 했지만 자기를 가볍게 대한 황화 원수에 대해 마음속으로 매우 불쾌하게 생각했다.

한편 황화 원수의 군사가 비이강 어구에 미처 당도하기도 전에 제나라 장군 고흑이 거느린 선봉대와 마주쳐 양쪽 군사들 사이에 혼전이 벌어졌다. 황화와 싸운 고흑이 이내 당해내지 못하고 달아나려고 하려는 순간, 왕자성보가 이끄는 후대가 당도했다. 황화는 고흑을 버리고 성보에게 달려들었다. 황화와 성보가 겨루기를 50여 합에 이르렀지만 승부가 나지 않았다. 그 사이에 후대에 있던 제환공이 좌우에 개방과 수초를 대동하고 대군을 인솔하여 두 사람이 싸우는 곳에 당도했다. 뜻밖의 상황에 크게 당황한 황화는 휘하의 장수들과 군사들을 뒤에 남겨두고 혼자 도망치고 말았다.

　5,000의 고죽국 기마병들은 모두가 제나라 병사들에 의해 태반이 죽고 나머지는 모두 항복했다. 단신으로 도망쳐 단자산 어구에 당도한 황화는 마치 무성한 수풀처럼 늘어서 있는 군사들과 거마를 보았는데 모두가 제, 연, 무종 등 삼국의 깃발을 꽂고 있었다. 좌군을 이끌고 먼저 강을 건넌 빈수무가 이끌고 있던 군사들이었다. 감히 단자산을 통과하지 못한 황화는 말에서 내려 산속의 약초 캐는 노인으로 변장한 후 소로를 이용하여 산으로 기어올라 제군 진영을 벗어날 수 있었다. 황화의 군대와 싸움에서 대승을 거둔 제환공은 단자산까지 파죽지세로 행군하여 빈수무의 좌군과 회동했다. 평지의 한 곳을 정해 영채를 세운 환공은 고죽국으로 진공하기 위한 계획을 다시 세우기 위해 의논에 붙였다.

　한편 군사를 이끌고 단자산을 향해 진군하던 밀로가 마편산에 당도했을 때 앞에 나가 있던 초병이 달려와 보고했다.

「단자산은 이미 제나라 군사들에 의해서 점령당하고 말았습니다.」

　밀로는 하는 수 없이 마편산에 영채를 세웠다. 이때 마침 황화 원수가 목숨을 구해 도망쳐 와 마편산에 이르렀다. 그는 마편산에 주둔하고 있는 군사들이 자기편이라는 사실을 알고 영채 안으로 달려 들어가 대장을 찾았으나 뜻밖에 밀로가 거느린 군사들이었다. 밀로가 조롱하는 어투로 물었다.

「원수께서는 싸우면 이기는 장수인데 어찌하여 이곳에 단신으로 오셨습니까?」

 황화가 수치심에 말을 꺼내지도 못했다. 이어서 술과 음식을 청하였으나 얻지 못하고 단지 볶은 보리 한 되를 받았을 뿐이었다. 또한 말한 필을 얻으려고 했지만 밀로는 황화에게 늙고 병든 말을 주었다. 황화가 가슴속에 원한을 품고 무체성으로 돌아와서 답리가를 접견하고, 군사를 다시 청하며 원수를 갚겠다고 했다. 답리가가 말했다.

「내가 원수의 말을 듣지 않아 일이 여기까지 이르게 되었소.」

 황화가 계책을 내어 말했다.

「제후가 원한을 품고 있는 사람은 영지국의 군주였던 밀로입니다. 지금 이 상황에서 우리가 취할 수 있는 계책은, 오로지 밀로와 속매의 목을 베어 제후에게 바쳐 강화를 맺는 방법뿐입니다. 그렇게 한다면 제나라 군사들과는 더 이상 싸우지 않고도 물러가게 할 수 있습니다.」

「밀로가 어려움에 처해서 우리에게 몸을 의탁하여 왔소. 내가 어찌 그를 적군에게 넘길 수 있겠소?」

 답리가의 재상 올율고(兀律古)가 말했다.

「신에게 한 가지 계책이 있습니다. 싸움에서 패하고도 능히 공을 세울 수 있는 방법입니다.」

「어떤 계책이오?」

 올율고가 상세히 자기의 계책을 설명했다.

「우리나라의 서북쪽에는 한해(旱海)라는 이름의 땅이 있습니다. 한해를 또한 미곡(迷谷)이라고도 합니다. 그곳은 바로 사막의 땅으로서 물은 물론이고 풀 한 포기 자라지 않는 땅입니다. 옛날부터 백성들이 죽은 사람을 이곳에 버려 백골이 쌓여 있습니다. 이곳은 백주 대낮에도 귀신을 볼 수 있으며 또한 시시때때로 삭풍이 붑니다. 바람이 부는 곳

그림 6 제환공병정고죽(齊桓公兵定孤竹)

은 모두 사람이나 짐승이 살 수 없습니다. 그 바람을 쐬게 되면 어떤 사람은 곧바로 죽기도 합니다. 또한 모래 바람이 한번 일어나 불기 시작하면 지척도 분간할 수 없습니다. 그래서 미곡 안으로 잘못 들어간 사람들은 꾸불꾸불한 길로 인하여 쉽게 밖으로 나올 수 없을 뿐만 아니라 그 계곡 안에는 독사와 맹수들이 들끓어 물려서 죽거나 잡혀서 먹히고 맙니다. 사람을 한 명 구하여 제나라 군사들에게 거짓으로 항복하게 만들어 그곳으로 유인하게 하십시오. 싸우지 않고도 그들 중 십중팔구는 죽게 할 수 있습니다. 우리들은 군마를 정돈하여 멀리 피하여 단지 기다리기만 하면 됩니다. 어찌 묘책이라고 하지 않을 수 있겠습니까?」

「제나라 군사들이 그곳까지 따라오겠소?」

「대왕께선 궁인들과 권속들을 데리고 양산(陽山)으로 가서 숨고, 성중 백성들에게는 명하여 모두 산속의 골짜기로 피난하도록 하여 성안을 비우게 하십시오. 그런 다음 사람을 제후에게 보내 항복하게 하고, 단지 "우리 군주는 사막 가운데에 있는 나라로 구원군을 청하러 갔다"라고만 말하게 하십시오. 그들은 틀림없이 우리 뒤를 추격할 겁니다. 그리되면 제나라 군사들은 우리의 계책에 빠지게 됩니다.」

황화 원수가 그 자리에서 자신이 제군 진영에 항복의 사자로 가겠다고 자청했다. 답리가가 허락하고 기병 1,000명을 주면서 올율고의 계책에 따라 행동하도록 했다. 황화 원수가 제후에게 거짓으로 항복하기 위해 달려가다가 마음속으로 한 가지 계책을 생각해 냈다.

「만약 밀로의 목을 베어 가지고 가지 않는다면 제후가 어찌 나를 믿겠는가? 내가 밀로의 목을 벤다 하더라도 일이 성공하게 되면 주공께서는 나를 탓하지 않으리라!」

이렇게 생각한 황화는 즉시 마편산에 있는 밀로의 진영을 찾아갔다.

한편 제나라 병사들의 맹렬한 공격을 간신히 막아내고 있던 밀로는 황화가 구원병을 끌고 자기를 도우러 온 줄로 알고 크게 기뻐하며, 즐거운 마음으로 마중을 나왔다. 그러나 황화는 아무도 예상하지 못한 재빠른 동작으로 말 위에서 칼을 뽑아 휘둘러 밀로의 머리를 베었다. 속매가 대노하여 칼을 들고 말에 올라 황화에게 달려들어 칼싸움을 벌였다. 양쪽의 군사들 사이에는 각기 자기의 장군들을 도와 싸움이 벌어져 상호 간에 많은 군사들이 죽거나 다쳤다. 싸움을 이길 수 없다고 생각한 속매는 단기로 달아나 호아반의 영채로 달려가 항복했다. 그러나 속매의 항복을 믿지 않은 호아반은 군사들에게 명하여 포박한 그를 참수시키고 말았다. 가련하게도 영지국의 임금과 신하는 모두 중원의 나라를 침략하여 괴롭히다가 하루아침에 비명에 갔으니, 어찌 슬픈 일이 아니겠는가? 후세의 사관이 시를 지어 노래했다.

황대산(黃臺山)과 유수(濡水) 사이에
사방 백 리의 영지국이 있었다.
연나라 노략물은 지금 어디에 있는가?
나라는 망하고 몸은 죽었으니 어리석었구나!

山有黃臺水有濡(산유황대산유유)
周圍百里令支居(주위백리영지거)
燕山擄獲今何在(연산로획금하재)
國滅身亡可嘆吁(국멸신망가탄우)

밀로가 거느렸던 군사들을 자기 휘하에 합류시킨 황화는 제나라 군중에 달려가서 밀로의 수급을 바치고 계획한 대로 제후에게 말했다.

「우리 고죽국 임금께서는 나라가 기울자 외국에 군사를 얻어 돌아와 원수를 갚겠다고 하면서 우리나라의 서북쪽에 있는 사막으로 달아나 버렸습니다. 신이 항복하자고 권하였지만 듣지 않아 오늘 제가 밀로의 머리를 참하고 군후의 장막 앞에 항복을 청하오니 소졸이라도 좋으니 거두어 주십시오. 진실로 원하옵건대 군주님의 본부 병마를 위한 향도가 되어 우리 임금의 뒤를 추격하여 미력하나마 군주님에게 보답하려고 합니다. 부디 저의 청을 물리치지 마십시오.」

4. 노마식도(老馬識道)
 - 늙은 말을 이용하여 사막에서 길을 찾다 -

환공이 밀로의 수급을 보자 믿지 않을 이유가 없어 즉시 황화 원수를 전대로 삼아 대군을 이끌고 행군하여 무체성에 입성했다. 제나라 군사들이 보니 황화의 말대로 과연 성은 텅 비어 있었다. 환공은 더욱 황화의 말을 믿고 의심하지 않았다. 단지 답리가가 그사이에 멀리 달아나 버리지나 않을까 염려했다. 이윽고 부서를 정한 환공은 연장공과 한 떼의 군사들만을 무체성에 머물며 지키게 하고, 나머지 대군을 이끌고 성문을 나와 도망간 고죽국 군주의 뒤를 밤낮으로 쫓았다. 황화가 길을 안내한다고 하며 앞서가기를 청했다. 환공이 고흑을 딸려 같이 앞서 나가게 하고 자신은 대군을 이끌고 그 뒤를 따랐다. 대군이 모래사막의 어귀에 당도했으나 황화가 이끄는 전대의 행방은 묘연했다. 환공이 군사들을 독촉하여 행군 속도를 더 빨리하여 전대의 뒤를 따르도록 했다. 그러나 아무리 오랫동안 앞으로 행군해도 황화의 전대를 발견할 수 없었다. 이윽고 날이 저물어 어둑해지기 시작하자 망망하게 펼쳐진 하얀 사막만이 시야에 보일 뿐이었다. 천 겹 만 겹의 시커멓고 처참한 안개가 끼더니 싸늘하고 처연한 귀신들의 구슬피 우는 소리가 들리기 시작했다. 이어서 쏴쏴 하는 어지러운 바람소리가 이곳저곳에서 났다. 한기가 사람들을 엄습하여 모골이 송연해지고 광풍은 더욱더 기승을 부려 땅을 할퀴었다. 사람과 말이 모두 놀라 많은 군마들이 오한이 들어 땅에 넘어졌다. 환공과 말머리를 같이하고 행군하던 관중이 말했다.

「신이 오래전에 들은 바에 의하면 북방에 한해(旱海)라는 곳이 있는데 극히 위험하다고 했습니다. 제 생각에는 이곳이 바로 그 한해인 듯합니다. 앞으로 계속 전진하면 안 되겠습니다.」

환공이 급히 전령을 내어 군사들의 행군을 멈추게 하고 회군하려고 했으나, 전대와 후대는 이미 연락을 취할 수 없었다. 군사들이 추위를 물리치기 위해 피운 불은 불어오는 바람에 곧바로 꺼져 버렸다. 다시 입으로 바람을 불어 피우려고 했으나 그것도 소용이 없었다. 할 수 없이 관중이 환공을 모시고 말머리를 돌려 급히 달리면서 따르는 군사들에게 각기 북을 울리고 쟁을 두드리게 했다. 첫째는 소리를 요란하게 내어 음기를 없애고, 둘째는 소리를 신호로 삼아 군사들의 이탈을 막고 한곳으로 모이게 하기 위해서였다. 그사이에 해는 져서 천지가 완전히 캄캄하게 되어 동서남북이 어디인지 모르게 되었다. 제나라 군사들은 자기들이 얼마나 길을 달렸는지 알지 못했다. 이윽고 바람이 멈추고 안개가 걷히면서 하늘에는 반달이 새롭게 떴다. 그사이에 여러 장수들이 쟁과 북소리를 듣고 뒤따라 몰려들자 한곳에다 진을 치고 머무르게 했다. 그리고 얼마간의 시간이 지나 하늘이 다시 밝아 오자 장수들에게 군사들을 점고하게 한 결과 습붕과 그가 거느린 군사들이 한 사람도 보이지 않았다. 습붕이 거느린 군사들은 본대와 떨어져 길을 잃고 헤매다가 십중 칠팔이 행군 중에 행방불명이 되어 죽거나 상했다. 다행히 독사들은 추위가 한창인 겨울철이라 겨울잠을 자느라 나오지 않았고 맹수들은 군사들이 지르는 함성 소리에 숨어 버렸기 때문에 그나마 피해가 그 정도에 그칠 수 있었다. 만약에 그렇지 않았다면 제나라 군사들의 태반은 죽거나 다쳤을 것이다. 관중이 들판으로 나가 살펴보니 산골짜기의 지세가 매우 험악하여 사람이 다닐 만한 곳이 아니라는 사실을 알았다. 그는 군사들에게 명하여 다른 길을 찾아 골짜기를 벗어나라고 했다. 그러나 동쪽이나 서쪽이나 산길은 모두 꼬불꼬불 휘감겨지고 끝은 막혀 있어 나가는 출로를 전혀 찾을 수 없었다. 불안하고 초조해진 환공에게 관중이 다가가 말했다.

「신은 늙은 말이 길을 잘 찾는다고 들은 적이 있습니다. 무종국과 고죽국은 서로 경계가 접해 있어 북쪽의 사막을 여러 번 다녀본 말이 무종국 병사들이 타고 온 말들 중에 틀림없이 섞여 있을 겁니다. 호아반에게 명하여 휘하의 군사들이 타고 다니는 말 중에서 늙은 말을 가려 내게 하여 그 말들이 가는 곳을 보고 뒤따른다면 길을 찾을 수 있을지도 모르겠습니다.」

환공은 관중이 말한 대로 호아반의 기마에서 늙은 말 몇 마리를 취하여 앞서게 하고 그 뒤를 따랐다. 과연 그 늙은 말은 꼬불꼬불한 길을 따라가더니 이윽고 출구를 찾아냈다. 제나라의 대군은 마침내 늙은 말의 뒤를 쫓아 한해에서 벗어날 수 있었다. 이 일을 두고 염옹이 시를 지어 노래했다.

개미는 물 있는 곳을 알고 말은 길을 잘 찾아서
세상의 이물들은 위험한 때에 능히 도울 수 있었다.

천부의 얕은꾀는 사람들의 웃음거리가 되었지만
어느 군주가 고집을 버리고 충언을 능히 들었는가?

蟻能知水馬知途(의능지수마지도)
異流能將危困扶(이류능장위곤부)
堪笑淺夫多自用(감소천부다자용)
誰能舍己聽忠謨(수능사기청충모)

한편 황화 원수는 제나라 장수 고흑을 끌고 본대의 앞장을 서서 행군을 하다가, 답리가가 숨어 있는 양산을 향해 지름길을 취해 달려갔다. 고흑은 뒤따라오는 본대의 대군이 보이지 않게 되자, 황화에게 말하여 잠시 멈추어 본대가 오기를 기다렸다가 같이 행군하자고 했다. 황하가 고흑의 말을 들은 체도 안 하고 막무가내로 빨리 가기만을 고집했다. 고흑의 마음속에 의심이 일어 말고삐를 잡고 행군을 멈추었다. 황화가 군사들에게 명해 고흑을 말에서 끌어내려 결박을 지우게 했다. 잠시 후에 고죽국왕 답리가가 군마를 끌고 두 사람이 있는 곳에 나타났다. 황화가 밀로를 죽인 사실을 숨기고 말했다.

「밀로는 마편산의 싸움에서 패하여 죽고 신은 사항계(詐降計)를 써서 이미 제후의 대군을 유인하여 한해 속에 가두었습니다. 또한 제나라 장수 고흑을 사로잡아 이곳으로 끌고 왔습니다. 주군께서 처분을 내려 주십시오.」

답리가가 고흑을 향해 말했다.

「그대가 만약 나에게 항복한다면 내가 마땅히 중용하리라!」

고흑이 두 눈을 크게 뜨고 답리가를 꾸짖었다.

「우리 고씨 종족은 대대로 제나라로부터 은혜를 입어 왔는데 어찌 너희 같은 짐승들의 신하가 될 수 있겠느냐?」

다시 고개를 돌려 황화를 꾸짖었다.

「내가 비록 너에게 유인당해 이 지경이 되어 내 일신의 몸이 죽는다 해도 원통한 일은 아니다만, 우리 군주가 이끄는 제나라의 대군이 당도하면 너희들 군신의 나라는 망하게 되고 몸은 죽게 되니 그때 가서 후회한들 무슨 소용이 있겠느냐?」

황화가 대노하여 칼을 뽑아 친히 고흑의 목을 쳤다. 고흑은 진실로 충신이었다. 고흑을 죽이고 군용을 재정비한 답리가가 무체성을 탈환하기 위하여 남쪽으로 행군을 시작했다. 이윽고 고죽국의 대군이 갑자기 무체성 앞에 모습을 드러내자 자기가 데리고 있던 군사들의 수효가 적어 지킬 수 없다고 생각한 연장공은 성안의 곳곳에 불을 지르고 빠져나와 단자산에다 진을 쳤다.

한편 환공의 대군이 미곡에서 길을 찾아서 탈출하여 행군하기를 10리쯤 되었을 때 한 떼의 군마를 만나게 되었다. 사람을 보내 알아보니, 그들은 바로 습붕이 거느린 군사들이었다. 습붕의 군사들을 본대에 편입시킨 환공은 곧바로 무체성을 향해 진격하도록 했다. 행군 중의 제군은 노인들은 부축하고 어린아이는 등에 업고서 서둘러서 길을 가고 있는 고죽국 백성들의 피난 행렬을 보았다. 관중이 사람을 보내 무슨 일 때문이지 물어보게 하자 길 가던 백성들이 말했다.

「고죽국의 임금이 연나라 군사들을 쫓아내고 이미 무체성에 입성하였습니다. 우리들은 산에서 난을 피하여 기다리다가 오늘 다시 성중으로 돌아가고 있는 중입니다.」

관중이 듣고 말했다.

「내가 무체성을 파할 계책이 있다.」

관중은 즉시 호아반을 시켜 심복 군사 몇 명을 선발하여 성중의 백성들로 분장시킨 후에 피난민들의 뒤를 따라 성안으로 들여보내 밤이 되기를 기다렸다가 성안에 불을 질러 내응하도록 했다. 호아반이 관중의 명령을 받고 물러갔다. 관중은 다른 장수들에게도 각기 임무를 정해 주었다. 수초에게는 무체성의 남문을, 연지에게는 서문을, 개방에게는 동문을 공격하도록 하고 단지 북문만은 남겨두어 적군들이 도망갈 길을 남겨 놓도록 했다. 이어서 왕자성보와 습붕에게 각기 별도로 군사들을 주어 북문 밖에 매복시켰다가 답리가가 달아나기 위해 성 밖으로 나오면 앞길을 막아 사로잡도록 했다.

관중과 환공은 성 밖 10리쯤 되는 곳에서 진을 치고 머물렀다. 무체성에 입성한 답리가는 군사들에게 연장공이 후퇴할 때 지른 불을 끄라고 지시하고, 한편으로는 백성들을 불러 위무하고 생업에 복귀하도록 명했다. 다른 한편으로는 황화를 시켜 군사와 말을 정돈하게 하여 한해에 빠져 방황하고 있는 제나라 군사들에 대한 요격을 준비하도록 했다. 이윽고 날이 저물어 황혼이 들 무렵이 되자 갑자기 포성소리가 사방에서 울려 퍼지더니 군사가 한 사람 달려와 답리가에게 보고했다.

「제나라 군사들이 이미 성 밖에 당도하여 성 주위를 포위했습니다.」

제군이 쳐들어왔다는 뜻밖의 보고에 황화 원수는 대경실색하여 군사들과 백성들을 이끌고 성루에 올라 성 밖을 살펴보니 과연 제나라의 대군이 무체성을 철통같이 포위하고 있었다. 시간이 흘러 어느덧 황혼이 지나 야밤이 되자 성중의 여기저기에서 불이 나기 시작했다. 황화가 사람을 보내 불을 지른 사람을 찾아내게 했다. 호아반이 10여 명의 부하들을 데리고 남문 쪽으로 달려가 성문을 열어 수초와 개방이 거느린 군사들을 성안으로 들어오게 했다. 일이 이미 틀어졌다고 판단한 황화는 답리가를 말에 오르게 하여 길을 찾아 달아나려고 하다가 북문 쪽에는 제나라 군사들이 없다는 소식을 전해 들었다. 황화 일행은 즉시 성을 버리고 북문을 통해 달아났다. 그러나 그들이 성문을 나와서 미처 2리도 도망가기 전에 전방에서 갑자기 어지러이 오고 가는 횃불의 모습이 보이더니 천지를 진동시키는 북소리가 울리면서 왕자 성보와 습붕의 군사들이 일제히 일어나 그들의 앞길을 가로막았다. 무체성을 점령한 개방과 수초 및 호아반도 군사들을 이끌고 답리가의 뒤를 쫓았다. 앞뒤에서 적군을 맞이한 황화는 휘하의 군사들을 독려하며 죽을힘을 다하여 대항했으나 오래 버티지 못하고 힘이 다해 제나라 군사들에게 목숨을 잃었다. 답리가는 왕자 성보에게 사로잡히고 올율고는 난군 중에 죽었다. 이윽고 날이 밝자 제나라 장수들은 환공을 영접하여 성안으로 모셨다. 환공은 답리가의 죄악을 열거하고 칼을 뽑아 몸소 그의 목을 베었다. 융인들이 뜻을 굽히지 않고 답리가에 의해 살해된 고흑의 일에 대해 환공에게 고했다. 십분 탄식한 환공은 즉시 명을 내려 그의 충절을 기록하게 하고 귀국한 후에 다시 표창하도록 했다. 제후의 군사들이 싸움에서 이기고 무체성에 다시 입성하였다는 소식을 들은 연장공은 단자산의 진영에서 즉시 달려와서 환공을 접견했다. 연장공이 칭하의 말을 마치자 환공이 말했다.

「과인이 군의 위급함을 구하고자 2천 리 길을 달려와서 다행히 공을 이루게 되었습니다. 영지국과 고죽국이 한꺼번에 섬멸되어 500리의 넓은 땅을 새로 열게 되었습니다. 그러나 우리나라와는 너무 멀리 떨어져 있어 과인이 직접 다스릴 수 없습니다. 청컨대 군주의 봉지에 더하여 이 땅의 백성들을 다스려 주었으면 합니다.」

제환공의 뜻밖의 처사에 연장공이 사양하면서 말했다.

「과인은 군후의 보살핌을 입어 다행히 종사를 보존하게 되었습니다.

그것만으로도 군후의 은혜를 갚을 길이 없는데 하물며 어찌 감히 땅을 바랄 수 있겠습니까? 군후께서는 치소를 두어 직접 다스립시오.」

환공이 재차 연장공에게 권했다.

「이곳은 우리 제나라와는 너무 멀리 떨어진 북쪽의 변경이라 만약에 다시 오랑캐 종족으로 왕을 세운다면 머지않아 필시 배반하게 되어 있습니다. 군주께서는 결코 제 선의를 사양하지 마십시오. 동쪽으로 향한 길은 이미 뚫렸으니 옛날 소공(召公)의 유업을 이어받아 주나라 왕실에 공헌하시고 길게는 북쪽을 지키는 보루가 되어 중원을 오랑캐로부터 보호하는 임무를 맡아 주십시오. 그렇게만 해주시면 과인에게는 더없는 다행이겠습니다.」

연장공은 감히 더 이상 사양하지 못했다. 환공이 즉시 무체성에서 제나라 삼군에게 큰 상을 내리고, 동시에 싸움을 도와 공을 세운 무종국에게는 소천산(小泉山) 밑의 땅을 할애했다. 호아반이 감사의 인사를 드리고 먼저 자기 나라로 돌아갔다. 5일간의 휴식을 끝낸 환공은 군사들을 이끌고 무체성을 떠나 비이강을 다시 건너 유아가 나타났던 석벽 아래에 도착했다. 석벽 밑에 영채를 세워 전차와 수레를 정비하고 대오를 다시 정돈한 환공은 포숙이 주둔하고 있는 규자관을 향해 천천히 행군했다. 영지국을 지나가는 도중에 불에 타 버리고 황폐하게 된 땅을 바라본 환공은 마음이 처연하게 되어 연장공을 향해 말했다.

「융주가 무도하여 그 화가 초목에까지 미쳤습니다. 마땅히 교훈으로 삼아야 합니다.」

규자의 관문에 당도한 제환공이 마중 나온 포숙을 향해 말했다.

「군량미가 부족하지 않아 마음 놓고 싸워 승리를 할 수 있었음은 모두 경의 공입니다.」

또 연장공에게 분부하여 규자의 관문에 수비병을 두어 지키게 하고 즉시 군사들을 통솔하여 행군을 시작하여 제나라로 돌아가려고 했다. 연장공이 환공을 송별하는데 연나라 경계 밖으로까지 나와서 차마 헤어지지 못하다가 어느 사이에 제나라 국경 안 50리까지 들어오게 되었다. 환공이 말했다.

「자고로 제후가 송별할 때는 나라의 경계 밖으로 나가지 않는 법입니다. 과인은 군후 전하께 더 이상 무례를 저지를 수 없습니다.」

환공은 연장공에게 감사의 뜻을 표하면서 즉시 연나라와 접한 제나라의 50리 땅을 떼어 할양했다. 연백이 사양하며 반환했으나 환공이 받아들이지 않고 다시 돌려주었다. 연나라가 그 땅에다가 성을 쌓고 이름을 연유(燕留)라고 했다. 그 말은 '제후의 덕이 연나라에 머물다'라는 뜻이었다. 연나라는 이때부터 서북쪽으로 500리의 땅을, 동쪽으로는 50여 리의 땅을 새로 얻게 되어 북방의 강국이 되었다. 제후들은 환공이 군사를 내어 연나라를 구했으며, 또한 평정한 오랑캐의 땅을 탐하지도 않았다는 소식을 듣고 제환공의 위엄을 두려워했으며 또한 중원 제후국을 위해 오랑캐를 평정한 노고에 감사를 표했다. 사관이 시를 지어 노래했다.

군사를 끌고 천 리를 달려가서 짐승의 무리를 다스렸다.
주왕실의 위엄을 오랑캐에게까지 보이고자 함이었는데
오랑캐의 피로 칼을 더럽힌 계책이었다고 말하지 말라.
존왕양이(尊王攘夷)야말로 일광천하(一匡天下)임을 알지어다!
千里提兵治犬羊(천리제병치견양)
要將職責達周王(요징직책달주왕)
休言黷武非良策(휴언독무비양책)
尊攘須知定一匡(존양수지정일광)

연장공과 헤어진 제환공의 행렬은 이윽고 노나라와의 경계를 흐르는 제수(濟水) 강변에 당도하자 소식을 들은 노장공이 친히 마중 나와 환공의 노고를 치하하고 잔치를 베풀었다. 가까운 친척을 대하듯이 장공을 매우 정답게 맞이한 환공은 두 오랑캐 나라에서 노획한 전리품의 반을 갈라 주었다. 장공은 관중의 채읍인 소곡(小谷)의 땅이 노나라 경계와 가까운 곳에 있다는 사실을 알고 즉시 인부들을 보내 성을 쌓게 하여 관중의 마음을 기쁘게 하려고 했다.

제환공 재위 22년인 기원전 664년에 이룩한 일이었다. 그리고 2년 후인 기원전 662년 8월에 재위 32년 만에 노장공이 죽었다. 노장공의 죽음으로 인해 노나라에는 내란이 크게 일어났다.

5. 경보지란(慶父之亂)
- 두 군주를 시해하고 나라를 혼란에 빠뜨린 노나라의 공자 경보 -

한편 노나라의 공자 경보(慶父)는 자는 중(仲)이고 노장공의 서형이다. 경보의 동모제로서 자를 숙(叔)이라고 하는 공자아(公子牙)가 있었다. 노장공도 동모제로 공자우(公子友)가 있었는데 손바닥에 '우(友)'라는 글씨를 갖고 태어나 이름으로 삼고 자를 계(季)라 하여 계우(季友)라 불렀다. 비록 삼 형제가 모두 대부의 벼슬을 살았지만 첫째는 적서의 신분이 있었고 둘째는 계우만이 어질고 현명했기 때문에 장공이 유독 계우를 믿고 가까이 했다. 옛날 장공이 즉위한 지 3년 되던 기원전 691년, 궁 밖의 낭대(郎臺)에 놀러 나갔다가 당씨(黨氏)의 딸 맹임(孟任)을 우연히 보게 되었다. 용모와 자색이 수려한 맹임을 장공이 내시에게 명해 불러오게 했다. 그러나 맹임은 장공의 명에 따르지 않았다. 장공이 말했다.

「나를 따른다면 너를 부인으로 세우겠다.」

맹임이 장공에게 맹세하도록 청했다. 장공이 허락하자 맹임은 자기의 팔을 장도로 찔러 나온 피로써 장공으로 하여금 하늘을 향해 맹세시키고 낭대에서 잠자리를 같이했다. 장공은 다음 날 맹임을 어가에 태워 궁 안으로 데리고 갔다. 그 후 일 년이 지나자 아들을 낳아 이름을 반(般)이라 했다. 장공이 맹임을 부인으로 세우고 싶어 문강에게 청했으나, 문강은 허락하지 않았다. 반드시 그의 아들을 친정 집안의 여인과 맺어 주기를 원했던 문강은 태어난 지 얼마 되지 않은 양공의 갓난 딸과 혼인시키기로 약속한 바가 있었기 때문이었다. 문강은 막무가내로 어린 여아가 시집갈 나이가 되기를 기다렸다가 부인으로 데려오라고 장공에게 고집을 부렸다. 이런 이유로 맹임은 비록 장공의 정부인이 되지 못했지만 양공의 딸이 성장할 때까지 20년 가까운 세월 동안 내궁의 주인 노릇을 했다. 양공의 갓난 딸 애강(哀姜)이 마침내 성장하여 노나라에 들어와서 부인이 되었을 때는 맹임은 병이 들어 자리에 누워 거동하지 못했다. 맹임은 결국 병이 난 지 얼마 되지 않아 죽었다. 장공은 맹임을 정부인의 예로써 장례를 치렀다. 한편 오랫동안 자식을 낳지 못한 애강은 그녀의 동생 숙강(叔姜)을 제나라에서 오게 하여 장공을 모시게 했다. 숙강이 아들을 낳아 이름을 계(啓)라고 했다. 그전에 장공은 수구자(須句子)의 딸 풍씨(風氏)를 첩실로 두고 있었는데 그 사이에서 아들을 얻어 이름을 신(申)이라고 지었다. 상공의 뒤를 사기 아들로 잇게 하려는 마음을 품은 풍씨가 계의 장래를 계우(季友)에게 맡기려고 하자 계우가 거절하면서 말했다.

「공자반의 나이가 이미 성년이 되었습니다.」

장공은 애강을 부인으로 비록 맞이하였으나 부친을 살해한 원수의 딸이라 겉으로는 예의를 갖추어 대했지만 마음속으로는 좋아하지 않았다. 장공의 서형 경보는 태어나면서부터 외모가 준수하고 훤칠한 헌헌장부였다. 애강이 보고 몰래 내시를 통하여 불러와 사담을 나누다가 결국은 경보와 사통을 하게 되어 둘 사이에는 깊은 정분이 생겼다. 그로 말미암아 경보가 그의 동모제인 숙아를 끌어들여 일당을 이루더니 서로 공모하여 장차 자기는 노나라의 군주가 되고 숙아는 상경이 되기로 서로 약속했다. 이 일에 대해 염옹이 시를 지어 노래했다.

> 정·위 두 나라의 음풍은 세상 사람 모두가 아는 일인데
> 그렇다고 제나라의 음풍에 당할 수야 있겠는가?
> 제나라와 수호를 맺은 노나라가 사람들의 웃음거리가 되고
> 문강에 이어 애강이 제나라의 음풍을 세상에 떨쳤구나.
> 淫風鄭衛只尋常(음풍정위지심상)
> 更有齊風不可當(갱유제풍불가당)
> 堪笑魯邦偏締好(감소노방편체호)
> 文姜之后有哀姜(문강지후유애강)

장공이 즉위한 지 31년 되던 해인 기원전 663년에는 겨울 내내 비가 오지 않았다. 장공이 기우제를 지내기 위해 교외로 나가다가 대부 양씨(梁氏)의 집에 들러 묵게 되었다. 양씨가 장공을 위해 정원에다 연회를 베풀었다. 양씨에게는 매우 아름다운 딸이 있었는데 공자반이 이미 양씨의 딸을 알고 사랑하게 되어 몰래 왕래하고 있었다. 공자반 역시 양씨의 딸에게 자기가 노나라 군주의 자리에 앉게 되면 정부인으로

세우겠다고 약조했다. 장공이 양씨 집에서 묵던 날 양녀(梁女)가 담장에 사다리를 놓고 장공을 위해 정원에서 연주하고 있는 음악과 가무를 구경했다. 그때 어인[圉人: 궁중의 말을 기르는 관리들의 장이다] 락(犖)이 양씨 집 담장 밖에 있다가 담장 안에서 고개를 내밀고 있던 양씨의 딸을 보게 되었다. 양녀의 자태가 매우 아름답다고 생각한 어인락이 담장 밑에 서서 의도적으로 노래를 하나 지어 수작을 부렸다.

아름답고 아름다운 복숭아꽃이여
추위를 이기려고 더욱 애쓰는구나.
그대를 생각하는 마음은 굴뚝같건만
담장을 뛰어넘을 수 없음이여.
원컨대 같이 날개를 달아
한 쌍의 원앙이 되고 싶어라.

桃之夭夭兮(도지요요혜)
凌冬而益勞(능동이익로)
中心如結兮(중심여결혜)
不能逾墻(불능유장)
愿同翼羽兮(원동익우혜)
化爲鴛鴦(화위원앙)

장공을 따라와 양씨의 집에 기거하던 공자반 역시 음악과 가무를 구경하고 있다가 어인락이 부르는 노랫소리를 듣게 되었다. 양녀에게 수작을 거는 어인락을 보고 크게 노한 공자반이 좌우에게 명해 붙잡아와 그의 등을 채찍으로 300대를 때리게 했다. 어인락의 등은 채찍에 맞아 흘러내리는 피로 흥건히 젖었다. 공자반은 목숨을 애걸하는 어인락이 불쌍하다는 생각이 들어서 풀어 주었다. 공자반이 이 일을 장공에게 고하자 장공이 말했다.

「락이라는 놈이 참으로 무례한 자로구나! 채찍으로 다스릴 일이 아니라 마땅히 죽였어야 했다. 락이라는 놈은 행동이 민첩하고 용력이 뛰어나 세상에 겨룰 수 있는 장사가 없는데 채찍으로 벌을 주었으니 그놈은 반드시 너에게 한을 품었을 게다.」

원래 어인락은 힘이 천하장사이고 행동은 민첩했다. 옛날에 한 번은 직문(稷門)을 타고 성루에 오르고 다시 몸을 밑으로 날려 땅에 닿았는데 몸에는 아무런 상처도 없이 멀쩡했다. 그뿐만 아니라 다시 몸을 솟구쳐 손으로 기둥을 잡고 기어올라 무사히 지붕의 한 모서리를 잡고 손으로 흔들어 누각 안을 진동시킨 일도 있었다. 장공이 락을 죽이라고 한 이유는 그의 힘이 절륜하기 때문에 후환이 두려워서였다. 공자반이 말했다.

「그자는 한 사람의 필부에 불과할 뿐인데 그렇게 크게 걱정할 필요가 있겠습니까?」

어인락이 과연 공자반에게 한을 품고 경보의 문하에 들어갔다. 다음 해 가을에 병에 걸려 위독하게 된 장공은 경보를 마음속으로 의심했다. 그래서 일부러 먼저 공자 숙아를 불러서 자기가 죽은 후의 후사에 대해 마음을 떠보기 위해 물었다. 숙아가 예상했던 대로 경보의 재주를 칭찬해 마지않으면서 말했다.

「만약에 경보로 하여금 나라를 다스리게 한다면 사직을 안전하게 보전할 수 있어 우리 노나라의 복이라 할 수 있습니다. 더욱이 부친이 죽으면 아들이 계승하고 형이 죽으면 동생이 뒤를 잇게 되는 일은 노나라의 법도입니다. 그런데 무엇을 걱정하십니까?」

장공은 숙아의 말을 더 이상 듣고 싶지 않았다. 이윽고 숙아가 나가

자 장공이 다시 계우를 불러 자기 사후의 일에 대해서 물었다. 계우가 대답했다.

「옛날 군께서는 맹임과 맹세를 굳게 해 놓고서도 부인으로 세우지 않았으면서 오늘 다시 그 아들을 폐하려고 하십니까?」

「숙아가 와서 나에게 권하기를 경보로 내 뒤를 잇게 하라고 했다. 너는 어떻게 생각하는가?」

「경보는 잔인하고 동기간의 정도 없는 사람이라 백성들을 다스릴 수 있는 그릇이 못 됩니다. 또한 숙아가 경보를 천거한 이유는 두 사람이 동모제라는 사사로운 정 때문입니다. 그의 말을 들으시면 안 됩니다. 신은 죽음으로써 반을 군주로 받들겠습니다.」

장공이 계우의 말에 고개를 끄덕이면서 동의하더니 이내 말을 잇지 못했다. 계우가 장공의 침소를 나와서 급히 내시를 숙아에게 보내 대부 겸계(鍼季)의 집에 와서 장공의 군명을 받들라고 전하게 했다. 숙아가 내시의 말을 믿고 겸계의 집으로 와서 장공의 명령을 기다렸다. 계우가 짐주(鴆酒) 한 병을 봉하여 대부 겸계에게 주어 숙아에게 마시게 하여 죽이라고 했다. 계우는 별도로 편지를 써서 숙아에게 전하게 했.

「주공께서 명하여 형님에게 사약을 내리라고 하셨습니다. 형님이 이 술을 마시고 죽는다면 형님의 자손들은 그 직위를 잃지 않겠지만 그렇지 않는다면 형님의 집안은 멸족될 겁니다.」

숙아가 머뭇거리며 짐주를 마시려고 하지 않자 겸계가 그의 귀를 잡고 짐주를 입 속으로 강제로 부어 마시게 했다. 얼마 후에 숙아는 구공에서 피를 흘리며 죽었다. 사관이 시를 지어 계우가 짐수로 숙아를 죽인 일을 찬양했다.

주공은 동생 관숙을 죽여 주나라 왕실을 평안케 했고
계우는 형인 숙아를 짐주로 죽여 노나라를 편안케 했다.
그것은 모두가 나라를 위한 대의멸친으로써
육조 때의 골육상쟁과는 근본적으로 다른 일이었다.

周公誅管安周室(주공주관안주실)
季友鴆牙靖魯邦(계우짐아정노방)
爲國滅親眞大義(위국멸친진대의)
六朝底死忍相戕(육조저사인상장)

그날 저녁 노장공이 죽었다. 때는 주혜왕 15년 기원전 662년으로 노장공 재위 32년째 되는 해였다. 계우가 공자반을 모시고 장공의 장례를 치르고 노나라의 사대부들에게 다음 해에 개원한다고 선포했다. 주변의 많은 제후국에서 조문 사절을 보내왔다.

그해 겨울 10월에 외조부 당신(黨臣)이 병이 들어 죽자 외가인 당씨의 은혜를 잊지 못하고 있던 공자반이 문상을 위해 궁 밖으로 행차했다. 경보가 기다렸다는 듯이 어인락을 불러 말했다.

「너는 옛날에 반으로부터 등에 채찍을 맞은 원한을 잊었는가? 무릇 물을 떠난 교룡은 힘없는 필부도 잡을 수 있는데 너는 어찌하여 양씨 집에서 당한 원한을 갚으려고 하지 않는가? 내가 너를 위하여 준비해 주리라!」

「공자께서 저를 도와주기만 하신다면 제가 어찌 명을 따르지 않겠습니까?」

경보의 사주를 받은 어인락이 즉시 날카로운 비수를 가슴에 품고 있다가 밤이 깊어지자 당대부의 집으로 달려갔다. 그가 당대부의 집에 당도했을 때는 시간이 이미 삼경이 넘어 있었다. 어인락은 담을 넘어 집

안으로 들어가 중문 밖에서 날이 희미하게 밝아질 때까지 숨어 있었다. 이윽고 어린 동자 한 명이 물을 기르기 위해 문을 열고 나온 틈을 타서 공자반이 자고 있는 침실로 들어갔다. 그때 마침 침상에서 일어나 신을 신고 있던 공자반이 어인락을 보고 크게 놀라 물었다.

「네가 어찌하여 감히 이곳에 들어왔느냐?」

「작년에 너한테 채찍으로 맞은 원한을 갚으러 왔다.」

공자반이 급히 침상의 머리맡에 걸려 있던 칼을 뽑아 휘둘러 어인락의 얼굴을 향해 내리쳤다. 어인락이 왼손으로 자반이 휘두르는 칼을 부여잡고 오른손으로는 비수를 꺼내어 공자반의 옆구리를 찌르자 자반은 그 자리에서 즉사했다. 어린 동자가 보고 놀라 당씨들에게 알렸다. 당씨의 가병들이 뛰어나와 어인락을 공격했다. 자반이 휘두른 칼로 이미 머리에 상처를 입은 어인락은 가병들의 공격에 대적하지 못했다. 어인락은 수많은 가병들이 휘두른 칼에 난도질을 당하여 숨이 끊어지고 그의 몸은 형체를 알아볼 수 없게 되었다. 세자반이 변을 당했다는 소식을 들은 계우는 그 일은 경보가 꾸민 일임을 알았다. 화가 자기 몸에도 미칠까 두려워한 계우는 진(陳)나라로 도망쳐 경보로부터 화를 피했다. 경보는 짐짓 모르는 체하고 어인락에게 모든 죄를 뒤집어씌워 그 집안을 멸하고 노나라의 사대부들에게 해명했다. 노장공의 부인 애강이 경보를 노나라의 군주 자리에 세우려고 했으나 경보가 사양하며 말했다.

「아직 두 공자 계(啓)와 신(申)이 살아 있어, 그 두 사람을 전부 죽이기 전에는 노후의 자리에 앉을 수 없습니다.」

「그렇다면 공자신(公子申)을 세워야 하시 않겠소?」

「신은 나이가 이미 장성하여 다루기 힘들기 때문에 나이가 어린 계를 세워야 합니다.」

그 즉시 공자반의 죽음을 발상한 경보는 부고를 전해야 한다는 명분을 핑계 삼아 친히 제나라에 가서 자반의 변고를 고하고 수초에게 뇌물을 바쳐 공자계(公子啓)를 노후로 세웠다. 그때 공자계의 나이는 겨우 8살에 불과했다. 이가 노민공(魯閔公)이다. 민공은 곧 숙강의 아들이고 숙강은 또한 애강의 동생이라 제환공에게는 생질이다. 안으로는 애강을, 밖으로는 경보를 두려워한 민공은 외가인 제나라의 도움을 받으려고 했다. 민공이 제환공에게 사람을 보내 낙고(落姑)의 땅에서 회견을 청했다. 이윽고 두 나라 군주들이 낙고로 행차하여 서로 만났다. 노민공이 환공의 옷자락을 잡으며 아무도 몰래 경보가 난을 일으킨 일에 대해 고하면서 흐르는 눈물을 멈추지 못했다.

환공이 민공을 향해 물었다.

「지금 노나라 대부 중에서 누가 가장 어질다고 보시오?」

「오로지 계우가 제일 어질다고 할 수 있습니다. 지금 난을 피하여 진(陳)나라에 머물고 있습니다.」

「어찌하여 계우를 불러서 노나라의 정사를 맡기지 않소?」

「계우를 불러들여서 정사를 맡기면 경보에게 해를 입을까 걱정하여 부르지 못하고 있습니다.」

「나의 뜻이라고 계우를 부른다면 누가 감히 거역하겠소?」

환공이 즉시 사람을 진나라에 보내 자기의 명령으로 계우를 소환했다. 민공이 랑(郎)⁴ 땅까지 행차하여 기다렸다가 계우를 맞이하여 같이 수

4　랑(郎): 춘추 때 노나라 땅으로 지금의 산동성 어대현(魚臺縣) 동북이라는 설과, 사기 공자세가 중 冉有爲季氏將師, 與齊戰于郎이라는 기사가 있으나 좌전 애공(哀公) 11년 조에는 「戰于郎」 대신에 「戰于郊」라고 되어 있어 랑(郎)을 교(郊)의 오기(誤記)로 봤다. 즉 노민공(魯閔公)이 계우(季友)를 불러 만난 곳은 지금의 곡부시 근교로 보았다.

레를 타고 노나라에 돌아갔다. 노민공은 계우를 상경으로 임명하고 노나라의 정사를 맡겼다. 일련의 일들은 모두 제후(齊侯)의 명에 따라 행해진 일이라 아무도 감히 이의를 달 수 없었다.

그때가 제환공 25년 기원전 661년으로서 노민공 원년의 일이었다.

그해 겨울에 다시 노민공과 계우가 불안하다고 여긴 제후가 대부 중손추를 노나라에 보내어 노후의 안부를 묻게 하고 한편 경보의 동정을 살펴보게 했다. 노민공은 제나라 사자로 온 중손추를 보고 눈물을 흘리며 말을 잇지 못했다. 중손추가 공자신(公子申)과 노나라의 일에 대해 상론하였는데 그 말에 심히 조리가 있었다. 중손추가 혼잣말로 말했다.

「이 사람은 나라를 다스릴 만한 그릇이로다.」

계우를 만난 중손추가 공자신을 잘 보살피라고 부탁하고 경보를 빨리 죽이라고 권했으나 계우는 단지 한 손바닥을 펴서 보일 뿐이었다. 중손추는 그것이 고장난명(孤掌難鳴)의 뜻이라고 알아듣고 계우에게 말했다.

「이 추는 마땅히 경보의 일을 우리 주군께 아뢰겠습니다. 만일 노나라에 무슨 일이 생긴다면 우리 제나라는 수수방관하지 않을 겁니다.」

한편 경보가 많은 뇌물을 가지고 중손추를 찾아가 자기의 일을 부탁하려고 했다. 중손추가 경보를 향해 말했다.

「만일 공자께서 능히 사직에 충성을 바치신다면 저희 주군께서도 역시 이 재물을 받으시겠지만 어찌 이 몸이 사사로이 재물을 받을 수 있겠습니까?」

중손추가 한사코 고사하며 받지 않았다. 경보가 송구한 마음이 되어 물러갔다. 제나라에 돌아온 중손추가 환공에게 아뢰었다.

「경보를 없애지 않고는 노나라의 난을 종식시킬 수 없습니다.」

「과인이 군사를 끌고 가서 토벌하면 어떠하겠는가?」

「경보가 아직 그의 흉악한 행위를 밖으로 들어내지 않아 토벌할 명분이 아직 충분하지 않습니다. 신이 보건대 경보라는 위인은 남의 밑에 있으면 만족하지 않는 사람이라 앞으로 반드시 난을 일으킬 겁니다. 그가 난을 일으킬 때를 기다려 죽이면 패왕(覇王)의 업적을 세우실 수 있습니다.」

「지당한 말이오.」

민공 2년 경보가 찬위할 마음이 더욱 급하게 되었으나 민공은 제환공의 생질이고 또한 계우가 충성스러운 마음으로 보좌하고 있어 감히 행동을 가볍게 할 수 없었다. 어느 날 갑자기 시자가 와서 보고하였다.

「대부 복의(卜齮)가 와서 뵙고자 합니다.」

경보가 나가서 마중을 하여 방 안으로 데리고 들어왔다. 복의의 얼굴에 노기가 등등한 기색을 보자 경보가 그 까닭을 물었다. 복의가 대답했다.

「저는 태부 신불해(愼不害)의 농장과 이웃하여 전답을 갖고 있었습니다. 그러나 신불해가 자기의 세력이 강함을 믿고 빼앗아 갔습니다. 제가 주공에게 가서 억울함을 호소하였지만 신불해가 자신의 사부라는 이유로 오히려 나에게 양보하도록 명했습니다. 주공께 나의 억울함을 말씀드려 달라고 부탁하고자 이렇게 공자님을 찾아왔습니다.」

주위의 시자들을 밖으로 내보낸 경보가 복의를 보고 말했다.

「나이가 어린 주공은 세상물정에 어두워 내가 비록 말씀을 드린다 해도 듣지 않을 것이오! 그대가 만약 나를 위해 큰일을 해 줄 수 있다면 나도 그대를 위해 신불해를 죽여 주겠소. 어떻게 생각하오?」

「계우가 주공 옆에서 지키고 있으니 일을 도모한다 해도 성사시키기가 어렵지 않을까 걱정됩니다.」

「주공은 아직 어린아이라 밤이 되면 항상 무위문[武闈門: 궁궐의 통로에 세운 문]을 통하여 궁궐 밖으로 나가서 시정에서 놀기를 즐겨 합니다. 그대가 자객을 구해 무위문 옆에 매복시켜 기다리게 했다가 주공이 궁궐 밖으로 나오면 칼로 찔러 죽이게 하고 단지 도적이 한 짓이라고 둘러대면 누가 알 수 있겠소? 연후에 국모의 명으로 내가 노후의 자리에 앉게 되면 계우를 쫓아내는 일은 손바닥 뒤집기보다 쉬운 일이오.」

복의가 경보의 말을 허락하고 즉시 자객을 수배하여 추아(秋亞)라는 장사를 얻었다. 복의가 추아에게 예리한 비수를 주어 무위문 밖에 숨어 노후가 나오기를 기다리게 했다. 밤이 되어 과연 궁궐 밖으로 나온 민공을 추아가 갑자기 앞으로 달려들어 비수로 찔러 죽였다. 민공을 호위하고 있던 시종들이 놀라 격투 끝에 추아를 사로잡았으나 복의가 가병을 이끌고 와서 빼앗아 갔다. 그 사이에 경보는 가병을 이끌고 신불해 집으로 쳐들어가 그 일족들을 모조리 살해했다. 또다시 변이 일어났음을 알게 된 계우는 그날 밤 공자신을 찾아가 경보가 난을 일으켰음을 고하고 두 사람이 같이 주(邾)나라로 도망쳐 난을 피했다. 염옹이 이를 두고 시를 지었다.

> 자반과 민공이 연달아 시해되었는데
> 당시에 비수를 갈아 일을 꾸민 자는 누구였던가?
> 노나라의 변란은 모두 내궁에서 일어났는데
> 하필이면 음탕한 제녀만을 부인으로 삼았는가?
>
> 子般遭弒閔公戕(자반조시민공장)
> 操刃當時誰主張(조인당시수주장)
> 魯亂眞由宮闈起(노란진유궁곤기)
> 娶妻何必定齊姜(취처하필정제강)

6. 계우감란(季友戡亂)
- 경보의 난을 평정한 계우 -

한편 평소에 마음속으로 계우를 따르고 있었던 노나라의 사대부들은 노후가 피살되고 계우가 나라 밖으로 도망쳤다는 소문을 듣고 분노하여 온 나라가 불만의 소리로 들끓게 되었다. 그들은 복의를 원망하고 경보에게 원한을 품었다. 그러던 어느 날, 도성 안의 모든 거리에 있던 집의 문이 닫히고 사대부들이 시정으로 나와 모이기 시작하더니 삽시간에 천여 명이 되어 복의의 집으로 몰려가 포위하고 그와 가족들을 모조리 도륙했다. 그사이에 수효가 더욱 늘어난 군중들은 경보의 집을 향해 몰려가기 시작했다. 자기 집을 향해 돌진해 오고 있는 성난 군중의 모습을 본 경보는 백성들의 마음이 자기를 떠나 자신은 결코 노후의 자리에 오를 수 없게 되어 나라 밖으로 도망가는 수밖에 없다고 생각했다. 그는 옛날 제환공이 공자 시절 거(莒)나라에 망명했다가 제양공이 죽자 그들의 힘을 빌려 제후(齊侯)의 자리를 차지했었던 사실을 상기했다. 그래서 경보는 자신이 우선 거나라로 몸을 피한다면 거나라의 은혜를 입은 제후가 어쩌지 못할 거라고 생각했다. 그러다가 틈을 봐서 거자를 통해 그의 처지를 제후에게 호소해 용서받아 다시 기회를 노려야겠다는 계획을 세웠다. 그뿐만 아니라 문강은 원래 거나라 의원과 정을 나눈 적이 있었고, 지금 노나라 국모 애강은 문강의 질녀라는 인연을 내세운다면 거나라도 자신을 내치지는 못할 것이라고 생각했다. 마음을 정한 그는 그 즉시 평민의 옷으로 갈아입고 장사치로 분장한 후에 수레에 재물을 가득 싣고 거나라로 도망쳤다. 경보가 거나라로 망명했다는 소식을 들은 애강도 역시 신변에 불안감을 느끼고 경보를 뒤따라 거나라로 몸을 피하려고 했다. 애강의 측근들이 말했다.

「부인께서는 도망친 경보로 인하여 사대부들에게 죄를 얻었는데 오늘 다시 다른 나라로 도망가서 그를 만난다면 노나라 백성들 중 누가 부인을 용서하려고 하겠습니까? 지금 주(邾)나라에 머물고 있는 계우를 백성들이 다시 불러 노나라의 정사를 맡기려고 하니 부인께서는 차라리 주나라로 가서 계우에게 사정을 하는 편이 좋지 않겠습니까?」

애강이 즉시 계우를 만나기 위해 주나라로 갔다. 그러나 계우는 애강을 만나 주지 않았다. 경보가 노나라를 떠났다는 사실을 알게 된 계우는 즉시 공자신과 같이 노나라에 돌아오면서, 다른 한편으로는 사람을 제나라에 보내 노나라의 변란을 고했다. 제환공이 공손추를 불러 물었다.

「오늘 노나라에 군주가 없는데 우리 제나라가 그 땅을 합치면 어떻겠는가?」

「노나라는 예의지국이라 비록 시역의 난을 맞이하여 일시적으로 혼란스러우나 백성들의 마음은 여전히 주공의 가르침을 잊지 않아 예를 잃지 않으니 취할 수 없습니다. 하물며 공자신은 나라의 일에 밝고 또한 계우는 변란을 평정할 수 있는 인재입니다. 그 두 사람은 틀림없이 노나라 백성들의 생활을 안정시킬 수 있습니다. 군사를 내어 병합하기 전에 잠시 사태의 추이를 보시고 뜻을 정하십시오.」

「잘 알겠소.」

제환공은 즉시 상경 고혜(高傒)에게 명하여 남양(南陽)[5]의 정예로운 갑사 3천 명을 이끌고 노나라에게 가서 동정을 살펴 형세를 보아가며 움직이도록 명했다.

---

5 남양(南陽): 지금의 산동성 태산(泰山)의 남쪽과 문수(汶水)의 북쪽 지방 일대를 가리키며, 춘추 때 노나라에 속했으나 후에 제나라의 영토가 되었다.

「공자신이 과연 사직을 감당할 만한 그릇이 된다면 즉시 그를 도와 노나라 군주의 자리에 앉혀 이웃 나라로서의 우호관계를 세우도록 하고 그렇지 못하다고 판단되면 노나라의 땅을 접수하여 우리 제나라에 병합시키도록 하시오.」

고혜가 환공의 명을 받들어 군사를 이끌고 노나라를 향해 행군했다. 이윽고 그들의 일행이 노나라에 당도하자 마침 공자신과 계우도 주(邾)나라에서 돌아와 있었다. 고혜가 보니 공자신의 몸가짐이 단정하고 말하는 품이 조리가 있어 마음속으로 십분 존경하게 되었다. 그는 즉시 계우와 상의하여 계책을 정하고 공자신을 옹립하여 노후로 삼았다. 이가 노희공(魯僖公)이다. 고혜가 제나라에서 데리고 온 갑사들을 시켜 노나라 사람들을 도와 녹문(鹿門)에 성을 쌓아 주(邾)와 거(莒) 두 나라의 침입에 방비하게 했다. 이윽고 노나라 정세가 안정되었다고 판단한 고혜가 본국으로 회군하자 계우가 공자 해사(奚斯)[6]를 사자로 딸려 보내 제후에게 노나라의 변란을 진정시켜 준 노고에 감사의 말을 올리게 했다. 또 한편으로는 사자를 거나라로 보내 거자가 경보를 죽여 준다면 그 보답으로 많은 재물을 주겠다고 회유했다.

한편 경보는 거나라로 도망칠 때 수레에 많은 금은보화를 싣고 가서 문강의 병을 치료했던 거의(莒醫)를 통해 거자(莒子)에게 바치게 했다. 경보의 뇌물을 받은 거자는 다시 노나라가 주겠다는 뇌물에 탐이 나서, 사람을 시켜 경보에게 자기의 뜻을 전했다.

---

6 해사(奚斯): 춘추시대 노희공(魯僖公) 때 활약한 공자어(公子魚)의 자다. 설군(薛君)의 《한시장구(韓詩章句)》에 "해사(奚斯)는 노나라의 공자로 노희공의 치적을 노래한 『노송(魯頌)·비궁(閟宮)』의 작자로 알려져 있다"라고 했다. 공자 경보의 나이 어린 동모제라는 설이 있으나 확실하지 않다.

「거나라는 변방에 치우친 조그만 소국이오. 공자로 인하여 병화를 입을까 걱정이 되니 원컨대 다른 나라를 찾아 몸을 의탁하기 바라오.」

경보가 주저하며 거나라를 떠나지 않자 거자가 영을 내려 경보를 강제로 쫓아내게 했다. 궁지에 몰린 경보는 옛날 제나라에 가 있을 때 수초에게 뇌물을 바쳐 서로 친하게 지내던 일을 생각하고 주나라를 경유하여 제나라로 들어가 몸을 의탁하려고 했다. 경보가 노나라에서 저지른 죄를 알고 있었던 제나라의 국경을 지키는 관리는 감히 자기 마음대로 나라 안으로 들여보내지 못하고 사람을 시켜 경보가 왔음을 제후에게 알렸다. 그러고는 경보를 문수(汶水) 강변의 초막집에 머물게 하고 본국에서 별도의 명이 오기를 기다렸다. 그때 마침 제나라에서의 사절 임무를 마치고 노나라로 귀국하던 공자 해사가 문수 강변에 당도하여 경보와 상면하게 되었다. 공자 해사가 자기의 수레에 경보를 태워 노나라로 같이 들어가려고 했으나 경보가 거절하며 말했다.

「계우는 틀림없이 나를 용납하지 않을 것이다. 너는 귀국해서 내 말을 계우에게 전해라. 돌아가신 부군과 형제의 정을 생각하여 이 한 목숨을 살려 준다면 남은 평생 필부의 신분으로 죽을 때까지 살겠다는 나의 맹세를 전해 주기 바란다.」

해사가 노나라에 돌아와 조당에 나가 제나라에 가서 행한 일을 복명한 후에 귀국 도중에 문수 강변에 머물고 있던 경보를 만나서 나눈 이야기를 전했다. 희공이 경보를 받아들이려고 했으나 계우가 반대하면서 말했다.

「군주를 시해한 역신을 죽이지 않고 용서한다면 어떻게 후세를 가르칠 수 있겠습니까?」

희공의 면전에서 물러나온 계우는 해사에게 은밀히 말했다.

「경보가 만약 스스로 목숨을 끊는다면 그의 직위와 재산을 그의 후손들에게 그대로 물려주게 하고 그 집안의 제사가 끊어지지 않게 하겠다고 전하시오.」

다시 문수 강변으로 가서 경보에게 계우의 말을 전하려고 하였으나 차마 입을 열어 말할 수 없었던 해사는 경보가 묵고 있는 초막의 문밖에 엎드려 큰 소리로 통곡했다. 문밖에서 나는 우는 소리를 들은 경보는 그가 해사임을 알고 탄식해 마지않았다.

「자어가 집 안으로 들어오지 못하고 저리 애처롭게 우니 내가 목숨을 부지하기가 어렵게 되었구나!」

경보는 즉시 자기의 허리띠를 풀어 나무에다 걸고 스스로 목을 매어 죽었다. 해사가 안으로 들어와서 시체를 나무에서 끌어내린 후 관에 넣어 수레에 싣고 노나라로 데려와 경보가 죽은 일에 대한 전말을 고하자 희공은 탄식해 마지않았다. 그러던 중 갑자기 변경의 관리가 급보를 보내왔다.

「거자가 그의 동생 영나(嬴拿)에게 군사를 주어 우리 국경에 보냈습니다. 경보의 죽음을 이미 알고 옛날에 우리가 주기로 한 재물을 달라고 합니다.」

계우가 놀라 말했다.

「거나라가 언제 경보를 잡아 와서 우리에게 바친 적이 있다고 재물을 요구하고 있는가?」

계우가 말을 마치고 즉시 자청하여 군사를 이끌고 거나라 군사들과 싸우기 위하여 출전했다. 노희공이 출전하는 계우에게 허리에 찬 보검을 풀어 주며 말했다.

「이 칼은 이름은 '맹로(孟勞)'라고 하는데 길이는 비록 한 자도 안 되지만 예리하기는 세상에 둘도 없는 명검입니다. 숙부께서 거나라 군사들과 싸울 때 사용하십시오.」

계우가 감사의 말을 올린 후에 맹로를 받아 허리에 차고 군사를 이끌고 거나라 군사들을 막기 위해 출전했다. 계우의 군사들이 행군하여 역[酈: 미상] 땅에 당도하자 거나라 공자 영나가 군사들에게 대오를 갖추게 하고 기다리고 있었다. 계우가 군사들 앞에서 훈시했다.

「우리나라는 지금 임금이 새로 선 지 얼마 되지 않아 국내의 정세가 아직 안정되지 않고 있다. 만약 이번 싸움에서 이기지 못한다면 백성들은 동요하여 혼란에 빠져 나라가 망할지도 모른다. 거자가 욕심이 많아 그의 동생 영나를 시켜 무모하게 싸움을 걸어오니 내가 마땅히 계책을 세워 그를 사로잡으리라.」

계우는 즉시 노나라 진영 앞으로 나아가 거나라 진영에 사람을 보내 영나를 만나 대화를 하고 싶다고 전하게 했다. 영나가 앞으로 나오자 계우가 말했다.

「우리 두 사람이 서로 마음이 맞지 않는다고 해서 군사들이 무슨 죄가 있어 고생을 시키겠는가? 들으니 공자께서 힘이 절륜하여 적군과 싸울 때에 상대를 사로잡는 데 장기가 있다고 들었소. 내가 감히 청하여 우리 두 사람이 각기 자기가 갖고 있는 무기를 들고 싸워 자웅을 결하면 어떻겠소?」

영나가 기다렸다는 듯이 대답했다.

「그것은 바로 내가 바라던 바다.」

그 즉시 계우와 영나가 각기 자신들의 군사들을 뒤로 물러나도록 명하고 두 진영 사이에 싸울 곳을 만들게 했다. 격투장이 완성되자 두 사람이 나와 서로 간에 허점을 보이지 않게 대치하다가 이윽고 싸움이

그림 7 공자우양정노군(公子友兩定魯君)

시작되어 50여 합을 겨루었으나 승부는 좀처럼 나지 않았다. 그때 계우가 매우 사랑했던 여덟 살 먹은 손자 행보(行父)가 종군하여 군중에 있었다. 당시 계우의 큰아들은 젊은 나이에 죽고 없었다. 자기 할아버지가 싸우는 모습을 뒤에서 관전하고 있던 행보가 싸움이 계우에게 불리하게 전개되자 큰 소리로 외쳤다.

「맹로는 어디다 두셨습니까?」

행보의 외치는 소리를 들은 계우가 갑자기 깨닫고 고의로 허점을 보이기 위하여 대치하고 있던 자리에서 몸을 돌려 한 걸음 뒤로 물러서는 체했다. 영나가 한 걸음을 앞으로 다가오자 계우가 몸을 다시 돌려 허리에 차고 있던 맹로를 뽑아 영나를 향해 번개와 같은 동작으로 휘둘렀다. 가엾게도 영나의 두개골은 눈썹을 따라서 옆 방향으로 절반으로 쪼개져 버렸다. 그러나 맹로의 칼날에는 핏자국이 한 방울도 묻지 않았다. 참으로 맹로는 보기 드문 천하의 보검이었다. 거나라 군사들은 자기들 주장의 머리가 계우의 한칼에 두 동강이 난 광경을 보고 싸울 마음이 없어져, 각자가 목숨을 구하여 달아났다. 계우는 거군과의 싸움에 이기고 개선했다. 노희공이 친히 계우를 영접하기 위하여 도성 밖까지 나와서 마중했다.

7. 노국삼환(魯國三桓)
― 삼환(三桓)을 세워 노나라에 재앙을 잉태시키다 ―

조정으로 돌아온 희공은 계우를 상경으로 삼고 비읍[費邑: 지금의 산동성 비현(費縣) 북]을 채읍으로 하사했다. 계우가 희공에게 아뢰었다.

「신과 경보 및 숙아는 모두 돌아가신 선공의 아들들입니다. 신이 사직을 위하여 숙아에게는 짐주를 먹이고 경보는 목을 매달게 하여 죽게 만들었습니다. 제가 사직을 위해 대의멸친(大義滅親)을 하지 않았다면 노나라를 보전할 수 없었다고 생각했기 때문입니다. 지금 두 사람은 모두 죽었지만 신만은 아직 살아서 영화를 누리고 있을 뿐만 아니라 큰 고을을 채읍으로 받았으니 제가 죽는다면 어떻게 지하에 계신 선친의 얼굴을 볼 수 있겠습니까?」

희공이 위로의 말을 했다.

「두 사람이 반역을 꾀했기 때문에 봉읍도 받지 못하고 죽었습니다. 그런데 어찌 숙부의 잘못이라고 하겠습니까?」

「두 사람이 반역할 뜻을 가지고 있기는 했지만 실제로는 행동으로 옮기기 전이었습니다. 또한 그들의 죽음은 정당한 형벌을 받아서가 아닙니다. 마땅히 두 사람의 아들들을 후사로 세우시어 친족 간의 정을 밝히십시오.」

노희공이 계우의 말을 따라 즉시 경보와 숙아의 장자 공손오(公孫敖)와 공손자(公孫玆)를 불러 대부로 삼아 후사를 잇게 했다. 공손오는 후에 맹손씨(孟孫氏)의 시조가 되고 공손자는 숙손씨의 시조가 되었다. 원래 경보는 환공의 서장자였으나 군주보다 높은 자를 사용할 수 없었기 때문에 중(仲)이라는 자를 사용하여 중손(仲孫)을 성씨로 삼았다. 후에 장자의 자를 찾아 맹손(孟孫)으로 씨를 바꾸어 사용했다. 희공은 공손오에게는 성읍[郕邑: 현 산동성 영양현(寧陽縣) 경내]을, 공손자에게는 후읍[郈邑: 현 산동성 동평현(東平縣) 동]을 식읍(食邑)으로 각각 주었다. 계우는 식읍인 비읍(費邑) 외에 문양(汶陽)의 땅을 더 받았는데 후에 계손씨(季孫氏)의 시조가 되었다. 이때부터 계손씨, 맹손씨, 숙손씨가 솥발같이 서서 노나라의 정권을 번갈아 장악하게 되어 노환공의 세 아들 후손이라는 뜻에서 삼환씨(三桓氏)라고 부르게 되었다.

그림 8 삼환씨 봉읍과 노나라 정세도

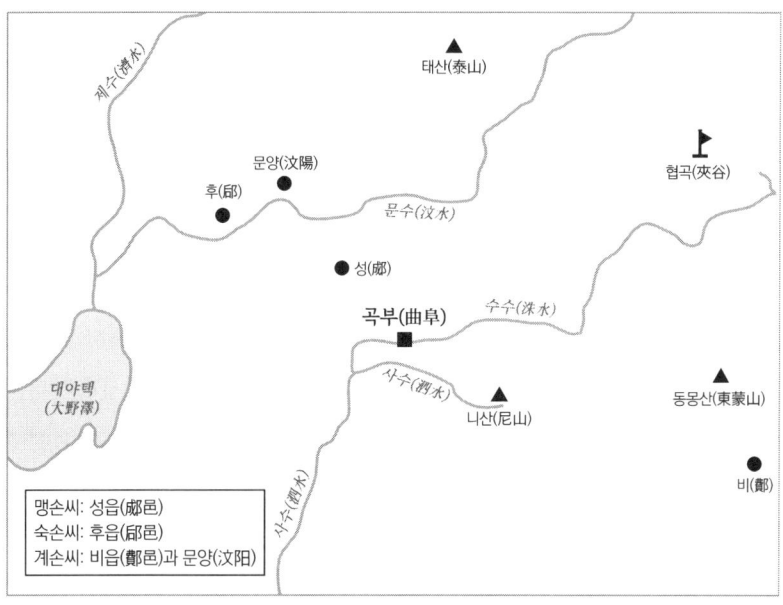

그러던 어느 날 노나라 도성의 남문이 아무런 이유도 없이 무너졌다. 노나라의 식자들은 존귀함을 의미하는 멀쩡한 문이 갑자기 무너졌으니 후에 반드시 화란이 일어날 징조라고 하면서 그 조짐이 이미 나타났다고 했다. 사관이 이 일에 대해 시를 지어 노래했다.

> 손금의 징조가 기이하더니 마침내 공을 세웠다.
> 맹손과 숙손을 어찌하여 같이 봉하게 했는가?
> 난세에 하늘이 역신의 자손들을 편들었으니
> 삼가의 종주는 바로 노환공(魯桓公)이었다.

手文征異已褒功(수문정이이포공)
孟叔如何亦幷封(맹숙여하역병봉)
亂世天心偏助逆(란세천심편조역)
三家宗裔是桓公(삼가종예시환공)

한편 애강이 주(邾)나라에 머물고 있다는 사실을 알게 된 제환공이 관중에게 말했다.

「노나라의 환공과 민공 두 군주와 공자반이 자기 명대로 살지 못하고 비명에 죽은 이유는 모두 우리나라의 두 강씨 때문이었습니다. 애강을 불러 죄를 묻지 않는다면 노나라 사람들은 우리를 원망하고 혼인으로 맺은 두 나라 사이의 좋은 관계가 끊어지게 될까 걱정됩니다.」

「여자가 시집을 가서 시댁에 죄를 얻는다 할지라도 그 친정집에서는 죄를 물을 수 없습니다. 주공께서 그녀를 불러 치죄하시려고 한다면 마땅히 아무도 몰래 은밀히 하셔야 합니다.」

「옳으신 말씀입니다.」

제환공은 즉시 수초를 주나라에 보내 애강을 제나라로 데려오도록 명했다. 애강이 수초를 따라 이[夷: 지금의 산동성 즉묵시(卽墨市) 남천진(南泉鎭)] 땅에 이르자 날이 저물어 관사에 묵게 되었다. 수초가 애강을 찾아가고했다.

「부인께서 공자반과 민공의 죽음과 관계가 있다는 사실은 노인이건 제인이건 모두가 알고 있습니다. 그런 부인께서 노나라에 돌아가신다면 무슨 면목으로 태묘에 절을 올릴 수 있겠습니까? 그러니 스스로 목숨을 끊어 부인의 잘못을 덮으십시오.」

수초가 하는 말을 들은 애강이 방으로 들어가 문을 닫아걸고 큰 소리로 목 놓아 울었다. 이윽고 밤이 깊어지자 우는 소리가 멈추며 조용해졌다. 수초가 사람을 시켜 잠긴 문을 열고 안을 들여다보니, 애강은 이미 목을 매달아 죽은 후였다. 이 땅의 관리에게 지시하여 애강의 시신을 수습한 수초가 노희공에게 사람을 보내 급보를 띄웠다. 노희공은 애강의 시신이 담긴 관을 맞이하여 부인의 예를 갖춰 장례를 치르게 하면서 말했다.

「모자의 정은 끊을 수 없다.」

이어 시호를 애(哀)라 하였기 때문에 후에 애강(哀姜)이라 부르게 되었다. 그러나 옛날에 하던 절차에 따라 애강을 노나라의 태묘에 모셨는데 이것은 예를 벗어난 처사였다.

8. 택귀위사(澤鬼委蛇)
― 늪지의 귀신 위사(委蛇)의 모습을 고한 제나라의 농부 황자(皇子) ―

한편 연나라를 산융의 침입으로부터 구해 내고 내란이 일어난 노나라를 평정한 제환공의 위엄은 더욱 중원에 떨치게 되었다. 천하의 제후들은 즐거운 마음으로 제환공에게 복종했다. 관중을 더욱 신임하여 모든 제나라의 정사를 일임한 제환공은 자기는 연회와 사냥을 즐기는 일에 전념했다. 하루는 수초에게 수레를 몰게 하여 큰 소택지의 언덕으로 사냥을 나갔다. 수레와 말을 탄 사수들이 달아나는 짐승들을 향하여 활을 날리는 광경을 보고 환공은 매우 즐거워했다. 그러던 와중에 환공이 갑자기 눈길을 멈추고 얼마 동안 말도 하지 못했는데, 그 모습이 마치 무엇인가를 크게 두려워하는 모습이었다. 수초가 보고 물었다.

「주공께서 무엇을 보고 그렇게 두려워하십니까?」

「과인이 금방 하나의 귀신을 보았다. 귀신의 모습이 심히 기괴하여 두려운 생각이 들었다. 그러다가 잠시 후에 모습이 사라졌다. 아마도 상서롭지 못한 징조가 아닌가 해서다.」

「귀신은 어두운 곳이거나 밤에 나타나는데 어찌 백주 대낮에 나타날 수 있겠습니까?」

「돌아가신 선군께서 고분(姑棼)의 들에 나가서 사냥을 하시던 중에 만난 큰 멧돼지 귀신도 밤이 아니라 백주 대낮에 나타났었다. 너는 빨리 가서 중보를 모시고 오너라.」

「중보는 성인이 아닌데 어찌 귀신의 일을 모두 알 수 있겠습니까?」

「중보는 능히 '유아(兪兒)'도 알 수 있었는데 어찌하여 성인이 아니라고 하느냐?」

「연나라 원정길에서는 주공께서 유아의 모습을 중보에게 먼저 설명했기 때문에 중보가 주공의 뜻을 짐작하여 아름다운 말로 장식하여 주공으로 하여금 행군을 계속하도록 했습니다. 이번에는 주공께서 단지 귀신을 보았다는 말 외는 다른 말을 일체 하지 말아 보십시오. 그럼에도 불구하고 그 귀신에 대해 맞춘다면 중보야말로 진정한 성인이라고 말할 수 있겠습니다.」

환공이 허락하고 즉시 어가를 몰아 궁궐로 돌아왔으나 환공은 그 귀신의 모습이 자꾸 머릿속에 떠올라 마음속에 두려운 생각을 품게 되었다. 그날 밤 환공은 학질과 비슷한 증상의 큰 병을 앓았다. 다음 날 관중과 여러 대부들이 문병을 왔다. 환공이 관중을 불러 그 전날 사냥터에서 귀신을 보고 나서 병이 들었다고 말했다.

「그 귀신의 모습이 너무 끔찍하여 말로써 도저히 설명할 수 없습니다. 중보께서 그 귀신의 모습을 대신 이야기해 줄 수 없겠습니까?」
 관중이 대답을 하지 못하고 말했다.
「신이 알아보도록 하겠습니다.」
 수초가 환공의 곁에 서 있다가 관중이 물러가자 웃으면서 말했다.
「중보가 대답하지 못할 줄 신은 이미 알고 있었습니다.」
 환공의 병세는 더욱 악화되었다. 관중이 심히 걱정하여 성문 위에다 방을 써 붙이게 하였다.
「만약에 우리 주공께서 사냥터에서 보신 귀신을 알아맞히는 사람이 있다면 내가 받은 봉읍의 삼분지 일을 나누어 주도록 하겠다.」
 관중이 방을 붙인 지 며칠이 지나자 머리에는 삿갓을 쓰고 몸에는 더덕더덕 기운 누더기를 걸친 걸인 모습의 사람이 한 명 찾아와 관중에게 접견을 청했다. 관중이 직접 나가 두 손을 높이 올려 읍을 하고 안으로 안내했다. 그 걸인 차림의 사람이 말했다.
「주군께서 병이 드셨습니까?」
「그렇습니다.」
 걸인 차림의 사람이 다시 물었다.
「주군께서는 그 병을 큰 소택지 가운데서 얻으시지 않으셨습니까?」
「맞습니다. 그대는 주군께서 보신 귀신의 모습을 상세히 이야기할 수 있겠습니까? 내 마땅히 그대와 부귀를 함께하리라!」
「청컨대 주군을 배알하게 해 주시면 말씀드리겠습니다.」
 관중이 환공의 침실로 찾아가자, 방석을 여러 장 겹쳐 깔고 앉아서 궁녀들에게 등과 발바닥을 주무르게 하고 있던 환공은 수초가 바친 탕약을 받아서 마시고 있었다. 관중을 본 환공에게 말했다.
「주공의 병에 대해 알 수 있는 사람이 있어 신이 데리고 왔습니다.」

군께서 부르시어 물어보시기 바랍니다.」

제환공이 그 걸인 차림의 사람을 불러서 침실로 들어오게 했다. 머리에는 삿갓을 쓰고 몸에는 누더기를 걸쳐 입고서 침실 안으로 들어오는 초라한 사람의 몰골에 환공은 마음이 매우 불쾌했다. 제환공이 다짜고짜 그 사람을 향하여 물었다.

「중보가 귀신의 일을 알아맞힐 사람을 데리고 왔다던데 그 사람이 바로 그대인가? 한번 그 귀신에 대해 말해 보라!」

그 걸인 차림의 사람이 대답했다.

「군주께서 스스로 몸을 상하게 했지 귀신이 어떻게 감히 주군의 몸을 상하게 할 수 있겠습니까?」

「그렇다면 귀신이 없다는 말인가?」

「왜 없겠습니까? 물에는 망상(罔象)[7]이 있고, 언덕에는 도깨비 귀신 '신(莘)'이 있습니다. 깊은 산중에는 기(夔)[8]가, 넓은 들에는 방황(彷徨), 큰 늪에는 위사(委蛇)라는 귀신들이 있습니다. 주군께서 보신 귀신은 위사입니다.」

「그대는 위사의 모습을 말할 수 있는가?」

「무릇 위사라는 귀신은 몸통은 커다란 수레바퀴처럼 거대하고 신장은 수레의 끌채와 같이 깁니다. 몸에는 자색 옷을 입고 머리에는 붉은색의 관을 쓰고 있습니다. 위사는 수레가 달릴 때 나는 소리를 제일 싫

---

7 망상(罔象): 용의 모습을 하고 물속에 살면서 사람을 잡아먹는다는 귀신으로 용망상(龍罔象)이라고도 한다.

8 기(夔): 고대 전설에 나오는 다리가 하나이고 뿔이 달리지 않은 소의 형상을 한 동물이다. 황제(黃帝)가 판천(阪泉)의 뜰에서 군신(軍神) 치우(蚩尤)와 싸울 때 군사들의 사기를 높이기 위해 기(夔)의 가죽으로 북을 만들고 뇌수(雷獸)의 뼈로 북채를 만들었다. 우렁찬 북소리에 힘을 얻은 황제가 거느린 군사들이 용기백배하여 치우를 물리칠 수 있었다.

어합니다. 수레가 달리는 소리가 나면 머리를 들어 몸을 일으켜 세웁니다. 보통 사람들은 그 모습이 너무도 무서워 감히 자세하게 쳐다보지 못합니다. 그런 위사를 두려워하지 않고 정시하여 자세히 쳐다본 사람은 반드시 천하를 제패한다고 했습니다.」

제환공이 껄껄 웃더니 자기도 모르게 자리에서 일어나 말했다.

「그대가 말한 내용은 과연 내가 본 귀신의 모습과 같다!」

어느 사이에 환공의 정신이 맑아지더니 이윽고 언제 아팠냐는 듯이 병은 말끔히 나아 버렸다. 제환공이 그 걸인 차림의 사람에게 말했다.

「그대의 이름은 무엇이라 하는가?」

「신의 이름은 황자(皇子)라고 합니다. 제나라 서쪽 변경에서 땅을 갈아 먹고사는 농부입니다.」

「그대는 내 곁에 머물며 벼슬을 살면 어떻겠는가?」

제환공이 즉시 대부의 작위를 황자에게 내리려고 하였으나 황자가 사양하며 말했다.

「주공께서 왕실을 떠받들고 사방의 오랑캐를 억누르며 천하를 안정시켰기 때문에 백성들도 편안한 생활을 하게 되었습니다. 신은 단지 주공께서 이룩한 태평성대를 맞이하여 한 사람의 백성으로서 살고 싶습니다. 그래서 농사짓고 살아가는 데 방해나 받지 않는다면 만족할 뿐입니다. 소인은 농사짓는 일개 무지렁이라서 벼슬을 감당할 만한 재주가 없습니다.」

「과연 그대는 고고한 선비로다!」

제환공은 즉시 황자에게 곡식과 비단을 하사하고 관리에게 명하여 그가 사는 시골집을 수리해 주도록 명했다. 또한 관중에게도 많은 상을 내렸다. 수초가 보고 말했다.

그림 9 제황자독대위사(齊皇子獨對委蛇)

「이 일은 중보가 아니라 황자가 한 일입니다. 어찌하여 중보에게 중상을 내리십니까?」

「과인이 알기에 "일을 혼자만 하려는 자는 어리석고, 여러 사람들과 같이하려는 자는 지혜롭다"고 했다. 중보가 아니었다면 과인이 어찌 황자의 말을 들을 수 있었겠느냐?」

수초가 환공의 말에 승복했다.

9. 초왕도패(楚王圖覇)
- 패권의 야욕을 드러내 중원을 넘보는 초나라 -

제환공 27년은 초성왕 13년에 기원전 659년이다. 이때 남방의 초나라는 초성왕 웅운(熊惲)이 자문(子文)을 영윤으로 기용하여 내치를 크게 이루었다. 그 결과 국정이 밝아져 나라의 재정이 충실하게 되자 그 힘으로 중원을 제패하려는 뜻을 키우고 있었다. 형국(邢國)을 구하고 위나라를 도와 사직을 보존했을 뿐만 아니라 산융의 이족까지 평정하여 북방을 안정시킨 제환공을 칭송하는 소리가 형양(荊襄)[9] 땅에까지 울려 퍼지자, 이를 불쾌하게 생각한 초성왕이 자문에게 말했다.

「제후가 덕치를 행해 이름을 천하에 드러내 백성들의 마음이 모두 그에게 돌아서고 있습니다. 과인은 우리 초나라가 강한[江漢: 강수와 한수] 사이의 땅에 자리 잡은 이래로 덕을 크게 펼치지 못해 백성들을 마음 속으로 복종시키지도, 위엄을 떨치지도 못하여 주위의 여러 제후국들

---

9 형양(荊襄): 형은 초나라의 도성이 소재하는 호북성 형주(荊州)를 말하고 양은 양번시(襄樊市)를 말한다. 형주와 양번은 초나라의 정치 중심이었다. 초나라를 지칭하는 말이다.

을 제압하지 못하고 있습니다. 현재 천하의 인심은 모두 제나라에로만 향하고 있고, 초나라의 존재는 간 데가 없으니, 과인은 이것을 심히 부끄러워할 따름입니다.」

「제후(齊侯)가 백업(伯業)을 경영한 이래 현재 30년이 경과했습니다. 제후는 주왕실을 받드는 일을 명분으로 삼아 주위의 제후들을 거느리고 있기 때문에 제후들도 또한 즐거운 마음으로 따르고 있습니다. 결코 가볍게 대적할 수 없습니다. 그리고 정나라는 우리의 북쪽에 위치하고 있어 중원의 남쪽을 병풍처럼 둘러서 우리가 중원으로 진출하는 길을 막고 있습니다. 대왕께서 만약 중원의 패권을 도모하실 생각을 갖고 계시다면 정나라를 먼저 얻어야만 합니다.」

성왕이 즉시 군신들을 향해 말했다.

「누가 과인을 위하여 정나라를 정벌할 임무를 맡아 주겠는가?」

대부 투장(鬪章)이 출전을 자원하자 초성왕이 전차 200승을 주어 정나라를 정벌하라고 명했다. 그때 정나라는 외성(外城)으로 통하는 순문(純門)에서의 싸움[10] 이후로 밤낮으로 성곽을 높게 쌓아 초나라의 침략에 대비하고 있었다. 다시 초나라의 대군이 쳐들어오고 있다는 소식을 접한 정문공이 크게 놀라 즉시 대부 담백(聃伯)에게 명하여 군사를 이끌고 나가 순문을 지키게 하고, 다른 한편으로는 급히 사자를 제나라로 보내 사태의 급함을 고하게 했다. 제환공이 격문을 여러 제후들에게 띄워 경[莖: 지금의 하남성 회양시(淮陽市) 서] 땅에 군사들을 모아 정나라 구원군을 일으키려고 했다. 정나라가 사전에 철저하게 초나라의 침략에 대비

---

10   순문(純門)의 싸움: 1-3-11 〈현문불발 공성설의〉 편에 나오는 싸움으로 초문왕의 동생 자원(子元)이 정나라를 정벌하러 갔다가 정성(鄭城)의 외성에 설치된 순문에서 정나라의 상경(上卿) 숙첨(叔詹)의 공성계에 속아 별다른 전과도 얻지 못하고 철수한 싸움이다.

하고 있었을 뿐만 아니라 제나라의 구원병도 머지않아 당도하게 되면 싸움에서 이길 수 없다고 생각한 투장은 휘하의 군사를 이끌고 정나라 경계 밖으로 철수하고 말았다. 초성왕이 크게 노하여 허리에 찬 칼을 풀어 투렴(鬪廉)에게 주면서 투장의 목을 베어 가져오라고 명했다. 투렴은 곧 투장의 형이다. 투장의 군중에 당도한 투렴은 동생에게 초왕이 내린 명령을 전하고 은밀히 대책을 상의했다.

「죽음을 면하기 위해서는 반드시 공을 세워 속죄하는 방법뿐이다.」

무릎을 꿇고 방법을 알려 달라고 간청하는 투장에게 투렴이 말했다.

「정나라는 네가 이미 철군했으므로 안심하고 있음이 틀림없다. 이때 질풍같이 진격하여 급습하면 전공을 세울 수 있지 않겠느냐?」

투장이 군대를 두 대로 나누어 전대는 자기가 이끌고 앞서 행군하고 후대는 투렴이 맡아 뒤에서 호응하도록 했다. 투장은 군사들이 행군 중에 말을 하지 못하도록 입에 함매(銜枚)를 물리고 북은 눕혀 아무도 몰래 정나라 경계로 다시 쳐들어갔다. 그때 마침 담백은 순문 안에서 전차와 말을 점고하고 있었다. 갑자기 외국의 군사들이 쳐들어오고 있다는 보고를 받은 담백은 그것이 어느 나라 군사인 줄 미처 알지 못했다. 당황한 담백이 황급히 전차와 말의 점고를 서둘러 끝내고 군사를 이끌고 적군을 맞이하기 위하여 성문 밖으로 출동했다. 그러나 그때는 이미 투렴이 이끄는 초나라의 후대가 정나라 진영의 뒤를 돌아 후위를 공격하기 시작한 후였다. 졸지에 앞뒤에서 적의 공격을 받게 된 정군은 당황하여 혼란에 빠졌다. 전후 양쪽에서 초군의 협공을 받아 전전긍긍하고 있던 담백이 투장이 던진 철간에 맞고 전차 밑으로 굴러 떨어졌다. 투장이 보고 달려가 담백을 포박하여 사로잡았다. 투렴이 승세를 타고 맹공을 퍼붓자 대장을 잃은 정나라 군사들은 당해 내지 못하고 싸움

중에 절반 이상이 죽었다. 투장이 사로잡은 담백을 함거에 가두고, 한편으로는 정나라 도성을 향하여 계속 진격하려고 하자 투렴이 막으면서 말했다.

그림 10 신정성도(新鄭城圖)

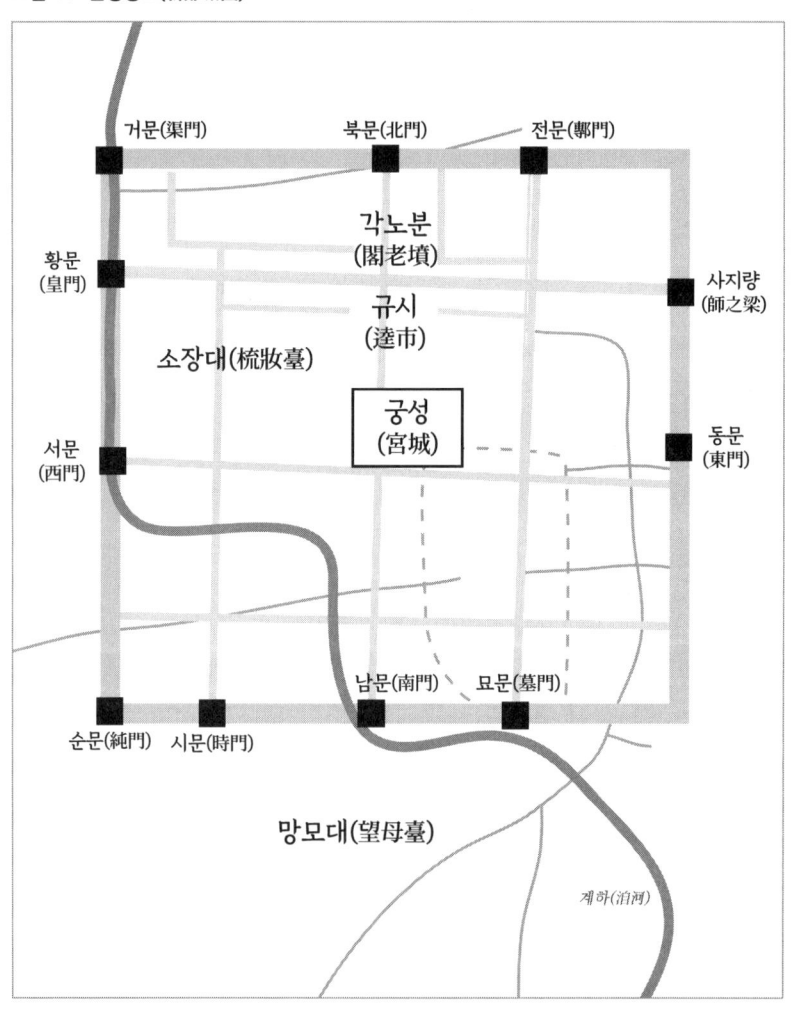

「이번 싸움에서 우리가 승리를 취한 이유는 불의에 정나라를 습격했기 때문이다. 그러나 지금은 정나라가 이미 방비를 굳게 하고 있어 계속해서 공격한다 해도 싸움에서 이기기 어려울 것이다. 이번 싸움으로 다행히 죽음은 면하게 되었으니 군사를 물리쳐 회군해야지 어찌 또다시 요행을 바랄 수 있겠느냐?」

투장은 투렴의 말을 좇아 즉시 군사를 이끌고 초나라로 물러갔다. 투장이 돌아와 성왕을 배알하고 머리를 조아리며 죄를 청했다.

「신이 처음에 후퇴한 이유는 적군을 유인하려는 작전 때문이었지 싸움이 무서워서가 아니었습니다.」

「장군이 이미 적장을 사로잡아온 공을 세웠으니 죄를 면하게 하겠지만 단지 정나라가 아직 항복을 하지 않았는데 어찌하여 회군했소?」

「이끌고 있던 병사의 수가 적어 정나라와의 싸움에서 만일 패하기라도 한다면 초나라의 국위가 손상되지나 않을까 걱정해서입니다.」

성왕이 듣고 노하여 말했다.

「그대는 군사의 수가 적다고 핑계 대고 있지만 내가 보기에는 적이 두려워서 철수하지 않았는가? 다시 200승의 군사를 더하여 주겠으니 재출병하여 정나라의 항복을 받아 오시오. 만약 공을 이루지 못한다면 과인의 얼굴을 다시는 볼 생각 마시오!」

투렴이 곁에 있다가 앞으로 나와서 말했다.

「형제가 같이 출전하고 싶사오니 신도 보내 주시기 바랍니다. 정나라의 항복을 받아 오든가 아니면 정백을 포박하여 대왕 앞으로 데려다 놓겠습니다.」

초성왕이 투렴의 말을 장하게 여겨 출전을 허락하고 투렴을 대장으로 투장을 부장을 삼아 군사 400승을 주어 또다시 정나라를 정벌하도록 명했다. 이 일을 두고 사관이 시를 지어 노래했다.

**형양의 제왕이라고 자칭한 초나라가 불처럼 일어나더니
주변의 많은 나라를 삼키는 일만으로는 만족하지 않고
무고한 진유(溱洧)[11]의 정나라를 세 번씩이나 공격하여
정나라로 하여금 패주만 쳐다보게 만들었는가?**

荊襄自帝勢炎炎(형양자제세염염)
蛋食多邦志未厭(담식다방지미염)
溱洧何辜三受伐(진유하고삼수벌)
解懸只把覇君瞻(해현지파패군첨)

한편 정문공은 순문을 지키는 담백이 초군의 포로가 되어 사로잡혀 갔다는 보고를 받고 재차 사자를 제나라에 급파하여 구원군을 재촉했다. 정나라의 사자가 구원병을 청하는 정백의 국서를 전하자 관중이 앞으로 나와 제환공에게 말했다.

「주군께서 여러 해 동안에 걸쳐, 오랑캐의 침략으로부터 연나라를 구하셨으며, 노나라는 군주를 세워 주어 안정시켰습니다. 또한 형국(邢國)에는 성을 지어 주셨으며 위나라는 새로운 땅에 봉하셨습니다. 천하의 백성들에게는 은혜와 덕을 더욱 크게 베풀고, 제후들에게는 대의를 펼쳐 왔습니다. 그래서 만약 주군께서 제후들의 병사들을 동원하여

---

11 진유(溱洧): 진수(溱水)와 유수(洧水)를 말한다. 진수는 지금의 하남성 신밀시(新密市) 백채진(白寨鎭)에서 발원하여 남쪽으로 흐르다 밀(密)에서 합류하는 유수의 지류다. 유수는 숭산(嵩山)에서 발원하여 동남쪽으로 흐르다 정나라의 도성 신정성 남쪽을 통과하여 하남성 주구시(周口市) 북에서 영수(潁水)와 다시 합류했다. 유수와 합류한 영수는 동남쪽으로 흘러 지금의 안휘성 영상(潁上)에서 회수(淮水)와 합쳐졌다. 《시경(詩經)·정풍(鄭風)》의 편명으로 정나라 풍속에 3월 삼짇날 봄에 얼음이 녹아 물이 불어난 진수(溱水)나 유수(洧水)의 강가에 선남선녀들이 모여들어 간(蕑)이라는 향초를 꺾으며 구애했다.

초나라를 정벌하실 뜻을 갖고 계시다면 지금보다 더 좋은 때가 없다고 생각합니다. 정나라를 구하려고 한다면 반드시 제후들을 크게 규합하여 초나라 본국을 토벌하셔야 합니다.」

「제후들을 크게 규합한다면 초나라가 알고 반드시 대비하고 있을 터인데 우리가 그들과 싸워서 이길 승산이 있겠습니까?」

「옛날 채부인(蔡夫人)이 주공에게 죄를 지어 친정인 채나라에 돌려보냈으나 채후가 용서를 구하지 않고 오히려 주공을 원망하며 채부인을 초나라 왕에게 재가시켰습니다. 그래서 주공께서는 그때부터 채후의 죄를 물으시려는 생각을 갖고 계셨습니다. 초와 채 두 나라는 영토가 서로 접하고 있습니다. 주공께서는 채나라를 토벌한다고 하시면서 초나라를 향해 군사를 움직이신다면 병법에서 말하는 소위 출기불의(出其不意)[12] 전략에 해당합니다.」

ㅡ 채부인이 환공에게 죄를 지은 사연은 이렇다.

옛날 채목후(蔡穆侯)[13]가 절색으로 이름난 누이동생을 환공에 출가시켰다. 채녀는 환공의 세 번째 부인이 되었다. 하루는 환공과 채희가 작은 배를 같이 타고 연못에서 연꽃을 감상하며 물놀이를 즐겼다. 와중에 채희가 물을 손바닥으로 쳐서 환공의 옷을 적시게 했다. 원래 물을 싫어한 환공이 그만두라고 채희를 말렸다. 환공이 물을 무서워한다는 사실을 알게 된 채희는 일부러 배를 흔들며 물을 뿌려 환공의 옷을 흠뻑 적시게 만들었다. 환공이 크게 노하여 "천한 계집이 어찌 임금 모시기

---

12 출기불의(出其不意): 적군을 공격할 때는 상대방이 예상치 못한 방법으로 해야 한다는 뜻임.

13 채목후(蔡穆侯): 태어난 해는 알 수 없고 기원전 674년에 채애후(蔡哀侯) 헌무(獻舞)의 뒤를 이어 즉위하여 646년에 죽은 채나라의 군주다. 이름은 힐(肸)이다.

를 이렇듯 무지하게 하느냐?"고 채부인을 책했다. 환공은 즉시 수초를 시켜 채부인을 채나라로 돌려보냈다. 채목후는 채희를 쫓아낸 제환공에 대해 화를 내며 말했다.

「이미 출가한 여인을 친정으로 돌려보내는 처사는 우리와 인연을 끊겠다는 뜻이다.」

채목후는 그 즉시 채부인을 초성왕의 부인으로 재혼시켰다. 이 일로 해서 환공이 채목후를 괘씸하게 생각하게 되었고 관중은 그때의 일을 상기시킨 것이다. ㅡ

그리고 며칠 후 환공이 관중을 불러 의견을 물었다.

「초나라의 포학함을 견디지 못한 강(江)[14]과 황(黃) 두 나라의 군주가 제나라와 들어와 통호를 청하고 있습니다. 나는 그들과 회맹을 맺고 초나라를 정벌할 날짜를 정하여 내응하도록 약속하면 어떻겠습니까?」

「강과 황 두 나라는 우리나라와는 멀리 떨어져 있고 초나라와는 가까이 있는 나라입니다. 또한 초나라에 오래전에 복종해서 근근이 나라의 명맥을 유지하고 있습니다. 그런데 두 나라가 지금에 이르러 제나라를 따르려고 한다는 사실을 초나라가 알게 되면, 초나라는 틀림없이 노하여 두 나라를 토벌할 겁니다. 그렇게 되면 우리는 군사를 보내 두 나라를 지켜 주어야 합니다. 그러나 우리가 비록 두 나라를 구원하고 싶어도 너무 멀리 떨어져 있어 군사를 출동시키기가 어렵습니다. 그런데 우리가 구원하지 않으면 두 나라와 맺을 회맹이 손상을 입게 됩니다. 또한 초나라의 정벌은 중원의 여러 나라가 모여 구성한 군사들만으로도

---

14 강(江): 영(嬴)씨 성의 제후국으로 지금의 하남성 식현(息縣) 서의 회수(淮水) 강안에 위치했던 소제후국.

일을 성사시킬 수 있습니다. 구태여 멀리 떨어진 조그만 나라의 도움을 구하실 필요는 없습니다. 좋은 말로 달래어 보내는 편이 좋겠습니다.」

「멀리서 대의를 구하여 찾아온 나라의 청을 물리친다면 세상 사람들의 마음을 잃지 않을까 걱정되오.」

「주군께서는 단지 제가 올린 말씀이 주군의 뜻과 맞지 않는다고 생각하시겠지만 후일에 강과 황이 위급함을 고할 때 외면하지는 마십시오.」

환공이 관중의 반대를 무릅쓰고 강과 황 두 나라의 군주들과 회맹을 맺었다. 환공은 서로 힘을 합하여 돌아오는 이듬해 봄철, 정월에 초나라를 정벌하기로 약속했다. 강과 황 두 나라 군주가 환공에게 말했다.

「서(舒)[15]나라가 초나라를 도와 흉악한 짓을 자행하여 사람들은 두 나라를 형서(荊舒)라고 일컫고 있습니다. 초나라를 정벌하기 위해서는 서(舒)나라부터 토벌하셔야 합니다.」

「과인이 먼저 서나라를 취하여 초나라의 날개를 잘라 내리라!」

환공은 그 즉시 밀서 한 통을 써서 서(徐)나라 군주에게 보냈다. 제나라 도성 임치에서 서(徐)나라와는 천리, 다시 서(徐)나라에서 서(舒)나라까지는 700여 리다. 옛날 서(徐)나라 군주가 그의 딸 서영(徐嬴)을 환공에게 시집보냈다. 서영은 제환공의 두 번째 부인이 되었다. 제(齊)와 서(徐) 두 나라는 서로 혼인을 맺어 우호관계를 굳게 하고 있었기 때문에 제환공은 서(舒)나라의 일을 서(徐)나라 군주에게 부탁했다. 서(徐)나라가 과연 군사를 끌고 서(舒)나라를 기습하여 점령하고 제환공에게 첩보를 띄웠다. 환공이 즉시 서(徐)나라 군주에게 명하여 서(舒)나라에 주둔하도록 하고 앞으로 일어날지 모르는 초나라의 반격에 대비하게 했다. 상

15 　서(舒): 지금의 안휘성 여강시(廬江市) 남쪽의 소제후국으로 여러 부족으로 나뉘어 난립하고 있었기 때문에 군서(群舒)라고 했다.

과 황 두 나라 군주는 각기 자기 나라로 돌아가 본국을 지키면서 제환공이 초나라 정벌군을 일으켰다는 소식을 전하는 사자가 오기를 기다렸다.

10. 벌초구정(伐楚救鄭)
- 초나라를 정벌하여 정나라를 구원하다 -

한편 노희공은 계우를 사자로 보내 그동안 제나라의 일에 협조하지 않았던 죄를 사죄하며 말했다.

「틈이 벌어진 주(邾)와 거(莒) 두 나라 사이를 조정하느라 형(邢)과 위 나라를 돕는 일에 일조를 하지 못했습니다. 오늘 제가 듣기에 강·황(江黃) 두 나라 군주가 스스로 찾아와 회맹을 맺어 그들과 함께 힘을 합쳐 초나라를 정벌한다는 소식을 들었습니다. 원컨대 우리 노나라로 하여금 군후께서 타고 가시는 말의 고삐나마 잡게 하여 종군할 수 있도록 해 주십시오.」

제환공이 크게 기뻐하며 초나라를 같이 정벌하자고 약정하는 편지를 써서 노희공에게 보냈다.

한편 초나라의 대군을 이끈 투렴과 투장 형제가 정나라 경계에 들어서자, 정문공은 전쟁을 피해 초군과 강화를 맺으려고 했다. 대부 공숙(孔叔)이 정문공에게 간했다.

「초나라에게 항복하면 안 됩니다. 우리 정나라를 구하기 위해 제나라가 바야흐로 제후들의 군사를 규합하여 조만간에 당도할 예정입니다. 우리는 마땅히 보루를 높여 굳게 지켜 제나라의 원군이 당도할 때를 기다려야만 합니다. 제후가 우리를 구원하기 위해 수고를 아끼지 않는데 우리가 그것을 저버린다면 도리가 아닙니다.」

공숙의 말을 좇아 정문공은 다시 사자를 보내 사태의 급함을 고하고 구원군을 재촉했다. 제환공은 정나라 사자에게 제나라의 계획을 일러주고 일단 돌아가서 제나라의 구원군이 곧바로 당도할 예정이라는 소문을 퍼뜨려 초나라의 공세를 늦추라고 했다. 그사이에 약속한 기일이 되면 제나라의 군주가 되었건 신하가 되었건 일군을 이끌고 출동하여 호뢰관(虎牢關)[16]으로 나아가 정나라를 구한 후에 계속 남진하여 채나라 경계에서 제후들과 연합군을 결성하여 채나라를 토벌하겠다고 했다. 제나라 사자를 돌려보낸 제환공은 송(宋), 노(魯), 진(陳), 위(衛), 조(曹), 허(許) 등의 군주들에게 각기 사자를 보내 격문을 돌려 약속한 기일에 군사를 일으켜 정나라를 구하고 채나라를 토벌하겠다고 고했다. 겉으로는 채나라를 토벌하겠다고 했지만 사실은 초나라를 정벌하려는 제환공의 속셈이었다.

11. 남정형만(南征荊蠻)
- 제후군을 규합하여 초나라 정벌군을 일으키는 제환공 -

다음 해인 제환공 30년 기원전 656년 새해 원단 아침, 제나라의 모든 관리들로부터 신년하례를 받은 자리에서 채나라 정벌을 결정한 제환공은 관중을 대장으로 삼고, 습붕, 빈수무, 포숙아, 개방, 수초 등을

---

16 호뢰관(虎牢關): 현 하남성 공의시(鞏義市)와 형양시(滎陽市) 사이에 있는 사어구(沙魚溝)라는 황하 남안(南岸)에 있던 성읍으로 춘추시대 때 초나라가 중원으로 진출하는 데 반드시 지나가야 하는 관문(關門)이다. 향후 초나라와 북방의 신흥국인 당진(唐晉) 사이에 벌어진 중원 쟁탈전에서 전략상 요충지가 되었다. 춘추 초기 때는 제읍(制邑), 삼국시대에는 사수관(汜水關)이라고 불렸다.

장군으로 삼아, 병거 300승, 무장한 보졸 만 명으로 초나라 정벌군을 일으키기로 결정했다. 출병하는 데 길일을 택하기 위해 점을 친 태사가 환공에게 아뢰었다.

「정월 초이레 날이 출병하는 데 가장 길합니다.」

이윽고 기일이 되자 각기 부대를 나누어 대오를 정하여 정나라의 호뢰관을 향해 진군하라는 명이 떨어지자 수초가 선봉을 자청하고 나섰다. 그는 일군을 거느리고 비밀리에 행군을 행하여 채나라를 기습, 점령하여 각국의 병마가 안전하게 모일 수 있도록 만전을 기하겠다고 말했다. 제환공의 허락을 받은 수초가 선봉대를 이끌고 앞서서 진군했다. 그때 초나라를 믿고 제후국들의 침공에 전혀 대비를 하지 않고 있었던 채나라는 마침내 제환공이 대군을 이끌고 쳐들어온다는 소식을 접하고 황급히 나라 안의 군사들을 끌어 모아 수비에 임하게 했다. 그리고 얼마 후에 채나라 도성 밑에 당도한 수초는 제나라 군사들의 무력을 시위하여 위협을 가한 후에 성을 향해 돌격하라는 명령을 내렸다. 수초가 이끄는 제군이 채성을 공격하기 시작했다. 이윽고 날이 저물어 어둑해지자 제군은 공격을 멈추고 다음 날을 기약하며 물러갔다. 주간의 싸움에서 제나라 군사를 이끌고 있는 장수가 수초라는 사실을 알게 된 채목후는 옛날 채희가 제환공의 부인으로서 제나라 궁실에 있을 때 수초에게 은혜를 입힌 적이 있었다는 사실을 기억해 냈다. 후에 수초가 다시 채부인이 채나라로 쫓겨날 때 수행했었던 이유도 그때 입은 은혜 때문이기도 했다. 또한 수초는 원래 마음이 올바른 사람이 아니라는 사실을 채후는 알고 있었다. 그래서 깊은 밤이 되자 채목후는 사람을 시켜 황금과 비단을 수레에 가득 실어 수초에게 보내고 채나라에 대한 공격의 도를 조금 늦추어 달라고 부탁했다. 뇌물을 받은 수초는 제후

그림 11 제초(齊楚)의 소릉화의(召陵和議)

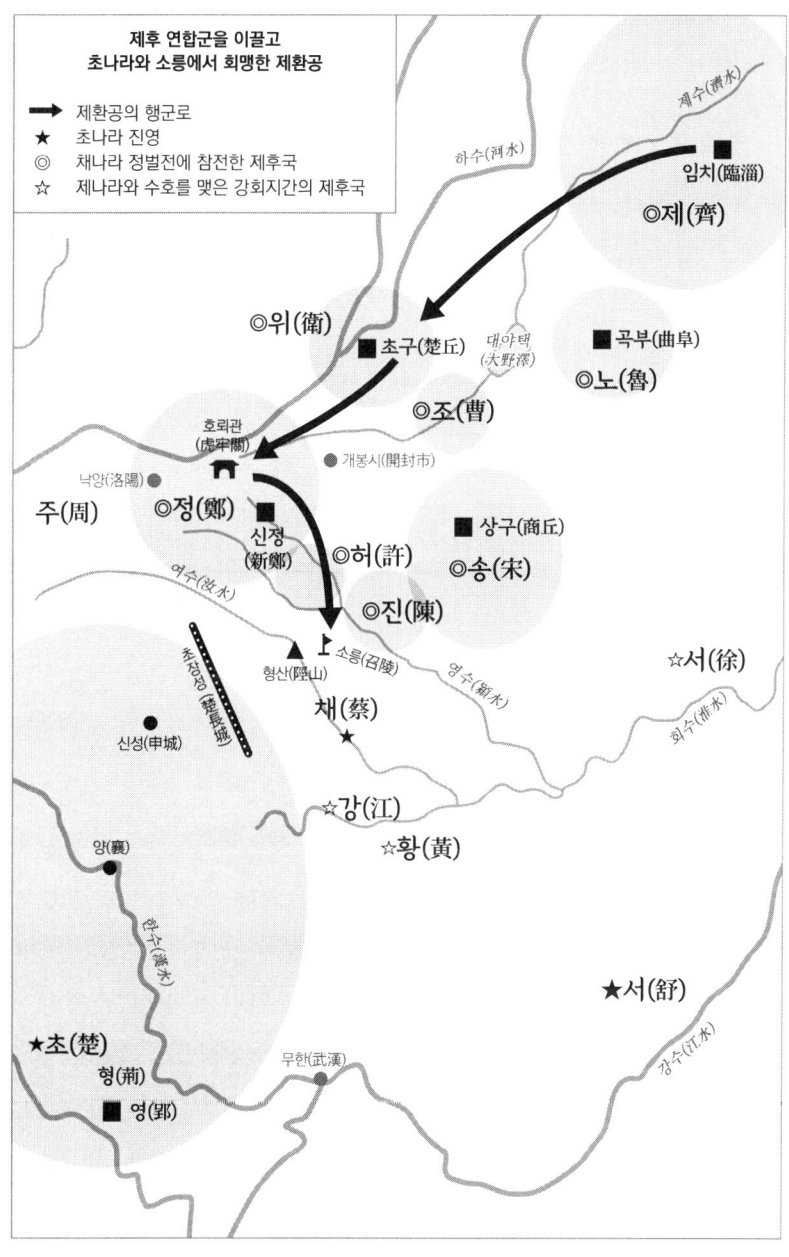

제6장 제환공 齊桓公 II

(齊侯)가 칠국의 군사를 규합하여 먼저 채나라를 점령한 후에 그곳을 전초기지로 삼아 초나라를 공격할 계획이라고 채나라의 사자에게 은밀히 알려주면서 말했다.

「조만간에 제나라의 본대와 칠국의 연합군이 모두 당도하면, 채나라 도성은 유린되어 풀 한 포기 남아 있지 않는 폐허가 되고 말 것이다. 채후께 하루 빨리 도망가서 목숨을 부지하도록 전하기 바란다.」

수초에게 보냈던 사람이 돌아와 보고하자 채목후가 크게 놀라 군민(軍民)들을 남겨 둔 채 그날 밤으로 가솔들을 데리고 성문을 몰래 열고 초나라로 도망쳐 버렸다. 자기들의 군주가 밤사이에 몰래 도망간 사실을 알게 된 채나라의 군사들과 백성들도 역시 뿔뿔이 흩어져 살길을 찾아 숨었다. 그 틈을 타서 군사를 이끌고 성안으로 들어가 점령한 수초는 채성을 점령한 공을 세웠다고 뒤따라오고 있던 제환공에게 첩보를 띄웠다.

한편 초나라로 도망친 채목후는 수초로부터 전해 들은 제나라의 계획을 성왕에게 보고했다. 성왕은 초나라 전군에게 명을 내려 병거와 군사를 점검하여 제후연합군의 공격에 대비하게 했다. 그리고 한편으로는 정나라를 정벌하러 간 투씨 형제들에게 명하여 본국으로 철수하여 수비에 임하라고 했다. 얼마 후 제환공의 본대가 채성에 당도하자 환공을 알현한 수초는 자신이 채나라를 함락시킨 공을 세웠다고 고했다. 곧이어 칠국의 제후들이 각기 군사와 병거를 끌고 와서 제환공의 싸움을 돕기 위해 각기 군사와 병거를 끌고 계속 당도하기 시작하였는데 군사들의 세가 매우 성했다. 칠국의 제후들은 송환공(宋桓公) 어열(御說), 노희공(魯僖公) 신(申), 진선공(陳宣公) 저구(杵臼), 위문공(衛文公) 훼(毁), 정문공(鄭文公) 첩(捷), 조소공(曹昭公) 반(班), 허목공(許穆公) 신신(新臣) 등이었다.

채나라에 모인 제후들은 패주 제환공 소백까지 합하여 여덟 나라에 달했다. 그중 허목공은 병중인데도 불구하고 가장 먼저 집결지인 채성에 당도했다. 허목공의 성의에 감격한 제환공은 목공의 서열을 조소공(曹昭公) 앞에 세웠다. 그날 밤 허목공은 병이 악화되어 숨을 거두었다. 제환공이 채나라에 3일을 더 체류하면서 허목공을 위해 발상을 하고 허나라에 별도의 명을 발하여 작위는 남작이지만 후작에 준하는 예로 장례를 치르게 했다.

제나라를 포함한 팔국의 군사들은 남쪽을 향하여 행군을 시작하여 마침내 초나라 경계에 당도했다. 그러나 그때는 이미 의관을 정제한 초나라의 관리 한 사람이 나와 수레를 멈추고 길의 왼쪽에 서서 기다리고 있다가 제후들의 군사를 향해 말했다.

「지금 오시는 분은 제나라 군주가 아니십니까? 초나라의 사신이 군주님을 오랫동안 여기서 기다렸다고 전해 주시기 바랍니다.」

그 사신은 성은 굴(屈)이고 이름은 완(完)이라 했는데 초나라 공족 출신의 대부로서 초왕 밑에서 사신을 영접하고 전송하는 직책인 행인(行人)이라는 관직을 맡고 있었다. 굴완은 행인의 직을 수행하기 위해 기다리고 있는 중이었다.

환공은 초나라의 사신이 자기를 기다리고 있다는 말을 전해 듣고 관중을 향해 물었다.

「초나라가 어떻게 우리의 작전을 알아채고 이곳에 사자를 보내 우리의 제후군을 기다리고 있단 말입니까?」

관중이 대답했다.

「이것은 필시 누군가에 의해 우리의 군사기밀이 누설되었기 때문입니다. 초나라가 이미 사신을 보냈으니 그들은 아마도 우리의 공격에 대비해서 만반의 준비를 갖추고 있을 겁니다. 신이 대의로써 초나라를 꾸짖어 그들로 하여금 부끄러운 마음을 들게 하여 굴복시켜 싸우지 않고 항복을 받아 내겠습니다.」

관중이 즉시 수레를 타고 앞으로 나아가 굴완을 만나 서로 두 손을 높이 들고 읍을 행하여 인사를 나누었다. 굴완이 먼저 입을 열어 말했다.

「상국의 병거와 보졸이 우리나라를 욕보인다고 여기신 저희 대왕께서 신 완을 시켜 왕명을 전달하라고 명하셨습니다. 저희 왕께서 "제나라는 북해(北海)에, 초나라는 남해(南海)에 자리 잡아 바람은 물론이고 소나 말까지도 서로 미치지 않는 곳에 있습니다. 그런데 어찌하여 제후(齊侯)께서는 먼 길을 달려 우리나라 땅에까지 오게 되었는가?"라고 묻게 하셨습니다. 저는 감히 상국께 그 까닭을 묻고 싶습니다.」

관중이 대답하였다.

「옛날 주성왕께서 소공(召公)과 강공(康公)[17]을 부르시어 연(燕)과 위(衛) 땅에 봉하시면서 우리 선군이신 태공에게 다음과 같은 왕명을 내리셨습니다.

『오후구백(五侯九伯)[18]은 대를 이어 변방을 정벌하여 주나라 왕실을 이족의 침입으로부터 막으라. 동쪽으로는 바다에 이르고, 서쪽으로는 하수에, 남쪽으로는 목릉(穆陵), 북쪽으로는 무체수(無棣水)[19]까지 다스

---

17 소공(召公)은 어린 성왕을 대신하여 주공과 함께 섭정을 행하다가 성왕이 장성하여 친정에 임하자 연나라에 봉해졌고, 강공(康公)은 주무왕의 막냇동생으로 위나라에 봉해졌다.

18 오후구백(五侯九伯): 오후는 공후백자남(公侯伯子男)의 5등급에 따른 제후들의 작위를 말하고 구백은 중국 전역을 9개의 행정구역으로 나눈 지방의 장관이다.

19 목릉(穆陵)은 현 산동성 기원시(沂源)시 동으로 춘추 때 제나라 장성을 지키는 관문이 있었다. 춘추 때 무체수(無棣水)는 연과 제를 가르는 국경선이었다. 지금도 하북성과 산동성 경계에 무체현(無棣縣)이라는 고을이 있다.

리되 왕실을 떠받드는 신하로서의 임무를 행하지 않는 자가 있거든 용서하지 말라!』

그림 12 제태공수명도

주공이 소강공(召康公)을 시켜 태공에게 成王(성왕)의 명을 전하게 했다.
「동쪽으로는 바다에, 서쪽으로는 하수(河水), 남쪽으로는 목릉(穆陵), 북쪽으로는 무체(無棣)에 이르기까지 그리고 오후구백(五侯九伯)일지라도 잘못을 저지른다면 너희 제나라가 천자를 대신해서 정벌하도록 하라!」 (사기·제태공세가)
무체수: 산동 무체현(無棣縣)
목릉관: 산동 기수현(沂水縣)

후에 주나라가 동쪽으로 옮긴 이래 제후들이 방자하게 되어 우리 주군께서 회맹을 주관하도록 왕명을 받들어 옛날의 왕업을 다시 세우려하고 있습니다. 그리고 남쪽의 형(荊) 땅에 있는 초나라는 마땅히 매년 포모(包茅)[20]를 바쳐 왕실이 제주(祭酒)를 빚어 제사를 지낼 수 있도록 했습니다. 그런데 스스로 조공을 바치지 않았을 뿐만 아니라, 제주(祭酒)조차도 바치지 않아 우리 주군께서 그 죄를 묻기 위해 왔소. 또한 주나라 소왕(昭王)[21]이 남정을 나와서 돌아가지 못하고 한수를 건너다 죽은 일은 그대 초나라와 무관하지 않은데 그대는 어떠한 핑계를 댈 수 있겠소?」

굴완이 지지 않고 대답했다.

「주나라가 국가의 기강을 잃고 다른 모든 제후들의 조공도 끊어진 지 오래된 일은 천하가 다 알고 있습니다. 어찌 남쪽의 초나라에만 있는 일이라고 하십니까? 그러나 포모를 왕실에 바치지 않는 일은 우리 주군도 그 죄를 스스로 알고 계시어 군명이 이미 있으니 앞으로 어찌 감히 바치지 않을 수 있겠습니까? 그러나 소왕이 돌아가지 못한 일은 단지 배에 구멍이 나서 침몰한 때문이라 그 연고를 물으시겠다면 소왕이 죽은 강가의 어부에게 물어보시기 바랍니다. 우리 왕께서 책임질 일은 아닙니다.」

굴완이 말을 마치고 마차를 휘몰아 초나라로 돌아가 버렸다. 관중이 환공에게 달려가 굴완의 말을 전하며 말했다.

---

20 포모(包茅): 청모(菁茅), 삼척모(三脊茅) 등으로도 불리며, 띠풀의 일종이다. 고대에서 청모초(菁茅草)를 볏단으로 만들어 그 위에 부어 거른 술로 제사를 지냈다. 주왕실에 공물로 바쳐야 하는 초나라의 특산물이었다. 주왕실은 공물로 받은 포모로 술을 빚어 제사를 지냈다.

21 주소왕(周昭王): 주나라 4대 왕으로 초나라 정벌에 나섰다가 싸움에 이기지 못하고 돌아오던 중 한수(漢水)를 건너다가 빠져 죽었다. 소왕을 미워한 토인들이 아교를 붙여 땜질한 배를 소왕의 일행에게 주자 그 배를 타고 강을 건너다 배가 강심으로 갔을 때 물이 새어 배와 같이 가라앉았기 때문이었다.

「초나라가 고집을 세워 말로 굽히게 할 수 없었습니다. 마땅히 군사를 앞으로 진격시켜 초나라를 압박해야 하겠습니다.」

제환공은 관중의 말을 좇아 즉시 팔국의 군사들에게 명을 내려 초나라 경계를 향하여 진발시켰다. 팔국의 군사들이 이윽고 형산[陘山: 현 하남성 상채시(上蔡市) 서]을 통과하여 초나라의 경계에 당도하였다. 진채를 세운 관중이 제후군에 명을 내렸다.

「행군을 멈추고 이곳에 병영을 세우고 주둔한다.」

제후들이 모두 와서 관중에게 물었다.

「우리의 군사들이 초나라 땅에 이미 깊숙이 들어왔는데 어찌하여 한수를 건너 초나라 도성으로 쳐들어가 그들과 한 번 죽기로 싸워 보지도 않고 이곳에서 행군을 멈추십니까?」

관중이 대답했다.

「초나라가 이미 사자를 보내 우리를 영접한 목적은 우리의 군세를 살펴보기 위해서입니다. 그들은 우리의 침입에 대해 틀림없이 만반의 준비를 하고 있다고 봐야 합니다. 정예한 병사들이 한 번 부딪치면 많은 군사들이 상하게 되어 쌍방 간에 분쟁을 해결할 수 있는 방법이 사라지게 됩니다. 오늘 제가 이곳에 주둔하려고 하는 이유는 우리 군대의 위세를 초나라에 시위하기 위해서입니다. 우리의 많은 군사들이 펼치는 시위를 보고 두려움을 갖게 된 초나라는 다시 사자를 우리에게 보낼 것이고 그리되면 우리가 바라는 바를 얻을 수 있습니다. 초나라를 토벌하기 위하여 우리가 출병했으니 초나라의 항복을 받아 낸 후 돌아가야 되지 않겠습니까?」

여러 제후들이 관중의 말을 믿지 못하고 주저하면서 의견이 분분했다.

한편 초성왕은 이미 영윤 자문을 대장으로 삼아 병사를 모으고 무기를 정비하여 한수 남쪽에 주둔시켜 제후가 한수를 건너오면 맞이하여 싸우려고 기다리고 있었다. 제나라 진영을 염탐하러 간 첩자가 돌아와 보고했다.

「팔국의 병사들은 형산(陘山)의 땅에서 진격을 멈추고 진채를 세워 주둔하고 있습니다.」

자문이 나와서 성왕에게 아뢰었다.

「병법에 밝은 관중은 만전을 기하지 않으면 군사를 출병시키지 않을 겁니다. 오늘 팔국의 병사들이 수가 많음에도 형산 부근에 머물고 진격해 오지 않으니 이것은 필경 별도의 계책이 있어서입니다. 마땅히 사자를 다시 파견하여 제나라가 싸울 뜻이 있는지, 아니면 화의를 할 뜻이 있는지를 살펴 본 후에 우리가 대책을 세워도 늦지는 않을 겁니다.」

「이번에는 누구를 제나라 진영에 사자로 보내면 좋겠습니까?」

「이미 관중과 면식이 있는 굴완을 보내시기 바랍니다.」

초성왕의 명을 받은 굴완이 제후군의 진영으로 출발하기 전에 자기의 생각을 말했다.

「지난번 관중과 회담할 때 포모(包茅)를 주왕실에 조공하지 않은 일은 우리의 잘못이라고 했습니다. 대왕께서 만약에 화의를 하실 생각이시라면 신이 마땅히 사자로 가서 양국 간의 분쟁을 풀어야 하겠지만 군주께서 싸움을 하실 생각이시라면 다른 사람을 보내시기 바랍니다.」

「싸우고 안 싸우고 간에는 모두 경의 담판 결과에 따르겠으니 과인이 따로 제한을 두지는 않겠소!」

굴완이 성왕을 향하여 절을 올린 후에 제나라 진영을 향하여 출발했다.

12. 맹초소릉(盟楚召陵)
- 소릉에서 초나라와 강화를 맺은 제환공 -

굴완이 다시 제나라 진영을 찾아와 자기가 띠고 온 임무를 전하기 위해 제후의 접견을 청했다. 관중이 듣고 먼저 환공에게 말했다.

「초나라의 사자가 다시 왔으니 이는 틀림없이 화의를 청하기 위해서입니다. 주군께서는 예로써 대하십시오.」

굴완이 제환공을 알현하고 절을 올리자 환공이 답례하고 그가 온 뜻을 물었다. 굴완이 대답했다.

「우리 초나라가 매년 주왕실에 조공을 들이지 않았다는 이유를 들어 군후께서 그 죄를 묻기 위해 토벌하러 왔으나 우리 주군께서는 그 죄를 이미 알고 계십니다. 군께서 만약 일사(一舍)[22]의 거리를 뒤로 물러나 주신다면 우리나라가 어찌 감히 명을 따르지 않겠습니까?」

「대부가 능히 그대의 군주를 잘 보좌하여 옛날처럼 주왕실의 신하로서 그 직분을 다한다면 과인도 돌아가 천자께 복명할 수 있는데 어찌 그 밖의 다른 일들을 구할 수 있겠소?」

굴완이 감사의 말을 환공에게 올린 후에 초나라로 돌아가서 성왕에게 회담 결과를 복명했다.

「제후가 이미 군사를 뒤로 물리치기로 허락하였고, 신 역시 주왕실에 조공하기로 약속했습니다. 대왕께서는 약속대로 신의를 지키십시오.」

그리고 얼마 후에 첩보가 올라왔다.

「팔국의 제후군들이 영채를 걷어 뒤로 물러가고 있습니다.」

---

22 일사(一舍): 30리를 말하며 춘추 때의 1리(一里)는 400미터다. 즉 일사(一舍)의 거리는 12킬로이며 고대에 있어서 군대가 하루에 이동할 수 있는 거리를 의미했다.

초성왕이 초병을 보내 사실을 확인해 보도록 했다. 초병이 돌아와 보고했다.

「제나라 군사는 30리를 물러가서 소릉(召陵)[23]에 진채를 세웠습니다.」

「제후군이 물러간 이유는 틀림없이 우리를 두려워했기 때문이다.」

조공을 이행하겠다고 한 약속에 대해 성왕이 후회하는 듯한 표정을 짓자 자문이 말했다.

「저 팔국의 제후들은 일개 대부에게도 자신들의 신의를 지켰는데 하물며 대왕께서는 일개 대부로 하여금 여러 제후들에게 식언을 하게 만들려고 하십니까?」

자문의 힐난에 대답하지 못한 초성왕은 즉시 굴완에게 명하여 금과 폐백을 실은 수레 여덟 대를 주어 소릉으로 다시 가서 팔국의 군사들을 호군(犒軍)하게 하고, 다시 포모 한 차를 별도로 준비하여 제나라 진영 앞에서 의례를 갖춰 표를 올리게 하여, 주왕실에 직접 조공을 바치는 형식을 취하도록 명했다.

제환공은 굴완이 다시 사자로 왔다는 소식을 듣고 여러 제후들에게 군령을 내렸다.

「각국의 병거와 보졸들은 전부 일곱 대로 나누어 일곱 방향으로 전개하시오.」

제나라 군사들은 제후들의 군사들과는 별도로 남쪽에 주둔시켜 초나라의 사자를 맞이하도록 했다. 이윽고 제나라 군중에서 북소리가 먼저

---

23 소릉(召陵): 지금의 하남성 언성현(鄢城縣) 동쪽의 고을로 후에 초나라에 복속되었다. 제환공과 제후연합군이 한수 강안에서 30리를 후퇴하여 소릉에 진을 쳤다는 내용은 원작자의 잘못이다. 소릉에서 한수까지의 직선거리는 근 300킬로나 되는 먼 거리이다. 따라서 이전에 전개된 내용과 사기와 좌전의 내용으로 추정하면 제환공과 제후연합군은 채나라를 정벌한 후에 초나라의 세력에 두려움을 느끼고 소릉으로 후퇴한 후에 강화를 맺었다고 봐야 한다.

그림 13 맹소릉예관초대부(盟召陵禮款楚大夫)

일어나더니 그 뒤를 따라 칠국의 군사들도 일제히 명금과 북을 울리고 병장기와 개갑(鎧甲)을 십분 정제하여 중원 국가들의 강함을 보여 위세를 떨치려고 했다. 굴완이 제나라 진중에 당도하여 제환공을 알현하고 군사들을 호군할 물품을 진상했다. 제환공은 명을 내려 초나라가 가져온 청모를 검사한 후에 곧바로 굴완에게 다시 돌려주고 초나라가 직접 왕성으로 들어가 천자에게 바치도록 했다. 이어서 제환공이 굴완을 향해 입을 열었다.

「대부는 일찍이 우리 중원국가의 병사들을 사열해 본 경험이 있으십니까?」

「이 완은 남쪽의 변방국가에 살아서 아직 중원국 병사들의 성대함을 보지 못했습니다. 원컨대 한번 보여 주시면 감사하겠습니다.」

제환공과 굴완이 융거를 같이 타고 각국의 군사들이 열병하고 있는 곳으로 나아갔다. 그곳에는 팔국의 군사들 진영이 각각 한쪽 방향을 차지하고 수십 리를 끊이지 않고 여덟 방향으로 연이어 늘어서 있었다. 제나라 군사들이 북소리를 한 번 울리자 나머지 칠국의 군사들도 북을 울려 응대하니 북소리는 하늘을 진동시키고 땅을 놀라게 하는 듯했다. 환공이 희색이 만면하여 굴완을 향하여 말했다.

「과인이 이와 같이 많은 군사로 초나라를 정벌하려고 하는데 어찌 그 승패에 대해 걱정하겠소?」

굴완이 전혀 위축됨이 없이 제환공을 바라보며 말했다.

「군후께서는 중원의 여러 제후국들을 이끄는 회맹의 맹주로서 위로는 천자를 위하여 덕을 천하에 베풀고 아래로는 백성들을 보살펴야 합니다. 따라서 군후께서 제후들을 덕으로써 편안하게 한다면 누가 감히 복종을 하지 않겠습니까? 만약에 군후께서 군사의 수가 많음을 기화로 힘을 과시한다면 초나라는 비록 변방에 자리 잡은 소국이지만 방성(方城)[24]의 견고함을 보루로 삼고 한수를 해자(垓字)로 삼아 의지한다면 비록 백만 대군이라 한들 무슨 소용이 있겠습니까?」

제환공이 무참한 얼굴이 되어 말했다.

「대부야말로 진실로 초나라의 동량입니다. 과인은 원컨대 그대의 초나라와 우호관계를 맺고 싶은데 어떻게 생각하십니까?」

「군주께서 보잘것없는 우리 초국의 사직을 복되게 하시기 위해 우리 군주와 동맹을 맺는 수고로움을 마다하지 않으시고 수천 리 길을 찾아오셨습니다. 그런데 어찌 우리가 그 외에 다른 일들을 바라겠습니까? 청컨대 군주께서는 과연 폐국과 맹약을 맺을 수 있겠습니까?」

「왜 맺을 수 없겠소?」

해가 저물자 굴완은 제나라 진영에 묵게 되었다. 제환공은 굴완을 위해 연회를 준비하여 성대하게 대접했다.

다음 날 소릉에 단을 쌓고 회맹의 의식을 행하는데 환공이 소머리의 귀를 잡고 회맹의 맹주가 되고 관중은 회맹의 의식을 감독했다. 굴완이 초성왕의 명을 받들어 대신 행한다고 하여 환공과 같이 서서 맹세문을 썼다.

오늘 이후로는
대대로 우호를 행하기로 맹세하노라!

自今以後(자금이후)
世通盟好(세통맹호)

---

24 방성(方城): 춘추 때 초나라가 중원의 침략을 대비해서 축조한 100여 킬로에 달하는 장성으로 지금의 하남성 노산현(魯山縣)에서 시작해서 섭현(葉縣)을 지나 서남 방향의 필양현(泌陽縣)에 이르렀다. 전국시대에 이르러 초나라는 완성(宛城)을 중심으로 남쪽을 제외한 동북서 방향에 중원국들의 침입에 대비하여 200여 킬로의 장성으로 증축하여 북방의 군사요충지로 삼았다.

제환공이 먼저 희생의 피를 바르자, 칠국의 제후들과 굴완도 차례로 입술에 피를 발라 회맹을 행했다. 이윽고 회맹을 위한 의식을 끝낸 굴완이 환공에게 절을 하고 감사의 말을 올렸다. 관중이 굴완에게 은밀히 청하여 투장이 포로로 잡아간 담백(聃伯)을 정나라에 송환시켜 달라고 했다. 굴완 역시 채후를 용서하여 달라고 청했다. 두 사람이 각기 상대방의 요구를 응낙하여 담백은 정나라로 돌아가고 초나라에 망명해 있던 채목후는 자기 나라로 돌아가 복위했다. 이윽고 관중은 팔국의 병사들에게 회군하도록 령을 내렸다. 회군 도중에 포숙아가 관중에게 물었다.

「초나라는 왕호를 참칭하여 그 죄가 작지 않은데 기껏 포모(包茅) 한 수레로 그렇게 쉽게 용서했는가? 나는 자네의 처사를 이해할 수가 없네.」

관중이 설명했다.

「초나라가 왕호를 참칭하기 시작한 지는 이미 3대가 넘었네. 그 일 때문에 초나라는 중원 제후국들로부터 만이와 같이 대우를 받아왔네. 그러나 만약 내가 초나라가 왕호를 참칭한 죄를 물었다면 초나라가 머리를 숙여 우리의 말을 들었겠는가? 또한 만약에 초나라가 우리의 말을 듣지 않았다면 두 나라 사이에 싸움이 반드시 벌어지지 않았겠는가? 일단 싸움이 한번 벌어지면 쌍방 간에 보복이 반복되어 그 화가 몇 대에 걸쳐도 없어지지 않을 것이네. 그렇게 되면 남북 간은 이때부터 분쟁이 생겨 하루도 마음 놓고 쉴 틈 없이 천하는 혼란에 빠질 걸세! 그래서 나는 포모를 핑계 삼아 그들로 하여금 천자에게 조공을 바치도록 했네. 잠시나마 초나라가 스스로 자기의 죄를 인정한 사실을 제후들에게 보여 주어 우리의 위엄을 세울 수 있지 않았나? 또한 돌아가 천자에게 보고할 수 있으니, 군사를 내어 수많은 인명을 상해 가면서 만드는 화란보다 못하지 않을 뿐만 아니라, 다른 한편으로는 부득이한 일이었네!」

포숙아가 찬탄해 마지않았다. 호증(胡曾) 선생이 시를 지어 노래했다.

남해의 초왕은 주왕실을 안중에 두지 않아
중보가 당년의 일을 잘 헤아려 대책을 세웠다.
한 명의 군사도 쓰지 않고 화의를 맺었으니
제환공의 백업은 천추의 업적으로 칭송받았다.

楚主南海目無周(초주남해목무주)
仲父當年善運籌(중보당년선운주)
不用寸兵成款約(불용촌병성관약)
千秋伯業誦齊侯(천추백업송제후)

그러나 염옹은 환공과 관중을 비난하는 시를 지었다. 두 사람의 군신은 임시방편으로 일을 호도하여 왕호를 참칭한 초나라에게 아무런 죄도 묻지 않고 군사를 물리쳐 초나라가 중원을 넘볼 수 있는 빌미를 주었다고 했다. 소릉의 회맹 후로는 중원의 제후국들이 초나라를 정벌할 군사를 다시 일으키지 못하게 되었음을 비난했다.

남쪽을 쳐다보며 주저하기를 수십 년
원교(遠交) 근합(近合)하여 군사를 분연히 일으켰다.
큰 소리로 죄상을 밝혀 장한 기세를 떨치며
못된 초나라의 버릇을 고쳐 시비를 밝히려고 했다.

南望躊躇數十年(남망주저수십년)
遠交近合各紛然(원교근합각분연)
大聲罪狀謀方壯(대성죄상모방장)
直革淫名局始全(직혁음명국시전)

그러나 주소왕의 외로운 넋에 아픔만 더하게 하면서
강·황(江黃) 두 나라의 의로운 행동에 허물만 남겼고
한 번 묻힌 희생의 피만으로 무슨 일을 이루었다고 하는가?
중원은 여전히 전쟁으로 선혈이 낭자하게 되었을 뿐이었다.

昭廟孤魂終負痛(소묘고혼종부통)
江黃義擧但貽愆(강황의거단이건)
不知一歃成何事(부지일삽성하사)
依舊中原戰血鮮(의구중원전혈선)

13. 권상요목(勸上搖木)
– 정나라의 신후(申侯)가 진나라 원도도(轅濤涂)를
나무에 올려놓고 흔들다 –

진(陳)나라 대부 원도도(轅濤涂)가 회군한다는 명령을 받고 정나라 대부 신후(申侯)와 상의했다.

「제후의 군사들이 만약 진과 정나라를 경유하여 회군한다면 그들을 위해 공급해야 하는 양식과 의복 및 신발에 들어가는 비용이 적지 않아 나라의 재정이 궁핍하게 됩니다. 제후의 군사들을 동쪽의 강을 이용하여 회군토록 한다면 서(徐)와 거(莒)나라가 비용을 부담하게 되니 우리 두 나라는 잠시나마 평안할 수 있습니다.」

신후가 좋은 생각이라고 대답하고 제환공에게 건의해 보라고 했다. 원도도가 즉시 제환공을 찾아가 말했다.

「군주께서는 북쪽으로는 융족을, 남쪽으로는 초나라를 토벌하시어 천하에 명성을 떨치셨습니다. 돌아가는 길을 동쪽으로 취하여 동이족과 그 주변의 제후들에게 중원 군사들의 위엄을 시위하신다면 두려움에 그들이 어찌 감히 주왕실에 복종하지 않겠습니까?」

「대부의 말에 일리가 있도다!」

얼마 후에 신후가 혼자 와서 제후를 뵙겠다고 청했다. 환공을 접견한 신후가 말했다.

「신은 "군사의 일에는 시기를 놓치면 안 된다"라고 들었습니다. 또한 시기를 놓치게 되면 본의 아니게 백성들에게 누를 끼치게 됩니다. 더욱이 지금 우리 중원의 군사들은 봄부터 시작하여 여름이 다 지나가도록 풍찬노숙에 젖어 있어 매우 지쳐 있는 상태입니다. 만약에 회군하는 진로를 진(陳)과 정(鄭) 두 나라를 통과하는 길을 취하신다면 양식과 의복 및 신발을 충분히 조달할 수 있어 군사들의 피로를 어느 정도 줄일 수 있습니다. 회군로를 동방으로 잡으시어 만약 동이(東夷)들이 길을 막고 나설 경우 그들과 싸워야 하고 더욱이 싸움에서 지기라도 한다면 장차 어찌하려고 하십니까? 원도도가 군주께 동쪽의 길을 취하라고 품의한 이유는 자기 나라 사정만을 생각한 좋지 않은 계책입니다. 부디 군주께서는 살펴 행하십시오.」

「하찮은 소국의 대부 놈 때문에 내가 일을 그르칠 뻔했구나!」

제환공은 그 즉시 군중에 명을 내려 원도도를 잡아 가두게 하고, 정백을 불러 신후는 호뢰(虎牢)의 땅에 봉하여 그의 공을 포상하게 했다. 다시 신후에게 직접 명해 호뢰의 성을 크게 증축하여 중원의 남북으로 통하는 요로를 방어하는 임무를 맡겼다. 어쩔 수 없이 환공의 명에 따라 신후를 호뢰의 땅에 봉하게 된 정백은 이때부터 마음속으로 제후에게 불만을 품기 시작했다. 한편 진후(陳侯)는 사자를 보내 뇌물을 바쳐 재삼 원도도를 용서해 주기를 빌었다. 제환공은 며칠 후에 원도도의 죄를 용서하고 감옥에서 풀어 주었다. 이윽고 제후들은 서로 헤어져 각기 자기 본국으로 되돌아갔다.

제나라로 귀환한 제환공은 관중이 세운 높은 공을 기려 그의 봉읍과 접하고 있는 대부 백씨(伯氏)의 성읍에 속해 있던 식읍 300호를 빼앗아 그의 봉지로 주어 봉록을 높였다.

한편 물러가는 제후연합군을 본 초성왕은 포모를 주나라에 조공으로 바치려고 하지 않았다. 굴완이 성왕을 알현하고 말했다.

「제나라에 신의를 잃으면 안 됩니다. 또한 초나라만이 주나라와 관계를 끊는다면 제나라가 주나라와의 관계를 더욱 긴밀하게 만들어 주는 결과가 됩니다. 만약 이번 기회를 통하여 주나라와 통호한다면 우리 초나라도 제나라와 함께 중원의 일에 관여할 수 있는 기회를 잡을 수 있습니다.」

「그렇다면 현재 우리가 칭하고 있는 왕호는 어찌되는가?」

「왕호는 쓰지 마시고 단지 멀리 있는 신하 아무개라고만 칭하십시오.」

초성왕이 굴완의 말을 따라 그를 사자로 삼아 청모 열 수레와 금은과 비단을 싣고 가서 주천자에게 바치게 했다. 주혜왕이 크게 기뻐했다.

「초나라가 조공을 바치지 않은 지 오래되었는데 오늘날 이와 같이 보내왔으니 이것은 아마도 선왕의 혼령이 보살펴 주신 덕분이 아닌가 한다.」

주혜왕은 즉시 그 사실을 문왕과 무왕의 묘에 고하기 위해 제사를 지내고 제사 고기를 초나라에 하사하면서 굴완을 향하여 말했다.

「그대 초나라는 남방을 안정시키는 일에만 전념하고 이후로는 중원의 제후국들을 침략하는 행위를 중지하기 바란다.」

굴완이 땅에 엎드려 절을 올린 뒤에 물러갔다.

14. 의대천자(義戴天子)
 - 대의를 밝혀 천자를 세우다 -

주혜왕 21년은 기원전 656년으로 제환공이 제후의 자리에 오른 지 30년 되는 해다. 이 해에 제환공은 제후연합군을 이끌고 초나라 정벌에 나섰다가 초나라가 주왕에게 조공을 바치는 조건으로 소릉(召陵)에서 강화를 맺었다. 제후군들을 해산시키고 본국으로 돌아온 제환공은 그 결과를 주왕에게 복명하기 위해 습붕을 사자로 보냈다. 혜왕이 습붕을 예로써 대했다. 천자에게 알현을 끝낸 습붕이 세자 뵙기를 청하자 혜왕이 얼굴에 불쾌한 기색을 띠고는 곧이어 차자 대(帶)를 앞서게 하고 세자 정(鄭)을 뒤에 세워 나오도록 하여 습붕을 접견하도록 했다. 기이하게 생각한 습붕이 몰래 혜왕의 신색을 살폈다. 혜왕의 얼굴에는 당황하는 기색이 역력했다. 습붕이 제나라에 돌아와 제환공에게 복명했다.

「주나라는 장차 변란이 일어날 듯합니다.」

「무슨 이유에서인가?」

「주왕의 세자는 장자로 이름이 정(鄭)입니다. 작고한 왕비 강(姜)씨의 소생입니다. 정은 강씨가 살아 있을 때 이미 세자로 봉해졌습니다. 강비가 죽자 후비였던 진규(陳嬀)가 혜왕의 총애를 받아 왕비의 자리를 잇게 되어 아들 대를 낳았습니다. 비위를 맞추는 데 비상한 재주가 있는 왕자대가 혜왕의 총애를 독차지했습니다. 사람들은 대를 태숙(太叔)이라고 불렀습니다. 이에 주왕은 세자정을 폐하고 대를 대신 세우려는 생각을 품기 시작했습니다. 직접 살펴본 신의 눈에 혜왕의 신색은 마음을 진정시키지 못하고 당황하여 어찌할 바를 모르고 있었습니다. 그것은 반드시 마음속에 다른 생각을 갖고 있기 때문입니다. 주왕실에 조만간에 『소반(小弁)』²⁵의 변이 일어나지 않을까 걱정됩니다. 주군께서는 여러 제후들의 맹주라 미연에 막아야만 합니다.」

환공이 즉시 관중을 불러 대책을 물었다. 관중이 말했다.

「신에게 한 가지 계책이 있습니다. 능히 주나라를 안정시킬 수 있습니다.」

「어떤 계책입니까?」

「세자가 의심을 받아 위태롭게 되었으니 그를 따르는 무리들도 필시 고립되어 있음에 틀림없습니다. 주군께서 주왕에게 표를 올려 "제후들이 세자를 한번 알현하기를 바라고 있습니다. 청컨대 제후들이 회합하는 자리에 세자를 한번 왕림시켜 주십시오"라고 청을 올리십시오. 세자가 일단 제후들의 회합 장소에 왕림하게 되면 임금과 신하의 관계가 기정사실이 됩니다. 주왕이 비록 세자를 폐하고 싶어도 제후들과의 관계로 인하여 함부로 행할 수 없을 겁니다.」

「훌륭한 생각입니다.」

환공이 즉시 제후들에게 격문을 발하여 다음 해 여름 수지[首止: 현 하남성 수현(睢縣)으로서 송나라 도성이었던 상구시(商丘市) 서쪽의 고을이다]의 땅에 모이라고 전한 후에 다시 습붕을 주왕에게 보내 제후들이 세자를 알현하고 싶다는 뜻을 전하게 했다. 사자로 간 습붕이 주왕을 알현하고 말했다.

「제후들이 수지의 땅에서 세자를 뵙고 천자를 받들고자 하는 간절한 마음을 표하고 싶어 합니다.」

---

25 『소반(小弁)』:《시경(詩經)·소아(小雅)》 중에 수록된 시가로서 소반(小弁)은 갈가마귀다. 주 유왕(周幽王)이 신후(申后) 소생인 태자 의구(宜臼)를 폐하고 포사(褒姒)의 소생인 백복(伯服)을 세우자 태자가 자신의 억울함을 노래로 호소했다. 참언으로 인하여 부친에게서 쫓겨난 자식의 애절한 서러움을 호소한 시가다. 소반의 난이란 세자를 바꾸는 일을 말한다. 1-1-11 〈소반지변〉 내용 참조.

주혜왕은 마음속으로 세자정을 회합에 나가게 하고 싶지 않았으나 제후들의 요청을 거절할 명분이 없어 어쩔 수 없이 허락하고 말았다. 습붕이 제나라에 돌아와 주왕의 허락을 받았다고 복명했다. 해가 바뀌어 봄이 되자 환공이 진완(陳完)을 수지의 땅에 먼저 보내 궁궐을 짓게 하고 세자의 어가가 당도하기를 기다리게 했다. 여름철 5월에 제(齊), 송(宋), 노(魯), 진(陳), 위(衛), 정(鄭), 허(許), 조(曹) 등 팔국의 제후들이 수지의 땅에 모두 모였다. 얼마 후에 세자정도 당도하여 어가를 멈추고 새로 지은 궁궐로 행차했다. 제후들을 이끌고 알현하려고 하던 제환공에게 세자정이 재삼 겸양하면서 단지 주인과 손님 사이의 예로써 대하려고 했다. 환공이 세자정에게 말했다.

「변방에서 왕실을 지키고 있는 소백 등은 황송하게도 세자 전하를 뵙는 일을 천자와 똑같이 생각하고 있습니다. 어찌 감히 머리를 숙여 배알하지 않을 수 있겠습니까?」

세자정이 제후들을 향해 감사의 말과 함께 휴식을 취한 후에 의식을 행하도록 명했다. 그날 밤이 되자 세자정이 사람을 시켜 환공을 자기가 머물고 있는 행궁으로 불러 태숙대가 세자의 자리를 넘보고 있다고 하소연했다. 환공이 듣고 말했다.

「소백과 여러 제후들은 세자 전하를 모시기로 이미 맹세하였으니 전하께서는 걱정하지 마십시오.」

세자정이 감사의 말을 수 없이 되풀이하고 계속해서 행궁에 머무르면서 주나라로 돌아갈 생각을 하지 않았다. 제후들 역시 감히 자기 나라로 돌아갈 생각을 하지 못하고 각기 관사에 머무르면서 순번을 성해 술과 음식을 바쳐 세자를 따라온 수행원들과 종자들을 대접했다. 그러는 사이에 시간이 어느덧 많이 지났으므로 여러 제후들을 오랫동안 붙잡아 두어 노고가 많음을 걱정한 세자정이 왕성으로 돌아가려는 뜻을 환공에게 말했다. 환공이 말했다.

「전하와 함께 여러 제후들이 이곳에 머무르고 있는 목적은 전하의 부왕으로 하여금 우리 제후들이 세자를 추대하고 있다는 사실을 알게 하여 부자지간에 서로 버림이 없게 하려는 뜻에서입니다. 또한 이렇게 하면 간사한 음모를 사전에 막을 수 있습니다. 지금은 계절이 여름철 대서(大暑)입니다. 날씨가 서늘한 가을까지 이곳에서 더위를 피해 머무르시다가 환국하셔도 무방합니다.」

제환공은 세자를 주왕의 후계자로 추대하기 위해 회맹식을 거행할 날짜를 잡도록 태사에게 명했다. 태사가 점을 쳐서 그해 가을 8월 중의 한 날이 길하다는 점괘를 얻었다.

15. 기구사부(棄久乍附)
- 오랫동안 보살핌을 받았던 제나라를 버리고
  잠시 아부하는 초나라에 붙다 -

한편 주혜왕은 수지로 행차한 세자정이 오래도록 되돌아오지 않자 그 이유는 제후(齊侯)가 세자를 붙들고 놓아주지 않기 때문이라는 사실을 알고 불편한 마음을 갖기 시작했다. 다시 혜후(惠侯)와 숙대가 조석으로 혜왕의 측근에 있으면서 세자정을 계속 참소하여 세자를 바꾸어야만 한다고 재촉했다. 혜왕이 태재(太宰)의 직을 맡고 있는 주공(周公) 공(孔)을 불러 말했다. 사람들은 주공 공을 재공(宰孔)이라고 불렀다.

「제후가 비록 초나라를 정벌했다는 명분을 세웠으나 실은 초나라에게 죄를 묻지 못했소. 오늘 초나라가 조공을 바치면서 우리에게 행하는 태도를 보니 옛날의 죄를 크게 뉘우치고 있어 제나라보다 못하지 않소. 그런데 지금 제나라는 여러 제후들을 이끌고 세자를 오랫동안 잡아 놓고 옹립하고 있으니 그 뜻이 무엇인지 알 수 없소. 짐이 장차 발붙일 땅이라도 남아 있을지 모르겠소. 내가 태재를 번거롭게 불러낸 이유는 밀서 한 장을 정백에게 전하기 위해서요. 정백으로 하여금 제를 버리고 초를 따르도록 해서 초나라 군주가 주나라를 받들게 만들기 위해서이니 부디 나의 뜻을 저버리지 마시오.」

혜왕의 말에 재공이 간했다.

「초나라가 우리 주나라를 받들게 된 원인은 제나라가 힘을 쓴 덕분입니다. 그런데 어찌하여 대왕께서는 우리 주나라를 오랫동안 열심히 모셔 온 제후를 버리고 잠시 아부하고 있는 남쪽의 오랑캐 나라를 취하려고 하십니까?」

「지금 제후(齊侯)는 세자를 수지에 불러 놓고 제후들과 함께 떠나지 않으며 오랫동안 흩어지지 않고 있소. 제후가 오랫동안 제후들을 거느리고 태자와 함께 있으면서 다른 음모를 꾸미지 않으리라고 누가 능히 알 수 있겠소? 나의 생각은 이미 정해졌으니 태재는 더 이상 부언하지 마시오!」

재공이 더 이상 말을 잇지 못했다. 혜왕은 그 즉시 밀서 한 장을 써서 옥새를 찍은 후에 봉투를 단단히 봉해 재공에게 주었다. 편지의 내용을 알지 못한 재공은 단지 사람을 시켜 밤낮을 가리지 않고 달리게 하여 수지의 회맹에 참석하고 있던 정백에게 전달하게 했다. 정문공이 주혜왕의 보낸 편지의 겉봉을 뜯고 읽었다.

『세자정이 사당을 결성하여 나의 명을 어겼으므로 장차 주나라의 왕위를 계승시킬 수 없게 되어 차자인 대에게 물려주려고 하오. 숙부께서 만약 제나라를 버리고 초나라를 따르고, 두 나라가 같이 왕자대를 보좌한다면 나는 주나라의 정사를 숙부에게 맡기겠소.』

편지 읽기를 마친 정문공이 수행하던 신하들을 향해 기뻐하며 말했다.

「선조이신 무공(武公)과 장공(莊公)께서 대대로 주왕실의 경사(卿士)로 봉직하시면서 제후들을 이끄셨는데 뜻밖에 중도에 맥이 끊어져 우리 정나라는 지금까지 변방의 소국으로 전락하고 말았다. 또한 왕자퇴와 오대부가 난을 일으켜 지금의 천자를 쫓아내자 선군이신 여공께서는 군사를 동원하여 복위시켰을 뿐만 아니라 주나라의 변란을 진압하셨다. 우리 정나라는 지금의 주왕을 천자의 자리에 복위시킨 공로가 지대함에도 불구하고 아직 한 번도 그 공적에 대한 보답을 받지 못하고 있다. 오늘 천자가 왕명을 나에게만 내렸으니 조만간에 주나라의 정사는 내가 맡게 되었다. 여러 대부들은 나에게 경하의 말을 올려도 무방한 일이다.」

대부 공숙이 나와서 간했다.

「제나라는 얼마 전에 초나라로부터 침략을 받은 우리 정나라를 위해 병사를 동원하여 먼 길을 마다 않고 초나라로 출정했었습니다. 그런데 지금 우리는 제나라를 반하고 초나라를 받들려 하고 있습니다. 이것은 곧 패덕(悖德)을 저지르는 행위입니다. 또한 지금 제나라가 세자를 추대하는 일은 천하에 대의를 밝히는 의로운 일이기도 합니다. 주군께서만 홀로 다른 길을 취하는 행위는 불가합니다.」

「패주와 천자 중 어느 쪽을 따르는 행위가 대의에 가까운 일이오? 하물며 천자의 뜻이 세자에게 있지 아니한데 나보고 제나라를 따르라고 하는 이유가 도대체 무엇이오?」

「천자의 나라이건 제후의 나라이건 나라의 사직을 잇는 방법은 오직 적장자에 의해서입니다. 유왕은 서자인 백복(伯服)을 총애하고 환왕(桓王)과 장왕(莊王)은 각각 차자들인 자극(子克)과 자퇴(子頹)를 총애한 결과 사직이 망하거나 변란이 일어난 사실을 주군께서는 이미 알고 계시는 일입니다. 백성들의 마음을 얻지 못한다면 몸은 상하고 일은 이루어지지 않는 법입니다. 주공께서는 어찌하여 대의를 따르지 않고 굳이 자퇴와 오대부의 전철을 밟으시려고 하십니까? 뒤에 가서 반드시 후회하셔도 그때는 소용없습니다.」

초나라 망명객 출신에 호뢰(虎牢)의 대부 신후가 앞으로 나와 말했다.
「천자의 어명이 있는데 누가 감히 어길 수 있겠습니까? 만약에 제나라에 복종하여 회맹을 하게 되면 그것은 곧 천자의 명을 버리는 일과 같게 됩니다. 우리가 회맹 전에 먼저 철수한다면 여러 제후들이 반드시 의심을 하게 되고 의심하게 되면 흩어지게 되어 회맹은 이루어지지 않게 됩니다. 또한 태자에게는 호응하는 무리가 외부에 있다고 한다면 태숙은 내부에 호응하는 무리가 있습니다. 두 왕자들 싸움의 승패는 아직 알 수 없기 때문에 이대로 회맹장을 떠나 본국으로 돌아가서 잠시 사태의 추이를 관망함이 어떻겠습니까?」

정문공이 신후의 말을 좇아 제환공에게 사절을 보내 나라에 변이 났다는 핑계를 대고 인사의 말도 없이 정나라로 돌아가 버렸다. 정백이 밤사이에 도망쳐 자기 나라로 돌아가 버렸다는 사실을 알게 된 제환공이 크게 노하여 세자정을 모시고 제후군을 이끌고 진군하여 정나라를 토벌하려고 했다. 관중이 나와서 계책을 말했다.
「정과 주나라는 영토가 서로 접해 있습니다. 이 일은 틀림없이 수왕이 정나라를 부추겨서 생긴 일입니다. 제후 한 사람이 갔다고 해서 대계를 이루는 데는 지장이 없습니다. 또한 회맹하기로 한 날짜가 며칠

남지 않았습니다. 제후들과 함께 세자정을 추대하는 의식을 행한 후에 제후군을 이끌고 나아가 정나라를 토벌하더라도 늦지 않습니다.」

「알겠습니다.」

이윽고 그날이 되자 제환공이 명을 내려 수지에 단을 쌓고 피를 입술에 발라 회맹의 의식을 행했다. 제, 송, 노, 진, 위, 허, 조 등 공히 7국의 제후가 회맹에 참가했다. 세자정도 의식을 행하는 회맹단에 참석했으나 같이 입술에 피를 바르게 하지는 않았다. 제후들이 감히 세자와 같이할 수 없음을 보이기 위해서였다. 제후들은 회맹의 의식을 행하면서 맹세했다.

우리가 다 같이 맹세하노니
힘을 합쳐 왕자를 도와
왕실을 바로잡는다.
맹세를 어기는 자가 있다면
천지신명께서 용서하지 않으리라!

凡我同盟(범아동맹)
共翼王儲(공익왕저)
匡靖王室(광정왕실)
有背盟子(유배맹자)
神明殛之(신명극지)

회맹의 의식이 끝나자 세자정이 단상에서 내려와 제후들을 향해 읍을 하고 치하했다.

「선왕들 영령의 보살핌에 힘입어 여러 제후들께서 아직도 주왕실을 잊지 않아 나를 돕고 있습니다. 문무(文武) 대왕 이래 제후들로부터 받은 도움에 대해 우리 왕실은 지금까지 그 은혜를 잊지 않고 있습니다.

하물며 내가 어찌 감히 여러 제후들의 고마움을 잊을 수 있겠습니까?」
　제후들이 모두 머리를 숙이고 땅에 엎드려 세자정에게 인사를 올렸다. 다음 날 귀국길에 오른 세자정을 각국의 제후들은 모두 거마와 보졸들을 보내 호송하게 했다. 제환공이 위후를 대동하고 친히 위나라 경계에까지 나와 전송했다. 세자정은 눈물을 흘리며 환공의 일행과 헤어졌다. 사관이 시를 지어 이 일을 노래했다.

왕이 서출에게 빠져 세자의 자리가 위험에 처했는데
정백은 눈앞의 이익만을 생각하고 대의를 저버렸다!
수지에서 한 회맹으로 세자의 자리가 공고해졌으니
이로 인해 삼강오륜이 땅에 떨어지는 욕은 면했도다.

君王溺愛冢嗣危(군왕익애총사위)
鄭伯甘將大義違(정백감장대의위)
首止一盟儲位定(수지일맹저위정)
綱常賴此免凌夷(강상뢰차면릉이)

16. 위허구정(圍許救鄭)
－ 허나라를 포위해 정나라를 구원하는 초나라 －

　주혜왕 22년 기원전 654년, 제환공은 회맹에 참여한 제후들을 이끌고 행군하여 정나라의 신정성을 포위했다. 그때는 초나라에 사자로 간 신후가 아직 정나라에 귀국하지 않고 있었다. 신후가 정나라의 사정을 초성왕에게 말했다.
　「정나라가 초나라의 지붕 밑으로 들어온 일은 오로지 초나라만이 제나라에 대적할 수 있기 때문이었습니다. 왕께서 정나라를 구하지 않으신다면 신은 정나라에 돌아가서 정백을 뵐 면목을 잃게 됩니다.」

초성왕이 군신들을 불러 의견을 묻자 영윤 자문이 앞으로 나와 아뢰었다.

「예전에 제환공이 제후들을 소릉으로 불러낼 때 허목공이 병든 몸을 이끌고 나와 결국은 진중에서 죽었습니다. 제후가 이를 기특하게 여겨 허나라를 각별하게 대했습니다. 허나라도 역시 제나라를 정성을 다해 받들고 있습니다. 왕께서 만약 군사를 내어 허나라를 공격하면 제후는 틀림없이 열국의 군주들과 함께 군사를 이끌고 허나라를 구하기 위해 공격하는 방향을 바꿀 것입니다. 그렇게 되면 정나라에 대한 포위망은 자연히 풀리게 됩니다.」

초성왕이 그 말을 좇아 친히 대군을 이끌고 출병하여 허성을 포위한 후 맹공을 가했다. 허나라가 초나라 군사들에 의해 공격을 받고 있다는 소식을 들은 제환공은 과연 신정성에 대한 포위망을 풀고 허나라를 향해 군사를 이동시켰다. 제후연합군이 허나라를 향하여 진군하고 있다는 소식을 들은 초성왕은 즉시 군사를 거두어 초나라의 중원진출의 전진기지인 신읍(申邑)으로 회군했다. 초왕과 헤어져 정나라에 돌아간 신후는 제후군을 물리치고 나라를 보전한 공적은 전적으로 자기 때문이라고 생각하고 득의양양한 자세로 정백에게 자기의 봉지를 넓혀 주기를 청했다. 그러나 옛날에 제환공의 명에 의해서 봉해진 호뢰(虎牢)의 땅만으로도 신후에게 과분한 처사라고 생각하고 있었던 정문공은 그의 청을 허락하지 않고 봉지를 더해 주지 않았다. 신후는 입 밖으로는 직접 불만을 말하지 못했지만 속으로 원망하는 마음을 갖게 되었다.

그다음 해 봄, 제환공은 다시 군사를 동원하여 정나라를 토벌하기 위해 군사를 일으켰다. 옛날 초나라 정벌군에 참가했을 때 신후에게 이용당하여 제환공에게 죄를 짓고 목숨을 잃을 뻔한 일이 있었던 진(陳)나라의 대부 원도도는 그때까지 신후에 대한 원한을 잊지 않고 있었다. 그래서 그는 신후에게 편지를 써서 봉읍으로 받은 호뢰에 성을 쌓으라고 권하면서 말했다.

「성을 아름답게 쌓으면 이름을 천하에 크게 떨치고 자손들이 잊지 않을 겁니다. 대부께서 청하시면 제가 성을 쌓는 데 힘을 보태겠습니다.」

이에 원도도가 제후들에게 도움을 청하여 성을 쌓았는데 그 모습이 매우 아름다웠다. 그러고는 정나라의 공숙에게 편지를 써서 신후를 비난했다.

「신후는 옛날에 정나라의 땅을 스스로 바치고 제후에게 아첨을 하여 정백 전하의 뜻과는 달리 호뢰의 땅을 봉지로 받았습니다. 오늘 또한 정나라를 바쳐 초나라에 아첨하게 하여 그대의 군주가 은혜를 저버리고 의리를 등지게 했습니다. 그로 인하여 병화가 일어나 환란을 자초하고 그 화가 정나라의 백성들에게까지 미치게 되었습니다. 그뿐만 아니라 반란을 일으키기 위해 봉지인 호뢰에 성을 크게 쌓았습니다. 반드시 신후를 죽여야만 싸우지 않고 제나라 군사들을 돌아가게 할 수 있습니다.」

공숙이 원도도의 편지를 정문공에게 바쳤다. 옛날 공숙의 말을 듣지 않고 회맹의 자리에서 도망친 행동으로 인해 후에 제나라 군사들의 침략을 두 번이나 받아 전화를 입게 된 일을 마음속으로 크게 후회하고 있던 정문공은 모든 잘못을 신후에게 전가하려는 생각을 갖게 되었다. 정문공이 즉시 신후를 불러들여 큰 소리로 책임을 추궁했다.

「너는 옛날 오로지 초나라만이 제나라에 대적할 수 있다고 했다. 지금 제나라 병사들이 다시 침범해 왔는데 초나라의 구원병은 어디에 있는가?」

신후가 미처 변명하기도 전에 정문공이 좌우의 무사들에게 호령하여 신후를 끌고 나가 참수하라고 명했다. 잠시 후에 무사들이 신후의 수급을 가져오자 그것을 상자에 넣어 공숙에게 주어 제환공에게 바치게 했다.

원래 신후는 초나라 신읍(申邑) 출신이다. 신후를 총애했던 초문왕이 임종을 앞두고 벽옥을 주면서 말했다.

「나만이 너의 성품을 알고 있다. 너는 이익만을 추구하고 만족할 줄 모른다. 그래서 너는 나한테서 원하는 대로 취했고, 나는 네가 원하는 대로 주었지만 나는 너를 탓하지 않았다. 그러나 나의 뒤를 잇는 사람들은 반대로 너에게서 많은 것을 요구할 것이고 너는 그들의 요구를 만족시켜 주지 못해 화를 피할 수 없을 것이다. 내가 죽거든 너는 반드시 이 나라를 떠나 다른 나라로 가되 작은 나라에는 가지 말라! 작은 나라는 너를 용납하지 못할 것이다.」

문왕이 죽자 정나라로 달아난 신후는 다시 정여공(鄭厲公)의 총애를 받았다. 후에 여공의 뒤를 이은 정문공 밑에서 공을 다투다가 화를 당한 것이다. 자문이 그가 살해되었다는 소식을 듣고 말했다.

「자고로 신하를 아는 사람은 군주만 한 이가 없다고 했는데 이 말은 절대 변할 수 없는 진실한 말이로구나!」

제나라에 당도한 공숙이 신후의 수급을 제환공에게 바치면서 말했다.

「저희 군주께서 옛날에 신후의 아첨하는 말에 현혹되어 군후와의 일이 좋지 않게 되었었습니다. 이번에 잘못을 뉘우치고 신후의 목을 참하여 저로 하여금 군주의 막하에 죄를 청하게 하였으니 원컨대 군후께서는 저희 주군의 죄를 용서하여 주시기 바랍니다.」

17. 연길몽란(燕姞夢蘭)
 - 난초의 태몽으로 정나라 세자 란(蘭)를 잉태한 연길(燕姞) -

 평소에 공숙(孔叔)이 어진 사람이라는 사실을 알고 있던 제환공은 즉시 그의 청을 받아들여 정나라와의 화의를 허락했다. 제환공은 다시 제후들을 노나라의 영모[寧母: 지금의 산동성 금향현(金鄕縣) 동남] 땅으로 불러 모이도록 했다. 주왕의 명을 받아 의심을 살까 걱정한 정문공은 감히 영모 땅의 회맹에 직접 참석하지 못하고 세자 자화(子華)를 대신 보내 회맹에 참석하고 환공의 명을 받아 오게 했다.

 자화와 자장(子臧)은 정부인의 동모형제로 처음에는 문공의 총애를 받아 자화가 세자가 되었다. 후에 다시 부인 둘을 더 세웠는데 모두가 아들을 낳았다. 나이를 먹어 감에 따라 문공의 총애를 잃게 된 자화의 모부인은 마음이 상한 나머지 죽고 말았다.

 그러다가 얼마 후에 남연(南燕)의 길씨(姞氏)가 그의 딸을 정나라 궁실에 바쳐왔다. 길녀(姞女)가 정나라에 들어와 정문공을 모시기 전 어느 날 잠을 자다가 꿈을 꾸게 되었는데 꿈속에서 한 사람의 훤칠한 장부가 손에는 난초를 들고 길녀에게 말을 건넸다.

「나는 피라미들의 왕인 백조(伯儵)로 너희 길씨들의 조상이니라. 오늘 이 난의 향기로 너의 온 나라를 가득 차게 하고 자식을 낳게 하여 그대의 나라를 번창하게 하리라.」

 꿈속의 장부가 손에 들고 있던 난초를 길녀에게 주었다. 이윽고 길녀가 꿈에서 깨어나자 온 방 안에 향기가 가득 차 있었다. 길녀가 꿈 이야기를 곁에 있던 궁녀들에게 이야기했다. 궁녀들이 비웃으며 말하였다.

「그렇다면 네가 군주의 자식이라도 낳는다는 말이냐?」

그때 마침 정문공이 내궁에 들렀다가 길녀를 보고 마음에 들어 하자 좌우에 있던 시종들이 보고 서로 웃었다. 문공이 웃고 있던 시종들을 보고 그 연유를 묻자 길녀의 꿈 이야기를 했다. 문공이 꿈 이야기를 듣고 말했다.

「이것은 매우 좋은 징조라! 내가 그대의 꿈을 이루게 하리라!」

문공이 즉시 길녀에게 난초의 꽃봉오리를 따 오게 한 후에 말했다.

「이 꽃을 오늘밤의 징표로 삼으리라!」

이윽고 밤이 되자 문공이 길녀를 불러서 잠자리를 같이했다. 후에 길녀가 임신하여 아들을 낳자 그 이름을 란(蘭)이라 했다. 길녀도 역시 시간이 갈수록 문공의 총애를 더욱 깊이 받게 되었다. 사람들은 길녀를 연길(燕姞)이라고 불렀다. 세자화는 부군이 여러 부인들을 총애하자 후일에 자기가 세자로부터 폐립되지나 않을까 두려워했다. 세자화가 은밀히 숙첨을 찾아가 의논했다. 숙첨이 세자화에게 말했다.

「총애를 받고 안 받고는 하늘의 뜻이니 아들 된 자로서 효성을 다해 모시는 길밖에는 다른 방법은 없습니다.」

18. 자화간명(子華奸命)
- 군명을 범하여 목숨을 잃은 정세자 자화(子華) -

숙첨으로부터 그다지 좋은 말을 듣지 못한 세자화가 다시 공숙에게 가서 대책을 물었으나 공숙에게도 역시 마음을 다하여 효도하라는 말만 들을 수 있을 뿐이었다. 세자화가 마음속으로 승복하지 못하고 돌아갔다. 세자화의 동생 자장은 성격이 원래 이상야릇한 것만을 좋아했다.

자장은 도요새의 깃털을 모아 관을 만들어 머리에 쓰고 다녔다. 사숙이 자장을 보고 말했다.

「그 모자는 예에 맞지 않으니 공자께서는 쓰고 다니시면 안 됩니다.」

사숙의 직언을 고깝게 생각한 자장이 형인 세자화에게 고했다. 그런 일이 있고부터 자화는 정나라의 삼량(三良)이라고 불리던 숙첨(叔詹), 공숙(孔叔), 사숙(師叔) 등 세 사람에 대해 좋지 않은 감정을 갖게 되었다.

그러던 어느 날 제후로부터 맹회를 개최한다는 전갈을 받은 정문공은 세자화에게 숙첨을 대동하고 대신 참석하라고 명했다. 제후가 부군 대신 자기를 보냈다고 괘씸하게 생각하지나 않을까 두려워한 자화는 맹회에 참석하기를 내켜 하지 않고 출발을 자꾸 지연시켰다. 빨리 출발해야 한다고 재촉하는 숙첨을 자화는 마음속으로 더욱 원망했다. 이어서 그는 맹회에 참석하여 일의 전말을 제후에게 고하려는 마음을 갖게 되었다. 이윽고 회맹장에 당도한 자화는 제환공을 알현하고 좌우의 사람을 물리쳐 주도록 부탁한 후에 정나라의 일을 고했다.

「정나라의 정사는 모두가 설씨(泄氏), 공씨(孔氏)와 자인씨(子人氏) 삼족에 의해서 이루어지고 있습니다. 지난번 저의 부군께서 회맹 중에 도망친 일은 실은 삼족이 꾸며서 생긴 일이었습니다. 만약 군후께서 돌보아 주시어 삼족 출신의 신하들을 제거한 후 제가 정나라의 군주의 자리에 앉게 된다면 저희 정나라는 제나라의 부용(附庸)이 되어 영원히 받들도록 하겠습니다.」

환공이 혹해서 허락했다.

「그대의 말대로 하겠노라!」

제환공은 즉시 자화가 한 이야기를 관중에게 알리고 그를 도와 정백의 자리에 올리도록 명했다. 관중이 듣고 환공에게 다급히 말했다.

「절대로 불가한 일입니다. 제후들이 제나라에게 복종하는 이유는 예의와 신의에 따라 일을 처결하기 때문입니다. 그런데 자화가 그 아비에게 불충하니 그것은 예에 어긋난 일입니다. 또한 좋은 관계를 맺기 위해 왔는데 오히려 그는 자기 나라를 변란으로 몰아넣고자 합니다. 이것은 신의에 어긋난 일입니다. 또한 신이 정나라의 대부 세 사람에 대해 들어서 알고 있기로는 모두가 어진 마음을 갖고 있는 사람들로서 정나라 사람들은 그들을 삼량이라고 부르고 있습니다. 무릇 맹주가 귀하게 받들어지는 이유는 백성들의 마음을 따르기 때문입니다. 사악한 자가 스스로 모습을 드러내니 그 화가 필시 자신에게 미칠 겁니다. 신이 보건대 자화는 장차 자신에게 미치는 화를 피하지 못하고 낭패를 당할 운명입니다. 주공께서 허락하시면 안 됩니다.」

환공이 관중의 말을 듣고 자화를 다시 불러 좋은 말로 달랬다.

「세자가 한 이야기는 진실로 국가의 중대사라 세자가 후에 정나라 군주의 자리에 오르게 될 때를 기다려 그때 일을 도모하는 편이 좋겠소.」

자화의 얼굴이 시뻘겋게 변하면서 식은땀이 흘러 등을 적셨다. 그는 즉시 작별의 인사를 고하고 정나라로 돌아갔다. 관중이 자화의 불충함을 좋지 않게 생각하여 정나라에서 온 사람에게 자화가 제후에게 한 이야기를 상세하게 말해 주었다. 그 정나라 사람이 자화보다 먼저 정나라에 돌아와서 정문공에게 고했다. 곧이어 자화가 귀국하여 문공에게 회맹에 다녀온 바를 거짓으로 꾸며 복명했다.

「제후가 부친께서 직접 회맹에 참여하시지 않았다고 괴이쩍게 생각하여 우리와 맹약 맺기를 허락하지 않았습니다. 차라리 초나라를 섬기는 편이 좋겠습니다.」

정문공이 큰 소리를 치면서 꾸짖었다.

「역자가 어찌하여 나라를 팔아먹고자 했으면서 아직도 감히 궤변을 늘어놓고 있느냐?」

정문공은 즉시 좌우의 시자들에게 명하여 자화를 깊숙한 밀실에 가두도록 했다. 그러나 얼마 후 밀실의 벽에 구멍을 뚫고 탈출한 자화가 나라 밖으로 도망치려고 하자 정문공이 자객을 보내 죽였다. 과연 자화의 운명은 관중이 생각한 대로 되었다. 부군에 의해 죽임을 당한 자화를 보고 화가 자기에게도 미치지나 않을까 두려워한 자장은 송나라로 망명하기 위해 나라 밖으로 도망쳤다. 정문공이 듣고 사람을 보내 추격하여 도중에서 자장마저 잡아서 죽였다. 정문공은 제후가 자화의 말을 듣지 않고 그 일을 자기에게 알려준 은혜에 대해 감사의 말을 전하기 위해 공숙을 사자로 보내면서 정나라가 제나라와 맹약을 맺을 수 있도록 허락해 달라고 청했다. 호증(胡曾) 선생이 이 일을 두고 시를 지었다.

> 정나라는 삼량(三良)을 마치 대들보처럼 썼는데
> 일조에 대들보를 뽑았으면 지탱하기 어려웠으리라!
> 부친의 명을 어기고 나라를 팔려고 한 자화는
> 도망치다 몸은 죽고 불효자라는 이름만 남겼구나!
> 鄭用三良似屋楹(정용삼량사옥영)
> 一朝楹撤屋難撑(일조영철옥난탱)
> 子華奸命思專國(자화간명사전국)
> 身死徒留不孝名(신사도유불효명)

제환공 33년은 정문공 20년으로 기원전 653년에 일어난 일이었다.

19. 일광천하(一匡天下) 구합제후(九合諸侯)
- 천하를 한 번 바르게 세우고, 제후들과 아홉 번 회맹을 행했다 -

이해 겨울, 혜왕이 병이 들어 위독하게 되었다. 혜후(惠后)와 태숙대(太叔帶)의 난을 걱정한 세자정은 먼저 하사(下士) 왕자호(王子虎)를 제나라에 보내어 주나라의 어려움을 고하게 했다. 주혜왕은 앓아누운 지 얼마 되지 않아 죽었다. 세자정은 주공공(周公孔)과 소백요(召伯廖)를 불러 상의하여 혜왕의 상을 발하지 않고 먼저 제나라에 가있던 왕자호에게 사람을 보내 혜왕의 죽음을 알렸다. 왕자호가 제환공에게 달려가 고하자, 환공은 곧바로 모든 제후들에게 사자를 보내 조[洮: 지금의 산동성 곡부(曲阜) 경내 북] 땅으로 모이도록 통고했다. 이윽고 약속한 날이 되자 회맹에 참여하여 삽혈의 의식을 행한 제후들은 제환공을 포함하여 송(宋), 노(魯), 위(衛), 진(陳), 정(鄭), 조(曹), 허(許) 등 여덟 나라 군주들이었다. 팔국의 제후들이 서명한 표문을 가지고 각 나라의 대부들이 주나라 왕성을 향해 출발했다. 제의 대부 습붕, 송의 대부 화수노(華秀老), 노의 대부 공손오(公孫敖), 위의 대부 영속(寗速), 진(陳)의 대부 원선(轅選), 정의 대부 사숙(師叔), 조의 대부 공자무(公子戊), 허의 대부 백타(百佗) 등 팔국의 사자들이 탄 수레가 줄을 이어 주나라 경계에 당도했다. 대부들이 타고 온 수레는 모두 새의 깃털로 치장했는데 그 모습이 무척이나 장중하고 화려했다. 열국의 대부들은 혜왕을 문안한다는 핑계를 대고 왕성 밖에 진을 쳤다. 왕자호가 먼저 마차를 몰아 왕성으로 들어가 팔국의 대부들이 왕성 밖에 당도하였다는 소식을 주나라 조정에 전했다. 세자정이 소백요를 불러 대부들을 위문하게 하고 이어서 혜왕의 죽음을 발상했다. 팔국의 대부들이 새로 등극한 왕을 알현하게 해 달라고 왕실에 청했다. 주공공과 소백요 두 사람은 세자정을 받들어 혜왕의 상을 받들도록 했다. 여러 대부들은 혜왕을 위문하러 온 김에 기다렸다가 붕어하면 조상(弔喪)도 함께 하라는 명령을 그들의 군주로부터 받았다고 고하고 즉시 세자정이 왕위를 물려받아야 한다고 공개적으로 청했다. 대부들의 지원으로 마침내 혜왕의 상을 발한 세자정이 장례를 주관하고 천자의 자리에 올랐다. 여러 백관들이 신왕의 즉위를 경축했다. 세자정이 주양왕(周襄王)이다. 혜후와 태숙대가 마음속으로 고통을 부르짖었으나 감히 다른 뜻을 밝힐 수가 없었다. 주양왕은 신년원단에 개원하고, 각 제후국에 자기가 천자의 자리에 올랐음을 알렸다.

주양왕 원년, 기원전 652년 봄에 춘제를 지낸 주양왕은 주공공에게 명하여 제사를 지내고 남은 고기를 제환공에게 하사하여 주나라 천자를 추대한 공로를 표창했다. 제환공이 그 소식을 먼저 듣고 제후들을 규구(葵丘)로 소집했다. 다음 해인 기원전 651년 여름에 송(宋), 노(魯), 위(衛), 정(鄭), 허(許), 조(曹) 등의 제후들과 천자와 사자가 정제한 의관에 치장한 방울소리를 울리며 줄을 지어 회맹장에 당도했다. 주천자의 사자로 참석한 주공공이 먼저 제단 위에 오르고 제후들이 각기 작위의 순서에 의해 그 뒤를 따랐다. 제후들은 제단의 북쪽에 준비된 천자의 빈자리를 향해 땅에 엎드려 재배를 올렸다. 그것은 마치 주나라 조정에서 왕에게 알현하는 의식과 같았다. 의식을 끝낸 제후들은 작위의 서열에 따라 자리를 잡고 도열했다. 천자가 하사한 제사를 지낸 고기를 두 손으로 받쳐 든 주공공이 동쪽을 바라보고 서서 새로 등극한 천자의 명을 전했다.

「천자가 주나라를 창건하신 문왕과 무왕의 유지를 받들어 백구(伯舅)에게 이 고기를 하사하노라!」

그림 14 회규구의대주천자(會葵丘義戴周天子)

제환공이 계단을 내려가 절을 올린 후에 고기를 받으려고 했다. 주공공이 제환공을 제지하며 다시 말했다.

「천자의 또 다른 칙명이 있다. 백구의 나이가 이미 80이 넘어, 땅에 엎드려 절을 올리는 행위는 노구에 수고를 끼치는 일임을 걱정하여 백구의 작위에 일급을 더하여 공(公)으로 올려 천자에게 머리를 굽혀 절을 하지 않아도 된다는 칙명을 내리셨다.」

제환공이 그 말을 따르려고 하자 관중이 곁에 있다가 말했다.

「천자께서 비록 겸양의 뜻을 말한다고 해서 신하 된 자로서 어찌 인사를 드리지 않을 수 있겠습니까?」

제환공은 관중의 말을 듣고 즉시 응대하여 주공공을 향하여 말했다.

「천자의 위엄이 지척지간에 있지 않다고 해서 어찌 신하 된 자가 감히 왕명을 핑계로 그 직분을 버릴 수 있겠습니까?」

제환공은 즉시 제단 위에서 내려가 고개를 땅에 대고 절을 올렸다. 그리고는 다시 제단으로 올라가서 주공공으로부터 제사 고기를 두 손으로 받았다. 여러 제후들은 제후가 겸양의 덕을 갖추고 있다고 생각하여 마음속으로 승복했다. 환공은 여러 제후들이 해산하기 전에 우호를 다시 맹세하게 하고 주나라를 받들기 위해 다섯 가지 금기사항을 정했다. 다섯 가지 금기사항은 다음과 같았다.

一. 불효한 자를 주살하고 세자를 바꾸거나 첩으로 부인을 삼지 말 것.
　　[誅不孝(주불효), 無易樹子(무역수자), 無以妾爲妻(무이첩위처)]
二. 현인을 공경하고 인재를 길러 유덕한 사람을 창달할 것.
　　[尊賢育才(존현육재), 以彰有德(이창유덕)]
三. 노인을 공경하고 어린이를 사랑하며 손님과 여행자를 소홀히 대하지 말 것. [敬老慈幼(경노자유), 無忘賓旅(무망빈려)]

四. 선비에게는 벼슬을 세습시키거나 겸직시키지 말 것이며, 선비를 쓸 때는 반드시 인재를 써야만 하고 대부를 멋대로 전단하여 죽이지 말 것. [嗣無世官(사무세관), 官事無攝(관사무섭), 取士必得(취사필득), 無專殺大夫(무전살대부)]

五. 강의 제방은 굽히지 말고, 양곡의 거래를 막지 말 것이며, 대부를 봉하고도 천자에게 고하지 않는 일이 없도록 할 것. [無曲防(무곡방), 無遏糴(무알적), 無有封而不告(무유봉이불고)]

제후들이 맹세하기를 끝마치자 제환공이 마지막으로 일어나 말했다.

「무릇 회맹을 행하는 목적은 다만 우호를 위함이라!」

맹세문이 적힌 죽간에 제후들의 서명을 받은 제환공은 희생을 다시 잡아 올리도록 명하고 서장에 적힌 제후들의 이름을 크게 알리게 했다. 그러나 희생물의 피를 바르는 삽혈의 의식은 반복하지 않았다. 제후들은 비록 삽혈의 의식을 행하지 않았지만 모두가 마음속으로 제환공에게 승복했다. 염옹이 시를 지어 노래하였다.

반란과 의심의 춘추시대라는 의견이 분분하지만
초를 물리치고 주왕실을 받들어 천하를 호령했도다.
제환공이 이렇듯 공업을 크게 일으키지 않았더라면
제후 중 누가 삽혈도 없이 믿고 따랐겠는가?

紛紛疑叛說春秋(분분의반설춘추)
攘楚尊周握勝籌(양초존주악승주)
不是桓公功業盛(부시환공공업성)
誰能不歃信諸侯(수능불삽신제후)

20. 봉선불성(封禪不成) 참월천자(僭越天子)
- 봉선을 행하지 못하자 천자의 의례를 범한 제환공 -

이윽고 회맹의 의식을 끝낸 제환공이 갑자기 태재 주공공에게 물었다.
「과인이 듣기에 하상주(夏商周) 삼대에 걸쳐 봉선(封禪)이라는 의식을 행하여 하늘에 제사를 드렸다고 하는데 그 절차가 어떠한지 나에게 말해 줄 수 있겠습니까?」
재공(宰孔)이 대답했다.
「옛날 선인들이 태산에 지내는 제사를 봉(封)이라 하고 태산의 낮은 봉우리인 양보산(梁父山)에 지내는 제사를 선(禪)이라 합니다. 태산에 봉하는 방법은 우선 흙으로 쌓은 제단 위에 제문이 새겨진 폭이 좁은 옥편(玉片)을 금분으로 겉을 칠한 궤 위에 올려놓고 절을 올려 하늘의 은덕에 감사하는 마음을 표합니다. 하늘은 높으니 높은 형상의 땅을 정하여 제사를 올리는 의식입니다. 양보에 선(禪)하는 방법은 형상이 낮은 곳을 택하여 깨끗이 청소한 바닥에 제사를 올립니다. 갯버들로 만든 수레와 수초와 볏짚으로 짠 멍석을 바쳐 제사를 올리고 난 후에 그것들을 모두 묻어 땅의 은혜에 감사하는 마음을 표합니다. 하상주 3대가 천명을 받아 일어나 흥하게 된 일은 모두가 하늘과 땅의 도움에 힘입어서라고 생각하여 아름다운 보은의 제사를 지내는 의식이 이렇듯 전해지게 되었습니다.」
제환공이 듣고 말했다.
「하나라는 안읍[安邑: 현 산서성 운성시(運城市) 경내]에, 상나라는 박[亳: 현 하남성 상구시 경내. 은나라의 발흥지다]에, 주나라는 풍호[豊鎬: 현 섬서성 서안시 근교로 주나라의 도읍지]에 각기 도읍이 있었는데 모두가 태산과는 매우 멀리 떨어져 있었음에도 불구하고 두 산을 찾아가 봉선을 행했습니다. 지금 두 산이 모두 우리 제나라 경내에 위치하고 있으니 내가 천자에게 부탁하여 차제에 봉선을 행해 보고 싶소? 여러분들의 의견은 어떠합니까?」

기고만장하여 스스로 교만한 마음을 갖게 된 환공의 모습을 보고 재공이 말했다.

「군주께서 하고자 하시는데 누가 감히 불가하다고 하겠습니까?」

환공이 말했다.

「오늘은 시간이 이미 늦었으니 내일 다시 모여 의논하도록 합시다.」

제후들이 모두 흩어지자 재공이 관중을 조용히 찾아와 말했다.

「무릇 봉선이라는 의식은 제후의 입장에서 왈가왈부할 성질의 일이 아닌데 중보께서는 어찌하여 한마디도 하지 않고 바라보고만 있으셨습니까?」

관중이 대답했다.

「우리 주군께서는 호승벽이 있으셔서 조용히 간해야만 막을 수 있습니다. 정면에서 반박하게 되면 오히려 일이 더 어렵게 되기 때문에 제가 듣기만 했습니다. 제가 오늘밤에 조용히 찾아가 말씀을 드리려고 하던 참이었습니다.」

이윽고 밤이 되자 관중이 환공을 찾아가 말했다.

「주공께서는 봉선을 정말로 행하실 생각이십니까?」

환공이 의아한 태도로 되물었다.

「어찌하여 못 한단 말입니까?」

「지금까지 봉선을 드린 사람들은 하나라의 무회씨[無懷氏: 중국의 상고시대의 전설에 나오는 제왕의 이름으로 태호 복희씨의 선조라고 했다]부터 주나라 성왕 때까지 과거 천여 년간 72명뿐이었는데 모두가 하늘로부터 계시를 받고 봉선을 행할 수 있었습니다.」

환공이 얼굴에 불쾌한 기색을 띠며 말했다.

「과인이 남쪽으로는 초나라를 정벌하여 소릉(召陵)에 이르렀고 북쪽으로는 산융(山戎)을 정벌하고 영지(令支)로 들어가 고죽국(孤竹國) 왕의 머리를 베었소. 또한 과인이 남정하여 소릉에 이르러 웅산(熊山)[26]을 바라볼 수 있었고, 북쪽으로는 산융(山戎), 이지(離支)[27], 고죽(孤竹)[28]을 정벌하였소. 서쪽으로는 대하(大夏)[29]를 정벌하고 유사(流沙)[30]를 건너 속마현거(束馬懸車)[31]하여 태항산을 넘어 비이산[卑耳山: 산서성 평륙현 서쪽의 벽이산(辟耳山)]에 오르고 돌아왔소. 아직까지 내 말을 거역했던 제후들은 하나도 없었고 또한 과인이 병거를 끌고 제후들과 회합하기를 세 번,

---

26 웅산(熊山): 웅이산(熊耳山)이라고도 하며 진령산맥의 동단으로 이수와 낙수 사이의 북쪽으로는 효산(崤山) 남쪽으로는 복우산(伏牛山)과 접하는 동서 약 150킬로미터의 산맥 이름이다. 주봉은 해발 2,100미터의 전보산(全寶山)이다.

27 이지(離支): 영지(令支)라고도 하며 지금의 하북성 천안현(遷安縣) 서쪽에 있었던 춘추 때 산융족(山戎族)이 세운 이민족 국가다.

28 고죽국(孤竹國): 지금의 하북성 노룡현(盧龍縣) 경내에 있었던 산융적이 세운 이민족 국가다. 백이(伯夷)와 숙제(叔弟)는 고죽국의 왕자였다.

29 대하(大夏): 지금의 산서성 남쪽 일대를 일컫는 말이다. 《백화사기(白話史記)》에는 감숙성(甘肅城) 임조현(臨洮縣) 서북이라고 했으며, 그 외에 《현대어역사기(現代語譯史記)》에는 중앙아시아의 박트리아(Bactria), 그리고 《사기정의(史記正義)》에는 '병주(幷州)의 진양(晉陽)[大夏, 幷州晉陽是也]'이라고 했다. 그러나 여기서의 대하는 《사기정의》에서 말하는 산서성 태원시(太原市) 동쪽의 진양(晉陽)을 가리킨다.

30 유사(流沙): 고대 중국의 서북사막을 일컫는 말로서 통상적으로 감숙성과 신강성의 경계지역을 말한다. 여기서의 유사는 《관자(管子)·소광(小匡)》편에 '서쪽으로 유사(流沙)의 서우(西虞)를 복속시키니 섬진(陝秦)과 융(戎)이 비로소 복종하였다[西服流沙西虞, 而秦戎之從]'의 기사에 따르면 서우국(西虞國)이 위치했던 지금의 산서성 평륙현(平陸縣)을 말한다.

31 속마현거(束馬懸車): 산길을 올라갈 때 말의 발굽을 천으로 싸고 수레를 줄로 묶어 끌면서 산에 오르는 고된 행군 방법을 말한다.

의상행렬을 이끌고 회합하기를 여섯 번, 모두 합하여 제후들과 아홉 번을 회맹하고 천자를 한 번 세워 천하를 바르게 했소. 비록 삼대가 하늘로부터 명을 받았다고 하나 어찌 나보다 더 공덕이 크다고 하겠소? 그리고 태산과 양보산에 봉선하는 의식은 자손들에게 그 공덕을 보이고자 함인데 어찌 불가하다고 하시오?」

「옛날에 하늘로부터 명을 받기 위해서는 먼저 상서로운 징조가 있어야 하고 연후에 제물을 준비하여 태산과 양보산에 봉선을 했기 때문에 그 의식이 매우 성대하게 되었습니다. 한 줄기에 여러 개의 이삭이 달린 기장과 벼가 호상(鄗上)과 북리(北里)[32]의 땅에서 각각 출현한 이후에 태평성대가 이루어졌습니다. 강수와 회수 사이의 땅에서는 세 개의 등줄기를 갖고 있는 띠가 생겨났으니 소위 신령스럽다는 뜻의 영모(靈茅)라고 했습니다. 왕 된 사람이 하늘로부터 명을 받아야만 이런 일이 생겨난다고 해서 옛날부터 책으로 만들어 기록하기도 했습니다. 한편으로는 동해에서는 비목어(比目魚)가 몰려들고 서쪽의 끝에서는 비익조(比翼鳥)[33]가 쌍쌍이 날아왔는데 모두가 상서로운 조짐이었습니다. 그런 것들은 모두 사람이 일부러 불러서 온 것이 아니라 저절로 생겨나고 나타났습니다. 이런 일이 무려 15번이나 되었습니다. 이것을 사서에 기록하여 남긴 이유는 자손이 번성하기를 바라는 마음에서입니

---

32 ① 호상(鄗上): 《사기(史記)·봉선서(封禪書)》에 '호상지서(鄗上之黍)'에 나오는 지명으로 지금의 섬서성 서안(西安) 서쪽의 호수(鄗水) 강안을 가리킨다. 후에 호현(鄗縣)으로 바뀌었다. ② 북리(北里): 《사기·봉선서》의 '古之封禪(고지봉선), 鄗上之黍(호상지서), 北里之禾(북리지화) 所以爲盛(소이위성)'에 나오는 지명으로 북리의 위치는 미상이다.

33 비목어(比目魚)는 눈이 하나밖에 없어 두 마리가 함께 다녀야만 앞으로 나갈 수 있다는 전설상의 물고기이고 비익조(比翼鳥)는 암수가 다 눈이 하나, 날개가 하나인 새로 늘 날개를 나란히 해야만 하늘을 날 수 있다. 모두가 부부간의 좋은 금슬을 이야기할 때 사용하는 말이다.

다. 그런데 지금은 봉황이나 기린은 나타나지 않고 오히려 날아드는 것들은 흉악한 솔개와 올빼미들뿐입니다. 한 줄기에 이삭이 여러 개 달린 가화(嘉禾)는 생겨나지 않고 번식하는 거라고는 잡초와 쑥대풀뿐입니다. 사정이 이러함에도 봉선을 기어이 행하신다면 열국의 제후들과 식자들이 주군을 보고 비웃지나 않을까 두려울 뿐입니다.」

제환공이 듣고 아무 말도 하지 않았다. 다음 날이 되어서도 봉선에 대해서는 더 이상 언급하지 않았다.

회맹을 끝내고 본국으로 돌아온 제환공은 자기의 공이 높다고 스스로 생각하여 궁궐을 크게 증축하고 장식을 화려하게 꾸몄다. 또한 자신의 수레와 복식 및 호위하는 시종들은 모두 주왕실의 제도를 따라 천자와 똑같이 시행하게 했다. 제나라의 사대부들은 참람하게 천자의 의식을 따르는 환공을 뒤에서 비난했다. 관중도 덩달아 자기의 부중에 거대한 삼층 누각을 짓고 이름을 삼귀대(三歸臺)라고 했다. 즉 백성들이 따르고 제후들이 따르고 사방의 오랑캐들이 따른다는 뜻이었다. 또한 궁궐과 시정 사이에 장막을 치고 문을 만들어 안과 바깥을 가리고는 반점(反坫)을 만들어 열국의 사신들을 접대하게 했다. 괴이하게 생각한 포숙이 관중을 찾아와서 비난했다.

「어찌하여 주군이 사치한다고 해서 자네도 사치하고 주군이 참람한 행동을 한다고 해서 자네도 같이 따라서 할 수 있단 말인가? 군주를 간하여 막지는 못할망정 덩달아 같이 하는 자네를 도저히 이해할 수 없네.」

관중이 변명했다.

「주군은 지금까지 온갖 고생을 마다 않고 공업을 이루어 난시 한때나마 즐거움을 누릴 수 있게 했을 뿐이네. 만약 예만을 주장하여 주군을 속박하면 고통스럽게 생각하고 나태한 생활에 젖어들 뿐이네. 내가 같이 덩달아 이렇게 하는 이유도 역시 주군께 쏟아질 비난을 조금이나마 나누기 위해서일세.」

포숙아가 입으로는 그럴 수도 있다고 말했지만, 마음속으로는 관중이 잘못하고 있다고 생각했다.

한편 주나라의 태재 주공공이 규구에서 회맹의 의식을 끝내고 헤어져 귀국하는 도중에 우연히 회맹에 참석하고자 오고 있던 당진의 헌공(獻公)을 만났다. 재공이 헌공을 보고 말했다.

「회맹은 이미 끝났습니다.」

헌공이 발을 구르며 한탄하였다.

「우리 당진국은 중원에서 멀리 떨어져 있어 회맹에 시간을 맞춰 도착하지 못하고 말았습니다. 중원 제후들의 성대한 모임을 보지 못하게 되었으니 그것은 아마도 나와는 인연이 없는 듯합니다.」

「군주께서는 안타까워하실 필요가 없습니다. 지금 제후가 공을 스스로 높여 교만한 마음을 품고 있습니다. 무릇 달이 차면 기울고, 그릇에 물이 차면 넘치게 됩니다. 제나라도 이와 같이 기울고 넘치게 되었으니 군주께서 스스로 보중하여 때를 기다리시기 바랍니다. 어찌 상심하실 필요가 있겠습니까?」

당진의 헌공은 즉시 수레를 서쪽으로 돌렸으나 돌아오는 도중에 병이 나서 진나라에 당도하자마자 죽었다. 헌공이 죽자 진나라는 크게 어지러워져 내란이 연이어 발생했다.

21. 병탑계흉(病榻戒兇)
  - 병상에서 삼흉(三兇)에 대한 경계를 유언하는 관중 -

제환공 38년은 규구의 회맹을 행한 지 3년째 되는 해로 기원전 648년이다. 이해에 주나라의 왕자대(王子帶)가 융·적(戎翟)과 내통하여 주나라를 공격했다. 환공이 관중을 시켜 융과 주나라 사이를 화해하게 만들었다. 주양왕이 관중에게 조현을 행할 때 상경(上卿)에 해당하는 예로써 하라고 명하자 관중이 머리를 조아리며 말했다.

「신은 배신[陪臣: 제후의 신하가 천자에게 스스로를 칭할 때 쓰는 용어다]이온데 어찌 감히 상경이 취하는 예를 행할 수 있겠습니까?」

관중이 세 번을 사양하고 결국은 하경(下卿)이 행하는 예를 따라 천자를 조현하였다.

그리고 2년 후에 왕자대가 주나라에서 쫓겨나 제나라로 도망쳐 왔다. 제나라가 중손추를 보내 왕자대를 대신하여 용서를 청했으나 천자가 화를 내며 허락하지 않았다.

다시 다음 해인 기원전 645년 81세의 관중이 노환으로 병이 나서 자리에 눕더니 일어나지 못했다. 친히 병문안을 온 제환공이 관중의 신색이 파리하게 여위었음을 보고 그의 손을 붙잡으며 말했다.

「중보의 병이 매우 중한 듯합니다. 불행히 일어나지 못한다면 과인은 장차 누구에게 정사를 맡겨 나라를 다스려야 되겠습니까?」

그때는 이미 영척과 빈수무가 세상을 뜬 후였다. 관중이 한탄하면서 말했다.

「영척이 먼저 죽어 진실로 애석한 일입니다.」

「죽은 영척 말고 다른 사람은 어떻습니까? 내가 포숙아를 중보의 후임으로 재상에 제수하려고 하는데 어떻게 생각하십니까?」

「포숙아라는 사람은 군자라 정사를 맡기면 안 됩니다. 그의 성격은 좋고 나쁜 것이 분명하여 무릇 좋은 것은 한없이 좋아하고 싫어하는 것은 무조건 배척합니다. 그런 사람이 어찌 정사를 감당하겠습니까? 포숙아는 사람의 나쁜 면을 일단 한번 보면 평생토록 잊지 못합니다. 그것이 그의 큰 단점이라고 할 수 있습니다.」

「그렇다면 습붕은 어떻습니까?」

「습붕이라면 가합니다. 습붕은 아랫사람에게 묻는 일을 부끄러워하지 않으며 그는 집에 있을 때에도 공사(公事)를 잊지 않는 사람입니다.」

관중이 말을 마치고 한탄하더니 다시 말을 이었다.

「하늘이 습붕을 낳게 하여 이 이오를 위하여 혀 노릇을 하도록 했습니다. 몸통이 죽는데 어찌 혓바닥만이 홀로 온전할 수 있겠습니까? 주군께서는 습붕을 오래도록 쓰실 수 없을 겁니다.」

「그렇다면 역아(易牙)는 어떻습니까?」

「주군께서 하문하지 않았더라도 제가 말씀드리려고 했습니다. 역아, 수초(竪貂), 개방(開方) 이 세 사람은 절대로 가까이 두어서는 안 됩니다.」

「역아는 그의 자식을 삶아 요리를 하여 나의 입맛을 돋우었습니다. 그는 나를 자식보다 더 사랑하고 있는데 어찌하여 아직도 그를 의심하십니까?」

「사람의 정 중에는 자식 사랑을 제일 중하게 여깁니다. 자기 자식에게조차 그처럼 잔인하게 했는데 하물며 주군에겐들 어찌 잔인하게 대하지 않겠습니까?」

「그렇다면 수초는 궁궐 안으로 드나들기 번거롭다고 자기 스스로를 거세하여 나의 곁에 머물면서 지성으로 받들고 있습니다. 이것은 나를

그림 15 관이오병탑논상(管夷吾病榻論相)

자기 몸보다도 더 사랑하고 있음을 말합니다. 아직도 그를 의심하고 있습니까?」

「사람에게는 자기 몸에 대한 사랑만큼 중요한 정은 없습니다. 그가 자신의 몸에 대해 그렇게 잔인하게 대했는데 어찌하여 주군에겐들 잔인하게 대하지 않으리라고 생각하십니까?」

「그렇다면 개방은 어떠합니까? 그는 천승(千乘)의 나라인 위나라의 태자였는데 그 자리를 마다하고 신하가 되어 나를 섬기고 있으면서 과인으로부터 받는 총애를 무한한 행복으로 생각하고 있는 사람입니다. 그의 부모가 죽었음에도 가서 조상을 하지 않았으니 이것은 과인을 자기 부모보다도 더 사랑하고 있음을 뜻합니다. 더 이상 의심하지 마십시오.」

「사람에게 있어서 자기의 부모만큼 친한 정은 없습니다. 자신의 부모에게조차 잔인한 사람이니 어찌 주군에겐들 잔인하게 대하지 않겠습니까? 또한 천승국의 군주가 되는 일은 사람이 바라는 가장 큰 소망이라고 할 수 있습니다. 천승국의 군주 자리를 버리고 주군을 따랐으니 그가 바라는 바는 천승국보다 훨씬 큰 나라입니다. 그런 사람을 가까이 두신다면 틀림없이 우리 제나라를 어지럽힐 겁니다.」

「그렇다면 이 세 사람은 나를 받든 지 이미 오래되었는데 중보께서는 어찌하여 지금까지 평소에 한 말씀도 하시지 않으시다가 지금에서야 멀리하라고 하십니까?」

「신이 평소에 말씀을 드리지 않았던 이유는 그 세 사람으로 인해 기쁨을 누리시는 주군을 방해하고 싶지 않아서였습니다. 이것을 물에 비유한다면 신은 주군을 위해 제방 역할을 하여 물이 마르거나 넘치게 하지 않게 했다고 할 수 있습니다. 지금 제방이 무너지려고 하니 장차 옆구리로 새어 흐르는 물이 환난(患難)의 근원이 되려고 합니다. 바라옵건대 전하께옵서는 부디 그 세 사람을 멀리하시어 앞으로의 일에 낭패를 보지 않도록 하십시오.」

22. 염사포숙(廉士鮑叔)
 – 부정과 불의를 참지 못하는 포숙 –

　제환공은 관중의 말에 명쾌하게 대답하지 않고 물러 나와 궁으로 돌아갔다. 그때 옆에서 두 사람의 대화를 들은 사람 하나가 역아에게 전했다. 역아가 다시 포숙을 찾아가 말했다.
「중보는 대감이 천거했기 때문에 제나라의 재상이 될 수 있었습니다. 지금 병석에 누운 관중에게 주군께서 왕림하시어 그의 후임을 물었습니다. 그러자 관중이 대감에게는 정사를 맡기면 안 된다고 하면서 습붕을 천거했습니다. 중보의 처사가 매우 불공평하다고 생각하지 않으십니까?」
　포숙아가 웃으면서 답했다.
「그렇기 때문에 내가 관중을 주군에게 힘들여 천거했소. 관중은 친구라 할지라도 사사로운 마음을 버리고 오로지 나라에 충성했소. 무릇 주공께서 이 포숙아에게 망녕된 자들을 쫓아내라고 사구(司寇)의 벼슬을 시켰기에 그대들이 다소간에 숨 쉴 여유가 있었지만, 만약에 나에게 국정을 맡겼더라면 그대들이 발붙일 땅이 한 뼘이라도 남아 있었겠소?」
　역아가 얼굴을 크게 붉히고는 물러갔다. 다음 날 환공이 다시 왕림했으나 관중은 말을 할 수가 없었다. 포숙아와 습붕이 흐르는 눈물을 멈추지 못했다. 그날 저녁 관중이 죽었다. 환공이 곡을 하며 애통해했다.

「슬프도다. 중보여! 하늘이 나의 한쪽 팔을 잘라 갔구나!」

제환공은 상경 고호(高虎)를 감독으로 명하여 관중의 장례를 성대하게 치르게 했다. 관중에게 내린 채읍은 모두 그의 아들이 물려받게 하고 대대로 대부의 벼슬을 잇게 했다. 역아가 대부 백씨(伯氏)에게 말했다.

「옛날 주군께서 병읍[駢邑: 현 산동성 유방시(濰坊市) 경내]에 있던 그대의 식읍 300호를 빼앗아 관중에게 상으로 주었습니다. 지금 관중이 이미 죽었는데 어찌하여 주군에게 고하여 그 식읍을 돌려달라고 하지 않습니까? 대부께서 말씀하신다면 제가 옆에 있다가 거들어 드리겠습니다.」

백씨가 관중의 죽음을 슬퍼하는 마음에 눈물을 머금고 말했다.

「내가 나라에 세운 공이 없어 식읍을 잃었습니다. 중보가 비록 죽었다 하나 그가 세운 공은 아직 없어지지 않았는데 내가 무슨 면목으로 식읍을 돌려달라고 주군께 청하겠습니까?」

역아가 한탄하면서 말했다.

「관중은 죽었지만 식읍을 빼앗긴 백씨조차도 능히 마음속으로 복종하게 했으니 우리 같은 사람은 진실로 소인배에 지나지 않구나!」

한편 환공은 관중이 죽을 때 남긴 유언에 따라 습붕을 관중의 후임으로 재상에 임명하여 정사를 맡겼다. 그러나 습붕도 관중이 죽고 나서 한 달도 채 안 되어 병이 들어 죽었다. 환공이 말했다.

「과연 중보는 성인이로다. 어떻게 하여 습붕이 나와 오래 지내지 못하리라는 사실을 알 수 있었단 말인가?」

제환공이 다시 포숙을 불러 습붕의 뒤를 이어 제나라의 정사를 맡기려고 했으나 포숙은 한사코 고사했다. 환공이 말했다.

「지금 조당에 관중의 뒤를 이어 국정을 맡을 만한 사람이 경 말고 따로 있습니까?」

「신은 선만을 좋아하며 악을 싫어하는 호오(好惡)가 분명한 사람이라는 사실을 전하께서도 잘 알고 계십니다. 주군께서 저를 꼭 쓰시겠다고 하신다면 역아, 수초, 개방 세 사람을 멀리 내치시기 바랍니다. 그리하신다면 제가 주군의 명을 받들겠습니다.」

「중보가 당부한 말인데 어찌 내가 경의 말을 따르지 않겠습니까?」

제환공은 당일로 세 사람을 파직하여 쫓아낸 후 다시는 궁 안에 들어오지 못하게 했다. 환공의 명을 받고 재상의 자리에 오른 포숙이 제나라 정사를 맡아 보게 되었다. 각국의 제후들이 변함없이 제후의 영을 받든 이유는 포숙을 임용하고 관중이 지난날에 만들어 놓은 정령을 바꾸지 않았기 때문이었다.

23. 삼흉득령(三凶得逞)
- 제환공의 부름을 받아 총애를 다시 찾은 제나라의 삼흉 -

제환공은 포숙아에게 정사를 위임하고 관중의 유언을 따라 수초, 역아 및 개방 세 사람을 궁중에서 쫓아냈지만 먹는 음식은 입맛에 맞지 않고, 밤중에는 잠을 잘 이루지 못했으며, 입에서는 즐거운 말이 나오지 않고 얼굴에는 웃음을 지을 수가 없었다. 장위희가 보고 환공에게 말했다.

「주군께서 수초 등을 내치신 후에는 국정도 돌보시지 못하시고 용안은 날이 갈수록 수척해지고 있습니다. 좌우에 모시고 있는 시자들이 주군의 뜻을 잘 살피지 못하기 때문인 듯합니다. 어찌하여 그들을 불러 시중을 들라 하지 않으십니까?」

「과인 역시 그 세 사람을 데려오고 싶은 마음이 간절하오. 그러나 이미 쫓아낸 그들을 다시 부른다면 포숙의 뜻을 거스르게 되지나 않을까 걱정되기 때문이오.」

「포숙인들 좌우에 시자를 어찌 데리고 있지 않겠습니까? 하물며 주군께서는 이미 연로하셨는데 어찌하여 스스로 이렇듯 스스로 고통을 당하고 계십니까? 주군께서는 단지 입맛을 돋우는 요리가 먹고 싶다고 하시면서 먼저 역아를 불러들이십시오. 그리되면 나머지 두 사람은 자연히 역아를 통해 궁궐에 출입시킬 수 있습니다. 공연히 개방과 수초를 한꺼번에 불러 번거롭게 할 필요는 없습니다.」

환공이 장위희의 말을 좇아 역아를 불러 요리를 하여 바치게 했다. 포숙아가 알현을 청하여 들어가 간했다.

「주군께서는 벌써 중보의 유언을 잊으셨으니까? 어찌하여 역아를 불러들이셨습니까?」

「역아 등의 세 사람은 나에게 즐거움을 줍니다. 나라에 아무런 해를 끼치지 못하게 하겠습니다. 중보의 유언이 너무 과하다고 생각하지 않으십니까?」

제환공은 끝내 포숙아의 간언을 받아들이지 않고 개방과 수초마저도 같이 불러 궁으로 다시 들어오게 했다. 환공의 부름을 받고 옛날의 직위를 다시 찾은 세 사람은 환공의 곁에서 시중을 들었다. 포숙은 환공이 자기의 말을 듣지 않고 세 사람을 다시 궁중에 불러들여 곁에 두자 화를 참지 못하고 병이 나서 죽고 말았다. 제나라는 이때부터 크게 흔들리기 시작했다.

제환공의 부름을 받은 수초, 옹무와 개방 세 사람은 환공의 나이가 이미 80이 넘어 무능해지고 더욱이 포숙마저 세상을 떠나자 아무것도 거리낌 없이 모든 일을 제멋대로 하기 시작했다. 세 사람에게 복종하는 자는 모두 귀하거나 부자가 되고 그들을 거스르면 죽거나 쫓겨났다.

환공에게는 세 사람의 정부인이 있었는데 주나라의 왕녀인 왕희(王姬), 서(徐)나라에서 온 서희(徐姬), 그리고 채후의 딸 채희(蔡姬)였다. 그러나 그녀들에게는 모두 소생이 없었다. 왕희와 서희가 연이어 일찍 죽고 채희는 물놀이하다가 환공의 노여움을 사서 채나라로 쫓겨 갔기 때문에 정부인의 자리는 비어 있었다. 환공은 그 세 명의 정부인 밑에 다시 준부인에 해당하는 여섯의 부인을 두었다. 여섯 명 모두는 환공의 총애를 받아 그 대우가 정부인과 다름이 없었기 때문에 사람들이 준부인이라 불렀다. 여섯의 준부인은 모두 한 명의 아들을 각각 낳았다. 제1위 부인 장위희(長衛姬)는 공자 무휴(無虧)를, 제2위부인 소위희(小衛姬)는 공자 원(元)을, 제3위부인 정희(鄭姬)는 공자 소(昭)를, 제4위부인 갈영(葛嬴)은 공자 반(潘)을, 제5위부인 밀희(密姬)는 공자 상인(商人)을, 제6위부인 송화자(宋華子)는 공자 옹(雍)을 낳았다. 그 밖의 첩과 몸종들에게 난 자식들이 많이 있었으나 여섯 명의 준부인 소생들 외는 후계자로서 의중에 두지 않았다. 그 준부인들 중 오직 장위희가 환공을 모신 지 가장 오래되었기 때문에 그녀 소생인 무휴 역시 여섯 공자 중 나이가 가장 많았다. 일찍부터 환공의 총애를 받고 있던 옹무와 수초는 장위희와 서로 사이가 좋았다. 그래서 두 사람이 장위희의 소생인 무휴를 후계자로 천거하자 환공이 그렇게 하겠다고 약속했었다. 후에 다시 공자소(公子昭)가 현명하다는 사실을 알고 사랑하게 된 환공은 후계자를 바꾸기로 마음을 바꾸었다. 그래서 옛날 규구의 회맹 때 관중과 상의한 환공은 공자소를 태자로 삼고 송양공(宋襄公)에게 후견을 부탁해 놓은 바가 있었다. 위나라 태자 출신 개방은 두 사람의 생각과는 달리 공자 반과 친하여 역시 반을 세우려는 계획을 갖고 있었다. 또한 밀희의 소생 공자상인은 성격이 남에게 무엇인가를 베풀기를 좋아하는 성격으로 백성들로부터 얼마간의 민심을 얻고 있었다. 더욱이 그의 생모 밀희도 환공에게 총애를 받고 있었기 때문에 마음속 한구석에 은연중 세자 자리를 엿보고 있었다. 여섯 공자 중 단지 공자옹만이 모친의 출신이 미천하여 자기 분수를 지켜 욕심을 내지 않았다. 공자옹을 제외한 다섯 명의 공자들은 각기 사당을 결성하여 상호 간에 서로 시기하여 마치 다섯 마리의 큰 독충이 각기 자신의 이빨과 발톱을 감추고는 사람이 다가오면 달려들어 할퀴고 물어뜯을 기세였다.

　환공이 비록 당대의 영명한 군주였으나 그가 수십 년간 모든 제후들을 거느리면서 패자의 지위에 있었기 때문에 항상 자기 스스로 만족해 온 사람이었다. 그래서 칼도 오래 쓰면 날이 무디어지고 나이가 들면 총기가 흐려진다는 사실을 알지 못했다. 더욱이 주색에 지나치게 탐닉하여 마음이 흐려져 욕심을 자제하지 못했다. 그의 나이가 이미 80이 넘어 몸은 더욱 쇠약해지고 마음은 자연히 혼미해져 게으르게 되었다. 설상가상으로 관중이 죽을 때 가까이하지 말라고 경고한 세 사람을 다시 불러 측근에 두어 자신의 이목을 스스로 가리게 만들었다. 그는 단지 즐거운 일만 알았지 근심스러운 일은 알지 못하고, 충성스러운 말에는 귀를 안 기울이고 참언만을 좇았다. 다섯 명의 공자들이 각기 자기의 모친을 동원하여 환공에게 태자의 자리를 구하게 하였으나 환공은 단지 애매한 대답을 할 뿐 어떻게 처리하겠다는 뜻을 분명하게 밝히지 않았다. 그래서 "사람은 먼 앞날에 대한 대비가 없으면 그 근심거리는 반드시 가까운 곳에서 맞게 된다"[34]라는 말이 생기게 되었다.

34　人無遠慮(인무원려), 必有近憂(필유근우)

24. 신의편작(神醫扁鵲)

그때 정나라에 편작(扁鵲)이라는 유명한 의원 한 사람이 살고 있었다. 성은 진(秦)이고 이름은 완(緩)에 자는 월인(越人)이라 했다. 후에 정나라에서 이주하여 제나라의 노촌[盧村: 현 산동성 장청현(長淸縣) 경내]이라는 곳에 살았기 때문에 사람들은 노의(盧醫)라고 불렀다. 그는 젊었을 때 여사(旅舍)를 열어서 먹고살았다. 그러던 어느 날 장상군(長桑君)이라는 사람이 찾아와 진완이 운영하는 여사에 묵었다. 장상군이 이인이라는 사실을 알아차린 진완은 괴팍한 성격의 그에게 아무런 불평도 하지 않으며 극진히 대접했다. 장상군이 편작의 여사에 10여 년을 드나들다가 어느 날 편작을 은밀히 불러 자기 앞에 앉히고 말했다.

「나에게는 의술에 대한 비방(祕方)이 있다. 내가 나이가 이미 늙어 그것을 그대에게 전해 주려고 한다. 그대는 절대 이 사실을 다른 사람에게 발설하지 말라.」

「삼가 말씀을 따르겠습니다.」

이어서 장상군이 품속에서 주머니를 꺼내어 그 속에 든 약을 편작에게 주면서 말했다.

「이 약을 먹을 때 풀잎에 맺힌 이슬을 받아서 함께 마시면 30일 만에 모든 사물을 꿰뚫어 볼 수 있게 된다.」

장상군이 그의 비방이 적힌 의서를 모두 편작에 건네주고는 홀연히 사라져 버렸다. 장상군이 건네준 신약(神藥)을 먹은 진완의 눈은 마치 거울처럼 밝아졌다. 어두운 곳에서도 능히 귀신을 볼 수 있게 되었고 사람이 비록 담장 뒤에 숨어 있어도 역시 진완의 눈은 피할 수 없었다. 진완이 병자를 볼 때는 사람의 몸속에 있는 오장육부까지 훤히 밝아져

볼 수 없는 것이 없었다. 또한 진완은 특히 진맥을 잘 보아 이름이 나기 시작했다. 옛날 황제(黃帝) 헌원(軒轅)과 같은 시대에 의약에 정통한 편작(扁鵲)이라는 사람이 살았다고 했다. 노의가 병을 고치는 수단이 매우 고강하다는 사실이 세상에 알려지자 사람들은 노의를 편작에 견주다가 후에는 편작이라고 불렀다.

25. 기사회생(起死回生)
- 편작이 죽은 사람을 살려내다 -

그 후에 편작이 괵국(虢國)을 지나가게 되었는데 그때 마침 태자가 죽었다. 편작이 괵국의 성문 밑에 당도하여 방중술을 좋아하던 괵국(虢國)의 중서자(中庶子)[35]를 만나 물었다.

「태자는 무슨 병으로 죽었습니까? 온 나라 안이 잡귀를 물리쳐 태자의 병을 고치려고 올리는 제사로 크게 소란합니다.」

중서자가 대답했다.

「태자의 병은 혈액 순환과 호흡이 일정치 않아 서로 뒤엉키어 밖으로 내보내지 못하고 폭발한 결과 내상을 입어 생긴 병입니다. 정신으로 제어하지 못한 사기(邪氣)가 몸 안에서 계속 쌓여 밖으로 발산하지 못했습니다. 그래서 양(陽)은 느리고 음(陰)은 급하게 되어 갑자기 쓰러져 죽게 되었습니다.」

---

35 중서자(中庶子): 주나라 때의 관직명이다. 제후들과 경대부들 소생의 서자(庶子)들만을 맡아 교육시키던 관서의 장이다. 전국 때 상앙(商鞅)이 진나라로 들어갈 때 위(魏)나라의 중서자였다. 서한 때는 태자부(太子府)에 속해 태자중서자(太子中庶子)라고 칭했다. 그 직책은 시중(侍中)과 같아 태자를 따라 다니며 곁에서 모셨다. 봉록은 1년에 600석이었다.

「태자가 죽은 지 얼마나 되었습니까?」

「오늘 아침 새벽 첫닭이 울었을 때였습니다.」

「시신은 염을 했습니까?」

「아직 안 했습니다. 태자가 죽은 지 아직 반나절도 안 되었습니다.」

「나는 발해(渤海)에서 온 이름은 진완(秦緩)이고 자는 월인(越人)이라고 하는 사람입니다. 발해의 노읍(盧邑) 땅에 있는 집에 살면서 태자의 위광(威光)을 존경해 왔으나 아직 만나 뵙지 못했습니다. 태자께서 불행히도 돌아가셨다고 하나 제가 능히 살릴 수 있을지도 모르겠습니다.」

「선생은 허망된 말을 하시지 마십시오. 어떻게 이미 죽은 사람을 살릴 수 있단 말입니까? 제가 알고 있는 바는 옛날 상고 시대 때 유부[踰跗: 중국 상고시대 의 황제(黃帝) 때 전설적인 의원]라는 의원이 병을 치료하는데 탕액(湯液)이나, 예쇄(醴灑), 참석(鑱石), 교인(撟引), 안올(案扤), 독위(毒熨)[36] 같은 것도 없이 잠시 옷을 풀어 헤쳐 병세를 살폈으며, 오장의 수혈에 따라 피부를 잘라 살을 열어 막힌 맥을 소통시키고 끊어진 힘줄을 이을 수 있었고, 뇌수를 안마하여 황막[荒幕: 황(荒) 황(肓)으로, 막(幕)은 막(膜)과 통한다. 즉 흉격(胸膈)을 말한다]을 씻어 통하게 하고 장과 위와 함께 오장도 깨끗이 씻어 정신을 다스리어 신체를 조정했다고 했습니다. 선생의 의술이 그와 같은 경지에 도달해 있다면 혹시 죽은 태자를 살릴 수도 있겠으나, 할 수도 없으면서 태자를 살려낼 수 있다고 말한다면 어린아이도 믿지 않을 겁니다.」

편작이 중서자의 말을 듣고 한참 동안 대답하지 않고 있다가 이윽고

---

36 ① 예쇄(醴灑): 단술과 묽은 술. ② 참석(鑱石): 돌로 만든 침. ③ 교인(撟引): 신체를 안마 굴신하여 강건하게 하는 도가(道家)의 술(術). ④ 안올(案扤): 몸을 주물러 피로를 다스리는 것. 곧 안마를 말한다. ⑤ 독위(毒熨): 병독이 있는 곳에 눌러 붙이는 약물로 곧 고약이다.

하늘을 쳐다보며 한탄의 말을 했다.

「대부께서 말한 의술이란 대나무 구멍을 통하여 하늘을 쳐다보는 격이며 깨진 틈 사이로 아름다운 그림을 보는 행위와 같습니다.[37] 이 월인(越人)의 의술은 맥을 짚어 보거나, 얼굴빛을 살펴본다거나, 소리 같은 것을 듣지 않고도 그 병이 어디 있는지를 말할 수 있습니다. 병이 양(陽)에 있다는 사실을 알게 되면 그 음(陰)을 미루어 알 수 있고, 음에 있다는 사실을 알게 되면 그 양에 대해 논할 수 있습니다. 병의 징후는 표면에 드러나므로 천 리 밖에 나가 보지 않아도 무슨 병이라고 결론을 내릴 수 있는 경우가 지극히 많은데, 구태여 한쪽 각도에서만 쳐다볼 필요는 없습니다. 대부께서 나의 말이 믿겨지지 않는다면 한번 시험 삼아 저에게 진맥을 보게 하십시오. 마땅히 그의 귀에는 소리가 울리고, 코는 벌렁거리고 있을 겁니다. 그의 두 다리를 어루만지면서 음부에 이르게 되면 아직도 따뜻한 온기가 남아 있을 겁니다.」

중서자가 편작의 말을 듣더니 눈에는 현기증을 일으킨 듯 눈까풀을 껌벅거리지도 못하고, 혀는 입천장에 붙어 버린 듯 움직이지 못할 정도로 깜작 놀란 표정을 지었다. 중서자가 궁궐 안으로 들어가 편작의 말을 괵나라 군주에게 고했다. 괵군이 매우 놀라 궁궐 문 앞으로 달려 나와 편작을 보고 말했다.

「평소에 선생의 명성을 들은 지 오래나 아직까지 존안을 뵐 수 있는 기회를 갖지 못했습니다. 이렇게 선생께서 우리 괵과 같은 작은 나라를 방문해 주시어 태자의 병에 대해 말씀해 주시니 변방에 치우친 나라의 군주와 신하들에게는 참으로 다행스러운 일이라 하겠습니다. 이제 선

---

37 以管窺天(이관규천), 以隙視文(이극시문)

생이 오셨으니 죽은 태자가 살아나겠지만, 만약 선생이 오시지 않았더라면 계곡에 버려져 영원히 살아나지 못할 뻔했습니다.」

 괵군이 말을 미처 마치지도 못하고 한탄하는데, 가슴이 막히고, 혼백과 정신이 흩어지듯, 자꾸만 흐르는 눈물은 눈썹을 적시고, 스스로를 억제하지 못하여 얼굴 모습은 일그러져 비통한 마음을 멈추지 못했다. 편작이 보고 말했다.

「태자가 걸린 병은 소위 시궐(尸厥)이라는 이름의 병입니다. 그것은 양기가 음기 속에 들어가 위를 움직이고, 중경(中經)과 유락(維絡)[38]을 얽혀 막히게 하고, 한편 삼초(三焦)[39]의 방광 부분까지 내려앉았습니다. 그 때문에 양맥(陽脈)은 아래로 떨어지고 음맥(陰脈)은 위에서 다투며 회기(會氣)[40]는 닫혀 통하지 못하게 되었습니다. 음맥은 위로 올라가고, 양맥은 몸속을 순행하여 아래로 내려와 고동은 하지만 일어나지 못합니다. 그래서 음기는 바깥으로 올라가 끊어져서 음기로서의 역할을 하지 못하고 있습니다. 사람의 몸 윗부분에는 양기와 단절된 낙맥(絡脈)이 있고 아래에는 음기가 끊어진 적맥(赤脈)이 있습니다. 음기가 부서지고, 양기와 끊어진 맥이 어지러워졌기 때문에 몸은 움직이지 않고 죽은 것처럼 되었지만 아직 완전히 죽었다고 할 수 없습니다. 대체로 양이

---

38 중경(中經)은 몸속에 있는 경맥을 말하고 유락(維絡)은 피부와 근육 사이에 있는 맥락(脈絡)이다.

39 삼초(三焦): 위의 윗부분을 상초(上焦), 중간 부분을 중초(中焦), 방관이 있는 아랫부분을 하초(下焦)라 한다.

40 회기(會氣): 팔회(八會) 중의 하나다. 팔회란 태창(太倉)인 부회(府會), 계협(季脇)인 장회(藏會), 양릉천(陽陵泉)인 근회(筋會), 절골(絶骨)인 수회(髓會), 격유(膈兪)인 혈회(血會), 대저(大杼)인 골회(骨會), 대연(大淵)인 맥회(脈會), 삼초(三焦)인 회기(會氣) 등이다.

음의 지란장(支蘭藏)[41]에 들어가면 사람은 죽습니다. 이러한 여러 가지 일들은 다 오장이 몸속에서 역상(逆上)할 때에 갑자기 일어납니다. 훌륭한 의원은 증세를 잡아내지만 평범한 의원들은 의심하고 위태롭다고 생각합니다.」

편작은 제자 자양(子陽)을 시켜 침(針)을 숫돌에 갈게 하고, 그것으로 몸의 외부에 있는 삼양(三陽)과 오회(五會)[42]를 찔렀다. 이윽고 얼마간의 시간이 지나자 태자가 소생했다. 편작이 다시 또 다른 제자 자표(子豹)를 시켜 오분(五分)의 고약을 바르고 팔감(八減)의 방법으로 약제를 처방하여 번갈아 가며 두 겨드랑이 밑에 바르게 하였다. 태자가 침상에서 일어나 좌정했다. 다시 태자의 양기와 음기를 조절하고, 탕약을 20여 일간 먹이니 본래의 건강을 찾게 되었다. 이 일로 인하여 세상 사람들이 편작은 능히 죽은 사람도 살려낼 수 있다고 말하게 되었다. 그러나 편작은 자기가 태자를 살린 일에 대해 다음과 같이 말했다.

「나라고 해서 어찌 죽은 사람을 살릴 수 있었겠는가? 그것은 스스로 살 수 있는 사람을 내가 일어나게 했을 뿐이다.」

---

41 지란장(支蘭藏): 모든 혈맥을 통틀어 일컫는 말. 지는 순절(順節), 란은 횡절(橫節)을 말하며 경맥(經脈)과 지맥(支脈)을 말한다.

42 ① 삼양(三陽): 사람의 수족에는 각각 삼양(三陽)과 삼음(三陰)이 있다. 삼양은 즉 태양(太陽), 소양(少陽), 양명(陽明)으로 맥의 이름이다. ② 오회(五會): 인체에 병근(病根)이 잠복할 수 있는 다섯 곳의 명칭으로 백회(百會), 흉회(胸會), 청회(聽會), 기회(氣會), 노회(臑會) 등이다.

26. 병입고황(病入膏肓)
- 의원의 치병을 무시하여 병이 고황에 이른 제환공 -

제나라에 들러 제환공(齊桓公)의 손님이 되어 공관에 묵고 있던 편작이 조당에 들렀다가 환공을 살펴보더니 말했다.

「군주님께서는 피부와 근육 사이에 질환이 있습니다. 치료하지 않으면 장차 깊어질 겁니다.」

그러나 환공은 편작의 말을 믿지 못하고 말했다.

「과인은 병이 없습니다.」

편작이 조당 밖으로 물러나가자 환공이 좌우의 신하들에게 말했다.

「의원이라는 사람이 상금 탐하기를 심하게 하여 병이 없는 사람에게 병이 있다고 말해 공을 얻으려고 한단 말인가?」

그리고 5일 후에 편작이 다시 조당에 나와 환공을 살펴보고 말했다.

「군주님의 병은 이제 혈맥에 있게 되었습니다. 빨리 치료하지 않으면 병이 깊어집니다.」

환공은 아무 말도 하지 않았다. 그러고 나서 다시 5일 후에 편작이 조당에 나와 환공을 보고 말했다.

「군주님의 병은 이제 위장 사이에 있습니다. 치료하지 않으면 장차 저로서도 어쩔 수 없습니다.」

환공은 그래도 아무 말도 하지 않았다. 편작이 나가자 환공은 편작에 대해 매우 불쾌하게 생각했다. 그 후 5일 후에 편작이 조당에 나와 환공을 살펴보더니 아무 말도 하지 않고 행장을 꾸려 다른 나라로 길을 떠나 버렸다. 환공이 사람을 시켜 그의 뒤를 따라가 까닭을 물어보게 했다. 편작이 대답했다.

「병이 피부에 있을 때는 탕약과 바르는 고약(膏藥)으로 치료할 수 있습니다. 그 병이 깊어져 혈맥에 있게 되면 침을 사용하여 치료할 수 있습니다. 그리고 병이 장과 위 사이에 있게 되면 의술을 이용하면 됩니다. 그러나 병이 골수(骨髓)에 들어가게 되면 설혹 그 의원이 사람의 생명을 관장하는 신일지라도 어찌할 수가 없는 법입니다. 지금 군후의 병이 골수에 들어가 있어 이제는 저도 치료할 수 없게 되어 서둘러 떠났을 뿐입니다. 성인(聖人)으로 하여금 질병의 증상을 미리 알게 하여 좋은 의사를 찾아 일찍 치료하게 한다면 병은 나을 수가 있고 몸도 살 수 있습니다. 사람들이 근심하는 바는 병이 많기 때문이고, 의원이 근심하는 바는 병을 치료할 방법이 적기 때문입니다. 그런 까닭에 병에는 여섯 가지의 불치병(不治病)이 있습니다.

첫째, 교만방자(驕慢放恣)하여 사리(事理)를 논하지 않은 것.

둘째, 몸을 가볍게 하고 재물을 소중히 하는 것.

셋째, 의식(衣食)을 적절하게 조절하지 못하는 것.

넷째, 양(陽)과 음(陰)을 문란하게 하여 오장(五臟)의 기운을 안정치 못하게 하는 것.

다섯째, 약을 복용할 수 없을 정도로 신체가 허약한 것.

여섯째, 무당의 말을 믿고 의원의 말을 믿지 않는 것.

위의 여섯 가지 중 한 가지만 지니게 되어도 병이 중하게 되어 치료하기 힘든 불치병이 됩니다.[43]」

---

43   故病有六不治(고병유육불치), 驕恣不論于理(교자불론우리), 一不治也(일불치야); 輕身重財(경신중재), 二不治也(이불치야); 衣食不能適(의식불능적), 三不治也(삼불치야); 陰陽幷(음양병), 臟氣不定(장기부정), 四不治也(사불치야); 形羸不能服藥(형영불능복약), 五不治也(오불치야); 信巫不信醫(신무실신의), 六不治也(육불치야); 有此一者(유차일자), 則重難治也(즉중난치야).

지금까지 세상에서 맥(脈)에 관한 의술은 모두 편작으로 시작되었다.

27. 비명아사(非命餓死)
- 관중의 경계를 무시한 업보로 비참하게 굶어 죽은 제환공 -

그러던 중에 환공이 갑자기 병이 들어 자리에 눕게 되었다. 옹무가 즉시 수초와 상의하여 한 가지 계책을 생각해 내었다. 두 사람은 환공의 명령처럼 꾸며 현판에 글을 써서 궁문 앞에 걸었다.

「과인이 가슴이 울렁거리고 불안해지는 정충(怔忡)이라는 병에 걸려서 사람들의 소리를 듣게 되면 병이 악화된다고 하니 신료나 공자 및 부인 등 누구를 막론하고 나를 알현하기 위해 궁 안으로 들어오는 행위를 일체 불허한다. 수초는 궁문을 지켜 사람들의 궁궐 출입을 금지시키고 역아는 갑병을 이끌고 궁궐 주위를 돌아 그 누구도 궁궐 주위에 접근하지 못하도록 하라. 모든 국정은 과인의 병이 완쾌되기를 기다려 한꺼번에 올리도록 하라.」

옹무와 수초 두 사람이 환공의 명을 가장하여 현판을 궁문에 걸고 사람들의 출입을 금했다. 유독 공자 무휴만을 장위희가 살고 있는 궁실에 머물게 하여 만일의 사태에 대비하게 하고 다른 공자들은 아무도 들어와서 환공에게 문안을 올리지 못하게 했다. 3일이 지나도 환공이 죽지 않았으므로 옹무와 수초가 환공의 곁에서 시중들고 있던 사람들을 남녀불문하고 모두 쫓아내고 궁문을 모두 폐쇄시켜 버렸다. 또한 침실 주변은 담장을 3장 높이로 쌓아 외부로부터 격리하여 바람 한 점도 통하지 못하게 밀폐시켰다. 단지 담장 밑에 마치 개구멍처럼 한 개의 통로를 만들어 놓고 아침저녁으로 나이 어린 조그만 내시로 하여금 기어 들어가게 해서 환공이 죽었는지를 알아보게 했다. 동시에 궁궐의 병사들을 정돈하여 여러 공자들이 일으킬지 모르는 내란에 방비하게 했다.

한편 침상에 누워 몸도 일으키지 못할 정도로 쇠약해진 제환공은 심부름하는 시종들을 불렀으나 대답하는 사람은 아무도 없었다. 그런 상태로 며칠이 지나자 환공의 두 눈에서는 생기가 사라지고 허공만을 멍하니 바라볼 뿐이었다. 그리고 다시 며칠이 지나자 사람의 발자국 소리가 들리고 곧이어 마치 위에서 무엇이 떨어지는 소리가 들림과 동시에 창문을 밀고 사람이 한 명 들어왔다. 환공이 두 눈을 크게 뜨고 바라보니 들어온 사람은 곧 비천한 신분의 궁녀 안아아(晏蛾兒)였다. 환공이 그녀를 알아보고 말했다.

「내가 배가 매우 고프다. 미음을 한 그릇 먹을 수 있겠느냐?」

안아아가 대답했다.

「아무 데에서도 미음을 구할 수 없습니다.」

「그렇다면 뜨거운 물이라도 한 잔 마시어 갈증을 풀고 싶구나!」

「뜨거운 물 역시 구할 수가 없습니다.」

「어째서 구할 수 없다고 하느냐?」

「역아와 수초가 난을 일으켜 궁문을 지키고 폐하가 누워 계신 곳은 3장 높이의 담을 쌓아 바깥세상과 격리를 시키고는 아무도 들어오지 못하게 했는데 음식인들 어떻게 들여올 수 있겠습니까?」

「그러는 너는 어떻게 들어올 수 있었느냐?」

「천첩은 옛날 주공의 은총을 한 번 입은 적이 있었습니다. 그래서 주공의 명복을 빌어 그 은혜를 갚기 위해 목숨을 걸고 담을 넘어 왔습니다.」

「세자소는 어디 있느냐?」

그림 16 안아아유장순절(晏娥兒踰墻殉節)

「역아와 수초가 막아 입궁을 못 하고 있습니다.」

환공이 한탄하며 말했다.

「중보야말로 성인이로구나! 성인의 말씀이 이렇듯 불원간에 이루어지는구나! 내가 불명해서 이 지경에 처했으니 어찌 남을 원망할 수 있으랴!」

분기탱천한 환공이 큰 소리로 외쳤다.

「하늘이여, 하늘이여! 소백이 어찌하여 이렇듯 비참하게 죽어야 합니까?」

환공은 계속해서 몇 번 더 부르짖더니 입에서 피를 한 움큼 토해 내고 나서 안아아에게 말했다.

「나에게는 사랑스러운 부인이 여섯이나 있고 자식은 십여 명에 달하고 있는데 지금 이 자리에는 한 사람도 내 앞에 없구나! 다만 안아 너 한 사람만이 나의 임종을 지켜 주는구나! 평소에 너를 후하게 대해 주지 못한 내가 심히 후회되는구나!」

「주공께서는 부디 몸을 보중하옵소서! 만일에 주공께서 돌아가신다면 제가 죽음으로써 황천에 가시는 길에 동행하여 드리겠습니다.」

「내가 만약 죽어서 아무것도 모른다면 그것으로 되겠지만 만약에 이 세상에 있던 일을 기억하게 된다면 무슨 면목으로 지하에서 관중을 볼 수 있겠는가?」

말을 마친 환공이 옷소매로 자기의 얼굴을 가리며 연속해서 한탄만 하더니 이내 숨이 끊어졌다.

제환공은 기원전 685년에 즉위하여 기원전 643년에 죽었으니 모두 합하여 43년간을 재위에 있었다.

관중의 보좌로 천자를 등에 업고 제후들 위에 군림하여 천하를 호령했던 제환공이 말년에 관중과 포숙의 간언을 듣지 않은 업보로 자기가 가장 신임하고 사랑했던 측근들에 의해 유폐당한 끝에 비참하게 굶어 죽고 말았다.

제환공이 행한 훌륭한 일만을 읊은 잠연(潛淵) 선생의 시가 있다.

其一
주나라가 동천하여 천하의 기강이 허물어지자
열국의 제후들을 이끌어 주왕실을 섬겼다.
왕호를 참칭하는 초나라를 남정하여 포모를 바치게 하고
흉악한 북융을 제압하여 강토를 사막까지 넓혔다.
姬轍東遷綱紀亡(희철동천강기망)
首倡列國共尊王(수창열국공존왕)
南征僭楚包茅貢(남정참초포모공)
北啓頑戎朔漠疆(북계완융삭막강)

其二
위·형(衛邢)을 다시 세워 인덕을 세상에 드높이고
금도[44]를 밝혀 세자를 안정시키고[45] 의를 높였다.
춘추 때 기강을 보존하여 정의를 세웠으니
제환공은 오패 중 가장 큰 공업을 남겼도다!
立衛存邢仁德著(입위존형인덕저)

---

44 금도(禁道): 태숙대(太叔帶)로부터 세자였던 주양왕을 보호하기 위하여 팔국(八國)의 대부들을 조(洮) 땅에 모이게 하고 제후(諸侯)들에게 맹세시킨 다섯 가지 금기사항을 말한다. 본편 19절 〈일광천하, 구합제후〉 내용 참조.

45 정저(定儲)는 세자의 지위를 안정시킨다는 뜻이다. 주혜왕(周惠王)이 세자정(鄭)을 폐하고 서자인 태숙대(太叔帶)를 대신 세우려고 했다. 그러자 제환공이 제후들을 불러 수지(首止)에서 회맹하고 세자정에게 충성을 맹세했다. 이로서 세자정의 태자 자리는 확고하게 안정되어 혜왕 사후 왕위를 이을 수 있었다. 세자정이 주장왕(周莊王)이다.

定儲明禁義聲揚(정저명금의성양)
正而不譎春秋許(정이불휼춘추허)
五伯之中業最强(오백지중업최강)

염선(髥仙)이 또 한 수의 시를 지어 일세를 풍미한 영웅으로 살다가 비참하게 최후를 맞이하게 된 제환공의 운명을 한탄했다.

사십여 년 동안 방백으로 불리면서
남초와 서융을 무찔러 당대에 천하무적이었다.
그러나 어느 날 병이 들자 역아와 수초가 미쳐 날뛰니
중보가 안 죽었으면 환공이 비참하게 죽었겠는가?

四十餘年号方伯(사십여년호방백)
南摧西抑雄无敵(남최서억웅무적)
一朝疾臥牙刁狂(일조질와아조광)
仲父原來死不得(중보원래사부득)

숨이 끊어진 환공의 모습을 본 안아아는 한바탕 곡을 올리고 밖에 있던 사람들을 부르려고 했으나 밖에 둘러친 담장이 너무 높아 아무리 큰 소리로 불러도 반응이 없었다. 다시 담장을 뛰어넘어 밖으로 나가려고 해도 방 안에 딛고 올라설 발판 하나 구할 수가 없어 이리저리 궁리하다가 한탄하면서 혼잣말을 하였다.

「내가 이미 죽음으로써 주공을 보내드리겠다고 말을 했는데 시체를 염하는 일이야 나 같은 여인네가 알아서 무엇 하겠는가?」

그렇게 생각한 안아아는 즉시 옷을 벗어 환공의 시체를 덮고 다시 창가에 있던 부채 두 개를 어깨에 메고 끌어다 시체를 가렸는데 그것은 잠시나마도 환공의 시신을 가려 주고 싶어서였다. 안아아가 환공의 침상 밑에 머리를 조아리고 혼자 말했다.

「주군의 혼백이 아직 멀리 가지 않으셨다면 제가 갈 때까지 잠시 기다려 주십시오!」

곧이어 안아아는 머리를 기둥에 부딪쳐 뇌가 깨져 죽었다. 오호라 현숙한 여인이여!

28. 삼흉지란(三凶之亂)
 - 삼흉의 난을 피해 송나라로 달아나는 세자소 -

그날 밤 나이 어린 내시가 작은 구멍을 통해 환공의 침실로 기어 들어와 침실 가운데 있던 기둥 밑에 피를 흥건히 흘린 후 죽어 있던 시신을 보았다. 깜짝 놀라 구멍을 다시 기어 나온 어린 내시가 옹무와 수초 두 사람에게 고했다.

「주공께서 이미 기둥에 머리를 부딪쳐서 스스로 목숨을 끊으셨습니다.」

그 말을 믿지 못한 옹무와 수초는 내시들을 시켜 침실 바깥에 높이 쳐진 담장을 헐게 하고 직접 들어가 확인했다. 여인의 시체를 발견한 두 사람이 크게 놀라자 내시들 중 시체를 알아보는 자가 있어 말했다.

「이 여인은 궁녀 안아아입니다.」

다시 시선을 돌려 살펴보니 상아로 장식한 침상 위에 창가에 있던 부채 두 개가 무엇인가를 가리고 있었다. 가까이 다가가 보니 부채 밑에 가려진 것은 미동도 하지 않았다. 아무도 입 밖으로 말은 안 했지만 그것이 환공의 시신임을 모두가 마음속으로 알았다. 오호애재라! 환공의 숨이 언제 넘어갔는지 아는 사람은 한 사람도 없게 되었다. 수초가 상을 발하려고 말하자 옹무가 말했다.

「절대로 서두르면 안 됩니다. 먼저 장공자인 무휴의 군위를 정한 후에 발상하여 여러 공자들이 군위를 놓고 다투지 않도록 해야 합니다.」

역아의 말에 수초가 찬동했다. 두 사람이 즉시 장위희가 사는 궁궐로 들어가서 조용히 말을 올렸다.

「주공께서 이미 돌아가셨습니다. 장유의 순서를 따지면 당연히 장공자이신 부인의 아들 무휴님께서 군위를 이으셔야 합니다. 그러나 주공이 살아 계실 때 공자소를 후계로 지명하여 세자로 세우고 송공에게 후견을 부탁한 사실을 군신들이 모두 알고 있습니다. 만약 군신들이 주공께서 이미 돌아가신 사실을 알게 되면 세자소를 즉위시키려고 시도할 겁니다. 신들은 오늘 밤 번개같이 빠른 행동으로 궁중의 병사들을 이끌고 동궁으로 들어가 세자를 죽인 후에 무휴 공자님을 받들어 군위에 옹립해야 한다고 생각합니다.」

「나는 단지 아녀자이니 경들의 생각만을 따를 뿐이오!」

역아와 수초가 각각 궁중의 군사 수백 명씩을 이끌고 세자소를 잡아 살해하기 위해 동궁으로 달려갔다.

한편 세자소는 동궁에 있으면서 궁궐로 들어가 환공에게 문후를 올릴 수 없게 된 일을 매일 걱정하고 있었다. 세자가 그날 저녁 등불을 밝히고 혼자 앉아 있는데 정신이 갑자기 가물가물해지더니 비몽사몽간에 부인 한 사람이 다가오며 말했다.

「세자는 빨리 도망가시오. 화가 닥쳐오고 있습니다. 첩은 안아아라고 하는데 선공의 명을 받자와 이렇듯 특별히 찾아와 알려드립니다.」

세자소가 소리쳐 무엇인가를 하려고 하는데 그 부인이 손을 잡고 앞으로 밀쳐 마치 만장 깊이의 깊은 물속으로 추락했다. 그리고 불현듯 정신을 차리고 보니 부인은 아무 데도 보이지 않았다. 꿈이 하도 생생하여 안 믿을 수도 그렇다고 믿을 수도 없었다. 황망 중에 시자를 큰 소리로 불러 등불을 준비시켜 대문을 열라고 명하고는 그 뒤를 따라 동궁 밖으로 나와 상경으로 있는 원로대신 고호(高虎)의 집으로 향해 걸었다. 이윽고 고호의 집에 당도한 세자가 다급히 대문을 두드리자 고호가 직접 나와 집 안으로 맞이했다. 늦은 밤에 어인 일로 행차했냐는 고호의 물음에 세자소가 조금 전에 꾼 꿈 이야기를 했다. 사태를 짐작하고 있던 고호가 말했다.

「주공이 병이 들어 자리에 누운 지 반달이 되었습니다. 간신들에 의해 외부와 연락이 두절되어 성음을 들을 수가 없던 차에 세자께서 꾸신 꿈은 흉한 일은 많고 길한 일은 적다는 것을 암시합니다. 꿈속에서 선공(先公)이라 말했으니 주공께서는 필시 이미 운명하셨음을 뜻합니다. 꿈 이야기가 맞는다면 유익한 일이 있겠고, 설사 맞지 않는다고 해도 별다른 해를 입지 않습니다. 세자께서는 잠시 나라 밖으로 나가 머무르시면서 뜻밖에 일어날지 모르는 환란에 방비하십시오.」

「어느 나라로 가야 몸을 안전하게 의탁할 수 있겠습니까?」

「주공께서 살아 계실 때에 이미 세자 전하를 송공에게 당부하여 두었습니다. 당연히 송나라로 가신다면 송공의 도움을 받을 수 있습니다. 저는 곧 나라를 지켜야만 하는 신하 된 자이오니 감히 세자 전하를 모시고 가지 못하겠습니다. 저희 집안의 문객으로서 하사(下士) 직에 있는 이름이 최요(崔夭)라는 사람이 동문의 출입을 관리하는 직책을 맡고 있습니다. 제가 사람을 보내 부탁하면 성문을 열어 줄 겁니다. 세사께서는 야음을 이용하여 성문 밖으로 나가 송나라로 몸을 피하십시오.」

고호의 말이 미처 끝나기 전에 심부름하던 사람이 와서 고했다.

「궁궐을 지키던 병사들이 동궁을 에워쌌다고 합니다.」

세자소가 깜짝 놀라 얼굴색이 흙빛이 되었다. 고호가 세자소를 평민의 옷으로 바꿔 입혀 마치 고호의 집에서 일하는 종복처럼 꾸며 심복의 뒤를 따르게 했다. 이윽고 세자의 일행이 동문에 이르자 고호의 심복이 주인의 명을 최요에게 전했다. 최요가 군사들에게 명하여 성문을 열고 세자를 밖으로 내보내면서 말했다.

「주공이 돌아가셨는지 아직 알고 있지 못한 정황에서 제가 사사로이 세자 전하를 밖으로 내보내는 행위는 죽음을 면하기 어려운 죄입니다. 마침 세자 전하를 모시는 시종이 하나도 없으니 만일 저를 내치시지 않으신다면 소장이 송나라까지 모시고 싶습니다.」

세자소가 크게 기뻐하며 말했다.

「그대가 나와 동행한다고 하니 그것은 오히려 내가 바라는 바다!」

성문을 나가서 곧바로 민간인이 타고 다니는 수레를 한 대 구한 최요는 세자를 태우고 자신이 말고삐를 잡고 송나라를 향하여 바람같이 달려갔다.

29. 골육상잔(骨肉相殘)
– 환공의 시신을 앞에 두고 골육상잔하는 제나라의 공자들 –

한편 옹무와 수초 두 사람이 궁궐을 지키는 병사들을 이끌고 동궁을 포위한 후에 이곳저곳을 샅샅이 뒤졌지만 세자소의 종적을 찾을 수 없었다. 이윽고 시간이 어느덧 흘러 사경을 알리는 북소리가 들렸다. 옹무가 말했다.

「우리가 궁중의 병사를 동원하여 임의로 동궁을 포위한 일은 출기불의(出其不意)하여 속전속결로 처리하기 위해서였소. 그런데 해가 밝아지도록 이곳에서 지체하는 중에 다른 공자들이 알아차리고 조당을 먼저 점거하면 대사를 그르치게 되오. 잠시 궁궐로 돌아가 장공자 무휴를 옹립하고 여러 공자들의 동향을 살펴가면서 다시 방법을 찾아야 하지 않겠소?」

「나도 같은 생각이오.」

옹무와 수초가 병사들을 수습하여 궁문 앞에 이르렀을 때 조당으로 들어가는 대문이 크게 열려 있는 모습이 보였다. 제나라의 대소 신료들과 권문세족들이 아침 일찍 조당으로 몰려들었기 때문이었다. 조당에 모인 신료들은 고(高), 국(國), 관(管), 포(鮑), 진(陳), 습(隰), 남곽(南郭), 북곽(北郭), 여구(閭邱) 등의 종족들로서 벼슬을 살고 있던 사람이거나, 살고 있지 않는 사람이고 간에 모두 모여 그 수를 다 헤아릴 수 없을 만큼 많았다. 옹무와 수초가 많은 군사를 이끌고 궁궐을 빠져나갔다는 소문을 듣고 조당으로 모여든 관료들과 세족들은 틀림없이 궁중에 변이 일어났다는 생각에 보다 자세한 소식을 알아보기 위해서였다. 궁 안의 사람들로부터 환공의 죽음을 전해들은 그들에게 곧이어 동궁이 포위당했다는 소식도 전해졌다. 이에 그들은 말할 필요도 없이 환공이 죽은 틈을 타서 간신들이 반란을 일으켰다고 확신했다. 여러 관리들과 세족들이 모여서 의논하였다.

「세자는 선공이 살아 계실 때에 이미 정해졌는데 만약 세자가 죽었다면 우리들은 무슨 면복으로 제나라의 신하라고 말할 수 있겠소?」

제나라의 군신들은 삼삼오오 짝을 지어 여기저기 모여 앉아서 세자를 구하러 가야 한다고 의논을 하고 있던 중에 옹무와 수초 두 사람이 군사를 이끌고 조당 안으로 몰려오는 모습을 보았다. 여러 관원들이 두 사람을 에워싸고 중구난방으로 물었다.

「세자 전하는 어디에 계시는가?」

옹무가 두 손을 높이 들고 대답했다.

「세자는 무휴 공자이신데 지금 궁중에 계시지 않습니까?」

여러 관원들이 말했다.

「무휴는 아직 선군으로부터 세자로 책봉된 일이 없으니 우리의 주군이라고 말할 수 없소! 우리의 세자인 소를 빨리 불러오시오.」

수초가 허리에 찬 검을 뽑아 들고 큰 소리로 말했다.

「지금 선공의 임종 때 받은 유언을 받들어 장자 무휴를 군주로 세운다. 만일 따르지 않는 자가 있다면 이 칼에 죽으리라!」

수초가 한 말은 백관들을 마음을 격동시켰다. 몹시 노엽고 분한 마음이 북받친 사람들이 옹무와 수초를 향해 큰 소리로 욕설을 퍼부었다.

「이것은 모두가 너희 같은 간신들의 무리가 죽은 선공을 속이고 살아 있는 우리들을 능멸할 뿐만 아니라 제멋대로 권력을 휘둘러 세자를 폐하려고 하는 짓이다. 우리들은 맹세코 무휴의 신하는 되지 않겠다.」

백관들 무리에서 대부 관평(管平)이 몸을 꼿꼿이 일으켜 앞으로 나오더니 말했다.

「오늘 저 두 놈의 간신들을 먼저 죽여서 화근을 없앤 후에 다시 상의하도록 합시다.」

관평은 손에 들고 있던 상아로 된 홀(笏)을 수초의 이마를 향하여 내리쳤다. 수초가 칼을 들어 날아오는 홀을 쳐서 땅에 떨어뜨렸다. 이를 보고 여러 백관들이 관평을 돕기 위해 앞으로 뛰어나오자 옆에 있던 옹무가 큰 소리로 궁궐을 지키던 무사들에게 소리쳤다.

「무사들은 어찌하여 손을 쓰지 않느냐? 평소에 내가 너희들을 양성한 목적은 이때를 위해서가 아닌가?」

옹무의 명령을 받은 수백 명의 궁궐을 지키던 군사들이 무기를 손에 들고 일제히 백관들을 공격하기 시작했다. 백관들의 손에는 병장기가 들려 있지 않았고 또한 수에 있어서도 훨씬 적었다. 약한 것이 강한 것을 대적하지 못하는 법인데 무슨 도리로 버틸 수 있겠는가? 이것은 마치 백옥으로 만든 계단 앞에서 벌어진 전쟁으로 황금의 옥좌에 앉아 있는 염라대왕을 만난 경우가 되어 버렸다. 난군 중에 죽은 관리들은 무려 십 중 삼에 달했다. 그 밖에 부상을 당하여 목숨이 위중한 자도 부지기수였다. 힘에 몰린 백관들은 모두 조문 밖으로 쫓겨 달아났.

옹무와 수초가 백관들을 죽이고 나머지 사람들을 흩어지게 했을 때에는 날이 이미 훤히 밝아져 있었다. 두 사람은 즉시 궁중에 머물고 있던 무휴를 조당으로 모시고 와서 제후의 자리에 앉혔다. 내시들이 종을 두드리고 북을 울렸고 갑사들은 조당의 뜰 양쪽으로 진열했다. 계단 밑에서 무휴의 즉위를 축하하는 절을 올리는 자는 단지 옹무와 수초 두 사람뿐이었다. 무휴는 부끄럽기도 하고 한편으로는 화가 나기도 했다. 옹무가 무휴를 향해 말했다.

「상을 아직 발하지 않아 대신들이 아직 장례 날짜를 모르고 있는데 어찌 새로운 군주에 대한 소식을 알고 있겠습니까? 주공의 군위를 기정사실화하기 위해서는 반드시 국(國), 고(高) 두 사람의 상경을 입조시킨 후에 그들을 시켜 백관들을 불러내어 승복하게 만들어야 합니다.」

무휴가 허락하여 즉시 내시를 나누어 우경(右卿) 국귀보(國歸父)와 좌경(左卿) 고호(高虎)의 집으로 각각 보내어 그들을 조당으로 불렀다. 국귀보와 고호는 국의중과 고혜의 아들이다. 제나라의 고·국(高國) 두 집

안은 주나라 천자의 명에 따라 대대로 제나라의 상경이 되어 감국하는 임무를 세습해 왔기 때문에 제나라 신료들은 마음속으로 존경하고 또한 진정으로 복종하고 있었다. 내시들이 달려와 조당에 들라는 군명을 전하자 고·국 두 원로대신들은 제후가 이미 죽었다는 사실을 알았다. 두 사람은 조복 대신에 삼베로 만든 상복으로 바꾸어 입고 조당으로 나아가 문상하기 위해 궁궐로 달려갔다. 옹무와 수초 두 사람이 황망 중에 반가워하며 조문 밖에까지 나와 영접하면서 말했다.

「오늘 신군께서 새로 즉위하시어 어전에 계시니 두 노대부께서는 우선 신군을 배알하시기 바랍니다.」

국귀보와 고호 두 대신이 한목소리로 대답했다.

「돌아가신 선군의 시신을 아직 염하기도 전에 신군에게 먼저 절을 올리는 행위는 예에 벗어난 일입니다. 우리는 여러 공자들 중 누가 되든지 간에 선군의 상을 치르는 공자님을 받들겠습니다.」

옹무와 수초가 말을 잇지 못했다. 고·국 두 대신이 조문 밖에서 하늘을 향하여 절을 두 번 올리고 크게 곡한 후에 물러갔다. 무휴가 듣고 말했다.

「선군의 시신을 아직 거두지 못하여 군신들이 복종하지 않으니 이를 어떻게 해야 하겠는가?」

수초가 말했다.

「오늘의 일은 마치 호랑이를 잡는 일과 같습니다. 힘이 있는 사람만이 군위를 이을 수 있습니다. 주상께서는 정전에 앉아만 계십시오. 신 등은 양쪽 낭하에 군사를 삼엄하게 도열시키고 공자들이 조당으로 들어오면 즉시 병사들로 하여금 겁을 주게 하여 불복한 자들은 죽이도록 하겠습니다.」

그림 17 군공자대뇨조당(群公子大뇨朝堂)

장위희가 궁궐을 지키는 병사들을 한 명도 빠짐없이 나가게 하여 모두 내시들의 지휘를 받아 군장을 갖추게 하고, 계속해서 궁녀 중에서도 키가 크고 힘이 센 여인들도 갑사들의 대오에 집어넣어 옹무와 수초의 명령을 따르게 하였다. 궁궐을 지키는 병사들을 모두 모아 어전의 양쪽 낭하에 나누어 도열시킨 옹무와 수초의 기세는 사뭇 살기등등했다.

한편 위나라 공자 출신 개방(開方)은 옹무와 수초가 무휴를 옹립했다는 소식을 듣고 공자반(公子潘)에게 말했다.

「세자소는 어디로 도망갔는지 알 수가 없는데 만약 무휴가 즉위할 수 있다면 공자께서도 즉위하시지 못할 이유가 없습니다.」

개방은 공자반과 함께 즉시 가병과 자객들을 모두 모아서 끌고 궁궐로 가서 어전의 오른쪽에 도열하게 하였다. 밀희의 아들 공자상인도 소위희의 아들 공자원(公子元)을 찾아가 말했다.

「우리는 모두 돌아가신 부군의 다 같은 골육인데 우리에게만 나누어 가질 땅이 없습니다. 자반 형님은 이미 가병을 동원하여 궁궐의 오른쪽 전당을 점령하였으니 우리도 가병을 이끌고 나가 궁궐의 왼쪽 전당을 점령해야 합니다. 세자소가 나타난다면 물러나면 되고 만일 돌아오지 않는다면 우리 네 공자가 제나라를 공평하게 나누어 가지면 됩니다.」

공자원은 상인의 말에 혹했다. 그들 역시 각기 그들의 가병과 또한 평소에 그 집에서 양성하던 문객들로 대오를 만들어 궁궐로 진입해 들어갔다. 공자원은 조당의 왼쪽 전당에 군사들을 도열시키고 공자상인은 조문을 점거하여 진을 쳐 서로 간에 기각지세를 이루었다. 옹무와 수초는 세 공자의 가병들의 수가 많음에 겁을 먹고 어전의 양쪽 낭하에만 있으면서 감히 조문 밖으로 나가 공격하지 못했다. 세 공자들도 역시 옹무와 수초가 거느린 정예한 궁병들의 기세에 겁을 먹고 각기

자기들의 군영만을 지키고자 했다. 이것은 마치 한 조당에서 여러 적대
국들이 전쟁을 하는 양상과 같아 성안의 길거리에는 오고 가는 행인들
의 발길이 끊기게 되었다. 이 일을 두고 지은 시가 있다.

> 용봉이 서린 누각에서 호랑이와 표범이 울어 대는데
> 갑사들은 궁궐 안의 단지(丹墀)[46]를 어지럽게 하는구나!
> 사호가 서로 잡아먹으려고 싸우는 모습 분명한데
> 누군인들 마음을 열어 머리를 조아리려고 하겠는가?
>
> 鳳閣龍樓虎豹嘶(봉각용루호표시)
> 紛紛戈甲滿丹墀(분분과갑만단지)
> 分明四虎爭殘肉(분명사호쟁잔육)
> 那个降心肯伏低(나개항심긍복저)

별다른 세력을 갖고 있지 못하던 공자옹은 공자들이 서로 다투는 모
습에 겁을 먹고 도망쳐 섬진으로 들어갔다. 섬진의 목공은 공자옹을 받
아들여 대부로 임명했다. 그리고 얼마 후에 공자옹은 진나라를 떠나 초
나라로 옮겨 가 살았다.

30. 무휴위군(無虧爲君)
 - 무휴가 제후의 자리에 올라 제환공의 장례를 치르다 -

한편 세자가 나라 밖으로 도망쳤다는 사실을 알게 된 여러 관리들은
조종(朝宗)이 없어졌나고 생각하여 모두 문을 길어 짐그고 밖으로 니오

---

46 단지(丹墀): 붉은색으로 칠한 궁궐의 돌층계.

지 않았다. 원로대신 국귀보와 고호는 가슴을 칼로 찌르는 듯한 마음의 고통을 느끼면서 여러 가지로 해결 방법을 생각해 봤으나 아무런 대책을 세울 수 없었다. 이렇듯 서로 대치하면서 지내기를 어느덧 두 달이 넘게 시간이 지나가 버렸다. 고호가 국귀보를 찾아가 말했다.

「여러 공자들이 단지 군위에만 마음이 있고 선군의 시신을 거두어 상을 치르려는 생각은 꿈에도 하지 않고 있습니다. 오늘 우리가 마땅히 사생결판을 내야 되겠습니다.」

「대감이 먼저 말을 꺼내면 내가 뒤를 이어 우리들의 한 목숨을 같이 바쳐 여러 대를 거쳐 받은 은혜에 보답하기로 합시다.」

「우리들 두 사람만이라도 입을 연다면 무슨 일인들 못 이루어 내겠습니까? 그러나 제나라의 녹을 먹는 자는 우리 두 사람뿐만이 아닙니다. 우리가 조문 밖에서 소리쳐서 여러 대신들을 불러내어 모이라고 해서 같이 조당에 들어가 잠시 장자 무휴를 모시고 선공의 상을 치렀으면 하는데 어떻게 생각하십니까?」

「형제들 중 제일 맏인 무휴를 세운다 해도 명분이 없다고는 할 수 없겠지요!」

두 사람이 말을 마치고 밖으로 나가 이리저리 사방으로 돌아다니며 군신들을 불러내어 같이 조문으로 가서 곡을 올렸다. 일반의 여러 관리들도 원로대신이 주관하는 모습을 보고 마음이 놓여서 각기 상복들을 찾아서 입고 두 대신들의 뒤를 따라 조당으로 들어갔다. 수초가 여러 군신들의 앞길을 막으면서 물었다.

「노대부들께서 이곳에 오신 까닭은 무엇 때문입니까?」

관료들의 앞에 서 있던 고호가 대답했다.

「여러 공자들이 서로 대치만 하고 있어 언제 이 분쟁이 끝날지 알 수 없어, 우리들이 무휴 공자님을 모시고 장례를 치르기 위해 왔소. 결코 다른 뜻이 있어서가 아니오.」

수초가 고호에게 읍을 하고 조문을 열어 안으로 들어오게 하였다. 고호가 여러 백관들을 향하여 모두 같이 들어오라고 손짓을 하자 국귀보 이하 모든 군신들이 뒤를 따라 들어가 조당 안에 있던 무휴를 향해 말했다.

「신등은 "부모에게서 받은 은혜는 마치 하늘과 바다같이 크고 넓다"라고 배웠습니다. 고로 사람의 자식 된 도리는 살아서는 정성된 마음으로 공경해야 하고, 죽어서는 지극한 마음으로 장례를 치러야 합니다. 부모가 죽었는데 시신을 거두지 않고 서로 지위와 재물만을 다투었다는 사람이 있었다는 말을 저희들은 아직까지 들어보지 못했습니다. 무릇 군주란 신하들의 표본과 같습니다. 군주가 이미 불효를 하고 있는데 신료들을 보고 어찌 충성을 하라고 할 수 있겠습니까? 지금 선군께서 돌아가신 지가 이미 60여 일이 지나갔는데 아직 입관도 못 하고 있습니다. 공자께서 비록 정전(正殿)을 지키신다 한들 어찌 마음이 편하겠습니까?」

고호가 말을 마치자 모든 군신들이 땅에 엎드려 통곡했다. 무휴도 역시 눈물을 흘리면서 말하였다.

「내가 저지른 불효의 죄는 하늘을 뚫고 있습니다. 내가 상을 치르고 싶지 않아서가 아니라 공자원을 위시한 다른 공자들이 나를 핍박하여 어쩔 수 없이 이리 되었습니다.」

국귀보가 나서서 거들었다.

「세자는 이미 외국으로 달아나 버렸기 때문에 오로시 공사가 가장 나이가 많습니다. 공자께서 만약에 선군의 장례를 주관하시어 시신을 거두신다면 군위는 자연 공자에게로 돌아가게 되어 있습니다. 공자원

등이 비록 대전의 정문을 점거하고 있다 하지만 노신 등이 나가서 마땅히 이를 꾸짖겠습니다. 누가 감히 공자와 군위를 다투려고 하겠습니까?」

무휴가 눈물을 흘리면서 정전에서 내려와 고호에게 절을 올리면서 말했다.

「대감의 말씀은 바로 내가 원하고 있는 바입니다.」

고호와 국귀보가 옹무에게 명하여 정전의 양쪽 낭하를 옛날처럼 지키게 하여 공자들과 그 무리들 중 상복을 입고 장례에 참석하려는 자들만 들여보내게 하고 병장기를 들고 들어오려는 자는 즉시 잡아서 치죄하도록 했다. 수초는 먼저 환공의 침실에 들게 하여 시신을 거두는 일을 안배하였다.

한편 환공의 시신은 두 달이 넘도록 아무도 돌보는 사람이 없어 비록 계절이 겨울이기는 했지만 혈육이 낭자하고 시체의 썩은 냄새가 진동하였다. 시체에서 생겨 우글거리고 있던 수많은 벌레 떼들을 금방 담장 밖으로 몰아낼 수 없었다. 여러 관리들은 벌레들이 그렇게 많이 있는지를 모르고 있었다. 그들이 침실에 들어가서 창문을 열자 벌레들이 시체 위에 수북이 쌓여 있는 모습이 보였다. 환공의 시신은 그 모습이 처참하여 도저히 두 눈을 똑바로 뜨고 볼 수 없었다. 무휴가 목을 놓아 통곡하자 군신들도 모두 따라서 울었다. 오동나무로 만든 관을 취하여 시신을 수습하여 염을 하려고 했으나 시체의 살이 이미 썩어 문드러진 후라 손을 댈 수가 없었다. 할 수 없이 자루를 만들어 시신을 그 안에 넣어 간신히 염을 마쳤다. 그러나 안아아의 시신만은 그 얼굴이 살아 있는 사람처럼 생생하고 그녀의 시체는 하나도 상하지 않았다. 안아아가 충성스러운 마음에 그렇게 죽었다는 사실을 알고 탄식해 마지않던 고호 등은 그녀의 시신도 같이 거두어 염을 하도록 했다. 고호 등은 군신들을 이끌고 무휴를 상주의 자리에 앉게 한 후 여러 관리들이 순서에 따라 곡을 올리도록 하였다. 그날 밤은 모두가 장례식장에서 잠을 잤다.

한편 조당 밖에서 진을 치고 가병들을 배열하게 하고 있던 공자원, 공자반, 공자상인 등의 무리들은 고혜와 국귀보 두 중신이 상복을 입은 여러 관리들을 이끌고 조당 안으로 들어가는 모습을 보았으나 그 안에서 무슨 일이 일어나고 있는지 전혀 알지 못했다. 이윽고 그들은 두 중신이 환공의 시신을 거두어 염을 이미 마치고 모두 공자무휴를 군주의 자리에 옹립한다는 소식을 들었다. 세 공자가 자기들의 말을 조당 안의 군신들에게 전하게 했다.

「고·국 두 원로대신이 주관하여 무휴를 추대한다고 하니 우리들은 감히 군위를 다툴 수 없겠습니다.」

여러 공자들은 각기 자기들의 가병들을 즉시 해산시키고는 자신들도 모두 상복을 입고 장례식장으로 나와서 형제들 간에 서로 상면을 한 후에 크게 곡을 올렸다. 당시 만일 고혜와 국귀보가 나서서 무휴를 설득하지 않았다면 이 일이 어떻게 끝났을지는 아무도 알 수 없는 일이었다. 호증(胡曾) 선생이 시를 지어 이 일을 두고 한탄하였다.

충신의 유언을 버리고 망령된 신하를 총애하여
형제들 간에 골육상잔만을 일으키게 만들었다.
고·국(高國) 두 대신이 나라를 수습하지 못했다면
침상에 싸였던 백골은 장례도 못 치렀으리라!

違背忠臣寵佞臣(위배충신총영신)
致令骨肉肆紛爭(치령골육사분쟁)
若非高國行和國(약비고국행화국)
白骨堆床葬不成(백골퇴상장불성)

31. 송립제후(宋立齊侯)
- 제나라의 태자 소(昭)를 제후(齊侯)로 세우는 송양공(宋襄公) -

기원전 642년 제무휴(齊無虧) 원년 3월, 송양공이 세자소를 위해 군사를 일으켜 위(衛), 조(曹), 주(邾) 삼국의 군사들을 합친 제후연합군을 이끌고 제나라 정벌 길에 올랐다. 제나라의 도성 임치성 앞에 당도한 송양공은 진채를 세우고 정세를 살폈다. 그때 옹무는 이미 그의 직위가 중대부로 올라 군사를 총괄하는 사마의 직에 있었다. 무휴가 옹무를 시켜 군사를 이끌고 성을 나가 송양공이 이끄는 제후연합군을 막도록 하고 수초는 성내에 있으면서 그 뒤를 맡도록 했다. 고호와 국귀보 두 원로대신들은 성 앞의 해자를 좌우로 나누어 지키게 되었다. 고호가 국귀보에게 말했다.

「우리가 무휴를 세운 이유는 선군의 시신을 거두기 위해서였지 그를 주군으로 받들기 위해서가 아니었소. 오늘 송공의 도움을 받아 세자가 이미 이곳에 당도해 있고, 또한 도리로 따진다 해도 저쪽이 옳고, 군사의 세를 말한다 해도 저들이 강합니다. 이와 반대로 옹무와 수초는 수많은 관료들을 살해하고 권세를 멋대로 휘둘러 정사를 엉망으로 만들어 놓았으니 이것은 필시 제나라를 혼란에 빠뜨린 원흉들이라고 할 수 있습니다. 우리가 이번 기회를 이용하여 그들을 제거하고 세자를 맞이하여 군주 자리를 잇게 해야 한다고 봅니다. 그렇게 한다면 앞으로 여러 공자들도 절대 군위를 넘볼 수 없게 되어 제나라의 앞날을 태산처럼 안정시킬 수 있습니다.」

국귀보가 고호의 의견에 동조하며 대답했다.

「옹무는 군사를 이끌고 성 밖에 주둔하고 있는 틈을 타서 우리가 의

논할 일이 있다고 수초를 유인하여 죽인 후에 백관들을 이끌고 성 밖으로 나가 세자를 영접하여 무휴의 자리를 대신하게 하면 일을 성사시킬 수 있습니다. 짐작건대 비록 역아가 군사를 이끌고 있다고는 하나 성 밖에서 무엇을 할 수 있겠습니까?」

「훌륭한 계책입니다.」

고호는 국귀보의 계책에 따라 즉시 장사들을 성루 한쪽에 매복시킨 후에 사람을 수초에게 보내 비밀리에 긴히 의논할 일이 있다고 하면서 청해 오게 하였다. 이것은 마치 사나운 호랑이를 잡기 위해 덫을 놓은 행위이며, 자라를 유인하기 위해 낚싯밥을 매달아 놓은 형세였다.

이윽고 옹무(雍巫)가 군사를 이끌고 성 밖으로 나간 틈을 탄 고호(高虎)가 장사들을 성루의 한쪽에 매복시킨 후에 의논할 일이 있다고 사람을 시켜 수초를 불러오게 했다. 의심하지 않고 우쭐거리면서 부름에 응한 수초를 고호가 성루 위에 술자리를 준비해 놓고 맞이했다. 수초가 술잔을 들어 연거푸 세 잔의 술을 마시게 한 고호가 천천히 입을 열어 말했다.

「오늘날 송공이 제후들의 군사를 규합하여 대군을 일으켜 세자를 이곳까지 호송해 왔소. 어떻게 대처할 생각이오?」

「이미 옹무가 군사를 이끌고 성 밖으로 나가서 적군을 막고 있으니 너무 걱정하지 마십시오.」

「우리 군사의 수가 많지 않으니 걱정되오. 노부가 그대에게서 한 가지 귀중한 물건을 빌려 우리 제나라의 어려움을 구하려고 하는데 빌려 주겠소?」

「제가 대감께서 부탁하신 물건도 내주지 않는다면 달리 할 수 있는 일이 무엇이 있겠습니까? 만일 노대부께서 사람을 보내시면 명하시는 물건을 내드리겠습니다.」

「그대의 목을 빌려 송군에게 사죄하기 위해서이니라!」

수초가 듣고 깜짝 놀라 황급히 자리에 일어나려고 하자 고호가 좌우를 향해 소리쳤다.

「장사들은 빨리 손을 쓰지 않고 무엇을 하고 있는가?」

고호의 명이 떨어지자 벽 뒤에 숨어 있던 장사들이 뛰쳐나와 수초를 붙잡아 포박을 지은 후에 목을 쳤다. 고호가 사람들을 시켜 성문을 활짝 열게 하고 외치게 했다.

「세자가 이미 성 밖에 와 계십니다. 세자를 마중 나가고 싶은 사람들은 나를 따라오시오!」

평소에 옹무와 수초 두 사람을 싫어했던 도성 안의 사대부들은 무휴에게 나아가 벼슬을 하지 않고 두문불출하고 있다가 고호가 세자를 모시러 성 밖으로 나가자고 외치는 소리를 듣고 모두 집 밖으로 나와 팔 걷어붙이고 즐거운 마음으로 그 뒤를 따랐다. 어느덧 고호를 따르는 사람들의 수효가 늘어나기 시작하더니 천 명도 넘게 되었다.

한편 국귀보는 조당에 나가 궁궐의 문을 두드려 무휴에게 알현을 청해 말했다.

「사람들이 세자소를 추대하려는 생각으로 서로 모여서 성 밖으로 나가고 있습니다. 노신이 도저히 막을 수가 없었습니다. 주공께서는 속히 난을 피할 계책을 세우시기 바랍니다.」

「옹무와 수초는 지금 어디에 있는가?」

「옹무는 송나라 군사와의 싸움에서 승패를 아직 알 수가 없고 수초는 이미 백성들에게 목숨을 잃었습니다.」

무휴가 듣고 대노하여 말했다.

「수초가 백성들에게 목숨을 잃은 사실을 어째서 네놈은 이제야 고한단 말이냐?」

무휴가 좌우를 돌아보며 국귀보를 잡으려고 명하자 국귀보가 도망쳐 조문 밖으로 나왔다. 무휴가 내시 십여 명을 불러서 조그만 수레 한 대를 가져오게 했다. 그는 수레에 올라타 분연히 검을 치켜들고 궁 밖으로 나갔다. 무휴가 내시들에게 명령을 내려 장정들을 모으도록 했다. 무휴는 무장시킨 장정들을 자기가 친히 인솔하여 제후 연합군을 막으려고 생각했다. 내시들이 무휴의 명을 받아 사방으로 나가서 장정들을 불렀으나 성중에는 부름에 응하여 나오는 사람은 한 명도 없었고 오히려 원한을 갖고 있던 많은 사람들만 불러낸 꼴이 되어 버렸다. 이것은 마치 다음의 시가 말하려는 것과 같았다.

> 은혜와 덕을 베풀면 종내는 반드시 보답을 받고
> 원한을 사면 그 보복에서 벗어나지 못하리라!
> 옛날에 저지른 지나친 처사는
> 한꺼번에 죗값을 치르게 되리라!
>
> 恩德終須報(은덕종수보)
> 冤仇撒不開(원구살불개)
> 從前作過事(종전작과사)
> 沒興一齊來(몰흥일제래)

원한에 맺힌 종족이라 함은 고(高), 국(國), 관(管), 포(鮑), 영(寧), 진(陳), 안(晏), 동곽(東郭), 남곽(南郭), 북곽(北郭), 공손(公孫), 여구(閭邱) 등 제나라의 명문거족들이었다. 무휴에게 항거하다가 옹무와 수초 두 사람에게 많은 종족들이 살해당했던 그들은 모두가 원한을 가슴에 품고 집 안에 틀어박혀 두문불출하고 있었다. 그런데 금일 세자소를 즉위시키기 위해 군사를 이끌고 쳐들어 온 송공을 막기 위해 옹무가 성 안의 군사들을 모두 이끌고 성 밖으로 나갔다는 소문을 접한 사대부들은 마음속으로 옹무가 싸움에 지기를 바라고 있던 중이었다. 그러나 또 다른 마음 한구석에는 송나라 군사들이 쳐들어와 다시 한번 자기들을 해치는 살육전을 벌이지나 않을까 하는 걱정도 있었다. 그런 상황에서 상경 고호가 수초를 죽이고 세자를 맞이하러 성 밖으로 나가고 있다는 소식을 듣게 된 제나라의 명문거족들은 모두 기뻐하며 말했다.

「오늘에서야 비로소 하늘이 눈을 떴구나!」

몸에 갑옷을 걸치고 병장기로 무장을 갖춘 그들은 동문 쪽으로 일제히 달려가 세자에 대한 소식을 탐문했다. 그때 마침 조그만 수레를 타고 자신들이 모여 있는 곳을 향해 다가오고 있던 무휴와 마주쳤다. 실로 원수는 외나무다리에서 만난 격이 되어 여러 군중들은 눈에 살기를 띠며 양쪽으로 나뉘어 무휴를 노려보았다. 그러다가 한 사람이 앞장서 무휴 앞으로 다가서자 나머지 군중들도 손에 들고 있던 무기를 휘두르며 달려들어 그를 겹겹이 포위했다. 무휴를 따르던 내시들이 군중들을 향하여 소리쳤다.

「주군이 여기에 계시는데 어찌 이리도 무례하게 구느냐?」

군중들이 소리쳐 말했다.

「우리들의 주군이 어디에 있단 말이냐?」

군중들이 들고 있던 무기를 휘두르며 내시들에게 달려들어 모조리 죽였다. 군중들의 공격을 당해내지 못하고 황급히 수레에서 내려 도망치던 무휴도 얼마가지 못하고 사로잡혀 군중들에게 살해되었다. 그 일로 동문이 소란스럽게 되었으나 국귀보가 어디에선가 갑자기 나타나서 그들을 위무하자 군중들은 바로 흩어져 자기 집으로 돌아갔다. 국귀보는 무휴의 시신을 별관으로 옮겨 관을 준비하여 납관하고 사람을 시켜 그 소식을 고호에게 달려가 알리게 했다.

한편 성 밖 동쪽 관문에 주둔하면서 송나라 군사들과 대치하고 있던 옹무는 어느 날 밤 갑작스러운 군중들의 소란한 소리를 듣고 심복을 시켜 그 연유를 알아보게 했다. 심복이 돌아와 군사들의 말을 전했다.

「무휴와 수초는 죽고 고호 상국이 사대부들을 이끌고 성문을 나가 세자소를 영접하여 군위에 앉히려고 합니다. 우리는 더 이상 나라에 거역하는 일을 돕지 못하겠소!」

군심이 이미 변했음을 감지한 옹무의 마음은 마치 예리한 칼에 오려지는 듯한 아픔을 느꼈다. 그는 급히 심복 몇 사람을 불러 밤을 도와 진영을 탈출하여 노나라를 향하여 도망쳤다. 이윽고 날이 밝아 오자 옹무의 군영에 당도한 고호가 군사들을 안무하고 그들을 이끌고 곧바로 송나라 진영으로 가서 그곳에 머물고 있던 세자소를 영접하고 송(宋), 위(衛), 주(邾), 조(曹) 등으로 이루어진 제후연합군과의 싸움을 멈추고 수호를 맺었다. 사국의 군사들은 곧바로 자기 나라로 돌아갔다.

세자소를 모시고 임치성 밖에 당도한 고호는 세자를 공관으로 모셔 행장을 풀고 잠시 머물도록 했다. 사람을 성안의 국귀보에게 보내 세자가 당도했음을 알리고 군주가 타는 어가를 준비하여 백관들과 같이 나와 세자소를 모시라고 전했다. 한편 공자원과 공자반도 그 사실을 알고 공자상인과 의논하여 다 같이 성곽 밖으로 나가 신군을 맞이하려고 하였다. 그러나 공자상인만은 세자소의 즉위에 불만을 품고 반대했다.

「우리들은 나라 안에 있으면서 상을 치르기 위해 죽을 고생을 했는데 그때 소(昭)는 한 번도 곡이나 절도 하지 않았으면서 이제는 오히려 송나라 군사들을 끌어들여 힘을 과시하고 또한 나이가 적은 사람이 나이가 많은 사람을 능멸하여 제나라를 강탈하려고 하니 순리에 맞지 않는 일입니다. 제후들의 군사들이 이미 물러갔다고 하니 우리들이 각기 가병들을 동원하여 무휴의 원수를 갚는다고 소리치면서 소를 죽인 후 우리들 세 사람 중에 한 사람이 대신들의 추대를 받아 군위에 올라야 합니다. 그렇게 되면 우리는 송나라의 속박으로부터 벗어날 수 있을 뿐만 아니라 선공께서 이룩하신 맹주로서의 지위도 잃지 않고 유지할 수 있습니다.」

생각을 바꾼 공자원이 먼저 동조했다.

「그렇게 하기 위해서는 마땅히 중궁의 영을 받들어 행하여야만이 서출로서 군위에 오르는 명분을 세울 수 있다.」

세 사람은 공자원의 말을 따라 즉시 궁중으로 들어가 장위희에게 자기들의 뜻을 알렸다. 장위희가 눈물을 흘리며 세 공자에게 말했다.

「그대 공자들이 무휴의 원수만 갚아 준다면 내가 죽어도 한이 없겠다!」

장위희가 즉시 명하여 옛날에 무휴가 거느리던 사람들을 모아 세 공자의 무리에 들여보내 세자소에게 대항하도록 했다. 그때까지 성안에 남아 있던 수초의 많은 심복들도 역시 주인의 원수를 갚겠다고 하면서 세 공자 일당에 가담했다. 세 공자는 수많은 무리들을 서로 나누어 임치성 각 성문을 지키게 했다. 국귀보가 네 공자의 가병들의 수가 많음을 두려워하여 상부(相府)의 문을 굳게 닫아걸고 감히 밖으로 나오지 못했다. 고호가 알고 세자소에게 말했다.

「무휴와 수초가 비록 죽었으나 그 잔당이 아직도 많이 살아 있고, 더욱이 세 공자까지 준동하여 성문을 단단히 닫고 열어 주지 않으니 만약에 우리가 성문을 통하여 들어가고자 한다면 이것은 필히 싸움을 피

그림 18 송공벌제납자소(宋公伐齊納子昭)

할 수 없게 됩니다. 만약에 싸워서 지기라도 한다면 앞서의 모든 노력이 수포로 돌아가게 되니 차라리 송나라로 다시 돌아가 구원병을 데려오는 편이 상책이라 하겠습니다.」

「나는 단지 고상국의 말만을 따르리라!」

고호가 즉시 세자소를 모시고 다시 송나라를 향해 달려갔다. 그때 제나라에서 군사를 물리쳐 돌아오던 송양공은 이윽고 송나라 경계에 도착할 즈음에 수레를 몰아 자신을 뒤따라오는 세자소를 보고 크게 놀라 그 연유를 물었다. 고호가 앞서 달려와 일의 전후좌우를 상세하게 고했다. 송양공이 듣고 말했다.

「이것은 과인이 군사를 너무 빨리 물리친 때문이라! 세자는 마음을 놓으시기 바랍니다. 과인이 여기 있으니 어찌 임치성에 입성하지 못하겠습니까?」

송양공은 그 즉시 대장 공손고(公孫固)에게 명하여 본국에 남아 있던 대부분의 병사와 거마를 동원하여 자신을 따르도록 했다. 지난번에는 위, 조, 주(邾) 삼국이 송나라와 같이 군사를 일으켰기 때문에 송나라는 200승만의 병거만을 동원했지만, 이번에는 송나라 단독으로 하는 출병이기 때문에 400승을 채우려고 했다. 공자탕(公子蕩)은 선봉을, 화어사(華御事)는 후군을 맡게 한 양공은 대장 공손고와 함께 중군을 친히 지휘했다. 송양공은 세자소를 제나라로 호송하기 위하여 다시 송나라 경계를 벗어나 호호탕탕 진군하여 제나라의 임치성 밖의 교외에 당도했다. 그때 고호가 앞으로 달려 나가 관문 앞에 이르자 관을 지키는 제나라의 장수와 관리들은 송나라 군사들을 인도하여 앞장서 오는 사람이 고호임을 알아보고 곧바로 관문을 열고 고호와 송군을 맞아들였다. 송나라 군사들은 아무 저항도 받지 않고 임치성 밑에까지 당도하여 진채를 세웠다. 양공은 삼군에 명하여 성문이 굳게 닫혀 있는 임치성을 공격할 채비를 하게 했다. 성내에 있던 공자상인이 공자원과 공자반에게 말했다.

「송군이 공격을 시작하면 틀림없이 백성들이 동요하여 내부에서 난이 일어날 겁니다. 그 전에 우리들이 네 집안의 가병들을 이끌고 성 밖으로 나가 송나라 군사들이 아직 숨을 돌리기 전에 힘을 합쳐 공격하여 다행히 싸움에서 이기게 되면 좋은 일이고 혹시 싸움에서 패하게 된다면 각기 당분간 몸을 피해 있다가 그때의 형편에 따라 다시 일을 도모하는 편이 어떻겠습니까? 지금처럼 죽음을 각오하고 성을 지키다가 만일 다른 제후들의 군사들이 이곳으로 계속 들이닥치고 안에서 변란이라도 일어난다면 그때는 어찌할 수 없을 겁니다.」

공자원과 공자반이 공자상인의 말에 일리가 있다고 생각하여 그날 밤에 즉시 성문을 열고 각기 군사들을 이끌고 송나라 진채를 습격했다. 그러나 송군의 진채에 대한 허실을 알지 못한 공자의 가병들은 단지 선봉을 맡고 있던 공자탕의 진영을 먼저 공격하게 되었다. 갑자기 기습 공격을 받게 된 공자탕은 당황하여 맞이해 싸울 생각도 하지 못하고 진채를 버리고 달아났다. 선봉대의 진채가 공격당하고 있다는 소식을 들은 중군대장 공손고는 그들을 구원하기 위해 급히 대군을 이끌고 진채 밖으로 출동했다. 고호와 같이 있던 후군대장 화어사도 소식을 듣고 역시 부하들을 이끌고 선봉대를 구원하기 위해 달려 나갔다. 송과 제 양쪽의 군사들이 서로 섞여서 혼전을 하고 있던 중 어느덧 시간이 지나 날이 밝아 왔다. 네 공자의 가병늘 수는 비록 많았으나 각기 주인이 달라 일사불란하게 지휘를 받지 못해 송나라 군사들을 도저히 당해 내지 못했다. 그날 밤 벌어진 야간 전투에서 그들 가병들은 송나라 병사들에게 십 중 칠팔이 꺾여 버렸다. 세자소가 입성하게 되면 그 죄를 면하기 어려울 것이라고 생각한 공자원은 혼란을 틈타 심복 몇 명과 함께 위나라를 향하여 도망쳤다. 공자반과 공자상인은 패잔병을 수습하여 성안으로 후퇴했다. 그러나 그 뒤를 바짝 추격한 송군 때문에 미처 성문을 닫지 못한 틈을 타서 최요(崔夭)가 세자를 어가에 태우고 한달음에 성안으로 들어갔다. 성안에 몸을 피해 숨어 있던 상경 국귀보는, 네 공자의 가병들이 흩어지고 세자가 이미 성안으로 들어왔다는 소식을 듣고 즉시 백관들을 모이게 하여 고호와 같이 세자소를 옹립하여 제후의 자리에 앉혔다. 세자소는 그 해를 즉위 원년으로 개원했다. 이가 제효공(齊孝公)이다.

효공은 제후의 자리에 오르는 데 공을 세운 사람들을 논공행상하고 최요를 대부에 봉했다. 다시 황금과 비단을 크게 내어 송나라 군사를 위문하고 잔치를 벌여 배불리 먹였다. 양공이 제나라 성 밖에서 5일을 더 머물다가 다시 송나라로 돌아갔다. 그때 노희공도 대군을 일으켜 무휴를 구하기 위하여 출병하여 제나라로 향하던 중 무휴가 죽고 효공이 이미 섰다는 사실을 알고 중도에서 군사를 되돌려 돌아갔다. 이때부터 제와 노 두 나라는 틈이 생기게 되었다.

한편 공자반과 공자상인은 서로 의논하여 가병을 이끌고 효공에게 대항한 일은 모두 위나라로 도망친 공자원의 짓이라고 미루었다. 고·국(高國) 두 대신들은 네 명의 공자들이 공모한 일이라는 사실을 알고 있었으나, 동기간에 원한을 잊고 좋은 관계를 맺고 싶어 하는 효공의 뜻을 받아들여, 변란을 일으킨 죄는 단지 옹무와 수초 두 사람에게만 묻기로 했다. 이윽고 옹무와 수초의 일당들을 모두 잡아다 죽이고 나머지 사람들은 모두 용서했다.

그해 즉 기원전 642년 제효공 원년 8월에 우수[牛首: 지금의 하남성 개봉시 남 통허현(通許縣)]의 땅 언덕 위에 분묘를 대대적으로 조성한 후에 환공의 시신을 옮겨 개장(改葬)했다. 또한 후세 사람들의 도굴에 대비하기 위하여 같은 규모의 의총(疑冢) 세 개를 연달아 그 옆에 만들었다. 안아아는 별도로 조그만 분묘를 만들어 환공 곁에 묻었다. 또한 무휴와 공자원으로 인하여 변란이 일어났다고 생각하여 그들의 모친인 장위희와 소위희를 모시던 내시와 궁녀들을 모두 잡아다 환공의 분묘 안에 산 채로 순장시켰는데 그 수효가 수백 명에 달했다.

그로부터 약 천 년이 경과된 서진(西晉)의 영가(永嘉)[47] 말년에 천하대란[48]이 다시 시작되었을 때 시골의 한 농부가 환공의 무덤을 우연히 발견했다. 동네 사람들과 같이 무덤 안으로 들어간 농부는 그 안에서 수은으로 채워진 연못을 발견했다. 농부와 일행은 연못에서 나오는 한기가 엄습하여 더 이상 앞으로 나갈 수가 없었다. 밖으로 다시 나와 몇 날을 기다리자 그 한기가 점점 사라져서 사람들이 맹견을 끌고 무

---

47 영가(永嘉): 서진(西晉)의 회제(懷帝) 사마치(司馬熾)의 연호로 서기 307-313년이다. 회제는 서진(西晉)을 세운 무제(武帝) 사마염(司馬炎)의 여섯 아들 중 막내이다. 서진은 무제가 죽자 그의 형제와 아들들인 8왕이 차례로 란을 일으켜 16년간 내란 상태가 계속되었다. 내란이 진행되는 과정에 8왕들이 끌어들인 변방의 이민족들 중 흉노족이 세운 한(漢)의 유총(劉聰)이 갈족 출신의 장군 석륵(石勒)을 대장으로 삼아 서진을 공격했다. 석륵은 313년 서진의 도성인 낙양성을 함락시키고 회제를 죽여 서진왕조를 멸망시켰다. 이를 영가의 난이라고 한다.

48 천하대란(天下大亂): 오호십육국(五胡十六國)과 남북조(南北朝) 시대를 뜻하며 사마씨의 서진(西晉)이 망한 서기 311년부터 수문제(隋文帝)가 세운 수나라가 중국을 통일한 서기 581년까지 약 270년 동안의 혼란기를 말한다. 이 시기에 중국의 북방은 다섯 민족이 16국을 세웠다가 전연(前燕), 전진(前秦), 후위(後魏), 북주(北周), 북제(北齊) 등의 통일왕조인 북조(北朝)와 서진(西晉)의 세력이 남진하여 세운 동진(東晋)과 그 뒤를 이은 송(宋), 제(齊), 양(梁), 진(陳)의 남조(南朝)가 남북으로 대치한 시대를 남북조시대라고 한다.

덤 안으로 들어갈 수 있었다. 그 안에는 누에 모양으로 만든 황금이 수십 말이나 있었고 진주가 달린 팔이 짧은 저고리와 옥으로 만든 상자와 오색비단 그리고 각종 병장기들이 발굴되었는데 그 수가 하도 많아 셀 수 없었다. 그 안에 무수하게 너부러져 있던 해골은 모두가 환공의 시신과 같이 순장된 장위회와 소위희 수하의 내궁과 내시들 것이었다. 염선이 "효공이 그 당시 부친 제환공의 장례를 충분히 성대하게 지냈었다고 한들 후에 무슨 쓸모가 있었겠는가?"라는 뜻으로 시를 지어 노래했다.

가짜 무덤 세 개가 마치 산처럼 높았음에 불구하고
무덤 안의 금잠과 옥갑은 도굴범들 소유가 되었다.
무덤 안의 수많은 금은보화는 도굴을 당하기 마련이라,
간소한 장례는 어찌 물건만을 아끼기 위해서였겠는가?

疑冢三堆峻似山(의총삼퇴준사산)
金蠶玉匣出人間(금잠옥갑출인간)
從來厚蓄多遭發(종래후축다조발)
薄葬須知不是慳(박장수지부시간)

제7장

송양지인
宋襄之仁

- 헛된 인의로 군사를 잃은 송양공 -

1. 미자봉송(微子封宋)
- 은나라의 왕자 미자개가 송나라에 봉해지다 -

그림 1 미자개화상

미자개(微子開)¹는 은(殷)나라 제을(帝乙)의 맏아들로 주왕(紂王)의 서형(庶兄)²이다. 은나라의 제위(帝位)에 오른 주왕은 혼매한 자로서 정사를 돌보지 않고 음란한 생활과 사치를 즐겼다. 미자(微子)가 여러 번 간했으나 주왕이 듣지 않았다. 덕을 쌓아 제후들로부터 신망을 얻은 서백(西伯) 창(昌)에 의해 선국(璿國)³의 멸망을 목도한 조이(祖伊)⁴가 장차 그 화가 은나라에 이르게 될 것이라고 두려워한 나머지 주왕에게 간했다.

---

1 개(開): 《상서(尙書)·미자지명(微子之命)》에는 계(啓)다. 한경제(漢景帝) 유계(劉啓)의 이름을 피휘(避諱)했다.

2 서형(庶兄): 《여씨춘추(呂氏春秋)》에 미자의 모가 미자를 낳았을 때는 후궁의 신분이었으나 주왕(紂王)을 낳았을 때는 정비였기 때문에 주왕이 적자의 신분으로 제위를 승계했다고 했다. 즉 미자개는 주왕의 동모형이다.

3 선국(璿國): 지금의 산서성 장치시(長治市) 서남에 있었던 고대의 제후국으로 은나라의 방백국이었다. 은본기에는 기(饑), 주본기에는 기(耆)로 또 일설에는 여(黎)라고도 한다. 춘추 때 지금의 산서성 여성시(黎城市)로 나라를 옮겼다.

4 조이(祖伊): 은나라 말 현신(賢臣)으로 주왕이 음색에 빠져 폭정을 행할 때 주나라의 서백(西伯)이 덕을 쌓고 은나라의 속국인 선국을 정벌하여 멸하자 은나라에 그 위험이 닥칠 것을 예상하고 주왕에게 경계하도록 간했으나 주왕이 듣지 않았다. [《상서(尙書)·서백감려(西伯戡黎)》편에 상세한 기사가 있다.]

「왕이시어! 하늘이 아마도 우리 은나라를 멸망시키려고 하는 것 같습니다. 천명을 잘 아는 현인도, 큰 거북등에 나타나는 점괘도 그 길함을 알지 못합니다. 선왕들의 영령이 우리 후손들을 돕지 않는 게 아니라 왕께서 방탕하여 스스로 끊으신 겁니다. 이에 하늘이 우리를 버려 편안히 살지 못하게 하시고 하늘이 내린 수명을 누릴 수도 없게 만들었으며 법도를 따르지 않게 하셨습니다. 지금 나라가 망하기를 바라고 있는 백성들이 "하늘은 어찌하여 벌을 내리지 않는가? 정벌하라는 하늘의 커다란 명령이 이르지 않으니 지금의 왕을 어찌해야 하는가?"라고 원망하고 있습니다.」

주왕이 듣고 말했다.

「나는 천명을 받고 태어났는데 그들이 어찌할 수 있겠소?」

조이가 다시 말했다.

「왕의 죄악이 하늘에 가득 쌓여 있거늘 어찌 당신의 목숨이 온전할 수 있겠습니까? 왕께서 하시는 일은 모두가 은나라를 멸망으로 이끌고 있으니 장차 나라에 살육이 벌어지지 않을 수 있겠습니까?」

조이의 충간에도 아랑곳하지 않고 여전히 방탕하고 황음한 생활을 멈추지 않는 주왕을 보고 간언으로는 왕을 깨우칠 수 없다고 생각한 미자는 목숨을 스스로 끊기 위해 주왕 곁을 떠났으나 미처 결정을 못하고 태사(太師) 기자(箕子)[5]와 소사(少師) 비간(比干)에게 물었다.

---

5 기자(箕子): 기자는 주왕의 숙부다. 태사(太師)의 직에 임명되어 기(箕)에 봉해졌다. 기(箕)는 지금의 산동성 태곡(台谷) 동북이다. 높은 정치적 재능과 문화적 지식을 갖춘 인물이다. 주왕이 충간하던 비간을 살해하자 화를 피해 미치광이를 가장하여 남의 노예가 되었으나 주왕이 알고 잡아 감옥에 가두었다. 은나라를 멸한 주무왕에 의해 석방되어 주나라 국정의 자문에 응해 홍범구조(洪範九條)를 설파했다. 그의 말은 《상서(尙書)·홍범(洪範)》과 《사기·송미자세가(宋微子世家)》 편에 전해진다.

「은나라는 이미 깨끗하고 밝은 정치가 사라져 천하를 다스릴 수 없게 되었습니다. 우리들의 조상들은 세상에 많은 공업을 이룩해 놓았습니다. 그런데 왕은 주연에 빠져 맛있는 음식과 술에 탐닉하고 오로지 아녀자들의 말만으로 탕왕(湯王)이 이룩한 덕치를 무너뜨리고 있습니다. 은나라 조정의 신하들은 직위가 높고 낮거나, 크거나 작거나 모두 초야에서 남의 물건을 훔치는 일을 즐겨하며 란을 일으켜 윗사람들을 범하고 있습니다. 또한 조정대신들은 서로 상대방의 잘못을 본받아 따라 하기 바쁘며 법을 어기고 기강을 어지럽혀 사람마다 죄를 짓지 않은 사람은 없으나 잡히는 사람은 하나도 없고, 일반 백성도 따라 일어나 서로 원수로 지내고 있습니다. 지금 법도와 제도를 잃어버린 은나라의 모습은 마치 강을 건너기 위해 배를 탔으나 어구를 찾지 못해 표류하고 있는 사람들의 처지와 같습니다. 우리 은나라의 멸망은 시간문제입니다.」

미자가 계속 말했다.

「태사여, 소사여! 나는 장차 어디로 가야 하고 누구를 따라야 합니까? 우리들의 은나라는 어떻게 해야 보존할 수 있겠습니까? 두 분께서 나를 깨우쳐 주지 못해 내가 불의에 빠지게 된다면 그때는 어떻게 하시겠습니까?」

태사 기자가 대답했다.

「왕자여! 천제가 하늘에서 내려와 재앙을 내려 은나라를 멸하려고 해도 왕은 전혀 위로는 하늘도 전혀 두려워하지 않고, 아래로는 백성들도 두려워하지 않아 장자나 원로들의 충간을 받아들이지 않고 있습니다. 심지어는 은나라 백성들조차도 천지신명의 뜻을 어기고 제사도 소홀히 하고 있습니다. 지금 몸을 바쳐서 나라가 잘 다스려진다면 후회는 없겠으나, 몸이 죽어도 나라는 결코 다스려지지 않게 되니 멀리 다른 땅으로 가서 사느니만 못할 겁니다.」

기자(箕子)는 주왕의 숙부다. 주왕이 식사를 할 때 상아 젓가락을 사용하기 시작하자 한탄하며 말했다.

「왕이 상아 젓가락을 사용하기 시작했으니 필시 옥으로 만든 술잔을 사용하게 되고, 옥으로 만든 술잔을 사용하기 시작하면 먼 지방의 진귀하고 기이한 물건들을 사용하게 될 것이다. 거마와 궁실의 호화스러운 사치는 장차 이 일로부터 시작되어 나라가 무법천지로 변하고, 이는 결코 막을 수 없는 일이 되리라!」

이윽고 음탕하고 무도하게 변한 주왕을 보고 기자가 간했으나 주왕은 결코 듣지 않았다. 그런 기자를 보고 어떤 사람이 나라를 떠나라고 충고했다. 기자가 대답했다.

「신하 된 자가 자신의 군주를 위해 간언을 하다가 군주가 듣지 않는다고 그 곁을 떠나 버리면 이것은 군주의 악행을 부추기게 되고 군중 심리에 영합하는 행위입니다. 저는 차마 그렇게 하지는 못하겠습니다.」

그리고는 머리를 풀어헤쳐 산발하고 미친 사람처럼 가장한 후에 남의 노예가 되었다. 이윽고 은주를 멸한 주무왕에 의해 자유의 몸이 된 기자는 아무도 모르는 곳으로 도망쳐 살면서 거문고를 타며 자기의 슬픔을 달랬다. 그때 그가 부른 노래는 『기자조(箕子操)』라는 곡명으로 지금까지 전해지고 있다.

한편 소사 비간(比干) 역시 주왕의 숙부다. 주왕에게 간언했으나 받아들여지지 않자 남의 노예가 된 기자를 보고 말했다.

「군주가 죄를 짓고 있는데 죽을 각오로 간하지 않는다면 장차 백성들이 피해를 입게 된다. 그런데 백성들이 무슨 죄가 있단 말인가?」

그러고는 주왕을 알현하고 간했다. 주왕이 대노하여 말했다.

「내가 듣기에 성인의 심장에는 일곱 개의 구멍이 있다고 했는데 사실인지 내가 봐야겠다.」

주왕이 비간을 죽여 그의 심장을 꺼내어 살폈다. 미자가 소식을 듣고 말했다.

「부자는 골육의 정으로, 군주와 신하는 의로써 맺어져 있다. 때문에 부친이 잘못을 범하면 아들이 계속해서 간해야 하고 그래도 듣지 않으면 마땅히 그 뒤를 따르면서 곡을 하면 되지만, 남의 신하 된 자가 여러 번 권해도 군주가 듣지 않게 되면 의를 좇아 그의 곁을 떠나면 될 뿐이다.」

그러고는 태사와 소사가 권유한 대로 나라를 떠났다.

주무왕이 주왕을 정벌하여 은나라와의 싸움에서 이기자 미자는 은나라 왕실의 제기들을 가지고 군문으로 나아가 웃통을 벗고 양손을 뒤로 묶게 한 후에 양을 끄는 사람을 왼쪽에, 모(茅)[6]를 든 사람은 오른쪽에 따르게 하고는 자신은 무릎으로 기어 앞으로 나아가 무왕에게 고했다. 그러자 무왕이 미자를 용서하고 예전의 작위를 돌려주었다.

무왕이 주왕의 아들 무경(武庚) 녹보(祿父)를 은의 고지에 봉하여 은나라 선조들의 제사를 지낼 수 있도록 하고 관숙(管叔)과 채숙(蔡叔)으로 하여금 보좌하도록 했다.

---

6 모(茅): 사당이나 산소에서 조상에게 제사 지낼 때에 사용하는 그릇을 모사(茅沙)라고 한다. 모사에 담은 모래에 묶음으로 꽂는 풀이 모(茅)다. 강신(降神) 의식을 행할 때에 띠묶음 위에 술을 따른다.

2. 홍범구조(洪範九條)
- 기자가 무왕에게 치국의 도를 가르치다 -

은나라를 멸한 주무왕이 감옥에서 석방한 기자를 방문하여 치국의 도에 대해 물었다.

「아! 하늘은 묵묵히 하계의 백성들을 안정시키고 그들로 하여금 서로 화합하여 살도록 했음에도 나는 하늘의 상도(常道)를 실현시키는 방법을 모르고 있습니다.」

기자가 대답했다.

「옛날 곤(鯤)[7]이 홍수(鴻水)[8]의 물길을 막아 오행(五行)의 법도를 어지럽혀 하늘의 대법인 홍범구조(洪範九條)가 훼손되었습니다. 그래서 진노한 상제가 곤을 죽이고 우(禹)가 사업을 이어 받아 상도(常道)를 다시 일으켰습니다. 이에 상제가 홍범구조를 우에게 내리니 상도가 비로소 자리를 잡게 되었습니다. 그 아홉 가지 항목은 첫째가 오행(五行)이고, 둘째가 오사(五事)이며, 셋째가 팔정(八政), 넷째가 오기(五紀), 다섯째는 황극(皇極), 여섯째는 삼덕(三德), 일곱째는 계의[稽疑: 의심나는 일에 대해 점을

---

7 곤(鯤): 원래 황하는 산맥에 가로막혀 평야지역으로 흐르지 않았다고 했다. 요임금의 명을 받은 곤(鯤)은 황하의 치수 사업을 시작했다. 곤은 거북과 매의 도움으로 강 주위에 제방을 쌓았으나 황하의 물이 계속 불어나 제방이 터져 홍수를 막을 수 없었다. 그래서 그는 상제(上帝)로부터 저절로 자라나는 식양(息壤)이라는 흙을 훔쳐서 제방을 다시 쌓았다. 상제가 알고 식양을 찾아가 버리자 제방이 터져 많은 사람이 죽었다. 요임금이 노하여 곤을 죽이고 그의 시체를 우산(羽山)에 방기하여 3년간 썩지 않게 하였다. 칼로 곤의 배를 가르자 그 안에서 우(禹)가 나오더니 곤의 시체는 황룡으로 변하여 하늘로 날아가 버렸다. 아버지의 치수사업을 물려받은 우는 용문산(龍門山)을 뚫어 물길을 트는 데 성공하였고 천하의 백성들은 마침내 마음 놓고 농사를 지을 수 있게 되었다.

8 홍수(鴻水): 홍(鴻)은 홍(洪)이다. 홍수(洪水)는 대수(大水)로 황하(黃河)를 말한다.

치는 방법이다], 여덟째는 서징(庶徵), 아홉째는 육극(六極)을 피해 오복(五福)을 누리는 일입니다.

오행(五行)은 첫째가 수(水), 둘째가 화(火), 셋째가 목(木), 넷째가 금(金), 다섯째가 토(土)입니다. 물의 성질은 만물을 기름지게 하면서 아래로 흐르고, 불은 사물을 달구어 기운이 위로 향하고 나무는 구부러지기도 하고 곧기도 하며, 쇠는 녹여서 원하는 모양을 만들 수 있고, 흙은 농사를 짓는데 씨앗을 뿌려 수확을 거둘 수 있도록 합니다. 따라서 물은 아래로 흘러 기름지게 함으로 생산되는 것은 짜고, 불은 기운이 위로 솟음으로 생기는 것은 쓰고, 나무는 구부러지기도 하고 곧기도 해서 생기는 것은 시고, 쇠는 원하는 모양대로 변해 생기는 것은 맵고, 흙은 씨를 뿌려 수확함으로 단맛이 됩니다.

오사(五事)는 첫째 외모[모(貌)]이고, 둘째는 말투[언(言)]이고, 셋째는 시력[시(視)]이고, 넷째는 청력[청(聽)]이며, 다섯째는 생각[사(思)]입니다. 용모는 공손해야 하고, 말은 따를 수 있도록 해야 하고, 보는 것은 명백해야 하며, 듣는 것은 확실해야 하고, 생각은 주도면밀해야 합니다. 몸가짐이 공손하면 백성들이 엄숙해지며, 언어로 사람들을 믿고 따르게 하면 나라가 잘 다스려지고, 눈으로 사물을 명백히 식별하면 속임을 당하지 않게 되며, 사람의 이야기를 확실하게 듣는 것을 총기(聰氣)라고 합니다. 총기로 계책을 세울 수 있고, 주도면밀한 사고는 일을 성사시킬 수 있습니다.

팔정(八政)은 첫째가 양식(糧食), 둘째가 재화(財貨), 셋째가 제사(祭祀),

넷째가 영건(營建), 다섯째가 교육(敎育), 여섯째가 형벌(刑罰), 일곱째가 접빈(接賓), 여덟째가 군사(軍事)의 일입니다.

오기(五紀)는 첫째가 연(年), 둘째가 월(月), 셋째가 일(日), 넷째가 성신(星辰), 다섯째가 역법(曆法)입니다.

황극(皇極)[9]은 군주가 지극히 높은 원칙을 제정하여 다섯 가지 복(福)[10]을 모아서 백성들에게 널리 시행하면 백성들은 기꺼이 천자의 원칙을 따르게 되고, 천자 역시 백성들에게 명하여 원칙을 지키게 할 수 있습니다. 또한 백성들은 사사로이 붕당을 맺지 못하게 만들고, 사악한 붕당을 맺지 못하면 군주가 제정한 최고의 원칙을 준수하게 됩니다. 무릇 백성들이 계획을 세워 성과를 이루어 내고 절조를 지키면 천자께서는 마땅히 그들을 깊이 마음속에 새겨 기억하고 계셔야 합니다. 만일 사람들 중 지극히 높은 원칙에 부합하지 않더라도 그들이 일단 죄를 짓지 않는다면 천자께서는 그들을 용납하셔야 합니다. 만약 어떤 사람이 겸손하고 공경하는 태도로 자기는 미덕을 애호한다고 천자께 말한다면 천자께서는 그에게 봉록을 하사해야 합니다. 이렇게 하면 사람들은 모두 천자께서 정하신 지극히 높은 원칙을 준수하게 됩니다.

홀아비나 과부와 같이 의지할 데 없는 불쌍한 사람들을 모욕하지 말아야 하며 유덕하고 고명한 사람들을 어려워해야 합니다. 천자께서 유능한 사람과 일을 성사시킬 수 있는 사람을 임용하는 데 능하다면 나라는 틀

---

9 황극(皇極): 황(皇)은 군주이고 극(極)은 최고의 준칙(準則)으로 덕행(德行)을 의미한다.

10 오복(五福): 수(壽), 부(富), 강녕(康寧), 유호덕(攸好德), 고종명(考終命) 등의 다섯 가지 복이다.

림없이 번영을 이루어 창성하게 됩니다. 무릇 관리로 임용한 자들에게 부(富)와 귀(貴)를 높여 주면 스스로 청렴하는 마음을 키우게 됩니다.

　천자께서 능히 신하들을 적재적소에 임용하지 않아 국가에 공헌을 못 하게 한다면 그것은 바로 큰길에서 죄를 짓게 하고 도망치도록 방조하는 일과 같습니다. 이와는 반대로 천자께서 제정하신 지극히 높은 원칙을 즐겨 따르지 않는 사람을 임용하면 비록 그들에게 작위와 봉록을 내리신다 해도 그들은 결코 나라를 위해 기꺼이 공헌하려고 하지 않을 겁니다.

　천자께서는 모든 일을 결코 편파적이거나 불공평하게 처리하지 않아야 하며 마땅히 선왕께서 정하신 도리를 행해야만 합니다. 아울러 편애하거나 편견을 갖고 대하지 마시고 오로지 선왕의 정도만을 행해야만 합니다. 불편부당(不偏不黨)하시면 왕국의 길은 평탄해지고 평안하게 됩니다. 왕도를 위반하거나 범하지 말아야 성왕의 도가 올바르게 행해지게 됩니다. 천자께서 원칙을 지키는 사람들을 모아야 하고 신민 된 자들은 천자의 원칙을 지켜야만 합니다. 그와 반대로 천자께서 선포한 지고무상(至高無上)한 원칙은 마땅히 준수되어야 하며, 그럼으로써 비로소 천자의 가르침은 하늘의 뜻과 부합됩니다.

　무릇 신민들은 마땅히 천자가 선포한 원칙을 지고무상한 법칙으로 받들어야 하며, 그 법칙에 순종함으로 해서 천자의 밝고 빛나는 공덕에 더욱 친근하게 됩니다. 그래서 말하기를 천자는 마땅히 백성들의 부모와 같다고 하며, 천하 백성들의 군주가 된다고 말합니다.

　삼덕(三德)은 첫째가 정직(正直), 둘째가 강극(剛克), 셋째가 유극(柔克)입니다.

정직은 옳고 곧은 덕으로 취함이며, 강극은 굳세고 강한 덕으로 취함이며, 유극은 부드러운 덕으로 취하는 행위입니다. 천하를 평안하게 하기 위해서는 옳고 곧은 덕으로 다스려야 하며, 억센 나머지 따르지 않는 사람들에게는 마땅히 강경하고 굳센 태도로 제압해야 하고, 온순하고 잘 따르는 사람들에게는 마땅히 유화적인 태도로 대하여 합니다.

난신적자(亂臣賊子)와 같은 침잠(沈潛)한 사람들에 대해서는 필히 강경한 자세를 견지해야 하며 고명한 도덕군자들에 대해서는 유화적인 자세로 대해야 합니다. 오로지 군주만이 사람들에게 작위와 봉록을 내릴 수 있고, 오로지 군주만이 사람들에게 형벌을 주재할 수 있으며, 오로지 군주만이 아름다운 음식을 누릴 수 있습니다. 신하 된 자는 결코 사람들에게 작위나 봉록을 내릴 수 없으며, 형벌을 주재할 수 없으며, 아름다운 음식을 즐길 수 없습니다. 신하 된 자가 만일 능히 사람들에게 작위와 봉록을 내리고 형벌을 주재하며, 아름다운 음식을 즐길 수 있게 된다면 장차 왕실에 화가 닥치게 되고, 나라에는 재앙을 가져다줄 겁니다. 이로 인해서 사람들이 왕도에 위반하는 행동을 하게 되고, 결국은 윗사람을 범하고 난을 일으키는 단서가 됩니다.

계의(稽疑)는 복서(卜筮) 즉 거북점과 산가지점에 능한 사람을 뽑아 관리로 삼아 점을 쳐서 의심나는 점을 푸는 일입니다. 복서의 징조는 그 첫째가 우(雨) 즉 비가 내리는 상이며, 둘째가 제(濟)로 비가 그쳐 쾌청할 상이며, 셋째가 체(涕)로 비가 그친 후에 구름이 연면(連綿)히 하늘에 떠 있는 상이며, 넷째가 무(霧)로 안개가 자욱하게 낀 상이며, 다섯째가 극(克)으로 징조의 모습이 서로 뒤섞여 엇갈리는 상이며, 여섯째가 정(貞)으로 밝고 곧은 상이며, 일곱째가 회(悔)로 모습이 드러나지 않고 숨어 있는 상입니다. 모두 일곱 가지 상으로 그중 복(卜)은 다섯이고 서(筮)는 둘로서, 복잡하고 변화가 심한 괘상(卦象)에 대하여 길흉을 규명합니다. 관리로 임용된 점쟁이 세 명이 친 점은 의견이 같은 두 사람의 점괘를 따라야 합니다. 그러나 만일 왕께서 중대한 일에 부딪혀 의심이 나면 우선 독자적으로 깊이 생각하고 나서야 경사(卿士)와 상의하고, 백성들의 의견을 참작하고 최후로 복서의 징조를 받아들이기로 결단하셔야 합니다. 왕께서 동의하시면 귀복(龜卜)의 괘가 동의하는 바이고, 시초의 괘도 동의하는 바이며, 경사도 동의하는 바이고, 백성들도 동의하는 바이니, 이를 대동(大同)이라 부릅니다. 일단 대동을 이루게 되면 왕 자신은 강건하시게 되고, 자손 역시 번성하게 되며, 그 점괘는 크게 길하고 이롭습니다. 그리고 왕께서 동의하시고, 귀복의 괘가 동의하면, 비록 경사나 백성들이 동의를 하지 않게 되더라도 길합니다. 백성이 동의하고, 귀복의 괘가 동의하고, 시초의 점괘가 동의한다면 왕께서 따르지 않고 관원이 동의하지 않더라도 길합니다. 왕께서 동의하시고 귀복의 괘가 동의하나, 시초의 점괘가 동의하지 않고 경사와 백성들이 따르지 않게 되면 나라 안의 일은 길하다 할 수 있으나, 나라 밖의 일은 매우 흉합니다. 만일 귀복이나 시초의 점괘가 백성들의 생각과 일치하지 않는다면, 움직이지 않고 지키면 길하나, 움직인다면 필시 흉하고 험한 일이 일어나게 됩니다.

　서징(庶徵)은 각종 점괘가 뜻하는 징조로, 비가 올 괘거나(雨), 날이 개어 쾌청한 괘이거나[청(晴)], 따뜻할 괘이거나[난(暖)], 추울 괘이거나[한(寒)], 바람이 불 괘이거나[풍(風)] 등의 다섯 가지 자연현상은 모두 순서에 따라 발생합니다. 다섯 가지의 자연현상이 모두 구비되면 일정한 법칙이 생겨나고 모든 초목은 무성하게 됩니다. 다섯 가지 중 어느 한 가지 현상이 과다하게 일어나면 흉년이 들고, 또한 지나치게 적게 일어나도 역시 흉년이 듭니다. 좋은 징조에 대해 말한다면, 천자가 겸손하고 공손하면 하늘은 때에 맞춰 비를 내려주고, 천자가 정무를 맑거나 밝게 보면 양광이 충족하게 내리쬐어 작물들이 무성하게 자라게 됩니다. 천자가 영명하면 온난한 기온이 때에 맞춰 도래하게 됩니다. 또한 천자가 심모원려하면 춥고 서늘한 기온이 때에 맞춰 찾아들고, 천자가 사리에 통달하면 바람이 때에 맞춰 불어옵니다.

여러 가지 흉악한 징조에 관해 말씀드린다면, 천자가 거짓되고 망령되면 비가 쏟아져 홍수를 일으키고, 천자의 행위에 도가 지나쳐 잘못을 저지르면 하늘은 필시 한해를 내리게 됩니다. 천자가 향락에 빠지면 하늘은 고온으로 작물을 말라 죽이고, 천자가 포학하고 성질이 조급하면 하늘은 필시 혹한을 내리게 되고, 천자가 혼미하여 사리에 밝지 못하면 폭풍이 몰려옵니다. 천자의 결정에 과실이 있으면, 그 후유증은 1년에 미치고, 천자의 명을 받아 행하는 경사의 집행에 과실이 있으면 그 후유증은 한 달에 미치고, 경사의 명을 받아 행하는 관리의 행위에 과실이 있으면 그 후유증은 그날 하루에 미칩니다. 연, 월, 일 모두 이상 없이 순조롭게 일이 이루어지니 각종 식물들은 무성하게 자라 풍년을 이루고, 정치는 깨끗하고 밝게 이루어지며, 어진 사람들이 발탁되어 국가는 태평하고 안정됩니다. 이와 반대로 연, 월, 일이 모두 이상이 생기면 각종 작물들은 성장이 불량하게 되고, 정치는 혼란스럽고, 어진 사람들은 모두 억압을 받아 나라에 대란이 일어나게 됩니다. 백성들은 뭇 별들과 같아 어떤 별들은 바람을, 어떤 별들은 비를 좋아합니다. 또한 해와 달은 일정한 운행법칙이 있어 겨울과 여름을 만듭니다. 해와 달이 뭇 별들을 만나면 바람이 불고 비가 내리게 됩니다.

 오복(五福)은 첫째가 수(壽)로 오래 사는 일이고, 둘째가 부(富)이며, 셋째가 강녕(康寧) 즉 평안(平安)이며, 넷째는 호덕(好德)으로 덕을 베풀기를 좋아하는 것이며, 다섯째는 종명(終命)으로 천수를 다하는 것입니다.
 육극(六極)은 첫째가 6세 이전에 죽는 흉(凶), 20세 이전에 죽는 단(短), 30세 이전에 죽는 절(折)이며, 둘째가 병에 걸리는 질(疾)이고, 셋째가 우환(憂患)이며, 넷째가 가난한 빈(貧)이며, 다섯째가 신체에 결함이 있거나 흉하게 생긴 악(惡)이며, 여섯째가 몸이 쇠약한 약(弱)입니다.」

 무왕은 기자를 조선(朝鮮)에 봉하고 신하로 여기지 않았다. 그후 기자는 주무왕에게 조현을 올리기 위해 주나라로 들어갈 때 은허[殷墟: 지금의 하남성 안양시 소둔촌(小屯村)으로 은나라가 도읍했던 곳이다]를 지나가다가 폐허가 된 궁궐터에 자라는 곡식의 이삭을 보고 가슴이 아파 비통한 마음으로 통곡을 하고 싶었으나 소리 높여 곡을 하게 되면 마치 아녀자의 행위와 같이 느껴진다고 생각했으므로 차마 행하지 못하고 『맥수(麥穗)』라는 시를 지어 노래했다. 맥수의 노랫말은 다음과 같다.

보리 이삭은 무럭무럭 자라 그 끝이 뾰족하고
벼와 기장은 싹이 돋아 윤기가 흐르는구나.
개구쟁이 저 철부지가
나하고 사이좋게 지냈더라면!

麥秀漸漸兮(맥수점점혜)
禾黍油油兮(화서유유혜)
彼狡童兮(피교동해)
不與我好兮(불여아호혜)

교동(狡童)은 주왕을 말한다. 은나라 유민들이 그 시를 듣고 모두가 눈물을 흘렸다.

무왕이 은나라를 멸하고 주왕조를 세운 지 8년 만에 죽었으나 그 아들 성왕은 나이가 어렸다. 이에 무왕의 동생 주공 단(旦)이 섭정에 올라 주나라의 국정을 대리했다. 관숙(管叔)과 채숙(蔡叔)이 주공단을 의심하여 무경(武庚)과 함께 난을 일으켜 성왕과 주공을 공격했다. 주공이 성왕의 명령을 빌려 무경과 관숙을 주살하고 채숙을 나라 밖으로 추방했다. 그리고 무경 녹보가 다스렸던 은나라의 구지에 강숙봉(康叔封)을 봉해 국호를 위(衛)라고 부르고 조가(朝歌)를 도성으로 삼게 했다. 동시에 은나라 유민의 일부를 떼어 은족의 발상지 상구(商丘)로 이주시키고 주왕의 서형 미자개를 봉하여 송(宋)이라는 국호를 내렸다. 그래서 미자개는 은나라의 선조들의 제사를 계속 받들 수 있었다. 미자개는 『미자지명(微子之命)』[11]을 지어 널리 알리고 송나라를 건립했다. 원래 인의를 갖춘 어진 사람이라 무경의 뒤를 계승하자 은나라 유민들은 모두 기뻐하며 그를 추대했다.

3. 수수불경(受授不經) 양성은화(釀成隱禍)
– 법도를 위반하여 군위를 전해 재앙을 잉태시키다 –

기원전 748년, 미자개로부터 12전한[무공(武公)의 아들] 선공(宣公) 력

---

11 미자지명(微子之命): 미자(微子)가 태사(太師) 기자(箕子)와 소사(少師) 비간(比干)에게 자신의 거취에 대하여 상의한 내용을 후세의 사관이 기록하여 《서경(書經)·상서(商書)》의 한 편으로 편집한 글이다.

(力)이 송공의 자리를 이었다. 선공이 재위 19년째인 기원전 729년에 병이 들어 죽음에 임하게 되자 송나라 군주 자리를 아들 여이(與夷)가 아니라 동생 화(和)에게 물려주면서 말했다.

「부친이 돌아가시면 아들이 뒤를 잇고, 형이 죽으면 동생이 잇게 됨은 천하에 널리 시행되는 도의이다. 그 도리에 따라서 내가 너를 후계로 삼는다.」

선공의 동생 화(和)가 몇 번을 사양하다가 결국은 선공의 뜻을 받들었다. 이윽고 선공이 죽자 화가 뒤를 이으니 이가 목공(穆公)이다.

기원전 720년 목공이 재위 9년 되는 해에 병이 위중하게 되자 대사마(大司馬) 공보가(公父嘉)를 불러 말했다.

「선군께서 아들인 태자 여이를 버리고 군위를 나에게 주셨소. 나는 영원토록 가슴에 간직하고 잊지 못하겠소. 내가 죽으면 반드시 여이를 내 후계로 세우시오.」

공보가가 목공에게 말했다.

「대신들은 모두 주군의 아들 태자 풍(馮)을 세우기를 원하고 있습니다.」

「풍을 세우지 마시오. 나는 절대로 선군의 은혜를 갚지 않으면 안 되겠소!」

목공은 풍을 정나라에 보내 그곳에 살게 했다. 그해 8월 경진(庚辰)일에 목공이 죽자 선공의 아들 여이가 즉위했다. 이가 상공(殤公)이다. 그 이야기를 들은 군자들은 모두 모두 말했다.

「송선공은 사람됨을 잘 판단하여 그 후임을 잘 선택했다고 할 수 있다. 자기의 동생에게 군주의 자리를 물려주어 도의를 보전했을 뿐 아니라 자기의 아들까지도 역시 군주의 자리에 오르게 했기 때문이다.」

송목공의 아들 공자풍이 정나라에 망명하여 정장공에게 몸을 의탁한

해는 주평왕 말년인 기원전 719년이다. 그 해에 송상공이 위나라와 연합하여 공자풍을 죽이기 위해 정나라를 공격했으나 성공하지 못하고 물러갔다.

4. 호병지화(好兵之禍)
– 군사를 즐겨 일으켜 변란을 불러오는 송상공 –

송상공 여이(與夷)는 즉위한 이후 10년 동안 누차에 걸쳐 군사를 일으켰다. 정나라를 정벌한다는 명목으로만 세 번이었고 그 밖에 제후국과 연합하여 일으킨 군사작전까지 합하면 무려 11번에 이르러 해마다 한 번 이상 전쟁을 치렀다. 모두가 오로지 정나라에 망명하고 있던 공자풍에 대한 두려움 때문이었다. 태재 화독(華督)과 공자풍은 원래 교분이 두터운 사이였다. 화독은 매번 군사를 일으켜 정나라를 침략하는 송상공에게 중지하도록 간하고 싶은 마음은 굴뚝같았지만 감히 하지 못하고, 그저 마음속으로만 못마땅하게 생각하고 있었다. 당시 송나라의 군정을 책임지는 사마(司馬)는 공보가(孔父嘉)였다. 그래서 빈번히 전쟁을 일으킨 데 대한 책임이 공보가에게도 있다고 생각한 화독은 평소에 공보가를 해칠 기회만을 호시탐탐 노리고 있었다. 그러나 공보가는 상공이 중용하고 있을 뿐 아니라 병권까지 쥐고 있어 감히 손을 쓸 수 없었다. 또한 얼마 전에 정나라를 정벌하기 위해 출정했던 군사들도 귀환 길에 대(戴)나라를 통과하다가, 정나라와의 싸움에서 전군이 전멸하고 공보가 한 사람만이 살아 돌아오는 사건이 벌어졌다. 그 일로 인해 상공을 원망하는 송나라의 국인들은 의견이 분분했다.

「군주 되는 사람이 백성들을 생각하지 않고 싸움을 즐겨, 가볍게 군사를 움직인 끝에, 나라 안의 부녀자와 어린아이들을 모두 과부와 고아들로 만들어 버렸다. 그래서 송나라는 호구가 줄어들고 나라와 백성들에게 막대한 손해를 끼쳤다.」

화독도 심복을 시켜 성안에다 유언을 퍼뜨렸다.

「시도 때도 없이 여러 번 군사를 동원하여 전쟁터로 내보낸 일은 모두가 공보가가 주장하여 일어난 짓이다.」

송나라의 국인들은 그 말을 믿고 사마인 공보가도 함께 원망하게 되었다. 화독은 이제야 비로소 일이 자기의 뜻대로 되어 간다고 생각했다.

5. 탐색시군(耽色弑君)
  - 남의 아내를 넘보다가 군주를 시해하는 화독 -

한편 공보가의 부인 위씨(魏氏)는 용모가 지극히 아름다워 세상에 비할 바 없는 미인이었다. 소문을 전해들은 화독은 그녀의 얼굴을 한번 보는 것을 평생소원으로 삼고 있었다. 그러던 중 어느 날 위씨가 친정 부모님에게 인사하러 들렀다가, 친정집 사람들을 따라 성묘를 가기 위해 성문을 나서게 되었다. 때는 춘삼월이라, 수양버들은 아지랑이처럼 자욱하고, 꽃은 피어 비단처럼 빛을 내는 계절이었다. 이에 짝을 지어 밖으로 나와 봄놀이를 즐기던 선남선녀들 틈에 끼어 위씨가 수레의 휘장을 걷고서 바깥 풍경을 구경했다. 그때 마침 성 밖의 교외에 나와서 봄놀이를 즐기고 있던 화독이 위씨 일행과 만나 그녀의 자태를 보게 되었다. 화독은 그녀가 꿈에도 보고 싶었던 위씨라는 사실을 알고 크게 놀라, 마음속으로 혼자 말했다.

「세간에서 뛰어난 미인이 있다고 소문이 자자하던데 과연 명불허전 이로다!」

화독이 집으로 돌아온 뒤로는 밤낮없이 위씨만을 생각하다가 넋이 나가 혼자 말했다.

「만약에 내가 그와 같은 미녀를 데려와 곁에 두고 같이 살 수만 있다 면 남은 반생 동안 원이 없겠다! 사마 공보가를 죽여서 위씨를 빼앗아 내 첩으로 삼고 말리라!」

화독은 이후로 공보가를 해칠 마음을 더욱 굳게 먹었다.

주환왕 10년 기원전 711년 봄, 공보가는 사냥을 나가기 위해, 전차 와 병사를 열병하면서 호령을 매우 엄하게 했다. 화독이 다시 심복을 시켜 군중 사이를 돌아다니며 유언을 퍼뜨렸다.

「공사마가 다시 기병하여 정나라를 정벌하려고 어제 태재와 상의하고, 이미 그 뜻을 정했다. 그래서 오늘 이렇게 열병식을 거행하게 되었다.」

전쟁에 다시 동원될까 봐 두려운 마음을 품게 된 군사들은 모두 삼 삼오오 떼를 지어 태재인 화독의 집 대문 앞으로 몰려들었다. 화독에게 접견을 청한 그들은 전쟁에 나가는 고충을 호소하고 정나라를 정벌하 는 전쟁을 중지하도록 주군에게 건의하여 달라고 요청했다. 화독이 일 부러 대문을 단단히 잠그게 하여 접견을 허락하지 않는 한편 문지기를 덧문으로 내보내 좋은 말로 군사들을 위무하도록 했다. 군사들은 더욱 마음이 간절해져 화독의 집 앞으로 몰려드는 수효가 점점 불어났다. 날 이 저물어 어두지기 시작하자, 많은 군사들이 무기를 손에 들고 화독에 게 상견을 청하기 위해 함성을 지르기 시작했다. 집 안에 있던 화독이 혼자 말했다.

「군중이란 모이게 만드는 일은 어렵지만 흩어지는 것은 쉽다고 했다.」

군심이 이미 변했다고 판단한 화독은 서둘러 갑옷을 꺼내 입은 후에 허리에 찬 칼을 뽑아 손에 들고 문지기를 앞세워 대문 밖으로 모습을 드러냈다. 이어서 장수들과 병사들을 향하여 명령을 전하여, 대오를 갖추게 하고 시끄럽게 소리치는 행위를 금했다. 화독은 대문 앞에 서서 먼저 자기의 속마음을 감추고 자비로운 말로 일장 훈시를 행하여 군중들의 마음을 가라앉혔다. 화독이 군사들에게 말했다.

「공사마가 군사를 일으켜야 한다고 주장하여 백성들에게 재앙을 가져다주고, 여러 사람들에게 해를 입혔다. 그러나 주공께서는 공사마 한 사람만 신임하여 내가 간하는 말을 듣지 않고 또다시 3일 후에 대군을 일으켜 정나라 정벌을 결심하셨다. 송나라 백성들에게 무슨 죄가 있다고 이렇게 고생을 시키며 목숨을 담보한다는 말인가?」

화독의 선동에 현혹된 군사들이 격앙되어 소리를 질렀다.

「공보가 놈을 죽여라!」

화독이 짐짓 속마음을 숨기고 군사들을 만류하는 척했다.

「너희들의 이런 난동을 공사마가 알게 된다면, 공사마는 주공에게 아뢰어 너희들은 목숨을 부지할 수 없으리라!」

군사들이 모두 이구동성으로 불만을 말했다.

「우리들 부자, 친척들은 매년 번갈아 전쟁터에 끌려 나가 지금까지 절반이 넘게 죽었습니다. 오늘 또한 대군을 일으켜 출전하려고 하는데, 정나라의 장수들은 용기가 있고 병사들은 강합니다. 어찌 저희가 당해낼 수 있겠습니까? 앞에나 뒤에나 모두 죽음뿐이니 차라리 공보가 놈을 죽여서 백성들을 해치는 도적을 없애야 하지 않겠습니까? 그럴 수만 있다면 비록 저희가 죽는다 해도 여한이 없겠습니다.」

화독이 속내를 감추고 화살을 상공에게 돌렸다.

「쥐를 때려잡으려고 하는 자는 마땅히 장독을 깨지 않도록 조심해야 한다. 사마가 비록 악독하다 하나 실은 주공이 사랑하는 신하이다. 이 일은 결코 행할 수 없다!」

군사들이 소리쳤다.

「만약 태재가 이끌어 주신다면 그 무도혼군을 저희가 어찌 두려워하겠습니까?」

한 무리의 군사들은 화독을 설득하고 또 다른 무리의 군사들은 화독의 소매를 붙잡고 놔주지 않으면서 한목소리로 말했다.

「원컨대 태재께서는 백성들을 해치는 원수를 죽일 수 있도록 우리를 이끌어 주십시오.」

군사들이 곧바로 수레를 끌고 와서 화독을 들어서 수레에 태웠다. 수레를 따르는 사람들 중에는 화독의 심복이 이미 섞여 있었다. 군사들이 휘파람 소리를 내며 곧바로 달려가, 공보가의 집 앞에 당도하여 주위를 겹겹이 에워쌌다. 화독이 군사들에게 분부를 내렸다.

「큰소리를 낼 필요 없다. 내가 대문을 두드리면 그가 나올 테니 그때 죽이면 간단히 끝나는 일이다.」

때는 이미 해가 넘어가서 어둠이 깔리기 시작했다. 집 안의 내실에서 술을 마시고 있던 공보가는 대문 밖에서 문을 급하게 두드리는 소리를 듣고, 사람을 시켜 무슨 일인지 알아보도록 했다. 종자가 돌아와서 고했다.

「몸소 대문 밖에 당도하신 화독 태재께서 긴밀히 상론할 일이 있다고 하십니다.」

공보가가 황망 중에 의관을 정제하고 화독을 영접하기 위하여 내당을 나가 대문을 활짝 열었다. 그러자 대문 밖의 한쪽에서 함성이 일어나며, 군사들이 벌떼처럼 대문 쪽을 향하여 달려왔다. 갑작스러운 장면에 마음이 매우 황당해진 공보가는 황급히 발걸음을 돌려 대문 안으로 다시 들어가 몸을 피하려고 했다. 그러나 그때는 이미 화독이 안채의 마루에 올라가 서 있었다. 화독이 공보가를 손으로 가리키면서 큰 소리로 외쳤다.

「백성을 해치는 도적놈이 여기 있는데 어찌하여 손을 쓰지 않느냐?」

공보가가 말도 미처 꺼내기 전에 그의 머리는 이미 군사들이 휘두르는 칼에 의해 땅에 떨어지고 말았다. 화독이 심복을 데리고 공보가 집의 내실로 들어가, 위씨를 강제로 납치하여 수레에 태우고 그 집을 나왔다. 위씨가 혼자 힘으로는 어찌할 방도가 없음을 알고 수레 안에서 허리띠를 풀어 목에 걸고 두 손으로 잡아당겼다. 수레가 화독의 집 앞에 도착했을 때는 위씨의 숨은 이미 넘어간 뒤였다. 탄식해 마지않은 화독은 종자를 시켜 위씨의 시신을 짚으로 싸서 성문 밖에 버리게 하고, 그를 따랐던 심복들에게 그 일을 절대 발설하면 안 된다고 엄히 당부했다. 화독으로서는 참으로 애석한 일이었다. 하룻밤의 즐거움도 못 누리고 공연히 여자의 원한만 샀으니 후회막급이었다.

한편 공보가를 죽인 군사들은 공씨의 집 안을 노략질하여 완전히 폐허로 만들었다. 공보가에는 이름을 목금보(木金父)라고 부르는 외동아들이 있었다. 그때는 나이가 아직 어려 그의 가신 중 한 사람이 품에 안고 노나라로 도망쳐 성을 공(孔)으로 삼았다. 후에 노나라에 태어난 성인(聖人) 공자는 목금보(木金父) 6세손이다.

6. 투서기기(投鼠忌器)
- 돌을 던져 쥐를 잡을 때는 장독대를 조심해야 하는 법이다 -

한편 사마 공보가가 난군에 의해 피살되었다는 소리를 듣고 어찌할 바를 모르고 있던 송상공은 주모자가 화독이라는 사실을 알고 대노하여, 그에게 죄를 묻고자 즉시 사람을 시켜 입궐하라는 명을 전하게 했다. 화독이 아프다는 핑계를 대고 소환에 응하지 않았다. 상공이 어가를 대령케 하고, 공보가의 상을 치르는 곳에 친히 방문하려고 했다. 화독이 소식을 듣고 군정[軍正: 사마(司馬) 밑에서 군사에 관한 사무를 맡아 보던 군리(軍吏)들의 장(長)]을 불러 말했다.

「너희들도 알고 있듯이 주공이 신임하고 있는 신하는 오로지 공사마 한 사람뿐이다. 그런데 멋대로 사마를 죽였으니, 너희들은 한 사람도 목숨을 부지할 수 없게 되었다. 선군 목공(穆公)은 아들 풍(馮)을 버리고 지금의 주공에게 군위를 넘겨주셨다. 주공은 공보가를 사마로 임용하여 공자풍을 죽이기 위해 정나라에 대한 정벌을 쉬지 않고 감행하여 은혜를 원수로 갚으려고 했다. 지금 공사마가 너희들에게 죽임을 당한 일은 하늘의 뜻임이 분명하다. 만약에 대사를 병행하여 선군의 아들을 추대하여 군주로 세우면 너희들의 행위를 전화위복으로 바꿀 수 있고, 그렇게 된다면 모두에게 어찌 아름다운 일이 되지 않겠는가?」

군정이 화독의 뜻을 따르겠다고 말했다.

「태재의 말씀은 정히 우리 여러 사람들의 뜻과 같습니다.」

군정은 군사들을 다시 불러 모아 공보가 집 문 앞에 잠복시켰다. 송상공이 공보가의 장례에 참석하기 위하여 집 앞에 당도하자 망을 보고 있는 군사가 북을 한번 울리니, 잠복하고 있던 군사들이 일제히 일어났다.

상공을 호위하던 군사들은 놀라서 모두 도망가 버리고 혼자 남은 상공은 난군들 손에 죽었다. 상공이 죽었다는 소식을 전해들은 화독은 상복으로 갈아입고 현장에 당도하여 장례를 치렀다. 그리고 곧바로 북을 울려, 대소 관료들을 조당에 모이게 한 화독은 난을 일으킨 장수 중 두 명을 지목하여, 상공을 살해했다는 죄를 뒤집어씌워 참수형에 처했다. 그것으로 중인들의 이목을 가렸다고 생각한 화독은 큰 소리로 외쳤다.

「선군의 아들 풍이 현재 정나라에 살아 있고 백성들은 선군의 덕을 잊지 못하고 있으니 마땅히 모셔와 군위를 잇도록 해야 하오.」

여러 신하들은 다만 화독의 강압적인 말에 그저 「예, 예」라고 대답할 수 있을 뿐이었다.

화독은 즉시 송공의 죽음을 알리고 동시에 공자풍을 데려와 송군으로 세우기 위해 사자를 정나라에 보냈다.

7. 행뢰정위(行賂定位)
 - 제후국에 뇌물을 돌려 새로운 군주의 자리를 안정시키다 -

송나라에 당도한 공자풍을 화독이 받들어 송군으로 세웠다. 이가 송장공(宋庄公)으로 정장공 34년째인 기원전 710년에 일어난 일이었다.

공자풍을 송공으로 추대한 공으로 태재의 자리를 그대로 유지한 화독은 자기가 저지른 시군의 죄를 은폐하기 위해 중원의 여러 나라에 송나라 부고에 쌓여 있던 보물과 재화를 모두 털어 뇌물로 바쳤다. 중원의 제후국들은 화독이 보낸 뇌물을 거절하지 않고 모두 받아들여 송나라의 일을 불문에 붙였다. 제(齊), 노(魯), 정(鄭) 세 나라 군주들은

그림 2 입신군화독행뢰(立新君華督行賂)

직[稷: 지금의 하남성 신양시(信陽市) 서 동백현(桐柏縣) 경내]이라는 곳에서 만나 회맹하고 새로 등극한 장공을 송군으로 인정했다. 송장공은 화독을 태재의 자리에서 상국으로 올려 송나라의 정사를 맡겼다. 사관이 시를 지어 이 일을 한탄했다.

> 춘추 연간에 빈번한 찬시(簒弑)로 어지럽기 그지없었는데
> 송·노에서 일 년을 사이에 두고 기이한 소식이 전해졌다.
> 열국이 뇌물을 물리쳐 찬시의 죄를 용납하지 않았다면
> 난신적자들이 어찌 편안히 잠을 잘 수 있었겠는가?
> 春秋簒弑嘆紛然(춘추찬시탄분연)
> 宋魯奇聞只隔年(송노기문지격년)
> 列國若能辭賄賂(열국약능사회뢰)
> 亂臣賊子豈安眠(란신적자개안면)

또한 송상공이 의를 버리고 풍을 시기하여 결국은 시해되었는데, 그것은 하늘의 뜻이었다고 노래한 시가 있다.

> 송목공이 나라를 양보한 일은 공명한 마음에서였는데
> 공자풍을 시기한 상공의 행위는 한심스러운 일이었다.
> 금일 상공이 시해당하고 풍이 즉위하였으니
> 구천의 상공은 부친과 백부를 어떻게 볼 수 있겠는가?
> 穆公讓國乃公心(목공양국내공심)
> 可恨殤公反忌馮(가한상공반기풍)
> 今日殤亡馮卽位(금일상망풍즉위)
> 九泉羞見父和兄(구천수견부화형)

8. 희언상명(戱言喪命)
- 신하와 허물없이 지내다 목숨을 잃은 송민공 -

장공 원년 기원전 710년 화독을 재상으로 삼아 송나라 국정을 맡겼다. 장공 9년 기원전 702년 정나라의 상경 채족(祭足)을 억류하고 송나라에 망명 중인 자돌(子突)을 정나라 군주로 세우도록 협박했다. 채족이 허락하여 결국은 공자 돌이 정나라의 군위에 올랐다. 장공이 재위 19년 만인 기원전 692년에 죽고 아들 민공(湣公) 첩(捷)이 그 뒤를 이었다.

민공 9년 기원전 683년, 송나라에 대홍수가 나서 재해를 입었다. 노나라가 장문중(臧文仲)[12]을 사자로 보내 송나라를 위문했다. 민공이 장문중을 보고 스스로를 자책하며 말했다.

「송나라에 대홍수로 일어난 재해는 내가 천지신명들을 잘 받들지 못했을 뿐만 아니라 정치를 밝게 행하지 못했기 때문입니다.」

장문중이 민공의 말이 매우 훌륭하다고 칭송했으나 실제로는 당시

---

12 장문중(臧文仲): 춘추 때 노장공(魯莊公), 민공(閔公), 희공(僖公), 문공(文公) 등 네 명의 군주를 모신 노나라의 정경이다. 성은 장손(臧孫)에 이름은 신(辰)이고 기원전 617년에 죽었다. 시호는 문(文)이고 자가 중(仲)이라 장문중(臧文仲)이라고 했다. 종법(宗法)과 행정에 밝아 노년에 노나라의 중신이 되었다. 대외적으로는 각 제후국들은 연대하여 서로 도와야 한다고 역설했다. 제나라에 들어가 식량을 구입하여 기근으로 굶주리고 있던 노나라의 백성들을 구휼했다. 또한 당시의 패권국 당진국에 들어가 진문공에게 죄를 지어 억류당하고 있던 위성공(衛成公)의 석방을 주선하여 제후국들 간의 친선을 촉진시켰다. 점복(占卜)과 귀신의 일에 너무 집착하여 당시의 식자들로부터 비난을 받기도 했다. 논어 《공야장(公冶長)》편에 다음 구절이 나온다. 『장문중은 큰 거북을 감추고, 기둥머리의 모진 곳에다 산의 형상을 조각하고, 대들보 위의 짧은 기둥에는 마름을 그려서 길흉화복을 빌고자 하니 어찌 그를 지혜로운 사람이라 하겠는가? (子曰 臧文仲 居蔡 山節藻梲 何如其知也)』

네 살의 어린 자어(子魚)[13]가 가르쳐준 말임이 후에 밝혀졌다. 자어는 민공의 동모제 공자 어열(御說)의 서장자로 이름은 목이(目夷)다.

민공 10년 기원전 682년 여름, 송나라가 노나라를 공격하여 승구[乘丘: 지금의 산동성 거야현(巨野縣) 서남]에서 싸웠다. 노장공이 이끄는 노군이 송군을 대파하고 송군 대장 남궁장만(南宮長萬)을 포로로 잡아 개선했다.

후에 많은 물자를 가지고 와서 수재를 위문한 노나라의 마음을 고맙게 생각한 송나라가 사자를 보내 감사의 말을 전하고 남궁장만의 석방을 청하여 보내 달라고 했다. 노장공이 송나라의 청을 받아들여 장만을 석방하여 귀국시켰다. 이때부터 제(齊), 노(魯), 송(宋) 세 나라는 서로 사이좋게 지내게 되어 각기 옛날 원수처럼 싸웠던 좋지 않았던 감정을 털어 버렸다. 염옹이 시를 지어 노래했다.

건시와 장작에서 서로 자웅을 가리지 못하더니
또다시 승구에서 송군이 복멸되었다.
승부는 서로 무상하여 결국은 잃는 것뿐이니
수호를 맺어 서로 간의 위태로움을 없애야 되지 않겠는가?

乾時長勺互雄雌(건시장작호웅자)
又見乘邱覆宋師(우견승구복송사)
勝負無常終有失(승부무상종유실)
何如修好兩無危(하여수호양무위)

이윽고 남궁장만이 노나라에서 방면되어 송나라에 당도하자 송민공이 놀리면서 말했다.

---

13 자어(子魚): 송양공의 서형 공자 목이(目夷)의 자다. 일찍이 송나라의 군권을 책임지는 사마(司馬)를 역임했고 평소에 현능하다는 이름이 있었다. 태자로 책봉된 송양공이 그의 자리를 목이에게 양보하려고 했으나 환공이 허락하지 않았다.

「옛날에는 내가 남궁 장군을 매우 존경했으나 지금은 노나라에 잡혀갔다가 온 일개 포로에 불과할 뿐이라 더 이상 존경할 수 없게 되었다.」

장만이 크게 부끄러워하여 민공 앞에서 물러 나왔다. 대부 구목(仇牧)이 아무도 몰래 민공을 접견하고 조용히 말했다.

「군신 간에는 서로 예로써 대하여야 하며 희롱하면 안 되는 법입니다. 상대를 희롱하는 행위는 서로 공경하는 마음을 잊게 하고, 공경하지 않으면 즉 태만하게 됩니다. 태만하면 예의가 없어져 종내에는 패역의 일로 발전하게 됩니다. 주군께서는 이 점을 필히 가슴에 새겨 장만을 대할 때 더 이상 희롱하지 마십시오.」

민공이 구목의 말을 한쪽 귀로 흘리며 대답했다.

「나와 장만은 어려서부터 자라면서 서로 간에 스스럼없는 사이라 그는 결코 마음을 상하지 않을 것이오.」

기원전 681년 주장왕이 재위 15년 만에 병이 들어 죽었다. 태자 호제(胡齊)가 뒤를 이어 주왕의 자리에 올랐다. 이가 주희왕(周僖王)이다. 주나라의 사자가 천자의 부고장을 들고 송나라에 당도했다. 그때 송민공은 궁인들과 호숫가로 놀러 나와서 장만에게 척극(擲戟) 놀이를 시켜 구경하고 있었다. 원래 장만은 기막힌 재주를 하나 가지고 있었다. 여러 장 높이로 공중에 던져 놓은 극이 땅에 떨어지기 전에 손으로 잡는 기술인데 100번 중 한 번도 놓치는 일이 없었다. 궁인들이 장만의 기술을 보고 싶어 했으므로 민공이 장만을 불러 척극 놀이를 해 보라고 시켰다. 장만이 명을 받들어 한바탕 재주를 피우자 궁녀들이 칭송해 마지않았다. 궁인들이 환호하자 민공은 속으로 시기하는 마음이 일어나 내시에게 명하여 장기판을 가져오도록 하여 장만과 내기장기를 두어 진 사람은 커다란 금잔에 술을 가득 따라 벌주로 마시기로 했다. 그러나 장기 두기는 민공의 장기였다. 연달아 다섯 판을 지게 되어 벌주 다섯 잔을 내리 마시게 된 장만은 이미 정신이 몽롱한 상태에서 마음속으로 승복하지 않고 다시 한 번만 더 두자고 민공에게 졸랐다. 민공이 소리쳤다.

「지는 싸움밖에 모르는 죄수 주제에 어찌 감히 나와 장기를 또다시 두어 이기려고 하느냐?」

승구의 싸움에서 노나라의 포로가 되어 옥살이를 한 장만의 옛일을 들추어 비난한 민공의 말에 장만은 마음속으로 부끄럽기도 하고 한편으로는 화가 나기도 하여 입을 다물고 아무 말도 하지 않았다. 갑자기 궁 안의 시종이 와서 보고하였다.

「천자의 명을 전하기 위해 주나라의 사자가 당도했습니다.」

송민공이 주나라 사자를 접견하고 그가 온 뜻을 묻자, 천자가 붕어하여 새로운 천자가 섰음을 알리기 위해 왔다고 대답했다. 민공이 말했다.

「주왕실에 이미 새로운 왕이 섰으니 마땅히 사자를 보내 돌아가신 왕에 대해 조문을 행하고 신왕에게는 경축의 뜻을 표해야 하겠다.」

장만이 곁에 서 있다가 이 말을 듣고 청했다.

「신은 아직 주나라 왕도의 번성함을 본 적이 없습니다. 원컨대 제가 사자의 명을 받들어 주나라에 가고 싶습니다.」

민공이 웃으면서 말했다.

「송나라에 아무리 사람이 없다고 할지라도 어떻게 남의 나라에 포로로 잡혀가 죄수로 있던 자에게 사자의 임무를 맡기겠느냐?」

곁에 있던 궁인들이 모두 웃자 장만의 얼굴과 목이 붉게 물들면서 수치심이 분노로 변하고 또한 술이 많이 취한 관계로 갑자기 노기를 폭발시켜 군신간의 직분도 잊은 채 송민공을 향해 욕을 했다.

「무도혼군아! 너는 죄수가 능히 사람을 죽일 수 있음을 알지 못하느냐?」
송민공도 역시 화를 내며 말했다.
「죄수 출신의 도적놈이 어찌 이리 무례하단 말이냐?」
송민공은 장만이 재주를 자랑하기 위해 사용했던 극을 들고 장만을 찌르려고 했다. 그러나 장만은 민공의 극을 피하려고 하는 대신에 곁에 있던 장기판을 들어 민공을 향해 던졌다. 장기판을 맞고 쓰러진 민공에게 장만이 달려들어 주먹으로 머리를 쳤다. 가엾게도 민공은 장만의 철퇴 같은 주먹을 맞자 머리가 터져 죽고 말았다. 궁인들이 갑자기 일어난 참혹한 일에 놀라 모두 흩어져 달아났다.

9. 구목격적(九牧擊賊)
- 홀(笏)로 역적을 내리치다가 목숨을 잃은 구목 -

장만이 노기를 식히지 못하고 씩씩거리며 극을 잡고 걸어 나오는데 대부 구목을 만났다. 구목이 물었다.
「주공은 어디 계십니까?」
「혼군이 무례하여 내가 이미 죽여 버렸소.」
구목이 농담인 줄 알고 웃으면서 말했다.
「장군께서 많이 취하셨습니다.」
「나는 취하지 않았다. 내가 한 말은 정말이다.」
장만은 곧바로 자기의 손바닥에 묻어 있는 핏자국을 구목에게 보여 주었다. 구목이 갑자기 안색을 바꿔 큰 소리로 꾸짖었다.
「시역을 저지른 도적놈아! 하늘이 용서하지 않으리라!」

구목이 말을 끝냄과 동시에 손에 들고 있던 홀(笏)을 높이 들어 장만을 향해 내리쳤다. 그러나 구목은 호랑이 같은 장만의 힘을 당해 낼 수 없었다. 구목의 갑작스러운 공격에 장만은 오른손으로 홀을 잡아 땅에 떨어뜨리고 왼손을 한번 휘둘러 구목의 머리를 가격했다. 가엽게도 구목의 머리는 마치 가루가 되듯 부서져 버렸다. 다시 장만이 이미 숨이 넘어간 구목의 시체를 들어 앞으로 던지자 구목의 몸은 솟구쳐 날아가 문짝에 박혀 그 깊이가 세 치나 되었다. 실로 장만은 보기 드물게 힘이 센 장사였다. 구목을 맨손으로 죽인 장만이 바닥에 떨어진 극을 주어들고 발걸음을 천천히 옮겨 수레에 올라타는데 그 태도가 실로 오만하기 그지없었다. 송나라 군위에 즉위한 지 10년 만에 송민공은 단지 한마디의 희롱하는 말 때문에 역신의 독수를 만나 죽고 말았다. 춘추의 난세에 닭 모가지 비틀 듯이 군주를 밥 먹듯이 시해했으니 참으로 한탄스러운 일이 아닐 수가 없었다. 후세의 사관이 『구목을 찬함』이라는 글을 지었다.

세상의 도덕이 무너지고
강상(綱常)이 땅에 떨어졌다.
당 사이에 발을 치지 않고
군신이 함부로 희롱했다.
군주가 먼저 말로써 놀리니
신하가 극으로 답했다.
장하다 구목이여!
잡고 있던 홀(笏)로 역적을 내리치니
흉포한 자 앞을 용감히 막아
충성스러운 가슴에서 피가 흘렀다.
죽음은 태산과 같이 무겁고
이름은 해와 달보다 더 밝게 빛났도다.

世降道斁(세강도역)
綱常掃地(강상소지)
堂簾不隔(당렴불격)
君臣交戲(군신교희)
君戲以言(군희이언)
臣戲以戟(신희이극)
壯哉仇牧(장재구목)
以笏擊賊(이홀격적)
不畏强禦(불외강어)
忠肝瀝血(충간력혈)
死重泰山(사중태산)
名光日月(명광일월)

10. 송환평란(宋桓平亂)
― 송환공이 남궁장만의 난을 다스리고 송공의 자리에 오르다 ―

변이 났다는 소식을 들은 태제 화독(華督)이 군사를 동원하여 난을 진압하기 위해 칼을 찾아 옆구리에 차고 수레를 몰아 궁궐을 향해 달려갔다. 그때 마침 맞은 편에서 걸어오고 있던 장만이 동궁의 서쪽으로 나아가던 화독과 마주치게 되었다. 화독을 발견한 장만이 다짜고짜로 덤벼들어 한 창에 찔러 수레 밑으로 떨어뜨린 후에 다시 한 번 더 찔러 살해했다. 공보가와 송상공을 비명에 죽게 한 악인의 허무한 말로였다. 장만은 민공의 종제 공자유(公子游)를 받들어 송나라 군주로 삼고 오족(五族)의 종족들을 모두 도성 밖으로 추방했다. 오족이란 대공(戴公), 무공(武公), 선공(宣公), 목공(穆公), 장공(庄公)의 후손들을 통칭하는 말이다. 송나라의 공자들 대부분은 소성[蕭城: 현 안휘성(安徽省) 소현(蕭縣) 경내로 서주시

(徐州市) 세]으로 도망쳤으나 공자어열(公子御說)만은 박[毫: 현 하남성(河南省) 조현(曹縣) 남으로 송나라의 선조 상나라의 발상지다] 땅으로 갔다. 장만이 말했다.

「어열은 학문이 깊을 뿐만 아니라 재능이 있고 또한 죽은 혼군의 동모제가 되기 때문에 박 땅에 머물게 내버려 둔다면 반드시 변란을 일으킬 자다. 어열 한 사람만 죽인다면 다른 공자들은 걱정할 필요가 없다.」

장만은 그의 아들 남궁우(南宮牛)에게 맹획을 부장으로 삼아 군사들을 주어 박 땅을 포위하여 어열을 토벌하도록 했다. 그해 겨울 10월에 소숙대심(蕭叔大心)이 오족(五族)의 무리들을 이끌고 조(曹)나라의 군사들과 힘을 합하여 박성을 구하기 위해 달려왔다. 공자어열이 박성 사람들을 이끌고 성문을 열고 나와 호응했다. 앞뒤에서 협공을 당한 남궁우의 군사들은 대패하고 남궁우 자신은 싸움 중에 죽었다. 남궁우가 이끌고 온 패잔병들은 모두 어열에게 항복했다. 맹획은 감히 송나라로 돌아가지 못하고 위(衛)나라로 도망쳐 투항했다. 대숙피가 어열에게 계책을 말했다.

「항복한 군사들의 깃발을 사용하여 남궁우 등이 이곳 박을 점령하여 어열을 포로로 잡아 개선하는 중이라고 소문을 내면서 도성으로 진격하시기 바랍니다.」

어열이 먼저 몇 사람을 보내 소문을 퍼뜨리게 하자 장만은 그 말을 믿고 아무런 대책도 세우지 않았다. 어열과 여러 공자들의 군사들이 당도하여 남궁우의 군사들이라고 속이자 성안 사람들은 아무런 의심도 하지 않고 성문을 열어 주었다. 성안으로 돌입한 어열과 공자들의 군사들은 일제히 소리쳤다.

「역적 한 사람만 잡고자 하니 다른 사람들은 놀라지 말라!」

장만이 창망 중에 어찌할 바를 모르다가 황급하게 조당으로 달려가 공자유를 데리고 성 밖으로 도망가려고 했다. 그러나 그때는 이미 조당에는 무장한 군사들이 가득 차 있었다. 내시 한 사람이 조당 안에서 나오더니 소식을 전했다.

「공자유께서는 이미 공자들의 군사들에게 살해당하셨습니다.」

장만이 장탄식을 한 번 하더니 열국의 여러 나라 중에서 송나라와 외교관계가 없는 나라는 오로지 진(陳)나라뿐임을 생각해 내고 그곳으로 도망치려고 했다. 그러다가 집에 계시는 팔십 노모에 생각이 미치자 탄식하며 말했다.

「어찌 천륜을 저버릴 수 있겠는가?」

장만이 도망치다 말고 수레의 방향을 돌려 집으로 달려가서 노모를 부축하여 수레에 태우고는 오른손으로는 극을 들고 왼손으로는 말의 고삐를 잡아 성문을 향해 달렸다. 성문을 지키는 군사들을 극으로 찔러 죽이고 성문 밖으로 달려 나가는 장만의 모습은 마치 바람 같아 아무도 감히 그의 앞을 가로막지 못했다. 송나라와 진나라는 300리에 가까운 길이었으나 장만은 수레를 몰아 불과 하루 만에 당도했다. 과연 귀신같은 장사로 고금에 없던 희귀한 일이었다.

한편 이미 공자유를 죽인 여러 공자들은 공자 어열을 받들어 송군으로 추대했다. 이가 송환공(宋桓公)이다. 송군의 자리에 오른 송환공은 대숙피를 대부로 삼고 5족 중에 현명한 사람을 뽑아 공족대부를 시켰다. 소숙대심은 봉지인 소성(蕭城)을 지키기 위해서 임지로 돌아갔다. 또한 사자를 위나라와 진나라에 각각에 보내어 맹획과 남궁장만을 잡아서 압송해 달라고 청했다. 그때 나이가 여섯 살 난 송환공의 아들 목이(目夷)가 웃으면서 말했다.

「그들은 장만은 데려올 수 없을 겁니다.」

그림 3 송국납뢰주장만(宋國納賂誅長萬)

「어린 네가 어떻게 알 수 있느냐?」

「용력이 있는 장사는 모든 군주들이 얻고 싶어 하는 법입니다. 송나라가 버렸으니 진나라나 위나라는 반드시 가지려고 할 겁니다. 사자가 빈손으로 가서 어떻게 장만을 압송해 올 수 있겠습니까?」

송환공이 크게 깨닫고 즉시 명을 다시 발하여 많은 보물을 내어 사자에게 주며 두 나라에 뇌물로 바치게 했다. 먼저 송나라 사자가 위나라에 당도하여 뇌물을 바치며 맹획을 넘겨달라고 청하자 위후 삭(朔)이 여러 중신들에게 말했다.

「맹획을 주는 편이 좋겠는가? 주지 않는 편이 좋겠는가?」

여러 신하들이 말했다.

「사람이 궁한 처지에 우리에게 투항하였는데 어찌 이를 버릴 수 있겠습니까?」

대부 공손이(公孫耳)가 간했다.

「천하의 악은 모두 한 가지라고 말할 수 있습니다. 송나라의 악은 위나라에도 악입니다. 한 사람의 악당을 머무르게 한다고 해서 위나라에 무슨 이득이 되겠습니까? 항차 위나라와 송나라는 통호하여 사이좋게 지낸 지 오랜데 맹획을 잡아서 돌려보내지 않는다면 송나라는 반드시 화를 낼 겁니다. 한 사람의 악당을 비호하려다 한 나라의 환심을 잃게 되니 좋은 계책이라고 할 수 없습니다.」

「그대의 말이 옳도다!」

위혜공은 곧바로 맹획을 잡아 포박하여 송나라로 보냈다. 한편 진나라로 간 송나라 사자는 가지고 간 많은 보물을 진선공(陳宣公)에게 바쳤다. 송나라에서 보내온 막대한 뇌물에 혹한 진선공은 장만을 잡아서 압송해 달라는 송나라의 요청을 허락했다. 그러나 힘이 절륜한 장만을 잡아 포박하기는 어려운 일이라고 걱정한 진선공은 별도의 계책을 세웠다. 진선공의 명을 받은 공자결(公子結)은 남궁장만을 찾아가 환대하고 결의형제를 맺었다. 다음 날 장만이 친히 공자결의 집을 방문하여 자신을 환대해 준 공자결에게 고마운 마음을 표했다. 공자결이 다시 술을 내와 장만에게 권하여 거나하게 취하게 만든 후에 다시 집안의 비첩들을 모두 나오게 하여 계속 술을 권하게 했다. 공자결의 비첩들이 따라 주는 술을 주는 대로 다 받아 마신 장만은 대취하여 몸을 가누지 못하고 그 자리에서 쓰러졌다. 공자결이 장사들에게 물소 가죽으로 만든 자루 속에 장만을 집어넣고 소 힘줄로 만든 밧줄로 겉을 묶게 했다. 진선공은 장만과 그의 노모도 함께 잡아서 송나라 사자에게 넘겨주었다. 송나라 사자가 장만을 싣고 밤낮으로 수레를 몰아 달려가는데 도중에 술이 깬 장만이 몸을 비틀면서 서피로 만든 자루를 발로 차고 밟고 하였으나 가죽은 단단하고 소의 힘줄은 질겨서 끝내는 몸을 빼내지 못했다. 그러나 송나라 도성에 가까이 왔을 때는 장만이 최후의 발악을 하여 서피 가죽으로 만든 자루가 헤어져 장만의 팔다리가 모두 밖으로 나오게 되었다. 압송하던 군인들이 몽둥이로 때려 장만의 정강이뼈를 모두 분질러 놓았다. 송환공은 먼저 잡아 온 맹획과 같이 묶어 큰 길거리로 끌고 나가 칼로 무수히 찌르게 하였다. 그렇게 만든 고깃덩어리를 다시 요리사에게 명하여 육젓을 담그게 하고 군신들에게 골고루 나누어 주면서 말했다.

「신하 된 자로서 임금을 시해하는 자는 이처럼 육젓이 되리라!」

장만의 팔십 먹은 노모도 역시 같이 죽음을 낭했다. 넘옹이 시들 시어 이 일을 탄식했다.

위풍당당하고 절륜한 힘을 지닌 장사가 아깝구나!
모친만 중한 줄 알았지 군주 중한 줄은 몰라
모자가 육시를 당하니 후회한들 무슨 소용이 있는가?
장래의 역적들에게 좋은 본보기를 보였도다!

可惜赳赳力絶倫(가석규규력절륜)
但知母子昧君臣(단지모자매군신)
到頭騈戮難追悔(도두병륙난추회)
好諭將來造逆人(호유장래조역인)

　송환공은 소숙대심이 박 땅에 있던 자기를 구하여 준 공로를 생각하여 소성(蕭城)을 부용(附庸)으로 승격시키고 대심을 소군(蕭君)이라고 부르게 했다. 또한 난 중에 죽은 화독을 애석하게 생각하여 그 아들 화가(華家)를 사마(司馬)로 삼았다. 그 후로 화(華)씨는 대대로 송나라의 유력한 세가가 되었다.

11. 제환탁고(齊桓托孤)
　　- 송양공에게 세자소의 후견을 부탁하는 제환공 -

　송환공 3년 기원전 679년, 제환공이 패자를 칭하기 시작했다. 환공 23년 기원전 659년, 적인(狄人)의 침략으로 나라를 황하 건너편의 초구(楚丘)로 옮긴 위(衛)나라가 제나라에 머물고 있던 공자 훼(毁)를 모셔가 군주로 삼았다. 이가 위문공(衛文公)이다. 송환부인은 위문공의 누이로 송환공에게 죄를 얻어 소박을 맞아 위나라로 쫓겨 가 살고 있었다.
　환공 30년 기원전 652년, 송환공이 중병에 걸리자 태자 자보(慈甫)가 송나라 군주 자리를 그의 서형 목이(目夷)에게 양보하려고 했다. 환공은 태자의 뜻이 도의에 맞는 일이라고 동의는 했으나 결국은 허락하지 않았다. 송환공은 재위 31년 만인 기원전 651년 봄에 죽었다. 이에 태자 자보가 송군의 자리에 올랐다. 자보가 송양공(宋襄公)이다. 양공은 자기의 서형 목이를 재상으로 삼았다. 환공의 장례가 미처 끝나기도 전에 제환공이 규구(葵丘)에서 회맹을 열기 위해 제후들을 소집했다.

주나라 왕위를 정하기 위해 규구의 회맹장으로 가던 제환공과 관중은 제나라의 후사 문제를 상의하다가 관중이 말했다.

「주나라 왕실은 적서를 분명하게 가르지 못했기 때문에 장차 환란이 반드시 닥칠 겁니다. 지금 주군께서도 아직 세자의 자리를 정하지 않고 계시는데 마땅히 빠른 시일 내에 세자를 세워 후일의 환란을 미연에 방지해야 합니다.」

「과인에게는 아들이 여섯이 있는데 모두 서출뿐입니다. 제일 나이가 많기로는 무휴(無虧)이고, 현능하기로는 소(昭)인 듯합니다. 나를 제일 오랫동안 받든 부인은 장위희(長衛姬)라 무휴를 세자로 세우겠다고 그녀와 이미 약속했습니다. 역아(易牙)와 수초(竪貂)도 여러 번 무휴를 세워야 한다고 나에게 간했습니다. 과인은 공자소(公子昭)의 현능함을 사랑하고 있으나 아직 뜻을 정하지 못하고 있는데 오늘 중보께서 결정해 주셨으면 합니다.」

교활하고 망녕된 역아와 수초가 평소에 장위희로부터 총애를 받고 있는 사실을 알고 있던 관중은 장차 무휴가 제나라의 군주의 자리를 잇게 되어 안팎으로 합당하게 되면 제나라의 국정은 틀림없이 문란하게 된다고 걱정하고 있었다. 또한 공자소는 정희(鄭姬)의 소생인데 정나라와는 얼마 전에 회맹을 행했을 뿐만 아니라 공자소를 세자로 세우면 이 일을 기화로 정과 제 두 나라 사이의 관계를 더욱 공고히 할 수 있다고 생각한 관중이 환공에게 자기의 생각을 말했다.

「패주의 자리를 물려주시려고 하신다면 현능한 공자가 아니면 불가합니다. 주군께서도 이미 공자소가 현능하다는 사실을 알고 계시지 않습니까? 공자소를 후계로 세우십시오.」

「무휴가 나이가 많음을 이유로 후계의 자리를 다투게 되면 어찌합니까?」

「주나라 천자의 자리도 시기를 기다렸다가 이렇게 정해진 것처럼 주군께서도 금번 회맹에 참가한 제후 중에서 가장 현명한 제후를 선택해 공자소의 후견을 부탁하면 후환을 막을 수 있습니다.」

환공이 관중의 말을 듣고 고개를 끄덕였다. 이윽고 환공의 행렬이 규구의 땅에 당도했다. 주나라의 태재(太宰) 주공공도 시간을 같이하여 당도하여 각기 관사에 들어가 행장을 풀었다.

한편 송양공은 회맹에 참석하라는 제환공의 명을 받고 비록 상중이었지만 감히 참석하지 않을 수 없어 상복을 입은 채로 회맹장에 당도했다. 관중이 환공에게 말했다.

「송공이 자신의 군위를 양보하는 미덕이 있으니 현자라 할 수 있습니다. 또한 상복을 입고 회맹에 참석했으니 제나라를 매우 공손하게 받들고 있다는 사실을 알 수 있습니다. 세자의 후견인으로 세울 만하다고 생각합니다.」

제환공은 그 즉시 관중에게 송양공의 관사를 아무도 몰래 방문하여 자기의 뜻을 전하라고 명했다. 관중으로부터 제환공의 말을 전해들은 송양공은 친히 제환공의 막사로 찾아 접견을 청했다. 송양공을 맞이한 제환공이 공자소의 후견을 간곡하게 부탁하면서 말했다.

「앞으로 군주께서 제나라의 사직이 보존될 수 있도록 세자의 후견인이 되어 도와주십시오.」

그림 4 송양공화상

제7장 송양지인 宋襄之仁

송양공이 감히 감당하기 어렵다고 겉으로는 겸양한 척했으나 마음속으로 제후가 자기에게 제나라의 후사를 부탁한 제환공의 성의에 감격하여 제나라 세자의 후견인이 되기로 결심했다.

12. 평정제란(平定齊亂)
- 제나라의 변란을 평정하고 제효공(齊孝公)을 세우는 송양공 -

송양공 8년 기원전 643년 겨울, 10월 을해(乙亥) 일에 제환공이 죽었다. 역아(易牙)와 수초가 환공의 침실로 들어가 내총(內寵)들과 힘을 합하여 여러 관리들을 죽이고 공자 무휴를 군주의 자리에 앉혔다. 세자 소는 송나라로 달아나 도움을 청했다. 환공이 병들어 눕게 되었을 때부터 다섯 공자들이 서로 사당을 만들어 제나라 군주의 자리를 다투다가 환공이 죽자 여러 공자들이 동원한 가병들 간의 싸움으로 궁궐 안에는 사람이 사라져 환공의 시신을 위한 관도 구할 수 없게 되었다. 환공의 시신이 침상에 방치된 상태로 67일이나 지나게 되어 시체에서 생긴 벌레가 건물 밖에까지 기어 나왔다. 12월 무휴가 시신을 수습하여 관에 안치하고 부고를 발해 장례를 치르고 제후의 자리에 올랐다. 삼흉(三凶)의 난을 피해 도망쳐 송나라로 들어와 송양공을 접견한 제나라의 세자소는 통곡하면서 옹무와 수초가 난을 일으켰다고 하소연했다. 옹무(雍巫)는 역아의 별호다. 송양공은 즉시 군신들을 불러서 모이게 하고는 말했다.

「옛날에 제후가 세자를 세우면서 나에게 그 뒤를 부탁한 날로부터 지금까지 헤아려 보니 10년이 되었다. 과인이 여태껏 그 부탁을 마음었으니 주군께서는 제나라의 일에 관여하시지 않는 편이 좋겠습니다.」

「공자소가 이미 제나라의 세자로 세워진 일은 천하가 다 아는 사실이오. 무휴가 위나라의 도성을 지어 준 일은 사사로운 은혜이고 세자를 세우는 일은 공의(公義)라 말할 수 있소. 사사로움을 위해서 공의를 버리는 짓은 과인이 하지 못하겠소!」

위문공은 영속의 반대를 물리치고 송나라를 돕기로 결심했다. 한편 송양공의 격문을 받아 본 노희공(魯僖公)이 말했다.

「제후가 세자소를 송공에게 부탁하고 나에게는 일언반구의 언급도 없었다. 과인은 단지 장유유서(長幼有序) 외는 다른 말은 모르겠다! 만약 송군이 무휴를 정벌한다면 나는 마땅히 무휴를 구원하겠다!」

그다음 해인 송양공 9년 기원전 642년, 송양공은 군사를 일으켜 제나라의 군위를 바로잡자는 뜻의 격문을 각국의 제후들에게 보냈으나 당시 송양공은 제후들을 강제로 움직일 만한 힘을 갖추고 있지 못했다. 그래서 대부분의 제후들은 양공의 요청을 거절했고 단지 위(衛), 조(曹), 주(邾) 세 나라만이 군사를 보내 호응했다. 위나라는 옛날 적족의 침략으로 나라를 옮길 때 송나라가 군사를 동원하여 구원했던 은혜를 갚기 위해서였고 조와 주 두 나라는 송나라의 위세에 눌려 강제로 참여한 기색이 농후했다. 송양공은 본국을 포함한 사국의 제후군을 이끌고 제나라로 진격하여 제나라의 네 공자가 이끌던 군사들을 물리치고 공자소를 제후의 자리에 앉혔다. 공자소가 제효공(齊孝公)이다.

13. 용인제귀(用人祭鬼)
- 사람을 희생으로 삼아 귀신에게 제사를 지내는 송양공 -

　제후를 세운 송양공은 스스로 불세출의 공을 세웠다고 생각했다. 그래서 여세를 몰아 다시 한번 제후들을 소집하여 회맹을 주재하고 제환공의 뒤를 이은 패자가 되려고 했다. 그러나 한편으로 큰 나라는 자기의 부름에 응하지 않을 것이라고 생각한 송양공은 우선 등(滕), 조(曹), 주(邾), 증(鄫)[15] 등의 소국을 조나라의 남쪽의 땅으로 불러 회맹을 행하려고 했다. 조와 주 두 나라의 군주가 당도하고 얼마 후에 등자(滕子) 영제(嬰齊)가 도착했으나 약속 시간에 늦게 당도했다는 이유를 들어 회맹장에 참석을 허락하지 않고 죄를 물어 잡아다 방에 가두었다. 송나라의 위세에 겁을 먹은 증자(鄫子)가 뒤늦게 회맹에 참여하려고 길을 떠났으나 그 역시 약속한 날짜보다 이틀이나 늦고 말았다. 송양공이 군신들에게 증자에 대한 처분을 물으며 말했다.
　「과인이 이제 바야흐로 회맹을 행해 패업을 일으키기 위해 노심초사하고 있는데, 증나라 같은 소국이 어찌 감히 이렇듯 태만하여 약속 기일을 이틀이나 어기는가? 죄를 엄하게 묻지 않는다면 내가 어찌 다른 나라의 제후들에게 위엄을 밝힐 수 있겠는가?」

15　① 등(滕): 지금의 산동성 미산호(微山湖) 동쪽의 등주시(滕州市) 경내에 있었던 소 제후국이다. ② 조(曹): 지금의 산동성 정도시(定陶市) 경내에 있었던 중소제후국이다. 주무왕의 동생 숙진탁(叔振鐸)이 봉해진 나라이다. ③ 주(邾): 지금의 산동성 곡부 남쪽 약 40킬로 지점의 추현(鄒縣)에 있었던 소제후국으로 후에 추(鄒)로 이름을 바꾸었다. 맹자가 태어난 곳으로 유명하다. ④ 증(鄫): 지금의 산동성 창산(蒼山) 동북 약 10킬로 지점에 있었던 소제후국이다.

그림 5 송양공 도패도(圖霸圖)

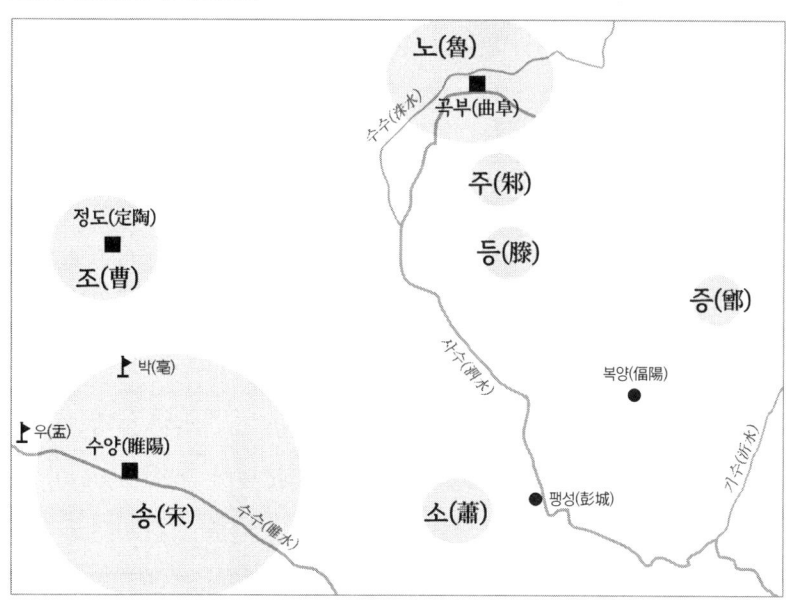

대부 공자탕(公子蕩)이 앞으로 나와 말했다. 공자탕은 환공의 아들로 양공의 동생이다.

「옛날에 제환공이 남쪽의 초나라와 북쪽의 산융을 정벌할 때도 유독 동쪽의 오랑캐인 이족(夷族)만은 복종하지 않았습니다. 주군께서 위엄을 중원 제후국들 사이에 세우시려면 먼저 동이를 복종시켜야만 합니다. 또한 동이를 복종시키기 위해서는 증나라 군주를 이용하셔야 합니다.」

「증자를 어떻게 이용한단 말인가?」

「수수(睢水)의 강물 속에는 천지조화를 일으킬 수 있는 수신(水神)이 있는데 동이족의 국가들은 모두 강가에 사당을 지어 계절을 거르지 않고 제사를 지내고 있습니다. 주군께서 마음을 다하여 증자를 희생으로 삼아 수수의 수신에게 제사를 지낸다면, 장차 수수의 신은 패업을 이루시려는 주군께 복을 내릴 겁니다. 그뿐만 아니라 다른 한편으로는 이 일이 동이들의 귀에 들어간다면 모든 오랑캐 종족들의 군주들은 주군께서 제후들의 생사를 결정할 수 있는 권력을 쥐고 있다고 생각할 겁니다. 누가 감히 겁을 먹지 않겠으며, 달려와 복종하지 않겠습니까? 우선 동이들을 복종시킨 후에 그들의 힘을 빌려 중원의 제후들을 정벌한다면 패업을 이룰 수 있습니다.」

상경으로 있는 공자 목이가 곁에서 듣고 있다가 간했다.

「절대로 불가한 일입니다. "적은 일에 큰 재물을 쓰지 않는다"고 한 옛말은 생명을 소중히 여기기 때문입니다. 더욱이 사람의 생명을 가지고 지내는 제사는 도리에 맞지 않는 일입니다. 무릇 제사란 사람을 위하여 복을 비는 의례인데 사람을 죽여서 복을 빈다면 신은 단연코 제사 음식을 앞으로 받아먹지 않을 겁니다. 또한 나라에서 지내는 제사는 항상 종손이 제사의 일을 관장하고 있습니다. 그런데 주군께서는 오랑캐의 습속에 따라 직접 제사를 지내려고 하십니다. 더욱이 수수의 수신은 단지 요괴에 불과한 잡신일 뿐입니다. 주군께서는 오랑캐의 잡신에게 오랑캐의 풍속으로 제사를 지내려고 하는데 그렇게 된다면 우리가 오랑캐보다 어찌 낫다고 하겠으며 천하의 제후들 중 누가 우리에게 복종하겠습니까? 제나라 환공이 회맹을 주재하기를 장장 40여 년 동안 할 수 있었던 이유는 망한 나라는 다시 세워 주고 후사가 끊어진 나라는 계속 그 뒤를 잇게 했을 뿐만 아니라, 또한 그 덕을 천하에 베풀었기 때문입니다. 오늘 주군께서 우여곡절 끝에 간신히 첫 회맹을 주재하시면서 제후를 죽여 요괴의 어여쁨을 받으려고 하십니다. 신의 생각으로는 그것을 두려워하는 제후들은 우리에게 저항하면서 결코 복종하지 않을 겁니다.」

공자탕이 목이의 말에 반박했다.

「자어 형님의 말은 이치에 닿지 않습니다. 주군께서 도모하시는 백업(伯業)은 제나라와의 경우와는 입장이 다릅니다. 제환공은 20여 년 동안 나라를 다스려 이룬 부국강병을 토대로 회맹을 주재했습니다. 그러나 주군께서는 그토록 오랜 시간을 기다릴 수 없습니다. 무릇 덕을 베풀어 일을 이루고자 하는 데는 시간이 많이 걸리기 때문에 급하게 공업을 이루려면 반드시 위엄을 내세워야 합니다. 급하게 해야 할 일과 천천히 할 일을 우선 살펴보아야만 합니다. 자신들의 습속을 따르지 않는다면 동이는 장차 우리를 의심하여 따르지 않게 되고 제후들 또한 주군을 두려워하지 않아 명이 서지 않을 겁니다. 중원의 제후들은 우리를 우습게 보고 밖의 오랑캐들은 우리를 의심하는데 어떻게 우리가 백업을 이룰 수 있겠습니까? 옛날에 주무왕이 은나라 주왕(紂王)의 목을 참수하여 태백기(太白旗)에 효수(梟首)함으로써 천하를 얻었습니다. 제후의 신분으로서 천자를 죽이고 천하를 얻었는데 어찌 소국의 군주 하나를 제사에 쓰지 못하겠습니까? 주군께서 백업을 이루기 위해서는 증자의 목숨을 반드시 써야만 합니다.」

원래 제후들의 마음을 얻는 데 급했던 송양공은 목이의 간하는 말을 듣지 않고 결국은 증자를 끌고 와 끓는 물에 삶아 죽였다. 양공은 이어서 사자를 수수와 사수(泗水) 사이의 동이족 군장들에게 보내 모두 수수의 수신에게 지내는 제사에 참석하라고 명했다. 그러나 동이의 군장들은 송양공이 명을 무시하고 아무도 참석하지 않았다. 증군이 가마솥에 삶겨 죽임을 당하는 광경을 보게 된 등자 영제는 크게 놀라 사람을 보내 본국의 신하들에게 많은 재물을 양공에게 바쳐 자기의 죄에 대한 용서를 빌도록 명했다. 송양공은 영제를 용서하고 석방했다. 조나라 대부 희부기(僖負羈)가 조공공(曹共公)에게 말했다.

「송공이 조급하여 죄 없는 사람을 함부로 죽였으니 앞으로 무슨 일인들 이루어지겠습니까? 차라리 귀국하는 편이 좋겠습니다.」

조공공은 회맹이 열리는 땅의 주인으로서 제례용 물품들을 충분히 준비해 오지 않아 본국으로 돌아가 가져오겠다고 사람을 보내 송공에게 전하게 했다. 본국으로 돌아가야겠다는 조백의 전언에 대노한 양공이 사자를 보내 조공공을 책망했다.

「옛날에는 군주들이 서로 상견을 할 때는 말린 고기와 소, 양, 돼지, 각각 한 마리씩을 한 조로 하는 뢰(牢)를 많이 가지고 와서 잔치를 벌여 주인과 손님사이의 우호를 돈독히 했습니다. 송나라의 군주인 과인이 귀국의 경내에 머무르고 있은 지가 어제오늘의 일이 아닌데 삼군의 많은 사람들이 아직도 주인이 어디에 있는지조차도 모르고 있습니다. 군주께서는 잘 헤아려 주인의 도리를 행하시기 바랍니다.」

희부기가 조공공을 대신해서 송나라의 사신에게 대답했다.

「무릇 공관을 제공하고 희생을 준비하는 일은 국가 간에 군주들을 서로 초빙을 했을 때 행하는 예입니다. 오늘 송군께서 천하의 일을 위해 우리나라의 남쪽 변경지방으로 오셨는데 우리 주군께서는 급히 가서 명을 받느라 시간이 없어 다른 물품들을 준비할 시간이 없었습니다. 지금 송공께서 우리가 주인의 예를 갖추지 못했다고 책망하시니 우리 주군께서는 스스로 심히 부끄러워하고 계십니다. 바라옵건대 용서하여 주시기 바랍니다.」

송공이 보낸 사자가 돌아가자 조공공은 즉시 일행을 데리고 자기 나라로 돌아가 버렸다. 양공이 대노하여 군사들을 움직여 조나라를 정벌하라는 명령을 내렸다. 공자 목이가 다시 송공에게 간했다.

「옛날에 제환공이 회맹을 주재하던 방법을 살펴보면 열국을 두루 돌아다니면서 자기는 비록 많은 재물과 희생을 가져갔지만 아무것도 가져오지 않은 제후들을 책망하지 않고 또한 기일을 좀 어겼다고 죽이지도 않았습니다. 그것은 바로 넓은 아량과 남을 측은히 여기는 마음으로 대했기 때문이었습니다. 조나라가 비록 무례하지만 주공께 아무런 해를 끼치지 않았는데 하필이면 군사를 동원하여 토벌하려고 하십니까?」

양공이 목이의 말을 듣지 않고 공자탕에게 병거 300승을 주어 조나라를 토벌하라고 명했다. 공자탕이 군사를 이끌고 가서 조나라 도성을 포위했다. 그러나 송나라가 토벌군을 보낼 것이라고 예상한 희부기가 미리 방어할 준비를 철저히 해두었기 때문에 공자탕은 3개월 동안 조나라 도성을 포위하고 공격했지만 도저히 함락시킬 수 없었다. 그때 정문공은 초나라에 들어가 조공을 올리고 장차 노(魯), 제(齊), 진(陳), 채(蔡) 사국의 군주들과 제나라의 경계에 모여 초성왕을 모시고 회맹을 주선하겠다고 청했다. 송양공이 전해 듣고 크게 놀랐다. 하나는 제와 노 두 나라 중에서 한 나라라도 혹시 방백으로 추대되기라도 한다면 송나라로서는 도저히 그들과 맹주 자리를 놓고 다툴 수 없게 된다는 생각이었고, 다른 하나는 공자탕이 혹시 조나라를 공격하다가 싸움에서 패하기라도 한다면 그 예기가 꺾여 제후들의 웃음거리로 회자될 것이라고 걱정하여 즉시 명을 발하여 공자탕의 군사를 거두어들였다. 조공공 역시 송나라가 다시 공격해 오지나 않을까 걱정하여 사자를 보내 자기가 지은 죄의 용서를 빌었다. 이후로는 송과 조 두 나라는 서로 싸우지 않고 예전처럼 화목하게 지내게 되었다.

14. 호가호위(狐假虎威)
- 초나라의 위세를 빌려 맹주의 자리를 차지하려는 송양공 -

한편 송양공의 마음은 오로지 패업을 이루는 데에만 쏠려 있었다. 그러나 작은 나라의 제후들은 송양공의 말을 노골적으로 무시했으며 큰 나라의 제후들은 오히려 멀리 있는 초나라와 회맹을 맺고 싶어 했다. 그래서 화도 나고 또한 조바심에 쫓긴 송양공은 공자탕을 불러 대책을 물었다. 공자탕이 말했다.

「지금의 형세에 있어서 가장 큰 나라는 제와 초 두 나라입니다. 제나라의 경우는 환공이 죽고 여러 공자들이 내분을 일으켜 경황이 없을 뿐만 아니라 또한 내란이 진정된 지가 얼마 안 되어 국세가 아직 회복되지 못하고 있습니다. 그리고 초나라는 왕호를 참칭한 이래 중원과 통한 지 얼마 안 되어 제후들이 두려워하고 있습니다. 주군께서 성의를 다하여 스스로를 낮추신 후에 폐백을 아까워하시지 마시고 후하게 마련하여 초나라에 보내 중원의 제후들을 규합하는 데 도와 달라고 하십시오. 그러면 초나라는 틀림없이 허락할 겁니다. 초나라의 힘을 빌려 제후들을 모이게 한 후에 다시 제후들과 힘을 합쳐 초나라를 제압한다면 이것은 임시변통의 계책이라 할 수 있습니다.」

공자 목이가 듣고 간했다.

「초나라가 무슨 이유로 우리를 위해서 제후들을 불러 모이게 하겠습니까? 우리가 초나라의 힘을 빌려 제후들을 모이게 한다지만 초나라가 무슨 까닭으로 우리를 위해 힘써 주겠습니까? 이 일이 초나라와의 전쟁을 불러들이지나 않을까 매우 걱정됩니다.」

송양공이 목이가 간하는 말을 듣지 않고 즉시 공자탕에게 많은 재물을 주어 초나라에 가서 초성왕을 알현하고 자기의 뜻을 전하게 했다. 공자탕을 접견하고 송양공의 뜻을 전해들은 초성왕은 다음해 봄에 녹상(鹿上)[16]의 땅으로 나아가 회맹을 하기로 허락했다. 공자탕이 돌아와 보고하자 양공이 듣고 말했다.

「녹상(鹿上)은 제나라의 땅이라 제후(齊侯)에게 미리 통고해야 한다.」

양공은 다시 공자탕을 제나라에 수호사절로 보내 초왕과 약속한 회맹의 일을 설명하여 참석을 권유했다. 제효공은 옛날 입은 은혜도 있고 해서 흔쾌히 참석을 허락했다.

그때가 주양왕 11년인 기원전 640년의 일로서 송양공이 군위에 오른 지 11년째 되는 해였다.

다음 해 봄 정월에 송양공이 먼저 녹상의 땅에 당도하여 회맹을 하기 위해 제단을 쌓고 제와 초 두 나라의 군주들을 기다렸다. 다음 달 2월 초순에 제효공이 회맹장에 도착했다. 송양공은 효공을 도와 제후의 자리에 앉힌 공이 있음을 자부하여 상견례를 올릴 때 얼굴에 거만한 기색을 띠었다. 효공도 역시 송양공의 은혜에 진심으로 감사하게 생각하여 녹상의 땅 주인으로서의 예를 다하여 공경하는 마음으로 대했다. 다시 20여 일이 지나자 초성왕이 당도했다. 초왕이 송과 제 두 나라의 군주와 함께 자리를 같이하게 되자 서로의 서열을 작위에 따라 정했다. 초나라가 비록 왕호를 참칭하고 있지만 실제의 작위는 자작이었기 때문에 공작의 작위를 갖고 있던 송공이 맨 앞에 서고 다음에 후작국인

---

16 녹상(鹿上): ① 일설은 지금의 산동성 거야현(巨野縣) 부근으로 송나라 도성인 수양성[睢陽城: 지금의 하남성 상구시(商邱市)] 북동쪽 약 100킬로 되는 곳이다. ② 다른 일설은 지금의 안휘성 부양시(阜陽市) 남의 여음현(汝陰縣) 원록향(原鹿鄕)이다. 지금은 두예(杜預)의 사기집해(史記集解)에 의해 2설을 따르고 있음.

제후가, 마지막으로는 초왕이 서게 되었다. 그것은 송양공이 주장하여 정해진 순서였다. 회맹을 하기로 한 날짜가 되자 다 같이 제단에 올라가서 양공이 당당히 나서서 회맹을 주재하고 자기가 먼저 소머리의 귀를 잡으면서 전혀 겸양의 뜻을 보이지 않았다. 초성왕이 마음속으로 매우 불쾌하게 생각하여 내키지 않았으나 어쩔 수 없이 희생의 피를 얼굴에 바르는 삽혈의 의식을 행했다. 양공이 두 손을 맞잡고 높이 올려 읍을 행한 후에 입을 열어 말했다.

「황공하게도 주왕실로부터 손님으로서의 과분한 예우(禮遇)를 받아 높은 작위에 봉하여진 선대의 후예이나[17] 베푼 덕은 적고 나라의 힘은 미약하다고 스스로 생각하고 있음에도 불구하고, 천하를 위하여 맹회를 크게 열고자 하는 마음을 가슴속에 품고 있었습니다. 그러나 과인의 말만으로는 천하 제후들의 마음이 움직이지 않을까 우려하여 두 군주의 태산 같은 위세를 빌려 제후들을 금년 가을 8월을 기한으로 하여 우리 송나라 땅인 우[盂: 지금의 하남성 수현(睢縣) 서. 송도(宋都)인 수양성(睢陽城)으로부터 서쪽으로 100리 되는 곳이다] 땅으로 불러 회맹의 모임을 가질까 합니다. 만약에 군주들께서 앞장서서 제후들을 이끌고 와서 회맹에 참여시켜만 주신다면 과인은 원컨대 자자손손이 형제와 같은 돈독한 우호 관계를 유지하도록 하겠습니다. 우리의 선조가 세운 은조(殷朝)가 망한 이후로, 주무왕으로부터 제후에 봉해져 입은 은혜는 어찌 과인에게만 해당되는 일이겠습니까?」

이어서 송양공이 형제의 의를 맺자고 두 군주들에게 제안하자 제효

---

17 주무왕(周武王)이 은나라를 멸하고 그 유민들을 송 땅으로 옮긴 다음에 주왕(紂王)의 서형인 미자개(微子開)를 송군에 봉할 때 그 작위를 제후들의 맨 위인 상공(上公)에 봉한 일을 말한다.

공은 두 손을 높이 들어 읍을 하며 초성왕에게 미루며 사양했다. 초성왕도 또한 두 손을 높이 들어 읍을 하며 제효공에게 다시 사양했다. 두 군주가 서로 밀며 사양하는 바람에 시간이 오래도록 결말이 나지 않았다. 양공이 기다리다 못해 말했다.

「두 분 군주들께서 만약 저의 뜻을 저버리지 않으신다면 청컨대 이곳에다 서명을 해 주셨으면 합니다.」

양공이 목간을 가져오게 하였으나 작위의 순위가 높은 제효공을 뒤로 하고 초성왕에게 먼저 청하여 회맹의 증거로 서명하게 했다. 제효공은 송양공의 처사에 불쾌한 마음을 갖게 되었다. 초성왕이 눈을 들어 양공이 건네준 목간을 살펴보니 목간에는 지금 참석한 세 사람의 군주들이 여러 제후들을 규합하여 회맹하기로 하고 그 방법은 제환공이 군사를 동원하지 않고 문관들만 데리고 행한 의상지회(衣裳之會)를 본받는다고 써 있었다. 초성왕이 마음속으로 비웃으며 양공에게 말했다.

「군주께서 직접 제후들을 불러 참석시키면 될 일인데 하필이면 과인 보고 서명하라는 이유가 무엇입니까?」

송양공이 대답했다.

「정과 허 두 나라는 군주 전하의 휘하에 있게 된 지 이미 오래고 진과 채 두 나라는 근자에 이르러 다시 제나라와 동맹을 맺었으니 두 분 군주 전하의 보살핌을 받지 않고는 천하의 제후들이 회맹의 자리에 임하지 않을까 걱정해서입니다.」

「사정이 그러하다면 제후께서 먼저 서명을 하여야 합니다. 그렇게 한다면 과인도 서명하겠습니다.」

제효공이 한사코 서명하기를 사양했다.

「과인도 송나라 휘하에 있어 어차피 다른 제후들과 그 처지가 다르지 않습니다. 회맹에 참석하는 일을 달갑게 생각하는 제후들은 상공 작위의 송나라의 위엄만으로도 영을 세울 수가 있다고 생각합니다. 구태여 과인의 서명까지 필요하겠습니까?」

초성왕이 웃으면서 붓을 건네받아 먼저 서명하고 그 붓을 효공에게 건네려 하자 효공이 한사코 사양하며 말했다.

「초나라가 서명했으니 제나라는 하지 않아도 되겠습니다. 과인은 수많은 풍파 속에서도 죽지 않고 살아남아서 사직을 끊어지게 하지 않고 지킬 수 있어 참으로 다행이라 생각하고 있습니다. 과인이 삽혈을 고사하는 이유는 이 자리에 참석한 일만으로도 무한한 영광으로 생각하고 있는데, 어찌 지금 와서 우리 제나라의 이름이 무겁게 되었다고 만족하여 감히 상국의 군주님들과 같이 과인의 이름을 올려 이 목간을 더럽힐 수 있겠습니까?」

제효공은 끝내 서명하지 않았다. 효공의 심사를 말하자면 송양공이 자기를 제치고 작위의 서열이 자기보다 아래인 초성왕에게 먼저 목간을 내밀어 서명을 청한 행위는, 양공이 초나라는 중하게 여기고 제나라는 가볍게 보고 있다고 생각했기 때문이었다. 송양공의 그런 소행을 불쾌하게 생각한 제효공은 결국은 목간에 서명하지 않았다. 그러나 자기가 제나라에 은혜를 베풀었다고 스스로 자만한 송양공은 효공이 가슴에 불쾌한 마음을 가지고 한 말을, 오히려 뱃속 깊은 곳에서 우러나온 진심된 마음이라고 오해하여 초성왕만이 서명한 목간을 거두어 보관했다. 세 나라의 군주가 녹상(鹿上)의 땅에서 다시 수일을 더 지낸 후에 후일에 다시 만나기로 다짐하고 헤어졌다. 염선(髥仙)이 이 일을 두고 시를 지어 한탄했다.

제후들은 원래 중화에 속한 나라이거늘
어찌하여 달려가 초나라에 머리를 숙였는가?
초나라가 같은 뿌리의 중화라고 오해하게 되어
후에 편을 나누어 싸우게 될 줄은 아무도 몰랐다.

諸侯原自屬中華(제후원자속중화)
何用紛紛乞楚家(하용분분걸초가)
錯認同根成一樹(착인동근성일수)
誰知各者有丫叉(수지각자유아차)

15. 복병겁맹(伏兵劫盟)
- 군사를 숨겨와 회맹장을 덮치고 송양공을 사로잡은 초성왕 -

초성왕이 귀국하여 녹상 땅에서 있었던 일을 영윤 자문(子文)에게 상세하게 설명했다. 자문이 듣고 말했다.

「송군이 제정신이 아닌 듯싶습니다. 대왕께서는 어찌하여 회맹 증서에 서명을 해 주셨습니까?」

초성왕이 웃으면서 말했다.

「과인은 중원에 뜻을 품어 온 지 오래이나 아직 그 실마리를 찾지 못해 매우 한탄하던 중이었습니다. 오늘 송공이 의상지회(依裳之會)를 열려고 하니, 과인은 그 기회를 이용하여 제후들을 규합할 수 있으니 이것 또한 바라던 바가 아니겠습니까?」

대부 벼슬을 하고 있던 성득신(成得臣)이 나와서 말했다. 성득신은 자문의 삼 형제 중 막냇동생이다.

「송공이란 사람은 허명만을 좇고 실익을 구하지 못하는 위인이라 사람을 너무 가볍게 믿고 지혜가 부족합니다. 만약에 군사를 몰래 끌고 가서 매복시켰다가 덮치면 쉽게 사로잡을 수 있습니다.」

「그대의 말은 과인의 뜻과 같도다!」

자문이 이의를 달았다.

「회맹을 하기로 허락해 놓고 다시 군사를 매복시켜 사로잡으면 다른 제후들이 초나라가 신의가 없다고 할 겁니다. 어찌 천하의 제후들을 복종시킬 수 있겠습니까?」

성득신이 말했다.

「송공이 회맹을 주재하는 일을 즐겨 하니 이것은 반드시 다른 제후들을 얕보는 오만한 마음에서입니다. 아직 맹주로서 행세하는 송군에 대해 탐탁하게 생각하지 않은 제후들은 진심으로 회맹에 참여하려는 마음을 갖고 있지 않습니다. 우선 송공을 사로잡아 우리 초나라의 위엄을 세상에 보이고 그리고 석방한다면 우리 초나라의 덕을 천하에 알릴 수 있습니다. 제후들은 무능한 송공을 맹주로 받들어야만 하는 자신들의 처지를 치욕으로 생각하게 되고, 그리되면 우리 초나라에 복종하지 않을 수 없을 겁니다. 무릇 작은 신의에 집착하면 큰 공을 놓치게 된다고 했습니다. 영윤 대감의 생각은 좋은 계책이라고 할 수 없습니다.」

자문이 성득신의 말에 동의했다.

「자옥(子玉)의 계책은 매우 훌륭하여 신도 도저히 그의 생각을 따를 수 없습니다.」

자옥은 성득신의 자다. 초성왕이 즉시 성득신과 투발(鬪勃) 두 사람을 대장으로 삼아 각기 용사 500명씩을 선발하여 송나라에서 열리는 회맹을 습격하기 위하여 조련시켰다.

한편 송양공은 녹상에서 회합을 끝내고 귀국하여 얼굴에 기쁜 기색을 띠며 공자 목이를 향하여 말했다.

「초나라가 이미 우리를 위해서 제후들을 회맹에 불러 주기로 약속했습니다.」

목이가 듣고 간했다.

「초나라는 남쪽 오랑캐의 나라라 그들의 속마음은 예측할 수 없습니다. 주군께서 초왕의 허락을 얻으셨다 하지만 아직 그의 마음을 얻지 못하고 있습니다. 신은 주군께서 속임을 당하지나 않을까 심히 걱정됩니다.」

「자어(子魚) 형님은 매사에 너무 소심합니다. 과인이 충심으로 사람들을 대하는데 어찌 사람들이 나를 속일 수 있단 말입니까?」

송양공은 목이가 간한 말에 귀를 기울이지 않고, 곧바로 격문을 써서 회맹을 연다고 제후들을 소집했다. 동시에 사람들을 우(盂) 땅에 보내 제단을 쌓고, 제후들이 머물 수 있게끔 공관을 수리하고 또한 숙소가 부족하게 되는 경우를 걱정하여 증축했는데 그 화려함은 이루 다 말로 표현할 수 없었다. 창고에는 식량과 목초를 가득 채워서 각국의 군마가 당도하면 사용하도록 했다. 모든 것은 각국의 제후들과 수행원들을 위하여 잔치를 벌여 접대하기 위해서였으며 하나같이 모두 후하게 행하게 하고 미리 준비하지 않은 것은 하나도 없었다. 그해 가을 7월이 되자 양공이 우 땅의 회맹장으로 가기 위해 수레를 준비하라고 명했다. 목이가 다시 간하며 말했다.

「초나라는 세력이 매우 강할 뿐만 아니라 신의가 없는 나라입니다. 청컨대 가시려거든 군사들을 대동하십시오.」

「과인과 제후들이 약속하기를 의상지회로 회맹하기로 하였습니다. 만약 군사를 끌고 간다면 내가 스스로 한 약속을 스스로 버리는 경우가 되니 훗날 사람들이 신의가 없다고 하지 않겠습니까?」

「그렇다면 주군께서는 수레를 타고 가셔서 신의를 지키십시오. 저는 병거 100승을 몰고 뒤따라가서 회맹의 장소에서 3리 떨어진 곳에 매복하고 있다가 만일의 사태에 대비하도록 하겠습니다.」

「경이 데리고 가는 군사와 내가 직접 데리고 가는 군사와 무엇이 다르겠습니까? 절대 불가합니다.」

이윽고 회맹장으로 출발할 날짜가 되자 송양공은 목이가 나라 안의 군사를 일으켜 회맹을 위협하여 자기로 하여금 신의를 잃게 하지나 않을까 걱정하여 그를 회맹장에 데려가려고 했다. 목이가 양공을 향해 말했다.

「신 역시 회맹장에 홀로 보내는 주공의 신변이 걱정되어 역시 동행하려고 생각하고 있었습니다.」

송나라는 군주와 신하가 같이 회맹에 참가하게 되었다. 초(楚), 진(陳), 채(蔡), 허(許), 조(曹), 정(鄭) 등의 여섯 나라의 군주가 회맹을 하기로 한 날이 되자 차례로 우 땅에 당도했다. 다만 아직도 송공에 대한 감정이 풀리지 않은 제효공과 아직 초나라와 통호를 하지 않은 노희공 등의 두 군주는 회맹에 참석하지 않았다. 양공이 후인(候人)[18]을 시켜 육국의 군주들을 영접하게 하고 새로 지은 공관에 나누어 들게 하여 휴식을 취하게 했다. 후인이 돌아와 양공에게 고했다.

「육국의 제후들은 모두가 수레를 타고 왔습니다. 특히 초왕은 매우 많은 시종들을 데리고 왔는데 역시 모두가 비무장으로 수레를 타고 왔

---

18 후인(候人): 손님을 맞이하거나 배웅하는 하급관리다. 혹은 사방에서 오는 손님을 조정으로 모시고 들어가거나 배웅할 때 무기를 들고 간도(奸盜)를 막는 지금으로 말하면 의장대나 호위병에 해당하는 천역(賤役)의 하급관리다. 같은 제목의 시가가 《시경(詩經)·국풍(國風)·조풍(曹風)》에 실려 있다.

습니다.」

양공이 듣고 말했다.

「초왕이 나를 속이지 않으리라는 것을 나는 알고 있었다!」

송양공은 태사에게 점을 치게 해서 회맹의 의식을 행할 길일을 택한 후에 각국의 제후들에게 전하여 알렸다. 회맹을 거행할 날짜가 가까워지자 양공이 미리 단상에서 의식을 집행할 사람 등을 정하게 했다. 드디어 회맹의 날이 되자 북소리가 다섯 번 울리는 이른 새벽에 일어나 제단에 위와 아래에 거대한 촛불을 켜서 대낮처럼 환하게 밝혔다. 제단의 곁에는 별도로 휴식을 취할 수 있는 장소를 마련하여 양공이 먼저 나와 그곳에서 대기했다. 이어서 진목공(陳穆公) 곡(穀), 채장공(蔡庄公) 갑(甲), 정문공(鄭文公) 첩(捷), 허희공(許僖公) 업(業), 조공공(曹共公) 양(襄) 등의 다섯 사람의 제후들이 차례로 회맹장에 당도했다. 여러 제후들이 휴식을 위한 장소에서 얼마간을 기다리는 동안 날은 어느덧 밝아지기 시작했다. 그때서야 초성왕 웅운(熊惲)이 회맹장에 당도했다. 송양공이 회맹이 열리는 땅의 주인 된 사람의 예로써 양손을 높이 올려 여러 제후들에게 읍을 했다. 이어서 제후들은 좌우로 나뉘어 계단을 밟고 제단 위로 올라가기 시작했다. 왼쪽 계단으로는 주인 격에 해당하는 송양공이 올라가고 오른쪽 계단으로는 손님에 해당하는 제후들이 올라가는데 감히 초성왕 앞으로 나서지 못하고 성왕으로 하여금 앞장서서 올라가도록 양보했다. 성득신과 투발 두 장군이 서로 초왕의 뒤를 따라 같이 올라갔다. 제후들도 역시 데리고 온 신하들과 같이 성왕의 뒤를 따라 제단 위로 오르고 왼쪽 계단으로는 송양공과 목이 두 사람이 올랐다. 계단을 통해 제단에 오른 제후들은 즉시 손님과 주인의 신분을 따져 맹단(盟壇) 위로 나아가 희생을 죽여 받아 놓은 쟁반의 피를 얼굴에 바르고 하늘에 맹세했다. 이어서 각 제후들의 이름을 죽간에 올려 드디어 맹주를 뽑아야 할 순서가 돌아왔다. 송양공은 오로지 초왕이 입을 열어 자기를 지명해 주기만을 기다렸지만 초왕은 고개를 숙이고 아무 말도 하지 않았다. 진과 채 두 나라 군주들도 얼굴만 서로 쳐다볼 뿐 감히 먼저 말을 꺼내려고 하지 않았다. 양공이 더 이상 참지 못하고 머리를 꼿꼿이 들고는 말을 먼저 꺼냈다.

「금일의 행사는 과인이 죽은 제환공이 이룩한 백업을 이어 받아 주왕실을 받들고 백성들을 편안하게 하며, 군사들은 쉬게 하여 전쟁을 종식시킴으로써 천하의 제후들과 함께 태평성대의 복을 누리기 위해서입니다. 여러 군주님들의 생각은 어떠한지 알고 싶습니다.」

제후들이 양공의 물음에 미처 답하기 전에 초성왕이 몸을 꼿꼿이 세우더니 앞으로 나와 말했다.

「군주의 뜻은 대단히 훌륭합니다. 단지 오늘 회맹의 맹주는 누가 되어야 하는지 알지 못하겠습니다.」

「공이 있으면 그 공의 많고 적음에 따라 맹주를 세우고 공이 없으면 작위의 높고 낮음을 따져 세우면 되지 무슨 다른 방법이 있겠습니까?」

「과인은 작위를 왕으로 한 지 매우 오래되었소. 송은 작위가 비록 상공에 이르렀지만 왕의 대열에는 낄 수는 없소. 작위가 제일 높은 과인이 맹주가 되기로 하겠소!」

초성왕이 말을 마치자 자리에서 일어나더니 제후들의 맨 앞줄에 와서 섰다. 목이가 양공의 소매를 끌어당기며 그에게 잠시 참고 기다리다가 다시 대책을 세우자고 했다. 송양공은 맹주의 자리를 손바닥 안에 잡고 있다가 졸지에 형세가 바뀌어 날아가 버렸다고 생각하여 화가 나지 않을 수 없었다. 가슴속에서 울화가 치밀어 오르자 얼굴색이 변하더

그림 6 초왕복병겁맹주(楚王伏兵劫盟主)

니 목소리를 높여 큰 소리로 말했다.

「과인은 선대로부터 복을 물려받아 상공(上公)의 대열에 끼게 되는 과분한 대접을 받아 왔소. 주나라 천자 역시 우리 송나라를 손님의 예를 갖추어 대하고 있소. 귀군의 작위가 이곳에서 제일 높다고는 하나 그것은 스스로 만들어서 부르는 호칭이 아니오? 어찌 가짜 왕호가 진짜 상공 위에 있을 수 있단 말이오?」

「그대의 말대로 내가 가짜 왕이라면 누가 과인을 청해 이곳까지 오게 만들었는가?」

「귀군이 여기까지 오게 된 이유는 지난번 녹상에서의 회맹 때 논한 바에 따랐을 뿐이지 과인이 마음대로 한 약속 때문은 아니오.」

성득신이 초왕 곁에 있다가 큰 소리로 말했다.

「오늘의 일을 여러 제후들에게 한번 물어 봅시다. 여기에 왕림하신 제후 분들은 초나라의 부름을 받고 오셨습니까? 아니면 송나라의 부름을 받고 오셨습니까?」

평소에 초나라의 위세를 두려워하고 있었던 진(陳)과 채(蔡) 두 나라 군주는 입을 열어 한목소리로 대답했다.

「우리들이 초나라의 부름을 받았는데 어찌 감히 오지 않을 수 있겠습니까?」

초왕이 껄껄 웃으며 말했다.

「송군께서는 달리 하실 말이 있으십니까?」

송양공은 자기를 편들어 줄 제후들은 한 사람도 없고 또한 그들과 도리를 따져 봐야 아무도 잘잘못에 관심을 두지 않고 있다는 사실을 알았다. 이윽고 그는 회맹장에서 몸을 빼어 위험을 벗어나려는 궁리를 해 봤으나 그것 또한 자기 주변에는 단 한 명의 호위병도 없어 어쩔 줄 모르며 망설이고 있었다. 그 순간 갑자기 성득신과 투발이 입고 있던 예복을 벗어 던져 안에 껴입고 있던 갑옷을 드러내고, 허리에 꽂고 있던 붉은 기를 꺼내 제단 아래를 향하여 몇 번 좌우로 흔들었다. 그것을 신호로 초왕을 따라왔던 천 명도 넘는 수많은 수행원들 모두가 겉옷을 벗어던지고 안에 입고 있었던 갑옷을 밖으로 드러내며, 손에는 숨겨 두었던 무기를 들고 벌떼처럼 제단 위로 뛰어 올라왔다. 각국의 제후들은 모두가 놀라 혼비백산했다. 성득신이 먼저 송양공이 움직이지 못하게 두 소매를 단단히 붙들었다. 투발은 여러 무장병들을 지휘하여 단상에 늘어져 있는 옥백(玉帛)과 제사를 지내는 그릇 및 여러 가지 기구들을 거두어들이게 했다. 회맹의 의식을 행하기 위하여 파견된 송나라의 일반 관리들은 어지러이 달아나기에 바빴다. 송양공은 자기 곁에 바싹 붙어 따라 다니는 공자 목이를 보더니 목소리를 낮추어 말했다.

「내가 형님의 말을 듣지 않아 이 지경에 처하게 되었습니다. 과인은 염려하지 말고 속히 이곳을 빠져나가 나라를 지키도록 하십시오.」

목이가 양공의 곁에 따라다녀 봐야 별다른 방법이 없음을 알고 주위가 혼란한 틈을 타서 그곳을 빠져 나왔다.

16. 송양피금(宋襄被擒)
- 헛된 꿈을 좇다가 초나라의 포로가 된 송양공 -

초성왕이 수레를 타고 회맹에 참석할 때 데리고 온 많은 사람들은 사실 모두가 초나라 군사들 중에서 선발한 정예한 병사들이었다. 겉옷 안에 모두 갑옷을 껴입고 몰래 무기를 감추고 따라온 사람들은 성득신과 투발이 선발하여 금번 회맹에 대비하여 맹훈련을 시킨 병사들이라 용맹하기가 그지없었다. 또 위여신(蔿呂臣)과 투반(鬪班) 두 장군에게는 대군을 거느리고 그 뒤를 따르게 하여 후에 큰 싸움이 벌어질 경우를 대비했다. 그런 사실을 전혀 알지 못한 송양공은 속수무책으로 초나라의 함정에 빠지고 말았다. 그것은 마치 '무모한 사람이 꾀가 많은 사람을 만나 몸을 빼려고 해도 몸을 뺄 수가 없는 형국'이었다. 송양공을 붙잡은 초성왕은 군사들에게 명해 송나라의 공관에 비축되어 있던 물품들을 꺼내 잔치를 크게 벌여 마음껏 즐겼다. 회맹장의 창고 안에 가득 쌓여 있던 송나라의 양식과 물품들은 모두 노략질당해 초나라의 차지가 되었다. 진(陳), 채(蔡), 정(鄭), 허(許), 조(曹) 다섯 나라의 제후들은 송구스러운 마음에 벌벌 떨고 아무도 감히 앞에 나서서 양공을 위해서 한마디 거들어 주려고 하지 않았다. 송양공을 붙잡아 공관으로 장소를 옮긴 초성왕은 제후들을 불렀다. 제후들 앞에서 초왕은 송양공을 세워 놓고 그의 여섯 가지 죄목을 열거하며 꾸짖었다.

「너는 상(喪) 중인 제나라를 쳐들어가 네 멋대로 군주를 폐하고 또 새로 세웠으니 그 죄가 하나이고, 등자(滕子)가 회맹의 장소에 시간을 조금 어겼다고 즉시 잡아다가 욕을 보였으니 그 죄가 둘이라, 사람을 죽여서 제물로 삼아 요사한 귀신에게 바치니 세 번째 죄이며, 조백이 주인의 책무를 행하지 않은 행위는 매우 사소한 일임에도 불구하고 너는 강한 세력만을 믿고 조나라를 포위하여 공격하였으니 네 번째 죄이며, 망국의 자손 주제에 입은 은혜를 망각한 나머지 스스로의 힘을 헤아리지 못하고 멋대로 행동하여 하늘이 경계를 내렸으나 여전히 방백(方伯)에만 뜻을 두고 있으니 그 죄가 다섯이라, 또한 과인에게 제후들을 소집시키라고 부탁을 해 놓고 자존망대하여 전혀 겸양하는 예의를 갖추지 않았으니 그 죄가 여섯이다. 하늘이 너의 혼백을 빼앗아 너로 하여금 단기(單騎)로 회맹장에 오게 하여 나에게 사로잡히게 했다. 내가 금일 철갑으로 무장한 병거 천 승과 싸움터에서 잔뼈가 굵은 장군 천여 명을 이끌고 수양성으로 달려가 그 성을 뽑아 제(齊)와 증(鄫) 두 나라를 위해 원수를 갚아 주리라! 여러 제후 분들께서 잠시 어가에 머물러 계시는 동안 제가 수양성을 취한 후에 곧 돌아와서 제후분들과 같이 열흘 동안 밤낮으로 술을 마신 후에 헤어지기로 하겠습니다.」

　다섯 나라의 제후들은 초성왕의 말에 그저 「예, 예」로 대답할 뿐이었다. 양공은 입이 있다 한들 할 말이 있을 리 없었다. 양공의 모습은 마치 나무로 깎아 놓은 목상이나 흙으로 빚은 인형과 같았다. 단지 눈에는 두 줄기의 눈물만이 흘러내릴 뿐이었다. 얼마 후에 한 장소에 모인 초나라의 군세를 보니 부르기는 천 승이라고는 했지만 실은 500승이었다. 성왕이 군사들에게 논공행상을 한 후에 진채를 걷고 모두 일어나 송양공을 앞세우고 송나라의 도성인 수양성을 향하여 행군을 시작했다. 열국의 제후들은 초왕의 명령대로 모두 우(盂) 땅에 머물러 그가 돌아올 때까지 기다려야 했다. 누구도 감히 자기 나라로 돌아갈 생각을 하지 못했다. 후세의 사관이 양공의 실책을 비난한 시를 지었다.

까닭 없이 초나라에 아첨하더니 재앙만 불러들였구나!
누가 수양성에 군사를 불러들여 전쟁터로 만들었는가!
옛날 제환공은 제후들을 아홉 번이나 모이게 하면서
한 번도 초나라를 중원에 발을 들여놓게 하지 않았다.

無端媚楚反遭殃(무단미초반주앙)
引得誰睢做戰場(인득수수주전장)
昔日齊桓曾九合(석일제환증구합)
何嘗容楚近封疆(하상용초근봉강)

17. 욕장취지(欲將取之) 가선폄지(加先貶之)
  - 물건을 취하고자 할 때는 먼저 흠을 잡아라! -

 한편 공자 목이가 우(盂) 땅의 회맹 장소에서 간신히 도망쳐서 송나라로 돌아와서 사마 공손고에게 양공이 초나라에게 사로잡힌 일을 이야기하면서 말했다.
 「초나라 군사가 조석지간에 쳐들어올 겁니다. 조속히 병사들을 점검하여 성루에 올려 보내 만반의 준비를 해야 합니다.」
 공손고가 듣고 말했다.
 「나라에는 하루라도 군주가 없으면 안 됩니다. 공자께서 잠시 섭정의 자리에 오르시어 상벌을 분명히 행하신다면 백성들의 마음을 안정시킬 수 있습니다.」
 목이가 공손고의 귀에 대고 조용한 목소리로 말했다.
 「초왕은 주군을 인질로 삼아 우리나라를 점령하려고 시도할 겁니다. 우리가 별도의 대책을 마련하여 초왕이 반드시 우리의 주군을 석방하여 돌려보내게 만들어야 합니다.」
 「공자님의 말이 매우 합당합니다.」
 사마 공손고가 즉시 송나라의 여러 신하들을 모아 놓고 말했다.
 「우리의 주군께서는 초왕에게 사로잡혀 돌아오지 못하게 되었소. 우리들은 마땅히 공자 목이님을 추대하여 나라의 사직을 잇고자 합니다.」
 송나라의 신료들은 목이가 현인이라는 사실을 알고 있었기 때문에 모두들 공손고의 말을 흔쾌히 따랐다. 태묘에 고하고 송공의 자리에 오른 공자 목이는 삼군에게 명을 내려 군기를 엄중히 하고 수양성의 여러 성문을 철통과 같이 지키게 했다. 목이가 수양성을 지키기 위한 방어태세를 갖추자마자 초성왕이 대군을 거느리고 수양성 밖에 당도하여 영채를 세웠다. 초왕이 장군 투발을 시켜 수양성 밑으로 달려가 성루를 향해 큰 소리로 외쳐 자기의 말을 전하게 했다.

「너희들의 군주는 이미 우리의 포로가 되어 이곳에 있는데 죽이고 살리는 일은 우리의 마음에 달려 있다. 속히 항복하여 성을 바쳐 너희들 군주의 생명을 보전토록 하라!」

수양성 성루에서 군사들을 지휘하고 있던 공손고가 초나라 진영을 향해 외쳐 답했다.

「우리 송나라의 선조들 영령의 보살핌을 받아 우리는 이미 군주를 새로 모셨다. 구군을 죽이고 살리는 일은 너희들에게 달렸으나 우리들의 항복은 결코 받아 내지 못하리라!」

투발이 다시 외쳤다.

「너희들의 군주가 여기 이렇게 살아 있는데 어찌하여 다시 새로운 군주를 세웠단 말이냐?」

공손고가 대답했다.

「군주를 세우는 일은 사직을 보존하기 위해서인데 사직을 지키는 군주가 없는데 어찌 새로이 군주를 세울 수 없단 말이냐?」

「우리가 만약에 너희들의 군주를 돌려보내 주면 무엇으로 보답하겠는가?」

「구군은 적에게 사로잡히어 우리 송나라의 사직에 욕을 보였다. 비록 그가 우리나라에 다시 돌아오더라도 군주의 자리에는 앉을 수 없다. 돌려보내고 안 돌려보내고는 너희들 마음에 달렸으니 우리에게 묻지 말라! 그대들이 만약 우리와 한번 결전을 하고 싶다면 우리의 성중에는 아직 상하지 않은 갑사와 병거가 상존하니 정녕 죽기를 각오하고 한번 싸워 보리라!」

공손고의 결의가 매우 비장하다는 사실을 알게 된 투발이 돌아와 초왕에게 실상을 그대로 보고했다. 초왕이 대노하여 즉시 초군에게 공격 명령을 내렸다. 초왕의 명에 따라 수양성을 공격하던 초나라의 군사들 머리 위로 화살과 돌이 마치 구름처럼 쏟아져 내려왔다. 초군은 3일 밤낮을 계속해서 수양성을 공격했지만 사상자만 적지 않게 내고 성을 함락시킬 수가 없었다. 초성왕이 화가 나서 말했다.

「송나라가 자기들의 군주를 염두에 두지 않고 저항하기를 이렇듯 완강하게 하니 송군을 죽여야 되지 않겠는가?」

성득신이 앞으로 나오며 자기의 의견을 말했다.

「대왕께서 증자(鄫子)를 죽인 죄를 물어 송군을 붙잡으셨습니다. 이제 다시 송군을 죽인다면 이제는 그 일이 우리의 허물이 됩니다. 송공을 죽이는 일은 일개 필부를 죽이는 일과 다름없습니다. 송군을 죽이고도 송나라를 얻을 수 없다면 이것은 도리어 송나라 백성들로부터 원한만을 사게 됩니다. 차라리 석방하여 돌려보내 주느니만 못합니다.」

「송나라를 공격하여 아직 떨어뜨리지 못했는데 무슨 명목으로 송군을 풀어 준단 말인가?」

「신에게 한 가지 계책이 있습니다. 이번의 우 땅의 회맹에 참석하지 않는 나라는 제(齊)와 노(魯) 두 나라입니다. 제나라와는 우리가 두 번에 걸쳐 이미 통호를 했으므로 언급할 필요가 없으나 노나라는 예의지국이며 옛날에 제나라가 패권을 도모할 때 도운 적이 있으나 우리 초나라는 남쪽의 야만국으로 치부하여 안중에도 두지 않고 있습니다. 만약에 우리가 송나라에서 탈취한 재물과 포로들을 노나라에 주겠다고 하면서 노후를 송나라의 땅인 박(亳) 땅으로 청해 서로 만나자고 하십시오. 연후에 송나라의 포로들을 노나라에 보내면 노후는 반드시 우리를 두려워하여 회견 장소에 나타나지 않을 수 없을 겁니다. 노와 송 두 나라는 규구(葵邱)에서 동맹을 맺은 우호의 나라일 뿐 아니라 노후는 매우 현명한 군주라서 반드시 송나라를 위해서 우리에게 인정을 베풀어 달라고 청할 겁니다. 이것은 곧 우리가 노후에게 은혜를 베푸는 일이 되어 우리는 일거에 노와 송 두 나라의 마음을 얻을 수 있습니다.」

초성왕이 손으로 박수를 치며 큰 소리로 웃으면서 말했다.

「진실로 자옥의 식견은 뛰어나도다!」

초나라 군사들을 송나라 도성 수양성에서 철수하여 박 땅으로 행군하여 진채를 세우게 한 초성왕은 투의신(鬪宜申)을 사자로 삼아 송나라에서 탈취한 수많은 재물과 포로들을 수백 대의 수레에 싣도록 한 후에 노나라의 곡부로 가서 편지와 함께 노후에게 바치게 했다.

『송공이 오만무례하여 과인이 이미 박 땅의 깊은 곳에 유폐시켜 놓았습니다. 우리가 망령되게 공을 논할 수 없어 삼가 상국에 고하니 수고스럽겠지만 군후께서 친히 왕림하시어 송군의 죄를 판결해 주시기 바랍니다.』

노희공(魯僖公)은 초왕의 편지를 읽고 크게 놀랐다. 그것은 마치 '토끼가 죽으면 여우가 슬퍼한다'는 격으로 같은 처지의 나라로서 마음이 상하지 않을 수 없었다. 또한 노희공은 초나라가 바친 서신의 내용은 매우 과장되어 노나라를 추켜세우고는 있으나 실은 노나라를 위협하는 내용임을 알았다. 노나라의 힘은 약하고 초나라는 강하니 만약 박 땅에 가지 않아서 초나라가 그들의 군사를 노나라로 향하게 하여 토벌하러 온다면 그때 가서 후회한들 무슨 소용이 있겠느냐는 뜻이라고 생각했다. 그 즉시 초왕의 명을 따르겠다고 허락한 노희공은 투의신을 후하게 대접했다.

이윽고 노희공이 대부 중수(仲遂)를 수행원으로 삼아 어가를 몰아 초왕을 만나기 위해 박 땅으로 길을 떠났다. 이윽고 현장에 당도한 노후는 먼저 안면이 있었던 투의신의 소개로 성득신을 찾아가 인사를 하고 초왕을 만나는 일을 부탁했다. 노후는 단지 성득신의 처분만을 따르겠다고 했다. 성득신이 노희공을 초왕 앞으로 인도했다. 노후와 초왕은 서로가 그동안 앙모하여 왔다는 치하의 말과 함께 서로 간에 상견례를 행했다. 그때 우 땅의 회맹에 참석했던 진(陳), 채(蔡), 정(鄭), 허(許), 조(曹) 등의 다섯 나라의 군주들도 초왕을 따라 박 땅으로 와서 노회공과 상견하여 모두가 한곳에 모이게 되었다. 한 자리에 모인 여섯 나라의 군주들 중 정문공이 먼저 입을 열어 초왕을 맹주로 추대하자고 제안했다. 그러자 나머지 제후들은 반대의 말을 하고 싶었으나 감히 말하지 못하고 우물거리고 눈치만 살폈다. 노희공이 일어나 분연히 말했다.

「맹주란 반드시 인과 의를 세상에 펼쳐야 사람들이 즐거이 따르게 됩니다. 오늘 초왕이 많은 수의 병사를 믿고 상공의 작위에 있는 송공을 붙잡아 위엄을 보였으나 덕을 베풀지 않아 사람들이 의심하여 두렵게 생각하고 있습니다. 우리들과 송나라는 모두 동맹을 맺은 우의가 있음에도 불구하고 가만히 앉아서 강 건너 불구경하듯이 하면서 구하지 않고 단지 초나라를 받들 줄만 안다면 천하의 호걸들에게 비웃음을 받을까 심히 걱정됩니다.」

여러 제후들이 듣고 한목소리로 대답했다.

「노후의 말씀이 심히 지당하십니다!」

중수가 노후의 말을 성득신에게 비밀리에 고하자 성득신은 다시 초왕에게 전했다. 초왕이 말했다.

「제후들이 맹주가 갖추어야 할 의를 문제 삼아 나를 비난했다면 내가 어찌 고치지 않을 수 있겠는가?」

성왕은 즉시 좌우에게 명하여 박 땅의 넓은 들판에 회맹단을 짓게 하고 날짜를 12월 계축일(癸丑日)로 잡아 천지신명을 향하여 삽혈의 의식을 행하고 동시에 송군의 죄를 용서하기로 했다.

회맹을 행하기로 한 날 하루 전에 송공을 석방하여 여러 제후들과 상견하게 했다. 송양공은 한편으로는 부끄럽고 한편으로 화가 나기도 하여 마음속에는 하나도 즐겁지 않았으나 겉으로는 오히려 여러 제후들에게 감사의 말을 올리지 않을 수 없었다. 이윽고 회맹일이 되자 정문공이 여러 제후들을 이끌고 나와서 초성왕에게 단에 올라 맹회를 주관하도록 간청했다. 초성왕이 희생으로 잡은 소머리의 귀를 붙잡자 송양공과 노희공의 뒤를 이어서 여러 제후들이 작위의 순서에 따라 차례로 소의 피를 입술에 발라 삽혈의 의식을 행했다. 송양공의 가슴에는 열화가 끓어 올라왔으나 감히 말을 입 밖으로 내지는 못했다. 회맹을 끝낸 각국의 제후들은 모두 흩어져 자기들 나라로 돌아갔다.

마침내 초나라 군영에서 석방된 송양공은 공자 목이가 귀국하여 이미 군위에 올랐다는 소문을 듣고 위나라로 망명하여 잠시 몸을 피하려고 했다. 그러나 공자 목이가 보낸 사자가 이미 박 땅에 당도하여 그가 쓴 편지를 양공에게 전했다. 목이의 편지 내용은 다음과 같았다.

「신이 지금까지 섭정의 자리에 오른 목적은 주군을 구하기 위해서였습니다. 이 나라는 주군의 소유인데 어찌하여 돌아오지 않으시려고 하십니까?」

그리고 이어서 어가가 도착하더니 양공을 태우고는 수양성으로 돌아갔다. 수양성에 입성한 양공이 보위에 앉자 공자 목이는 신하의 대열로 다시 돌아가 양공을 배알했다.

호증(胡曾) 선생이 논하기를 양공이 풀려날 수 있었음은 전적으로 공자 목이의 계책 덕분이었다고 했다. 겉으로는 전혀 구군을 위하는 마음을 하나도 갖고 있지 않다고 상대방으로 하여금 오해하게 만들어 양공이 풀려날 수 있었다고 했다. 만약에 송나라가 양공을 구하기 위하여 동분서주하였더라면 초나라는 양공을 귀한 사람으로 취급하여 그렇게 쉽게 놓아주지 않았을 것이라고 생각하면서 이 일을 두고 공자 목이를 찬양하는 시를 지었다.

황금이 어찌하여 돌로 바뀌는 기이한 일이 일어났는가?
신군이 능히 구군을 속박에서 풀려나게 할 수 있었고
구군이 돌아오자 신군은 옛날처럼 신하의 자리로 돌아갔다.
천고에 빛나는 어진 이름 목이를 노래하노라!

金注何如瓦注奇(금주하여와주기)
新君能解舊君圍(신군능해구군위)
爲君守位仍推位(위군수위냉추위)
千古賢名誦目夷(천구현명송목이)

호증 선생이 다시 시를 지어 여섯 나라의 제후가 초성왕을 맹주로 추대하여 초나라에 아부하고 온정을 구한 행위는 중원의 주도권을 초나라에 바친 격이 되어 이후로 초나라가 중원의 여러 제후국들을 깔보게 되었다고 한탄했다.

원래 토끼가 죽으면 여우가 슬퍼한다고 했다.
잡힌 사람은 누구이며 잡은 사람은 누구인가?
중원의 나라가 오랑캐에 아첨하고도 부끄러운 줄 모르고
송군을 석방한 공로가 적지 않다고 자랑했는가!

從來免死自狐悲(종래토사자호비)
被劫何人劫是誰(피겁하인겁시수)
用夏媚夷全不恥(용하미이전부치)
還誇釋宋得便宜(환과석송득편의)

18. 송양지인(宋襄之仁)
 - 헛된 인의로 수많은 군졸들을 잃고 나라를 위험에 빠뜨리다 -

 백업에 뜻을 두었다가 초나라에게 사로잡혀 천하의 웃음거리가 되었을 뿐만 아니라 큰 치욕도 함께 당한 송양공은 초성왕을 원망하는 마음이 골수에 사무치게 되었으나 단지 힘이 닿지 못하여 원한을 갚을 길이 없었다. 또한 정백이 앞장서서 초왕을 맹주로 추대한 행위를 괘씸하게 생각한 양공은 언젠가는 한번 그 죄를 물으려는 마음을 품고 있었다.
 송양공 13년 기원전 638년 봄 3월, 정문공이 초나라에 조현을 다녀온 일을 송양공이 듣고 대노했다. 즉시 송나라의 모든 군사를 이끌고 정나라를 친히 정벌하려고 하면서 공자 목이에게는 세자 왕신(王臣)을 도와 본국을 지키도록 당부했다. 목이가 듣고 간하며 말했다.
 「초와 정은 서로 친하여 우리가 만약 정나라를 친다면 초나라는 반드시 군사를 보내 정나라를 구하려고 할 겁니다. 주군께서 이번에 출정하여 정과 초의 연합군과 싸우게 되면 결코 이길 수 없습니다. 차라리 국내에서 실력을 기르면서 때를 기다리다가 기회를 봐서 정나라를 정벌하면 어떻겠습니까?」
 대사마 공손고도 목이에 동조하여 출정을 만류하자 양공이 화를 내며 말했다.

「사마가 같이 가기를 원하지 않으니 과인 혼자서라도 가서 정나라를 정벌하여야겠다!」

공손고가 감히 다시 간하지 못했다. 양공이 즉시 군사를 일으켜 정나라를 정벌하기 위하여 행군을 시작했다. 송양공은 스스로 대장이 되어 중군을 이끌고 공손고를 부장으로 하고 대부 낙복이(樂僕伊), 화수노(華秀老), 공자탕(公子蕩), 상자수(向訾守) 등이 모두 그 뒤를 따랐다.

한편 송나라에 있던 정나라의 첩자가 달려와 송나라가 정나라를 정벌하기 위하여 군사를 일으켰다고 정문공에게 고했다. 정문공은 사자를 초나라에 보내 구원을 청했다. 정나라의 구원 요청을 받은 초성왕이 말했다.

「정나라가 우리를 마치 어버이 대하듯이 받들고 있다. 마땅히 만사를 제쳐두고 구해야 하겠다.」

성득신이 곁에 있다가 초성왕에게 진언을 했다.

「정나라를 구하려고 한다면 직접 송나라를 공격해야 합니다.」

「어째서 그런가?」

「송공이 예전에 우리에게 사로잡혀 송나라의 사대부들의 간담을 서늘하게 만들었습니다. 오늘 다시 송공이 스스로의 역량을 헤아리지 못하고 정나라를 정벌하기 위해 대병을 일으켰습니다. 이것은 송나라의 국내가 텅텅 비어 있음을 말합니다. 나라 안이 비어 있는 틈을 타서 쳐들어가면 송나라는 필시 정나라에 출병중인 군사를 물리쳐 자기 나라를 구하려고 달려와야만 합니다. 이는 싸우기도 전에 승패를 알 수 있는 일입니다. 자기 나라를 구하기 위해 수백 리를 달려온 송군은 오랜 행군 끝에 피로에 지치게 됩니다. 이것은 편안히 앉아서 기다리고 있는 군사가 피로에 지친 군사를 맞이해서 싸우는 이치인데 어찌 이길 수 없겠습니까?」

초왕은 성득신을 대장으로 투발을 부장으로 삼아 군사를 일으켜 송나라를 정벌하도록 했다.

한편 정나라 도성 밖에 진을 치고 서로 대치하면서 전기를 엿보고 있던 송양공은 초나라의 군사들이 송나라 본국으로 진격해 가고 있다는 소식을 들었다. 당황한 송양공은 군사를 거두어 밤낮으로 행군한 끝에 홍수[泓水: 지금의 하남성 자성(柘城) 북쪽을 흐르던 강]의 남쪽 강변에 도착하여 진을 치고 그곳에서 초나라 군사를 막으려고 했다. 뒤이어 성득신이 이끄는 초군도 홍수의 북쪽 강변에 도착하여 진채를 세운 후에 송나라 진영에 사람을 보내 전서(戰書)를 띄웠다. 전서를 받아본 사마 공손고가 양공에게 말했다.

「초나라의 군사들이 여기까지 달려온 이유는 정나라를 구하기 위해서입니다. 우리가 정나라를 다시는 쳐들어가지 않겠다고 초나라에 사죄한다면 초나라 군사들은 틀림없이 물러갈 겁니다. 이쯤에서 그만두시는 편이 좋겠습니다.」

「옛날에 제환공은 군사를 이끌고서 먼 길을 행군한 끝에서야 초나라를 정벌할 수 있었다. 그런데 지금은 오히려 초나라가 일부러 군사를 이끌고 먼 길을 행군하여 이곳까지 와서 우리에게 싸움을 걸고 있다. 어찌 환공의 백업을 이을 수 있는 이런 좋은 기회를 놓치겠는가?」

「신은 듣건대 "한 번 망한 왕조는 두 번 일어날 수 없다"고 했습니다. 하늘이 우리 선조들이 세운 상나라를 버린 지 오랜데 주군께서는 다시 일으키시려고 하십니다. 어찌 가능한 일이겠습니까? 더구나 우리의 방어 무기는 초군의 그것보다 견고하지 못하고 군사들 역시 초나라 병사들보다 정예하지 못합니다. 군사들의 체력도 초나라 군사들에게 떨어지며 또한 송나라 사람들은 초나라 군사를 보기를 마치 사갈(蛇蝎)을 보듯이 무서워하고 있는데 주군께서는 무엇을 믿고 초나라와 싸워 승리를 할 수 있다고 생각하십니까?」

「초군의 수효가 많다고는 하나 그들의 군대는 인의(仁義)가 없다. 송나라의 군사는 그 수효가 비록 적다고는 하나 인의의 정신으로 뭉쳐진 군사들이다. 옛날에 주무왕이 목야(牧野)[19]의 싸움에서 호분(虎賁)[20] 3천 명으로 은나라의 억만 군사와 싸워 이긴 일은 오로지 무왕의 군사들이 인의의 군사들이었기 때문이었다. 혹시 무도한 신하를 피하여 도망치는 유덕한 군주가 있을지는 모르겠지만 과인으로서는 비록 죽을지언정 그렇게는 할 수 없도다!」

양공이 즉시 전서의 말미에 서명을 하여 11월 삭일에 홍수 북쪽의 땅에서 회전하기로 약속했다. 또한 군사들에게 명하여 큰 기를 만들어 인의라는 두 글자를 쓴 후에 로거에 매달게 했다. 공손고가 속으로 비통한 마음을 달랠 길 없어 조용히 낙복이를 불러 불만을 토로했다.

「전쟁이란 서로 죽이고 죽는 살벌한 싸움인데 가당찮은 인의만을 부르짖고 있으니 나는 주군이 말하는 인의가 도대체 어디에 있는지 알지 못하겠소! 하늘이 우리 주군의 혼백을 빼앗아 가버려 우리는 정말로 위급한 상황에 빠져버렸소! 우리들은 필히 경계하고 조심하는 마음으

---

19 목야(牧野)의 싸움: 주(周)의 무왕이 은(殷)의 주왕(紂王)과 싸운 전쟁. 춘추시대 위(衛)나라의 영지에 속했으며 현 하남성 급현(汲縣) 서남 10킬로. 이 싸움에서 주(周)나라가 이김으로써 은나라는 망하고 주나라가 섰다.

20 호분(虎賁): 주나라 시대의 근위병(近衛兵) 대장이다. 《주례(周禮)·하관(夏官)》에 "분(賁)은 분(奔)으로 용맹한 군사가 호랑이처럼 달려가는 모습을 말한다. 왕의 앞뒤에서 100명으로 이루어진 졸(卒)과 다섯 명의 단위인 오(伍)로 대열을 이루어 호위한다. 주둔할 때는 왕이 머무는 곳을 지키며, 왕이 도성에 있으면 왕궁을 지키고 나라에 큰 변고가 있을 때는 왕성의 성문을 지킨다"라고 규정했다.

로 전투에 임하여 나라를 잃는 최악의 사태는 막아야 하오.」

이윽고 회전을 하기로 한 날이 되자 공손고가 아직 닭이 울기도 전에 기상을 하여 양공을 배알하고 진용을 엄하게 단속한 후에 날이 밝기를 기다렸다.

한편 성득신이 이끄는 초나라 군사들은 홍수의 남쪽 강변에 주둔하고 있었는데 부장 투발이 와서 의견을 말했다.

그림 7 홍수지전(泓水之戰) 시의도

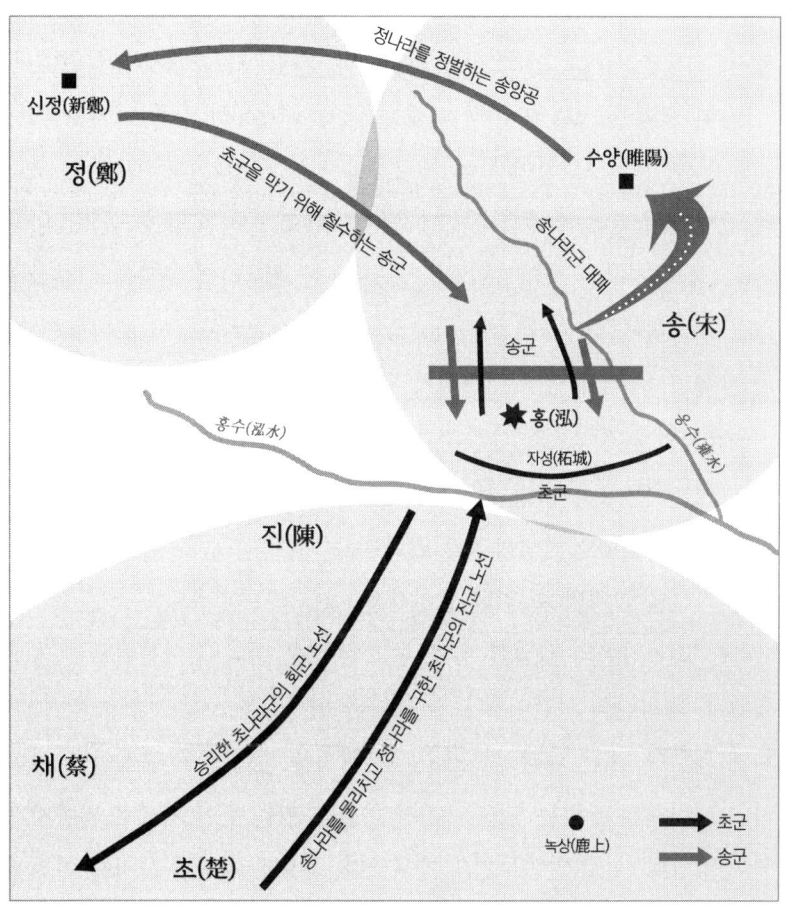

「송나라 군사들이 포진을 끝내고 만반의 준비를 갖추기 전에 강을 건너려고 한다면 아침 새벽 오고[五鼓: 새벽 4시부터 6시까지의 시간] 때 해야 합니다.」

성득신이 웃으면서 말했다.

「송공은 세상물정에 어둡고 병사의 일에 대해 전혀 아는 바가 없는 위인입니다. 내가 강을 이른 아침에 건넌다면 싸움은 일찍 벌어지고 천천히 건넌다면 싸움은 늦게 벌어집니다. 서두를 필요가 없습니다.」

드디어 날이 밝아 오자 초나라의 병거와 갑병들이 강을 건너기 시작했다. 도강을 시작하는 초군의 모습을 본 공손고가 양공에게 청했다.

「날이 밝기를 기다려 우리가 보는 앞에서 유유히 강을 건너고 있는 이유는 초나라 군사들이 우리 송나라를 깔보고 있기 때문입니다. 초나라 군사들이 강을 절반쯤 건넌 지금이야말로 공격할 절호의 기회입니다. 그렇게 한다면 우리 송나라 전군으로서 초나라의 군사들의 절반을 꺾을 수 있습니다. 만약 초군이 강을 다 건넌다면 초나라 군사들의 수가 우리의 두 배가 넘어 대적하지 못할까 두렵습니다.」

송양공이 손가락으로 인의가 써진 큰 기를 가리키면서 말했다.

「그대는 저 기에 쓰인 인의라는 두 글자가 보이지 않는가? 과인은 진을 펼쳐 당당하게 싸워서 이기려고 하는데 어찌 강을 다 건너오지도 못한 적군을 공격할 수 있단 말인가?」

공손고가 양공의 답답한 말을 듣고 괴로운 마음에 마음속으로 울부짖었다. 얼마간의 시간이 흐르자 초나라 병사들은 모두 무사히 강을 건너게 되었다. 초군 대장 성득신이 긴 채찍을 손에 들고 군사들을 지휘하여 포진시키고 있는 모습이 마치 하늘을 찌를 듯한 기세로 건방지기 짝이 없었다. 실로 안하무인의 태도였다. 옥으로 치장한 모자를 머리에 쓰고 역시 옥으로 장식한 투구 끈을 맨 성득신은 화려한 수가 놓인 비단 전포 위에 부드러운 천으로 겹겹이 누벼 만든 갑옷을 껴입고 허리에는 조각을 하여 아름답게 장식한 조궁(雕弓)을 차고 있었다. 공손고가 다시 양공에게 달려와 말했다.

「초나라 병사들이 금방 포진을 시작한 관계로 아직 대오를 갖추지 못했습니다. 급히 북을 울려 우리의 군사들을 앞으로 돌진시키면 초나라 진영은 혼란에 빠질 겁니다.」

양공이 공손고의 얼굴에 침을 뱉으며 욕을 했다.

「정말로 답답한 놈이로다! 너는 일시적인 승리만을 탐하여 만세에 빛날 인의는 전혀 생각하지 못하는 놈이로구나! 과인의 정정당당한 군사들로 하여금 어찌 대오도 갖추지 못한 적군을 향하여 북소리를 울려 공격하게 만들 수 있단 말이냐?」

공손고가 가슴속에서 끓어오르는 분노를 삼키며 물러났다. 그러는 사이에 초나라의 군사들은 전투 대오를 갖추게 되었다. 초나라 진영은 군사들은 물론이고 병거를 끄는 말들도 모두 씩씩하기 짝이 없었다. 초나라의 보졸과 병거들이 넓은 들판을 가득 메우자 송나라 병사들은 얼굴에 두려운 기색을 띠었다. 양공이 북소리를 울려 진격하라고 명령을 내리자 초나라 진영에서도 역시 북소리가 났다. 송양공이 스스로 긴 창을 손에 들고 공자탕과 상자수(向訾守)의 호위를 받으며 궁궐의 문을 지키던 위병만으로 구성된 군사들을 이끌고 병거를 휘몰아 초나라 진영을 향하여 돌진했다. 성득신은 송나라의 군사들의 흉맹한 기세를 보고 조용히 전령을 보내 명령을 하달하여 초나라 진채의 눈을 열어 양공이 거느린 일대의 병거와 보졸들만을 안으로 유인하게 했다. 공손고가 뒤를 바짝 쫓아와서 양공을 보호하려고 하였으나 양공은 이미 초나라의 진영 안으로 쇄도해 들어가고 난 후였다. 초나라 영문 앞에 한 사람의 대장이 버티고 서 있다가 공손고를 보자 소리쳤다.

「자! 빨리 이쪽으로 와서 본격적으로 한번 싸워 보자!」

그 장수를 자세히 보니 초나라의 부장 투발이었다. 공손고가 보고 분기탱천하여 손에 든 극을 휘둘러 투발을 찌르려고 달려들었다. 투발이 칼을 허리에서 빼 들고 대적했다. 두 사람이 서로 어우러져 칼과 창을 주고받는데 미처 20여 합도 겨루기 전에 송나라 장수 낙복이가 한 떼의 군사를 이끌고 와서 싸움을 거들었다. 투발은 얼굴에 황망한 기색을 띠었다. 마침 초나라 진중에서 한 사람의 장군이 달려 나와 싸움에 밀리고 있던 투발을 도왔다. 그 장수는 초나라의 상장 위여신(蔿呂臣)이었다. 위여신은 낙복이에게 달려들어 어우러져 싸웠다. 공손고가 양쪽 진영이 혼란한 틈을 이용하여 주위를 한번 살펴보고 나서 극을 땅에 버리더니 허리에 차고 있던 칼을 빼 들고는 초나라 영채를 향하여 돌입했다. 투발이 보고 그 역시 손에 칼을 빼들고 공손고의 뒤를 쫓았다. 그러자 송나라의 장수 화수노가 달려와서는 투발의 앞을 가로막았다. 두 사람이 양쪽 진영 사이에서 어우러져 혼전을 벌였다. 공손고가 초나라 진영 안으로 들어가서는 좌충우돌하던 끝에 동쪽 모퉁이에서 철갑으로 무장한 갑사들이 마치 숲을 이룬 듯이 무엇인가를 에워싸고 있는 모습이 보였다. 공손고는 타고 있던 병거를 황급히 몰아 그곳으로 달려갔다. 그때 마침 송나라 장군 상자수가 유혈이 낭자한 얼굴로 급히 공손고를 불렀다.

「사마는 속히 와서 주군을 구하시오!」

공손고는 상자수를 쫓아 겹겹이 둘러쳐진 포위망을 뚫고 안으로 들어갔다. 위병들로 구성된 많은 송나라 군사들은 하나같이 몸에 중상을 입고 있었으나 여전히 죽기를 각오하고 싸워 뒤로 물러나지 않고 있었다. 양공은 평소에 밑에 사람들에게 많은 은혜를 베풀었기 때문에 위병들은 양공을 위해 죽기를 각오하고 싸웠다. 초나라 군사들은 영용한 공손고의 기세에 눌려 서서히 뒤로 물러나기 시작했다. 공손고가 앞으로 나가 쳐다보니 인의(仁義)라고 쓴 큰 기를 매달았던 병거 아래에 중상을 입고 누워 있는 공자탕의 모습을 보았다. 그때 인의대기는 이미 초나라 군사들이 달려들어 병거에서 떼어내 탈취해 간 후였다. 양공도 몸의 여러 곳을 창에 찔리고 더욱이 오른쪽 넓적다리에 화살을 맞아 무릎의 힘줄이 끊어져 일어설 수 없는 상태에 있었다. 공자탕은 자기 쪽으로 달려오는 공손고를 보자 눈을 크게 뜨고 말했다.

「사마는 빨리 와서 주군을 부축하여 데려가시오. 나는 이곳에서 목숨이 다한 것 같소!」

공자탕은 말을 마치고 숨을 거뒀다. 공손고의 가슴은 찢어지는 듯이 아팠다. 양공을 부축하여 자신의 병거에 옮겨 실은 공손고는 자신의 몸으로 양공을 가려 보호하면서 용기백배하여 초군의 포위망을 뚫으려고 시도했다. 상자수가 후위를 맡고 위병들은 병거의 양쪽을 호위하면서 한편으로는 싸우고 또 한편으로는 도망쳤다. 공손고의 일행이 초나라 진영 밖으로 빠져나왔을 때는 뒤를 따르던 위병들은 한 명도 같이 살아 돌아오지 못했다. 송나라의 병거와 보졸들은 십중팔구가 꺾였다. 호랑이 굴에서 탈출해 나오는 송양공을 본 낙복이와 화수노는 그때까지 상대했던 초나라 장수들을 버리고 각자 등을 돌려 송군 진영으로 물러갔다. 성득신은 승세를 타고 그들의 뒤를 쫓자 송군은 크게 무너져 달아났다. 송나라 군사들이 버리고 간 셀 수 없이 많은 치중과 무기들은 모두 초군의 차지가 되었다. 자신의 병거에 양공을 태운 공손고는 죽을

그림 8 송양공가인실중(宋襄公假仁失衆)

힘을 다하여 밤낮으로 전차를 몰아 도망쳐 수양성에 간신히 당도했다.

홍수의 싸움 중에 전멸한 송나라 군사들의 부모처자가 모두 조문 밖에 모여서 양공이 사마의 말을 듣지 않아서 싸움에 지게 되었다고 원망하는 말을 외쳤다. 양공이 백성들의 말을 전해 듣고 탄식하며 말했다.

"군자는 부상당한 사람을 다시 공격하지 않으며, 반백의 나이 먹은 사람은 포로로 하지 않는다"라고 했는데 과인이 인의로써 군사를 일으켰는데 어떻게 하여 남의 위태로움을 이용하여 적을 괴롭힐 수 있었겠느냐?」

그 소리를 전해 들은 송나라의 온 백성들은 조소하고 비웃었다. 송양공이 헛된 인의를 행하려다 싸움에 져서 많은 군사를 죽게 만들었다는 뜻의 '송양지인(宋襄之仁)'이라는 말의 전고는 홍수(泓水)의 싸움이 전개되는 과정에서 생겼다. 염옹이 시를 지어 송양공의 어리석음을 한탄했다.

등·증(滕鄫)은 엄하게 초군은 오히려 관대하게 굴더니,
정녕 허벅지에 부상을 당한 끝에 헛된 이름을 얻었다.
송양공이 행한 일이 진실로 인의라 한다면
도척과 문왕이 어떻게 다른 사람이 될 수 있겠는가?

不恤滕鄫恤楚兵(불휼등중휼초병)
寧甘傷股博虛名(녕감상고박허명)
宋襄若可稱仁義(송양약가칭인의)
盜拓文王兩不明(도척문왕양불명)

19. 자어논전(子魚論戰)
– 공자 목이(目夷)가 전쟁에 대해 논하다 –

공자 목이가 송양공이 한 말을 전해 듣고 말했다.
「주공은 전쟁을 모른다. 강한 적군이 협소한 곳에서 전열을 가다듬지 못하고 있었음은 하늘이 우리에게 주었던 기회였다. 험한 지형에 갇힌 적군을 마땅히 공격했어야 했다. 설사 그렇게 했어도 승리를 장담할 수 없었다. 또한 우리와 싸우는 자들은 모두 강적들이다. 비록 적군이 백발이 성성한 노인일지라도 잡을 수 있으면 잡아야 하는데 반백의 늙은이는 말할 필요가 있겠는가? 비겁함이 수치임을 밝히고 전술을 가르치는 목적은 적군을 죽이기 위해서다. 부상당한 적군을 어째서 다시 찔러 죽일 수 없다는 말인가? 부상당한 사람을 죽일 수 없다면 처음부터 부상을 입히지 말아야 하지 않겠는가? 반백의 군사를 가엾게 여긴다면 차라리 적에게 항복하는 편이 낫지 않겠는가? 군대는 이로우면 쓰는 수단이고 징과 북은 병사들의 사기를 고무시키기 위한 도구다. 따라서 이로움을 위해 쓰는 군사는 적이 험한 곳에 있을 때 공격하는 것이 옳고, 북소리로 군사들의 사기가 높아졌다면 적군이 어지러워졌을 때 공격하는 행위가 옳다. 전쟁에서 싸워 얻은 승리는 나라의 공업을 쌓는 일과 같은데 그와 같이 허황된 도리를 어디다 쓴단 말인가? 진실로 주군의 말이 맞다면 마땅히 남의 노예나 시비가 되어 받들면 되지 하필이면 전쟁을 하려고 하는가?」

그해에 당진의 공자 중이(重耳)가 유랑하다가 송나라에 들렀다. 당시 양공은 초나라와의 싸움에서 입은 부상으로 병중이었으나 당진의 도움을 얻으려는 생각으로 중이를 후하게 대접하고 병거 20승과 그에 따르는 말 80필을 주었다.

　양공 14년 기원전 637년 여름, 송양공이 홍수의 싸움에서 허벅지에 입은 부상이 덧나 죽고 그 아들 왕신(王臣)이 뒤를 이었다. 이가 성공(成公)이다.

제8장

대기만성 백리해
大器晚成 百里奚

1. 구사윤락(求仕淪落) 의형건숙(義兄蹇叔)
  - 벼슬길에 나섰다가 거지로 전락한 백리해가 건숙을 만나 의형제를 맺다 -

백리해(百里奚)는 우(虞)¹나라 사람으로서 자는 정백(井伯)이다. 나이가 30이 넘어서 두(杜)씨에게 장가를 들어 아들 하나를 얻었다. 백리해의 집안은 원래 가난하여 집을 떠나 벼슬자리를 구하려고 했지만 처자를 맡길 만한 데가 없어 차마 떠날 수 없었다. 백리해의 처 두씨가 말했다.

「첩이 듣기에 남자는 그 뜻을 천하에 두어야 한다고 했습니다. 부군께서 장년이 되었는데 아직도 세상에 나가 벼슬을 구하지 않으시는 이유는 곧 처자식을 못 잊어서입니다. 첩은 능히 혼자서 살아갈 수 있으니 저희를 괘념치 마시고 넓은 세상으로 나가시어 뜻을 펼치십시오.」

두씨가 백리해와 이별의 자리를 마련하기 위해 집에서 유일하게 기르고 있던 암탉을 잡았다. 그러나 부엌에는 땔감이 없어 문빗장을 뜯어서 불을 피워 조리를 하고 아직 덜 익은 조 이삭을 베어 와 절구에 찧어 밥을 지었다. 백리해가 한 끼의 식사를 배불리 먹고 가족과 이별할

---

1 우(虞): 지금의 산서성 평륙현(平陸縣) 경내에 근거를 둔 춘추초기의 제후국이다. 주나라의 태왕(太王)인 고공단보(古公亶父)에게는 아들이 셋이 있었는데 장자가 오태백(吳太伯), 차자가 중옹(仲雍)이고 막내가 계력(季歷)이었다. 그중 계력의 아들 중 창(昌)의 덕이 높고 재주가 뛰어나 그를 주족(周族)의 종주로 삼기 위해 고공단보는 계력을 후계로 삼으려고 했다. 태백과 중옹이 태왕의 뜻을 알고 형만(荊蠻)으로 달아나 만이(蠻夷)의 습속으로 바꾸고 그들의 추장이 되었다. 태백이 죽었으나 후사가 없어 그의 동생 중옹이 뒤를 이었다. 한편 주나라 본국에서는 계력(季歷)이 종사를 잇고 이어서 그의 뒤를 문왕 창(昌)이 후사를 물려받았다. 문왕의 뒤를 이은 무왕(武王)은 은나라를 멸하고 주왕조를 세운 후에 태백과 중옹의 자손을 찾았다. 그때 중옹의 자손인 주장(周章)은 이미 스스로 오나라의 군주가 되어 있었기 때문에 주장의 동생인 우중(虞仲)을 불러 옛 하나라의 고도(古都)인 지금의 하남성 평륙현(平陸縣)에 봉했다. 작위는 공작이다.

때 아들을 품에 안은 두씨가 백리해의 소매를 붙잡고 눈물을 흘리면서 말했다.

「부귀하게 되면 부디 우리 모자를 잊지 마십시오.」

백리해가 가족과 이별하고 제(齊)나라를 향해 길을 떠났다. 제나라에 당도한 백리해는 제양공(齊襄公)에게 출사하려고 했으나 천거해 주는 사람이 없었다. 시간이 지나감에 따라 노자가 떨어진 백리해는 거지가 되어 구걸을 하다가 질[銍: 지금의 안휘성 숙주시(宿州市) 서남 송(宋)나라 땅]이라는 곳으로 흘러들어 갔다. 그때 백리해는 이미 마흔 살의 나이가 되어 있었다. 질이라는 곳에 살고 있던 건숙(蹇叔)이라는 사람이 걸인이 된 백리해의 생김새를 보고 기이한 생각이 들어 말했다.

「그대의 행색을 살펴보니 빌어먹는 걸인은 아닌 듯하다.」

건숙이 백리해의 성과 이름을 묻고 자기 집에 데려가서 밥을 먹인 후에 시사에 대해 담론을 해 봤다. 응대하는 백리해의 말은 흐르는 물처럼 유려하고 조리가 분명히 서 있어 마치 그림을 그려서 하는 듯했다.

「그대가 뛰어난 재주를 갖고 있음에도 이와 같이 끼니도 해결 못 하는 곤궁한 처지에 놓이게 되었으니 어찌 운명이라 하지 않을 수 있겠는가?」

건숙이 백리해를 자기 집에 묵게 하고 결의형제를 맺었다. 백리해보다 한 살이 연상인 건숙이 형이 되고 백리해는 동생이 되었다. 건숙의 집도 형편이 역시 넉넉하지 못해 백리해가 마을에서 소를 길러 양식을 보탰다. 그때 제나라에서는 양공을 시해하고 새로이 군주의 자리에 오른 공손무지(公孫無知)가 민심을 일신시키기 위해 중원 각지에 방을 돌려 현사를 초빙하고 있었다. 백리해가 방을 보고 무지의 초빙에 응해 제나라로 들어가 출사하려고 했다. 건숙이 말리면서 말했다.

그림 1 백리해화상

「죽은 양공의 아들들이 나라 밖에 모두 살아 있는데 무지가 어떻게 군주 자리를 계속 유지할 수 있겠는가? 그는 결국 아무 일도 이룰 수 없게 될 걸세!」

백리해가 건숙의 말을 듣고 제나라에 출사하려는 생각을 그만두었다. 그리고 얼마 후에 소를 좋아하던 주나라의 왕자퇴(王子頹)[2]가 소를 잘 기르는 자가 찾아오면 봉록을 후하게 준다는 소문이 백리해가 사는 질 땅까지 전해졌다. 백리해의 고향 우나라는 주나라와는 지근거리에 있었다. 고향에 남겨 놓고 온 처자 생각으로 주나라로 들어가기로 결심한 백리해가 하직인사를 올리자 건숙이 말했다.

「모름지기 큰 뜻을 가지고 있는 장부는 경솔하게 처신하여 몸을 망치면 안 되네. 한번 출사해 놓고 형세가 여의치 못하다고 해서 모시던 사람을 버리는 행위는 불충이라 하고 그렇다고 모시던 주인을 버리지 못하고 환난만을 같이하는 행위는 지혜롭지 못한 처신이라고 하네. 이번에 주나라에 가서 왕자퇴를 모시는 일은 부디 신중하게 생각하게나. 나는 처리해야 할 집안일이 있어 동행은 하지 못하겠지만 곧 뒤따라가서 한번 살펴보겠네.」

백리해가 먼저 주나라에 당도하여 왕자퇴를 접견하고 소를 기르는 방법에 대해 자세히 설명했다. 왕자퇴가 듣고 매우 기뻐했다. 그리고 얼마 후에 백리해의 뒤를 따라 주나라에 당도한 건숙이 백리해와 함께 왕자퇴를 만나보고 말했다.

「왕자퇴는 품은 뜻은 비록 크지만 재주가 미치지 못하여 그와 가까이 있는 사람들은 모두 아첨배뿐이네. 후에 반드시 분에 넘치는 일을

---

2 왕자퇴(王子頹): 주장왕[周庄王: 재위 전 696-682년]의 아들이고 혜왕의 숙부로 상세한 내용은 1-2-34〈살퇴반정〉편 참조.

도모하여 낭패를 당할 위인이니 차라리 돌아가서 다른 때를 기다려 보세나!」

백리해가 그의 처자와 헤어진 지가 오래되어 우나라에 들러 가족들의 소식을 알아보고 싶다고 건숙에게 말했다. 건숙이 말했다.

「우나라에는 이름이 궁지기(宮之奇)라는 어진 신하가 한 명 있는데 나와는 오래된 친구라네. 서로 헤어진 지 오래되어 나 역시 한번 찾아가 보고 싶네. 동생이 우나라에 돌아가고 싶다면 나도 같이 동행하겠네.」

두 사람은 즉시 주나라를 떠나 우나라로 들어갔다. 그러나 백리해의 처자는 옛날 그가 떠난 후로 우나라에 닥친 기근으로 인해 스스로 살아갈 수 없어 유랑민이 되어 다른 나라로 떠나 버린 후였다. 그의 고향 사람들도 그들이 어느 곳으로 갔는지 아무도 몰랐다. 백리해가 마음속으로 슬퍼해 마지않았다. 건숙이 궁지기와 만나 서로 인사를 나눈 후 백리해의 재주에 대해 이야기했다. 궁지기가 우공에게 백리해를 천거하자 우공은 백리해를 중대부에 임명했다. 우공을 같이 만나 본 건숙이 백리해에게 말했다.

「내가 우공의 사람됨을 살펴보니 품고 있는 뜻이 적고 스스로 만족하는 사람이라 주인으로 모실 수 있는 위인이 아닌 듯하네!」

모처럼의 출사 기회를 잡은 백리해가 간절한 어조로 말했다.

「이 동생은 오랫동안 빈곤하게만 살아와서 마치 물을 떠난 물고기의 신세와 같습니다. 급히 한 모금의 물로 목을 적셔야 목숨을 부지할 수 있는 다급한 처지입니다.」

「동생이 가난을 이유로 줄사를 하겠다고 하니 내가 차마 말릴 수 없네. 후일에 만약 나를 만날 일이 있으면 송나라 땅의 명록촌[鳴綠村: 지금의 하남성 록읍현(鹿邑縣) 시량촌에 있었던 춘추 때 송나라 령의 고을이다]이라는 곳으로 오게나. 명록촌은 매우 그윽하고 아담한 곳이라서 내가 돌아가면 그곳으로 거처를 옮기려고 하네.」

백리해와 작별인사를 마친 건숙은 자기 집으로 돌아갔다.

2. 가도멸괵(假道滅虢)
- 우나라의 길을 빌려 괵나라를 멸하다 -

우나라와 괵(虢)나라는 주왕실과 같은 희(姬) 성의 제후국으로 작위가 모두 공작이다. 두 나라는 입술과 이의 관계처럼 상호의존하며 지내오고 있었다. 그 두 나라의 영토는 당진(唐晉)과 국경을 접하고 있었다. 당시 괵국의 군주 이름은 추(醜)라고 했는데 병사의 일을 좋아하고 스스로 교만한 위인이라 수차에 걸쳐 당진의 변경을 침입하곤 했다. 그러던 어느 날 변경의 관리가 도성으로 달려와 괵나라가 다시 변경을 침략해 왔다고 위급함을 고했다. 당진의 군주 헌공(獻公)은 그 기회를 이용하여 괵나라를 정벌하여 병탄하려는 마음을 굳히고 대부 순식(荀息)을 불러 의견을 물었다.

「괵국을 정벌할 수 있는 계책이 있는가?」

순식이 대답했다.

「우와 괵 두 나라는 서로 화목하여 우리가 괵을 공격하면 우는 군사를 내어 괵을 돕습니다. 한 나라가 두 나라를 상대로 싸우는 형세이므로 신의 생각으로는 싸운다고 해서 반드시 이긴다는 보장이 없습니다.」

헌공이 다시 물었다.

「그렇다면 과인이 괵에 대하여 아무런 조치도 취할 수 없단 말인가?」

「신이 듣기에 괵공은 여색을 지나치게 좋아한다고 합니다. 주공께서 성의를 다하여 나라 안에서 많은 미녀들을 구하시어 노래와 춤을 가르친 후에 화려한 마차에 태워 괵공에게 바치십시오. 동시에 우리를 낮추어 수호를 청하면 괵공은 틀림없이 기뻐하며 미녀들을 받아들이고 우리와 수호를 맺을 겁니다. 괵공이 미녀들에게 빠져 정사에 소홀하게 되면 충성스러운 신하들과는 사이가 벌어지게 됩니다. 다른 한편으로 백적(白翟)의 군주에게 많은 재물을 주어 괵나라의 국경지방을 어지럽게 하고 그 틈을 타서 우리가 대군을 일으켜 공격하면 괵국을 도모할 수 있습니다.」

헌공이 순식의 계책을 받아들여 전국에서 많은 미녀들을 뽑아 가무를 가르친 후에 괵나라에 보냈다. 괵공이 기뻐하며 미녀들을 받아들이고 당진과 수호를 맺으려고 했다. 대부 주지교(舟之橋)가 말리며 간했다.

「이것은 당진이 우리 괵나라를 낚기 위한 미끼입니다. 주군께서는 어찌하여 미끼를 삼키려고 하십니까?」

미녀들에게 혹한 괵공은 주지교가 간하는 말을 듣지 않고 즉시 당진과 수호를 맺었다. 이후로 괵공은 날마다 낮에는 미녀들이 부르는 노랫소리에 탐닉하고 밤에는 여색을 접하게 되어 자연히 조정의 정사에 소홀해졌다. 주지교가 다시 간하자 괵공이 노하여 그를 하양성[下陽城: 지금의 하남성 황하 북안의 평륙시(平陸市) 경내다. 당시 괵나라의 수도는 황하 남안의 상양성(上陽城)으로 지금의 삼문협시다]을 지키기 위해 설치한 하양관(下陽關)이라는 곳의 수장으로 보냈다. 그리고 얼마 후에 당진은 적주(翟主)에게 뇌물을 바쳐 괵나라를 공격하도록 시켰다. 적수(翟主)가 괵나라의 국경을 침입하여 소란을 피우면서 위예[渭汭: 하수와 위수(渭水)가 합쳐져 물굽이 치는 곳으로 하수 만곡부(彎曲部)의 시발점으로 지금의 섬서성 동관(潼關) 부근이다]의 땅까지 쳐들어왔으나 괵공의 반격을 받아 싸움에서 지고 말았다. 자기 나라로 돌아간 적주가 남은 모든 군사를 동원하여 다시 괵나라를 공격했다. 위예의 싸움에서 승전하여 자신감을 갖게 된 괵공은 적족의 군사를 막기 위해 군사를 이끌고 나와서 상전[桑田: 지금의 하남성 영보시(靈寶市) 북쪽 황하 남안에 있었던 고을]의 땅에서 적군(翟軍)과 대치했다. 헌공이 순식을 불러 다시 물었다.

「이번에 괵이 상전에서 백적과 대치하고 있는 틈을 타서 괵을 정벌하려고 하는데 경의 생각은 어떠한가?」

순식이 대답했다.

「우와 괵의 사이가 완전히 멀어지지 않아 아직 때가 아닙니다. 신에게 계책이 한 가지 더 있습니다. 먼저 괵을 취하고 다시 우를 멸할 수 있습니다.」

「어떤 계책인가?」

「주군께서 우나라에 재물을 후하게 주어 우리 당진을 먼저 믿게 한 후에 우나라로부터 길을 빌려 괵을 멸하는 전략입니다.」

「우리는 새로이 괵과 화친하여 정벌할 명분도 없는데 어찌 우나라가 우리를 믿고 길을 빌려주겠는가?」

「주군께서 몰래 남쪽의 변방을 지키는 관리에게 명을 내려 괵나라에 시비를 걸게 만든다면 괵의 변방을 지키는 관리는 틀림없이 우리나라를 비방하고 반격해 올 겁니다. 이것을 핑계로 우나라에게 수호를 청하십시오.」

헌공이 순식의 계책을 따라 변방을 지키는 장수에게 명하여 괵나라의 변경을 소란하게 만들도록 했다. 과연 괵나라의 변방을 지키는 수장이 당진의 변경을 침입해와 두 나라 군사들 사이에 싸움이 벌어졌다. 상전의 땅에서 백적과 서로 대치 중에 있던 괵공은 사태를 자세히 파악

할 수 없었다. 헌공이 다시 순식에게 물었다.

「드디어 우리가 괵을 정벌하는 데 명분을 찾았다고는 하지만 과연 어떤 재화로 뇌물을 바쳐야 우나라가 우리의 제안을 받아들이겠는가?」

「우공은 성격이 본래 탐욕스러운 사람이라 천하에 진기한 보물을 바치면 그의 마음을 움직일 수 있습니다. 반드시 우리나라가 가지고 있는 두 가지 보물을 가지고 가야 하는데 단지 주군께서 허락하지 않을까 걱정입니다.」

「무슨 보물인지 경은 말해 보라.」

「우공은 원래 벽(璧)과 양마(良馬)를 가장 좋아합니다. 주군께서는 수극지벽(垂棘之璧)이라는 보물과 어가를 끄는 네 필의 굴산지마(屈産之馬)라는 명마가 있지 않습니까? 청컨대 이 두 보물로 우나라의 길을 빌려야 합니다. 탐욕스러운 성격의 우공은 벽옥과 명마에 욕심이 나서 우리의 청을 허락할 겁니다.」

「그 두 물건은 천하에 다시없는 진기한 보물인데 어찌 다른 사람에게 줄 수 있단 말인가?」

「신은 주군께서 두 가지 보물을 내놓지 않을 줄 처음부터 예상했습니다. 그러나 우리가 우나라로부터 길을 빌려 괵나라를 정벌한다면 우나라의 구원을 받지 못한 괵나라는 반드시 망하게 됩니다. 괵나라가 망하면 우나라도 홀로 존립하지 못하고 역시 우리에게 망할 겁니다. 그때 벽옥과 명마는 어디에 있겠습니까? 단지 벽옥과 명마를 나라 밖에 있는 부고와 외양간에 잠시 맡겨 두는 경우와 같지 않겠습니까?」

대부 이극(里克)이 곁에 있다가 말했다.

「우나라에는 궁지기와 백리해라고 하는 두 사람의 현신이 있는데 모두 세상 이치에 밝아, 두 사람이 간하여 우리의 계획이 이루어지지 않을까

그림 2 지순식가도멸괵(智荀息假道滅虢) 1

걱정됩니다.」

순식이 대답했다.

「우공은 탐욕스럽고 어리석어 비록 두 사람이 간하더라도 절대 따르지 않을 위인입니다.」

헌공이 즉시 벽옥과 명마를 순식에게 내주어 우공에게 바치도록 했다. 당진의 사신으로 온 순식으로부터 괵을 정벌하기 위해 길을 빌려달라는 요청을 받은 우공은 처음에는 매우 노했으나 그가 가져온 수극지벽과 굴산지마를 보자 화를 가라앉히며 얼굴에는 금방 기쁜 기색을 띠었다. 우공이 손으로 벽을 만지고 명마를 쳐다보며 순식에게 물었다.

「이것들은 귀국이 갖고 있던 천하의 보물인데 나에게 주는 이유가 무엇이오?」

순식이 대답했다.

「우리 군주께서는 평소에 전하를 흠모했을 뿐만 아니라 우나라의 강성함을 두려워해 왔습니다. 그래서 감히 이렇듯 귀한 보물을 사사로이 지니고 있을 수 없다고 생각하신 우리 당진국 군주께서 대국의 환심을 사기 위해 바친다고 하셨습니다.」

우공이 다시 물었다.

「그렇다 하더라도 나에게 바라는 바가 있지 않겠소?」

순식이 본심을 말했다.

「괵나라가 여러 번에 걸쳐 우리의 남쪽 변경을 침략해 와 우리나라의 사직이 위태롭게 되어 이렇듯 뜻을 굽혀 수호를 청하게 되었습니다. 예전에 수호조약을 맺은 괵국이 조약서의 글씨가 미처 마르기도 전에 우리의 변경을 침입하여 어지럽히면서 오히려 우리를 비난하고 있습니다. 그래서 우리 군주께서는 귀국이 길을 빌려 주면 괵국을 토벌하여 그 죄를 묻고자 하십니다. 다행히 괵국을 쳐서 승리를 한다면 노획하게 되는 모든 전리품은 군주께 바친다고 하셨습니다. 우리 주군께서는 전하와 우호관계를 맺고 영원토록 사이좋게 지내려고 하십니다.」

3. 궁지기간가도(宮之奇諫假道)
 - 궁지기가 가도(假道)의 불가함을 간하다 -

순식으로부터 수극지벽과 굴산지마를 선물로 받은 우공이 크게 기뻐하며 당진국의 청을 허락하려고 했다. 궁지기가 듣고 앞으로 나와 완강한 어투로 간했다.

「주공께서는 허락하면 안 됩니다. 괵나라는 우리 우나라의 겉을 싸고 있는 거죽에 해당합니다. 괵나라가 망하면 우리 우나라도 반드시 그 전철을 밟아 망합니다. 당진국을 위해 결코 길을 내줄 수 없으며 더욱이 당진군에 앞장서서 괵나라를 침범하면 안 됩니다. "덧바퀴와 수레는 서로 의지하며, 입술이 없으면 이가 시리다"[3]란 옛말은 바로 우나라와 괵나라를 두고 이른 속담입니다.」

우공이 말했다.

「당진국은 우리와 같은 희성(姬姓)의 종실인데 어찌 우리를 해치겠는가?」

궁지기가 다시 간했다.

「태왕(太王) 고공단보(古公亶父)의 장자 태백(太伯)과 차자 우중(虞仲)은 왕위를 막내 왕계(王季)에게 양보하고 남만으로 도망가 살았습니다.[4]

---

3 보거상의(輔車相依), 순망치한(脣亡齒寒)
4 태왕(太王)과 태백(太伯): 1-1-8 〈지진의정〉 편 참조.

또 괵국(虢國)⁵의 괵중(虢仲)과 괵숙(虢叔)은 모두 왕계의 아들로서 문왕의 경사(卿士)가 되어 왕실에 큰 공을 세웠으므로 그 기록이 왕실의 맹부(盟府)에 보존되어 있습니다. 장차 당진국이 괵나라를 멸망시키려고 하는데 어찌 우리 우나라라고 해서 소중히 여겨 지켜주겠습니까? 그리고 우리 우나라가 당진국의 혈족인 환족(桓族)과 장족(莊族)⁶보다 더 친하다고 할 수 없는데 당진국은 두 종족을 모두 몰살시켰습니다. 친족을 사랑한다면 당진국은 무엇 때문에 자신들의 혈족을 몰살시켰겠습니까? 그것은 바로 혈족의 세력이 커져서 공실을 압박했기 때문이 아니었겠습니까? 그들은 당진 공실의 친족으로 우리보다 우호적으로 여겼을 텐데 무엇 때문에 그들을 죽였겠습니까? 그것은 바로 혈족의 세력을 약하게 만들기 위해서가 아니었겠습니까? 혈족도 세력이 커져 공실을 압박하면 죽이는데 하물며 다른 나라에 대해서는 말할 필요가 있겠습니까?」

우공이 대답했다.

「내가 풍성하고 정결하게 신들에게 제사 드려 왔기 때문에 신들은 반드시 나를 도우실 것이다.」

---

5 괵(虢): 1-1 〈천하대란〉의 미주 참조.

6 환족(桓族)과 장족(莊族): 진목후[晉穆侯: 재위 전 811-785년]는 장자 구(仇)와 작은 아들 성사(成師)를 두었다. 목후가 죽자 장자 구는 계위하여 문후(文侯)가 되었고 동생 성사는 문후의 아들 효후[孝侯: 재위 전 740-724년]에 의해 곡옥(曲沃)에 봉해져 곡옥백(曲沃伯)이라고 불려졌다. 곡옥백의 자리는 성사의 뒤를 성사의 아들 환숙(桓叔)이 잇고, 다시 환숙의 뒤를 환숙의 아들 장백(莊伯)이 이었다. 그 사이 곡옥의 세력은 공실보다 더 커져 쉴 새 없이 본국을 침략하면서 위협했다. 마침내 장백의 뒤를 이은 무공(武公)이 본국을 공격하여 병탄하고 공실을 대신했다. 무공의 아들 헌공(獻公) 궤제(詭諸)는 곡옥의 세력을 두려워하여 환숙과 장백의 후손들을 모두 주살했다. 환족과 장족은 환숙과 장백의 후손들을 지칭한다. 3-9-1 〈곡옥찬진〉편 참조.

궁지기가 계속해서 간했다.

「신이 듣기에 신(神)은 친한 사람을 돕는 게 아니라 덕이 있는 사람을 돕는다고 했습니다. 그래서 《주서(周書)》에 이르기를 "신에게는 특별히 친한 사람은 없고 다만 덕이 있는 사람만을 돕는다"라고 했습니다. 또 "신에게 바치는 서직(黍稷)이 향기로운 제물(祭物)이 아니라, 다만 사람의 덕이야말로 향기로운 제물이다"라고 했습니다. 그뿐만 아니라 "백성들을 다스리는 데에는 문물제도(文物制度)의 개변이 아니라 다스리는 자가 쌓은 덕이 가장 중요한 수단이다"라고 했습니다. 그래서 덕이 아니면 백성들은 불화하고 귀신도 제물(祭物)을 흠향(歆饗)하지 않습니다. 신이 좇는 바는 제사를 올리는 이의 덕이고, 덕이 없는 군주는 백성이 따르지 않으며, 신도 그가 올린 제물은 받지 않습니다. 신이 계시는 곳은 덕이 있는 곳입니다. 만약 우나라를 점령한 당진국이 밝은 덕을 아름다운 향기로 삼아 신께 바친다면, 어찌 신이 우나라를 토해내겠습니까?」

「당진의 군주가 귀중한 보물을 아까워하지 않고 과인에게 주어 이렇듯 나를 기쁘게 하는데 단지 빌려주는 몇 리의 길을 아까워하면 되겠는가? 하물며 당진은 괵국보다 열 배나 강한 나라이다. 괵나라를 버리고 대신 당진을 새로 얻는다면 어찌 이득이 아니라고 말할 수 있겠는가? 나의 일을 더 이상 망치지 말고 그만 물러가라!」

궁지기가 다시 간하려고 하자 곁에 있던 백리해가 그의 옷자락을 잡아끌고 앞으로 나아가지 못하게 했다. 우공의 면전에서 같이 물러나온 나온 궁지기가 백리해를 향해 힐난했다.

「그대는 주군에게 간하는 나를 거들지는 못할망정 어찌하여 못 하게 막았소?」

백리해가 대답했다.

「어리석은 자에게 올리는 좋은 말은 마치 아름다운 구슬을 길거리에 버리는 행위와 같다고 했습니다. 하나라의 걸왕(桀王)이 충신 관룡봉(關龍逢)을, 은나라의 주왕(紂王)이 현신(賢臣) 비간(比干)을 죽인 일은 모두가 그 간함의 도를 넘어 간했기 때문이었습니다. 우공의 안색을 살펴보니 대부가 위태롭게 느껴져서 말렸습니다.」

「그렇다면 우나라는 반드시 망할 터인데 그대와 나는 다른 나라로 떠나야 하지 않겠소?」

「대부께서 먼저 떠나십시오. 두 사람이 동시에 떠나면 우공은 반드시 사람을 시켜 우리를 잡으려고 할 겁니다. 제가 남아서 대부의 뒤를 쫓지 않도록 하겠습니다. 나는 후에 기회를 봐서 천천히 떠나겠습니다.」

백리해의 조언으로 우나라를 떠난 궁지기는 아무도 모르는 곳으로 가서 은거했다. 순식의 계책에 넘어간 우공이 당진군의 향도가 되어 괵나라의 하양성을 향해 진군했다. 그때 하양성은 대부 주지교가 지키고 있었다. 주지교는 괵나라를 돕기 위해 우공이 구원군을 끌고 왔다는 말을 추호도 의심하지 않고 관문을 열어 맞아들였다. 그러나 우공이 끌고 온 철엽거[鐵葉車: 병거의 표면을 금속판으로 덧댄 전투용 수레로서 지금으로 말하면 장갑차에 해당한다] 안에 당진군이 숨어 있을 줄은 꿈에도 생각하지 못했다. 철엽거에서 뛰쳐나온 당진군은 괵군을 불시에 공격했다. 주지교가 황망 중에 관문을 닫으려고 했으나 그때는 이미 우공의 뒤를 따라 관 안으로 진입한 당진군으로 인해 어찌할 수가 없었다. 잠시 후에 당진군의 대장 이극이 대군을 이끌고 하양성에 입성했다. 하양성을 잃었다고 문책을 당하지나 않을까 두려워한 주지교는 휘하의 군사들과 함께 당진군에게 항복하고 말았다. 하양성을 손쉽게 함락시킨 이극은 주지교와 하양성의 수비군을 향도로 삼아 상양성을 공격하기 위해 하수를 건넜다. 한편 상전(桑田)에서 백적군과 대치하고 있던 괵공은 본국이 당진군의 공격을 받아 하양성이 함락되었다는 소식을 들었다. 괵공이 본국을 구하기 위해 황급히 군사를 거두어 퇴각하려는 순간 적군(翟軍)의 기습을 받았다. 적군의 공격으로 괵나라의 군사들은 대부분이 전사하고 괵공의 뒤를 따르는 병거의 수는 단지 10여 승에 불과했다. 괵공이 패잔병을 수습하여 간신히 상양성에 당도하기는 했으나 적군과의 싸움에서 대부분의 군사를 잃어버려 대책 없는 망연한 처지가 되어 성에 의지하여 굳게 지키는 방법 외에는 다른 수가 없었다. 이윽고 당진군이 상양성 앞에 당도하여 성 주위를 물샐틈없이 포위했다. 그해 8월에 포위당하여 12월이 되자 성중에는 땔나무와 양식이 모두 떨어졌다. 괵공이 성 안에서 나와 싸움을 걸었으나 막강한 전력의 당진군들을 당해 낼 수 없었다. 괵공이 거느린 사졸들은 지치고, 백성들이 내는 울음소리는 밤낮으로 끊이지 않았다. 이극이 주지교가 쓴 편지를 화살에 매달아 성 안으로 쏘아 괵공에게 항복을 권했다. 편지를 읽고 난 괵공이 말했다.

「우리 괵나라는 공작(公爵)의 제후국으로 대를 이어 주나라 왕실에서 경사(卿士)의 직을 맡아 왔다. 어찌 내가 아래 직급의 제후에게 항복을 할 수 있겠는가?」

괵공은 밤이 되기를 기다려 성문을 열고 가솔들과 함께 주나라 도성을 향해 도망쳤다. 이극은 괵공이 달아날 수 있도록 뒤를 쫓지 않았다. 괵나라의 백성들은 모두 밖으로 나와서 향기로운 꽃과 등불을 손에 들고 성안으로 들어오는 이극과 당진군을 환영했다. 이극은 백성들을 안전한 곳에 모이게 한 후에 괵국은 당진군에 의해 점령되었다고 선포하고, 휘하의 군사들에게 괵국의 백성들을 추호도 범하면 안 된다는 명을

그림 3 가도멸괵작전 시의도

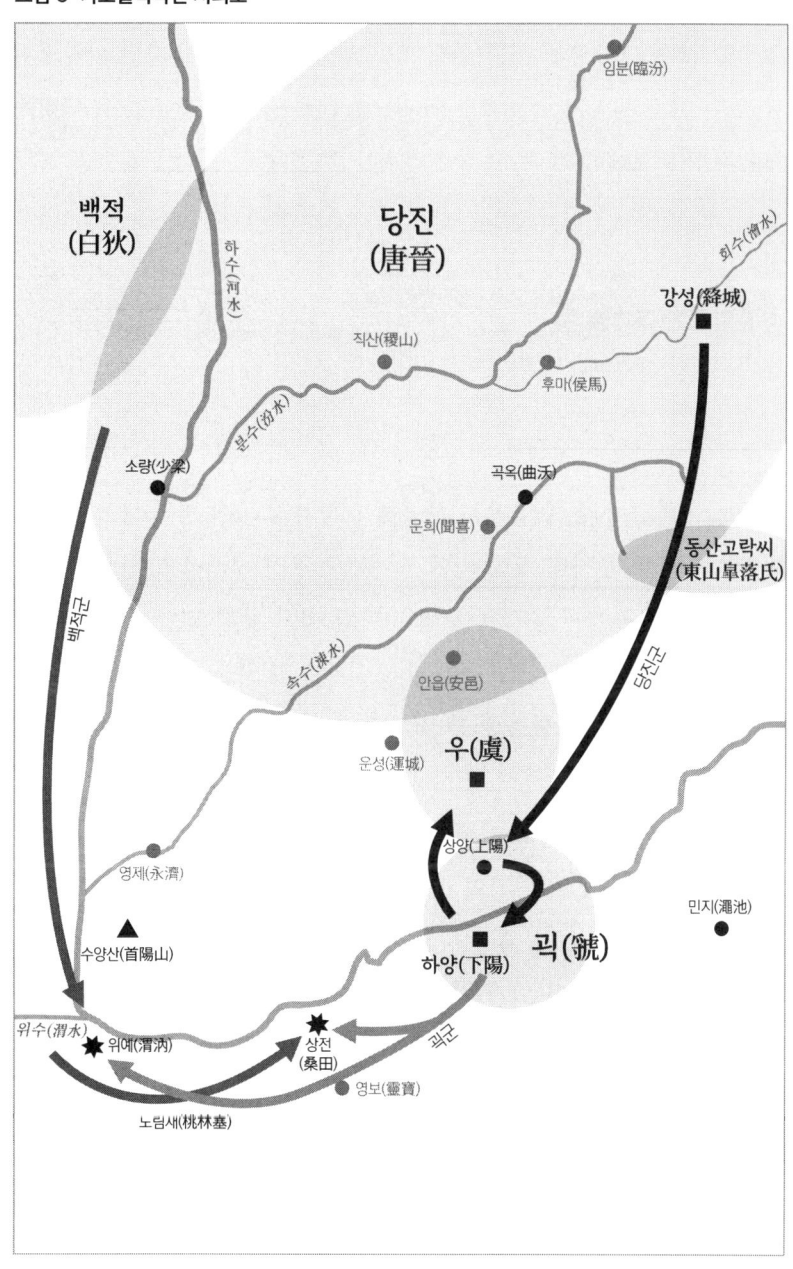

제8장 대기만성 백리해 大器晚成 百里奚

추상같이 내렸다. 괵나라 백성들을 진무한 이극은 일부 군사들을 수비병으로 남겨 상양성을 지키도록 하고, 괵나라의 부고에 있던 금은보화 중 십의 삼과 괵공이 거느렸던 미녀들을 모두 우공에게 주었다. 수많은 보물과 미녀들을 받게 된 우공은 크게 기뻐했다.

4. 순망치한(脣亡齒寒)
 - 입술이 없어지면 이빨이 시린 법이다 -

 이극이 한편으로 사람을 헌공에게 보내어 괵나라를 정벌하여 점령했음을 보고하고, 다른 한편으로 우공에게 자기의 몸에 병이 나서 몸조리한다는 핑계로 우나라 도성 밖에 진채를 세우고 군사들과 함께 주둔했다. 이극은 우공에게 사자를 보내 자기의 병이 낫게 되면 당진으로 회군하겠다는 뜻을 전했다. 우공이 수시로 음식과 약을 가지고 와서 이극을 문안했다. 이렇게 한 달여가 지나던 중에 어느 날 갑자기 성문을 지키던 군사가 달려와 우공에게 고했다.
「당진의 군주가 군사를 이끌고 도성 밖에 당도했습니다.」
 우공이 사자를 보내 당진의 군주가 군사를 이끌고 온 연유를 물어보게 했다. 사자가 돌아와 우공에게 고했다.
「괵나라를 정벌하러 나간 당진군이 싸움에서 이기지 못할까 걱정하여 돕기 위해 왔다고 합니다.」
 우공이 듣고 말했다.
「과인이 마침 당진의 군주를 만나 수호를 맺으려는 생각을 하고 있었는데 오늘 그가 스스로 찾아왔으니 과인이 바라던 바라!」

우공이 황급히 음식을 준비하여 도성 밖으로 나가 잔치를 벌여 헌공을 맞이했다. 두 나라 군주가 만나 서로 상견례를 행하고 수호를 맺은 후에 음식과 술을 즐겼다. 이윽고 술자리가 무르익자 헌공이 기산(箕山)에서 사냥대회를 한번 열고 싶다고 우공에게 청했다. 우공은 헌공에게 자기의 사냥실력을 과시하고 싶은 마음에서 흔쾌히 허락했다. 연회를 끝내고 성안으로 돌아온 우공은 헌공과의 사냥시합을 위해 나라의 모든 무장병들과 군마들에게 동원령을 내렸다. 이윽고 약속한 날짜가 되어 두 나라의 군주들은 사냥터에서 만났다. 진시(辰時)에 시작한 사냥이 신시(申時)에 이르렀을 때 갑자기 성안에서 급보가 왔다.

「성안에 불이 났습니다.」

헌공이 옆에서 듣고 말했다.

「민간의 잘못으로 일어난 불이니 시간이 지나면 저절로 진화될 겁니다. 너무 걱정하지 마시고 사냥이나 계속합시다.」

헌공은 성안으로 돌아가려고 하는 우공을 붙잡아 다시 한 번만 더 사냥터를 에워싼 후 내기를 하자고 청했다. 대부 백리해가 우공에게 다가와 은밀히 말했다.

「성안에 난이 일어났다고 하니 주군께서는 이곳에 더 이상 머무르시면 안 됩니다.」

헌공의 청을 사양하고 황급히 사냥터를 떠난 우공이 회군하여 도성을 향해 절반쯤 갔을 때 수많은 우나라의 백성들이 난을 피해 자기가 있는 곳을 향해 달려오고 모습이 보였다. 백성들이 우공 일행을 보자 말했나.

「성은 이미 당진군에게 허를 찔려 점령당해 버렸습니다.」

우공이 크게 노하여 소리쳤다.

「속히 성으로 수레를 몰아라.」

이윽고 우나라 도성 밖에 당도한 우공이 살펴보니 성루에 장군 복장을 갖추고 위풍당당하게 서 있는 사람이 보였다. 투구와 갑옷으로 화려하게 무장한 이극이 난간에 의지하며 큰 소리로 우공을 향해 외쳤다.

「예전에 군주께서 길을 빌려준 은혜를 입어 괵나라를 얻었는데, 이번에는 다시 군주의 나라까지 내주시어 감사의 말을 올립니다.」

우공이 대노하여 군사들에게 성문을 향하여 공격하도록 명을 내렸다. 그러자 성 위에서 갑자기 딱따기 소리가 요란하게 울리더니 화살이 비 오듯이 쏟아져 날아왔다. 할 수 없이 군사들에게 후퇴하라는 명과 함께 수레를 뒤로 물리친 우공이 뒤따라오는 후군에게 전령을 보내 행군을 빨리하여 달려오도록 명했다. 전령이 돌아와 우공에게 보고했다.

「뒤따라오던 군사들은 당진군에 의해 길이 끊겨 일부는 항복하고 나머지는 모두 죽임을 당했습니다. 우리 군사들의 병장기와 거마들은 모두 당진군이 가져가 버렸습니다. 당진의 군주가 대군을 이끌고 우리 뒤를 따라 진군해 오고 있는 중입니다.」

진퇴양난이 된 우공이 한탄하며 말했다.

「궁지기의 간언을 듣지 않아 이 지경에 처하게 됐으니 참으로 후회되는구나!」

우공이 곁에 있던 백리해를 쳐다보며 말했다.

「그대는 그때 어찌하여 아무 말도 하지 않았는가?」

「주군께서 궁지기의 간언도 듣지 않는데 어찌 제가 간하는 말을 들었겠습니까? 신이 간언은 드리지 않았지만 정작 몸은 빼지 않고 지금까지 주군을 따르고 있습니다.」

그때 위급한 상황에 빠져 어찌할 바를 모르고 있던 우공을 향해 수레

그림 4 지순식가도멸괵(智荀息假道滅虢) 2

제8장 대기만성 백리해 大器晚成 百里奚

한 대가 달려왔다. 가까이 다가온 그 사람을 보니 옛날에 괵공을 모시다가 당진에 항복한 주지교였다. 우공은 자기도 모르게 얼굴에 부끄러운 기색을 띠었다. 주지교가 우공을 보고 말했다.

「군주께서 당진의 감언이설에 속아 우리 괵나라를 버리신 대가로 소유하고 있던 모든 것을 이미 잃으셨습니다. 지금 군주께서 하실 수 있는 일은 이곳을 탈출하여 다른 나라로 도망치는 방법뿐입니다. 어차피 다른 나라로 힘들여 도망가서 구차하게 사느니 차라리 당진에 항복하십시오. 덕이 많고 도량이 크신 당진의 군주는 틀림없이 아무 해도 가하지 않을 뿐만 아니라 군주의 처지를 동정하여 후하게 대하실 분입니다. 군주께서는 의심하시지 마시고 부디 항복하시어 여생을 편안히 사십시오.」

우공이 주저하며 결정을 하지 못하고 있을 때 당진군을 이끌고 우공이 있는 곳에 당도한 헌공이 사람을 보내 만나기를 청했다. 우공은 헌공의 부름에 응하지 않을 수 없었다. 이윽고 우공을 본 헌공이 웃으며 말했다.

「과인은 옛날 맡겨 놓았던 수극지벽과 굴산지마를 돌려받기 위해서 이곳에 왔소!」

헌공은 즉시 좌우에게 명하여 우공을 수레에 태워 뒤따르게 하고 당진군의 군중에 머물게 했다. 백리해가 우공의 곁에서 떨어지지 않고 따라다니며 모셨다. 곁에 있던 사람이 어째서 망한 우공 곁을 떠나지 않느냐고 묻자 백리해가 말했다.

「지금까지 오랫동안 나에게 녹봉을 준 우공의 은혜에 대해 보답하기 위해서요..」

헌공이 우나라 성안으로 들어가 백성들을 진무하여 안심시켰다. 순식이 왼손에는 벽옥을 들고 오른손에는 굴산지마의 고삐를 끌고 헌공에게 바치며 말했다.

「신이 세운 계책이 이미 행해져 벽옥과 굴산지마를 찾았습니다. 벽옥은 부고에 굴산지마는 마구간에 다시 넣어두기를 청합니다.」

헌공이 크게 기뻐했다. 염옹이 시를 지어 우공의 어리석음을 비웃었다.

벽옥과 굴산지마가 비록 천하의 보물이었다지만
어찌 한 나라의 사직과 비교할 수 있겠는가?
순식의 묘책을 칭송하지 않을 수 없다 하더라도
진실로 우공의 어리석음이 가소롭구나!

璧馬區區雖至寶(벽마구구수지보)
請將社稷較何如(청장사직교하여)
不夸荀息多奇計(불과순식다기계)
還笑虞公眞是愚(환소우공진시우)

당진으로 귀국한 헌공이 포로로 데려온 우공을 죽이려고 했다. 순식이 듣고 말했다.

「그자는 한낱 보잘것없는 미물에 불과합니다. 비록 살려둔다 한들 무슨 걱정이 되겠습니까?」

순식은 우공을 망명객에 대한 예로써 대하며 따로 마련한 벽옥과 말을 주면서 말했다.

「저에게 길을 빌려준 은혜에 대한 보답입니다.」

5. 진진혼인(晉秦婚姻)
- 혼인으로 수호를 맺은 당진(唐晉)과 섬진(陝秦) -

한편 당진국과 황하를 사이에 접하고 있는 섬진국에서는 진성공(秦成公)이 재위 4년 만인 기원전 660년에 죽었다. 성공에게는 일곱 명의 아들이 있었으나 그중 아무도 군위를 잇지 못하고 그의 동생인 임호(任好)가 뒤를 이었다. 임호가 진목공(秦穆公)이다. 천하를 제패하려는 뜻을 품고 있었던 진목공은 군위에 오르자 곧바로 원정군을 이끌고 모진(茅津)[7]을 공격하여 승리했다. 이로써 진나라는 중원진출을 위해 황하 서쪽 편에 교두보를 마련할 수 있었다. 그때 섬진의 목공(穆公)은 즉위한 지 4년이 되었음에도 불구하고 아직 정부인을 세우지 못하고 있었다. 목공이 대부 공자칩(公子縶)을 당진에 보내어 헌공의 장녀 백희(伯姬)를 부인으로 모셔 오기 위해 혼사를 청했다. 헌공이 태사소(太史蘇)를 시켜 산가지 점을 치게 하여 《뇌택귀매(雷澤歸妹)》[8]라는 괘를 얻었다. 그 육효(六爻)의 점사는 다음과 같았다.

> 남편이 양을 잡았는데
> 피가 흐르지 않고
> 아내는 광주리를 이어받았는데
> 그 안에는 아무것도 없이 비었구나!
> 서쪽의 이웃 나라가 꾸짖으나
> 갚을 길이 없도다!

---

7 모진(茅津): 지금의 산서성 삼문협시(三門峽市) 서쪽의 황하 북안에 있던 곳으로 고대에 황하를 건너는 중요한 나루터였다. 일설에 의하면 융족(戎族)의 한 지파를 일컫는다고 했다.

8 뇌택귀매(雷澤歸妹): 주역 64괘 중 54번째의 진상[兌上: ☳] 태하[兌下: ☱]로 올바르지 못한 연애의 괘다. 귀매(歸妹)란 젊은 여자가 시집가는 괘다. 젊은 여자가 나이가 많은 남자에게 적극적으로 접근한다는 뜻으로, 여자는 기다려야 한다는 상도(常道)를 어기고 있음을 말한다.

그림 5 진목공화상

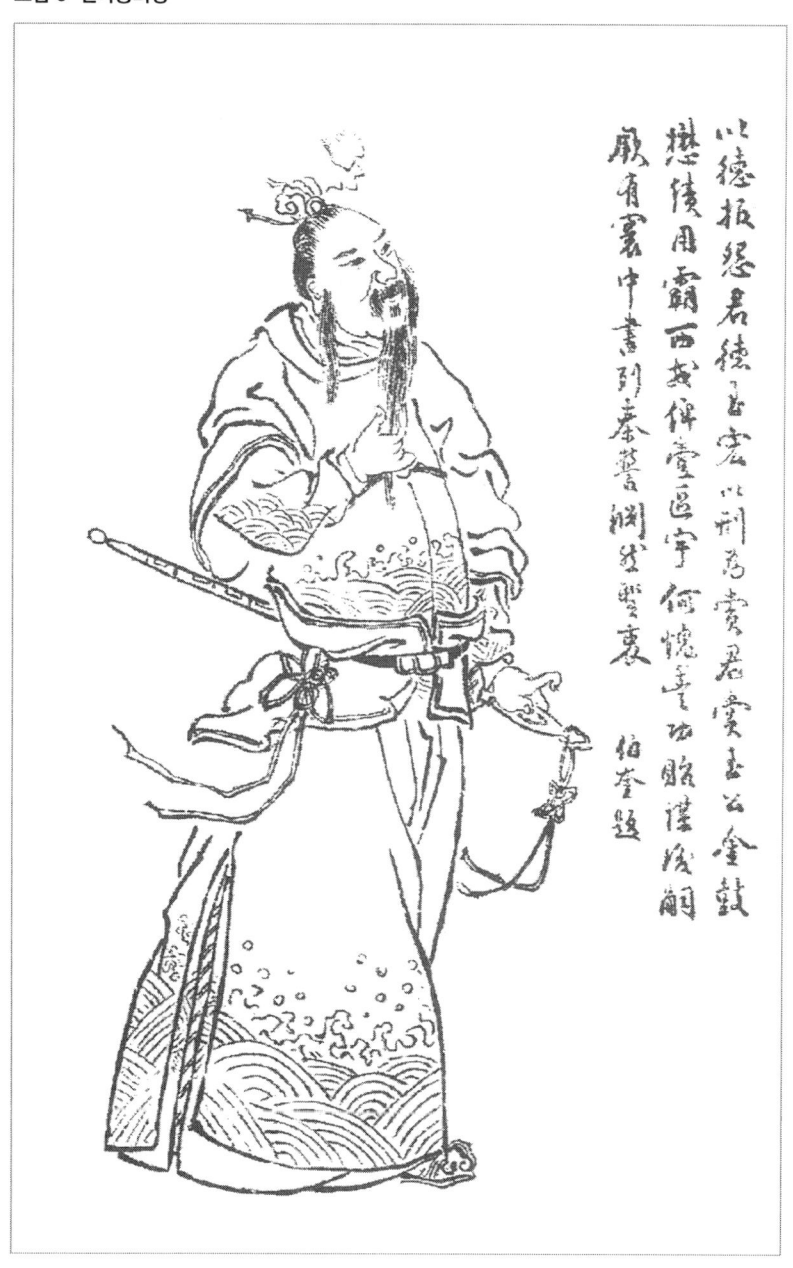

제8장 대기만성 백리해 大器晩成 百里奚

士刲羊(사규양)
亦無衁也(역무황야)
女承筐(여승광)
亦無貺也(역무황야)
西鄰責言(서린책언)
不可償也(불가상야)

태사소가 그 괘를 풀이했다.

「서쪽에 있는 섬진이 앞으로 당진을 꾸짖는다는 괘는 서로 사이좋게 지낼 수 없다는 뜻입니다. 또한 귀매(歸妹)란 젊은 여자가 시집을 간다는 괘입니다. 진(震)이 변하여 이(離)⁹가 되면 그 괘(卦)는 규(睽)¹⁰가 되는데, 규(睽)나 이(離)는 모두 길한 괘가 아닙니다. 결코 혼인을 허락하면 안 됩니다.」

헌공이 다시 태복(太卜) 곽언(郭偃)을 시켜 거북점을 치게 했다. 곽언은 그 징조가 대길이라고 하면서 헌공에게 점괘를 바쳤다.

송백을 이웃으로 하고
대대로 장인과 사위로 인척관계를 맺어
세 번이나 우리나라의 군주를 정하는데
혼인을 맺으면 이로움이 있고
결코 해로운 일은 아니니라!

松柏爲鄰(송백위린)
世作舅甥(세작구생)

---

9 이(離): 64괘 중 30번째인 이상[離上: ☲] 이하[離下: ☲]로 이위화(離爲火)의 괘다. 정열을 따른다는 괘다. 이(離)의 괘는 불이나 태양을 상징한다. 또한 밝음이고 지성이다.

10 규(睽): 64괘 중 38번째의 이상[離上: ☲] 태하[兌下: ☱]의 화택규(火澤睽)를 말한다. 며느리와 시어머니의 괘로서 가정의 불화, 의견의 상위, 모순, 상극을 나타낸다.

三定我君(삼정아군)

利于婚媾(이우혼구)

不利寇(불리구)

　태사소가 산가지 점괘를 들어 그렇지 않다고 따지려고 하자 헌공이 말했다.

「옛말에 거북점이 산가지 점에 우선한다고 했다. 거북점에 대길이라고 하니 어찌 의심하겠는가? 내가 들으니 섬진은 천제의 명을 받은 후부터 나라가 강대해지기 시작했다고 했다. 섬진의 청을 거절하면 안 된다.」

　헌공은 목공의 청혼을 허락했다.

6. 자상입진(子桑入秦)
　- 당진에서 농사짓다가 섬진으로 출사하는 공손지(公孫枝) -

　공자칩이 헌공으로부터 혼인에 대한 허락을 받고 귀국하는 도중에 노상에서 우연히 한 사람을 만나게 되었다. 그의 얼굴은 마치 대춧빛처럼 붉고 턱에는 곱슬 수염을 무성하게 기르고 있었고, 양손에는 각각 거대한 호미를 한 개씩을 들고 밭을 갈고 있었다. 그가 밭을 갈면서 파놓은 흙무더기의 높이가 몇 자나 되었다. 공자칩이 호미를 살펴보기 위해 시종들에게 명하여 가져오라고 명했다. 시종들이 달려들어 호미를 가져오는데 한 사람의 힘으로는 들 수 없을 정도로 무거웠다. 공자칩이 그 사람에게 이름과 성을 묻자 그가 대답했다.

「이 사람의 성은 공손씨(公孫氏)에 이름은 지(枝)입니다. 당진의 군주와는 먼 친척이 됩니다.」

「그대는 재주가 있는 사람인데 어찌하여 밭에서 농사를 짓고 있습니까?」
「천거해 주는 사람이 없어서입니다.」
「그렇다면 나를 따라 우리 섬진국에 가지 않겠습니까?」
「선비는 자기를 알아주는 사람을 위하여 죽기도 한다고 했습니다. 만약 저를 천거하여 섬진의 군주를 뵙게 해 준다면 제가 바라던 바입니다.」

섬진으로 돌아온 공자칩이 목공을 배알하고 당진에 간 일을 복명한 후에 자기의 수레에 태워 데리고 온 공손지를 천거했다. 목공이 공손지를 대부에 봉했다.

당진의 군주가 혼인을 허락했다는 보고를 받은 목공은 다시 공자칩에게 명하여 당진으로 가서 폐백을 바치고 백희를 모셔 오도록 했다.

7. 윤위잉신(淪爲媵臣)
 - 노예가 되어 진나라로 보내지는 백리해 -

한편 당진국에 항복하여 대부의 벼슬을 받은 주지교가 백리해의 현명함을 알고 헌공에게 천거했다. 헌공이 허락하고 주지교를 보내 그 뜻을 전하게 했다. 백리해가 듣고 말했다.

「옛날에 모시던 군주가 아직 살아 있는데 어찌 다른 임금을 섬길 수 있겠습니까?」

주지교가 듣고 부끄러워하며 더 이상 아무 말도 못 하고 돌아갔다. 백리해가 한탄하면서 말했다.

「무릇 군자라면 원수의 나라에 몸을 담고 있으면 안 되는 법인데 어찌 벼슬까지 바란단 말인가? 내가 장차 벼슬을 다시 구하게 되는 경우가 있다 해도 원수의 나라인 이곳 당진에서는 구하지 않으리라!」

백리해가 한 말을 전해 듣고 자기의 잘못을 꼬집는다고 생각한 주지교는 매우 불쾌한 마음을 품게 되었다.

한편 목공에게 그의 딸 백희(伯姬)와의 결혼을 허락했던 진헌공이 그녀에게 딸려 보낼 몸종으로 누구를 보내야 하는지 군신들에게 물었다. 그때 백리해를 헌공에게 천거했다가 거절당한 일을 수치로 여기고 앙심을 품고 있던 주지교가 나와서 말했다.

「옛날 우공의 신하였던 백리해는 우리 당진의 벼슬을 받지 않고 있으니 그 마음을 헤아리기 어렵습니다. 차라리 이번 기회에 섬진으로 보내시기 바랍니다.」

헌공이 주지교의 말을 좇아 백리해를 백희의 몸종으로 삼아 그 일행에 넣어 섬진으로 보냈다. 졸지에 노예의 신분으로 전락하여 섬진으로 가게 된 백리해가 자기의 신세를 한탄했다.

「나는 세상을 구할 수 있는 재주를 가슴에 품고 있지만 밝은 주인을 아직 만나지 못해 그 뜻을 펼쳐 보기도 전에 몸이 이미 늙어 종복이나 비첩과 같은 몸종의 신세가 되어 버렸구나! 참으로 이런 욕됨을 참고 견디기가 어렵구나!」

백희의 시집가는 행렬을 따라가다가 결국 중도에서 달아난 백리해는 송나라의 명록촌(鳴鹿村)에 있는 건숙을 찾아가려고 했으나 길이 막혀 할 수 없이 남쪽으로 방향을 바꾸어 초나라 땅으로 들어서게 되었다. 초나라 완성[宛城: 지금의 하남성 남양시(南陽市)로 춘추 때 초나라가 중원으로 나가는데 전초기지였다] 땅으로 들어선 백리해는 그때 마침 사냥 나온 야인(野人)에게 세작으로 의심을 받아 붙잡혀 포승줄에 묶이게 되었다. 백리해가 야인에게 자기의 사정을 이야기했다.

「나는 우나라 대부 백리해라는 사람인데 나라가 망해 이곳까지 오게 되었습니다.」

야인이 물었다.

「그렇다면 당신은 무엇을 잘할 수 있소?」

「소를 잘 기를 수 있습니다.」

야인이 백리해의 포승을 풀어주고 소를 기르게 했다. 백리해의 보살핌에 의해 날이 갈수록 살이 찌는 소를 보고 야인이 크게 기뻐했다. 백리해가 소를 잘 기른다는 소문이 초나라 궁궐까지 전해졌다. 소문을 듣게 된 초왕이 백리해를 도성으로 불러서 물었다.

「소를 잘 기르는 데 무슨 특별한 방법이 있는가?」

백리해가 대답했다.

「여물을 줄 때와 힘을 쓸 때를 알아야 하며 소를 기르는 사람의 마음을 소의 마음과 일치시키면 소를 잘 기를 수 있습니다.」

「그대의 말에 일리가 있도다! 그대의 방법이 어찌 소를 기르는 일에만 소용이 닿겠느냐? 말을 기르는 데도 소용이 있음이라!」

초왕이 즉시 백리해를 어인(圉人)[11]으로 임명하고 남해(南海)의 목장에 가서 말을 기르게 했다.

---

11 어인(圉人): 주나라가 설치한 관직으로 말을 기르고 목초를 관리하는 일을 맡았다. 주례에 따르면 하관(夏官)에 속한 어사(圉師)의 지휘를 받았다. 후에 말을 기르는 사람을 호칭하는 일반명사로 폄하되어 쓰이게 되었다.

그림 6 백리해사우배상(百里奚飼牛拜相)

8. 사우배상(飼牛拜相)
- 소몰이 대열에서 찾은 백리해를 재상으로 삼은 진목공 -

한편 당진에서 백희에게 딸려 보낸 몸종 중에 백리해라는 이름을 보았으나 사람이 없어져 괴이하게 생각한 섬진의 목공이 어찌된 일인지 몰라 공자칩(公子縶)에게 물었다. 공자칩이 말했다.

「백리해라는 사람은 옛날 우공의 신하였는데 우리나라에 오던 중에 달아나 버렸습니다.」

목공이 공손지(公孫枝)를 불러 백리해에 관해 물었다.

「당진에 있을 때 백리해라는 사람에 대한 소문을 들은 적이 있습니까? 백리해는 어떤 사람입니까?」

공손지가 대답했다.

「백리해는 현인입니다. 우공이 어리석은 사람이라 간해도 소용없음을 알고 침묵으로 일관한 행위는 지혜를 갖춘 사람임을 말합니다. 우공의 항복을 받아 우나라를 멸망시킨 당진에 출사하지 않은 행위는 그가 의로운 사람임을 말합니다. 그럼에도 우공을 버리지 않고 계속해서 모셨으니 또한 충성스러운 사람임을 말합니다. 그가 세상을 경영할 지략을 가슴속에 품고 있으나 단지 아직까지 때를 만나지 못했기 때문입니다.」

「과인이 어떻게 하면 백리해를 얻을 수 있겠소?」

「제가 듣기에 백리해의 처자가 유랑생활 끝에 초나라로 들어갔다고 했는데 백리해도 아마도 처자를 찾아서 초나라로 도망치지 않았나 생각됩니다. 사람을 초나라에 보내 탐문해 보십시오.」

목공이 사람을 초나라에 보내 백리해의 소식을 알아보게 했다. 몇 달 후 초나라에 보낸 사람이 돌아와 목공에게 보고했다.

「백리해는 남해의 바닷가에서 어인이라는 하급의 관직을 받아 초왕을 위해 말을 기르고 있습니다.」

목공이 공손지를 불러 상의했다.

「내가 많은 재물을 초나라에 주어 백리해를 데려오려고 하는데 초왕이 과연 그를 보내 주겠습니까?」

공손지가 대답했다.

「그렇게 하시면 백리해를 데려올 수 없습니다.」

「어째서입니까?」

「초나라가 백리해를 크게 쓰지 않고 말단 관직의 어인에 임명하여 말을 기르게 한 처사는 백리해가 현인이라는 사실을 모르기 때문입니다. 주군께서 많은 재물을 보내 백리해를 구한다고 하면 이것은 곧 백리해가 현인이라는 사실을 초나라에 알려주는 행위가 됩니다. 백리해가 현인임을 알게 되면 초왕은 그를 중용하지 어찌 얼마의 재물로 인해 우리나라에 보내겠습니까? 만약 주군께서 몸종의 신분으로 도망친 죄를 묻겠다고 하면서 그 몸값에 해당하는 속죄금을 주고 데려온다면 그것은 마치 제나라의 포숙아가 관이오를 노나라에서 탈출시킬 때 사용한 방법입니다.」

「좋은 생각입니다.」

목공은 즉시 사자를 뽑아 숫양 가죽 다섯 장을 주고 초나라로 보내어 초왕에게 국서를 바치게 했다.

『우리나라의 천한 몸종이었던 백리해란 자가 상국으로 도망쳤습니다. 과인이 그자를 잡아서 죄를 주어 도망친 자들에 대한 경고를 삼으려고 합니다. 사자 편에 보낸 숫양 가죽 다섯 장을 몸값으로 보내오니 그를 우리나라로 보내 주시면 감사하겠습니다.』

초왕이 거절하면 혹시 섬진 군주의 마음을 상하게 하지나 않을까 염려하여 차마 거절하지 못하고 동해인(東海人)이라는 사람을 남해로 보내 백리해를 잡아 함거에 싣고 와서 섬진의 사신에게 넘겨주게 했다. 이윽고 백리해가 남해에서 압송되어 초나라 도성에 당도했다. 백리해를 섬진의 사자에게 넘기며 눈물을 흘리던 동해인이 그의 두 손을 붙잡으며 말했다.

「당신이 섬진의 도성에 도착하면 사형에 처해질 겁니다.」

「백리해가 웃으면서 동해인에게 말했다.」

「나는 섬진의 군주가 천하에 뜻을 둔 사람이라고 들었소! 그런 사람이 하필이면 도망친 일개 몸종을 그리 급하게 찾겠습니까? 이번에 초나라에 살고 있는 나를 데려가는 목적은 장차 나를 쓰기 위해서입니다. 이번에 가면 나는 부귀를 누리게 되오. 그러니 슬퍼하지 마시오!」

말을 마친 백리해가 황급히 자신을 섬진으로 압송하기 위해 준비한 함거에 들어가 길을 떠났다. 이윽고 함거에 실려 섬진의 경계에 당도한 백리해를 목공의 명으로 미리 나와서 기다리고 있던 공손지가 마중했다. 백리해를 함거에서 나오게 한 공손지는 자신의 수레에 태우고 섬진의 도성으로 들어갔다. 백리해를 불러서 접견한 목공이 물었다.

「지금 나이가 몇 살입니까?」

백리해가 대답했다.

「금년에 70이 되었습니다.」

「애석하게도 나이가 너무 많은 듯싶소.」

「이 백리해로 하여금 날아다니는 새를 쫓고 맹수를 잡게 하실 요량으로 부르셨다면 신은 이미 늙었다고 할 수 있겠으나 만약에 저로 하여금 앉아서 나라의 일을 보게 하실 생각이시라면 저는 아직 젊습니다.

그림 7 궁백리사우배상(窮百里飼牛拜相)

제8장 대기만성 백리해 大器晚成 百里奚

옛날 태공 여상(呂尙)은 나이가 80이 되어 위수(渭水) 가에서 낚시를 하다가 주문왕을 만나서 같이 수레를 타고 주나라에 들어가 상보(尙父)의 직을 받아 주나라 사직을 일으켰습니다. 금일 군주를 만난 신의 나이는 여상과 비교하면 10년이나 더 젊습니다.」

백리해의 말이 장하다고 생각한 목공이 앉은 자세를 바로 하고 물었다.

「우리나라는 융(戎), 적(翟)과 이웃해 있어 중원의 여러 나라들로부터 오랑캐의 나라라고 업신여김을 당해 제후들의 회맹에 초청도 받지 못하고 있습니다. 노인께서는 과인에게 어떤 가르침을 주시겠습니까?

「군주께서 신을 패망한 나라의 포로로 삼으시지 않으시고 몸이 이미 늙어 쇠잔한 나이가 되었음에도 마음을 열어 하문하시니 신이 감히 어리석은 의견이지만 말씀드리지 않을 수 없겠습니다. 옹(雍)과 기(岐)의 지세는 주나라의 문왕과 무왕이 일어난 곳이며 산의 모습은 마치 개의 이빨 형상을 하고 있고, 벌판은 긴 뱀처럼 구불구불하게 펼쳐져 있습니다. 그 땅을 주나라가 능히 지키지 못해 섬진에 주었습니다. 이것은 섬진을 열게 하려는 하늘의 뜻입니다. 다른 한편으로는 섬진의 서쪽은 융(戎)과 북쪽은 적(翟)의 오랑캐들과 맞닿아 있습니다. 이것은 섬진의 군사들을 강하게 만들 수 있는 환경입니다. 중원의 회맹에 참가하지 못한 대신에 강한 군사를 길러 제후들을 강제로 모이도록 해야 합니다. 또한 오늘날 서융에 난립하고 있는 수십 국에 달하는 나라를 병합하면 농사를 크게 지을 수 있으며 백성들을 호적에 올리면 능히 중원의 나라들과 싸울 수 있습니다. 이것이야말로 중원의 나라들이 섬진과 다투지 못할 유리한 점입니다. 덕으로 백성을 대하고, 힘으로 융적(戎狄)의 나라를 정벌하여 서쪽의 변경지역을 안정시키십시오. 산천의 험난한 지형에 의지하여 중원제후국과 대치하고 있다가 장차 중원에서 일어나는 변란을 기회로 삼아 진출하여 덕과 위엄으로 그들을 이끈다면 패업을 이룰 수 있습니다.」

목공이 부지중에 일어나 말했다.

「내가 정백(井伯)을 얻었음은 제후(齊侯)가 관중을 얻었음과 같도다!」

목공이 계속해서 백리해와 3일간 이야기했으나 이치에 맞지 않은 말은 하나도 없었다. 목공이 마침내 백리해를 상경(上卿)의 벼슬에 임명하고 섬진국의 모든 정치를 맡기려고 했다. 이런 연유로 진나라 사람들은 모두가 백리해를 부르기를 숫양 가죽 다섯 장을 주고 데려왔다고 해서 오고대부(五羖大夫)라고 불렀다. 초나라에서 말을 기르던 백리해를 숫양 가죽 다섯 장을 초나라에 바치고 마구간에서 꺼내어 섬진으로 데려온 고사를 인용하여 쓴 시가 있다.

죄수를 빼와 재상을 삼은 일은 세상에 드문 일인데
관중에 이어 다시 백리해가 있었음을 들었네!
이때부터 섬진의 이름이 찬란하게 빛나기 시작했지만
그의 몸값은 불과 양가죽 다섯 장뿐이었네.

脫囚拜相事眞奇(탈수배상사진기)
仲后重聞百里奚(중후중문백리해)
從此西秦名顯赫(종차서진명현혁)
不虧身價五羊皮(불휴신가오양피)

9. 건숙출세(蹇叔出世)

- 백리해의 천거를 받아 세상으로 나오는 건숙 -

진목공이 백리해의 재주가 출중함을 알고 그를 상경의 직에 제수하려고 했으나 백리해가 사양하면서 말했다.

「신의 재주는 신의 의형이 되는 건숙에 비해 십분의 일도 못 미칩니다. 군주께서 나라를 잘 다스려 부강하게 만들려고 하신다면 건숙을 초빙해 상경에 임명하시고 저로 하여금 그를 돕도록 하십시오.」

목공이 물었다.

「선생의 재주는 내가 보았으니 알겠으나, 건숙의 현명함에 대해서는 아직 들어보지 못했습니다.」

백리해가 건숙과의 일을 목공에게 고했다.

「건숙의 현명함은 어찌 유독 군주께서만 모르신다고 하겠습니까? 비록 그가 살았던 제나라나 지금 살고 있는 송나라조차도 역시 그에 대해 알지 못하고 있습니다. 그가 지혜로운 선비라는 사실을 알고 있는 사람은 오로지 신 혼자뿐입니다. 신이 옛날 벼슬을 구하다가 윤락하여 제나라 땅을 떠돌아다니고 있을 때 공손무지(公孫無知)에게 출사하려고 하던 신을 건숙이 불가하다고 말렸습니다. 그래서 건숙의 말을 따라 신은 제나라에 출사하지 않았습니다. 그의 말을 따랐으므로 후에 무지가 당한 화를 피할 수 있었습니다. 그리고 얼마 후에 주나라의 왕자퇴를 모시려고 했으나 역시 건숙이 제지하여 출사하지 않고 주나라를 떠났습니다. 결국 얼마 후에 왕자퇴는 반란을 일으켜 주혜왕에게 토벌당하여 도주하다가 살해당했습니다. 그때도 신은 건숙의 말을 듣고 주나라를 떠났기 때문에 왕자퇴가 당한 화를 피할 수 있었습니다. 주나라를 떠난 신이 우나라로 들어가 출사하려고 했습니다. 그때도 건숙이 또다시 말렸습니다. 그러나 그때 신이 너무 빈한한 처지에 있어 건숙의 말을 듣지 않고 작록을 탐하여 우공에게 출사하고 말았습니다. 그리고 얼마 후에 우나라는 당진국에 의해 망하고 신은 포로가 되어 노예의 신분으로 전락하고 말았습니다. 신이 건숙의 말을 두 번 들어 화를 면했고 한 번 듣지 않아 몸을 망쳐 노예가 되었습니다. 이것은 그의 지혜가 중인들보다 월등히 뛰어나다는 사실을 말합니다. 지금 건숙은 송나라의 명록촌에 숨어 지내고 있습니다. 속히 사람을 보내 데려오십시오.」

　백리해의 천거를 받아들인 목공이 상인으로 분장시킨 공자칩에게 많은 폐백을 주어 송나라 경내에 있는 명록촌으로 보내 건숙을 모셔 오도록 했다. 백리해는 별도로 편지를 써서 공자칩에게 주었다. 행장을 수습한 공자칩은 송아지가 끄는 수레 두 대를 몰고 송나라를 향해 출발했다. 송나라의 명록촌은 섬진국의 도성 옹성(雍城)에서 2천 리가 넘는 거리로 왕복 두 달 넘게 걸리는 먼 여정이다. 이윽고 송나라 땅에 들어선 공자칩은 명록촌과 가까운 곳에 이르자 밭고랑 사이에서 밭을 갈다가 쉬던 농부들이 노래를 번갈아 가며 부르고 있는 모습을 보았다.

산은 높은데 도와줄 사람은 없고
길은 험한데 불빛 한 점 없다.
서로 함께 밭고랑 사이에 앉아 있음이여
샘물은 달고 땅은 기름지도다!
사지를 부지런히 움직여
나에게 오곡이 생겼도다!
하루 삼시 때를 거르지 않으니
진수성찬이 부럽지 않다.
이것이 하늘의 뜻이라면
영화도 없지만 욕됨도 없구나.

山之高兮無攀(신지고혜무련)
途之濘兮無燭 (도지영혜무촉)
相將隴上兮(상장농상혜)
泉甘而土沃(천감이토옥)

勤吾四體兮(근오사체혜)
分吾五谷(분오오곡)
三時不害兮(삼시불해혜)
餐飱足(찬손족)
樂此天命兮(락차천명혜)
無榮辱(무영욕)

수레 안의 공자칩은 그 노래 속에 세속의 먼지가 묻지 않았음을 느끼고 수레를 모는 종자를 향해 말했다.

「옛날 말에 조그만 고을에도 군자가 있어 세상의 비속한 풍습을 바르게 한다고 했다. 오늘 건숙 선생이 사는 동네의 농부조차 모두가 덕이 높은 처사의 풍도가 있으니 과연 그가 어진 사람임을 알 수 있겠다!」

공자칩이 수레에서 내려 밭가는 농부들에게 길을 물었다.

「혹시 건숙 선생이 사는 집이 어디인지 아십니까?」

농부 중 한 사람이 나와 응대했다.

「무슨 일로 찾으십니까?」

「건숙 선생의 옛날 친구 백리해의 편지를 전하기 위해서입니다.」

그 농부가 손가락으로 먼 곳을 가리키면서 말했다.

「앞으로 계속 길을 따라가시면 대나무가 빽빽이 우거진 숲이 나오고 왼쪽에는 우물이 있고 오른쪽에는 큰 바위가 있는 중간에 초가집이 한 채 있습니다. 그곳이 건숙 선생이 사시는 곳입니다.」

공자칩이 두 손을 높이 올려 인사를 올린 후에 다시 수레에 올라타고 길을 반 리쯤 가니 농부가 말한 곳에 당도하게 되었다. 그곳은 과연 풍경이 깊숙하고 아늑했다.

처사의 은거생활을 노래한 농서(隴西) 거사의 시가 있다.

　　　　　짙푸른 대나무밭의 풍경은 깊은데
　　　인생의 이런 즐거움을 어디서 구할 수 있겠는가?
　　　　사방에 쌓인 돌무더기 위에서 구름이 일고
　　　　길가의 맑은 샘물은 흘러 실개천에 들어간다.
　　　　　　　　　　　　　翠竹林中景最幽(취죽림중경최유)
　　　　　　　　　　　　　人生此樂更何求(인생차락경하구)
　　　　　　　　　　　　　數方白石堆云起(수방백석퇴운기)
　　　　　　　　　　　　　一道淸泉接澗流(일도청천접간류)

　　　　　원숭이를 구하여 같이 노닐자 했더니
　　　　　때를 놓쳐 사슴과 같이 놀게 되었다.
　　　번거로운 세상일을 벗어나 한가롭게 지내니
　　　근심걱정 잊은 고와선생은 백 살까지 살았다.
　　　　　　　　　　　　　得趣猿猴堪共樂(득취원후감공락)
　　　　　　　　　　　　　忘機麋鹿可同游(망기미록가동유)
　　　　　　　　　　　　　紅塵一任漫天去(홍진일임만천거)
　　　　　　　　　　　　　高臥先生百不憂(고와선생백불우)

　초가집 담장 밖에 수레를 멈춘 공자칩이 종자에게 분부하여 사립문 앞으로 가서 주인을 부르게 했다. 조그만 동자 하나가 집 안에서 나오더니 물었다.

「어디서 오신 손님이십니까?」

공자칩이 대답했다.

「건숙 선생님을 만나러 왔네.」

「주인님께서는 지금 집에 계시지 않습니다.」

「선생님은 지금 어디에 계시는가?」

「이웃의 노인 분들과 함께 석량(石梁)의 샘물을 구경 나가셨습니다.」

그림 8 건숙 반거도(盤車圖)

조금 있으면 돌아오실 시간입니다.」

공자칩이 건숙의 집에 감히 들어가지 못하고 집 앞의 바위 위에 앉아서 기다렸다. 동자는 사립문을 반쯤 열어 놓고 집 안으로 들어갔다. 얼마 후에 짙은 눈썹에 고리 모양처럼 동그랗게 생긴 눈에 네모난 얼굴의 체구가 장대한 거한이 등 뒤에 사슴 넓적다리 두 개를 지고 밭이랑 서쪽으로 난 길로 다가오고 있는 모습이 보였다. 거한의 용모가 범상치 않다고 생각한 공자칩이 자리에서 일어나 예를 취했다. 그 거한도 황급하게 사슴 다리를 땅에 내려놓으면서 공자칩에게 예를 올렸다. 공자칩이 그에게 성과 이름을 묻자 거한이 대답했다.

「성은 건(蹇)이고 이름은 병(丙)입니다. 자는 백을(白乙)이라고 합니다.」
「건숙이라는 분과 귀하는 어떤 사이입니까?」
「저의 부친이 되십니다.」

공자칩이 건병에게 다시 한번 예를 올리면서 말했다.

「오랫동안 뵙기를 앙모해 왔습니다.」
「귀하는 어떤 분이시기에 친히 이곳까지 왕림하셨습니까?」
「백리해라는 분이 지금 저희 섬진에서 벼슬을 살고 있는데 저에게 편지를 주어 부친에게 전해 달라는 부탁을 받고 오게 되었습니다.」
「선생께서는 집 안으로 들어가셔서 잠시 쉬시고 계시면 저희 부친께서는 조만간에 돌아오실 겁니다.」

건병이 사슴다리를 땅에 내려놓고 사립문을 밀쳐 열어 공자칩을 방 안으로 청한 후에 다시 밖으로 나와 사슴다리를 등에 지고 집 안으로 옮겼다. 동자가 나와서 건병에게서 사슴다리를 받아들고 부엌으로 날랐다. 건병이 방 안으로 들어와 공자칩에게 예를 올리고 손님과 주인의 격식을 따져 자리에 앉았다. 공자칩과 건병이 농사와 누에치는 일에 대해서 담론을 시작하여 무예와 병사의 일에 대해 논하게 되었다. 건병의 강론은 순서가 심히 정연하여 공자칩이 마음속으로 찬탄하며 생각했다.

「그 아버지에 그 아들이니 정백이 마땅히 천거할 만했구나!」

건병은 차를 가지고 방안으로 들어선 동자에게 문 앞에 나가서 기다리다가 부친이 오면 알리게 했다. 얼마 있지 않아 동자가 달려와 방문을 열면서 말했다.

「선생님께서 돌아오십니다.」

이웃에 사는 노인 두 명과 함께 어깨를 나란히 하고 집 앞에 이른 건숙이 문 밖에 서 있는 두 대의 수레를 보고 놀라서 말했다.

「우리 마을 같은 벽촌마을에 무슨 연고로 이와 같은 수레가 와 있는가?」

건병이 집 밖으로 나와서 그 연고를 먼저 이야기했다. 건숙과 이웃의 노인 두 명이 같이 방으로 들어가 공자칩과 상면했다. 상견례를 마친 건숙이 자리에 좌정하면서 공자칩에게 말했다.

「제 자식 놈을 통해서 귀하께서 저의 아우 정백의 편지를 전하기 위하여 오셨음을 알게 되었습니다. 가져오신 편지를 보여 주십시오.」

백리해의 서신을 공자칩에게서 전해 받은 건숙이 봉함을 뜯고 읽었다.

『이 해(奚)가 형의 충고를 듣지 않아 우나라에서 재난을 당했으나 다행히 현사를 좋아하시는 섬진의 군주께서 말을 기르는 노예의 대열에서 저를 속죄시켜 정사를 맡겼습니다. 이 해의 재주와 지혜는 형에게 미치지 못함을 제가 스스로 알고, 섬진의 군주를 같이 모시기 위해 형을 천거했습니다. 마치 목마른 사람이 물을 갈구하듯이 형을 경모한 섬진의 군주께서 대부 공자칩에게 폐백을 내려 형을 모셔 오라고 하셨습니다.

바라옵건대 빨리 출산(出山)하여 아직까지 펴지 못한 뜻을 펼쳐서 세상에 베풀기 바랍니다. 만약 형이 산림에 연연하여 세상으로 나오지 않으신다면 이 해도 섬진의 군주로부터 받은 작록을 버리고 명록촌으로 가서 형과 함께 살겠습니다.』

건숙이 편지를 다 읽고 물었다.

「정백이 어떻게 해서 섬진의 군주를 만나게 되었습니까?」

공자칩은 백희의 몸종 신분으로 섬진으로 보내졌다가 중도에서 초나라로 도망친 백리해가 어인이 되어 말을 기르게 된 사연과, 패업에 뜻을 두고 있는 섬진의 목공이 백리해가 현사라는 사실을 알고 양가죽 다섯 장을 초나라에 주고 백리해를 속죄시켜 섬진으로 데려와 상경으로 삼으려고 했던 일의 전후사정을 상세하게 이야기했다. 공자칩이 계속해서 말했다.

「정백은 저희 군주께서 내린 상경의 벼슬을 한사코 고사하고 자기는 건숙 선생에게 못 미치기 때문에 반드시 건 선생을 섬진으로 모셔 와야만 비로소 정사를 맡겠다고 했습니다. 그래서 저희 군주께서는 저에게 예물을 가지고 가서 건 선생을 모셔 오라고 명하셨습니다.」

공자칩이 종자들에게 명하여 수레의 짐칸에 있던 예물들을 꺼내어 품명을 적은 장부와 맞추게 한 후에 건숙의 초가집 마당에 늘어놓게 했다. 이웃에 사는 노인들은 모두 산야에 사는 농부들이라 이와 같은 성대한 예물을 본 적이 없어 서로 얼굴만을 쳐다보고 놀라워하며 공자칩을 향해 말했다.

「우리는 귀인이 이곳에 온 일과는 상관이 없는 듯합니다. 이만 집으로 돌아가겠습니다.」

공자칩이 만류하며 말했다.

「두 분 노인께서는 무슨 말씀을 그렇게 하십니까? 우리 군주께서 건숙 선생을 모시고 싶은 마음은 마치 한 줄기의 비를 기다리고 있는 말라비틀어진 묘목과 같으십니다. 번거롭겠지만 두 분 노인께서는 한 말씀을 올려 저를 도와주신다면 그 고마움은 이루 말할 수 없겠습니다.」

건숙이 얼마 동안 숨을 죽이고 나더니 탄식하면서 말했다.

「정백이 가슴에 품고 있던 뜻을 아직까지 펴보지 못하고 70 평생을 유랑하다가 이제야 다행히 명군을 만났는데 나로 인하여 그 뜻을 못 이룬다면 내가 어찌 참을 수 있겠는가? 정백을 위하여 한번 가보지 않을 수 없겠으나 머지않아 다시 돌아와 농사를 짓고 살리라.」

그때 동자가 들어와 말했다.

「사슴다리가 이미 익었습니다.」

건숙이 동자에게 침상 머리맡에 있는 새로 빚은 술통을 가져오게 하고, 공자칩을 서쪽의 상석으로 모시고 이웃의 두 노인과 서로 마주 보게 했다. 토기 술잔에 술을 가득 따라 서로 권하고 사슴다리 고기를 안주로 삼아 즐기는 가운데 모두가 흔연히 취하게 되었다. 해는 어느덧 기울어 바깥에 어둠이 깔리기 시작하자 주연을 끝내고 잠자리를 마련해 공자칩을 초가집에 재웠다. 다음 날 아침 두 노인이 건숙의 노자에 보태 쓰라고 조그만 술병 안에다 얼마간의 돈을 넣어 가지고 와서 어제 앉았던 자리에 순서대로 앉아 이런저런 이야기를 나누었다. 그리고 얼마 후에 공자칩이 들어와 건병의 재주를 칭찬하면서 건병도 역시 같이 동행하고 싶다고 말했다. 건숙이 허락했다. 건숙은 공자칩이 가져온 예물 중 일부를 갈라 두 노인에게 나누어 주고 자기가 없을 때 자기 집을 보살펴 달라고 부탁하면서 말했다.

「이번의 행차는 오래 걸리지 않을 예정이니 조만간에 다시 만날 수 있을 것이오.」

건숙이 다시 집안사람들을 불러 당부했다.

「농사를 힘써 지어 결코 논밭을 황폐하게 만들지 말라!」

이윽고 수레가 출발하자 두 노인이 건숙에게 몸을 잘 보중하라며 작별인사를 했다.

건숙이 수레에 타고 건병이 마부가 되어 앞에서 몰았다. 공자칩은 남은 한 대의 수레에 타고 뒤를 따랐다. 건숙 일행은 날이 어두워지면 자고 날이 밝으면 수레를 몰아 한 달여의 여행 끝에 이윽고 섬진의 경계를 지나 옹성의 교외에 당도했다. 공자칩이 먼저 도성으로 들어가 목공을 알현하고 말했다.

「건 선생이 이미 도성 밖에 당도하셨습니다. 그의 아들 건병이라는 사람도 재주가 비범하여 얼마간의 시간을 주어 준비하게 하면 마땅히 일을 맡길 만하다고 생각하여 신이 같이 데리고 왔습니다.」

목공이 크게 기뻐하며 즉시 백리해를 보내 영접해 오도록 했다. 건숙이 당도하자 목공이 계단을 내려와 예를 갖추어 맞이했다. 건숙을 자리에 앉게 한 목공이 물었다.

「정백이 여러 번 선생의 현명함을 말했습니다. 선생은 어떤 말로 저를 깨우쳐 주시겠습니까?」

건숙이 겸양의 뜻을 밝혀 사양하다가 재삼 강권하는 목공의 성의에 감동하여 입을 열어 말하기 시작했다.

「섬진은 서쪽의 변방에 위치하여 융(戎)과 적(翟)에 이웃하고 있고 지세는 험하고 병사는 강합니다. 중원으로 나아가 능히 싸울 수 있고 관내로 후퇴하여 능히 지킬 수 있습니다. 그럼에도 중원 제후들의 반열에 같이 서지 못하는 이유는 섬진의 위엄과 덕이 그곳에 미치지 못하기 때문입니다. 위엄이 없으면 심복시킬 수 없으며 덕이 없으면 품을 수 없습니다. 심복하게 할 수도 없고 가슴에 안을 수도 없는데 어찌 패업을 이룰 수 있겠습니까?」

「그렇다면 위엄과 덕 중 어느 것부터 먼저 행해야 합니까?」

「덕을 기본으로 삼되 위엄을 뒤따르게 해야 합니다. 덕이 있으나 위엄이 따르지 않는다면 나라는 외부로부터 침략을 당하게 됩니다. 또한 위엄이 있으나 덕이 없으면 나라는 안으로부터 무너집니다.」

「과인이 덕을 쌓고 위엄을 세우고 싶은데 어떤 가르침이 있습니까?」

「섬진은 융적의 오랑캐 풍속에 젖어 있어 예(禮)와 교(敎)를 낯설어 하기 때문에 위엄을 세울 수도 없고 귀천도 분간하지 못합니다. 신이 청하옵건대 먼저 백성들을 교화시키고 형벌을 분명히 해야 합니다. 교화를 시행하여 윗사람들을 기꺼이 존경하게 만든 후에 은혜를 베풀면 백성들은 고마움을 스스로 느낄 겁니다. 그때 형벌을 이용하여 다스린다면 백성들은 두려워하는 마음을 갖게 됩니다. 백성들을 높고 낮음으로 구별하여 맡은 바 본분에 힘쓰게 하는 일은 사람 몸이 손과 다리, 머리와 눈 등으로 움직이는 이치와 같습니다. 관이오가 군제를 창제하여 천하를 호령할 수 있었던 일은 그와 같은 이치를 이해했기 때문이었습니다.」

「정녕 선생의 말씀대로 시행하면 천하를 제패할 수 있습니까?」

「아직 충분치 않습니다. 무릇 천하를 제패하고자 하는 자는 세 가지 계율을 지켜야 합니다. "탐하지 말고, 화내지 말며, 조급해하지 말라!" 탐하면 많은 것을 잃고, 화를 내면 곁에 있는 친한 사람들이 떠나고, 조급하게 일을 행하면 빠뜨리게 됩니다. 무릇 일의 대소에 따라 주도면밀하게 일을 처리하기 위해서는 탐하지 말고, 이익과 손해를 따져서 대책을 세우기 위해서는 화를 겉으로 드러내지 말며, 완급을 조절하여 일을 이루기 위해서는 조급하지 않아야 합니다.[12] 군주께서 이 세 가지 계율을 능히 지킬 수 있으시면 패업을 이룰 수 있습니다.」

「훌륭하신 말씀이십니다. 청컨대 과인이 지금 먼저 해야 할 일과 후에 할 일을 깨우쳐 주십시오.」

「섬진은 서융의 땅에서 일어난 나라입니다. 이것은 나라를 운영하기에 따라 화가 되기도 하고 복이 되기도 합니다. 현재 천하의 정세는 패자를 칭하고 있는 제후(齊侯)의 나이가 이미 80이 넘어서 그가 이룩한 패업도 장차 허물어질 찰나에 있습니다. 군주께서 진실된 마음으로 옹(雍)과 위(渭) 땅의 백성들을 선무하여 여러 융족들의 추장들을 불러들이고, 복종하지 않는 융족들은 군사를 보내어 정벌하십시오. 연후에 중원에 변란이 일어나면 확충된 군사력을 기반으로 진압군을 보내 섬진의 덕과 의를 펼치신다면 비록 군주께서 패업에 뜻이 없다 하더라도 결코 사양할 수 없을 겁니다.」

목공이 크게 기뻐하며 말했다.

「과인이 새로이 얻은 두 노인들은 과연 뭇 백성들의 어른이로다.」

목공이 즉시 건숙을 우서장(右庶長)으로 백리해를 좌서장(左庶長)으로 삼아 위계를 상경(上卿)으로 하고 두 사람을 이상(二相)이라고 불렀다. 건숙의 아들 백을병도 대부에 봉했다. 섬진의 재상이 되어 정사를 맡은 두 사람은 법을 세우고 백성들을 교화하여 이로운 것을 구하고 해로운 것을 제거하자 섬진은 크게 다스려졌다. 후세의 사관이 시를 지

---

12 毋貪(무탐), 毋忿(무분), 毋急(무급). 貪則多失(탐칙다실), 忿則多離(분칙다리), 急則多蹶(급칙다궐). 夫審大小而圖之(부심대소이도지), 烏用貪(오용탐), 衡彼己而施之(형피기이시지), 烏用忿(오용분), 酌緩急而布之(작완급이포지), 烏用急(오용급).

어 두 사람을 노래했다.

> 공자칩은 백리해를, 백리해는 다시 건숙을 천거하여
> 모두 진나라 궁궐로 데려와 재상으로 삼았다.
> 군주들이 단지 선비 구하기를 진목공처럼만 했다면
> 인걸들이 어찌 땅의 신령들에게 묻고 다녔겠는가?
>
> 子縶荐奚奚荐叔(자집천해해천숙)
> 轉相汲引布秦庭(전상급인포진정)
> 但能好士如秦穆(단능호사여진목)
> 人杰何須問地靈(인걸하수문지령)

10. 가오양피(歌五羊皮)
- 오양피 노래를 불러 40년 만에 남편과 상봉하는 백리해의 처 두씨 -

한편, 백리해의 처 두(杜)씨는 그의 지아비가 길을 떠난 후 매일 천을 짜서 먹고살다가 몇 년 후에 우나라에 큰 기근이 들어 먹고살 길이 없게 되었다. 할 수 없이 아들을 데리고 우나라를 떠나 수십 년 동안 여러 나라를 전전하다 몇 년 전에 섬진으로 들어와 남의 옷을 빨아 받은 삯으로 살아가고 있었다. 이름이 시(視)고 자는 맹명(孟明)이라고 하는 그의 아들은 매일 야인들과 사냥을 나가서 무예를 다투고 들판에서 숙식하는 생활을 예사로 했다. 두씨가 여러 번 그러지 말라고 했으나 듣지 않았다. 그러던 중 얼마 전에 진나라 재상이 된 백리해의 이야기를 전해 들은 두씨는 혹시나 하는 마음에 수레를 타고 지나가는 백리해를 보려고 했으나 감히 가까이 다가가서 확인할 수 없었다. 그때 마침 백리해가 정사를 보고 있는 상부(相府)에서 옷을 빠는 아녀자를 구했으므로 두씨가 자원하여 부중에 들어갈 수 있었다. 두씨는 몸을 돌보지 않고 옷을 열심히 빨았다. 부중의 사람들은 모두가 기뻐했다. 두씨가 백리해의 얼굴을 확인하기 위해 부중에서 벼르고 있던 중에 하루는 먼발치에서 백리해가 당상에 앉아서 행랑에서 연주하고 있던 악공의 음악소리를 감상하고 있는 모습을 보았다. 두씨가 부중의 관리에게 말했다.

「이 늙은이가 음률을 좀 압니다. 원컨대 제가 행랑에 들어가 음악소리를 한 번 듣게 해 주십시오.」

관리의 허락을 받은 두씨가 행랑으로 들어가 악공의 음악소리 듣고 아는 체하자 악공이 두씨에게 어디서 음률을 배웠냐고 물었다. 두씨가 대답했다.

「거문고를 탈수 있을 뿐만 아니라 노래도 능히 부를 수 있습니다.」

두씨는 악공이 건네주는 거문고를 받아 연주하며 북을 두드리고 노래를 부르는데 그 소리가 매우 처연했다. 악공이 귀를 기울여 듣더니 자기도 못 미치겠다고 스스로 말하며 두씨의 노래를 칭찬했다. 악공이 다시 한번 노래를 부르게 하자 두씨가 말했다.

「노첩은 여기저기 유랑하면서 이곳까지 흘러오게 되었는데 아직 노래를 불러 볼 기회를 갖지 못했습니다. 원컨대 상국에게 말씀드려 당에 올라가 노래를 한 번 부르게 해 주십시오.」

악공이 당에 올라가 노래를 부르겠다는 두씨의 뜻을 백리해에게 품했다. 백리해가 허락하고 당의 왼쪽에 서서 노래를 부르도록 명했다. 두씨가 눈썹을 깔고 소매를 걷어 올리더니 목소리를 높이 올려 노래를 불렀다.

그림 9 가염이백리인처(歌厭廖百里認妻)

　　　　　　　백리해, 오양피!
　　　이별할 때 기억나는가? 암탉을 잡고
　서숙을 절구에 찧고, 빗장을 떼어 불을 지폈다.
　　　금일 부귀하게 되어 나를 잊었는가?
　　　　　　　　　　　百里奚, 五羊皮(백리해, 오양피)
　　　　　　　　　　　憶別時, 烹伏雌(억별시, 팽복자)
　　　　　　　　　春黃薺, 炊扊扅(용황제, 취염이)
　　　　　　　　今日富貴忘我爲(금일부귀망아위)

　　　　　　　백리해, 오양피!
　　　지아비는 기장밥에 고기를 먹는데
　　　아들은 배가 고파 우는구나!
　　　지아비는 비단옷에 호강하는데,
　　처는 옷을 빨아 양식을 구하는구나!
　　　오호라! 부귀가 나를 잊게 만들었는가?
　　　　　　　　　　　百里奚, 五羊皮(백리해, 오양피)
　　　　　　　　　夫粱肉, 子啼飢(부양육, 자제기)
　　　　　　　　　夫文綉, 妻浣衣(부문수, 처완의)
　　　　　　　　嗟乎! 富貴忘我爲(차호, 부귀망아위)

　　　　　　　백리해, 오양피!
　　　옛날 당신이 길을 떠날 때
　　　　나는 흐느껴 울었다.
　오늘 그대는 앉아 있고 나는 떠나려 하네.
　　오호라! 부귀가 나를 잊게 만들었는가?
　　　　　　　　　　　百里奚, 五羊皮(백리해, 오양피)
　　　　　　　　　昔之日, 君行而我啼(석지일, 군행이아제)
　　　　　　　　　今之日, 君坐而我離(금지일, 군좌이아리)
　　　　　　　　嗟乎! 富貴忘我爲(차호! 부귀망아위)

노랫소리를 듣고 깜짝 놀란 백리해가 불러서 물어보니 바로 그의 아내였다. 두 사람은 서로 손을 잡고 크게 울었다. 시간이 얼마간 지나자 백리해가 물었다.

「아들은 지금 어디 있소?」

두씨가 대답했다.

「시골에서 사냥으로 살고 있습니다.」

백리해가 곧 사람을 시켜 불러오게 했다. 헤어진 지 40년 만에 부부와 아들이 다시 만나서 모여 살게 되었다. 백리해가 40여 년 전에 헤어진 처자와 상봉했다는 소식을 듣게 된 목공이 곡식 1천 가마와 비단 한 수레를 보내 축하했다. 백리해가 아들 맹명시를 데리고 목공을 뵙고 고마움을 표했다. 목공이 맹명시를 대부에 봉했다. 목공은 서걸술(西乞術), 백을병(白乙丙)과 함께 맹명시(孟明視)를 장군으로 삼아 그들을 삼수(三帥)라 부르고 병사의 일을 맡겼다.

11. 인국유성(隣國有聖) 아국지우(我國之憂)
– 이웃나라의 성인은 우리나라의 우환이다 –

이때 강융(羌戎)의 군주 오리(吾離)가 군사를 이끌고 섬진의 변경을 침략해 왔다. 삼수가 군사를 이끌고 나가 싸워 오리를 패주시켰다. 싸움에서 패한 오리는 당진으로 도망갔다. 이로써 강융의 땅이었던 과주[瓜州: 명나라 때의 행정구역 이름으로 지금의 감숙성 안서시(安西市) 부근이다]는 모두 섬진의 소유가 되었다. 뒤이어 서융의 군주 적반(赤斑)이 섬진이 강성해지고 있음을 알고 그의 신하인 요여(繇餘)를 보내 목공의 위인됨과

나라의 허실을 알아 오게 했다. 목공은 섬진에 당도한 요여를 데리고 삼휴대(三休臺)에 올라 궁궐의 화려함과 동물원이 딸린 후원의 아름다움을 자랑했다. 요여가 보고 목공에게 물었다.

「이 거대한 궁궐과 고대는 귀신을 불러 지으셨습니까? 아니면 백성들을 억압하여 만드셨습니까? 귀신을 부리셨다면 귀신들에게 수고를 끼치셨고 백성들에게 시키셨다면 백성들이 매우 괴로웠겠습니다.」

오랑캐의 나라에서 온 요여가 뜻밖의 말을 한다고 생각한 목공이 물었다.

「그대의 나라 융이(戎夷)는 예악과 법도가 없는데 무엇으로 나라를 다스리는가?」

요여가 웃으면서 대답했다.

「말씀하시는 예악과 법도는 중원의 나라들을 혼란에 빠뜨리고 있습니다. 옛날의 성군들도 법을 글로 만들어 백성들과 약속을 하여 근근이 다스릴 수 있었습니다. 그 후에 날이 지나감에 따라 군주들이 교만해지고 황음에 빠지게 되면서 예악의 이름을 빌려 그 몸에 장식을 두르고 거짓된 법도의 위엄을 이용하여 밑의 사람들을 닦달하게 되었습니다. 그 결과 백성들의 원성을 사게 되고 동시에 군주의 자리를 남에게 찬탈당하는 지경에 이르렀습니다. 그러나 융이의 습속은 그렇지 않습니다. 윗사람은 순박한 덕으로 아래 사람들을 대하고 아랫사람들은 충성과 신의로써 윗사람들을 섬깁니다. 상하가 한결같아 서로 속이지 않습니다. 형적(刑籍)이 없어도 서로 속이지 않고 법을 글로 써 놓지 않아도 서로 근심하는 법이 없습니다. 이와 같은 다스림은 전례가 없는 지극의 도입니다. 이것이야말로 다스림의 극치가 아니겠습니까?」

요여의 말에 아무 대답도 하지 못한 목공이 백리해에게 그가 한 말을 전했다. 백리해가 요여에 대해 아는 바를 말했다.

「그 사람은 당진 출신의 대현(大賢)입니다. 신은 이미 그의 이름을 익히 들어 알고 있습니다.」

목공이 얼굴에 불쾌한 기색을 띠고 말했다.

「과인은 "이웃나라의 성인은 우리나라의 우환이다"라는 말을 들었소. 오늘 요여가 그의 지혜를 융이(戎夷)를 위해 쓰고 있으니 장차 우리의 화근이 되지 않겠습니까?」

「내사(內史) 직에 있는 요(廖)가 지혜가 있으니 주공께서 불러 계책을 물어보십시오.」

목공이 즉시 내사요(內史廖)를 불러 요여에 대한 생각을 말하자 그가 대답했다.

「서융의 군주는 멀리 떨어진 황야에 살고 있어 중원의 아름다운 노랫소리에 익숙하지 못합니다. 주군께서 아름다운 여자 악공을 보내시어 융주(戎主)의 생각을 빼앗고, 동시에 요여를 이곳에 억류시켜 귀국 날짜를 어기게 하여 오랫동안 돌려보내지 마십시오. 융주는 결국 아름다운 여자 악사에 빠져 정사를 돌보지 않을 겁니다. 서융의 군신이 서로 의심하게 되면 나라라도 취할 수 있지 않겠습니까? 하물며 한 사람의 신하 정도야 문제가 되겠습니까?」

「훌륭한 계책이오!」

그 뒤로 목공은 요여와 자리를 같이하여 식사를 할 때는 같은 그릇에 먹고 항상 건숙, 백리해, 공손지 등의 중신들을 불러 한자리에 모여 어울리게 했다. 세 사람의 중신들은 순번을 정해 서로 번갈아 가며 요여를 접대하면서 융 땅의 지형을 탐문하고 군사력의 강약과 허실을 알아보았다. 다른 한편으로는 용모가 아름다운 미녀와 노래를 잘 부르는 악녀 여섯 명을 선발하여 옷을 성대하게 차려 입힌 후에 답례사절로 보내는 내사요에게 딸려 융주에게 바치게 했다. 융주 적반이 크게 기뻐하여 매일 낮에는 노랫소리를 듣고 밤에는 잠자리를 같이하기에 바빠 자연히 정사를 소홀히 했다. 요여가 섬진에 1년을 머무른 후에 융국에 귀국했다. 융주는 늦게 돌아온 요여를 괴이하게 생각했다. 요여가 설명했다.

「신이 밤낮으로 귀국을 졸랐지만 섬진의 군주가 고집을 피워 보내주지 않아 이렇게 늦게 되었습니다.」

융주가 요여의 말을 믿지 않고 의심하게 되어 자연히 두 사람의 사이는 소원해졌다. 미녀 악사들에게 빠져 정사를 돌보지 않은 융주에게 요여가 힘들여 간했으나 소용이 없었다. 그 소식을 탐지한 목공이 비밀리에 사람을 보내 요여를 데려오게 했다. 목공은 융주를 버리고 섬진에 오게 된 요여를 아경(亞卿)에 임명하고 건숙과 백리해와 함께 국정을 돌보게 했다. 얼마 후에 요여는 융국을 정벌하기 위한 계책을 목공에게 올렸다. 목공은 요여의 계책에 따라 삼수에게 병사를 이끌고 출전하여 융국을 정벌하도록 명했다. 그동안 요여로부터 받은 정보로 융국의 지리를 상세하게 파악하고 있던 섬진의 세 장수는 마치 익숙한 길을 가듯이 융 땅으로 진격할 수 있었다. 융주 적반이 감히 대항하지 못하고 진나라에 항복을 할 수밖에 없었다. 승세를 탄 삼수가 계속 서쪽으로 진격하여 서융의 12개국을 멸하고 모두 섬진의 영토에 복속시켰다. 이로써 섬진의 영토는 1천 리의 땅이 서쪽으로 새로 개척되고 진목공은 서융의 패자가 되었다. 모두가 백리해와 건숙의 보좌 때문이었다. 후세 사람이 이 일을 두고 시를 지었다.

백리해의 말을 듣지 않던 우공은 결국 포로가 되었고
융주 역시 요여를 잃더니 나라를 섬진에게 빼앗겼다.
필경은 훌륭한 사람만이 나라를 다스릴 수 있으니
패자가 된 제환공과 강성해진 섬진을 보기 바란다.

虞違百里終成虜(우위백리종성로)
戎失繇余亦喪邦(융실요여역상방)
畢竟賢才能幹國(필경현재능간국)
請看齊覇與秦强(청간제패여진강)

12. 진보증몽(陳寶證夢)
- 현몽으로 진보(陳寶)를 얻어 서융의 패자가 된 섬진의 목공 -

서융주 적반은 옛날부터 여러 융족들이 복종하는 우두머리였다. 그런 적반이 섬진에게 항복하였다는 소문이 퍼지자 여러 융족들은 모두가 섬진의 위세를 두려워했다. 서융주에게 복종해 왔던 융족들은 모두가 그들의 영토를 바쳐 신하가 되고자 끊이지 않고 줄을 이어 계속 섬진으로 들어왔다. 목공이 기뻐하여 논공행상을 한 후에 군신들을 위해 큰 잔치를 열었다. 군신들이 번갈아 가면서 목공의 장수를 빌며 술을 권하자 부지중에 크게 취했다. 술자리를 파하고 궁으로 돌아온 목공은 자리에 누워 잠이 들었으나 오랫동안 정신을 차리지 못했다. 궁인들이 놀라 궁 밖의 사람들에게 알렸다. 전갈을 받은 군신들이 모두가 몰려와 궁문을 두드리며 목공의 안부를 물었다. 세자 앵(罃)이 태의를 궁 안으로 불러 진맥을 보도록 했다. 목공의 맥에는 이상이 없었고 단지 눈을 뜨지 못하고 몸을 움직일 수 없을 뿐이었다. 태의가 세자앵을 향하여 말했다.

「전하에게는 지금 귀신이 붙어 있습니다.」

세자앵이 내사요를 불러 하늘에 기도를 올려 귀신을 쫓으라고 하자 내사요가 말했다.

「이것은 시궐(尸厥)이라는 병인데 가사상태와 같은 증상을 보입니다. 지금 주군께서는 틀림없이 꿈을 꾸고 계십니다. 반드시 스스로 깨어나기를 기다려야지 절대로 놀라게 하면 안 됩니다. 제가 기도를 올려도 아무런 소용이 없습니다.」

세자앵이 침상 곁에서 침식을 같이하며 감히 떠나지 못했다. 계속해서 기다리던 중 5일째가 되어서야 꿈에서 깨어난 목공은 이마에서 땀을 비 오듯 흘리면서 연이어 외쳤다.

「괴이한 일이로다! 참으로 괴이한 일이로다!」

세자앵이 무릎을 꿇고 물었다.

「아바마마께서는 몸이 괜찮으신지요. 어떻게 하여 그렇게 오랫동안 주무시게 되었습니까?」

「잠시 잠을 잔 것 같다.」

「아바마마께서는 잠이 드신 지 이미 닷새째가 되었습니다. 주무시는 중에 어떤 꿈을 꾸시지 않으셨는지요?」

목공이 놀란 표정을 짓고 물었다.

「너는 내가 꿈을 꾸었다는 사실을 어떻게 알았느냐?」

「내사요가 일러주어 알게 되었습니다.」

목공이 즉시 내사요를 침전으로 불러들여 자기가 꾼 꿈 이야기를 해주었다.

「과인이 꿈속에서 비빈과 같은 몸치장에 단아한 용모의 백설과 같은 피부를 갖고 있는 아름다운 귀부인 한 사람을 만났다. 그녀는 손에

그림 10 획진보목공증몽(獲陳寶穆公證夢)

천부(天符)를 들고 상제의 명을 받들라고 하면서 가까이 오더니 내 이름을 불렀다. 나는 그 부인이 이끄는 대로 따라 나섰다. 그 부인의 인도를 받아 어디론가 가던 끝에 갑자기 풍경이 끝이 없이 넓어지더니 궁궐이 있는 곳에 당도하게 되었다. 부인은 나를 단청이 반짝반짝 빛나는 궁궐로 인도했다. 계속해서 아홉 자 높이의 옥계단 위의 붉은 발이 드리워져 있는 곳 밑으로 이끌고 가서 계단 위를 향해 절을 올리도록 했다. 잠시 후에 계단 위의 발이 걷히면서 황금으로 된 기둥과 궁실의 벽이 보이고 그 벽에는 화려하게 수놓인 비단옷이 걸려 있었다. 그곳에서 흘러나오는 빛은 눈을 똑바로 뜰 수 없을 정도로 눈이 부셨다. 이윽고 머리에는 면류관을 쓰고 몸에는 화려한 곤룡포를 입은 왕이 옥으로 만든 궤에 몸을 기대고 앉아 있고 그 좌우에는 시종이 서 있는 모습이 보였다. 그곳 사람들의 위엄과 의식은 대단히 성대했다. 왕이 나를 보더니 곁에 있던 사람에게 명해 나에게 술을 한 잔 하사하라고 했다. 시종이 있어 벽옥으로 만든 술잔에 술을 따라 나에게 주었는데 그 향기가 감미롭기 그지없었다. 앉아 있던 왕이 한 개의 죽간을 옆에 시립해 있던 사람에게 주고 당상에서 큰소리로 내 이름을 부르는 소리를 들었다.

"임호(任好)야, 내 말을 듣거라. 너는 당진의 난을 평정해야 한다."

그러더니 다시 똑같은 말을 반복했다. 부인이 나에게 감사의 절을 올리라고 지시하더니 다시 나를 이끌고 궁궐에서 나왔다. 내가 그녀에게 이름을 묻자 부인이 대답했다.

"첩은 곧 보부인(寶夫人)인데 태백산의 서쪽 산록에서 살고 있습니다. 군주님의 땅에 살고 있는데 군주께서는 아직 제 이름을 들어보시지 못하셨습니까? 또 첩의 부군은 엽군(葉君)이라고 하는데 1-2년에 한 번씩 가끔 첩을 만나러 태백산에 옵니다. 군주께서는 첩을 위해서 사당을 지어 제사를 지내 주시면 앞으로 군주의 후손들이 천하를 얻게 되고 군주의 이름을 만세에 전해지게 될 겁니다."

이어서 내가 그 부인에게 꿈속에서 왕이 나에게 한 말에 대해 물었다.

"당진에 무슨 변란이 일어나기에 과인보고 평정하라고 하시는 겁니까?"

보부인이 대답했다.

"이것은 천기(天機)라 내가 미리 누설할 수 없습니다."

곧이어 닭 우는 소리가 들리더니 갑자기 그 소리가 커져 마치 벼락 치는 소리가 되어 깜짝 놀라 꿈에서 깨어나게 되었다.」

내사요가 해몽했다.

「당진의 군주가 여희를 총애하고 세자를 멀리하니 어찌 변란이 일어나지 않는다고 장담하겠습니까? 천명이 곧 주군에게 이르렀으니 이것은 주군의 크나큰 복이 되겠습니다.」

「보부인을 위해 무엇을 해야 하는가?」

「신이 듣기에 선군이신 문공께서 살아 계실 때 진창인(陳倉人) 한 사람이 땅속에서 이상한 동물을 한 마리 잡았었습니다. 형체가 마치 안이 가득 찬 주머니 같았고 몸통의 색깔은 황색과 흰색의 중간색에, 여러 개의 다리와 짧은 꼬리에 주둥이는 길고 날카로운 이빨을 지니고 있었습니다. 진창인이 그 동물을 선군에게 바치기 위해 끌고 가는데 중도에서 우연히 동자 둘을 만나게 되었습니다. 두 동자가 끌려가는 동물을 보더니 박소를 하며 깔깔 웃다가 그 동물을 향하여 말했다고 했습니다.

"너는 죽은 사람을 욕보이더니 이제 산 사람의 손에 잡히게 되어 끌려가고 있구나."

진창인이 듣고 그 내력을 묻자 두 동자가 말했었습니다.

"이것은 위(猬)라는 고슴도치인데 땅속에서 죽은 사람의 뇌를 먹고 삽니다. 정기를 얻게 되면 능히 사람으로 변할 수 있습니다. 놓치지 마시고 잘 끌고 가십시오."

끌려가던 고슴도치가 동자의 말을 듣더니 역시 주둥이를 길게 내밀며 갑자기 사람으로 변하여 말을 했습니다.

"저 두 동자는 한 쌍의 꿩입니다. 이름을 진보(陳寶)라 하는데 들꿩의 정령이 변한 것입니다. 수컷을 얻는 자는 천자가 될 수 있으며 암컷을 얻는 자는 패자가 될 수 있습니다."

진창인이 고슴도치를 버리고 두 동자를 잡으려고 하자 두 동자는 홀연히 꿩으로 변하더니 날아가 버렸습니다. 진창인이 이 일을 선군에게 고하자 선군께서는 명을 내려 그 일을 죽간에 기록하게 하여 궁중의 창고에 보관하게 했습니다. 지금 신이 그 죽간을 관리하고 있습니다. 진창이라는 곳은 태백산 서쪽의 진창산 밑에 있는 고을인데 주군께서는 시험 삼아 두 산 사이에서 사냥을 하시면서 그 종적을 찾아보시면 어떤 실마리를 찾을 수 있을 겁니다.」

목공은 문공이 써서 보관해 놓은 죽간을 가져오게 하여 읽어 보니 과연 내사요의 말과 같았다. 다시 내사요에게 자기의 꿈을 상세하게 기술하게 하여 궁중의 창고에 같이 보관하도록 명했다.

다음 날 목공이 건강한 모습으로 조회를 열자 군신들이 일제히 축하의 말을 올렸다. 목공이 즉시 명을 발하여 수레를 타고 태백산으로 사냥을 떠나 진창산에 이르렀다. 그때 사냥하는 사람들의 그물에 한 마리의 꿩이 잡혔다. 그 꿩은 전신이 옥 같은 흰색에 흠이 하나도 없이 광채가 발해 사람들을 비추었다. 그러나 얼마간의 시간이 지나자 그 꿩은 돌로 변했으나 색과 광택은 전혀 변하지 않았다. 사냥꾼들이 돌로 변한 꿩을 목공에게 가져와 바쳤다. 내사요가 축하의 말을 올리고 말했다.

「이것은 바로 보부인이 변한 꿩입니다. 암컷을 얻은 자는 천하의 패자가 된다고 했습니다. 주군께서 이곳 진창에 사당을 짓는다면 반드시 패자가 되는 복을 얻을 수 있을 겁니다.」

목공이 크게 기뻐하며 돌로 변한 꿩을 난초에 달인 물로 목욕을 시키고 비단 이불에 싸서 옥으로 만든 궤에 넣었다. 다시 인부를 모집하고 벌목을 하여 사당을 산꼭대기에 짓고 사당의 이름을 보부인사(寶夫人祠)라고 했다. 진창산을 보계산(寶鷄山)으로 이름을 바꾸고 봄과 가을에 두 번씩 제사를 지내기 위해 제관을 두었다. 그 후로 제사 지내는 날이 되면 새벽에 산꼭대기에서 닭 우는 소리가 들려왔는데 그 소리가 3리 밖에까지 들렸다. 그리고 1년이나 2년에 한 번씩 산 위에서 붉은 빛이 높이가 10여 장까지 솟구치는 것이 보이고 뇌성벽력이 은은히 일어나곤 했다. 이것은 곧 엽군이 보부인을 만나기 때문이라고 했다. 엽군은 곧 수꿩의 신이라 소위 남양(南陽)에 별거하는 보부인 남편이다. 이후로 600여 년이 지나 동한의 광무제(廣武帝)가 남양에서 태어나서 수꿩의 화신인 엽군을 얻은 후에 군사를 일으켜 왕망(王莽)을 죽이고 다시 한나라를 부흥하여 후한의 황제가 되었다. 이것은 곧 수꿩을 얻은 자가 천자가 된다는 말이 실현되었음을 의미한다.

13. 범주지역(泛舟之役)
 - 수로로 양식을 운반하여 적대국의 기근을 구한 진목공 -

섬진의 목공 9년 기원전 649년 당진의 헌공(獻公)이 죽고 그 뒤를 여희(驪姬)의 소생 해제(奚齊)가 이었다. 그러나 헌공의 장례를 미처 치르기도 전에 여희의 음모에 희생된 태자 신생(申生)의 소부(少傅)였던 이극(里克)이 해제를 시해했다. 순식(荀息)이 소희(少姬)의 소생 탁자(卓子)를 대신 군주의 자리에 앉혔으나 이극이 다시 순식과 함께 죽였다. 소희는 여희의 동생이다. 이때 여희의 난으로 인해 쫓겨나 양(梁)나라에서 망명생활을 하고 있던 당진의 공자 이오(夷吾)가 사람을 목공에게 보내 자기를 당진의 군주 자리에 올려 달라고 호소했다. 목공이 허락하고 백리해로 하여금 군사를 이끌고 이오를 호송해 당진에 들어가 군주 자리에 앉히도록 했다. 이오가 목공에게 말했다.

「만약에 제가 당진에 들어가 군주의 자리에 앉게 된다면 하외(河外)[13]의 다섯 개 성을 떼어 바치도록 하겠습니다.」

이오가 목공의 도움을 받아 당진으로 들어가 군주 자리에 앉았다. 이가 진혜공(晉惠公)이다. 이오가 할양하기로 한 하외오성은 하수 남안과 서안의 땅에 있던 성읍으로서 섬진이 중원으로 나아가는 인후(咽喉)에 해당하는 요충지다. 당진의 군주 자리에 오른 혜공이 섬진에 비정보(丕鄭父)를 사자로 보내 도와준 일에 감사의 말만 전하며 목공에게 한 약속을 저버리고 하외의 성을 할양할 수 없다고 통고했다. 그리고 자기의 즉위를 안에서 도운 이극을 시역죄로 몰아 죽이고 다시 비정보를 포함한 하외오성을 할양하지 않은 자신의 배신행위를 비난하는 당진의 대부들을 함정에 빠뜨려 모두 주살했다.

한편 당진에서는 혜공이 즉위한 이래 해마다 보리와 벼가 여물지 않아 흉년이 계속되다가 5년째 되는 해에는 정말로 큰 흉년이 들었다. 나라의 창고는 텅텅 비고 백성들의 집에는 양식이 떨어져 굶어 죽는

---

13 하외(河外): 원래는 산서와 하남을 가르는 황하(黃河) 이남의 땅을 하외(河外)라 칭했으나 본문에서는 당진의 입장에서 볼 때 황하 밖의 지금의 섬서성과 하남성 일부를 가리킨다.

사람이 부지기수였다. 혜공이 다른 나라에서 양식을 사오려고 했다. 그러나 이웃 나라 중 단지 섬진만이 거리로 당진과 제일 가깝고 또한 혼인으로 맺어진 인척의 나라였기 때문에 도움을 청하기에 가장 좋은 나라였다. 하지만 그때까지 옛날 하외오성을 할양하기로 한 약속을 지키지 않고 있어 차마 도움을 요청하지 못했다. 혜공의 심복 극예(郤芮)가 말했다.

그림 11 범주지역도(泛舟之役圖)

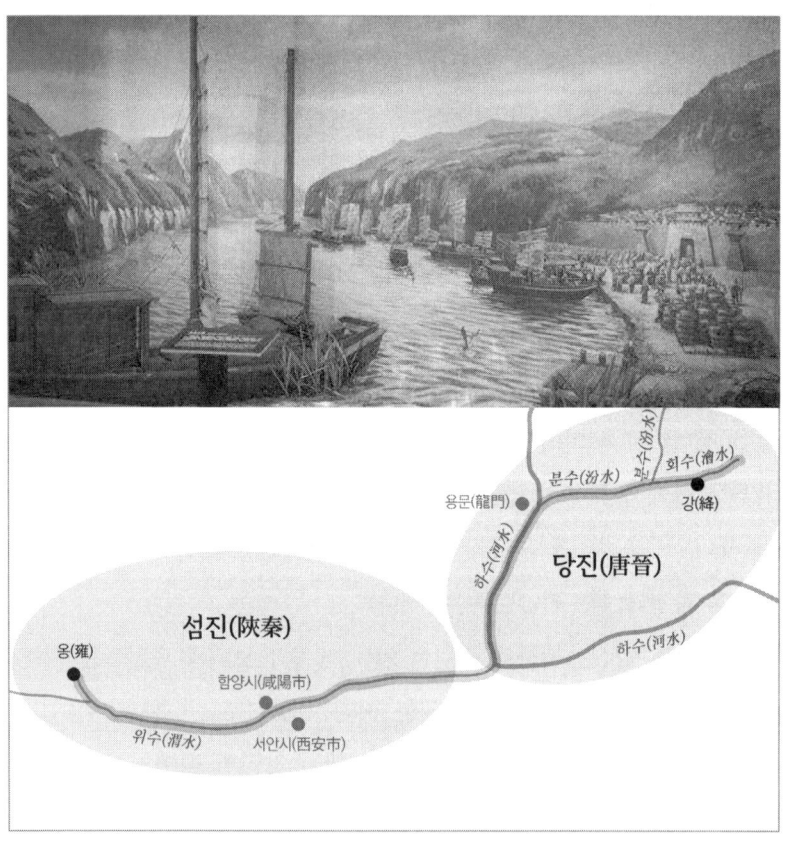

「우리는 섬진과의 약속을 아직 저버리지 않았습니다. 단지 주기로 한 날짜를 늦추었을 뿐입니다. 만약에 우리가 양식을 섬진에 요청했는데 그들이 주지 않고 먼저 우리와의 관계를 끊는다면 그것은 곧 우리가 약속을 깰 수 있는 명분으로 삼을 수 있습니다.」

「경의 말이 옳소!」

혜공은 즉시 대부 경정(慶鄭)을 사신으로 삼아 보물과 벽옥을 주어 섬진으로 보내 양식을 청하도록 했다. 경정으로부터 양식을 요청 받은 목공은 군신들을 불러 의논했다.

「당진이 나에게 하외오성(河外五城)을 주기로 해 놓고 아직 약속을 이행하지 않고 있소. 그런데 지금 다시 그들이 기근을 이유로 우리에게 양식을 구하고 있소. 양식을 보내야 하오? 아니면 보내지 말아야 하오?」

건숙과 백리해가 목소리를 같이하여 말했다.

「천재는 천하의 모든 나라를 돌아다니며 일어나는 일입니다. 어느 나라인들 천재를 당하지 않는 나라가 있겠습니까? 이웃나라의 처지를 동정하여 천재를 구하는 일은 하늘의 이치입니다. 순리를 행하면 하늘은 우리에게 틀림없이 복을 내릴 겁니다.」

「나는 이미 당진에게 많이 주었지만 돌아오는 것은 하나도 없었소.」

공손지도 나서서 말했다.

「만약에 이번에 다시 더하여 보태 주신다면 받아야 할 빚은 그만큼 더 많아집니다. 어찌 우리 섬진에 손해라고만 할 수 있겠습니까? 혹시 그들이 우리에게서 빌려 간 빚을 갚지 않는다면 허물은 그들에게 있게 됩니다. 백성들이 그들의 군주를 미워하는데 누가 우리와 싸움을 하려고 하겠습니까? 주군께서는 반드시 양식을 보내십시오.」

그때 비정보의 아들 비표는 죽음을 피해 섬진으로 망명하여 섬진국의 대부가 되어 목공을 받들고 있었다. 비표가 그의 부친 비정보의 원수를 갚을 생각으로 팔을 걷어붙이고 나와서 말했다.

「낭진의 군주가 무도하여 하늘이 재앙을 내렸습니다. 그들이 기근이 든 틈을 타서 군사를 내어 정벌한다면 당진을 도모할 수 있습니다. 이번 기회를 놓치지 마십시오.」

아경 요여가 일어나 말했다.

「인자(仁者)는 다른 사람의 어려움을 틈타 이익을 취하지 않고 지자(知者)는 요행을 바라고 일을 도모하지 않습니다. 마땅히 양식을 보내주어야 합니다.」

「나에게 빚이 있는 자는 당진의 군주이고 기아에 허덕이는 자는 그의 백성이라! 나는 군주로 인해 생긴 화가 백성들에게 미치는 모습을 보지 못하겠노라!」

목공은 즉시 곡식 수만 석을 물길을 이용하여 당진으로 보냈다. 섬진의 도성 옹성(雍城)에서 곡식을 실은 배는 위수의 순류를 타고 하수로 나간 후에, 다시 하수를 거슬러 올라가 분수(汾水)에 이르렀다가 또다시 회수(澮水)의 역류를 타고 당진의 도성 강도(絳都)로 들어갔다. 옹성과 강도 사이의 1천 500리에 달하는 물길에는 수많은 배들이 꼬리에 꼬리를 물면서 항해하여 그 끝이 보이지 않았다. 사람들은 배를 띄워 곡식을 운반했다고 해서 그 일을 '범주지역(泛舟之役)'이라고 칭했다.

섬진의 목공 11년 기원전 647년에 일어난 일이었다.

이로써 기근을 면하게 된 당진의 백성들은 하나같이 섬진의 도움에 감격하고 기뻐했다.

14. 모피지부(毛皮之附)
  - 큰 허물을 놔두고 작은 허물을 뉘우친들 무슨 소용이 있겠는가? -

 다음 해 겨울 이번에는 섬진에 흉년이 들고 반대로 당진은 대풍이 들었다. 목공이 건숙에게 말했다.
「과인이 오늘 두 분이 예전에 풍년과 흉년은 떠돌아다닌다고 하신 말씀이 생각납니다. 만약 과인이 지난겨울에 양식을 구하는 당진의 청을 허락하지 않았다면 금년에 우리나라에 닥친 기근을 해결하기 위해 당진에 식량을 요청하기는 어려웠을 것이오!」
 비표가 말했다.
「진군은 탐욕스럽고 신의가 없습니다. 우리가 작년에 도와준 일을 들어 식량을 청해도 진군은 틀림없이 거절할 위인입니다.」
 목공이 듣고 설마 그럴 리가 있겠느냐면서 즉시 냉지(泠至)에게 보물과 벽옥을 주어 사자로 보내 당진에 가서 곡식을 청하게 했다. 혜공이 하외오성의 땅에서 수확한 곡식을 징발하여 섬진의 요청에 응하려고 했다. 극예가 나와 말했다.
「주군께서 섬진에 곡식을 주시려고 하시는데 그렇다면 하외의 오성은 어떻게 하실 생각이십니까?」
「과인은 단지 곡식만을 보낼 뿐이오. 어찌하여 땅까지 주겠소?」
「그렇다면 어찌하여 곡식은 보내시려고 하십니까?」
「그것은 지난해에 행한 섬진의 범주지역에 보답하기 위해서요.」
「섬진이 범주지역으로 덕을 베푼 일은 즉 옛날에 주군을 도와 당진의 군주 자리에 앉힌 큰 공덕에 다시 한번 더 했을 뿐입니다. 주군께서 큰 공덕에는 보답을 안 하고 작은 공덕에 대한 은혜만을 갚으려고 하심은 마치 가죽도 없는데 털을 붙이려는 행위와 같습니다. 큰 잘못을 놔둔 채 작은 잘못을 뉘우친다 한들 무슨 의미가 있겠습니까?」

경정(慶鄭)이 듣고 앞으로 나와 간했다.

「신이 작년에 주군의 명을 받고 섬진에 가서 양식을 청할 때 진백(秦伯)은 아무런 구실도 붙이지 않고 즉시 허락했습니다. 그것은 진실로 아름다운 일이었습니다. 그럼에도 불구하고 지금 우리가 창고 문을 닫고 양식을 보내 주지 않는다면 우리는 섬진으로부터 큰 원망을 사게 됩니다.」

여이생이 나서서 극예를 두둔했다.

「섬진이 우리에게 양식을 보내 준 목적은 우리를 생각해서가 아니라 하외오성을 할양받기 위해서입니다. 양식을 주지 않아도 원망을 받고 양식만 주고 땅을 주지 않는다 해도 역시 원망을 듣게 됩니다. 주어도 원망을 받고 주지 않아도 원망을 들을 텐데 구태여 주고 나서 원망을 들을 필요가 있겠습니까?」

경정이 물러서지 않고 강변했다.

「남의 재난을 기뻐하는 행위를 불인(不仁)이라 하고 남의 은혜를 저버리는 행위를 불의(不義)라고 합니다. 불인불의로 어떻게 나라를 지키려고 하십니까?

대부 한간(韓簡)도 대열에서 나와 말했다.

「경정의 말이 옳습니다. 작년에 우리가 양식을 섬진에 청했을 때 섬진의 군주가 허락하지 않았더라면 주공의 마음은 어떠했겠습니까?」

그러자 여이생과 같은 무리인 괵석이 한술 더 떠서 말했다.

「작년에 하늘이 기근을 내려 우리나라를 섬진에게 주려고 했습니다. 섬진이 하늘의 뜻을 모르고 곡식을 주어 우리나라를 취하지 않았던 일은 심히 어리석은 일이었습니다. 금년에는 하늘이 섬진에게 기근을 내려 그 땅을 우리에게 주려고 하고 있습니다. 그런데 어찌하여 하늘의 뜻을 거스르면서까지 섬진을 취하지 않으려고 하십니까? 저의 어리석은 생각은 이번 기회를 틈타 양백(梁伯)과 동맹을 맺어 섬진을 정벌한 후에 그 땅을 같이 나누어 가지십시오.」

괵석의 말이 합당하다고 생각한 혜공이 냉지를 조당으로 불러 양식을 줄 수 없다고 통고했다.

「우리 당진도 몇 년간 계속 기근이 들어 백성들은 집을 떠나 유랑생활을 하고 있었소. 또 금년 겨울에 간신히 이삭이 피었으나 집을 떠난 유랑자들이 계속 자기 집으로 돌아오고 있어 간신히 자급할 수 있을 정도라 이웃 나라를 돕기에는 부족한 실정이오. 양식을 보낼 수 없는 우리 당진국의 사정을 이해하기 바라오.」

혜공의 뻔뻔스러운 말에 냉지가 하소연했다.

「저희 군주께서는 혼인으로 맺어진 인척 나라의 정리를 생각하여 귀국이 약속한 땅을 주지 않았음에도 책하지 않았습니다. 또한 귀국에서 우리에게 곡식을 청하러 왔을 때도 금하지 않으시고 다만 "이웃이 재난을 당했는데 돕지 않을 수 없다"라고 말씀하셨습니다. 과군께서 우리 섬진의 급하고 어려운 실정을 전하께 고하게 하셨는데 제가 아무것도 구하지 못하고 돌아간다면 차마 복명할 수가 없습니다. 부디 선처해 주십시오.」

여이생과 극예가 일어나 큰 소리로 냉지를 향해 소리쳤다.

「네가 옛날 비정보와 모의하여 많은 재물로 우리들을 유인하여 죽이려고 했던 일을 다행히 하늘이 도와 그 간계를 간파하였기 때문에 너의 계략에 떨어지지 않을 수 있었다. 그런데 또다시 와서 요설을 늘어

놓고 있느냐? 빨리 돌아가 너희 군주에게 전하라! "우리의 양식을 먹고자 한다면 군사를 이끌고 오기 전에는 불가하다"라고!」

냉지가 분함을 참으며 조당에서 물러 나왔다. 경정이 조당을 나와 태사 곽언을 찾아 물었다.

「우리 주군이 은혜를 저버리고 이웃나라의 분노를 샀으니 화가 머지않아 미칠 것 같은데 태사께서는 어떻게 생각하십니까?」

「금년 가을 사록산(沙鹿山)이 무너지고 초목이 모두 쓰러졌소. 무릇 산천이란 나라의 근원인데 이것이 무너지고 쓰러졌으니 장차 화가 닥쳐 당진이 망하려는 징조가 아닌가 하오!」

사관이 시를 지어 진혜공을 풍자했다.

먼 뱃길의 범주지역으로 당진의 기근을 구휼했는데
섭진의 기근에는 당진의 마음은 같지 않았다.
자고로 배은망덕한 사람이 적지 않았으나
진백의 은혜를 저버린 혜공과 같은 사람은 없었다.

泛舟遠道賑饑窮(범주원도진기궁)
偏遇秦饑意不同(편우진기의부동)
自古負恩人不少(자고부은인불소)
無如晉惠負秦公(무여진혜부진공)

15. 외강중건(外强中乾)
- 외국산 말은 겉은 강해 보이나 뼛속은 약하다 -

당진에서 아무것도 얻지 못하고 돌아온 냉지가 목공에게 복명했다.

「당진의 군주가 우리에게 양식을 돌려주기는커녕 오히려 그것을 기화로 양백과 같이 군사를 일으켜 우리 섬진을 정벌하려고 합니다.」

목공이 크게 노하여 말했다.

「사람의 탈을 쓰고 어찌 이렇듯 무도하단 말인가? 더욱이 그자의 머리에서 나오는 생각이 방자하기가 이를 데 없구나! 과인이 먼저 양나라를 파한 후에 서쪽의 당진으로 진군하여 그 죄를 물으리라!」

백리해가 듣고 의견을 말했다.

「양백이 땅을 다투는 일을 즐겨 하여 그 영토를 넓혀 왔습니다. 또한 나라 안의 여러 곳에 성을 견고하게 쌓고 그 안에 집을 지었지만 백성들을 살지 못하게 했습니다. 이에 양나라 백성들은 양백을 크게 원망하고 있습니다. 이 일로 인해 양백은 자기의 백성들을 동원하여 당진을 도울 수 없습니다. 당진의 군주가 비록 무도하기는 하나 자신들의 힘을 과신하고 있는 여이생과 극예 두 사람의 지모로 강주(絳州)의 백성들을 동원하여 군사를 일으킨다면 필연적으로 당진의 서쪽 변경지방과 이웃나라들을 진동시키게 될 겁니다. 병법에 이르기를 "상대보다 빨리 군사를 내어 제압하라"고 했습니다. 오늘 주군이 지혜로써 나라의 대부들에게 출전을 명하고 당진의 군주가 주군의 은혜를 저버렸음을 만천하에 큰 소리로 외쳐 알린다면 마땅히 당진을 제압할 수 있습니다. 당진을 제압한 후에 그 여세를 몰아 피폐한 양나라를 도모한다면 이것은 마치 나뭇가지에 달린 마른 잎을 떨구는 일처럼 용이하게 공업을 이룰 수 있습니다.」

백리해의 말이 옳다고 생각한 목공은 당진을 정벌하기 위해 군사를 크게 일으켰다. 건숙과 요여는 옹성에 머물며 태자 앵(罃)을 보좌하여 나라를 지키게 하고 맹명시는 순군(巡軍)을 이끌고 오랑캐의 침입에 대비하여 섬진의 서쪽 변경을 돌게 하여 만전을 기했다. 연후에 목공 자신은 백리해와 같이 친히 중군 대장이 되고 서걸술과 백을병은 자기의 어가를 호위하도록 했다. 이어서 우군 대장에는 공손지를, 좌군 대장에는 공자칩을 임명하고 병거 400승을 휘몰아 호호탕탕 당진의 국경을 향해 진격해 들어갔다.

당진의 서쪽 변경을 지키던 관리가 사태의 위급함을 혜공에게 고했다. 당진의 모든 신하들을 조당에 불러 모이게 한 혜공이 물었다.

「섬진이 아무 까닭 없이 군사를 일으켜 우리나라의 경계를 범하니 이를 어찌 막아야 하겠는가?」

경정이 입가에 냉소를 띠고 말했다.

「섬진군이 쳐들어오는 이유는 은혜를 저버린 주상을 토벌하기 위해서입니다. 어찌하여 까닭이 없다 하십니까? 신의 어리석은 생각으로는 오로지 죄를 빌고 강화를 청한 후 하외오성을 할양하여 섬진에게 우리나라의 신의를 회복하여 병화만은 피해야 한다고 생각합니다.」

혜공이 크게 노해 말했다.

「우리나라는 당당한 천승의 대국인데 땅을 떼어 주고 강화를 청한다면 군주로서 체면이 서겠는가?」

그러고는 큰 소리로 영을 내렸다.

「먼저 경정을 참하고 나서 군사를 일으켜 섬진의 군사를 막겠다.」

괵석이 말했다.

「출병도 하기 전에 먼저 장수를 참하는 행위는 군사들의 사기에 이롭지 못합니다. 잠시 죄를 기록해 놓고 보류해 두었다가 공을 세워 속죄토록 하시기 바랍니다.」

괵석의 말을 따라 경정을 참하라는 명을 거둔 혜공은 그날로 전국에 동원령을 내려 거마를 대거 사열하고 그중에서 가장 정예한 600승의 전차와 군사들을 선발하여 출전을 준비했다. 극보양(郤步揚), 가복도(家僕徒), 경정(慶鄭), 아석(蛾晣) 등을 장군으로 임명하여 좌군과 우군을 각기 나누어 맡도록 했다. 그리고 혜공 자신은 괵석과 함께 중군에 거하면서 전군을 지휘하려고 했다. 선봉에는 역사(力士) 도안이(屠岸夷)를 임명했다. 도성을 떠난 당진군은 섬진군의 진격을 막기 위해 서쪽을 향해 행군을 시작했다.

그때 혜공의 어가를 끄는 네 마리의 말은 옛날 정나라가 선물로 바친 이름이 소위 소사(小駟)라고 했다. 말의 체구는 적었지만 영리하였고 모발은 윤기가 났으며 걸음걸이는 빠르고도 조용했다. 평소에 그 말들을 매우 사랑한 혜공이 자기의 어가를 소사에게 메어 끌도록 했다. 경정이 보고 말했다.

「옛날 사람도 군사를 이끌고 전쟁터에 나갈 때는 반드시 본국 출산의 말을 탔습니다. 그 말이 본토산이어야만 능히 본국 사람의 마음을 헤아릴 수 있을 뿐만 아니라 훈련을 마음 놓고 받을 수 있으며 나라 안의 길도 자주 다녀 익숙하게 되어 전쟁을 할 때 부리는 사람의 마음에 따라 뜻대로 움직여 주기 때문입니다. 지금 주군께서 큰 적을 막으러 가시면서 타국산의 말을 타고 전쟁을 하다가 위급한 상태가 되면 두려운 마음을 갖게 되어 모는 사람의 뜻을 어기게 됩니다. 어지러운 기운이 빠르게 움직이고 몸 안의 피가 두루 솟구쳐 혈맥이 팽창되어 솟아오르면 겉은 강한 듯싶지만 뼛속은 마릅니다. 오도 가도 못 하게 되고 돌지도 못하게 되니 주공께서는 필시 후회하실 겁니다.」

바른 말을 잘하는 경정에게 여전히 불쾌한 마음을 품고 있던 혜공이 화를 내며 꾸짖었다.

「이 말은 내가 습관이 되었으니 그대는 더 이상 말을 하지 말라!」

16. 진진대전(晉秦大戰)
- 섬진과 당진이 한원(韓原)에서 크게 싸우다 -

한편 섬진의 군사들은 이미 하수를 도하하여 당진의 경계로 진입하여 당진군과 세 번 싸워 모두 승리를 취한 후에 파죽지세로 한원[韓原: 지금의 산서성 하진현(河津縣)과 만천현(万泉縣) 분수(汾水)의 하류 북쪽의 평원을 말한다]으로 나아가 진채를 세웠다. 하수를 도하한 섬진군이 변경을 지키던 군사들을 패주시키고 한원으로 진군하여 진채를 세웠다는 소식을 들은 혜공은 얼굴을 찡그리면서 말했다.

「적군이 이미 나라 깊숙이 들어왔으니 이를 어찌해야 하는가?」

예의 경정이 입바른 소리를 했다.

「주군께서 스스로 적군을 불러들여 놓으시고 어찌하여 다른 사람에게 물으십니까?」

「네놈은 어찌 그리 무례한가? 썩 물러가라!」

혜공이 당진의 군사들을 이끌고 행군하여 한원에서 10리쯤 떨어진 곳에다 진채를 치고는 한간을 시켜 섬진군의 군세를 알아보게 했다. 한간이 다녀와서 혜공에게 보고했다.

「섬진군의 병력은 우리보다 적으나 그들의 사기는 우리보다 열 배는 높습니다.」

「어찌하여 그렇다고 생각하는가?」

「주군께서는 처음에 섬진국 군주의 호의를 믿고 그 나라와 가까운 양나라로 망명하셨습니다. 과연 생각하신 대로 섬진국의 도움을 얻어 우리 당진국의 군주자리에 오르실 수 있었습니다. 또한 섬진이 베푸는 양식을 받아 나라의 기근도 면했습니다. 우리 당진국은 섬진국의 은혜를 세 번이나 받았지만 한 번도 갚지 않았습니다. 이런 이유로 섬진국의 군신들은 마음에 분노가 쌓여 한마음 한뜻으로 우리 당진을 정벌하러 왔습니다. 섬진군은 모두 은혜를 저버린 우리의 죄를 추궁하려고 하는 마음에 사무쳐 그 기세가 매우 성합니다. 어찌 열 배만 높다고 말할 수 있겠습니까?」

혜공이 화를 내며 말했다.

「그대의 말은 곧 경정이 이미 말한 바다. 내가 마땅히 섬진의 군사들과 죽기를 각오하고 한번 싸우리라!」

혜공이 곧바로 한간에게 명하여 섬진의 군중으로 가서 전서를 전하고 싸움을 청하게 했다.

『과인은 무장한 병거 600승을 이끌고 군주를 기다린 지 오래입니다. 군주께서 만약 군사를 물리쳐 돌아간다면 그것은 과인이 원하는 바이나 만약 군사를 물리치지 않는다면 내가 싸움을 피하고 싶어도 사기가 드높은 우리 당진군이 용서하지 않을 겁니다.』

목공이 전서를 받아 읽더니 웃으면서 말했다.

「나이도 어린 놈이 어찌 이리 교만한가?」

목공은 즉시 공손지를 당진의 군중으로 보내 답서를 전하게 했다.

『그대가 나라를 원해서 나는 주었다. 그대가 또한 양식을 구하자 내가 보내 주었다. 지금 그대가 싸우고자 하니 어찌 내가 거절할 수 있겠는가?』

한간이 혜공 앞에서 물러 나와 한탄했다.

「섬진의 도리가 옳으니 내가 죽을 데가 어디인지 모르겠구나!」

혜공이 곽언에게 점을 치게 하여 차우장군(車右將軍)[14]을 누구로 임명해야 하는지를 알아보게 했다. 점을 친 결과 여러 장수들 모두 불길하다고 나왔으나 오로지 경정 한 사람만이 길하다고 나왔다. 혜공이 말했다.

「경정이란 놈은 섬진과 같은 무리에 속한 자인데 어찌 내가 그를 차우장군에 임명할 수 있겠는가?」

곽언의 점괘를 무시하고 경정 대신에 가복도를 차우장군으로, 극보양을 어자로 임명한 혜공은 군사를 이끌고 한원으로 나가 섬진군과 대치하며 임전태세를 갖추었다. 백리해가 망루에 올라 당진의 군사들 수가 매우 많음을 보고 목공에게 말했다.

「당진의 군주는 장차 우리와 죽기를 각오하고 싸우려는 기세입니다. 주군께서는 잠시 싸움을 중지하시고 사태를 관망하시기 바랍니다.」

목공이 하늘을 손가락으로 가리키면서 말했다.

「당진의 군주가 나의 은혜를 저버리기를 그렇듯 심하게 했는데, 만일 하늘에 도리가 없다면 모를까, 하늘이 알고 있다면 내가 어찌 싸움에 이기지 못하겠소?」

목공이 진채를 다시 한원 서쪽으로 옮기고 전열을 정비하여 당진의 군사들이 당도하기를 기다렸다.

이윽고 섬진군이 전열을 정비하여 전투태세를 갖추자 얼마 후에 당진군도 한원에 당도했다. 섬진과 당진의 양쪽 군사들이 서로 마주 보고 원을 그리며 대치했다. 마침내 양 진영의 중군에서 북소리가 울리자 두

---

14 차우장군(車右將軍): 중국 고대에 네 마리의 말이 끄는 전차에는 세 사람이 탔는데 수레의 중앙에는 마부에 해당하는 어자(御者)가, 좌측에는 대장이나 제후가 타고 오른쪽에는 대장이나 제후를 호위하는 무사가 탔다. 왕이나 제후의 수레에 타고 그들을 호위하는 무사를 차우장군이라 한다.

나라 군사들이 앞으로 전진했다. 당진군 진영에서 도안이가 뛰어나와 자기의 용력을 믿고 손에는 100근이 넘는 혼철창(渾鐵槍)을 휘두르며 섬진의 진영으로 달려가 만나는 병사들을 모두 찔러 죽였다. 도안이의 용력에 놀란 섬진의 군사들은 바람에 쓰러지는 초목처럼 흩어져 달아나기 바빴다. 그때 섬진군의 진영 쪽에서 장수가 한 명 나와 도안이의 앞을 가로막았다. 그 장수는 바로 건숙의 아들 백을병이었다. 두 사람

그림 12 진진(晉秦)의 한원지전(韓原之戰) 시의도

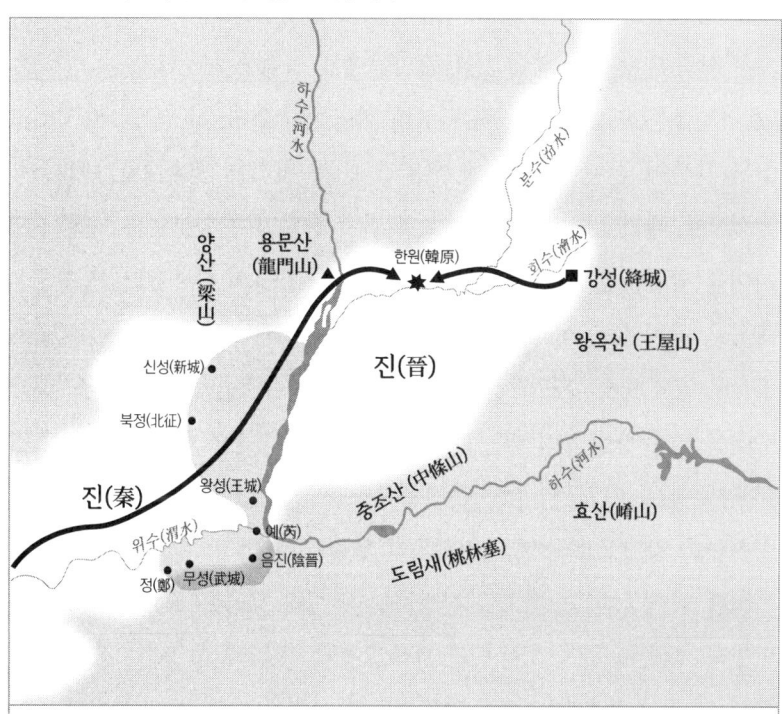

기원전 645년 진목공과 진혜공이 이끄는 진진(秦晉)의 대군이 한원에서 조우하여 회전에 들어갔다. 이 싸움에서 섬진군은 진목공의 양마를 훔쳐서 잡아먹은 삼백야인의 도움으로 당진군을 격파하고 진혜공을 포로로 잡았다. 진혜공은 하서의 8개 성을 섬진에 할양한 후에 석방되어 당진국으로 돌아갔다.

이 맞붙어 싸워 50여 합을 겨루었으나 승부가 나지 않았다. 두 사람은 서로가 분기탱천하여 각기 자기의 전차에서 뛰어 내려 뒤엉켜 싸웠다. 도안이가 말했다.

「너와 나는 죽을 때까지 싸워 승패를 결정하도록 하자. 만약 다른 사람의 구원을 받는다면 사내자식이 아니다.」

백을병 응대했다.

「그것은 바로 내가 바라는 바다. 내가 맨손으로 너를 잡아서 내가 진실로 영웅임을 보여 주마!」

두 사람이 즉시 주위에 있는 군사들에게 명령했다.

「너희들은 모두 우리가 싸우는 데 끼어들지 말라!」

두 사람이 손에 들고 있던 무기를 던져 버리고 맨손으로 덤벼들어 주먹으로 때리고 발로 차고 서로 뒤엉켜 땅바닥에 뒹굴면서 양쪽 진영 사이를 넘나들었다. 도안이가 혹시 적의 함정에 빠질까 걱정한 당진의 혜공은 급히 한간과 양요미에게 명하여 군사를 이끌고 가서 섬진군의 좌측을 공격하게 하고 자신은 가복도와 함께 우측을 공격하여 섬진군의 중군을 양쪽에서 압박하려고 했다. 마침내 당진군이 군사를 나누어 좌우 양쪽에서 섬진군의 중군 본영을 향하여 공격했다. 그러자 목공 역시 섬진군을 양대로 나누어 대적하도록 했다.

한편 병거를 타고 앞으로 진격하던 당진의 혜공은 공손지의 반격을 받았다. 혜공이 즉시 차우장군 가복도에게 명을 내려 공손지를 막도록 했다. 그러나 공손지는 원래 만부지당의 용력을 갖고 있던 장사였기 때문에 가복도는 도저히 그의 적수가 될 수 없었다. 혜공이 다시 말고삐를 잡고 병거를 몰고 있던 어자 극보양을 쳐다보며 명령을 했다.

「있는 힘을 다하여 병거를 몰아 앞으로 달려라! 내가 친히 가복도의 싸움을 도우리라!」

공손지가 극을 휘두르며 당진군을 향하여 큰 소리로 외쳤다.

「모두 한꺼번에 나와서 덤벼라!」

공손지의 고함 소리는 마치 벼락과 같아 하늘을 진동시키는 듯했다. 전차에 타고 있던 괵석(虢射)은 공손지가 지른 고함소리에 놀라 바닥에 엎드려 감히 숨도 쉬지 못했다. 그때까지 전쟁에 나가 본 경험이 없었던 혜공의 병거를 끌고 있던 정나라 출산의 소사는 공손지의 벼락과 같은 고함소리에 놀라 어자가 아무리 말고삐를 잡고 진정시키려고 해도 멈추지 않고 날뛰었다. 마침내 소사가 끄는 혜공의 융거(戎車)는 진흙 구덩이 속으로 빠져 버리고 말았다. 어자 극보양이 힘을 다하여 채찍으로 말들을 후려쳤으나 소사는 그다지 힘이 세지 못하여 진흙탕 속에 빠진 수레를 끌어낼 수 없었다. 바야흐로 혜공의 처지가 위급하게 되었을 때마침 경정이 병거를 타고 그 앞에 나타났다. 그러나 경정은 위기에 빠진 혜공을 보고도 구하려고 하지 않고 그 옆을 지나쳐 앞으로 달려갔다. 혜공이 다급하게 경정을 부르면서 말했다.

「경정은 속히 나를 구하라!」

경정이 듣고 대답했다.

「전하께서 그토록 믿고 있는 괵석은 어디다 두시고 소인을 부르십니까?」

혜공이 다시 다급한 목소리로 경정에게 말했다.

「경정은 속히 병거를 끌고 와서 나를 구하라!」

「제가 누누이 그 말을 타고 전장에 나오면 안 된다고 간했습니다만 주군께서는 고집을 세우시며 소사를 타면 마음이 편하다고 하시면서 기어코 타고 나오시더니 그 지경이 되셨습니다. 신은 마땅히 다른 사람에게 위급함을 알려 주군을 구하라는 말이나 전하도록 하겠습니다.」

경정은 말을 마치고 수레의 끌채를 잡아당겨 가는 방향을 오른쪽으로 돌리더니 혜공을 남겨 놓고 가버렸다. 극보양이 병거에서 내려 옮겨 탈 만한 다른 수레를 찾으려고 했으나 섬진의 군사들이 달려와 주위를 에워싸는 바람에 수레 안에 갇혀서 밖으로 빠져 나올 수 없었다.

17. 삼백야인(三百野人)
　- 진목공을 조롱(鳥籠)에서 구해 은혜를 갚은 300명의 야인들 -

　한편 한간이 한 떼의 군마를 이끌고 앞으로 전진하다가 마침 섬진의 중군 중에 있던 목공의 병거를 보았다. 한간이 목공을 향하여 돌진하자 서걸술이 앞을 막아 두 사람이 30여 합을 싸웠으나 승부가 나지 않았다. 뒤이어 당진군의 장수 아석이 이끈 한 떼의 군마가 들이닥쳐 한간을 도와 싸움에 끼어들었다. 서걸술이 두 사람의 공격을 당해 내지 못하고 한간이 휘두른 창에 찔려 수레 밑으로 떨어졌다. 양요미가 옆에 있다가 큰 소리로 외쳤다.
「패장은 잡아 봐야 무용지물이다. 모두 힘을 합하여 섬진의 군주를 사로잡아라!」
　한간이 병거 밑으로 떨어진 서걸술을 내버려두고 군사를 휘몰아 목공이 타고 있는 수레를 향하여 돌격했다. 수많은 당진의 병사들에게 포위를 당해 사로잡히게 될 위기의 순간에 처한 목공이 하늘을 쳐다보며 한탄했다.
「내가 오늘 오히려 당진의 군사들에게 사로잡히는 수모를 당하게 되었구나! 천도는 과연 어디에 있단 말인가?」

그림 13 진진한원대전(秦晉韓原大戰)

제8장 대기만성 백리해 大器晚成 百里奚

목공이 탄식하며 절망하고 있는데 서쪽의 한구석에서 300명쯤으로 추산되는 한 떼의 용사들이 목공 쪽으로 다가오는 모습이 보였다. 그중 한 사람이 큰 소리로 말했다.

「우리의 은혜로운 군주를 해치려는 자가 누구냐?」

목공이 고개를 들어 자세히 살펴보니 300여 명쯤으로 보이는 용사들은 하나같이 산발한 머리에 상의는 팔이 없는 적삼을 입고, 풀로 엮은 신발을 신고 있었다. 목공이 타고 있던 어가를 향해 달려오는 용사들의 걸음걸이는 나는 것처럼 민첩했다. 손에는 모두가 대도를 잡고 허리에는 활과 화살을 메고 있어 그 형상은 마치 염라대왕이 보낸 저승사자와 같이 험상궂었다. 그들이 이르는 곳마다 당진의 군사들은 바람에 풀잎 쓰러지듯이 죽어 넘어졌다. 한간과 양요미가 황망 중에 근근이 대적하고 있는 중에 또 한 사람의 장수가 북쪽으로부터 병거를 비호같이 몰고 다가오는 모습이 보였다. 그 장수는 바로 경정이었다. 한간과 양요미 두 사람을 향하여 경정이 큰 소리로 외쳤다.

「지금 싸움에 연연해할 때가 아닙니다. 주공께서는 용문산 아래의 진흙탕 속에 빠지시는 바람에 섬진군의 포위망에 갇혔습니다. 빨리 가서 주군의 어가를 구하십시오.」

한간 등이 더 싸우고 싶은 생각이 들지 않아 정체를 알 수 없는 장사들을 버리고 혜공을 구하기 위해 용문산 쪽을 향하여 곧바로 달려갔다. 그러나 그때는 이미 혜공은 공손지에 의해 사로잡힌 후였다. 가복도, 괵석, 극보양 등도 모두 공손지에게 사로잡혀 포승줄에 묶인 후 혜공과 함께 진나라 군중으로 끌려갔다. 한간이 발을 동동 구르며 말했다.

「내가 계속 공격했더라면 섬진의 군주를 생포하여 주군과 교환할 수 있었는데 경정이 나의 일을 그르치게 만들었구나!」

양요미가 말했다.

「주군이 이미 적군에 사로잡혔는데 우리들만 어떻게 돌아갈 수 있단 말인가?」

양요미는 즉시 한간과 같이 군사들에게 병장기들을 버리게 하고는 섬진군의 영채로 찾아가 항복하여 혜공과 같은 방에 갇혔다.

18. 사주도마(賜酒盜馬)
- 말도둑들을 용서하고 술독을 하사한 진목공 -

한편 300여 명의 저승사자 같은 험악한 형상의 장사들은 목공을 구한 후에 다시 한간의 극에 찔려 넘어져 있던 서걸술마저 구출했다. 섬진군이 승세를 타고 일제히 당진군의 진영을 공격했다. 당진군은 일시에 무너져 싸움에 크게 패했다. 한원의 평원 위에는 당진군의 시체로 산을 이루었다. 당진이 동원한 600승의 전차와 군사 중 목숨을 건져 달아난 사람은 십에 이삼도 되지 않았다. 당진의 군주가 섬진군에 의해 포로가 되었다는 소식을 들은 경정은 섬진군의 포위망을 뚫고 탈출하여 도망치다가 중도에 부상을 입고 쓰러져 있던 아석을 발견하고 부축하여 자기의 병거에 싣고 당진으로 돌아갔다. 염옹이 한원 일대에서 벌어진 당진과 섬진의 큰 싸움에 대해 시를 지어 노래했다.

> 용문산 밑에 산처럼 쌓인 주검을 슬퍼하노라!
> 그것은 단지 혼군의 배은망덕한 짓 때문이었다.
> 두 나라의 옳고 그름이 이 싸움으로 밝혀졌으니
> 천도가 이렇듯 명백한데 어찌 모른다 하는가?

龍門山下嘆輿尸(용문산하탄여시)
只爲昏君不報施(지위혼군불보시)
善惡兩家分勝敗(선악양가분승패)
明明天道豈無知(명명천도개무지)

섬진의 목공이 자기의 군영으로 돌아와서 백리해를 보고 말했다.

「경의 말을 듣지 않았다가 하마터면 당진 사람들의 웃음거리가 될 뻔했습니다.」

목공을 위기에서 구한 장사 300여 명은 일제히 목공이 있는 군영 앞으로 와서 머리를 조아렸다. 목공이 그들에게 물었다.

「그대들은 어떤 사람들이기에 과인을 위하여 죽기를 각오하고 싸웠는가?」

장사들의 우두머리가 앞으로 나와 대답했다.

「옛날에 군주님께서 즐겨 타시던 명마를 잃어버리신 일을 기억하고 계십니까? 우리들은 그때 군주님의 말을 훔쳐서 잡아먹은 사람들입니다.」

목공은 일찍이 양산[梁山: 섬서성 낙수와 하수 중간을 남북으로 뻗어 있는 산맥 이름이대]에 사냥을 나갔다가 한밤중에 자기가 타고 다니던 명마 몇 필을 잃어버렸다. 다음 날 아침 목공은 관리들을 시켜 잃어버린 말을 찾아오도록 명했다. 말을 찾으러 길을 떠난 관리가 종적을 쫓아 기산(岐山)[15]밑에 이르러 말을 잡아먹고 있는 300여 명의 야인들을 발견했다. 관리가 모습을 드러내면 야인들이 놀라 도망쳐 버리지나 않을까 걱정하여 즉시 사람을 보내 목공에게 보고했다.

---

15 기산(岐山): 지금의 산서성 기산현(岐山縣) 북 20킬로에 있는 산 이름. 주나라의 태왕(太王) 고공단보(古公亶父)가 주족(周族)을 이끌고 칠수(漆水)와 저수(沮水)를 건너 정착한 주나라의 발흥지이다. 후에 주문왕이 지금의 서안 부근인 풍호(豊鎬)로 도읍지를 옮겼다.

「말은 도적들이 잡아서 먹어 버렸습니다. 속히 군사를 보내시면 말을 훔쳐 잡아먹은 도적들은 모두 잡을 수 있습니다.」

목공이 한탄하면서 말했다.

「말은 이미 죽었는데 또한 그 말을 잡아먹은 사람을 잡아다 죽인다면 백성들이 장차 나를 가축은 귀하게 여기고 사람은 천하게 생각한다고 욕하지 않겠는가?」

목공이 즉시 군중에 있던 미주(美酒) 수십 통을 가져오게 하여 기산 밑에 모여서 말을 잡아서 먹고 있는 야인들에게 하사하도록 했다. 술을 가지고 간 관리가 섬진의 군주가 하사하는 술이라고 말하면서 목공의 말을 전했다.

『말고기를 먹고 술을 마시지 않으면 몸이 상한다고 해서 내가 그대들에게 이 술을 내리노라!』

야인들은 머리를 조아리고 은혜에 감사한다는 말을 올리면서 감격했다. 그들은 목공이 하사한 술을 나누어 마시면서 일제히 말했다.

「말을 훔친 죄를 묻지 않고 용서를 받은 일만으로도 황공한데 좋은 술까지 내려 주시니 주군에게서 입은 은혜가 너무 크구나. 우리가 어찌 하면 이 은혜를 갚을 수 있겠는가?」

그런 일이 있은 지 얼마 안 되어 목공이 당진국을 정벌하러 간다는 소식을 듣게 된 300의 야인들이 모두 목숨을 버릴 각오하고 싸움을 돕기 위해 한원까지 몰래 따라온 사연이었다. 그때 마침 목공이 당진의 군사들에게 포위를 당하게 되어 위험에 처하게 되자 야인들이 일제히 일어나 당진군을 물리치고 목공을 구했던 일을 두고 후세의 사관이 지은 시가 있다.

콩 심는 데 콩 나고
팥 심는 데 팥 난다.
박하게 베풀면 박하게 받고
후하게 베풀면 후하게 받는다.
은혜를 입고도 갚지 않는다면
짐승과 무엇이 다르겠는가?

種瓜得瓜(종과득과)
種豆得豆(종두득두)
施薄報薄(시박보박)
施厚報厚(시후보후)
有施無報(유시무보)
何異禽獸(하이금수)

야인의 말을 듣고 목공이 하늘을 쳐다보며 한탄했다.

「한낱 야인들도 이렇듯 은혜를 갚고자 하는 의기를 갖고 있는데 일국의 군주라는 자가 은혜를 저버리기를 금수와 같이 한단 말인가?」

목공이 야인들의 대장으로 보이는 사람에게 물었다.

「너희들 중 출사를 원하는 자가 있다면 내가 능히 작록을 내리겠노라!」

야인들이 일제히 한목소리로 대답했다.

「우리들은 한낱 야인에 불과한 자들입니다. 단지 주군께서 베풀어 주신 한때의 은혜에 보답하고자 할 뿐이었습니다. 원컨대 들판에 나가 사냥을 천직으로 알고 살아가게 해 주셨으면 합니다.」

목공이 그들에게 각각 황금과 비단을 하사했으나 야인들이 받지 않고 들판으로 돌아가 버렸다. 목공이 탄식해 마지않았다. 후세의 사관이 또다시 야인들을 노래했다.

한원의 산 밑에서 벌어진 진진(晉秦)의 싸움에서
당진의 군사들은 목공을 빽빽이 에워쌌다.
옛날에 만약 말 도둑들을 잡아서 죽였다면
목공이 어떻게 조롱에서 벗어날 수 있었겠는가?

韓原山下兩交鋒(한원산하양교봉)
晉甲重重困穆公(진갑중중곤목공)
當日若誅牧馬士(당일약주목마사)
今朝焉得出樊籠(금조언득출번롱)

목공이 전투에 참가했던 장군과 군교들을 점검하였는데 모두가 무사했으나 단지 백을병 한 사람만이 보이지 않았다. 군사들이 흩어져 찾아다니다가 한 토굴 안에서 신음소리가 나서 들어가 보니 백을병과 도안이가 기진하여 누워 있었다. 두 사람은 서로 붙들고 놓아주지 않고 버티다가 쓰러져 몇 번 땅 위를 굴러서 굴속으로 떨어졌기 때문이었다. 두 장사는 서로가 기진맥진하게 되어 기절한 상태였음에도 두 팔만은 상대방을 놓지 않고 붙들고 있었다. 군사들이 두 사람을 떼어 놓은 후에 두 대의 수레에 따로 싣고는 섬진군의 본영으로 데려왔다. 목공이 백을병에게 말을 걸었으나 기진하여 응대를 하지 못했다. 그때 백을병과 도안이 두 사람이 목숨을 걸고 치열하게 싸운 모습을 지켜본 사람이 있어 그 전말을 목공에게 상세하게 고했다. 목공이 탄식해 마지않았다.

「두 사람은 진실로 천하의 장사로다!」

목공이 좌우를 보고 물었다.

「백을병 장군과 싸운 당진의 장수 이름을 알고 있는 사람이 있는가?」

공자칩이 도안이를 실은 수레에 올라가 한번 살펴보더니 내려와 목공에게 고했다.

「이 장수는 곧 당진의 용사 도안이 장군입니다. 신이 옛날에 당진의 공자 중이와 이오에게 조문을 갔을 때 도안이도 역시 본국 대신들의 명을 받아 중이를 모셔 가려고 와 있었습니다. 그때 저와 여사(旅舍)에서 서로 상면한 적이 있어 제가 알 수 있습니다.」

「이 사람은 우리 섬진에 머물게 하여 내가 쓰고자 하는데 어떠한가?」

공자칩이 말했다.

「탁자와 순식을 시해했을 뿐만 아니라 여이생과 극예의 사주를 받아 비정보에게 접근하여 중이를 추대하려는 당진의 아홉 대부의 계획을 밀고하여 모두 죽게 만든 자입니다. 하늘의 순리를 따라 마땅히 죽여야 합니다.」

그 즉시 명을 내려 도안이를 끌고 가서 참수하도록 한 목공은 자기가 입고 있었던 비단 전포를 벗어 백을병을 덮어 주었다. 이어서 백리해에게 명하여 온거(溫車)[16]에 실어 옹성으로 보내 의원의 치료를 받게 했다. 옹성으로 돌아간 백을병은 의사가 준 약을 먹고 피를 여러 말 토하더니 반년 정도가 지나서야 가까스로 평상시의 체력을 회복을 할 수 있었다. 이것은 후일의 이야기이다.

19. 등대요사(登臺要赦)
- 대에 올라 진혜공의 목숨을 빈 목희 -

목공이 한원과 용문산 사이에서 벌어진 당진과의 전투에서 대승하고

---

16 온거(溫車): 사방에 휘장을 둘러 밀폐시켜 안을 따뜻하게 하여 장거리를 이동할 때 누워서 편히 갈 수 있게 만든 수레. 지금으로 말하면 침대차다.

는 진채를 걷어 회군하면서 당진의 혜공을 구금한 막사에 사람을 보내 자기의 말을 전하게 했다.

「그대가 나를 피하지 않았으니 과인도 역시 그대를 피할 수 없었소. 내가 그대를 우리나라에 데려간 후에 죄를 물으리라!」

혜공은 목공이 전한 말을 듣고 머리를 숙이고는 아무 말도 못 했다. 목공이 공손지를 시켜 병거 100승을 이끌고 혜공을 옹성으로 압송해 가도록 했다. 괵석, 한간, 양요미, 가복도, 극보양, 곽언, 극걸 등, 당진의 장군들은 모두 풀어헤쳐진 머리와 때 묻은 얼굴을 하고 혜공이 탄 함거 뒤를 도보로 따랐다. 그들은 풀숲을 헤치며 이슬을 맞으면서 걷다가 들판에서 잠을 잤다. 그들의 모습은 마치 초상을 치르는 사람들의 행렬 같았다. 목공이 다시 사람을 시켜 여러 대부들을 불러와 그들의 노고를 위로했다.

「그대들 나라의 임금과 신하가 "우리나라의 곡식을 먹고 싶으면 군사를 끌고 오라"고 했었소. 그래서 지금 과인이 그대들의 임금을 붙잡고 있는 목적은 당진국의 곡식을 구하기 위해서요. 그러니 내가 너무 심하다고 말하지 마시오! 어리석은 임금이 없다고 해서 그대들이 근심할 필요가 있겠소? 그대들은 너무 슬퍼하지도 마시오!」

목공에게 절을 올린 한간 등이 머리를 조아리고 말했다.

「군후께서는 우리 주군의 어리석음을 관대하게 용서하셨습니다. 그런데 저희가 어찌 심하게 하신다고 하겠습니까? 우리 군주가 한 말을 하늘과 땅에 있는 신령이 모두 들었습니다. 신 등이 어찌 감히 베풀어 주신 은혜에 감사의 말을 올리지 않을 수 있겠습니까?」

섬진군의 행렬이 이윽고 옹성 밖에 당도하자 목공이 군신들을 불러 의견을 물었다.

「과인이 상제의 명을 받아 당진국의 난을 평정하고 이오를 그 나라의 군주 자리에 앉혔다. 내가 베푼 은혜를 저버린 이오의 행위는 즉 상제의 명을 어긴 일과 같다. 내가 이곳에서 당진의 군주를 죽여 그의 피로써 상제에게 제사를 지내 하늘의 은혜에 답하고자 하는데 대부들의 생각은 어떠한가?」

공자칩이 말했다.

「주군의 말씀은 심히 합당하다고 생각합니다.」

그러자 공손지가 나와 간했다.

「불가합니다. 당진은 대국입니다. 우리가 당진의 명망 있는 대부들을 잡아 와 이미 그들의 원한을 샀습니다. 더욱이 그들의 군주를 죽인다면 당진의 분노는 더욱 깊어질 따름입니다. 다음에 당진국이 우리에게 보복할 때는 지금 당진의 군신들을 대하고 있는 우리의 처사보다 훨씬 도가 심할 겁니다.」

공자칩이 다시 말했다.

「신의 뜻은 진군을 까닭 없이 죽이자는 말이 아니라 장차 공자 중이로 하여금 그의 뒤를 잇게 하기 위해서였습니다. 무도혼군을 죽이고 유도한 현인을 군주로 세운다면 당진의 백성들은 우리가 베푼 은혜에 감사하여 몸 둘 바를 모를 겁니다. 어찌 우리를 원망하겠습니까?」

공손지도 물러서지 않고 주장을 세웠다.

「공자 중이는 어진 사람입니다. 부자와 형제 사이는 종이 한 장 차이라고 말할 수 있습니다. 옛날 중이가 부친상을 이용하여 이를 취하지 않았는데 동생의 죽음을 이용하여 이를 탐하겠습니까? 만약에 중이가 당진에 들어가 군위에 오르지 않고 다른 공자가 선다고 한다면 지금의 이오와 어떤 차이가 있겠습니까? 또한 중이가 입국하여 당진의 군주

자리에 오른다면 그는 틀림없이 동생을 위하여 우리 섬진에게 원수를 갚으려고 할 겁니다 주군께서는 이오에게 베푼 은혜를 헛되게 하고 중이에게 새로운 원한을 사는 일을 만들려고 하십니다. 신의 어리석고 좁은 소견으로는 이오를 죽이는 처사는 옳지 않다고 생각합니다.」

「그렇다면 이오를 당진의 군주 자리에서 쫓아내야 되겠소? 아니면 감옥에 가두어 놓아야 하겠소? 그것도 아니라면 그를 당진의 군주 자리에 다시 복직시켜 주어야 하겠소? 이 세 가지 방법 중에 어느 편이 가장 좋다고 생각하시오?」

공손지가 대답했다.

「일개 필부를 감옥에 가두어 두는 일이 우리에게 무슨 이득이 되겠습니까? 그를 군주의 자리에서 쫓아내면 그는 틀림없이 자기 나라로 돌아간 후에 다시 군위를 찾으려고 무리를 이루어 음모를 꾸밀 겁니다. 어차피 쫓아낸다 하더라도 그가 당진에 돌아가 군주 자리에 오르게 된다면, 우리가 직접 그를 다시 복위시키는 편이 좋습니다.」

「그렇다면 이번에 우리가 멀리까지 원정을 가서 고생 끝에 세운 공이 헛된 일이 되지 않겠소?」

「신의 뜻은 아무 대가도 없이 당진의 군주를 복위시키자고 드린 말씀은 아닙니다. 우선 반드시 하외오성을 받아 와야 합니다. 또한 그의 세자 어(圉)를 인질로 삼아 이곳에 머물게 한 후에 당진의 군주를 풀어 주십시오. 그렇게 하면 당진의 군주는 평생토록 감히 우리의 뜻을 거스를 수 없을 겁니다. 또한 앞으로 부친이 죽고 그의 아들이 군위를 물려받으면 우리는 어에게노 은혜를 베푸는 일이 됩니다. 그렇게 하면 당진국은 자연히 대를 이어 우리나라를 받들게 될 겁니다. 어찌 그 이로움이 크다고 하지 않겠습니까?」

「자상(子桑)은 우리가 죽은 다음의 대까지 생각하고 있음이라!」

목공은 즉시 혜공을 영대산(靈臺山)에 있는 이궁에 안치하여 천 명의 군사로 하여금 지키게 했다. 목공이 혜공을 이궁으로 보내고 도성으로 행군을 계속했다. 그런데 갑자기 한 떼의 내시들이 상복을 입고 머리와 허리에는 삼으로 엮은 둥근 테를 두르고 열을 지어 앞으로 오고 있는 모습이 보였다. 목공이 마음속으로 목희가 갑자기 죽었다고 짐작하고 황급히 내시들에게 그 연유를 물었다. 앞장서 오던 내시가 부인의 말을 목공에게 전했다.

「부인께서 "하늘이 재앙을 내려 당진과 섬진의 두 군주가 그동안 사이좋게 지내던 우호를 버리고 서로 싸워 당진의 군주가 포로로 잡혔다. 나 또한 그의 비천한 형제자매로서 매우 부끄럽게 생각하고 있다. 만약 당진의 군주가 잡혀 와서 아침에 죽게 되면 이 몸도 아침에 죽고, 저녁에 잡혀 와서 저녁때 죽게 된다면 이 몸도 저녁 때 죽으리라!"라고 전하게 하셨습니다. 지금 부인께서는 특명을 내려 내시들로 하여금 모두 상복을 입고 삼으로 엮은 둥근 테를 머리와 허리에 두르게 하고는 주군의 군사가 당도하기를 기다려 맞이하게 하셨습니다. 만약에 주군께서 당진의 군주를 용서하여 주신다면 부인께서도 역시 용서를 받은 것으로 여기겠다고 말씀하셨습니다.」

목공이 크게 놀라 다시 물었다.

「지금 부인은 어디에 있는가?」

내시가 다시 고했다.

「당진의 군주가 주군에게 사로잡혔다는 소식을 들으신 부인께서는 태자와 함께 상복을 입으신 후에 걸어서 궁궐을 나와 후원의 숭대(崇臺)에 오르셨습니다. 그곳에 풀로 움막을 짓고 머무르시던 부인께서 다시

그림 14 목희등대요대사(穆姬登臺要大赦)

제8장 대기만성 백리해 大器晚成 百里奚

숭대 밑에다 장작더미를 수북하게 쌓게 하셨습니다. 아침과 저녁 식사를 나르는 내시들은 지금 장작더미를 밟고 오르내리고 있는 실정입니다. 부인께서 "내가 주군께서 입성할 때까지 기다렸다가 죽겠으니 그때가 되면 너희들은 즉시 장작더미에 불을 놓아 내 시체를 태워라! 이로써 내가 형제자매간의 정을 표하고자 함이다"라고 분부하셨습니다.」

목공이 탄식하며 말했다.

「자상이 권하여 당진의 군주를 죽이지 않았기에 망정이지 하마터면 내가 부인을 잃을 뻔했구나!」

목공이 내시에게 당장에 상복과 삼으로 엮어 만든 둥근 테를 머리와 허리에서 벗도록 명하고 빨리 돌아가서 자기의 말을 목희에게 전하게 했다.

「과인은 머지않아 당진의 군주를 석방하여 귀국시키려고 합니다.」

목희가 목공의 전한 말을 듣고 숭대에서 내려와 바로 궁궐로 돌아갔다. 내시가 무릎을 꿇고 목희에게 물었다.

「당진의 군주가 이를 탐하여 은혜를 저버리고 우리 주군과의 약속을 배반했습니다. 또한 그는 부인의 간절한 부탁마저 저버리고 오늘 스스로 자업자득하여 우리나라의 포로가 되었는데 부인께서는 어찌하여 이토록 애통해하십니까?」

「나는 "인자란 비록 원한이 있을지라도 부모형제를 원망하면 안 되고 비록 마음속으로 분노하는 마음을 갖고 있을지라도 예를 버리면 안 된다"[17]라고 배웠다. 만약에 그가 우리 섬진에 잡혀 와서 죽임을 당하게 되었다면 나 역시 죄가 없다고는 말할 수 없기 때문이다.」

---

17   仁者雖怨不忘親(인자수원불망친), 雖怒不棄禮(수노불기례)

사람들이 이 말을 전해 듣고 목희의 현숙하고 어진 마음을 칭송해 마지않았다.

20. 혜공환국(惠公還國)
 - 진목공의 용서를 받고 당진국으로 돌아가는 진혜공 -

  영대산의 이궁에 갇혀 있던 당진의 혜공은 목희가 내시들에게 상복을 입히고 자신은 숭대 위에 짓게 한 초막에 머물며 그의 목숨을 구하려 했다는 사실을 알지 못했다. 목희가 자기의 잘못을 질책할 것이라고 지레 짐작한 혜공이 한간을 보고 말했다.
 「옛날에 선군이 목희를 진나라에 시집보낼 때 사소(史蘇)를 시켜 점을 치게 해서 "서쪽의 이웃나라와 다툼이 있을 괘이니 혼인은 이롭지 않다"라는 점괘를 얻었었소. 만약 사소의 점괘를 따랐다면 오늘과 같은 불행한 일을 당하지는 않았을 것이오.」
 「그것은 선군이 덕을 잃어서이지 어째서 섬진과의 혼인 때문이겠습니까? 더욱이 섬진과 혼인을 맺지 않았다면 어떻게 주군께서 우리 당진국의 군주 자리에 오르실 수 있었겠습니까? 섬진의 군주가 주군을 우리나라에 들여보내 군위에 앉히고 다시 쳐들어온 이유는, 주군께서 은혜를 저버리고 원수로 대했기 때문입니다. 이는 섬진의 입장에서 당연히 해야 할 일을 행했을 뿐입니다. 주군께서는 스스로를 살피십시오.」
  혜공이 한간의 말에 아무런 대꾸도 하지 못했다. 그리고 얼마 후에 공손지가 영대산의 이궁에 당도하여 혜공의 문안을 묻고 당진으로 돌려보내겠다는 목공의 명을 전하며 말했다.

「우리나라의 여러 신하들 중 군주께 호의를 갖고 있는 사람은 한 명도 없어 군주님의 귀국을 모두 반대했습니다. 오로지 군부인 한 사람만이 후원의 높은 대에 올라 목숨을 걸고 군주의 죄를 빌어, 감히 혼인으로 맺어진 우호관계를 깰 수 없다고 해서 이렇듯 군주께서 귀국하실 수 있게 되었습니다. 예전에 우리에게 주기로 약속하신 하외오성의 할양을 속히 이행하시고 태자 어(圉)를 불러 인질로 하신다면 본국으로 돌아가실 수 있습니다.」

혜공은 공손지의 말을 듣고서야 목희가 남매간의 정리를 생각해서 목공에게 혜공의 용서를 빌어 자기가 본국으로 돌아가게 되었다는 사실을 알게 되었다. 혜공은 부끄러운 생각으로 몸 둘 곳을 몰라 했다. 그는 즉시 대부 극걸을 본국으로 보내 여성(呂省)에게 하외오성을 섬진에 할양하고 태자를 인질로 들여보내라는 명을 내렸다. 여성이 시간을 지체하지 않고 하수 서안의 왕성[王城: 지금의 섬서성 대려현(大荔縣) 경내로 하수(河水)의 서안(西岸)에 위치했다]으로 와서 목공을 알현하고 하외오성의 지도와 함께 그 땅의 생산되는 양곡의 양과 호구의 수를 적은 장부를 바쳤다. 이어서 그는 혜공이 당진에 귀국한 후에 태자어를 인질로 보내겠다고 말했다. 목공이 듣고 물었다.

「무슨 이유로 태자를 먼저 데려오지 않고 나중에 보낸다고 하는가?」

여성이 대답했다.

「나라 안의 국인들이 서로 화목하지 못해 태자가 자리를 비우게 되면 변란이 일어나지나 않을까 근심하여 저희 주군께서 당도할 때까지 자리를 지키기 위해서입니다. 저희 군주께서 귀국하시게 되면 태자는 그 즉시 이곳으로 출발할 겁니다.」

「어찌하여 너희 나라의 국인들이 서로 불화한다고 하는가?」

「우리나라의 국인들은 스스로의 죄를 알고 섬진이 베푼 은혜에 감사하는 마음을 갖고 있습니다. 그러나 소인배들은 스스로의 죄를 알지 못하고 오로지 섬진에게 원수를 갚을 생각만 하고 있습니다. 그래서 우리나라의 국인들이 서로 불화한다고 말씀드렸습니다.」

여성의 청을 허락한 목공은 즉시 맹명시에게 하외오성을 접수하여 관청을 짓고 관리를 보내 지키도록 명했다. 다시 혜공을 옹성의 교외에 있는 공관으로 옮기게 하고 빈객의 예로써 대하게 했다. 칠뢰(七牢)로 음식을 준비하게 하여 혜공의 일행을 크게 대접한 목공은 공손지에게 명하여 군사를 이끌고 여성과 함께 혜공의 귀국을 호송하도록 했다. 당시 손님을 접대할 때 보통 소, 양과 돼지 각 한 마리씩을 잡는 것을 일뢰(一牢)라고 했고, 일곱 마리씩을 각각 잡아 하는 접대를 칠뢰라고 했다. 즉 칠뢰로 음식을 준비했다 함은 매우 성대하게 대접했음을 말한다. 이것은 곧 섬진의 목공이 당진의 혜공과 다시 우호관계를 유지하려는 생각에서였다.

기원전 645년 진목공 15년에 일어난 일이었다.

21. 삼립진군(三立晉君)
- 당진의 군주를 세 번 세우는 진목공 -

한편 혜공이 무사히 당진국으로 돌아가 군주의 자리에 복위하자 혜공의 태자 어(圉)는 약속대로 곧바로 섬진에 인질로 들어왔다. 목공은 태자어를 자기 딸과 혼인시키고 회영(懷嬴)이라고 불렀다. 기원전 637년 태자어가 섬진으로 들어와 인질이 된 지 8년째 되는 해에 부군 진혜공의 병이 위독하다는 소식을 전해 듣고 당진국의 군위를 잇기 위해 도망쳐 자기 나라로 돌아갔다. 태자어는 죽은 혜공의 뒤를 이어 당진의 군주 자리에 앉았다. 이가 당진의 회공(懷公)이다.

당진의 태자가 자기 몰래 도망친 행위에 대해 크게 분노한 목공은 그 즉시 초나라에 머물고 있던 공자 중이를 데려와서 회공이 버리고 간 회영을 중이에게 주어 사위로 삼았다. 이윽고 만반의 준비를 끝낸 목공은 중이를 당진으로 들여보내 회공을 쫓아내고 대신 군주로 세웠다. 당진의 공자 중이는 여희(驪姬)의 난으로 이오와 함께 쫓겨나 19년 동안 중원을 유랑하며 망명생활을 한 끝에 목공의 도움으로 마침내 당진의 군주 자리에 올랐다. 이가 진문공(晉文公)이다. 진목공이 진혜공에 이어 당진의 군주를 두 번째 세웠다. 진문공은 도성 밖으로 도망쳐 숨어있던 회공을 잡아서 죽였다.

그러나 회공을 모셨던 여성(呂省)과 극예(郤芮)는 원래부터 문공에게 복종하지 않던 사람들이었다. 문공이 군주의 자리에 앉자 죽임을 당할까 걱정한 그들은 거느리고 있던 무리들과 모의하여 궁궐에 불을 질러 혼란한 틈을 타서 문공을 죽이려는 음모를 꾸몄다. 사전에 시인(寺人) 발제(勃鞮)의 밀고로 역모 사실을 알게 된 문공은 여·극(呂郤)의 무리가 너무 많았고 또한 자기가 군위(君位)에 오른 지 얼마 되지 않아 국인들의 마음이 돌아설까 두려워하여 아무도 몰래 섬진의 왕성(王城)으로 도망쳐 목공에게 구원을 청했다. 그리고 얼마 후에 여성과 극예가 반란을 일으켜 궁궐을 태우고 문공을 죽이려고 하였으나 결국은 뜻을 이루지 못했다. 여극의 무리들은 궁궐을 지키던 호위병들과 싸움에서 패하여 남은 잔당들을 거느리고 섬진으로 달아났다. 목공이 그들을 하상(河上)으로 유인하여 죽여 당진의 내란을 평정했다. 이어서 목공은 3천 명의 궁기병(弓騎兵)들에게 문공을 호송하게 하여 당진의 군주 자리에 다시 앉혔다. 섬진의 목공이 행한 삼립진군(三立晉君)이란 혜공(惠公) 한 번, 문공(文公) 두 번 모두 세 번에 걸쳐 당진의 군주를 세웠다는 뜻이다. 옛날 목공이 시궐이라는 병에 걸려 천궁에 올랐다가 상제로부터 당진국의 군주를 세 번 세우라는 명을 받았는데 이것은 그때 꾼 꿈이 실현된 것이라고 할 수 있었다.

22. 촉무세진(燭武說秦)
- 진진(晉秦)을 이간시켜 정나라를 멸망의 문턱에서 구해낸 촉무(燭武) -

주양왕 23년 기원전 630년은 당진의 문공이 섬진의 목공 도움으로 군주의 자리에 오른 지 7년째 되는 해다. 당진의 군사들이 성복(城濮)의 싸움에서 초나라의 대군을 대파하고 돌아와 휴식을 취한 지 이미 1년이 지났다. 문공이 어느 날 조당의 옥좌에 앉아서 군신들에게 말했다.
「정백의 무례함을 아직 묻지 못했는데 오늘 정나라는 다시 우리 당진을 배반하고 초나라 편으로 돌아섰다. 내가 제후들을 모이게 하여 죄를 묻고자 하는데 경들의 생각은 어떠한가?」
정백의 무례함이라는 옛날 진문공이 공자시절 천하를 유랑할 때 도움을 청하기 위해 정나라에 들어갔으나 정문공(鄭文公) 첩(捷)이 받아들이지 않고 홀대한 일을 말한다. 당진군의 중군원수 선진(先軫)이 나서서 말했다.
「제후들이 누차 회맹에 소집되었는데 오늘 정나라의 일로 다시 군사를 동원하여 모이라고 하면 중원이 소란스럽게 될 겁니다. 하물며 주군의 명을 받들어 우리 군사들만으로 출병을 해도 능히 정나라를 정벌할 수 있는데 하필이면 외국의 도움을 받을 필요가 있겠습니까?」

「옛날 허나라를 정벌할 때 섬진의 군주와 약속한 일이 있었소. 당진과 섬진 두 나라 중 어느 한 나라가 군사를 움직일 때는 반드시 서로 도와야 한다고 약조했소.」

「정나라의 지리적인 위치는 사람이라면 목구멍에 해당하는 중원의 요충지라고 할 수 있습니다. 그런 연유로 제환공이 방백의 자격으로 천하를 호령할 때 항상 정나라 땅을 다투었습니다. 금일 만약 섬진과 힘을 합하여 정나라를 정벌하게 된다면 우리는 앞으로 정나라를 가운데에 두고 섬진과 서로 다투게 될 겁니다. 차라리 우리 당진의 군사들만으로 정벌하는 편이 옳을 줄 압니다.」

「정나라는 당진과 이웃해 있고 섬진과는 멀리 떨어져 있소. 섬진이 어떻게 정나라를 놓고 우리와 다툴 수 있겠소?」

선진의 말을 물리친 문공이 즉시 사자를 섬진으로 보내 군사를 일으킬 날짜를 9월 상순으로 정하고 두 나라가 정나라 국경에서 만나기로 했다. 문공이 출정에 임하여 공자란(公子蘭)을 동행하려고 했다. 공자란은 곧 정문공과 연길(燕姞) 사이의 소생인데 '자화(子華)의 난(亂)' 당시에 당진으로 도망쳐 와서 대부의 벼슬을 하고 있었다. 뒤이어 진문공이 당진의 군주 자리에 오르자, 그는 곁에 머물면서 문공의 신변 잡일을 잘 처리했다. 또한 성격이 충직하고 근면하기가 이를 데 없어 문공이 깊이 총애하고 있었다. 문공이 정나라를 정벌하기 위해 출병하는 길에 공자란을 향도로 삼고 싶어 불렀다. 공자란이 사양하며 문공에게 말했다.

「신이 듣기에 군자는 비록 타향에 나와 살고 있다 하더라도 부모의 나라를 잊으면 안 된다고 했습니다. 주군께서 저의 부모 나라인 정나라

그림 15 정나라를 공격하는 진진연합군

를 토벌하러 가시는데 신이 어떻게 감히 그 일에 낄 수가 있겠습니까?」

문공이 기특하게 생각하며 말했다.

「경은 가히 근본을 잊지 않는 군자라 하겠소!」

이어서 공자란을 당진의 동쪽 국경을 지키는 고을에 머물게 했다. 이 때부터 문공은 공자란을 정나라의 군주로 삼아야 되겠다는 생각을 하게 되었다.

이윽고 당진군이 정나라 경계에 당도하자 섬진의 목공도 역시 백리해와 맹명시를 대장과 부장으로, 기자(杞子), 봉손(逢孫), 양손(楊孫) 등을 장수로 삼아 병거 200승을 이끌고 정나라 땅에 당도했다. 두 나라 군사들이 힘을 합하여 정나라 관문인 호뢰관을 돌파하여 곧바로 곡유(曲

洧: 현 하남성 언릉(鄢陵) 동남쪽의 유수(洧水) 강안 고을]까지 돌진하여 정성에 대한 포위망을 길게 구축하고 아무도 밖으로 빠져나가지 못하게 했다. 진진 연합군은 다시 북쪽으로 진군 방향을 돌려 당진군은 함릉[函陵: 지금의 하남성 신정시(新鄭市) 북의 노가촌(蘆家村)이다]에 영채를 세워 신정성을 직접적으로 위협하고 섬진군은 계속 진군하여 사남(汜南)[18]에 본영을 세워 신정성으로 향하는 길을 끊었다. 이어서 사남에 수비군을 남겨 놓은 섬진군의 본대는 다시 남하하여 함릉의 당진군과 합류했다. 진진 두 나라 군사들은 정성 주위를 밤낮으로 돌며 일체의 식량이나 땔감들을 성안으로 들어가지 못하게 철통같이 지켰다. 정문공은 어찌할 바를 모르고 당황해했다. 상경 숙첨이 말했다.

「섬진과 당진의 군사들이 힘을 합쳤으니 그 세력이 매우 날카로워 절대 대항해서 싸울 수 없습니다. 한 사람의 변사를 구하여 섬진의 군주를 찾아가게 해서 설득하여 군사를 물리쳐야 합니다. 만일 섬진의 군사들이 물러간다면 당진의 군사들은 고립되어 두려워할 필요가 없을 겁니다.」

「누가 가서 섬진의 군주를 설득시킬 수 있단 말이오?」

「일지호(佚之狐)라면 가능할 겁니다.」

정백이 일지호를 불러 섬진의 진영으로 가서 군사를 물리치도록 진백에게 유세하도록 했다. 일지호가 듣고 말했다.

「신의 능력으로는 도저히 이 일을 감당할 수 없습니다. 신이 한 사람을 천거하겠으니 저를 대신하게 하십시오. 그 사람의 구변은 물 흐르듯

---

18 사남(汜南): 사수(汜水)의 남쪽이다. 사수는 지금의 하남성 공의시(鞏義市)와 형양시(滎陽市) 경계의 방산(方山)에서 발원하여 북쪽으로 흘러 사수진(汜水鎭)을 경유하여 황하로 유입되는 강이다. 호뢰관(虎牢關)은 사수진의 옛 이름이다.

그림 16 노촉무추성세진(老燭武추說秦)

제8장 대기만성 백리해 大器晚成 百里奚

하여 막힘이 없으며 그의 세치 혀는 깊은 산중에 사는 거사들의 마음도 움직일 수 있습니다. 단지 그는 나이가 들도록 천거해 주는 사람이 없어서 초야에 묻혀 살고 있는 중입니다. 만약 주공께서 그를 불러 관직에 임명한 후에 섬진의 진영으로 보내신다면 진백을 설득하지 못할까 걱정하지 않으셔도 될 겁니다.」

「그 사람이 누구인가?」

「고성[考城: 지금의 하남성 개봉시(開封市) 동의 란고현(蘭考縣)으로 춘추 때 대국(戴國)의 영토였다가 정나라에 병합되었다]에 사는데 성은 촉(燭)이라 하고 이름은 무(武)라 합니다. 나이가 이미 70이 넘어 우리 정나라에서 어정[圉正: 공실 소유의 말을 기르고 관리했던 관서의 장]의 일을 맡아 보고 있습니다. 그의 집안은 3대째 어인(圉人)의 일만 계속 맡아 와 다른 벼슬로 옮겨 보지 못했습니다. 주공께서 예를 갖추어 부르시어 섬진의 진영으로 보내십시오.」

일지호의 말을 따라 정백이 즉시 촉무를 불렀다. 이윽고 정문공이 입궐한 촉무의 모습을 보니 그의 수염과 눈썹은 새하얗게 변해 버렸고, 허리는 곱사등처럼 굽었을 뿐만 아니라 제 몸 하나도 가누지 못하고 비틀거리며 걷는 실로 형편없는 모양을 하고 있는 늙은이였다. 정문공의 좌우에 서 있던 사람들이 촉무의 몰골을 보고 웃음이 터지려는 것을 억지로 참았다. 촉무가 정백에게 절을 올리며 말했다.

「주공께서는 늙어 쓸모없게 된 이 사람을 무슨 일로 부르셨습니까?」

「그대가 변설에 능하다는 일지호의 말을 듣고 불렀소. 수고롭겠지만 진백을 설득하여 그의 군사를 물러가게 한다면 과인은 그대와 함께 이 나라를 같이 다스리겠소!」

촉무가 다시 절을 올리며 사양하는 말을 올렸다.

「신은 배움이 많지 못하고 가지고 있는 재주는 자랑할 바가 없습니다. 소신이 젊어서는 나라를 위해 한 치의 공도 세울 수가 없었는데 하물며 이제 나이 70이 넘어 근력은 이미 힘이 빠지고 기침이 자주 나와 자유롭게 말도 할 수 없는 몸이 되었습니다. 어찌 이런 몸으로 타국 군주의 안전을 어지럽히면서 설득하여 천승의 군사를 움직이게 할 수 있겠습니까?」

「그대의 집안이 3대에 걸쳐 우리 정나라를 섬겼으나 내가 일찍 알지 못해 늙도록 쓰지 못했으니 이것은 과인의 잘못이오! 오늘 그대를 아경(亞卿)의 직에 제수하니 과인을 위해 한번 행차해 주기 바라오!」

일지호가 정백의 곁에 있다가 촉무를 칭송하는 말로 거들었다.

「대장부가 때를 만나지 못해 몸이 늙게 되었음은 다 자기의 운명으로 돌린다고 하겠으나 이제 주공께서 선생을 불러 쓰고자 하시니 선생은 결코 사양하지 마시오.」

촉무가 즉시 명을 받들어 정백 앞에서 물러 나왔다. 이윽고 당진과 섬진 두 나라가 정나라 도성을 에워싸고 맹렬한 기세로 공격을 퍼부었다. 정성의 동쪽에 진채를 세운 섬진군과 서쪽에 진채를 세운 당진군은 서로 긴밀한 연락을 취하고 있지 않다는 사실을 촉무는 알고 있었다. 그날 밤 촉무는 굵은 밧줄을 타고 성벽을 내려와 정성을 나왔다. 곧바로 섬진군의 진채로 달려간 촉무는 장수들과 군사들이 앞을 가로막았기 때문에 진백을 만날 수 없었다. 촉무가 할 수 없이 섬진군의 영채 밖에서 목을 놓아 크게 소리쳐 울었다. 진채를 경비하는 군리가 촉무를 잡아다가 목공 앞으로 데려와 보고했다. 목공이 물었다.

「그대는 누구인가?」

촉무가 대답했다.

「노신은 바로 정나라의 대부 촉무라는 사람입니다.」

「어찌하여 이곳까지 와서 곡을 하는가?」

「곡을 한 이유는 정나라가 장차 망할 것 같아서입니다.」

「정나라가 망하는데 어찌하여 내가 있는 영채까지 와서 곡을 하는가?」

「노신이 곡은 정나라만을 위해서가 아니라 섬진을 위해서이기도 입니다. 정나라의 멸망은 그다지 애석하다고 할 수는 없지만 섬진의 멸망은 실로 애석한 일이기 때문입니다.」

목공이 대노하여 큰 소리로 꾸짖으며 말했다.

「우리나라가 어찌하여 망하게 되어 네가 애석하게 생각한단 말이냐? 너의 말이 이치에 맞지 않으면 내 당장 너의 목을 베리라!」

촉무가 전혀 두려워하지 않고 두 개의 손가락을 펴더니 한 손가락으로는 동쪽을 가리키고 다른 한 손가락으로는 서쪽을 그리며 쌍방 간의 이해득실을 따지기 시작했는데 그것은 마치 다음 시가 말하고 있는 형상과 같았다.

> 그가 설득하기 시작하면 돌로 만든 사람도 눈을 뜨고
> 도리를 설파하기 시작하면 토용(土俑)도 고개를 끄덕였다.
> 아침의 붉은 해를 능히 야밤에도 뜨게 할 수 있고
> 동쪽으로 흐르는 황하를 서쪽으로 흐를 수 있게 했도다.
> 說時石漢皆開眼(설시석한개개안)
> 道破泥人也点頭(도파니인야점두)
> 紅日朝升能夜出(홍일조승능야출)
> 黃河東逝可西流(황하동서가서류)

말문이 터진 촉무가 목공을 향해 말했다.

「섬진과 당진이 군사를 합하여 정나라에 임했으니 정나라의 멸망은

시간문제가 되었습니다. 정나라의 멸망이 섬진에게 이익이 된다고 노신은 감히 말하지 못하겠습니다. 오히려 정나라의 멸망은 섬진에게 무익할 뿐만 아니라 해가 될 겁니다. 군주께서는 어찌하여 귀중한 군비와 재물을 허비하면서 다른 나라를 위해 군사들의 수고로움을 아끼지 않습니까?」

「그대가 이번 군사의 일이 무익할 뿐만 아니라 오히려 손해라고 했는데 무슨 뜻인가?」

「우리 정나라는 당진의 동남쪽과 경계를 하고 있으며 섬진은 또한 당진의 서쪽과 경계를 맞대고 있습니다. 다시 말씀드린다면 섬진의 도성 옹성(雍城)과 정나라의 신정성(新鄭城)은 당진을 사이에 두고 2천 리가 떨어져 있습니다.[19] 섬진의 입장에서는 동쪽으로는 당진과 격해 있고 남쪽으로는 주나라와 경계를 접해 있어 우리 정나라에 오기 위해서는 필히 주나라 땅을 경유해야 합니다. 그러니 망한 우리 정나라 땅은 당진의 소유가 되지 않겠습니까? 즉 망한 정나라의 모든 땅은 당진의 소유가 되고, 그리고 당진은 정나라 땅을 섬진과 나누어 가질 아무런 이유가 없습니다. 더군다나 섬진과 당진 양국은 경계를 접하고 있는 이웃 나라라 세력을 서로 다투고 있기 때문에 당진의 세력이 강해지면 섬진은 이와 반대로 세력이 약해지게 되어 있습니다. 영토를 늘리려고 혈안이 되어 있는 이웃 나라를 위해서 스스로 자기 나라를 약하게 하는 일은 지혜 있는 사람이 취할 행동이 아닙니다. 옛날 당진의 혜공이 하외 오성(河外五城)을 군후께 할양하겠다고 약속을 한 후에 군주의 도움으로 입국하여 당진의 군주가 되었습니다. 그런 그가 헌신짝 버리듯이 약

---

19 실제로 옹성과 신정성은 직선거리로 약 600킬로미터로 1천 500리다.

속을 저버린 일은 군주께서 직접 경험하시어 익히 알고 계십니다. 군후께서는 당진의 여러 군주들에게 은혜를 베푸셨지만 지금까지 추호도 그 은혜에 보답한 군주가 있었다는 소식을 듣지 못했습니다. 얼마 전에 군주님의 도움으로 복국하여 당진의 군위에 오른 지금의 진후(晉侯)는 군사의 수를 늘리고 장수를 뽑아 다른 나라를 병탄하여 하루가 다르게 국세가 강해진 결과 금일 영토를 동쪽까지 넓히기 위해 정나라에 쳐들어왔습니다. 후일에 당진은 반드시 그 영토를 서쪽으로 넓히려고 시도할 겁니다. 그것이야 말로 섬진의 근심거리가 되지 않겠습니까? 군주께서는 우(虞)나라와 괵(虢)나라의 일을 들어보시지 못했습니까? 진후의 부군 진헌공이 우나라 군주로 하여금 괵나라를 멸하게 한 후에 우나라를 멸하여 결국은 두 나라를 병탄했습니다. 지혜가 부족한 우공이 당진을 도운 행위는 스스로 자멸했다고밖에는 달리 말할 수 없습니다. 이것을 교훈으로 삼아야만 하지 않겠습니까? 군주께서는 당진에게 수많은 은혜를 베풀었다는 이유만으로 당진을 결코 믿어서는 안 됩니다. 당진이 어떻게 섬진을 이용할지는 아무도 예측할 수 없기 때문입니다. 군주전하께서 지혜를 갖추고 계심에도 불구하고 즐거이 당진의 계략에 떨어지고 계시니 이런 연유로 "이로운 점이 없을 뿐 아니라 오히려 손해만 있을 뿐이다"라고 말씀드렸습니다. 그런 이유로 제가 정과 섬진 두 나라를 위해 통곡했습니다.」

촉무의 말을 다 듣고 나서 오랫동안 생각에 잠겼던 목공의 얼굴에 이윽고 두려운 빛을 띠더니 다시 수없이 고개를 끄덕이며 촉무를 향해 말했다.

「그대의 말이 옳도다!」

백리해가 곁에 있다가 목공에게 간했다.

「촉무는 일개 변사일 뿐입니다. 우리와 당진 두 나라 사이를 벌어지게 하려는 이간책이오니 주군께서는 귀를 기울이지 마십시오.」

촉무가 다시 말했다.

「군주께서 만약 너그러운 마음으로 우리 정성의 포위를 풀어 주신다면 맹세컨대 초나라를 버리고 섬진에게 항복을 하도록 하겠습니다. 군주께서 동방에 만약 무슨 일이 생긴다면 이곳에 왕림하시어 정나라에서 모든 것을 취하시어 마치 군주전하의 외부에 있는 나라처럼 받들어 모시겠습니다.」

목공이 크게 기뻐하여 즉시 촉무와 삽혈의 의식을 행한 후에 오히려 기자, 봉손, 양손 등의 세 장군과 보졸 3천 명을 남겨 두어 정성을 지키게끔 돕게 하고 자기는 당진의 진영에 통고도 하지 않고 비밀리에 군사를 이끌고 자기 나라로 회군해 버리고 말았다.

다음 날 아침 일찍이 당진군의 탐마가 달려와서 섬진의 군사가 물러갔다고 진문공에게 보고했다. 진문공이 크게 노하자 호언이 말했다.

「섬진군의 행렬은 아직 멀리 가지 못했을 겁니다. 신이 한 떼의 군마를 끌고 섬진군의 뒤를 추격할 수 있도록 허락해 주시기 바랍니다. 하루 빨리 고향에 돌아가려는 마음으로 해이해져 있는 섬진군을 공격한다면 틀림없이 이길 수 있습니다. 섬진군과의 싸움에서 승리를 취한다면 정나라 사람들은 간담이 서늘해져 장차 우리가 공격을 하지 않아도 스스로 항복을 청해 올 겁니다.」

그 사이에 화를 가라앉힌 문공이 말했다.

「불가한 일입니다. 옛날 섬진의 군주가 애써준 덕택에 과인은 군위에 올라 사직을 지킬 수 있었습니다. 섬진의 군주가 힘써 주지 않았다면 어찌 과인이 이렇게 당진의 군주 자리에 앉아 있을 수 있겠습니까? 성복에서의 싸움에서 초나라의 자옥이 과인에게 무례를 저질렀음에도 불구하고 나는 그를 피해 우리의 군사들을 3사의 거리를 후퇴시켜 그의 군주로부터 받은 은혜에 보답했었습니다. 하물며 섬진과는 혼인까지 맺은 인척의 나라인데 어찌 뒤를 추격하여 싸울 수 있겠습니까? 그리고 우리 당진의 군사만으로도 충분히 정나라를 항복시킬 수 있습니다.」

문공은 즉시 군사를 반으로 나누어 섬진의 군사들이 주둔했었던 함릉(函陵)으로 보내어 진채를 세운 후에 예전과 같이 신정성에 맹공을 퍼붓도록 하고 한편으로는 사자를 보내 공자란을 세자로 세우면 화의를 맺고 군사를 물리치겠다고 통고해 왔다. 정나라 대부 석계(石癸)가 정백에게 말했다.

「제가 들으니 길씨(姞氏)들은 후직(后稷)의 원비가 낳은 후손들이라 합니다. 그 후예들이 당세에 와서 흥성하고 있습니다. 란의 생모인 연길은 길씨들의 후손이니 란을 세워도 무방한 일입니다. 또한 부인들이 낳은 공자들은 모두 죽거나 추방당하여 적자 중에는 아무도 남아 있지 않습니다. 남은 서자 중에서 란이 제일 어진 마음을 갖고 있습니다. 또한 지금 정성이 포위되어 사태가 매우 위급한 상황에서 당진이 화의를 청해 왔으니 어찌 다행스러운 일이라고 하지 않겠습니까?」

정문공이 당진의 요청을 받아들여 맹세를 하고 공자란을 정나라의 세자로 삼았다. 당진군은 곧바로 신정성에 대한 포위를 풀고 본국으로 철수했다.

이때부터 당진과 섬진 사이에는 틈이 생기기 시작하였다. 염옹이 이를 두고 시를 지었다.

사위와 장인이 함께 한 용병은 서로 속이지 않았기 때문인데
단지 촉무의 몇 마디 말로 군사를 거두어 돌아가 버렸다.
동쪽으로 통하는 길을 얻기 위한 사소한 이익을 탐한 일이
몇 대를 걸쳐 병화를 일으키게 될 줄을 누가 알았겠는가?

甥舅同兵意不欺(생구동병의불사)
卻因燭武片言移(각인촉무편언이)
爲貪東道蠅頭利(위식동도승두리)
數世兵連那得知(수세병련나득지)

23. 천리원정(千里遠征) 노이무공(勞而無功)
- 천 리 밖의 나라를 원정하는 일은 힘만 허비할 뿐 공을 세울 수 없다 -

한편 정나라에 남겨 둔 섬진의 세 장수는 정성의 북문에 주둔하고 있으면서 당진에서 귀국하여 정나라의 세자 자리에 오른 공자란의 모습을 보더니 화를 내며 말했다.

「우리들은 정나라를 위해 당진의 공격으로부터 성을 지켜주고 있는데 그들은 오히려 다시 당진에게 항복해 버렸다. 그동안 우리들이 행한 일은 모두 헛일이 되어 버리지 않았는가?」

섬진의 세 장수들은 즉시 그 사실을 편지로 써서 본국에 보고했다. 보고를 받은 목공은 분노했으나 당진의 위세에 눌려 감히 항의는 할 수 없었다. 곧이어 정문공이 죽고 공자란이 정나라 군주의 자리에 즉위했다. 이가 정목공(鄭穆公)이다. 진목공이 정나라의 포위를 풀고 철수한 해는 기원전 630년의 일이고 정목공이 성백의 자리에 오른 해는 기원전 628년이다.

새로이 정나라 군주의 자리에 오른 정목공은 섬진의 장수들에게 아무

런 예를 취하지 않았다. 기자가 봉손 및 양손을 불러 같이 상의하였다.

「우리들이 원정 나와 외국에 주둔하고 있는데 언제 본국으로 돌아갈지 알 수 없소. 우리가 만약 본국의 주공에게 권하여 군사를 몰래 출동시켜 정나라를 습격하여 점령하게 한다면 우리들은 모두 전공을 세우고 본국에 돌아갈 수 있소.」

세 사람이 정나라를 습격할 계획에 대해 상의를 하는 동안 당진의 문공이 죽었다는 소식을 들었다. 세 사람이 손으로 이마를 치고 기뻐하며 말했다.

「이것은 하늘이 우리를 도와 계획을 성사시키고자 함이오!」

세 장수는 즉시 심복을 섬진으로 보내 자기들의 계획을 목공에게 고하게 했다.

「정나라가 우리들로 하여금 정성의 북문을 지키게 하고 있습니다. 만약에 아무도 몰래 군사를 보내 정성을 습격하고 우리가 안에서 내응한다면 정나라를 멸하고 우리 땅으로 만들 수 있습니다. 당진은 상중이라 틀림없이 정나라를 구원할 경황이 없을 겁니다. 더욱이 현재의 정백도 군주의 자리에 새로 올라 외적의 침입에 대한 대비가 아직 되어 있지 않으니 이번 기회를 놓치지 마십시오.」

정나라를 돕기 위해 주둔하고 있던 섬진의 세 장수로부터 비밀스런 보고를 받고 정나라를 정복하기 위해 군사를 일으키기로 결심한 목공이 건숙과 백리해를 불러 대책을 상의하려고 했다. 그러나 두 사람은 이구동성으로 간하며 말렸다.

「정나라는 우리 섬진국과 2천여 리나 떨어져 있는 먼 나라입니다. 비록 우리가 싸움에서 이겨 정나라 사람을 포로로 잡아올 수는 있으나 그 땅은 얻을 수 없습니다. 무릇 500승이나 되는 대군이 2천 리 길을 행군하는 데 소요되는 시간은 일이십 일이 아니라 몇 달이 걸립니다. 어찌 세상 사람들의 이목을 피해가며 그 먼 거리를 행군할 수 있겠습니까? 만약 정나라가 우리의 공격에 대해 알게 되면 미리 대비할 것이며, 그리되면 우리의 노력은 허사가 되고 맙니다. 더욱이 행군 도중 뜻밖의 봉변을 당하게 될지도 모릅니다. 무릇 정나라를 지키게 한다고 군사를 남겨 놓고, 다시 남겨 놓은 군사를 이용하여 정나라를 도모하는 행위는 신(信)이 아니며, 또한 상을 당한 틈을 이용하여 정나라를 공격하는 행위는 인(仁)이 아닙니다. 설사 우리의 계획이 성공한다 할지라도 그 이익은 적으니 그것은 지(智)가 아닙니다. 신(信), 인(仁), 지(智) 세 가지를 모두 잃으시려고 하시니 신 등은 도무지 그 까닭을 모르겠습니다.」

목공이 얼굴에 노기를 띠며 말했다.

「과인이 당진의 군주를 세 번 세웠으며 당진의 난리를 두 번 평정하여 그 이름이 중원 천지에 드높게 되었소. 단지 당진의 군주가 성복(城濮)에서 초나라의 군사를 격파하는 바람에 패자의 자리를 그에게 양보했을 뿐이오. 이제 당진의 군주가 세상을 뜬 이 마당에 천하에 누가 우리 섬진과 다툴 수 있겠소? 정나라는 마치 외로운 새가 되어 사람을 향해 달려드는 형국과 같아 우리가 취하지 않으면 결국은 다른 나라의 품으로 날아갈 것이오. 이번 기회를 이용하여 정나라를 멸한 후에 그 땅과 당진의 하동(河東) 땅을 바꾸자고 한다면 당진도 필시 우리의 제안을 받아들일 텐데 어찌 이익이 적다고 하시오?」

건숙이 다시 간했다.

「주군께서 정 그렇다면 당진과 정나라에 조문 사절을 보내시어 과연 정나라를 공격해도 되는지 살펴보게 하십시오. 기자(杞子)와 같은 무리들의 허언에 현혹되어 일을 그르치지 마십시오.」

「만약 조문사절이 돌아올 때를 기다렸다가 군사를 출동시키게 되면 왔다 갔다 하는 데만 일 년이 족히 걸리는 일이오. 무릇 군사를 움직일 때는 벼락 치듯이 하여 적군으로 하여금 귀를 막을 틈도 주지 말아야 하거늘 그대 늙은이들은 어찌 그런 사실도 모른단 말이오!」

24. 건숙곡사(蹇叔哭師)
- 건숙이 정나라 정벌의 불가함을 곡으로 간하다 -

목공은 두 사람을 물리친 후에 즉시 기자가 보내온 사람에게 2월 상순에 군사를 정성의 북문에 당도시키겠으니 안에서 호응하여 절대로 착오가 없도록 당부했다.

밀사가 떠나자 맹명시를 대장으로 서걸술과 백을병은 부장으로 명하여 섬진의 많은 군사들 중 선발한 정예한 무사 3천 명과 병거 500승을 동원하여 옹성의 동문밖에 대기하도록 했다. 맹명시는 곧 백리해의 아들이고 백을병은 건숙의 아들이다. 드디어 출병의 날이 되자 건숙과 백리해가 곡을 하며 군사들을 전송했다.

「참으로 슬프도다! 내가 이제 너희들의 출병하는 모습을 보고 있지만 다시 돌아오는 모습을 보지 못하겠구나!」

목공이 두 노인이 한 이야기를 전해 듣고 노하여 불러서 물었다.

「그대들 두 노인은 군사들이 출동하는데 어찌하여 곡을 하여 군심을 어지럽게 했소?」

건숙과 백리해가 한목소리로 답했다.

「신들이 어찌하여 우리 군사들을 향하여 곡을 하겠습니까? 신들은 단지 저희들 자식 놈들을 위해 곡을 했을 뿐입니다.」

슬프게 곡을 하는 부친의 모습을 본 백을병이 출전을 하지 않겠다고 건숙에게 말했다. 건숙이 만류하며 말했다.

「우리 부자가 섬진으로부터 녹을 후하게 받아 살아왔는데 네가 출전하여 죽는다면 스스로 자신의 직분을 행하는 충성스러운 일이다.」

건숙이 즉시 아무도 몰래 봉지에 싼 목간을 하나 건네주었는데 그 봉함이 심히 견고했다. 건숙이 다시 당부했다.

「네가 어려운 지경에 빠지게 되면 내가 준 목간의 내용대로 행하라!」

백을병이 부친의 명을 받고 출전했으나 마음은 매우 황당하고 처량했다. 단지 맹명시만은 자기의 재주와 용기를 믿은 나머지 자신만만하여 기필코 공을 이루겠다고 마음속으로 다짐하고 그 밖의 일은 개의하지 않았다.

섬진의 대군이 이미 행군을 시작하여 도성을 떠나자 건숙은 병을 칭하고 조당에 나오지 않더니 곧이어 정사의 일에서 손을 떼겠다고 청해왔다. 목공이 허락하지 않자 건숙이 다시 병이 매우 깊다고 하면서 명록촌의 자기 집으로 돌아갈 수 있도록 허락해 달라고 청했다. 백리해가 문병하기 위해 건숙의 집을 찾아와 말했다.

「이 해가 옳은 길을 모르지는 않지만 이렇게 비록 구차스럽게 머물려고 하는 이유는 아직 내 자식이 생환하는 모습이나마 보고 싶어서입니다. 형님께서는 어찌하여 나에게 한마디 가르침이 없으십니까?」

건숙이 대답했다.

「이번의 출전에서 우리 섬진의 군사들은 틀림없이 도숭에 낭패를 당하게 되어 있소. 동생은 이 일을 자상(子桑)에게 몰래 고하여 당진과 국경을 접하고 있는 하수 강안의 하하(河下)[20]에 배들을 모아 놓고 기다리다가 다행히 우리 장수들이 몸을 빼내어 도망쳐 온다면 배에 싣고 재빨리 섬진으로 귀환시키라고 하시오! 절대로 잊지 마시오.」

「형님의 말씀대로 행하겠습니다.」

초야로 돌아가겠다고 결심을 굳힌 건숙을 만류해도 소용없다고 생각한 목공은 결국 그의 청을 허락하고, 황금 20근과 채색비단 100필을 하사했다. 건숙은 결국 명록촌으로 돌아갔다. 군신들이 모두 교외에 있는 관문까지 나와서 전송했다. 도성으로 돌아온 백리해가 공손지의 손을 붙잡으며 건숙이 한 말을 전했다.

「건숙 형이 이 일을 절대 다른 사람에게 부탁하지 말고 자상에게 부탁하라고 당부하셨소. 이는 장군께서 충성과 용기를 갖춘 분이시라 능히 나라의 우환을 같이 나눌 수 있다고 생각해서입니다. 장군께서는 절대 이 일을 다른 사람에게는 발설하시지 마시고 아무도 몰래 준비하셔야 합니다.」

백리해의 명을 받든 공손지가 스스로 하하(河下)로 나가 배를 모으기 시작했다.

---

20 하하(河下): 황하가 섬서성과 산서성을 가르며 북쪽에서 남쪽으로 내려오다가 동쪽으로 90도로 꺾이는 곳을 하곡부(河曲部)라 하고 하하(河下)는 꺾이기 전의 황하 남안의 땅을 말한다. 옛날 이곳에 섬서성에서 산서성으로 건너는 유명한 나루터가 있었다.

25. 경적무례(輕敵無禮) 필유패뉴(必有敗衄)
- 적을 얕보는 무례한 군대는 반드시 패전한다 -

한편 섬진군을 이끌고 호호탕탕 정나라를 향해 진군하고 있던 맹명시는 백을병이 건숙에게서 밀봉된 목간을 받은 사실을 알고 그것이 정나라를 파할 수 있는 기계(奇計)로 짐작했다. 그날 저녁 군사들이 영채 세우기를 끝내자 맹명시가 백을병을 찾아와 밀간(密簡)을 뜯어 보기를 청했다. 백을병이 겉봉을 뜯고 나서 목간을 읽었다. 목간에는 다음과 같이 써 있었다.

『이번의 출정에서 염려할 나라는 정나라가 아니라 바로 당진이다. 행군해서 통과해야 할 효산(崤山)[21]은 지세가 험하니 그대들은 마땅히 조심하고 조심하라. 내가 아마도 너희들의 해골을 그곳에서 찾아야 될 것 같구나!』

맹명시가 눈을 감고 소리쳤다.

「이 무슨 해괴한 소리인가! 참으로 불길한 말이로다. 불길한 말이로다!」

백을병도 역시 꼭 그렇게 될 것이라고는 생각하지 않았다. 섬진의 삼수(三帥)가 그해 겨울 12월에 섬진의 군사들을 이끌고 옹성을 출발하여 다음 해 봄 정월에 주나라 경계에 당도하여 왕성의 북문을 통과하게 되었다. 맹명시가 말했다.

「천자가 계시는 곳이라 비록 군사의 일로 천자를 알현하지는 못한다

---

21 효산(崤山, xiáoshān): 섬서성과 경계를 이루는 하남성 서부의 영보시(靈寶市), 섬현(陝縣) 및 삼문협시(三門峽市)를 걸쳐 동쪽으로는 망산(芒山)으로 이어지고 서쪽으로는 진령산맥(秦嶺山脈)의 동쪽 끝과 만난다. 황하를 사이에 두고 그 북쪽 연안은 중조산(中條山)과 마주 보며 절벽으로 이루어진 협곡을 형성하고 있다. 주봉은 해발 1천 900미터의 청강봉(靑崗峰)이다.

할지라도 어찌 감히 존경하는 마음을 표하지 않을 수 있겠는가?」

맹명시는 좌우에게 영을 전하게 하여 모두 투구를 벗어 들고 병거에서 내려 도보로 왕성을 통과하게 하였다. 그때 행렬의 선두에 서서 전봉을 맡고 있던 아장(牙將) 포만자(褒蠻子)는 사납고 용맹하기가 이를 데 없는 장수였다. 이윽고 섬진군의 행렬이 왕성 안으로 들어가 천자가 거하고 있는 궁궐 문 앞에 이르게 되자 갑자기 포만자가 몸을 날려 병거에 올라타더니 마치 나는 새처럼 질풍과 같이 앞으로 달려 나가 이내 보이지 않게 되었다. 맹명시가 보더니 감탄하며 말했다.

「군사들 모두가 포만자처럼 용맹하다면 우리가 어떤 싸움에서인들 이기지 못하겠는가?」

여러 장수들과 사졸들이 맹명시가 하는 말을 듣고 시끄럽게 소리치며 말했다.

「우리들이 어찌하여 포만자보다 못하단 말인가?」

섬진의 군사들이 서로 앞을 다투어 두 팔로 가슴을 두드리며 여러 군중들 앞에서 큰소리쳤다.

「달리는 병거에 뛰어오르지 못한 자들은 모두 전후(殿後)로 가서 행군하기로 한다.」

─전후(殿後)는 행군하는 군대의 마지막 행렬이다. 즉 군인이 전후에 선다는 말은 겁이 많은 군인임을 뜻한다. 군사들이 싸움에서 패하면 전후에 세워 분발하게 하여 용기를 갖게 했던 고대 군사 운영의 방법으로서 즉 전후에 세운다는 말은 군사들을 모욕한다는 뜻으로 쓰였다.─

도보로 걷던 섬진군이 500승에 달하는 병거를 전방을 향해 힘껏 달리게 하고는 모두가 땅에서 뛰어 올라타고 질풍처럼 앞으로 내달아 삽시간에 섬진군의 행렬은 시야에서 사라져 버렸다.

그림 17 섬진군의 정나라 기습도

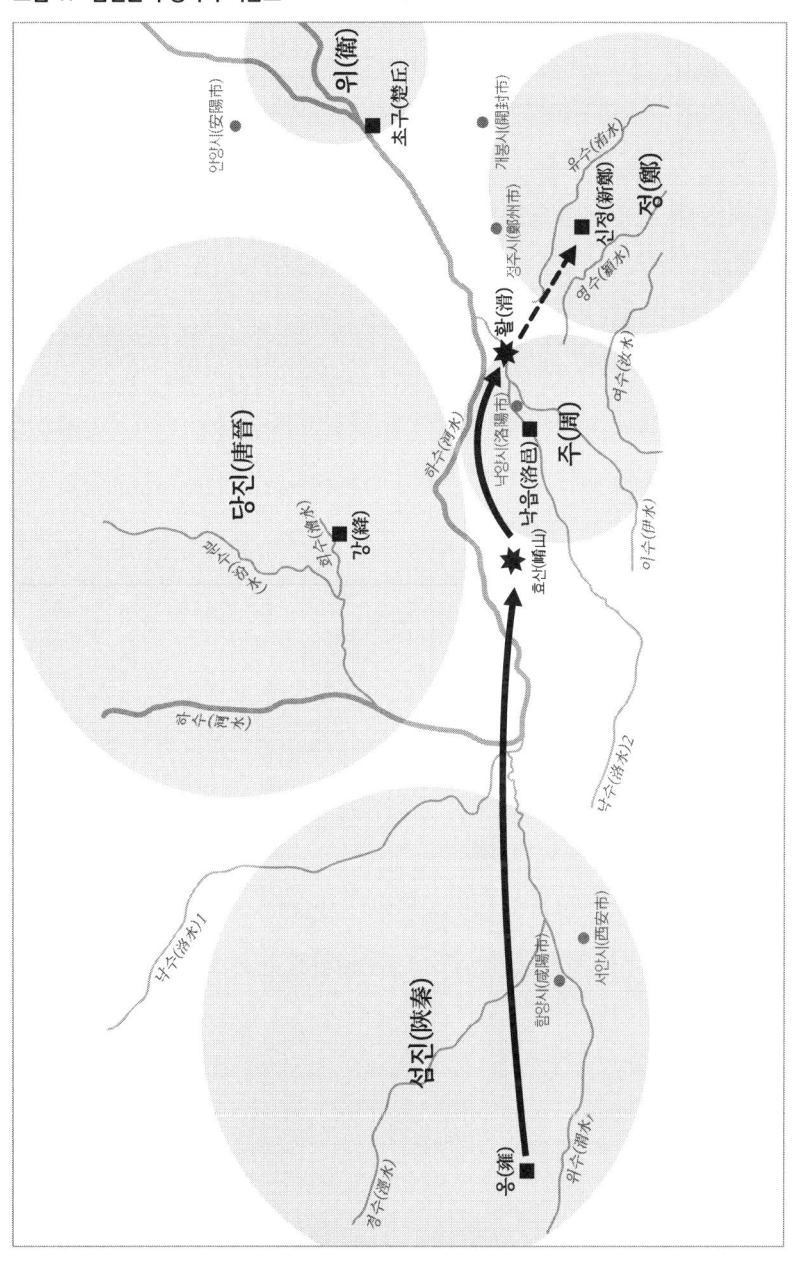

제8장 대기만성 백리해 大器晚成 百里奚

그때 주양왕은 왕자호를 시켜 왕손만(王孫滿)을 데리고 섬진의 군사들이 도성을 통과하는 모습을 관망하고 있었다. 이윽고 섬진군의 행렬이 모두 지나가 시야에서 사라지게 되자 왕자호가 왕손만과 함께 주양왕 앞으로 나가 섬진군의 용맹성을 감탄하면서 말했다.

「신이 보건대 섬진의 군사들은 용맹스럽고 강건하여 아무도 대적할 수 있는 나라가 없을 것 같습니다. 이번의 출병에 정나라는 필시 어려움에 처할 것 같습니다.」

당시 나이가 매우 어렸던 왕손만이 왕자호의 말에 얼굴에 미소를 띠기만 할 뿐 말은 하지 않았다. 주양왕이 보고 물었다.

「어린 동자가 무슨 할 말이 있다고 웃고 있는가?」

왕손만이 입을 열어 말했다.

「천자가 계시는 궁궐 앞을 지날 때의 예란 반드시 갑옷을 벗어 둘둘 말고 병장기는 끈으로 묶은 후에 모두 병거에서 싣고 군사들은 총총걸음으로 걸어서 지나가야만 합니다. 오늘 섬진군의 행군하는 모습을 보니 단지 투구만을 벗고 지나갔으니 이는 무례한 짓입니다. 또한 달리는 수레에 뛰어 올라 질풍처럼 내달렸으니 이것은 심히 경박한 행동입니다. 군사들의 행동이 가벼우면 계략이 못 미치게 되고 또한 예의가 없으니 쉽게 해이해질 겁니다. 이번의 출전으로 섬진의 군사들은 틀림없이 패전의 치욕을 당하게 되어 다른 나라를 해치지 못하고 스스로를 해칠 수 있을 뿐입니다.」

26. 현고호군(弦高犒軍)
   - 섬진군을 호군하여 정나라를 멸망으로부터 구한 상인 현고 -

한편 현고(弦高)라는 정나라 상인이 있었다. 소를 팔고 사는 일을 업으로 하고 있었는데 옛날 주나라의 왕자퇴(王子頹)가 소를 좋아하여 수많은 소들을 사들이게 되자 정과 위 두 나라 상인들이 소를 주나라에 끌고 가서 팔아서 많은 이득을 취할 수 있었다. 그날에 이르기까지 현고가 가업을 이어받아 여전히 소장사를 하고 있었다. 현고는 신분이 비록 상인에 불과하였지만 군주에게 충성하고 나라를 사랑하는 마음을 갖고 있었다. 그뿐만 아니라 환난을 극복하고 분쟁을 풀 수 있는 지혜도 구비한 어진 사람이었다. 단지 천거해서 이끌어 주는 사람이 없어 시정에서 몸을 굽혀 소를 팔며 살아가고 있었다. 그날도 현고는 살찐 소 수백 마리를 내다 팔기 위해 주나라로 가고 있는 중이었다. 현고의 일행이 여양진(黎陽津)[22] 근처에 당도하자 우연히 고향사람 건타(蹇他)라는 사람을 만나게 되었다. 건타는 방금 섬진에서 장사를 하다가 고향으로 가고 있는 중이라고 했다. 현고와 건타 두 사람이 서로 만나 안부 인사를 나누었다. 현고가 건타에게 물었다.

「근자에 이르러 섬진의 사정은 어떠합니까?」

「섬진이 삼수로 하여금 군사를 이끌고 출병하여 정나라를 습격하기 위해 옹성을 출발한 날이, 작년 겨울 12월 병술일이니, 머지않아 그 군사들이 이곳에 당도할 때가 되었습니다.」

---

22 여양진(黎陽津): 지금의 하남성 준현(浚縣)에 여양진(黎陽鎮)이라는 지명이 있으나 현고가 정나라를 향해 진군하고 있던 섬진군을 발견한 곳을 여양진이라고 한 연의의 내용은 원작자의 착오다. 지금의 하남성 북서부에 위치한 여양진은 정나라를 기습하기 위한 섬진군의 행군로와는 정반대 방향이기 때문이다.

현고가 듣고 크게 놀라 마음속으로 말했다.

「나의 부모가 계시는 땅에 갑자기 이러한 병란이 생기게 되었으니 내가 이 소식을 듣지 않았더라면 모르되, 소식을 이미 들었음에도 알리지 않아 만일 나라가 망하게 된다면 내가 무슨 면목으로 고향으로 돌아갈 수 있겠는가?」

건타와 작별을 고한 현고는 즉시 마음속으로 한 가지 계책을 생각해 냈다. 그는 즉시 사람을 시켜 밤낮으로 정나라에 달려가 이 일을 고하여 속히 섬진의 습격에 대비하도록 하고 동시에 끌고 가던 소들을 여사에 맡기고 그중에서 살찐 소 20마리를 고른 후에 종자들에게 호군(犒軍)에 필요한 기구를 갖추게 했다. 현고는 소를 끌고 길을 재촉하여 섬진의 군사들을 찾아 서쪽을 향해 계속 길을 걸었다. 마침내 활국(滑國)[23]의 경내에서 섬진군의 선발대에 소속된 전초(前哨)를 만났다. 현고가 앞길을 막고 큰 소리로 외쳤다.

「저는 정나라 군주가 보낸 사자입니다. 원컨대 원수를 한번 뵙게 해주시기 바랍니다.」

섬진의 전초병이 중군으로 달려가 이를 보고했다. 섬진군의 대장 맹명시가 매우 놀라 속으로 생각했다.

「정나라가 어떻게 우리 군사들이 온다는 사실을 알고 사자를 이렇게

---

23 활국(滑國): 희성(姬姓)의 소 제후국으로 원래는 지금의 하남성 수현(睢縣) 서북에 있었으나 후에 지금의 하남성 언사시(偃師市) 서남의 비(費) 땅으로 나라를 옮겼다. 섬진군에게 멸망당한 나라는 언사시로 옮겼던 활국이다. 이때의 활국을 비활(費滑)이라고도 한다. 원문에는 연진(延津) 땅에 위치한 활국이라고 했으나 이 또한 원작자의 착오이다. 활국의 위치는 지금의 하남성 언사시 경내 남쪽이고, 송나라 이전의 연진은 지금의 하남성 개봉시 황하 남안의 활현 일대로 황하를 건너던 나루의 총칭이며, 송나라 이후로는 현 하남성 황하 북동부에 있는 연진현이다.

멀리까지 보내 영접하는가? 사신을 일단 만나 보고 그가 온 연유를 알아봐야겠다.」

맹명시는 즉시 행군을 멈추게 하고 현고를 불러 서로 상견했다. 현고가 거짓으로 정백의 명이라고 하면서 맹명시에게 전했다.

「저희 군주님께서는 세 분 장군님들이 군사들을 이끌고 저희 정나라로 오신다는 소식을 들으시고 변변치 못하나마 하신(下臣)인 이 고(高)에게 소 20마리를 주시며 멀리까지라도 나가서 호군하라 이르셨습니다. 저희 정나라는 대국 사이에 끼어 있어 항상 외국으로부터 모욕을 당하며 나라를 지키기 위해 오랫동안 고생하고 있습니다. 단 하루라도 경계를 게을리하거나 혹은 예측하지 못한 일이 일어나서 상국에게 죄를 얻게 되는 경우를 두려워하여 밤낮으로 경비를 철저히 하느라 감히 잠자리도 편히 하지 못하고 있습니다. 오로지 장군께서는 우리 정나라의 사정을 굽어 살펴주십시오.」

맹명시가 듣고 말했다.

「정나라 군주께서 우리 군사를 호군하기 위해 사자를 보냈다면 국서가 있어야 할 텐데 어디 있습니까?」

「장군께서 작년 동짓달 12월 병술일에 출병하시었다는 소식을 말을 타고 밤낮으로 힘써 달려온 종자로부터 들으신 저희 군주님께서는 군명을 글로 쓰다가 잘못 써서 고쳐 쓰기를 기다리기라도 하게 되면 혹시라도 상국의 군사를 호군하는 시기를 놓치지나 않을까 걱정하신 나머지, 즉시 신에게 구두로써 명을 내리셨습니다. 그래서 소신은 지엄한 과군의 명을 받들어 이렇게 달려와 땅에 엎드려 장군에게 죄를 청하고 있음이지 다른 뜻은 없습니다.」

맹명시가 현고를 가까이 오게 하더니 귀에다 대고 속삭였다.

그림 18 현고가명호진군(弦高假命犒秦軍)

「우리 군주께서 이 맹명시를 보내신 이유는 이곳 활나라를 토벌하기 위해서이지 결코 정나라를 정벌하기 위해서가 아닙니다.」

맹명시가 즉시 소리쳐 군령을 전하게 했다.

「이곳 연진에 주둔하겠으니 진채를 세워라!」

현고가 감사의 말을 올리고 물러갔다. 서걸술과 백을병이 맹명시에게 물었다.

「군사의 행렬을 이곳 연진에 멈추도록 내리신 명은 무슨 이유에서입니까?」

「우리 군사들이 2천 리의 먼 길을 행군하여 왔는데 뜻밖에 정나라 사자가 나타났습니다. 그래서 원래 정나라를 정벌하려던 계획을 중지하고 다른 방법으로 우리의 원했던 바를 이루고자 함입니다. 오늘 정나라 사자의 말을 들으니 그들이 이미 우리가 출병한 날짜까지 알고 있었습니다. 그것을 보면 정나라 본국에서는 오래전부터 대비하고 있었음을 알 수 있습니다. 우리가 설사 공격하더라도 성을 굳게 지킨다면 점령하기가 힘들 겁니다. 그렇다고 포위하여 그들이 지치기를 기다리는 작전을 펼친다 해도 우리가 끌고 온 병사들의 수가 적고 식량과 마초도 부족하여 싸움을 오래 계속할 수 없습니다. 대신 활국이 우리에 대해 전혀 대비를 하고 있지 않으니 이 기회를 이용하여 급습한다면 파할 수 있을 겁니다. 그들의 포로와 전리품을 얻어 돌아가서 우리 주군께 바친다면 이번의 출병이 전혀 의의가 없었다고는 하지 않을 겁니다.」

이윽고 그날 밤 삼경이 되자 세 장수가 섬진의 군사를 삼대로 나누어 일제히 활성을 습격하여 점령해 버렸다. 활나라 군주는 적(翟) 땅으로 도망갔다. 섬진의 군사들이 활나라의 여자와 어린아이들 및 값비싼 옥과 비단들을 대거 노략질한 후에 활나라의 도성 안을 폐허로 만들어

버렸다.

후세의 사관이 이를 두고 논했다.

『현고가 다녀간 뒤로는 섬진의 장수들 눈에 정나라는 이미 안중에 없게 되었다. 만약 현고라는 상인이 교묘하게 군명을 빙자하여 섬진의 군사를 호군하여 그들의 행군을 멈추게 하지 않았더라면 정나라는 멸망의 운명을 벗어나지 못했을 것이다. 현고의 활약으로 정작 정나라는 망하지 않고 대신 활나라만 망하고 말았다.』

사관이 이 일을 두고 시어 지어 현고를 찬양했다.

> 이리와 같이 사나운 군사들이 천 리를 달려와서는
> 어찌하여 보잘것없는 활나라에 칼을 겨누었는가?
> 지혜로운 현고가 군명을 빌려 섬진군을 호군하지 않았다면
> 정나라가 어찌 섬진의 칼날을 피해 망하지 않았겠는가?
> 千里驅兵狠似狼(천리구병한이랑)
> 豈因小滑逞鋒鋩(개인소활령봉망)
> 弦高不假軍前犒(현고불가군전호)
> 鄭國安能免滅亡(정국안능면멸망)

활나라는 섬진의 습격을 받아 파괴된 이후에 그 군주는 다시 나라를 일으키지 못했다. 섬진군이 물러간 뒤에 그 땅은 모두 당진의 영토로 병탄되었다.

한편 정목공은 상인 현고의 밀보를 받았으나 아직 그 사실을 완전히 믿지 못했다. 당시 계절은 봄 2월 상순이었는데 사람을 시켜 섬진의 장수들이 묵고 있는 객관으로 가서 눈치를 살펴보도록 했다. 과연 섬진의 세 장수들은 병사들에게 병거를 점검하게 하고 전투준비를 시키고

있던 중이었다. 섬진의 군사들은 병장기를 정돈하고 개개인마다 여장을 꾸리고 있었는데 병사들은 모두가 원기가 왕성하였다. 그들은 오로지 섬진의 군사들이 당도하기만 하면 성문을 열어 맞이하려는 생각뿐이었다. 섬진군의 진영에 간 사자가 돌아와 보고하자 목공이 크게 놀랐다. 즉시 노대부 촉무를 섬진의 세 장수에게 보내어 각기 전별의 표시로 비단 뭉치를 주어 전하도록 하면서 자기의 말을 전하게 했다.

「여러분들이 오랫동안 우리나라에 머무르는 동안에 우리는 그에 필요한 양식과 물자들을 공급해 왔습니다. 이제 고라니와 사슴의 말린 고기가 모두 떨어져 버렸습니다. 근자에 여러 장군들께서 경계를 엄하게 하는 모습을 보니 다른 곳으로 군사를 움직이려고 하는 것 같습니다. 지금 귀국의 대장군인 맹명시께서 주나라와 활나라 사이에 주둔하고 있는데 그곳으로 이동하기 위해서입니까?」

기자가 듣고 크게 놀라 속으로 생각했다.

「우리들의 계획이 누설되었으니 본국의 군사들이 이곳에 당도한다 한들 공을 세울 수는 없게 되었고 오히려 죄를 얻게 되었구나. 이제 정나라에 더 이상 머무를 수도 없게 되었을 뿐만 아니라 본국으로 돌아갈 수도 없게 되어 버렸구나!」

기자가 부드러운 말로 촉무에게 감사의 말로 답하고는 그날로 심복 수십 인을 데리고 제나라로 도망쳐 버렸다. 봉손과 양손도 역시 본국에 돌아가면 죄를 면하기 어렵다고 생각하여 송나라로 몸을 피했다. 정나라를 지키라고 남겨 놓은 섬진의 3천의 군사들은 지휘자가 사라져 버리자 북문에 모여 진을 치고 난동을 일으키려고 하였다. 정목공이 일지호를 시켜 많은 물자와 양식을 가져가게 하여 군사들을 해산시킨 후에 각자 자기의 고향으로 돌아가게 하였다. 정목공은 현고의 공을 기록하게 하고 그에게 군위(軍尉)의 벼슬을 제수했다. 이후로 정나라는 안정을 찾게 되었다.

27. 묵최종융(墨縗從戎)
- 상복을 입고 출전하는 진양공(晉襄公) -

 한편 당진국에서는 죽은 진문공(晉文公)의 뒤를 이어 세자 환(驩)이 진후(晉侯)의 자리에 올랐다. 환이 진양공(晉襄公)이다. 곡옥의 장지(葬地)로 나와 문공의 장례를 치르던 양공에게 섬진에서 온 첩자가 돌아와 보고했다.
 「섬진의 맹명시 장군이 군사를 이끌고 동쪽으로 행군하고 있는데 목적지가 어디인지 아무도 모르고 있습니다.」
 양공이 크게 놀라 즉시 군신들을 불러 상의했다. 당진의 중군원수 선진(先軫)은 섬진에 심어두었던 첩자를 통해 섬진군이 정나라를 기습하여 점령하기 위해 행군 중이라는 사실을 이미 알고 있었다. 그는 즉시 양공을 향하여 자기의 생각을 말했다.
 「진백(秦伯)이 건숙과 백리해의 간함을 듣지 않고 2천 리를 행군하여 정나라를 기습하기 위해 행군 중입니다. 지난번 곽언이 산가지 점을 쳐서 얻은 "서쪽에서 쥐가 달려서 우리 집 담장을 넘으려고 한다"라는 점사는 바로 이 일에 대한 예언입니다. 우리가 급히 그들의 퇴로에 매복하고 있다가 요격한다면 크게 무찌를 수 있습니다.」
 상군원수 난지(欒枝)가 앞으로 나와서 말했다.
 「선군은 섬진으로부터 큰 은혜를 입었으나 우리는 아직 그들의 은혜에 보답하지 못했습니다. 그런데 오히려 그들의 군사를 공격하면 지하에 계신 선군께서 어떻게 여기실지 모르겠습니다.」

선진이 난지의 말을 반박했다.

「우리는 선군의 뜻을 계승하여 방백으로서의 위엄을 밝혀야 하는 사명을 띠고 있습니다. 선군이 돌아가시자 동맹국들은 모든 일을 제쳐놓고 조문 사절을 보내와 그들의 슬픔을 전했었습니다. 그러나 섬진은 사절을 보내오기는커녕 전혀 내색도 하지 않고 오히려 군사를 동원하여 우리나라의 국경을 넘나들면서 동맹국인 정나라를 정벌하려고 했습니다. 섬진은 우리나라에 대해 너무 심한 무례를 저질렀습니다. 지하에 계신 선군께서도 역시 그들의 무례한 행위에 대해 매우 분개하고 계실 겁니다. 그런데 우리가 섬진의 옛날 은혜에 보답한다고 하면서 덕을 베푸는 행위에 대해 선군의 신령이 무슨 까닭으로 기뻐하신다고 말하십니까? 더욱이 두 나라의 군주가 하양(河陽)에서 만나 맺은 군사동맹의 약속에 따라 두 나라가 군사를 동시에 동원하여 정나라를 포위하게 되었으나, 섬진이 중도에 우리를 배신하고 철수해 버렸습니다. 따라서 섬진은 두 마음을 품고 우리를 대했다고 할 수 있습니다. 그들이 우리에게 신의를 시키지 않는데 우리가 무엇 때문에 그들에게 덕을 베풀어야 합니까?」

난지가 다시 주장을 굽히지 않고 말했다.

「섬진이 아직 우리의 경계를 범하지 않았는데 그들을 공격하는 행위는 너무 심하다고 할 수 있지 않겠습니까?」

선진이 난지의 말을 계속 반박했다.

「진백이 우리 선군을 도와 당진의 군주 자리에 오르게 한 일은 우리나라만을 위해서가 아니라 스스로의 이익도 도모하기 위해서였습니다.

그리고 선군께서 성복에서의 싸움에서 초나라의 대군을 물리치고 패업을 이루자 섬진은 겉으로는 복종하는 척했지만 마음속으로는 시기하고 있었습니다. 그러다가 근자에 이르러 상을 당한 우리가 능히 정나라를 보호하지 못할 거라고 생각하고 군사행동을 일으켰습니다. 만약 이를 방관만 한다면 우리가 정말로 힘이 없음을 섬진에게 인정하는 꼴이 됩니다. 섬진군이 2천 리의 머나먼 길을 행군하여 정나라를 점령하려는 계획은 결코 실현될 수 없는 지극히 어려운 일입니다. 따라서 정나라에 대한 계획이 틀어지면 그들은 퇴군하는 길에 틀림없이 우리 당진의 성읍을 기습할 겁니다. 속담에 "적을 쫓다가 하루를 못 참고 풀어주면 그 재앙은 몇 대에 이르게 된다"고 했습니다. 만약에 섬진군을 요격하지 않고 서서 방관만 한다면 어떻게 우리 당진이 스스로 선군이 일으킨 패업을 지킬 수 있겠습니까?」

조최가 나서서 말했다.

「섬진을 요격하는 일은 가하다고 하겠으나 단지 상중인 주군께서 군사를 일으키는 행위가 예에 어긋나지나 않을까 우려됩니다.」

선진이 언성을 높여 말했다.

「상을 당하면 거적자리를 깔고 흙덩이를 베개로 삼아 빈소를 지키는 일은 효를 행하는 예라고 하지만, 강대한 외적의 예봉을 잘라내어 사직을 안전하게 지키는 일도 또한 예라고 할 수 있습니다. 그래서 쳐들어오는 외적을 피해 지키는 상례와, 상중임에도 쳐들어온 외적을 무찌르는 일 중 어느 편이 더 큰 효(孝)라고 감히 말할 수 없는 법입니다. 여러 경들께서 계속 불가하다고 하신다면 저라도 단독으로 가서 섬진군을 요격하도록 하겠습니다.」

서신 등을 위시한 당진의 신료들은 모두가 선진의 말에 따르기로 했다.

선진이 즉시 양공에게 상복을 입은 채로 군사를 열병하도록 청했다. 양공이 선진에게 물었다.

「원수께서는 섬진군이 회군하는 시점을 언제쯤으로 보십니까? 또 회군한다면 어느 길을 택할 것 같습니까?」

선진이 손가락으로 날짜를 꼽아 보고 나서 말했다.

「신의 생각으로는 섬진군은 결코 정나라를 함락시킬 수 없습니다. 2천 리 길을 행군하고도 아무 공도 이룰 수 없으니 그 기세가 어찌 오래가겠습니까? 섬진군의 행군기간을 전부 따져 보니 그들의 회군하여 민지(澠池)[24]를 통과하는 시점은 필시 여름철 4월경이 될 것입니다. 민지의 서쪽에 효산(崤山)이라는 봉우리가 두 개인 산이 있는데 동쪽과 서쪽으로 나누어져 있어 그 거리는 35리 정도 됩니다. 섬진군이 본국으로 회군하기 위해서는 반드시 그 길을 통과해야만 합니다. 그 산은 수목이 울창하고 봉우리가 높고 험하며 길 중에 몇 군데는 거마가 다니지 못할 정도로 험준하기 때문에 그곳을 지나갈 때는 필히 병거에서 말을 풀어야만 합니다. 만약 이곳에다 복병을 숨겨 놓고 갑자기 들이친다면 섬진군과 장수들은 한 사람도 빠짐없이 죽이거나 사로잡을 수 있습니다.」

「모든 일을 원수에게 일임하겠으니 오로지 만사에 조심하여 낭패를 당하는 일이 없도록 하십시오.」

---

24 민지(澠池): 지금의 하남성 민지현(澠池縣) 경내다. 낙양시 동쪽 약 50킬로 지점에 위치한 고을로서 섬서성(陝西省)에서 중원으로 진출하는 데 거쳐야 하는 요충지다. 전국시대 말인 기원전 279년 진소왕(秦昭王)과 조효문왕(趙孝文王)이 이곳에 만나 회맹을 행하고 수호를 맺었다. 조왕을 수행한 인상여(藺相如)는 진나라의 위세에 굴복하지 않고 조왕의 위신을 세웠다. 그때 인상여의 활약을 '불욕사군(不辱使君)'이라고 한다. 당시 진왕과 조왕이 만나 회맹을 행한 민지회맹대가 있다. 제8권 제31장의 제4단원 《불욕사명》 내용 참조

선진이 즉시 선발대 5천 명을 뽑아 아들 선차거(先且居)를 대장으로 도격(屠擊)을 부장으로 삼아 효산 좌측에 매복하도록 명하고 서신의 아들 서영(胥嬰)에게는 호국거(狐鞫居)와 함께 다시 군사 5천의 선발대를 이끌고 효산 우측에 매복하고 있다가 섬진군이 당도하기를 기다려 좌우에서 협공하도록 하였다. 다시 호국거의 형인 호야고(狐射古)와 한간의 아들 한자여(韓子輿)에게 군사 5천을 주어 서효산에 가서 미리 나무를 베어 길을 막고서 숨어 있게 하고, 양요미(梁繇靡)의 아들 양홍(梁弘)에게는 내구(萊駒)와 함께 역시 5천의 군사로 동효산에 매복하고 있다가 섬진군이 지나가면 일제히 일어나 그 뒤를 치라고 했다. 선진 자신은 조최(趙衰), 난지(欒枝), 서신(胥臣), 양처보(陽處父), 선매(先蔑) 등의 원로대신과 노장들을 이끌고 양공을 모시고 효산에서 20리 되는 곳에다 세운 진채에서 각각 대오를 정하여 기다리고 있다가 섬진군과 전투가 벌어지면 호응하도록 하였다. 이것은 마치 "덫을 놓고 맹수가 달려들기를 기다리며, 향기로운 미끼를 던져 큰 거북이 물기를 기다린다"라는 형국이었다.[25]

---

25 당시 당진군의 군제는 진문공이 재위 8년인 기원전 629년에 개편한 5군 체제로 각군의 주장과 부장은 다음 표와 같다.

군별(軍別)		주장(主將)	부장(副將)
삼군(三軍)	중군(中軍)	선진(先軫)	극진(郤溱)
	상군(上軍)	난지(欒枝)	선매(先蔑)
	하군(下軍)	서신(胥臣)	극결(郤缺)
신이군(新二軍)	신상군(新上軍)	조최(趙衰)	기정(箕鄭)
	신하군(新下軍)	서영(胥嬰)	선도(先都)

28. 효산복멸(崤山覆滅)
― 효산의 험지에서 전멸하는 섬진군 ―

한편 그해 봄 2월에 활국(滑國)을 멸한 후에 포로들을 이끌고 노획한 전리품을 가득 실은 수레를 끌며 귀국 길에 오른 섬진군은 단지 정나라에 대한 기습을 포기하여 세우지 못한 공을 대신하여 속죄할 수 있기를 바라는 마음뿐이었다. 섬진군의 행렬은 여름철인 4월이 접어들 쯤에 민지의 경계에 당도했다. 백을병이 맹명시에게 말했다.

「민지의 서쪽으로 쭉 따라가면 효산의 험준한 길이 나타나는데 나의 부친께서 이곳을 지날 때 절대 조심하라고 간곡하게 당부하신 곳이니 주수(主帥)께서는 신중하게 대처하기 바랍니다.」

맹명시가 대답했다.

「내가 옹성에서 활국까지 1천 500리, 다시 활국에서 이곳까지 500리 모두 합해 2천 리 길을 행군하던 중에도 아직까지 아무 탈이 없었소. 이제 저 앞의 효산만 지나면 바로 우리나라의 경계에 이르게 되어 집이 바로 코앞이라 빨리 가거나 늦게 가거나 모두 우리들 마음에 달린 일입니다. 어찌 그리 걱정이 많으십니까?」

서걸술이 나서서 말했다.

「주수께서 비록 호랑이 같은 위엄을 갖고 있다 하나 조심한다고 해서 잃을 것은 없습니다. 또한 매복이라도 시켜 놓은 당진군이 갑자기 들고일어나 우리 군사들을 들이친다면 우리는 속수무책으로 당하고 말 겁니다.」

맹명시가 불복하고 발끈한 기색으로 답했다.

「장군들께서 당진을 이렇듯 무서워하니 내가 마땅히 앞장서서 만약에 복병이라도 만나게 되면 내가 스스로 감당하리다!」

말을 마친 맹명시는 즉시 군사를 사대로 나눈 후에 맹장 포만자를 불러 백리(百里)라고 쓰인 원수기를 주어 일대를 이끌고 앞으로 나아가 길을 열도록 명하고 자신은 이대를 이끌고 그 뒤를 따르고, 서걸술은 삼대를, 백을병은 사대를 맡아 맨 후미로 따랐는데, 각대의 거리는 1~2리에 불과했다. 선두에 서서 일대를 이끌고 행군하고 있던 포만자는 평소에 들고 다니는 무게가 80근이나 나가는 방천화극을 들고 공중에 휘두르며 자기의 무예를 뽐냈는데 그 동작은 마치 나는 새와 같이 날렵하였다. 스스로 자기의 용력에 자만하고 있던 포만자는 천하에 자기와 겨룰 수 있는 사람은 없을 것이라고 생각했다. 맹명시가 이끄는 섬진군은 병거를 몰고 민지를 통과하여 서쪽을 바라보며 앞으로 계속 나아갔다. 이윽고 섬진의 선발대가 동효산 기슭에 당도하자 갑자기 산속에서 북소리가 울려 천지를 진동시키더니 한 떼의 군마가 나는 듯이 나타났다. 대장인 듯한 사람이 병거를 타고 나와 섬진군 앞길을 막아서며 물었다.

「네가 섬진의 장수 맹명시냐? 우리들이 이곳에서 너희들을 기다린 지 오래다!」

포만자가 나서서 응대했.

「그러는 너의 이름은 무엇이냐?」

그 대장이 대답했다.

「내가 바로 당진의 장군 내구(萊駒)라는 사람이다.」

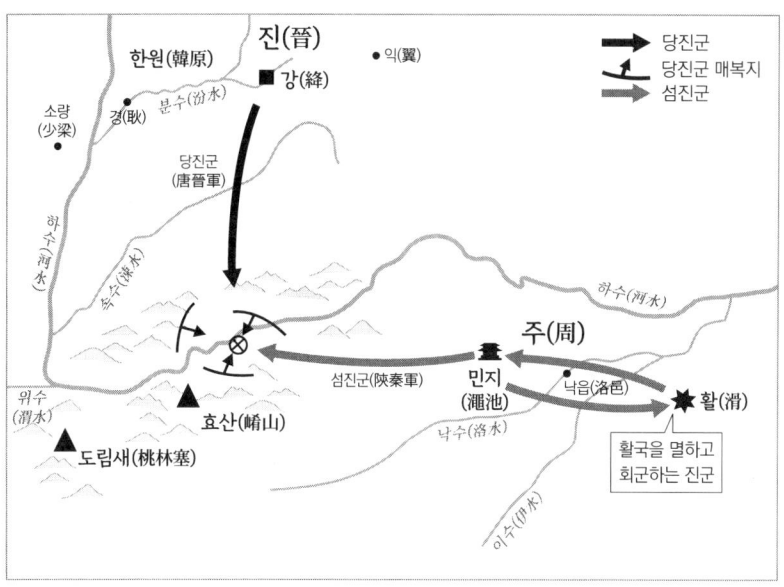

그림 19 효산지전 시의

「내가 너에게 일러주겠는데 너희 나라에서 난지나 위주가 와서 한꺼번에 같이 덤빈다면 장난삼아 몇 합 겨루어 보겠다만 너 같은 무명소졸이 어찌 감히 내 앞길을 막을 수 있단 말이냐? 속히 길을 열어 우리를 지나가게 하라. 만약 지체하게 되어 내가 할 수 없이 이 방천화극으로 너의 목을 뗄까 봐 걱정된다!」

내구가 대노하여 자루가 긴 과를 손에 들고 포만자의 가슴을 찌르려고 달려들었다. 내구의 공격을 가볍게 몸을 돌려 피한 포만자는 그 세를 이용하여 화극을 들고 내구를 향해 내리쳤다. 내구가 급히 몸을 돌려 화극을 피했다. 그러나 무서운 기세로 찔러 오는 화극이 내구가 타고 있던 병거의 끌채에 댄 횡목(橫木)에 박혔다. 포만자가 극을 한번 비틀자 횡목이 부러지며 두 동강이 났다. 내구가 포만자의 귀신같은 용력을 보더니 자기도 모르게 찬탄했다.

「과연 맹명시의 용력은 소문 그대로구나!」

포만자가 껄껄 웃으며 말했다.

「나는 곧 맹명시 원수의 휘하 장수인 아장 포만자이니라! 우리 원수님께서 어찌 너희 같은 무명소졸들과 직접 칼을 맞대겠느냐? 너는 빨리 도망쳐 목숨을 보존하라. 우리 원수께서 군사를 이끌고 이곳에 당도하시게 되면 너희들은 한 사람도 살아남지 못하리라!」

포만자의 용력에 놀란 내구가 넋이 나가 마음속으로 생각했다.

「아장 정도 되는 자의 용맹이 이렇듯 흉맹하니 항차 맹명시야 말해 무엇 하리!」

내구가 즉시 소리를 높여 포만자를 향해 소리쳤다.

「내가 너희들을 지나갈 수 있도록 허락하겠으니 우리 군사들은 해치지 말라!」

내구는 당진의 병거와 군졸들을 길 한쪽으로 비켜서도록 하여 포만자가 이끌던 섬진군의 전대를 지나가도록 했다. 포만자가 즉시 군사 중에서 전령을 한 사람 뽑아 후대의 맹명시에게 달려가 보고하도록 했다.

「당진의 군사 몇 명이 매복을 하고 있었으나 우리가 이미 쫓아버렸습니다. 속히 오셔서 전대와 군사를 합친 후 효산을 통과한다면 별일이 없을 겁니다.」

맹명시가 보고를 받고 크게 기뻐하며 뒤따라오는 서걸술과 백을병에게 군사들의 행군을 재촉해서 전 부대가 한꺼번에 효산을 통과하자고 말했다. 한편 내구가 군사를 끌고 후퇴하여 양홍을 만나 포만자의 무용을 입에 침이 마르도록 칭찬했다. 양홍이 웃으며 말했다.

「비록 포만자라는 장수가 바다에 사는 고래나 교룡이라 한들 그는 이미 우리가 친 쇠그물 안에 떨어졌는데 설사 하늘을 변화시키는 신통력을 갖고 있다 한들 무슨 수로 이곳을 빠져나갈 수 있겠소? 우리는 병사들을 통제하며 움직이지 않고 있다가 그들이 전부 효산 속으로 들어가기를 기다려 뒤를 쫓는다면 그들은 독 안에 든 쥐가 되어 포로가 되고 말 것이오.」

한편 맹명시 등의 삼수가 이끄는 섬진군이 모두 동효산의 길로 들어서서 대략 몇 리를 앞으로 계속 나아갔다. 지나가는 곳의 이름이 '하늘로 올라가는 계단'이라는 뜻의 상천제(上天梯), '말이 떨어지는 벼랑'이라는 뜻의 타마애(墮馬崖), '너무 높아 절명'한다는 뜻의 절명암(絶命巖), '혼백이 떨어져 나간다'는 뜻의 낙혼간(落魂澗), '근심하는 귀신이 살고 있는 동굴'이라는 뜻의 귀수굴(鬼愁窟), '구름도 들어가지 못하는 골짜기'라는 뜻의 단운욕(斷雲峪) 등, 그 지형이 모두 험준하여 무시무시한 이름뿐이었다. 길은 갈수록 험해져 이윽고 거마가 더 이상 앞으로 나아가지 못하여 통행이 불가능하게 되었다. 그러나 포만자와 그가 이끄는 전대는 본대와 떨어져 이미 멀리 가버려 종적을 찾을 수 없었다. 맹명시가 말했다.

「포만자가 이미 앞길을 무사히 빠져나갔으니 매복이 있을 리가 없다.」

즉시 장수들과 군졸들에게 분부하여 병거와 말들을 붙들어 맨 굵은 밧줄을 풀어서 전투장비를 해체하도록 명한 맹명시는 계속해서 군사들에게 갑옷과 투구를 벗은 후에 말에다 수레를 묶고 앞에서는 끌고 뒤에서는 밀게 했다. 그러나 협소한 산길 때문에 군사들은 앞으로 나아가다 계속 미끄러져 넘어졌다. 길은 갈수록 더욱 험해져 가다 쉬고, 쉬고 가다 해서 행군은 지체되었고 또한 행군 중에 전혀 대오를 갖출 수가 없었다. 행군하고 있던 어떤 군사가 말했다.

「우리가 출정할 때도 이 효산을 지났는데 이렇게 험한 길을 만나지 않았다. 지금 돌아가는 마당에 어찌하여 이렇듯 행군하기가 어려운가?」

그것은 원래 섬진군이 출동하여 이 효산의 협곡을 지날 때는 군사들 모두가 원기가 왕성하였고, 또한 당진군이 앞을 가로막지 않아 병거가 가벼워 말들이 신속히 움직일 수 있었다. 또한 군사들은 여유 있는 마음으로 서두르지 않고 행군하여, 지금과 같은 고통을 맛보지 않고도 가볍게 효산을 통과했다. 그러나 금일의 돌아가는 길에는 2천 리 길을 행군하여 사람이나 말들이 지쳐서 피곤한 상태였고, 또한 활국에서 노획한 전리품을 병거에 가득 싣고, 거기에다가 포로로 잡아가는 허다한 어린아이들과 부녀자들까지 끌고 가는 바람에 행군 속도가 지체되어 올 때와는 달리 고난의 행군이 되었기 때문이기도 했다. 더욱이 중도에 한 떼의 당진군까지 만나 비록 한 번 지나온 길이라 했지만 앞길에 혹시 당진군이 매복해 있지나 않을까 걱정한 나머지, 마음속에 든 급한 생각에 두 배로 늘어난 고난은 자연의 이치라고 할 수 있었다.

맹명시 등이 맨 처음 마주친 상천제를 간신히 통과하여 앞으로 행군을 계속하고 있는 와중에 갑자기 북소리와 뿔나팔 소리가 은은하게 들렸다. 후대에서 전령이 달려와 보고하였다.

「당진군이 우리의 뒤를 따라 추격해 오고 있습니다.」

맹명시가 듣고 말했다.

「우리도 행군하가 이렇게 힘이 드는데 그들이라고 해서 우리를 쫓아오기가 쉽겠느냐? 단지 앞에 복병이 있어 우리의 앞길을 가로막지나 않을까 걱정은 하고 있지만 어찌 뒤에 쫓아오는 적들까지 걱정하겠느냐? 각 군에게 명을 전하여 온 힘을 다해 앞으로 나아가라고 전하라!」

맹명시가 다시 명을 바꾸어 백을병의 사대를 앞장세우고 말했다.

그림 20 진양공묵질패진(晉襄公墨絰敗秦)

「내가 친히 후미를 맡아 뒤따라오는 추격병을 막겠소!」

섬진군의 장수들이 군사들을 휘몰아 타마애를 재빨리 통과하여 이윽고 절명암에 이르자 앞장서 가던 군사들이 시끄럽게 몰려오면서 맹명시에게 보고했다.

「전면에 나무들을 베어 길을 막아 사람이건 말이건 아무것도 지나가지 못하게 막아 놓았습니다.」

맹명시가 듣고 놀라 속으로 생각했다.

「저 나무들을 누가 가져다 놓았겠는가? 전면에 복병이 있다는 이야기가 아닌가?」

그는 즉시 앞으로 나가 친히 살펴보았다. 암벽 옆에 비석이 한 개가 서 있었는데 그 비에는 '문왕피우처(文王避雨處)'라는 다섯 글자가 쓰여 있었다. 그것은 옛날 문왕이 지나가다 비를 피했던 곳이라는 뜻이었다. 또한 비 옆에 약 3장 정도 길이의 깃대에 붉은 기가 한 개 꽂혀 있었는데 진(晉)이라는 글자가 쓰여 있었다. 그 깃대 밑에는 다른 곳에서 베어다 날라다 놓은 나무토막들이 가로 세로로 어지러이 쌓여 있었다. 맹명시가 마음속으로 계속해서 생각했다.

「이것은 분명히 거짓으로 군사들이 있음을 알려 우리를 속이려고 하는 짓이다! 일이 여기까지 왔으니 설사 전면에 매복이 있다 한들 어쩔 수 없이 행군을 계속할 수밖에 없지 않는가?」

즉시 군사들에게 명하여 당진이라고 쓴 깃발을 뽑아 땅에 쓰러뜨리도록 한 맹명시는 어지러이 쌓여 길을 막고 있던 나무들을 치우게 하고는 전방을 향해 행군을 계속하도록 했다. 그러나 진(晉)이라고 써진 붉은 깃발은 바로 주위에 매복하고 있던 당진군에게 하나의 신호였다. 암벽 뒤에 숨어 있던 당진군은 자신들이 신호로 삼기 위해서 꽂아 두었던 깃발을 살펴보고 있었다. 이윽고 그 깃발이 쓰러지자 섬진군이 드디어 당도했다는 사실을 알게 된 당진군은 일제히 매복에서 일어나 함성을 지르면서 섬진군을 공격하기 시작했다. 섬진군이 길을 막고 있던 나뭇더미들을 치우려고 하던 순간 앞쪽에서 마치 벼락 치듯이 나는 북소리와 함께 숨어 있던 군사들이 지르는 함성소리를 듣게 되었다. 그러나 멀리 떨어진 곳에서 수많은 깃발이 번쩍거리며 휘날리는 모습만이 보였기 때문에 정작 당진군의 수효가 많고 적음은 알 수 없었다. 백을병이 군사들에게 명을 내려 병장기를 정비하여 전투태세를 갖추도록 했다. 그때 산속의 높은 바위 위에서 장군 한 명이 시야에 나타나 섬진군을 향하여 자기의 성명을 밝히면서 큰 소리로 말했다.

「나는 당진국의 대장 호야고다. 너희들의 선봉대장 포만자는 이미 우리들에게 사로 잡혀 포승줄로 묶여서 이곳에 있다. 너희들도 빨리 무기를 버리고 투항하여 죽음을 면하라!」

앞서 당진군은 자기의 무용만을 믿고 앞으로 전진하던 포만자를 미리 파 놓은 함정에 빠뜨린 후 갈고리로 건져내어 밧줄로 묶은 채로 수레에 가두어 놓고 있는 중이었다. 백을병이 크게 놀라 사람을 시켜 후진의 서걸술과 주장 맹명시에게 이 사실을 통지하였다. 섬진의 세 장수들은 서로 만나 어떻게 해서든 길을 열어 그곳을 벗어나려는 대책을 세우려고 상의했으나 뚜렷한 방법을 찾지 못했다. 맹명시가 보니 계곡 옆으로 조그만 길이 하나 나 있는데 단지 넓이가 한 자 정도 되어 보였다. 군사들을 이끌고 그 길을 따라 얼마쯤 행군했는데 길은 갈수록 험해졌다. 이윽고 섬진군의 본대는 한쪽은 깎아지르는 아득한 절벽이 가로막고 다른 한쪽은 그 끝이 안 보이는 깊은 낭떠러지가 나 있는 길에 당도하게 되었다. 그 길은 너무 험해서 비록 천군만마가 있다 한들 별도리가 없는 곳이었다. 맹명시가 마음속으로 한 가지 계책을 생각하고는 뒤따라오는 군사들에게 영을 전하게 했다.

「이곳은 적군을 맞이해서 싸울 수 없는 지형이다. 전군에게 명을 내려 일제히 동효산(東殽山) 뒤쪽으로 후퇴하여 넓은 곳에 진을 치고 당진군과 죽음을 각오하고 일전을 치른 후에 다른 방법을 찾아야 되겠다!」

맹명시의 명을 받은 백을병이 군사들에게 방향을 돌려 뒤로 후퇴하도록 했다. 도중에 당진군이 두드리는 북소리와 쟁 소리가 끊이지 않고 계속 들려왔다. 드디어 섬진군이 후퇴하여 얼마 전에 지나왔던 타마애란 곳에 다시 이르자 동쪽 편에 수많은 깃발들을 펄럭이며 행군해 오고 있던 당진군들이 보였다. 그러나 그 행렬의 끝은 볼 수 없어 당진군의 수효가 얼마나 되는지 알 수 없었다. 그 군사들은 5천 명의 군사를 이끌고 섬진군의 뒤를 한 걸음 한 걸음 천천히 추격하여 오고 있는 바로 당진군의 대장 양홍과 부장 내구의 군사들이었다. 섬진군은 결국은 타마애의 계곡을 벗어나지 못하고 할 수 없이 다시 다른 곳으로 방향을 바꿀 수밖에 없었다. 이것은 마치 개미떼들이 뜨거운 솥 안에서 한 곳에 머물러 있지 못하고 이리저리 우왕좌왕 하며 몰려다니는 형상과 같았다. 맹명시는 할 수 없이 명령을 다시 내려 군사들에게 좌우로 나뉘어서 산으로 기어오르든가 깊은 계곡 쪽으로 내려가 탈출로를 찾든지 군사들 각자가 알아서 행동하도록 했다. 그러나 타마애 계곡의 좌측 산꼭대기에서도 갑자기 쟁과 북소리가 요란하게 울리더니 한 떼의 군마가 나타났다. 당진군 가운데 한 사람이 앞으로 나오며 산을 기어오르고 있던 섬진군을 향하여 큰 소리로 외쳤다.

「당진의 대장 선차거(先且居)가 여기 있다. 맹명시는 어서 빨리 항복을 하지 않고 무엇 하느냐?」

이어서 오른쪽 계곡 건너편에서도 대포소리가 한 번 울리자 계곡에 숨어 있던 군사들이 일제히 함성을 지르더니 '대장서영(大將胥嬰)'이라고 쓴 깃발을 세웠다. 이때 맹명시의 마음은 수많은 화살에 맞아 가슴이 뚫려 심장이 도려내어지는 듯한 아픔을 느꼈으나 이제는 군사들에게 어찌 명령을 내릴 수도 없게 되어 버렸다. 이리저리 흩어져서 달아나기 시작한 군사들은 어떤 자들은 산으로 기어오르고 또 어떤 자들은 계곡 밑으로 내려갔으나 모두가 당진군에게 포로가 되거나 칼에 찔려 죽었다. 그 모습을 목도한 맹명시가 대노하여 서걸술과 백을병 두 장군을 데리고 조금 전에 떠났던 타마애로 달려서 돌아왔다. 그러나 당진의 장수 한자여는 길을 막고 있던 나무들 위에 이미 유황과 염초 등의 인화물질들을 뿌려놓고, 몰려오는 섬진군의 모습을 보자 군사들에게 명하여 재빨리 불을 붙이게 했다. 이윽고 나무들을 태우는 화염이 기세가 등등하게 일어나고 연기가 솟아올라 하늘을 자욱하게 덮었다. 곧이어 화염은 시뻘건 불덩어리로 변하여 땅 위로 퍼져 나갔다. 설상가상으로 섬진군의 뒤에서는 양홍이 거느린 당진군이 당도하여 진퇴양난에 빠져 어찌할 바를 모르는 섬진의 세 장수들을 압박해 왔다. 타마애 계곡의 전후좌우에는 모두 당진군으로 가득 차게 되었다. 맹명시가 백을병에게 말했다.

「그대의 부친은 진실로 귀신과 같은 사람이라! 내가 오늘 당진의 함정에 빠져 오도 가도 못 하게 되어 나는 이곳에서 죽게 되었소. 그대들 두 분은 각자 알아서 이곳을 빠져나가 다행히 한 사람이라도 우리 섬진에 돌아갈 수 있다면 이 사실을 우리 주군에게 알려 군사를 끌고 와서 원수를 갚아 주기 바라오. 내가 지하에서나마 이 원한을 잊을 수 있게 해 주시오!」

서걸술과 백을병이 눈물을 흘리면서 말했다.

「우리들은 주수와 살아도 같이 살고 죽어도 같이 죽겠습니다. 설사 우리가 이곳을 빠져나간들 무슨 면목으로 혼자서 돌아갈 수 있단 말입니까?」

그들의 말이 미처 끝나기도 전에 마지막 남은 수하의 군사들마저 모두 뿔뿔이 흩어져 버리고 세 장수만 외로이 남게 되었다. 길에는 온통 섬진군이 달아나면서 버린 병장기들로 산을 이루었다. 맹명시 등 섬진의 삼수는 도저히 어찌해 볼 도리가 없게 되어 산길의 바위 밑에 모여 앉아서 포승줄만 기다리는 딱한 처지에 놓이게 되었다. 당진군이 사면에서 포위망을 좁혀 오자 섬진군은 마치 가마솥의 만두와 같은 신세가 되어 한 사람도 남김없이 두 손을 묶여 포로가 되고 말았다. 군사들이 흘린 피는 계곡 물을 붉게 물들였으며 죽은 군사들의 시체는 온 산을 뒤덮었다. 말 한 마리 병거 바퀴 한 개도 당진군이 쳐 놓은 포위망을 벗어나지 못했다.

염옹이 이 효산의 싸움에 대해 시를 지었다.

천 리를 달려온 영웅의 기개는 하루아침에 잿더미로 화하고
서효산에는 두 번 다시 병거의 바퀴가 구르지 못했네!
당진의 장수들이 세운 계책이 훌륭하다고 칭찬하지 말라!
건숙은 이미 알고 눈물을 머금으며 고향으로 돌아갔도다!

千里雄心一旦灰(천리웅심일단회)
西崤無復只輪回(서효무복지륜회)
休誇晉帥多奇計(휴과진수다기계)
蹇叔先曾墮淚來(건숙선증타루래)

선차거 등 당진의 여러 장수들이 동효산 아래에 모여 섬진의 장수

세 명과 포만자를 함거에 가뒀다. 또한 당진군은 한 번의 싸움으로 수많은 섬진군을 포로로 잡고 병거를 포함한 산더미 같은 병장기를 노획할 수 있었다. 게다가 섬진군이 잡아 가지고 본국으로 호송하던 활국의 포로들 및 아녀자들, 그리고 비단과 귀중한 보물과 같은 노획품들은 모두 당진군의 차지가 되었다. 당진군의 대장 선진은 효산의 싸움에서 잡은 섬진군의 세 장수를 포함한 포로들과 모든 노획물들을 하나도 빠짐없이 양공이 묵고 있던 대채로 가져다 바쳤다. 상복을 입은 양공이 포로와 전리품을 접수하자 당진군이 지르는 함성소리가 천지를 진동하였다. 양공이 포로로 잡아온 섬진의 세 장수 이름을 묻고 이어서 말했다.

「어떤 자가 포만자라는 장수인가?」

양홍이 대답했다.

「이자가 포만자라고 하는데 비록 직급은 아장에 불과하지만 무예와 용기를 겸비한 장수라 우리의 부장 내구가 한 번 겨루어 지고 말았습니다. 만약 우리가 파 놓은 함정에 빠지지 않았다면 사로잡기 어려웠을 겁니다.」

양공이 놀라서 말했다.

「저자가 그렇듯 용맹하다고 하니 살려 두었다가는 후일에 우리에게 낭패가 될 수 있겠다.」

즉시 내구를 앞으로 나오게 한 후에 명했다.

「장군은 전에 그와 겨루어 졌다고 하는데 오늘 과인 앞에서 그의 목을 베어 전날 싸움에서 진 치욕을 풀도록 하시오.」

내구가 양공의 명을 받들어 포만자를 대채의 기둥에 묶어 놓고 손으로 대도를 잡고 포만자의 목을 향하여 내리치려고 했다. 그 순간 갑자기 포만자가 큰 소리로 외치며 말했다.

「너는 지난번 나와 싸워 진 패장이 아니냐? 어찌 패장 주제에 감히 나를 범하려고 하느냐?」

포만자가 지르는 소리는 마치 공중에서 내리치는 벼락소리와 같이 우렁차서 대채 안을 쩌렁쩌렁 울리게 하였다. 포만자가 소리를 한 번 크게 외치고 양쪽 팔을 한번 잡아당기니 그를 묶고 있던 포승줄이 끊어져 버렸다. 내구가 크게 놀라 자기도 모르게 몸이 떨려, 손에 잡고 있던 대도를 땅에 떨어뜨리고 말았다. 그 틈을 타서 포만자가 내구가 떨어뜨린 칼을 빼앗기 위해 달려들었다. 그때 포만자의 뒤에는 이름이 낭심(狼瞫)이라는 직급이 낮은 소교(小校)가 한 명 서 있었다. 뜻밖에 벌어진 위급한 상황에 낭심은 재빨리 달려들어 내구가 떨어뜨린 대도를 주워 손에 쥐고는 포만자를 향해 내리쳤다. 한 번의 칼질에 포만자의 목이 떨어지지 않자 다시 한번 더 내리쳐 포만자의 목을 잘랐다. 낭심이 포만자의 목을 들고 와 바치자 양공이 크게 기뻐하며 말했다.

「장군이라는 자의 무용이 일개 하급의 소교에도 미치지 못하는구나!」

양공은 즉시 내구를 대채에서 쫓아내고는 다시 쓰지 않았다. 이어서 낭심을 차우장군의 직에 명하여 전투에 임할 때 자기를 보호하도록 했다. 낭심이 감사의 말을 드리고 양공의 안전에서 물러나면서 스스로 양공으로부터 인정을 받았다고 자만하여 중군원수였던 선진에게 가서 인사를 드리지 않았다. 선진의 마음속 한구석에 낭심에 대하여 괘씸한 생각을 갖게 되었다.

29. 종귀삼수(縱歸三帥)
– 애써 잡은 섬진의 삼수를 방면하는 진양공 –

다음 날 당진의 여러 장수들을 데리고 개선가를 부르며 귀환 길에 올라 아직 끝나지 않은 선군의 상을 계속 치르기 위해 다시 곡옥으로 행차한 양공은 문공의 장례를 끝내고 강도로 돌아간 후에 섬진의 세 장수를 처형하여 그 목을 태묘에 바치려는 생각을 품고 있었다. 양공은 문공의 빈소에 섬진군과의 싸움에서 이긴 공로를 고하고 전공표를 만들어 관과 함께 문공의 묘소에 같이 묻었다. 그때 양공의 모후인 회영(懷嬴)도 문공의 상을 치르기 위해 곡옥에 와 머물고 있었다. 회영은 진 문공의 부인이었으므로 문영(文嬴)이라고 부르고 있었다. 그녀는 이미 섬진의 세 장수가 사로잡혀 왔다는 사실을 알고 있었다. 문영이 양공에게 세 장수의 일에 대해 물었다.

「우리가 섬진과의 싸움에서 이기고 맹명시 등의 적국의 장수들이 모두 우리의 포로가 되어 이곳으로 잡혀 왔다고 들었다. 이것은 실로 우리나라 사직의 복이다. 사로잡은 섬진의 세 장수는 이미 처형했는가? 아니면 아직 살려 뒀는가?」

「아직 처형하지 않았습니다.」

「섬진과 당진 두 나라는 대대로 혼인하여 맺어진 우호국이다. 맹명시 등이 공을 탐하여 두 나라를 이간시키고 망령되이 군사를 출동시켜 두 나라 사이의 쌓인 은혜를 원한으로 변하게 하였다. 나는 친정아버지이기도 한 섬진의 군주 성격을 잘 알고 있다. 생각해 보니 섬진의 군주는 틀림없이 이 세 장수에 대해 깊은 원한을 가슴에 품고 있을 것이다. 우리가 섬진의 세 장수를 죽여 봐야 이로운 점은 하나도 없을 터이니 차라리 자기 나라로 돌려보내 내 친정아버지로 하여금 죽이도록 한다면 이것으로써 두 나라 사이의 원한이 풀어지지 않겠느냐? 이것 또한 아름다운 일이 아니겠느냐?」

「세 명의 장수들은 섬진을 위해 싸웠던 사람들입니다. 우리가 포로로 잡았다가 다시 놓아준다면 후에 우리 당진의 우환거리가 될까 봐 걱정됩니다.」

「"싸움에서 진 장수는 필히 참한다"는 법은 모든 나라에 있다. 초나라 군사가 성복에서 우리에게 한번 패하자 초왕은 성득신을 죽게 했다. 어찌 섬진만 유독 군법이 없겠는가? 하물며 옛날 우리의 혜공(惠公)이 섬진과의 싸움에서 사로잡혔으나 섬진의 군주가 또한 예의를 갖추어 다시 우리나라에 돌려 보내주지 않았는가? 섬진이 우리에게 예를 갖추기를 이와 같이 했는데 어찌 변변치 못한 패장 몇 명을 구태여 우리 손으로 죽이려고 하는가? 섬진은 우리보고 무정하다고 하지 않겠는가?」

양공이 처음에는 문영의 말에 수긍을 하지 않다가 다시 옛날 혜공이 당진에서 풀려난 일을 듣고 나서야 두려운 생각이 들어 마음이 움직이게 되었다. 그는 즉시 옥리를 불러 섬진의 세 장수를 석방하여 자기 나라로 돌려보내라고 명했다. 맹명시 등의 삼수가 죄수의 몸에서 해방되자 양공에게 들러 감사의 말도 올리지 않고 재빨리 온힘을 다하여 섬진이 있는 쪽으로 방향을 잡고 도망치듯 달아났다. 그때 집에서 식사를 하고 있던 선진은 양공이 섬진의 세 장수를 용서하여 방면했다는 소식을 들었다. 그는 입에 씹고 있었던 음식을 뱉어 내고는 노기가 등등하여 양공이 있는 곳으로 달려와 말했다.

「섬진의 장수들은 어디에 있습니까?」

「모친께서 청하여 자기 나라로 돌려보내 그곳에서 형을 받도록 하라고 해서 과인이 이미 방면하여 돌려보냈소!」

선진이 얼굴에 노기를 띠고 갑자기 양공의 얼굴에 침을 뱉으며 말했다.
「참으로 안타까운 일이로다! 아무리 나이가 어리다고 하지만 어찌하여 이렇듯 세상 물정에 어둡단 말인가? 우리 무장들이 천신만고 끝에 붙잡은 적장들을 일개 아녀자의 말 한마디에 놓아주어 일을 망치게 했도다! 이것은 호랑이를 산으로 돌려보낸 격이니 훗날 아무리 후회한들 아무 소용이 없으리라!」

양공이 선진의 꾸짖는 소리를 듣고 금방 깨우쳐 얼굴에 묻은 침을 닦더니 사죄의 말을 하였다.
「이것은 과인의 잘못이로다!」

즉시 여러 대신들의 반열을 향하여 물었다.
「누가 섬진의 세 장수 뒤를 추격하여 잡아 오겠는가?」

양처보가 앞으로 나와 자원했다. 잠시 후에 노기가 풀린 선진이 말했다.
「장군이 있는 힘을 다하여 뒤를 추격하여 그들을 잡아 올 수 있다면 그것은 일등상에 해당하는 공으로 쳐 주겠소!」

양처보가 병거에 올라타서 질풍과 같이 말을 몰아 양공이 하사한 참장도(斬將刀)를 크게 휘두르며 곡옥성의 서문을 통해 빠져나가 섬진의 세 장수 뒤를 추격했다.

훗날 사관은 양공이 자기 얼굴에 감히 침을 뱉은 선진을 용납할 수 있는 아량을 갖고 있었기 때문에 능히 문공의 뒤를 이어 백업을 이어 받을 수 있었다고 하면서 시를 지어 찬양했다.

무장들이 이룩한 공을 아녀자가 허사로 만들었다고
노기충천한 선진은 양공의 얼굴에 침을 뱉었다.

그러나 침을 닦아내고 화를 삭여 용납했으니
백업이 양공에게 이어졌음을 비로소 알게 되었다.

婦人輕喪武夫功(부인경상무부공)
先軫當時怒氣沖(선진당시노기충)
拭面容言無慍意(식면용언무온의)
方知嗣伯屬襄公(방지사백속양공)

한편 맹명시 등 섬진의 세 장수들은 죄수의 몸에서 풀려나 길을 걸으면서 서로 상의했다. 맹명시가 두 사람을 향해 말했다.

「우리들이 하수를 건널 수만 있다면 살아서 돌아가겠지만, 만약 건너지 못하면 조만간에 우리를 풀어 준 일을 후회한 진후가 추격병을 보내 우리는 다시 잡혀가고 말 것이오. 어찌하면 좋겠소?」

그들이 서둘러 하수 강변의 하하(河下)라는 곳에 당도하였으나 배라고는 한 척도 보이지 않자 세 사람이 한탄하며 말했다.

「하늘이 우리를 버렸구나!」

세 사람이 한탄을 하며 넋이 빠져 있는데 하수의 서쪽 편에서 갑자기 어부 한 사람이 조그만 배를 타고 노래를 부르면서 다가왔다.

우리 안에 갇힌 원숭이가 밖으로 나왔구나.
갇혀 있던 날짐승도 새장 밖으로 나왔구나.
사람이 있어 나를 만난다면
패전을 거울삼아 공을 세우게 하리라!

囚猿離檻兮(수원리함혜)
囚鳥出籠(수조출롱)
有人遇我兮(유인우아혜)
反敗爲功(반패위공)

노랫말이 기이하다고 생각한 맹명시가 어부를 불렀다.
「어부는 이쪽으로 와서 우리들을 건너게 해 주오!」
어부가 말했다.
「나는 섬진 사람만을 건네주지 당진의 사람들은 건네주지 않습니다.」
삼수가 한목소리로 어부를 향하여 외쳤다.
「우리야말로 섬진 사람입니다. 빨리 이곳으로 와서 우리를 태워 주시오!」
「그대들은 혹시 효산의 싸움에서 패한 장수들이 아닙니까?」
「그렇습니다.」
「제가 공손지 장군의 명을 받들어 이곳에 배를 대고 세 장군님을 기다리고 있은 지가 하루 이틀이 아닙니다. 이 배는 아주 작아서 모두 태울 수 없습니다. 앞으로 반 리 정도 가면 큰 배가 감추어져 있으니 장군들께서는 빨리 가셔서 그 배를 타고 하수를 건너시기 바랍니다.」

어부는 배를 돌리더니 노를 저어 마치 나는 듯이 서쪽으로 사라져 버렸다. 세 장수가 강가를 서쪽으로 돌아서 반 리쯤 가자 과연 큰 배가 몇 척 강 가운데에 정박해 있었는데 그 거리가 화살이 날아서 당도할 수 있는 거리의 반쯤 되었다. 그곳에는 이미 어부가 당도하여 세 사람의 장수를 부르고 있었다. 세 장수가 신발을 벗고 물을 건너 큰 배에 올라탔다. 그러나 미처 배를 저어 앞으로 나가기도 전에 동쪽 강안에 한 사람의 장수가 멈추어 선 병거 위에서 자신들을 쳐다보고 있는 모습을 보았다. 그 사람은 다른 사람이 아니라 바로 추격군을 이끌고 달려온 당진의 대장 양처보였다. 그는 배에 이미 올라 탄 섬진의 세 장수의 모습을 보자 큰 소리로 외쳤다.
「섬진의 장군들은 잠깐 멈추시오!」
양처보가 외치는 소리에 맹명시 등은 모두 놀랐다. 하수의 동안에 병거를 멈춘 양처보는 섬진의 세 장수들이 이미 큰 배에 올라타고 있는 모습을 보고 마음속으로 한 가지 계책을 생각해 냈다. 자기의 병거를 몰고 온 네 마리 말 중 맨 왼쪽의 말이 명마라 재빨리 병거에서 풀고서는 거짓으로 양공의 명이라고 맹명시 등에게 전했다.

「우리 주군께서는 장군들을 방면할 때 경황 중에 탈 것도 마련해 주시지 못했음을 안타깝게 생각하시어 양모에게 여기 있는 양마를 하사하시고 장군들 뒤를 쫓아가서 전하고 공경하는 마음을 표하라고 명하셨습니다. 원컨대 장군들께서는 이곳에 잠시 납시어 이 말을 받아 가시기 바랍니다.」

양처보의 계획은 맹명시가 말을 받기 위해 자기가 있는 곳으로 오면 그 기회를 이용하여 사로잡으려는 생각에서였다. 그러나 맹명시 등은 그물에서 벗어난 거북이였고 낚싯바늘을 물었다가 빠져나온 물고기와 같은 신세였기 때문에 다시 몸을 돌려 양처보가 오라는 곳으로 갈 이유가 전혀 없었다. 또한 마음속으로 양처보의 유인책에 대비하고 있었던 그들이 무엇 때문에 배에서 내려 다시 강변으로 오를 수 있겠는가? 맹명시가 뱃머리에 서서 양처보를 향하여 고개를 숙이고 감사의 말을 올렸다.

「상국의 군주께서 우리를 죽이지 않고 방면한 일만 해도 이미 큰 은혜를 입었다고 할 수 있겠는데 어찌 감히 양마까지 받을 수 있겠습니까? 이번에 제가 섬진으로 돌아가 우리 군주께서 다행히 저를 죽이지 않고 살려 두신다면 3년 후에 내가 친히 상국을 방문하여 귀국의 군주께 인사를 드린 후 받아 가도록 하겠습니다.」

양처보가 다시 입을 열어 말을 하려고 했으나 뱃사공과 수부(水夫)들이 노와 삿대를 저어 이미 배는 물살을 따라 강 한복판으로 들어가 버렸다.

맹명시를 눈앞에서 놓쳐 버린 양처보는 망연자실하여 풀이 죽은 모습으로 곡옥에 돌아와 양공을 배알하고 맹명시가 3년 후에 말을 직접 받으러 오겠다고 한 말을 전했다. 선진이 화를 내며 말했다.

「그가 3년 후에 주군에게 인사를 드리고 말을 받아 가겠다고 한 말은 장차 우리 당진을 정벌하여 원한을 갚겠다는 뜻입니다. 이왕지사 그들이 싸움에서 져서 사기가 떨어져 있을 때 우리가 먼저 정벌하여 그들의 계획을 사전에 분쇄하여 다가올 전란을 미연에 방지해야 합니다.」

양공이 선진의 말을 좇아 섬진을 정벌할 계획을 세우게 했다.

한편 섬진의 목공은 맹명시 등 세 명의 장수들이 당진에게 포로로 잡혀 갔다는 소식을 듣자 마음속으로 괴롭기도 하고, 한편으로는 화가 나기도 해서 침식을 모두 폐하고 자리에 드러누워 버렸다. 며칠을 자리에 누워 있던 목공은 다시 세 장수가 당진에서 석방되어 귀국하고 있다는 소식을 듣자 얼굴에 기쁜 기색을 띠며 자리를 박차고 일어났다. 이에 좌우에 있던 군신들이 목공에게 간했다.

「맹명시 등 세 장수가 500승에 달하는 군사를 모두 잃어버리고 나라를 욕보였습니다. 그들의 죄는 죽음에 해당합니다. 옛날 초나라는 성복의 싸움에서 패한 성득신을 죽여 삼군에게 경종을 울렸습니다. 주군께서도 마땅히 군법을 엄히 시행하셔야만 합니다.」

「내가 건숙과 백리해가 간한 바를 듣지 않고 고집을 세워 군사를 출병시킨 결과 그 화가 세 장수에게 미쳤다. 그것은 나의 죄이지 그들이 무슨 죄를 지었다고 하겠는가?」

목공은 즉시 소복을 차려 입고 성문 밖의 교외에까지 마중 나가 죽은 군사들을 조상하면서 곡했다. 목공이 세 장수를 다시 임용하여 병사의 일을 맡기고는 더욱 예를 갖추어 대했다. 백리해가 맹명시의 문안을 받고 한탄했다.

「우리 부자가 다시 만났으니 더 이상 무엇을 바라겠는가?」

그는 즉시 목공에게 나이가 너무 많이 들었다는 이유를 들어 관직에서 물러나겠다고 고하며 허락을 청했다. 목공이 허락하고 요여(繇余)와 공손지(公孫枝)를 각각 건숙과 백리해가 맡고 있었던 좌우 서장(庶長)에 명했다. 벼슬에서 물러난 백리해는 건숙의 뒤를 따라 명록촌으로 들어갔다. 그때 백리해는 100살이 넘은 나이였다.

한편 싸움에서 패하여 휘하의 군사들을 모두 잃어버리고 돌아온 맹명시는 패전의 책임을 추궁받아 반드시 죽임을 당하리라고 각오하고 있었으나 목공은 스스로의 잘못이라고 하면서 일언반구 세 장수를 비난하거나 책임을 묻지 않았다. 그뿐만 아니라 오히려 예전처럼 군사에 관한 일을 계속해서 맡게 했다. 맹명시 등 삼수는 당진과의 싸움에서 패배한 일을 스스로 부끄러워한 나머지 섬진의 정치를 크게 쇄신하고 모든 가재를 털어 싸움터에서 전사한 군사들의 가족들을 위로했다. 그들은 오로지 충성스럽고 의로운 마음으로 온힘을 다하여 매일 군사들을 조련했다. 얼마간의 시간이 지나 여력이 생겼다고 생각한 삼수는 다음 해를 기해 군사를 크게 일으켜 당진을 정벌하려고 했다.

30. 폐출낭심(廢黜狼瞫)
 - 사사로운 감정으로 용사 낭심을 쫓아낸 선진 -

한편 진양공이 섬진을 정벌할 계획을 여러 군신들과 상의를 하고 있는데 갑자기 국경을 지키던 관리가 달려와 보고했다.

「적국(翟國)의 군주 백부호(白部胡)가 군사를 끌고 와서 우리 당진의 땅을 침범하여 이미 기성[箕城: 현 산서성 포현(蒲縣) 동남]을 통과했습니다. 원하옵건대 군사를 일으켜 그들의 침략을 막아야만 합니다.」

양공이 듣고 크게 놀라며 말했다.

「적국과 우리 당진은 아무런 원수진 일이 없는데 어찌하여 적주(翟主)가 우리나라의 경계를 침범했단 말인가?」

선진이 대답했다.

「옛날 선군이신 문공께서 적국으로 망명하자 적주가 이외(二隗)라고 불리고 있던 자기의 친딸과 양딸을 선군과 대부 조최에게 각각 주어 처로 삼게 했습니다. 선군과 조대부는 적국에서 12년을 살면서 그동안 적주로부터 극진한 대접을 받았습니다. 그리고 훗날 선군께서 환국하여 군위에 오르시자 적주가 다시 사람을 보내와 축하의 인사를 올리고 다시 두 여인을 우리 당진으로 보내 주었습니다. 하지만 선군께서 살아 계실 때 단 한 필의 비단도 보내어 감사하다는 말을 전하지 않으셨지만 적주는 선군과의 좋은 관계를 생각하고 이에 대한 아무런 불평도 하지 않고 참고 지내 왔습니다. 그러나 오늘 적주의 자리를 이어 받은 그의 아들 백부호는 평소에 우리 당진국에 불만을 품고 있었습니다. 그래서 지금 자신의 불만을 풀기 위해 스스로의 용기만을 믿고서 우리가 당한 국상을 기회로 여겨 쳐들어온 겁니다.」

「선군께서는 천자의 일로 바쁘셨기 때문에 개인적으로 입은 은혜를 돌볼 여지가 없었을 겁니다. 그런데 오늘 적군(翟軍)이 우리의 국상을 이용하여 쳐들어왔습니다. 선원수께서는 과인을 위해 군사를 이끌고 나가 적병의 침입을 막으시오!」

선진이 절을 올리고 사양했다.

「신은 주공께서 섬진의 삼수를 석방하셨다는 소리를 듣고 화를 참지 못하고 전하의 얼굴에 침을 뱉어 심히 무례한 짓을 저지른 자입니다. 신이 듣기에 "병사의 일은 항상 질서가 정연해야 함을 원칙으로 해야 하며, 오로지 상하 간에 예를 갖춰야만 백성들을 정연하게 다스릴 수 있다"라고 했습니다. 저와 같이 예의를 갖추지 못한 자가 어찌 감히 원수의 직을 감당할 수 있겠습니까? 원컨대 주군께서는 신의 직책을 파하시고 따로 좋은 장수를 대장으로 삼아 적군(翟軍)을 물리치도록 하십시오.」

「경이 화를 낸 일은 곧 충성심에서 마음이 격하게 되어서 그리 되었으니 과인이 어찌 그만한 일도 이해하지 못하겠소? 오늘 적군의 침략을 물리치는 일은 경이 아니면 불가하니 경은 결코 사양하지 마시오.」

선진이 할 수 없이 양공의 명을 받고 물러 나오면서 한탄했다.

「내가 원래 섬진의 땅에서 죽고자 했건만 누가 알았으랴? 적 땅에서 죽게 될 줄이야!」

옆에 있던 사람이 선진이 한탄하는 말을 들었으나 그 뜻을 알지 못했다. 양공은 문공의 상례를 끝내고 강도로 돌아갔다. 선진이 중군원수가 거하는 장막으로 여러 장수를 모이게 하고는 물었다.

「누가 이번 싸움에서 선봉을 맡겠는가?」

장수들의 반열에서 한 사람이 의기양양하게 앞으로 나서며 말했다.

「저에게 선봉을 맡겨 주십시오.」

선진이 보니 얼마 전에 양공에 의해 차우장군에 임명된 낭심이었다. 그때 선진은 차우장군에 새로 임명된 낭심이 자기를 찾아와 인사를 올리지 않았다고 해서 마음속으로 매우 불쾌하게 생각하고 있었다. 이번에도 그가 다시 선봉장이 되겠다고 건방지게 앞으로 나서자 선진은 낭심을 더욱 불쾌하게 생각했다. 선진이 낭심을 향해 소리를 높여 꾸짖었다.

「너는 무명소졸 주제에 한 사람의 죄수 목을 쳐서 우연히 주군의 눈에 띄어 중용되었다. 지금 많은 적군이 우리나라 경계를 침범하여 큰 싸움을 앞두고 있는데 어찌 겸손한 마음을 갖고 있지 못하고, 오히려 내 장막 안에 훌륭한 장수가 한 명도 없다는 듯이 기고만장하여 깔보고 있느냐?」

낭심이 선진의 말에 불끈했다.

「소장은 단지 나라를 위해 열심히 싸워 보겠다는 뜻인데 원수께서는 어찌하여 저의 뜻을 막으려고 하십니까?」

「지금 이 장막 안에 너 정도의 용력을 쓸 수 있는 장군들이 적지 않다. 그런데 어찌 너 같은 하찮은 무명소졸 출신이 지모와 용기를 조금 갖고 있다고 여러 장군들을 업신여기고 건방지게 그 위에 서려고 하느냐?」

큰 소리로 낭심을 밖으로 쫓아버리고 쓰지 않은 선진은 호국거(狐鞠居)가 효산의 싸움에서 협공할 때 전공이 있다는 이유를 들어 차우장군으로 삼아 그를 대신하게 했다. 낭심이 목을 늘어뜨리고 마음속으로 억울한 마음을 달래며 군영 밖으로 나오면서 한탄해 마지않았다. 낭심이 낙담하여 길거리를 걷고 있는데 우연히 그의 오랜 친구인 선백(鮮伯)을 만나게 되었다. 낙심하여 목을 늘어뜨리고 있던 낭심에게 선백이 물었다.

「내가 들으니 선진 원수께서 장수들을 뽑아 적군을 물리치려고 한다는데 그대는 어찌하여 이곳에서 배회하고 있는가?」

「내가 선봉을 자청하여 나라를 위하여 있는 힘을 다해 보려 했으나 뜻밖에 선진이라는 놈의 비위를 건드리게 되어 그의 분노를 사게 되었네! 그가 나에게 말하기를 "네가 무슨 지모와 용기를 갖고 있다고 여러 장군들을 제쳐놓고 그 위에 서려고 하느냐?"라고 하면서 나를 쓰지 않았을 뿐만 아니라 나의 차우장군 직마저 빼앗아 갔다네!」

선백이 듣고 크게 노하며 말했다.

「선진이 그대의 능력을 질시해서일세! 나와 그대가 집안의 가병을 모아 끌고 가서 선진 그놈을 찔러 죽이고 가슴에 맺혀 있는 분함을 푼 후에 우리 스스로 죽어 버린다면 이것 또한 호쾌한 일이 아니겠는가?」

「그것은 절대 불가한 일이네. 대장부가 죽을 때는 반드시 명분이 있어야 되는데 그렇게 죽는 것은 의에도 벗어나고, 용기 있는 행동이라고도 할 수 없네. 내가 용기가 있다 하여 주군으로부터 인정을 받아 차우장군의 직을 얻게 되었는데 선진이 나를 용기가 없다 하여 다시 차우장군의 직에서 쫓아냈네. 내가 의롭지 못하게 죽는다면 오늘 내가 축출당한 일이 결과적으로 의롭지 못한 자가 쫓겨난 경우가 되어, 오히려 나를 질시하여 쫓아낸 선진의 행위를 정당화시켜 주는 일이 되지 않겠나? 그대는 내가 따로 생각하는 바가 있으니 잠시 기다려 주게나!」

선백이 감탄하며 말했다.

「그대의 높은 식견에는 내가 도저히 미치지 못하겠네!」

곧이어 낭심은 선백과 함께 동행하여 어디론가 사라져 버렸다. 후세 사람이 있어 시를 지었는데 낭심을 쫓아낸 선진의 행위는 옳지 못하다고 했다.

과를 집어 들고 적장을 참수한 용기가 호분과 같아
군주의 은혜를 입어 차우장군에 발탁되었도다.
진충보국하고자 했건만 무슨 허물로 쫓아냈는가?
원래 충신과 용사는 남의 원한을 사게 마련이라!

提戈斬將勇如賁(제과참장용여분)

車右超升屬主恩(차우초승속주은)
效力何辜遭黜逐(효력하고조출축)
從來忠勇有冤呑(종래충용유원탄)

31. 선진순적(先軫殉翟)
— 군주에 행한 무례를 스스로 벌하여 적과의 싸움에서 순사한
당진의 중군원수 선진 —

한편 선진은 자기의 아들인 선차거(先且居)를 선봉으로, 난돈(欒盾), 극결(郤缺)을 좌우 양대(兩隊)로, 호야고(狐射古)와 호국거(狐鞫居)는 같이 후대를 맡게 하고 병거 400승을 동원하여 강성의 북문을 통과하여 기성(箕城)에 주둔하고 있던 적군을 물리치기 위해 출동했다. 드디어 기성에 당도하여 적군과 조우한 당진군은 행진을 멈추고 진채를 세웠다. 선진이 여러 장군들을 불러들여 부서를 정하고 계책을 일렀다.

「기성의 주변에는 대곡(大谷)이라는 이름의 땅이 있다. 그 계곡은 땅이 매우 넓어 바로 전차전을 벌이기에 적합한 곳이다. 그 옆의 숲은 나무들이 빽빽이 들어차 있는데 군사를 매복시킬 만한 곳이다. 란돈과 극결 두 장군은 군사를 좌우 이대로 나누어 그곳에 매복해 있다가 선차거가 적군과 싸우다가 거짓으로 패하여 계곡 안으로 유인해 오면 일제히 일어나 앞뒤에서 협공하라. 그렇게 하면 적나라 군주를 능히 사로잡을 수 있다. 호야고와 호국거는 군사를 이끌고 후미를 지키다가 자기들의 군주를 구하러 달려오는 적군을 막으리.」

선진으로부터 작전지시를 받은 여러 장군들은 각자 자기의 부서로 돌아갔다.

다음 날 아침 당진군과 적군 양쪽 군사들은 각기 진채를 세우고 대치상태로 들어갔다. 적나라 군주 백부호가 친히 군사를 이끌고 당진의 진채 앞으로 나와서 싸움을 돋우었다. 선차거가 당진의 영문을 열고 나오더니 백부호와 몇 합을 겨루는 척하다가 병거를 뒤로 돌려 달아나기 시작했다. 백부호가 100여 기의 기병을 이끌고 용기백배하여 선차거의 뒤를 추격했다. 이윽고 선차거의 유인에 말려든 백부호가 대곡 안으로 들어오자 좌우에 매복하고 있던 당진군이 일제히 일어나서 공격했다. 달아나던 선차거도 말머리를 돌려 백부호를 공격했다. 백부호가 정신을 가다듬고 좌충우돌하며 포위망에서 벗어나려고 했으나 그의 뒤를 따라온 100여 기의 기병들은 하나둘씩 당진군에게 살해되어 한 명도 살아남지 못했다. 당진군 역시 적군의 기병들에게 죽은 숫자가 적지 않았다. 그리고 얼마 후에 백부호는 죽을힘을 다하여 겹겹이 둘러싸인 당진군의 포위망을 뚫고 밖으로 탈출했다. 당진군은 백부호의 용력에 놀라 감히 그의 앞을 막지 못했다. 백부호가 탄 말이 대곡의 입구에 다다르자 전차를 타고 입구를 막고 있는 당진의 장수 한 사람을 보게 되었다. 그 장수가 활에 화살을 메겨 시위를 당겨 백부호를 노려보더니 쉿 소리와 함께 시위를 놓아 화살을 날렸다. 화살이 날아가 백부호의 얼굴에 정통으로 맞아 몸이 앞으로 꼬꾸라지며 말 위에서 땅으로 굴러 떨어졌다. 그 틈을 이용하여 군사들이 달려들어 백부호를 잡았다. 활을 쏘아 백부호를 죽인 당진의 장군은 바로 하군대부에 새로 임명된 극결이었다. 얼굴에 명중한 화살이 머리를 관통하여 뒤통수까지 튀어나온 백부호를 병거에 실었을 때는 이미 숨이 넘어간 뒤였다. 죽은 적군의 장수가 적나라 군주임을 확인한 극결은 먼저 전령을 보내 선진원수에게 고한 후에 그의 수급은 베어서 직접 들고 가서 바치려고 했다. 적주

그림 21 선원수면주순적(先元帥免胄殉翟)

제8장 대기만성 백리해 大器晚成 百里奚

를 잡아 죽였다는 소식을 들은 선진은 머리를 하늘로 쳐들고는 연이어 부르짖었다.

「우리 주군의 복이로다! 참으로 주군의 복이로다!」

선진이 즉시 목간과 붓을 찾아 당진의 군주에게 올리는 표문을 써서 탁자 위에 올려놓고는 아무에게도 알리지 않고 영채에 있던 심복 몇 명만을 데리고 병거를 타고 적군의 진지 쪽으로 달려갔다.

한편 백부호의 동생 백돈(白噉)은 그때까지 아직 백부호가 죽었는지 모르고 있었다. 이윽고 자기 진영의 군사들을 이끌고 백부호를 구하기 위해 출동하려는 순간에 갑자기 당진의 진영으로부터 자기들 진영 쪽으로 달려오는 병거 한 대를 보았다. 당진의 유인작전이라고 짐작한 백돈이 황급히 대도를 손에 들고 적군에 대항하기 위해 앞으로 달려 나갔다. 선진이 창을 어깨에 비스듬히 꼬나잡고 눈을 치켜뜨며 큰 소리로 백돈을 향하여 외치며 돌진해 왔다. 선진의 양쪽 눈꼬리가 찢어지면서 흐르는 피가 그의 얼굴을 적셨다. 백돈이 크게 놀라 뒤로 수십 보 물러섰다. 그러나 잠시 후 그의 뒤를 따르는 군사들이 하나도 없다는 사실을 깨닫고 궁수들에게 명하여 선진을 포위하고 활을 쏘아서 죽이도록 했다. 선진이 귀신같이 무서운 용력을 발휘하여 적군이 몰려 있는 곳으로 달려가 손에 들고 있던 창으로 장수로 보이는 지휘관 세 명과 병사 20여 명을 찔러 죽였으나 선진의 몸에는 상처 하나 입지 않았다. ─원래 적군의 궁수들은 선진의 악귀와 같은 무서운 용력에 겁을 먹고 모두 손을 부들부들 떨면서 활을 쏘았기 때문에 화살에는 힘이 하나도 없었고 또한 선진은 두꺼운 갑옷을 입고 투구를 쓰고 있었기 때문에 적군이 쏜 화살에 상처를 한 군데도 입지 않은 것이다.─

선진이 한탄하며 말했다.

「내가 적군의 장수와 병사들을 죽이지 않았다면 나의 용맹을 알릴 수 없었음이라! 이 정도 했으면 이미 나의 용력을 알게 했으니 적군을 많이 죽여서 무슨 소용이 있겠는가? 내가 죽을 곳은 바로 이곳임이라!」

즉시 갑옷과 투구를 벗어 버린 선진에게 화살이 빗발치듯이 날아와 고슴도치가 된 몸으로 숨을 거뒀다. 그러나 선진의 몸은 이미 시체가 되었으나 쓰러지지 않고 여전히 그 자리에 꼿꼿이 서 있었다. 백돈이 선진의 목을 베어 수급으로 삼고자 했으나 눈을 부릅뜨고 수염을 곤두세운 선진의 시신이 백돈을 노려보는 모습은 마치 살아 있는 사람과 같아 마음속으로 매우 놀랐다. 백돈의 부하 중에 선진을 알고 있는 사람이 있어 앞으로 나와 백돈에게 고했다.

「이 사람은 선진이라는 당진군의 중군원수입니다.」

백돈이 즉시 여러 군사들과 함께 선진의 시신 앞에 절을 올리며 한탄했다.

「진실로 장군은 신과 같은 사람입니다.」

백돈이 선진의 시신을 향하여 축을 했다.

「장군이시어! 제가 우리 적국으로 모시고 가서 제사를 지내 드리려고 합니다. 허락하신다면 서 있지 마시고 누우시기 바랍니다.」

그러나 선진의 시신은 쓰러지지 않고 여전히 서 있었다. 백돈이 다시 축을 바꿔서 했다.

「장군이시여! 당진국으로 돌아가시고자 함이 아니십니까? 제가 돌아가시도록 해 드리겠습니다.」

이윽고 백돈이 축을 끝내자 서 있던 시신이 쓰러지면서 수레 위에 눕게 되었다. 백돈이 명하여 선진의 시신을 다른 수레에 옮겨 싣게 하고 자기 진영으로 돌아갔다.

32. 진적환시(晉翟換尸)
 - 시신을 서로 교환하는 당진(唐晉)과 적(翟) -

 백부호를 따라나섰던 기병 중에 도망쳐 살아 돌아온 자가 싸움 중에 당진의 군사가 쏜 화살에 맞아 적주가 전사했다는 사실을 본진에 남아 있던 백돈에게 고했다. 백돈이 눈물을 흘리며 말했다.

「내가 형님에게 당진은 하늘이 돕고 있기 때문에 쳐들어가면 안 된다고 간했으나 기어코 나의 말을 듣지 않으시더니 오늘 마침내 화를 당해 목숨을 잃게 되었구나!」

 백돈이 선진의 시신에서 목을 베어 내려고 하다가 백부호의 시신과 바꾸어야 한다는 생각이 들어 마음을 바꾸었다. 그는 즉시 사람을 당진의 진영으로 보내 죽은 두 사람의 시신을 교환하자고 제안했다.

 한편 극결이 백부호의 수급을 들고 와서 여러 장수들과 같이 중군막사에 들러 선진에게 바치려고 했다. 그러나 선진 원수는 막사 안에 없었다. 막사를 지키던 군사가 여러 장수들에게 고했다.

「원수께서는 병거 한 대만을 끌고 영문 밖으로 나가시면서 저희들에게 영채의 문을 굳게 지키라고만 분부하셨을 뿐 어디로 가시는지는 말씀하지 않으셨습니다.」

 선진의 아들 선차거는 마음속으로 불안한 생각이 들어 장막 안을 살펴보다가 탁자 위에 놓인 표문(表文)을 발견했다. 차거가 표문을 들고 읽었다.

『신 중군원수 선진이 감히 주공께 글을 올립니다. 신은 주군에게 무례를 저질렀음을 스스로 알고 있습니다. 주군께서 신에게 죄를 물어 죽이지 않으시고 다시 불러 중용하여 다행히 싸움에서 이기게 되어 제가 다시 상급을 받게 되었습니다. 신이 돌아가 상을 사양하고 받지 않는다면 공을 세웠음에도 상이 없는 일이 됩니다. 그렇다고 만약 개선하여 제가 상을 받는다면 이것은 주군에게 무례를 저지른 신하에게 전공을 기려 상을 내리는 일이 됩니다. 공이 있는데 상을 내리지 않는다면 앞으로 여러 장군들에게 무슨 명분으로 공을 세우라고 권할 수 있겠으며, 만일 그 주군에게 무례한 짓을 저지른 자의 공을 논하여 상을 준다면 어찌 죄를 지은 자를 벌할 수 있겠습니까? 공과 죄가 문란하면 결코 나라를 다스릴 수 없게 됩니다. 신이 홀로 병거를 몰아 적군(翟軍)의 진영으로 돌진하여 생을 끝내려고 하는 이유는 적인(翟人)들의 손을 빌려 주군에게 지은 죄를 속죄하기 위해서입니다. 신의 아들 차거(且居)는 대장으로 갖추어야 할 지략을 지니고 있어 신의 직을 대신 시킬 수 있는 인재입니다. 신 선진은 죽음에 임하여 외람되이 이 표문을 올립니다.」

선차거가 표문을 다 읽더니 말했다.

「제 부친께서 홀로 병거를 몰고 적진으로 달려가신 이유는 스스로 죽기 위해서요!」

그는 말을 마치자 땅에 주저앉아 목을 놓아 한참 통곡하면서 당장 병거를 몰고 달려가 적군 진영으로 돌입하여 부친의 행방을 알아보려고 했다. 그런 차거를 영채 안에 모여 있던 극결, 란돈, 호국거, 호야고 등의 장수들이 모두 달려들어 진정시켰다. 선차거의 마음을 진정시킨 장수들이 한자리에 모여 서로 상의했다.

「먼저 사람을 적진으로 보내 원수의 생사부터 확인해야 합니다. 그런 연후에 군사들을 진격시키도록 합시다.」

그때 갑자기 전초병이 회의 중인 영채 안으로 들어와 보고했다.

「적주의 동생 백돈(白暾)이 전할 말이 있다고 사람을 보내 왔습니다.」

적국의 사자를 불러서 전할 말이 무엇인지 묻자 적주와 선진 두 사람의 시신을 교환하자는 전갈이었다. 사자가 전하는 말을 들은 선차거는 자기 부친은 이미 세상을 떠났음을 알게 되었다. 그는 다시 땅에 엎드려 대성통곡했다. 얼마간의 시간이 지나자 마음이 진정된 선차거가 적국의 사신에게 말했다.

「내일 진영 앞에서 각기 시신을 가지고 나와 교환하기로 하자.」

적국의 사자가 돌아간 후에 선차거가 말했다.

「융적은 속임수가 많으니 내일 시신을 교환하기 위해 출전할 때는 만반의 준비를 해야 할 겁니다.」

여러 장수들은 서로 상의하여 극결과 란돈은 옛날처럼 좌우 양쪽으로 포진하여 날개 부분을 맡고 있다가 만일에 양군이 교전하게 된다면 즉시 달려와 좌우에서 협공하기로 하고 호국거와 호야고는 중군을 지키기로 했다.

다음 날 양쪽의 군사들이 군사들을 이끌고 대채를 나가 출동하여 진을 굳게 치고 서로 대치했다. 선차거가 소복을 입고 병거에 올라 혼자서 앞으로 나가 적진 가까이 다가가 부친의 시신을 받으려고 했다. 선진의 영혼에 대해 두려움을 갖고 있던 백돈은 선진의 시신에서 화살을 전부 뽑아내고 물로 깨끗이 목욕을 시킨 후에 향수를 뿌리고 자기의 비단 전포를 벗어 입혀서 수레에 실었다. 마치 살아있는 사람의 모습을 갖추게 된 선진의 시신을 수레에 싣고 진영 앞으로 나가 선차거에게 넘기도록 했다. 당진군도 역시 백부호의 수급을 수레에 실어 적군 진영으로 보냈다. 그러나 적군이 보낸 선진의 시신은 향수를 뿌린 완전한 형태였는데 당진 쪽에서 보낸 백부호의 것은 단지 피가 엉겨 붙은 한 덩어리의 머리통뿐이었다. 백돈이 억울함에 참지 못하고 분노의 목소리로 외쳤다.

「당진 놈들아! 사람을 어찌 이렇게 속일 수 있단 말인가? 어찌하여 온전한 시신을 보내주지 않는가?」

선차거가 백돈의 말을 받아 대답했다.

「만약 너희들이 백부호의 시신을 전부 찾아가고 싶으면 대곡에 사람을 보내 시체더미 중에서 찾아라.」

백돈이 대노하여 손에 커다란 도끼를 들고 기병들을 지휘하여 당진의 군사들을 공격해 왔다. 그러나 돈거(軘車)로 연결하여 세운 당진의 진채는 마치 돌로 둘러친 담장과 같아서 몇 번에 걸쳐 돌격했으나 아무도 그 진을 돌파할 수 없었다. 끓어오르는 분노를 달래지 못한 백돈이 말을 타고 당진군 진채 앞을 좌우로 뛰어 다니며 울부짖고 있었는데 갑자기 당진의 군중에서 북소리가 울리며 군사들이 무리를 짓더니 진채의 문을 열고 앞으로 돌격해 나왔다. 군사들 맨 앞에는 한사람의 대장이 극을 옆으로 꼬나쥐고 달려 나오는데 보니 호야고였다. 호야고는 백돈을 향해 달려들며 싸움을 걸었다. 두 사람이 어우러져 몇 합도 미처 겨루기 전에 그들의 왼쪽에서는 극결이 오른쪽에서는 란돈이 군사를 이끌고 좌우 양쪽에서 나타나 백돈의 군사들을 포위해 버렸다. 당진의 군사들의 수가 많아 당해 낼 수 없다고 생각한 백돈은 황급히 말머리를 자기 진영 쪽으로 돌려 달아나려고 했다. 당진군은 달아나는 백돈의 뒤를 맹렬하게 추격해 왔다. 셀 수없이 많은 적병(翟兵)들이 당진의 군사들에게 잡혀 목숨을 잃었다. 호야고가 도망치는 백돈을 알아보고 그 뒤를 바싹 붙어 추격했다. 백돈이 본영으로 들어가다가 당진의 군사들을 영채 안으로 끌어들이게 되지나 않을까 걱정하여 말의 방향을 돌려 산비탈 쪽으로 달아났다. 호야고가 놓치지 않고 백돈이 타고 있던 말의 뒤쪽을 따라 붙었다. 백돈이 머리를 뒤로 돌려 호야고를 바라보고 말했다.

「장군은 내가 예전에 뵌 적이 있는 듯하오! 혹시 가계(賈季)가 아닙니까?」
「그렇소!」
「장군은 그동안 별고 없으셨습니까? 장군의 부자가 모두 우리 적국에서 12년을 지내셨는데 우리가 모시기를 그렇게 박하게 하지 않았습니다. 오늘 저에게 온정을 조금 베풀어 주시면 안 되겠습니까? 후일에 우리가 어찌 다시는 만나지 않는다고 장담할 수 있겠습니까? 저는 백부호의 동생 백돈입니다.」

호야고는 백돈에게서 옛날 적국에 살았던 때의 일을 듣고 차마 매정하게 대하지 못하고 말했다.

「옛정을 생각해서 그대가 목숨을 부지할 수 있는 길을 한 가지 가르쳐 주겠소. 그대는 즉시 군사들을 거두어 회군하도록 하시오! 이곳에 머물러 있어 보았자 아무런 이득을 얻을 수 없을 것이오!」

백돈을 추격하기를 그만둔 호야고는 말머리를 돌려 당진군의 대채로 회군했다. 당진의 군사들이 한판의 싸움에서 승리를 거둔 뒤라 백돈을 붙잡지 못한 호야고에 대해서 아무도 시비를 걸지 않았다. 그날 밤 백돈은 당진의 군사들이 미처 눈치를 채기도 전에 군사를 이끌고 자기 나라로 돌아가 버렸다. 백부호는 후사가 없었기 때문에 백돈이 백부호의 상을 주제하고 적국의 군주 자리를 이었다.

적병을 물리친 당진군이 개선가를 부르며 회군했다. 여러 장수들이 양공을 알현하고 선진이 쓴 표문을 바쳤다. 선진의 죽음을 애통하게 생각한 양공은 친히 그 시신을 염했다. 그러자 선진의 시신이 두 눈을 부릅뜨고 마치 살아 있는 사람처럼 분노하는 기색을 얼굴에 띠었다. 양공이 그 시신을 어루만지며 달랬다.

「장군이 나라의 일을 위해 죽었으면서 아직 그 혼이 못 떠나고 있음은 장군이 표문으로 올린 일을 말하고 있기 때문일 것이오. 내가 장군의 충성스러운 마음을 충분히 이해하고 있는데 어찌 감히 장군이 한 말을 잊겠소!」

양공은 즉시 선진의 관 앞으로 선차거를 불러 대령하게 한 후에 중군원수로 임명한다는 명을 내려 그 부친의 직을 대신하게 하자 그때서야 비로소 선진의 시신은 부릅뜬 눈을 감았다. 후에 사람들이 기성[箕城: 지금의 산서성 포현(蒲縣) 동남]에다 선진을 위한 사당을 짓고 때가 되면 제사를 지냈다. 양공은 극결이 백부호를 죽인 공을 칭찬하면서 옛날의 극씨 문중의 식읍이었던 기[冀: 지금의 산서성 직산(稷山) 북] 땅을 다시 돌려주면서 말했다.

「그대의 공은 그대 부친이 저지른 잘못을 속죄하고도 남는다 하겠소! 이에 그대 선조들의 봉지를 다시 돌려주겠소!」

양공이 다시 서신을 향해 말했다.

「극결을 추천하여 그로 하여금 공을 세우게 하였으니 미자(微子)가 아니었으면 과인이 어찌 극결을 알고 임용할 수 있었겠소?」

양공은 서신에게도 선모[先茅: 위치 미상]의 땅을 하사하여 봉지에 더하게 했다. 여러 장수들은 전공에 대해 빠짐없이 상을 내리는 양공의 모습을 보고 모두 마음속으로 복종하며 기뻐했다.

33. 낭심지용(狼瞫之勇) 사득기소(死得其所)
- 죽을 곳을 선택하여 진정한 용기를 보여 준 당진의 용사 낭심 -

한편 진목공 34년 기원전 626년 봄 2월, 섬진군의 대장 맹명시(孟明視)가 목공에게 군사를 청해 당진군에게 당한 효산에서의 패배를 설욕하려고 했다. 맹명시의 뜻을 장하게 여긴 진목공은 당진의 정벌을 허락했다. 맹명시가 서걸술, 백을병을 부장으로 삼아 병거 400승을 이끌고 출동하여 당진을 공격했다. 그때 섬진군의 삼수를 방면한 이후로 그들이 원수를 갚기 위해 군사를 내어 쳐들어오지나 않을까 염려하고 있던 진양공은 매일 사람을 시켜 섬진의 소식을 정탐하게 하고 있었다. 마침내 섬진이 군사를 일으켜 쳐들어온다는 소식을 접한 양공이 웃으면서 말했다.

「섬진에서 드디어 나에게 인사를 드리고 말을 받아 가려는 사람이 오는구나!」

양공은 즉시 선차거를 대장으로, 부장에는 조최를, 차우장군에는 호국거를 임명하여 군사를 이끌고 출동하여 섬진의 군사를 국경에서 막도록 명했다.

대군이 출동하려는 순간 낭심이 개인적으로 모은 사병을 거느리고 와서 종군시켜 달라고 자청해 왔다. 선차거가 허락했다. 그때 맹명시 등의 섬진의 군사들은 아직 당진의 경계에 당도하기 전이었다. 선차거가 여러 장수들에게 말했다.

「섬진의 군사들을 이곳에서 기다려 싸우기보다는 차라리 우리가 섬진의 경계로 쳐들어가 싸우는 편이 유리하다고 생각하오.」

선차거는 즉시 군사를 이끌고 서쪽으로 진군하여 하수를 건넜다. 마침내 진진(晉秦) 두 나라의 대군은 팽아[彭衙: 지금의 섬서성 징성현(澄城縣) 북서의 고을로 낙수(洛水) 강안 섬진 령의 고을이다]라는 곳에서 조우했다. 양쪽의 군사들이 대치한 상태에서 각각 진영을 세웠다. 낭심이 선차거에게 청했다.

「옛날에 작고하신 선진원수께서 이 심(瞫)이 용기가 없다 하시면서 저를 쓰지 않으시고 주군께서 내려주신 차우장군의 자리마저 파직했습니다. 금일 이 심이 선봉을 자청하는 목적은 저의 용기를 시험해 보기 위해서이지 결코 공을 세워 녹을 구하기 위해서가 아닙니다. 오로지 옛날에 제가 받은 치욕을 풀기 위해서이니 간절한 저의 청을 들어주십시오.」

선차거의 허락이 떨어지기도 전에 낭심은 곧바로 그 친구인 선백(鮮伯) 등의 무리 100여 인과 함께 다짜고짜로 섬진의 진영으로 돌격했다. 낭심의 일행이 초목을 쓰러뜨리는 폭풍우처럼 돌격하여 섬진군을 셀 수 없을 정도로 무수히 살상했다. 선백은 와중에 불행히도 백을병의 창에 살해되었다. 병거에 올라 적진의 정세를 살펴보던 선차거는 섬진의 진영이 이미 무너져 혼란에 빠진 모습을 보고 본진의 대군을 휘몰아 돌격하여 적진을 덮쳤다. 명맹시 등이 돌격해 오는 당진의 군사들을 도저히 당해내지 못하고 크게 패한 끝에 간신히 수습한 군사들을 이끌고 패주했다. 선차거가 낭심을 구출해서 본영으로 데리고 와서 살펴보니 온몸에는 상처투성이였다. 낭심이 피를 한 말도 넘게 토하더니 며칠을 넘기지 못하고 죽었다. 당진군은 개선가를 부르며 강도(絳都)로 귀환했다. 선차거가 양공에게 고했다.

「이번 싸움에서의 승리는 낭심의 분전 때문이었지 소장은 아무런 역할도 하지 못했습니다.」

양공이 명하여 낭심을 상대부에게 행하는 예를 갖추어 강도의 서쪽 성곽 부근에 장사 지내게 하고 모든 신하들로 하여금 그의 장례 행렬을 전송하도록 했다. 이것은 양공이 인재를 알아보고 그 장점을 격려하여 공을 이루게 하는 좋은 성품이라 할 수 있었다. 사관이 시를 지어 낭심의 용기를 칭찬했다.

장하다, 차우장군 낭심이여!
죄수의 목을 닭 모가지 자르듯 했도다!
오히려 쫓겨났으나 분노를 삭이고
적진으로 몸을 날려 위엄을 세웠다.

壯哉狼車右(장재랑차우)
斬囚如割鷄(참수여할계)
被黜不妄怒(피출불망노)
輕身犯敵威(경신범적위)

한번 죽음으로써 영원히 사는 모습을 보여
섬진군은 이로 인하여 물러갔도다!
만일 멀고 먼 구천이 있다고 한다면
선진은 마땅히 눈썹을 내리깔고 부끄러워하리라!

一死表生平(일사표생평)
秦師因以摧(진사인이최)
重泉若有知(중천약유지)
先軫應低眉(선진응저미)

34. 제하분주(濟河焚舟) 사이후생(死而後生)
- 하수를 건넌 후에 배를 불살라 필사의 전의를 불태운 섬진군 -

한편 진양공은 예상되는 섬진의 공격을 기다리기보다는 선공을 가해야 한다고 생각했다. 그해 겨울, 양공은 송(宋), 진(陳), 정(鄭) 등 세 나

그림 22 진목공제하분주(秦穆公濟河焚舟)

제8장 대기만성 백리해 大器晩成 百里奚

라에 사신을 보내 군사를 출병시켜 달라고 요청했다. 이에 송나라는 대부 공자성(公子成)을, 진나라는 대부 원선(轅選)을, 정나라는 대부 공자 귀생(公子歸生)을 대장으로 삼아 군사를 보내왔다. 다시 양공이 선차거를 대장으로 임명하고 당진군을 이끌고 세 나라의 군사들과 힘을 합쳐 섬진을 정벌하라는 명을 내렸다. 당진군이 주도한 제후연합군은 하수를 건너 쳐들어가 섬진의 왕[汪: 지금의 섬서성 징성현(澄城縣) 경내로 팽아 동남]과 팽아(彭衙) 두 고을을 빼앗았다. 선차거는 두 고을을 지키는 군사를 남긴 후에 본국으로 회군했다. 양공이 기뻐하며 말했다.

「그 두 고을은 맹명이 지난번 나에게 말을 받기 위해 쳐들어오면서 가지고 온 선물이렸다!」

옛날에 곽언(郭偃)이 점을 쳐서 점괘를 얻은 바가 있었다. "한 번 치니 세 번 상한다"라는 점괘였다. 이것은 섬진이 당진과 싸워 세 번 패배한 일을 뜻하니 과연 그 점이 맞았다고 할 수 있었다. 이러자 섬진의 신료들과 백성들은 자국의 영토에 침입하여 두 고을을 뺏어가는 당진의 군사들을 바라만 보면서 마지못한 듯이 군사를 내어 당진의 침략을 막으려고만 하는 삼수를 비겁한 행위라고 생각했다. 그러나 목공만은 삼수의 능력을 깊이 믿고서 여러 신하들에게 말했다.

「맹명 등의 삼수는 반드시 그리고 능히 당진에게 우리의 원수를 갚을 것이다. 단지 그 시기가 되지 않았을 뿐이다.」

삼수는 일심협력하여 군사들을 보충하고 병거를 수리하여 훈련에 임했다. 이윽고 삼수는 섬진의 병사들이 이미 당진과 일전을 겨루어 볼 만한 정예병이 되었다고 생각했다. 그들은 다시 목공에게 출전을 허락해 달라고 말하면서 목공도 친정에 임해 그들의 싸움을 독려해 주기를 청했다.

「만약에 이번에도 옛날의 원수를 갚지 못한다면 맹세컨대 살아서 돌아오지 않겠습니다.」

「과인은 당진과의 세 번에 걸친 싸움에서 모두 패했다. 이번에도 우리가 이기지 못한다면 과인인들 무슨 면목으로 이 나라에 다시 돌아올 수 있겠는가?」

목공은 세 장수를 시켜 병거 500승을 선발하고 길일을 택해 당진으로 진격하라고 명했다. 싸움터에 나가기 전에 목공으로부터 양식과 포목을 후하게 하사받은 섬진의 군사들은 모두 죽기를 각오하고 싸우려는 투지로 사기가 충천했다. 병사들을 이끌고 포진관(蒲津關)[26] 쪽으로 나가 하수를 건너자 맹명시가 군령을 발해 강을 건너면서 타고 온 배들을 모두 불태우라고 했다. 맹명시의 군령을 이해하지 못한 목공이 물었다.

「배를 불태우라는 원수의 군령은 무슨 뜻에서인가?」

「무릇 싸움에 이길 수 있는 방법은 오로지 병사들의 사기뿐입니다. 그동안 우리는 여러 번 싸움에 져서 병사들의 사기가 많이 꺾여 있는 상태입니다. 다행히 싸움에서 이기면 하수는 다른 방도를 강구해 능히 건널 수 있습니다. 이번에 배를 불태워 버린 이유는, 군사들에게 우리는 필사의 각오로써 오로지 전진만 있을 뿐이며 후퇴는 없다는 각오를 보여 주기 위해서입니다.」

「참으로 훌륭한 생각이오!」

하수를 건넌 맹명시는 스스로 선봉이 되어 당진국의 영내를 계속 진격하여 왕관성(王官城)을 포위 공격하여 함락시켰다. 왕관성이 함락되었다는 패전의 소식이 강도에 전해지자 사태가 위급하게 되었다고 직

---

26 포진관(蒲津關): 포판관(蒲阪關)의 다른 지명이며 섬서성과 산서성을 건너는 포구(浦口)가 있었다. 포구 양쪽에 관문을 설치해서 사람들의 통행을 감시했다. 섬서성 쪽의 관문은 임진관(臨晉關), 산서성 쪽의 관문은 포판관(蒲阪關)이다.

감한 진양공이 모든 대소 신료들을 조당으로 불러 섬진군을 물리칠 대책을 의논하게 했다. 조최가 앞으로 나와서 말했다.

「분노가 극에 달한 섬진이 온 국력을 기울여 쳐들어와 군사들은 모두가 우리와의 싸움에서 죽으려는 각오입니다. 또한 섬진의 군주도 친정을 하고 있어 우리가 감히 대적할 수 없습니다. 차라리 싸움을 피해 잠시 그들이 하는 대로 내버려두었다가 적당한 기회를 보아 두 나라 사이의 분쟁을 종식시켜야 합니다.」

중군원수 선차거도 역시 조최의 의견에 동조했다.

「힘이 약한 미물일지라도 궁지에 몰리게 되면 사나워지는 법입니다. 하물며 큰 나라인 경우는 말할 필요도 없습니다. 진백이 세 번에 걸친 패전을 치욕으로 여기고 있으며 또한 삼수는 모두 용기를 갖춘 장수들일 뿐만 아니라 그들은 싸움에서 이길 때까지 그만두지 않겠다는 굳은 결심을 하고 있습니다. 일단 그들과 군사를 동원하여 부딪치게 되면 언제 싸움이 끝날지 아무도 예측할 수 없습니다. 자여의 말씀이 옳습니다.」

양공이 유지를 전하여 사방의 성읍들은 굳게 지키기만 하고 절대 섬진의 군사들과의 전투에 응하지 말라는 명을 내렸다.

35. 효곡봉시(崤谷封尸)
– 효산의 계곡으로 나아가 전사한 섬진군의 시신을 수습하여
위령제를 지낸 진목공 –

한편 싸움에 응하지 않고 굳게 지키기만 하고 있는 당진군의 태도를 보고 원정군에 종군하고 있던 요여(繇余)가 목공에게 말했다.

「당진이 우리를 두려워하고 있습니다. 주군께서는 이번 기회를 이용하여 효산으로 납시어 전사한 군사들의 시신을 거두시기 바랍니다. 부디 그들의 장사를 지내 옛날에 당한 패배의 치욕을 씻으십시오.」

목공이 요여의 말을 좇아 즉시 군사를 이끌고 모진(茅津)에서 다시 하수를 건너 동효산(東崤山)에 이르러 진채를 세웠다. 섬진군이 자국 영토 내에서 아무것도 거리낌 없이 이동하는데도 불구하고 겁을 먹은 당진군은 그림자도 비치지 않았다. 섬진군을 효산(崤山)에 오르도록 명하여 타마애(墮馬崖), 질명암(絶命巖), 낙혼간(落魂澗) 등에서 선진군의 시신과 해골들을 거두게 한 진목공은 풀을 베어 관으로 삼아 산곡의 깊고 외딴 곳에 모아 매장하도록 했다. 계속해서 소복 차림의 진목공은 제단을 크게 준비하고 말을 잡아 희생으로 바쳐 효산에서 죽은 군사들의 혼령을 위한 제사를 지내면서 손수 술잔을 따라 제단에 바치고 소리 높여 곡을 했다. 맹명시 등 삼수도 뒤를 따라 땅에 엎드려 통곡하며 오랫동안 일어설 줄 몰랐다. 섬진의 모든 군사들이 애통해 하며 눈물을 흘리지 않은 군사들은 한 명도 없었다. 염선(髥仙)이 시를 지어 이 일을 노래했다.

옛날 병사를 위해 곡했던 이로에게 성을 내더니
오늘은 어이하여 스스로 곡을 하는가?
시신을 거두어 호화롭게 장례를 치렀다고 뽐내지 말라!
효산은 원래 험하지만 시신은 원래 없던 곳이었다.

曾嗔二老哭吾師(증진이노곡오사)
今日如何自哭之(금일여하자곡지)
莫道封尸豪擧事(마도봉시호거사)
崤山雖險本無尸(효산수험본무시)

그림 23 제하분주 행군로

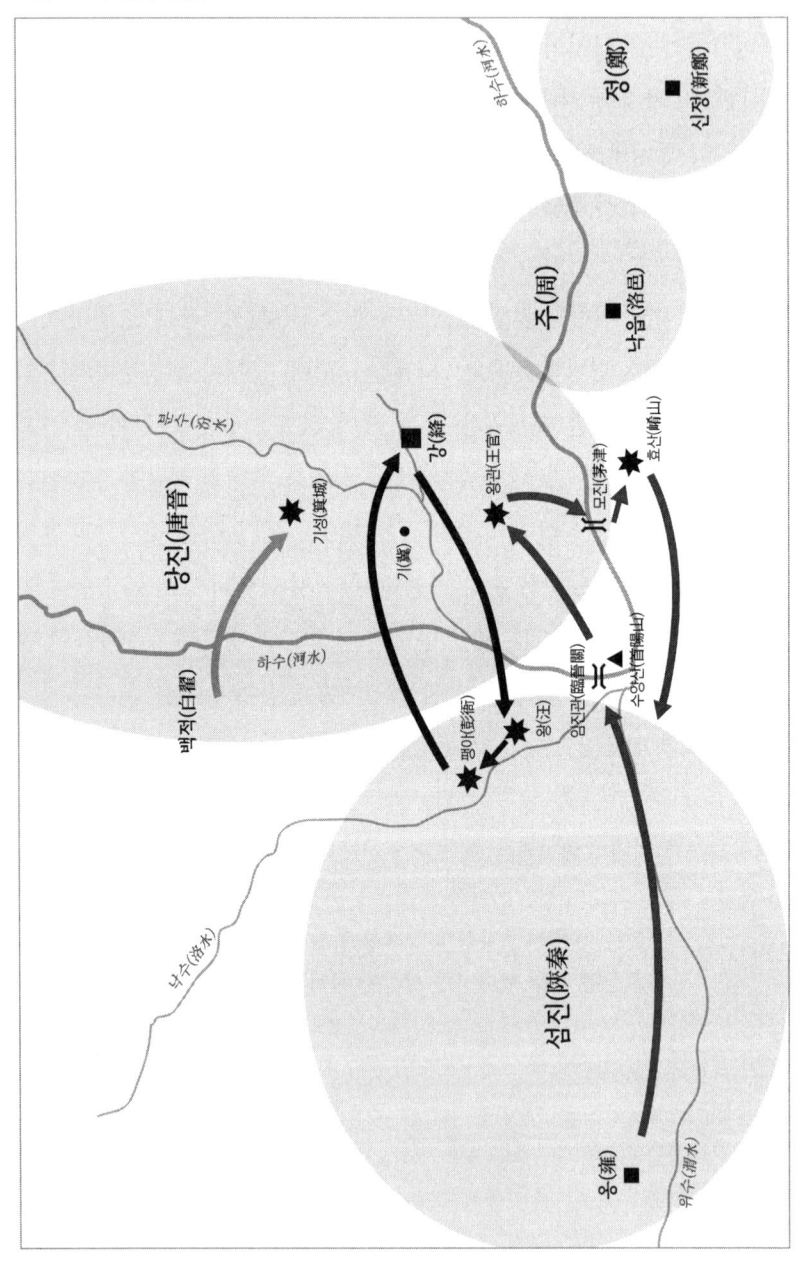

한편 왕(汪)과 팽아(彭衙) 두 고을의 백성들은 진백이 당진의 땅에 쳐들어가 승승장구하고 있다는 소식을 듣고 모두 용기를 얻어 한곳에 모여 당진의 수장을 쫓아버리고 다시 섬진에 복속했다. 이윽고 목공이 군사를 이끌고 개선하여 맹명을 아경(亞卿)에 제수하여 요여와 공손지 두 사람의 재상들과 함께 국정을 돌보게 했다. 서걸술과 백을병에게도 모두 봉작을 더하여 주고 상을 후하게 내렸다. 다시 포진관(蒲津關)의 이름을 대경관(大慶關)으로 바꾸어 부르게 하여 이번에 출정한 모든 군사들의 공로를 기리도록 했다.

36. 서융칭패(稱覇西戎)
　- 서융의 패자가 되다 -

　한편 서융주(西戎主) 적반(赤斑)은 처음에 섬진이 당진에게 여러 번의 싸움에서 지기만 하는 모습을 보고서 섬진의 국세가 허약하다고 깔보아 융족에 속한 여러 부족들을 선동하여 섬진에 반기를 들려고 획책하고 있었다. 낌새를 눈치채고 있던 목공이 당진을 정벌하고 개선하여 돌아온 여세를 몰아 군사를 서쪽으로 이동하여 적반을 토벌하려고 했다. 그러나 요여는 군사를 동원하여 정벌을 행하기 전에 격문을 보내 적반의 태도를 보아가며 군사를 일으켜도 늦지는 않는다고 상주했다. 목공의 허락을 받은 요여는 적반이 그동안 조공을 바치지 않은 행위를 꾸짖고 만약 당장 조공사를 보내지 않으면 군사를 끌고 가서 토벌하겠다는 편지를 써서 보냈다. 그때는 옛날과는 달리 적반은 맹명시가 당진과의 싸움에서 이기고 개선했다는 소식을 듣고 섬진에 대해 두려워하는 마음을 갖고 있었다. 이윽고 요여가 보낸 편지를 읽어 본 적반은 즉시 서쪽 융족의 24여 개 나라 추장을 이끌고 조공을 올린 후에 복속하기 위해 옹성(雍城)으로 들어왔다. 적반은 목공을 서방의 방백(方伯)으로 받들기로 맹세했다.

후에 사관이 섬진의 목공에 관해서 논하기를 "천군의 병사는 얻기 쉬어도 한 사람의 장수는 구하기 어렵다"라는 말을 실천했다고 했다. 목공이 맹명시의 능력을 믿고 여러 번의 패전에도 불구하고 시종일관 버리지 않고 임용해서 백업을 이룰 수 있었다고 했다.

이 일로 해서 섬진의 국위는 주나라 왕실에까지 전해져 주양왕이 윤무공(尹武公)에게 말했다.

「섬진과 당진은 국세가 서로 비슷한 나라들이다. 또한 그 두 나라가 다 같이 선대에 우리 왕실에 공을 세운 바 있다. 옛날에 중이가 중원에서 회맹을 주재할 때 내가 왕명으로써 후백(侯伯)에 임명하였다. 오늘 임호(任好)가 다스리는 섬진의 국세가 당진에 뒤떨어지지 않으니 내가 역시 그를 당진과 같이 후백으로 임명하려고 하는데 경의 생각은 어떠한가?」

「섬진이 스스로 서융의 백주가 되었지만 아직 당진의 군주처럼 우리 왕실을 받들지 않고 있습니다. 오늘 섬진과 당진이 서로 사이가 나빠지고 또한 그 부친의 뒤를 이은 진후가 후백의 역할을 아무런 잘못 없이 잘 이행하고 있습니다. 그럼에도 만약 우리가 섬진을 다시 후백에 봉한다면 당진은 우리의 처사를 싫어할 겁니다. 섬진의 군주를 후백으로 임명하는 것보다 차라리 서융의 백주(伯主)가 되었음을 축하한다는 국서를 써서 사자 편에 보내십시오. 진백은 대왕께 감사하는 마음을 표할 것이고, 진후(晉侯) 또한 우리를 원망하지 않을 겁니다.」

주양왕이 윤무공의 말을 따랐다.

마침내 섬진의 목공은 융적(戎狄)의 땅 20여 국을 합쳐 서융의 백주(伯主)가 되었다. 주양왕은 윤무공을 사자로 보내 서융을 복속시킨 업적을 축하하며 금으로 만든 북을 하사했다. 그때는 이미 나이가 많이 들어 주나라까지 여행을 할 수 없었던 목공은 공손지를 대신 보내 감사의 뜻을 전하게 했다. 그해에 요여가 노환으로 죽자 목공이 매우 애통해했다. 목공은 맹명시를 우서장(右庶長)에 명하여 요여의 일을 대신하게 했다. 주나라에 사자로 다녀온 사이에 요여의 자리에 맹명시가 임명된 것을 본 공손지는 목공의 마음이 맹명시에 쏠려 있음을 알았다. 그래서 그는 나이가 들었음을 이유로 관직에서 물러나겠다고 청하자 목공이 허락했다.

37. 농옥취소(弄玉吹簫)
– 퉁수 소리로 부른 봉황을 타고 하늘로 올라 선녀가 된 농옥 –

한편 섬진의 목공에게는 나이가 들어 낳은 어린 딸이 하나 있었다. 그 딸아이가 태어날 때 어떤 농부 한 사람이 옥돌을 목공에게 바쳤다. 목공이 장인에게 명하여 갈고 닦도록 해서 그 안에서 푸른색을 띠는 참으로 아름다운 옥을 얻었다. 어린 딸이 돌이 되어 돌잔치를 하던 중 쟁반에 여러 가지 물품을 놓고 그중에 한 가

그림 24 생황

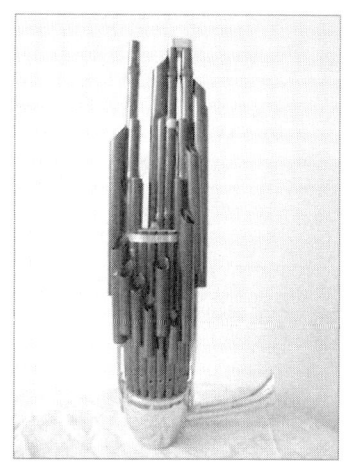

지를 집어 들도록 했다. 그 어린 여아는 다른 물건은 거들떠보지도 않고 옥만을 집어 노리개로 삼아 손에서 놓지 않았다. 이로 인하여 여아의 이름을 농옥(弄玉)이라고 부르게 되었다. 여아가 점점 나이가 들자 자태가 천하에 비교할 수 없을 정도로 아름다웠을 뿐만 아니라 총명하기가 그지없었다. 또한 생황(笙簧)[27]에 정통하여 달리 선생에게서 배우지도 않고 스스로 음조를 깨우쳐 불었다. 목공이 나라 안에서 제일가는 장인을 불러 그 옥을 갈아 생황을 만들어 농옥에게 불게 하자 그 소리는 마치 봉황이 우는 소리와 같이 아름다웠다. 농옥을 사랑한 목공은 봉루(鳳樓)라는 누각을 여러 채 지어 그곳에 살도록 하고 다시 봉루 앞에 높은 대를 짓고 봉대(鳳臺)라고 이름 지었다. 이윽고 농옥이 장성하여 나이 15세가 되자 좋은 배필을 구해 시집보내려는 목공 앞에서 스스로 맹세했다.

「반드시 생황을 잘 불어 내가 부는 생황 소리에 화답을 할 수 있는 사람이어야만 합니다. 그렇지 않은 사람에게는 절대 시집을 가지 않겠습니다.」

목공이 좌우에게 명하여 생황을 잘 부는 사람을 찾게 하였으나 그런

---

27 생황(笙簧): 중국 묘족(苗族)이 만들었다는 악기로, 팔음(八音) 중 포부(匏部)에 속한다. 옛날에는 관수(管數)에 따라 따로 화(和)·생(笙)·우(竽) 등의 이름이 있었으나, 지금은 이 종류의 악기를 통틀어 생황이라고 한다. 이 악기에 김을 불어넣는 통은 옛날에는 박통[匏]을 썼으나 뒤에 나무통으로 바꾸어 쓰게 되었으며 이 통의 위쪽 둘레에 돌아가며 구멍을 뚫고, 거기에 죽관(竹管)을 돌려 꽂았다. 그리고 죽관 위쪽 안에는 길쭉한 구멍을 뚫어 그것을 막으면 소리가 나고, 열면 소리가 나지 않게 하였다. 소리는 죽관 아래 끝에 구멍을 뚫고 거기에 쇠청[金葉]을 붙여 숨을 내쉬고 들이마실 때 일어나는 기류로 진동시켜 내며, 지(篪)나 단소가 따르지 못할 만큼 소리가 맑고 아름답다. 《악학궤범(樂學軌範)》에 전하는 고구려·백제 및 조선시대의 생황류는 만드는 법과 부는 법에 어두워 현재는 만드는 사람이 없고 연주법도 바르지 못하다. 악기의 몸통에 붙인 대나무 관의 수효에 따라 13개는 화(和), 17개는 생(笙), 36개는 우(竽)라 했다.

사람을 쉽게 구할 수 없었다. 그러던 어느 날 농옥이 누각 안의 처소에서 창문의 주렴을 걷고 한가롭게 밤하늘을 쳐다보고 있는데 구름 한 점 없는 하늘에 마치 거울과 같은 맑은 달이 떠 있었다. 시녀에게 향을 피우게 한 농옥은 파란 옥으로 깎아 만든 생황을 가져오게 하여 창가에 앉아서 불기 시작했다. 청초한 생황 소리는 누각 밖으로 퍼져 나가 하늘 끝까지 울려 퍼졌다. 그때 갑자기 솔솔 불어오는 미풍을 타고 농옥의 생황 소리에 화답이나 하는 듯한 피리 소리가 들려왔다. 멀리서 나는 것 같기도 하고 가까이서 나는 듯한 소리에 마음속으로 기이하게 여긴 농옥이 즉시 생황 불기를 중단하고 귀를 기울였으나 동시에 그 소리도 멈추어 버렸다. 단지 그 여음만이 나뭇잎이 바람에 살랑거리며 내는 소리처럼 끊어지지 않고 은은하게 들려왔다. 산들 바람을 맞으며 망연하게 서 있는 농옥은 마치 무엇인가를 잃어버린 듯한 허전한 마음이 들었다. 누각의 방 안에서 밤이 깊어지도록 서성거리다가 달은 기울고 향불은 다 타버려 할 수 없이 생황을 침상 머리맡에 두고 잠자리에 들었다. 잠을 자면서 꿈을 꾸었는데 옹성의 서남쪽 하늘에서 문이 열리고 오색의 노을빛이 마치 대낮처럼 비추더니 한 사람의 미장부가 새의 깃으로 만든 관을 쓰고 역시 새털로 짜서 만든 옷을 입고 오색찬란한 봉황을 타고 하늘에서 내려와 봉대(鳳臺) 위에 내렸다. 미장부가 농옥을 향해 말했다.

「나는 태화산(太華山)[28]의 주인인데 상제가 나에게 명하여 당신과 혼인을 하라고 하셨습니다. 우리는 서로 만나게 되어 금년 중추절에 혼인식을 올리게 되어 있습니다. 당신의 꿈속에 나타나서 알려주니 그리 알고

---

28   태화산(太華山): 오악(五嶽) 중 서악(西嶽)에 해당하는 화산(華山)을 말한다. 섬서성 화음현(華陰縣) 경내에 있는 명산으로 서안에서 120킬로 동쪽에 위치해 있다.

계시기 바랍니다.」

말을 마친 미장부는 즉시 허리에서 붉은 옥으로 만든 퉁소를 꺼내어 난간에 기대고 불기 시작했다. 오색찬란한 봉황이 그 피리 소리에 맞춰 울며 춤을 추기 시작했다. 봉황이 우는 소리와 퉁소 소리가 어울려 마치 한소리처럼 들리며 오음 중 궁(宮)과 상(商)이 조화를 이루어 종소리와 북소리가 서로 번갈아 가며 나는 소리 같았다. 농옥의 정신이 혼미해지며 자기도 모르게 물었다.

「이 곡의 이름은 무엇이라 합니까?」

꿈속의 미장부가 대답했다.

「이 곡은 《화산음(華山吟)》중 『제일농(第一弄)』이라 합니다.」

농옥이 다시 물었다.

「이 곡을 배울 수 있습니까?」

미장부가 대답했다.

「앞으로 서로 혼인할 인연인데 어찌 가르쳐 드릴 수 없겠소?」

말을 마치고 앞으로 다가온 미장부가 농옥의 손을 잡으려고 하는 순간 그녀가 갑자기 꿈에서 깨어났다. 꿈속에서 있었던 일은 마치 생시의 일처럼 생생했다. 아침이 되어 꿈 이야기를 목공에게 말했다. 목공은 즉시 화공을 불러 꿈속의 미장부를 그림으로 그리게 했다. 그림이 완성되자 맹명시에게 명해 그림을 지니고 태화산에 가서 꿈속의 미장부를 찾게 했다. 맹명시가 태화산 가까이 와서 들판에서 일하는 사람에게 그림을 보여주며 자기가 찾는 사람에 대해 묻고 다녔다. 농부 중 한 사람이 태화산을 손가락으로 가리키면서 말했다.

「산꼭대기에 명성암(名聲岩)이라고 있는데 그곳에 기인 한 사람이 살고 있습니다. 그 사람은 지난 7월 15일 그곳으로 올라가 오두막집을

그림 25 농옥화상

제8장 대기만성 백리해 大器晩成 百里奚

짓더니 혼자 살면서 매일 산에서 내려와 술을 사가지고 올라가 혼자 마시다가 날이 어두워지면 하루도 빼먹지 않고 퉁소를 한 곡조 불곤 했습니다. 사방에 울려 퍼지는 퉁소 소리를 듣는 사람들은 소리에 취해 잠자는 것도 잊어버리게 됩니다. 그 사람이 어디서 왔는지는 아는 사람은 아무도 없습니다.」

맹명시가 태화산을 올라가 명성암에 이르자 과연 한 사람이 살고 있었다. 머리에는 새의 깃털로 만든 관을 쓰고 몸에는 학의 깃털로 지은 옷을 입고 있었다. 백옥과 같이 하얀 얼굴에 주단같이 붉은 입술, 세속의 분진에서 벗어난 듯한 고고한 기상을 갖고 있는 사람이었다. 맹명시는 그가 기인임이 틀림없다고 생각했다. 맹명시가 이름과 성을 묻자 그가 대답을 했다.

「성은 소(簫)이고 이름은 사(史)입니다. 귀하는 어떤 분이시기에 이곳까지 왕림하셨습니까?」

「나는 이 나라의 우서장(右庶長)의 직책을 맡고 있는 백리시(百里視)라는 사람입니다. 저의 군주께서는 사랑하는 딸이 있는데 배필을 구하고 있는 중입니다. 생황을 잘 부는 그녀는 자기의 배필이 될 사람은 반드시 자기가 부는 생황소리에 화답을 할 수 있을 정도로 음률에 조예가 깊은 사람이어야 한다고 고집을 피우고 있습니다. 선생께서 음률에 조예가 매우 깊으시다는 소문을 저의 군주께서 들으시고 선생을 청하여 퉁소 소리를 듣기 위해 모셔 오라고 저에게 명하셨습니다.」

「제가 음률에 대해 조금 알고는 있다 하나 다른 사람과 비교해서 그리 뛰어나다고는 할 수 없는데 공연히 욕됨만을 입을 것만 같아 감히 명을 따를 수 없겠습니다.」

「저와 같이 가서 우리 군주님을 뵙고 퉁소를 한 번 부신다면 모든 일은 자연히 밝혀질 터이니 부디 사양하시지 마십시오.」

맹명시의 간청에 소사가 산에서 내려가 목공을 배알하겠다고 허락했다. 즉시 두 사람은 산 위에서 내려와 맹명시가 타고 간 수레에 같이 올라 옹성(雍城)으로 돌아왔다. 맹명시가 먼저 목공을 배알하고 태화산에서 소사를 만나게 된 경위를 복명했다. 이어서 소사를 인도하여 봉대에 머물고 있던 목공을 알현하게 했다. 소사가 목공에게 절을 올리며 말했다.

「신은 산속에 사는 일개 필부라 예의와 법도를 모르고 있습니다. 엎드려 비오니 그 죄를 용서하십시오.」

소사의 생김새가 단아하여 세속의 사람이 아니라고 생각한 목공은 마음속으로 매우 기뻐했다. 목공은 즉시 소사를 가까이 불러 다가오게 한 후에 물었다.

「내가 들으니 통소를 잘 분다고 하던데 그렇다면 생황도 역시 잘 부는가?」

「신은 단지 통소만 불 수 있으며 생황은 불 수 없습니다.」

「나는 생황을 잘 부는 사람을 내 딸의 배필로 찾고 있는 중이다. 그대의 말을 들으니 통소와 생황은 같은 종류의 악기가 아니라 하니 그대는 내 딸의 배필이 아닌 듯하다.」

목공이 맹명을 불러 소사를 데리고 나가게 했다. 농옥이 듣고 시녀를 보내어 목공에게 자기의 말을 전하게 했다.

「통소와 생황에서 나오는 소리는 그 근본이 같습니다. 손님이 스스로 통소를 잘 분다 하는데 한번 불게 하여 들어보시지도 않으시고 어찌 그냥 돌려보내려고 하십니까?」

목공은 그 말에 도리가 있다고 생각하여 즉시 소사를 다시 불러들여 통소를 불어보도록 명했다. 전당으로 들어온 소사가 붉은색을 띠고 있는 퉁소를 허리춤에서 꺼냈다. 소사의 퉁소에서 뿜어내는 은은한 빛이 붉은 광선으로 변하면서 주위 사람들을 눈부시게 만들었다. 참으로 보기 드문 희귀한 보물이었다. 첫 곡을 불자 맑은 바람이 솔솔 불어왔다. 두 번째 곡을 연주하자 오색구름이 사방에서 몰려들었다. 곡이 세 번째에 이르자 백학이 날아와 피리소리에 장단을 맞추어 공중에서 날개로 춤을 추고 공작새 여러 쌍이 후원으로 날아들고 그 뒤를 따라 온갖 새들도 모여들어 노래로 화답하더니 시간이 흐르자 모두 사라졌다. 목공이 보고 크게 기뻐하였다. 그때 주렴을 치고 방 안에 있으면서 소사가 퉁소를 부는 모습을 몰래 살펴본 농옥 역시 매우 기뻐하면서 말했다.

「이 사람이야말로 진정한 나의 부군이로다!」

목공이 다시 소사에게 물었다.

「그대는 생황과 퉁소가 화음을 어떻게 맞추는지 아는가? 그리고 생황과 퉁소는 그 시작이 어떠한지 알고 있는가?」

「생황이라는 이름의 생(笙)은 생긴다는 뜻의 생(生)이니 여와(女媧) 수인씨(燧人氏)29가 만들었습니다. 사물의 이치를 취하여 새롭게 기를 발생하게 하고 그 음률은 육률(六律) 중 양성(陽聲)의 태주(太簇)에 해당

---

29 여와(女媧) 수인씨(燧人氏): 태호(太昊) 복희씨(伏羲氏), 염제(炎帝) 신농씨(神農氏)를 합하여 삼황(三皇)이라 하는데 여와는 복희씨의 누이동생으로서 천지를 보수하고 인류를 창조한 조물주이다. 회남자(淮南子)에 의하면「태고에 하늘을 떠받치고 있던 네 개의 기둥이 부러지자, 대지는 조각조각 갈라지고 가는 곳마다 큰 화재와 홍수가 발생했다. 또한 맹수와 괴조가 횡행하여 사람들을 괴롭히자 여와가 오색 돌을 녹여 하늘의 뚫린 구멍을 막고, 큰 거북의 다리를 잘라 하늘과 땅 사이를 기웠기 때문에 지상은 다시 평안해졌다」라고 했다. 한편 후한의 풍속통의(風俗通義)에 의하면 진흙으로 사람을 빚은 인류의 어머니라고 했다.

하는 소리를 내는 악기입니다.[30] 소(簫)라는 이름은 즉 엄숙하다는 뜻의 숙(肅)이라, 태호(太昊) 복희씨(伏羲氏)[31]가 만들었는데 사물의 도리를 취하여 엄숙하고 청아한 기운을 내게 하며, 그 소리는 열두 가지 음률 중 음성(陰聲)의 중려(仲呂)에 해당하는 소리를 내는 악기입니다.」

「좀 더 자세하게 말해 보라!」

「신은 단지 퉁소만을 알고 있을 뿐이라, 퉁소에 대해서만 말씀드리겠습니다. 옛날 복희씨가 대나무를 여러 개 엮어서 퉁소를 만들었는데 그 모양이 들쑥날쑥하게 되어 마치 봉황새의 날개와 같은 모양이었습니다. 또한 그 퉁소에서 나는 소리는 매우 아름다워 마치 봉황새의 울음소리와 같았습니다. 큰 것은 '아소(雅簫)'라고 하는데 대나무로 된 관을 23개로 엮어서 만들었고 그중 제일 긴 관은 4촌 정도 됩니다. 적은 것은 '송소(頌簫)'라 하는데 16개의 대나무 관으로 엮어서 만들었으며 그중 길이가 제일 긴 관은 2촌이 됩니다. 그 관들을 모두 통틀어서 소

---

30 육률육려(六律六呂): 십이 율 중 양성(陽聲)에 속하는 여섯 가지 음. 곧 황종(黃鐘), 태주(太簇), 고선(姑洗), 유빈(蕤賓), 이측(夷則), 무역(無射)을 말하며 음성(陰聲)인 육려(六呂)와 대칭되는 것으로 그 두 가지를 총칭하여 12율이라 한다. 12율은 각각 일 년의 달과 관련이 있는데 황종(黃鐘)은 11월, 태주는 1월, 고선은 3월, 유빈은 5월 이측은 7월, 무역은 9월에 육려인 대려(大呂)는 12월, 협종(夾鐘)은 2월, 중려(仲呂)는 4월, 림종(林鐘)은 6월, 남려(南呂)는 8월, 응종(應鐘)은 10월에 해당한다. 또한 아악의 다섯 음계와 관련하여 황종(黃鐘)은 궁(宮), 태주(太簇)는 상(商), 고선(姑洗)은 각(角), 유빈(蕤賓)은 섭징(變徵), 림종(林鐘) 치(徵), 남려(南呂)는 우(羽), 응종(應鐘)은 쌍궁(雙宮)에 해당한다. 고대의 주나라에서는 음악에는 정치의 잘잘못이 반영되는 것으로 보았다.

31 복희(虙羲): 삼황(三皇)의 하나로 여동생인 여와(女媧)와 혼인하여 인류의 조상이라고 한다. 그는 음양 변화의 원리를 터득하여 주역의 시초가 된 팔괘(八卦)를 만들었고, 거미가 거미줄로 집을 짓는 모습을 보고 어망을 처음으로 만들어 사람들에게 고기 잡는 법을 가르쳤다. 또한 숲속에서 번개가 쳐 자연적으로 일어나는 불을 인간에게 전해주어 이를 이용하여 음식을 익혀 먹는 법을 전했다. 금(琴)과 슬(瑟)의 악기를 만들었다고 했다. 화서씨(華胥氏)의 딸이 뇌택(雷澤) 속에 남아 있던 거인의 발자국을 밟고 잉태하여 낳은 아이가 복희라 했다.

관(簫管)이라고 부릅니다. 그리고 소관에 밑바닥이 없는 것을 통소(洞簫)라 합니다. 그 후에 황제(黃帝) 헌원씨(軒轅氏)께서 영륜(伶倫)[32]을 보내 곤계[昆谿: 곤륜산의 해곡(嶰谷)을 말한다]의 땅에서 베어 온 대나무에 일곱 개의 구멍을 뚫어 피리(笛)를 만들어 불게 했는데 그 소리 역시 봉황이 우는 소리와 같았습니다. 그러나 그 피리는 통소와는 달리 모양이 매우 간단했습니다. 후세 사람들이 소관의 모양이 너무 번거롭다고 생각하여 대나무 관 한 개로 소(簫)를 만들어 불게 하였습니다. 길이가 큰 것은 소(簫)라 하고 짧은 것은 관(管)이라 합니다. 지금의 소(簫)라는 악기는 옛날의 소하고는 같지 않습니다.」

「그대가 소를 불면 어찌하여 진귀한 날짐승들이 몰려드는가?」

「통소의 모양은 비록 간편해졌으나 소리는 변하지 않아 한번 불면 마치 봉황이 우는 소리와 같습니다. 그리고 봉황은 뭇 날짐승들의 왕이라 소의 소리를 듣게 되면 모든 날짐승들이 왕의 소리로 알고 날아들기 때문입니다. 옛날 순임금께서 통소의 소리를 즐겨 하셨는데 봉황이 그 소리를 듣고 날아와 인사를 올렸다고 했습니다. 봉황조차도 이러했는데 한낱 다른 뭇 날짐승들이야 여부가 있겠습니까?」

소사의 말이 마치 물 흐르듯이 막힘이 없고 그 목소리는 크고 낭랑했다. 목공이 더욱 기뻐하며 소사에게 말했다.

「과인에게는 음률에 사뭇 정통한 농옥이라는 사랑하는 딸이 있다. 그런데 그녀는 음률을 모르는 사람에게는 결코 시집가지 않겠다고 고집을 부리고 있다. 보건데 내 딸을 그대의 아내로 주고 싶은데 그대의

---

32 영륜(伶倫): 중국 상고시대 황제(黃帝) 때 악관(樂官)으로 영륜(伶綸)이라고도 한다. 황제가 그를 시켜 곤륜산의 해곡(嶰谷)에서 가져온 대나무의 두 마디에 구멍을 내어 통소를 만들게 한 다음 나오는 소리를 기준하여 황종(黃鐘)의 궁(宮)을 포함한 12율을 제정했다고 전한다.

생각은 어떠한가?」

소사가 얼굴에 엄숙한 기색을 띠며 절을 올리고 사양했다.

「신 소사는 깊숙한 산골짜기에 살던 이름 없는 야인일 뿐입니다. 어찌 감히 존귀하신 공주님을 아내로 맞이할 수 있겠습니까?」

「내 딸이 면전에서 맹세를 하기를 "생황의 음률에 통하지 않는 사람에게는 시집을 가지 않겠습니다"라고 했다. 오늘 보니 그대의 통소는 능히 천지간을 통하고 만물의 이치를 꿰뚫고 있으니 오히려 생황의 음률에 정통하는 사람보다 훨씬 훌륭하다. 또한 내 딸이 옛날에 꿈을 꾸기를 오늘 8월 15일 중추절에 하늘이 혼인을 맺어 준다고 했다. 그대는 절대 사양하지 말라!」

소사가 다시 절을 올리며 감사의 말을 올렸다. 목공이 태사에게 점을 쳐서 길일을 택하여 혼인의 날을 잡게 했다. 목공의 명을 받아 점을 친 태사는 하늘의 달이 둥글게 되면, 땅 위의 사람 마음에도 둥근 달처럼 여유가 생기기 때문에 그날 중추절이 대길이라고 하였다.

목공이 즉시 좌우에게 명하여 소사를 목욕탕으로 데려가 몸을 깨끗이 씻게 한 후에 새로운 의관을 하사하여 갈아입히고 봉루로 보내어 농옥과 부부의 관계를 맺게 했다. 마침내 두 사람은 화목한 부부가 되어 함께 살게 되었다.

목공은 소사에게 중대부의 벼슬을 내렸다. 소사가 조당의 관리들과 반열을 같이 하기는 했지만 국정에는 전혀 관여하지 않았다. 하루의 대부분을 봉루에 기거하면서 불로 익힌 음식을 먹지 않고 단지 간혹 가다가 술만 몇 잔씩 마시며 살았다. 농옥도 소사를 따라 선식의 방법을 따라 배워 역시 얼마간의 시간이 지나자 화식을 끊을 수 있었다. 소사가 농옥에게 『내봉(來鳳)』이라는 곡을 통소로 부는 법을 가르쳤다. 농옥

그림 26 농옥취소쌍과봉(弄玉吹簫雙跨鳳)

에게 퉁소를 가르치기 시작하여 약 반년이 되었을 때, 어느 날 밤 갑자기 부부가 달밤에 퉁소를 불었다. 그러자 곧이어 봉대의 왼쪽에 자주색의 봉황이 몇 마리가 모이기 시작하더니 다시 오른쪽에는 붉은 용이 나타나 몸통을 둥글게 틀면서 앉았다. 소사가 농옥을 쳐다보며 말했다.

「나는 원래 하늘나라에 살던 신선이었소. 상제께서 인간들의 사적이 문란하게 되자 나에게 명하여 그것들을 정리하도록 하셨소! 나는 즉시 하늘에서 내려와 주선왕(周宣王) 17년 5월 5일 주나라의 소씨 집안에서 태어나 그 셋째 아들이 되었소. 주선왕 말년에 이르러 사관의 뒤가 끊기자 내가 즉시 그 뒤를 이어 전적(典籍)의 끊겨지고 누락된 부문을 하나도 빠짐없이 찾아내어 앞과 뒤를 연결시켜 놨소.[33] 주나라 왕실에서 나에게 역사를 끊어지게 하지 않은 공이 있다고 하여 나에게 소사(簫史)라를 이름을 하사했소. 오늘이 내가 태어난 날로부터 110년이 되는 날이오.[34] 상제가 나에게 화산의 주인으로 명하여 그대와는 전생의 연분이 있기 때문에 퉁소의 소리로써 짝을 맺게 했소. 그러나 이제 인간 세상에 더 이상 너무 오래 머무를 수 없게 되어 지금 용과 봉황이 우리를 데려가려고 날아왔소. 당신도 나와 함께 용과 봉황을 타고 하늘나라로 같이 올라갑시다.」

농옥이 듣고 그 부친에게 작별의 인사를 드리려고 하자 소사가 말리며 말했다.

---

33 주선왕 17년은 기원전 809년이고 선왕 말년은 기원전 780년이다.

34 원전의 110년째라는 글을 따랐으나 문장의 내용상 주선왕 원년은 BC825년이고 그는 선왕 17년인 BC809년생이다. 진목공은 주양왕 31년 기원전 621년에 죽었고 소사는 3년 전인 주양왕 28년 기원전 624년에 농옥과 함께 신선이 되어 하늘로 올라갔다. 즉 당시 소사의 나이는 110세가 아니라 185세다. -역자 주-

「우리는 이미 신선이 되었기 때문에 세상사에 대한 미련을 버려야 하오! 어찌 가족들과 미련의 끈을 끊지 않으려고 하시오?」

마침내 소사와 농옥은 각기 적룡과 봉황을 타고 봉대 위로 날아 멀리 하늘나라로 올라가 버렸다[오늘날 좋은 사위를 얻었다는 뜻의 '승룡(乘龍)'이라는 말은 이 일에서 생겼다]. 그날 밤 사람들은 태화산에서 들려오는 봉황의 울음소리를 들었다. 다음 날 아침 궁중의 시자들이 농옥의 부부가 없어진 사실을 목공에게 고했다. 목공이 망연자실하더니 곧이어 한탄의 말을 하였다.

「신선이 있다 하더니 과연 거짓이 아니로다! 아직도 용과 봉황이 남아서 나를 태우려고 온다면 나는 군주의 자리를 헌 짚신 버리듯이 하리라!」

목공이 즉시 주위에게 명하여 태화산에 가서 그들의 종적을 한번 찾아보게 했으나 아무런 소식도 알아내지 못하였다. 다시 소사가 묵었던 명성암에 사당을 짓게 하고 해마다 거르지 않고 술과 과일을 바쳐 제사를 지내도록 명했다. 지금도 그 사당을 소녀사(簫女祠)라고 하는데 사당에 제사를 지낼 때는 봉황새가 우는 소리를 들을 수 있다고 했다. 육조(六朝) 때의 문인 포조(鮑照)가 지은 『소사곡(簫史曲)』이라는 시가 있다.

소사(簫史)는 항상 어린 모습이었고
농옥 또한 항상 동안이었다.
화식을 버리고 신선이 되어
구름을 불러 타고 높은 하늘로 올랐다.

簫史愛小年(소사애소년)
嬴女吝童顏(영녀린동안)
火粒愿排棄(화립원배기)
霞霧好登攀(하무호등반)

그림 27 농옥승천도

용은 날아 하늘 높이 숨고
봉황은 진나라 관문 밖으로 날아가 버렸다.
오랜 세월이 지나도 돌아오지 않으니
퉁소 소리를 들어야만 다시 오려나!

龍飛逸天路(용비일천로)

鳳起出秦關(봉기출진관)

身居長不返(신거장불반)

簫聲時往還(소성시왕환)

또 남북조 때의 시인 강총(江總)도 이 일에 대해 시를 읊었다.

농옥은 진나라 군주 딸이고
소사는 동자의 모습을 한 신선이었다.
중추절의 밝은 달이 떠있을 때 인연을 맺고
다시 하늘로 날아가니 봉루는 텅텅 비었구나!

弄玉秦家女(농옥진가녀)

簫史善處童(소사선처동)

來時兔月滿(래시토월만)

去后鳳樓空(거후봉루공)

얼굴에 다정한 미소를 띠고 부르니
공중을 떠다니던 퉁소소리가 또다시 들리는구나!
서로 동남동녀의 모습을 한 신선을 기약하고
자욱한 안개 속의 하늘로 날아가 버렸다.

密笑開還斂(밀소개환렴)

浮聲咽更通(부성열갱통)

相期紅粉色(상기홍분색)

飛向紫烟中(비향자연중)

38. 교교황조(交交黃鳥) 지우극(止于棘)
  - 꾀꼴꾀꼴 꾀꼬리 가시나무에 앉았네! -

  농옥과 소사가 봉황과 용을 타고 하늘로 승천한 이후부터 목공은 병사와 전쟁이라는 말을 입에 담기를 싫어하게 되었다. 세상의 모든 일을 초연하게 생각하여 국정을 모두 맹명시에게 전임시켰다. 매일 마음과 몸을 수련하여 무위의 상태가 되어 신선이 되려고 했다. 그리고 얼마 있지 않아 공손지도 세상을 떴다.
  맹명시가 차씨의 삼 형제 엄식(奄息), 중행(仲行), 겸호(鍼虎)가 모두 인자하고 덕을 갖추었다고 해서 목공에게 천거했다. 나라 안의 백성들은 그들을 삼량(三良)이라고 호칭했다.

그림 28 황조도

목공이 그들을 모두 대부의 벼슬에 임명하고 예를 갖추어 공경했다. 다시 3년이 지난 주양왕 31년 2월 말일, 봉대에 앉아서 달을 쳐다보며 그의 딸 농옥을 생각하던 목공은 그녀가 어디로 갔는지 언제 다시 만날 수 있겠는지를 생각하다가 깜빡 잠이 들어 꿈속에서 소사와 농옥을 보게 되었다. 이윽고 한 마리의 봉황새가 목공을 태우더니 달나라에 있는 광한궁(廣寒宮)으로 날아가 그 위를 배회하며 구경시켰다. 맑고 찬 바람에 뼛속까지 깊이 사무친 목공은 몸서리치며 꿈에서 깨어났으나 곧이어 한질에 걸리고 말았다. 자리에 누운 지 수일 만에 목공은 숨을 거두고 말았다. 사람들은 목공이 신선이 되기 위해 죽었다고 말했다.

목공은 군주의 자리에 오른 이래 39년 만인 그의 나이 69세에 죽었다. 옛날 당진의 헌공의 딸을 부인으로 맞이한 목공은 아들 앵(罃)을 낳아 태자로 세웠었다. 태자 앵이 목공의 뒤를 이어 섬진국의 군주 자리에 올랐다. 이가 진강공(秦康公)이다. 목공의 시신은 옹(雍)에 묻혔다.

그때 섬진국은 서융의 습속에 따라 산 사람을 순장했는데 모두 177명이나 되었다. 차씨 삼 형제도 그 숫자에 포함되어 산 채로 목공의 묘에 묻히게 되어 죽었다. 나라 안의 백성들이 차씨 삼 형제의 죽음을 『황조(黃鳥)』라는 시를 지어 슬퍼하였다. 그 시는 《시경(詩經)·국풍(國風)》 중 『진풍(秦風)』에 실려 지금까지 전해오고 있다.

一

꾀꼴꾀꼴 꾀꼬리
가시나무에 앉았네!
누가 목공을 따라갔나?
거씨의 아들 엄식이로다.
거씨의 아들 엄식이여

백 사람보다 낫도다!
무덤에 임했을 때는
무서워서 오들오들 떨었겠지.
푸른 하늘이여
어찌하여 훌륭한 분을 죽였는가?
대속할 수만 있다면
우리 백 사람의 몸도 바칠 텐데!

交交黃鳥(교교황조)
止于棘(지우극)
誰從穆公(수종목공)
子車奄息(자거엄식)
維車奄息(유거엄식)
百夫之特(백부지대)
臨其穴(임기혈)
惴惴其慄(췌췌기율)
彼蒼者天(피창자천)
殲我良人(섬아양인)
如可贖兮(여가속혜)
人百其身(인백기신)

二

꾀꼴꾀꼴 꾀꼬리
뽕나무밭에 앉았네.
누가 목공을 따라갔나?
거씨의 아들 중항이라네!
자거씨의 아들 중항이여!
백 사람보다 낫도다.
무덤에 임했을 때
부들부들 떨었겠지.
저 푸른 하늘이여!

어찌하여 훌륭한 분을 죽였는가요?
대속할 수만 있다면
우리 백 사람의 몸도 바칠 텐데!

交交黃鳥(교교황조)
止于桑(지우상)
誰從穆公(수종목공)
子車仲行(자거중행)
維此仲行(유차중행)
百夫之防(백부지방)
臨其穴(임기혈)
惴惴其慄(췌췌기율)
彼蒼者天(피창자천)
殲我良人(섬아양인)
如可贖兮(여가속혜)
人百其身(인백기신)

三

꾀꼴꾀꼴 꾀꼬리
가시덤불 위에 앉고요.
누가 목공을 따라갔나?
자거씨의 아들이라네.
거씨의 아들 겸호여
백 사람을 당할 분이로다.
무덤에 임했을 때
부들부들 떨었겠지.
저 푸른 하늘이여!
어찌하여 훌륭한 분을 죽였는가요?
대속할 수만 있다면
우리 백 사람의 몸도 바칠 텐데!

交交黃鳥(교교황조)
止于楚(지우초)
誰從穆公(수종목공)
子車鍼虎(자거겸호)
維此鍼虎(유차겸호)
百夫之禦(백부지어)
臨其穴(임기혈)
惴惴其慄(췌췌기율)
彼蒼者天(피창자천)
殲我良人(섬아양인)
如可贖兮(여가속혜)
人百其身(인백기신)

후세 사람들은 차씨 삼 형제를 삼량이라고 임용한 후에 다시 순장을 시켜 그들을 죽인 목공의 행위는 자기가 죽은 뒤의 진나라를 조금도 걱정하지 않은 잘못이라고 했다. 그러나 송나라 때의 소동파만은 글을 지어 진목공의 무덤에 바쳤는데 그 생각하는 바가 다른 사람들보다 뛰어났다.

『성의 동문으로 나가 백 보도 되지 않은 곳에 탁천(槖泉)이라는 샘물이 있다. 목공의 무덤이 있는 곳이다. 자세히 살펴보면 옛날에는 이곳이 성안이었음을 알 수 있다. 또한 섬진의 백성들은 목공의 무덤을 이곳을 표시로 삼아 알았다. 옛날에 목공이 살아 있었을 때 맹명을 세 번이나 죽이지 않고 살려 주었는데 어찌 그가 죽을 때가 되었다고 삼량을 살려 두려고 하지 않았겠는가? 그것은 곧 옛날 전한(前漢) 때 제나라의 전횡(田橫)³⁵이 죽자 그를 따르던 500명이나 되는 사람도 같이 따라 죽었듯이 이 세 사람도 목공을 위해서 스스로 목숨을 끊었다는 사실을 알 수 있다. 옛날 사람들은 단지 밥 한 끼만 얻어먹어도 보답을 위해 능히 그 몸을 버렸는데 오늘날은 그와 같이 행하는 사람을 볼 수 없었던 관계로 옛날 사람들의 일을 의심한 것이다. 옛날 사람들의 행함을 우리가 도저히 따를 수가 없으니 지금 우리의 생각으로 옛날 사람들을 판단하지 말지어다!』

소동파의 선의적인 해석과는 달리 《좌전(左傳)》 문공(文公) 6년 조에 진목공이 유능하고 어진 신하들을 순장시킨 처사를 다음과 같이 비난했다.

『진목공이 맹주의 자리에 오르지 못한 일은 당연했다. 자신이 죽을 때 백성들 중 가장 귀중한 인재들을 빼앗아 갔다. 옛날 선왕들은 세상을 떠날 때에도 아름다운 법도를 남겼다. 그럼에도 불구하고 진목공은 오히려 어진 사람들을 빼앗아 갔다. 《시경(詩經)》에 "사람이 없어지면 나라도 끝장난다[人之雲亡(인지운망) 邦國殄瘁(방국진췌)]"[36]라고 했는데 이는 나라에 어진 인재가 없어졌음을 안타깝게 생각했기 때문이었다. 그런데 어떻게 어진 사람을 빼앗아갈 수 있단 말인가? 옛날의 성왕들은 자신이 살날이 많지 않다고 생각되면 성현과 철인들을 널리 구하여 임용하고 백성들을 올바른 길로 인도하여 덕화(德化)를 베풀었다. 각자의 신분에 맞는 기치와 복장을 만들어서 나누어 주고 유익한 말은 전적에

---

35 전횡(田橫): 한초 항쟁기 때 항우의 진영에 참가했던 제왕(齊王)으로서, 후에 항우를 이기고 한왕조를 창건한 한고조 유방이 그를 소환했다. 옛날 왕까지 한 신분으로 평민 출신의 유방에게 허리를 굽히는 치욕을 받을 수 없다하고 하면서 유방의 부름에 응하지 않고 자결하였다. 뒤를 따르던 두 사람의 장군과 그의 부하였던 500명도 모두 전횡의 뒤를 따라 자살하였다. 9-39-4. 〈전횡오백사〉 내용 참조.

36 《시경(詩經)》《대아(大雅)·탕지습(蕩之什)·첨앙(瞻仰)》에 나오는 구절이다.

기록하게 했으며 음률을 제정했으며 도량형을 시행했다. 또한 모든 일에 표준을 마련하고 위의(威儀)를 정했으며, 법률과 제도를 마련하고 선왕들이 남긴 훌륭한 말씀을 전했다. 과다한 이익을 탐하는 행위를 예방했으며 관리들의 봉록을 정해 맡은 바 직무를 잘 수행하도록 했다. 그리고 예법에 따르도록 그들을 계도했다. 이와 같이 백성이 편안함을 얻게 한 뒤에 천명을 마쳤다. 그런데 설사 아름다운 법도를 만들어서 후사에게 남겨 주지는 못할망정, 어찌 어진 인재를 거두어서 따라 죽게 한단 말인가? 그렇게 하고서는 절대 남의 위에 설 수 없는 법이다. 군자는 이런 까닭으로 진나라가 다시 동쪽을 칠 수 없는 이유를 알았다.』

《사기(史記)》의 기사에도 다음과 같은 기사가 있다.

『진무공(秦武公)[37]이 죽을 때 순장으로 데려간 신하가 66인이었다가, 목공 때 세 사람의 현인을 포함한 177인에 이르게 되었다. 이는 아마도 융적(戎狄)의 풍속에서 나왔음이 틀림없었음에도 명왕(明王)과 현백(賢伯)들은 그들의 죄를 성토하지 않았다. 그래서 진나라는 이후로도 순장이라는 행위를 떳떳하게 행했으니 비록 목공이 살아생전에 어진 마음으로 정치를 행했다고 할지라도 그 잘못은 면할 수 없었다. 그 일을 논한 자도 또한 한갓 삼량의 불행만을 슬퍼하고 진나라의 쇠미함만을 탄식했을 뿐이었다. 기강이 없는 왕정으로 군주가 명을 함부로 발하여 살인을 꺼리지 않았음에도 그것이 그릇된 일인지를 알지 못했다. 후에 진시황을 장사 지낼 적에 후궁들과 공장(工匠)들을 산 채로 묘 안에 매장한 짓은 모두 목공으로 기인했다.』

---

37 진무공(秦武公): 태어난 해는 알 수 없고 기원전 697년에 즉위하여 678년에 죽은 춘추 초기 진(秦)나라 군주로 이름은 열(說)이다.

그림 29 백리해 유랑

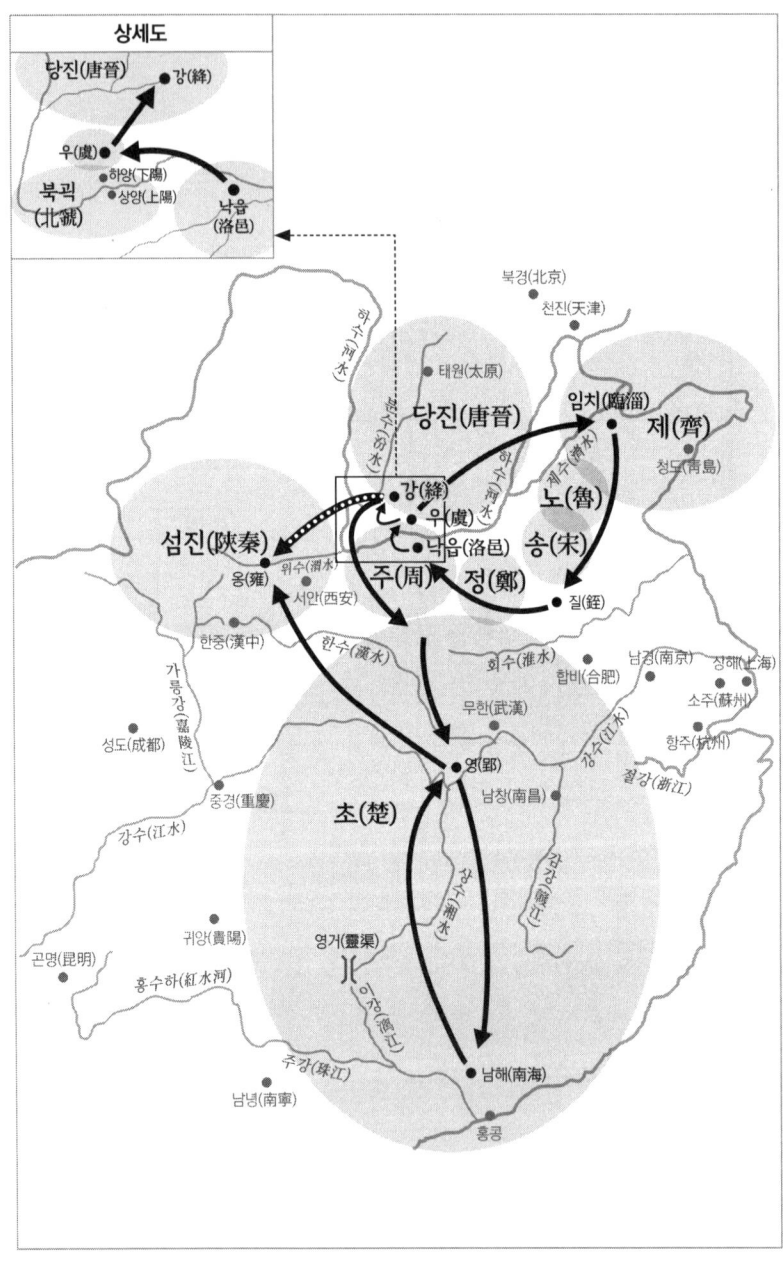

후세의 사관들도 이 일을 두고 논했다.

『진목공이 영토를 넓히고 나라의 부국강병을 위해 힘써 동쪽으로는 강국인 당진을 굴복시키고 서쪽으로는 서융을 정벌하여 패자가 되었으나 중원의 제후들의 맹주까지는 이를 수 없었음은 당연한 결과였다. 그가 죽음에 임해 자기 백성들을 함부로 방기하여 그의 어진 신하들을 모두 거두어 같이 순사시켰다. 백성들의 생활이 윤택하게 되기를 바라며 도덕과 법도를 물려준 선왕들의 본을 받지 않고 오히려 착하고 어진 신하들을 빼앗아 가서 백성들을 슬퍼하게 만드니 이것 때문에 섬진은 동쪽으로 진출하여 맹주가 되지 못했다.』

《제2권 관포지교 끝》